CB066185

saraiva conecta

Conheça o Saraiva Conecta

Uma plataforma que apoia o leitor em sua jornada de estudos e de atualização.

Estude *online* com conteúdos complementares ao livro e que ampliam a sua compreensão dos temas abordados nesta obra.

Tudo isso com a **qualidade Saraiva Educação** que você já conhece!

Veja como acessar

No seu computador
Acesse o *link*
https://somos.in/MDJ11

No seu celular ou tablet
Abra a câmera do seu celular ou aplicativo específico e aponte para o *QR Code* disponível no livro.

Faça seu cadastro

1. Clique em "Novo por aqui? Criar conta".

2. Preencha as informações – insira um *e-mail* que você costuma usar, ok?

3. Crie sua senha e clique no botão "CRIAR CONTA".

Pronto! Agora é só aproveitar o conteúdo desta obra!*

Qualquer dúvida, entre em contato pelo *e-mail* suportedigital@saraivaconecta.com.br

Confira o material do professor
Eduardo Sabbag
para você:

https://somos.in/MDJ11

* Sempre que quiser, acesse todos os conteúdos exclusivos pelo *link* ou pelo *QR Code* indicados. O seu acesso tem validade de 24 meses.

Acompanhe o Prof. Eduardo Sabbag nas redes sociais:

www.instagram.com/professorsabbag

www.facebook.com/professorsabbag

www.twitter.com/professorsabbag

www.youtube.com.br/professorsabbag

www.professorsabbag.com.br

contato@professorsabbag.com.br

Manual de português jurídico

EDUARDO SABBAG

11.ª edição
revista e atualizada
2023

2ª tiragem

saraiva jur

saraiva EDUCAÇÃO | **saraiva** jur

Av. Paulista, 901, Edifício CYK, 4º andar
Bela Vista – São Paulo – SP – CEP 01310-100

SAC | sac.sets@saraivaeducacao.com.br

Diretoria executiva	Flávia Alves Bravin
Diretoria editorial	Ana Paula Santos Matos
Gerência de produção e projetos	Fernando Penteado
Gerência editorial	Thais Cassoli Reato Cézar
Novos projetos	Aline Darcy Flôr de Souza
	Dalila Costa de Oliveira
Edição	Jeferson Costa da Silva (coord.)
	Deborah Caetano de Freitas Viadana
Design e produção	Daniele Debora de Souza (coord.)
	Rosana Peroni Fazolari
	Camilla Felix Cianelli Chaves
	Claudirene de Moura Santos Silva
	Deborah Mattos
	Lais Soriano
	Tiago Dela Rosa
Planejamento e projetos	Cintia Aparecida dos Santos
	Daniela Maria Chaves Carvalho
	Emily Larissa Ferreira da Silva
	Kelli Priscila Pinto
Diagramação	Edson Colobone
Projeto gráfico	IDÉE arte e comunicação
Revisão	Daniela Georgeto
Capa	IDÉE arte e comunicação
Adaptação de capa	Lais Soriano
Produção gráfica	Marli Rampim
	Sergio Luiz Pereira Lopes
Impressão e acabamento	Ricargraf

DADOS INTERNACIONAIS DE CATALOGAÇÃO NA PUBLICAÇÃO (CIP)
VAGNER RODOLFO DA SILVA - CRB-8/9410

S114m   Sabbag, Eduardo
         Manual de Português Jurídico / Eduardo Sabbag. –
         11. ed. – São Paulo : SaraivaJur, 2023.
         576 p.
         ISBN: 978-65-5362-715-4 (impresso)
         1. Direito. 2. Linguagem jurídica. 3. Português Jurídico. 4. Manual. I. Título.

2022-3405   CDD 340.14
                                              CDU 340.12

Índices para catálogo sistemático:
1. Direito: Linguagem jurídica 340.14
2. Direito: Linguagem jurídica 340.12

Data de fechamento da edição: 9-11-2022

Dúvidas? Acesse www.saraivaeducacao.com.br

Nenhuma parte desta publicação poderá ser reproduzida por qualquer meio ou forma sem a prévia autorização da Saraiva Educação. A violação dos direitos autorais é crime estabelecido na Lei n. 9.610/98 e punido pelo art. 184 do Código Penal.

CÓD. OBRA 10193   CL 608165   CAE 818255

A meus pais, Nicolino (in memoriam)
e Stella, pela incansável luta.

A meus irmãos, pela lição de vida.

NOTA DO AUTOR

A consulta a gramáticas é, para muitos, penosa e enfadonha. Qual o motivo? Entre outros, podemos indicar o fato de que tais livros apresentam-se, geralmente, em volumes avantajados, os quais acabam trazendo desânimo ao consulente. Diante disso, procuramos adotar nesta obra uma linguagem objetiva, sem sacrificar o aprofundamento, acerca da redação forense e da gramática da Língua Portuguesa.

O atual trabalho fornecerá ao leitor uma solução rápida à dúvida gramatical, que tende a surgir com frequência no cotidiano do usuário da Língua.

A obra foi dividida em duas partes: redação forense e gramática. Nos capítulos iniciais, o estudioso terá contato com as regras norteadoras da boa linguagem jurídica, as quais, por sua vez, devem apresentar-se consentâneas com os ditames impostos pelas normas gramaticais – estudadas, em profundidade, posteriormente, na segunda parte da obra.

No decorrer do estudo, poderá o leitor encontrar os temas mais intrigantes da redação forense – reunidos no intuito de promover a assimilação das técnicas da boa linguagem e dos modos de expressão nos petitórios –, sem prejuízo daqueles afetos à gramática normativa, aliás, expostos com o fito de criar os principais sustentáculos gramaticais: a *ortografia*, a *acentuação*, a *crase*, a *regência*, a *concordância* e os *verbos*.

A todo momento, o leitor poderá se valer de instrutivas notas de rodapé, fruto de amplo trabalho investigativo, que incrementam os ensinamentos veiculados neste trabalho literário.

Ressalte-se que os temas ensinados são acompanhados de numerosos exemplos – frases confeccionadas pelo autor e inúmeras colhidas da literatura nacional –, com o objetivo de enriquecer o ensinamento, além de lhe imprimir autoridade.

Frise-se que, para determinar o que é correto, tomaram-se por base as novas regras gramaticais estabelecidas pelo Acordo Ortográfico da Língua Portuguesa (Decreto n. 6.583/2008), vigente desde o início de 2009, e o padrão culto da Língua Portuguesa utilizada hodiernamente no Brasil.

Ao final da obra, terá o estudioso acesso a um sugestivo glossário, criado a partir dos vocábulos utilizados no livro, para que enriqueça o arcabouço vocabular, ofertando-lhe versatilidade na sinonímia e na ampliação do horizonte lexical da Língua.

Por fim, o leitor também encontrará importante ferramenta de busca: um amplo e meticuloso índice remissivo, com mais de 2.000 (duas mil!) remissões a termos e expressões espalhados na obra. Com esse recurso, será possível encontrar a solução às dúvidas com extrema rapidez.

Como diferencial, esta 11ª edição comemorativa dispõe de recursos extras em áudio e vídeo, a fim de que o leitor possa revisar os principais pontos da matéria e ter acesso a dicas rápidas, em consonância com o dinamismo do estudante de hoje. Além disso, a obra conta ainda com questões dos mais recentes concursos públicos do Brasil, de modo que o leitor possa testar os conhecimentos e se sentir confiante acerca do seu aprendizado. E, na plataforma online Saraiva Conecta, uma lista de artigos especialmente selecionados tratando dos temas mais interessantes da disciplina. Vale ainda ressaltar a presença na obra do nosso "Menininho", famoso personagem de nossas aulas que, com humor e sagacidade, torna bem mais fácil a assimilação do conteúdo.

Deixo registrados os sinceros agradecimentos a todos os leitores amigos que nos enviam pontuais sugestões para a obra.

Encerro esta nota agradecendo, ainda, quaisquer observações e correções que aprouverem ao leitor colaborador e amigo, a fim de que aprimoremos os apontamentos aqui expendidos.

Um abraço e bons estudos!

Professor Eduardo Sabbag

www.professorsabbag.com.br

www.facebook.com/professorsabbag

www.twitter.com/professorsabbag

www.instagram.com/professorsabbag

PREFÁCIO

É com imensa satisfação que atendo ao convite do Professor Eduardo de Moraes Sabbag, apresentando ao público sua obra *Manual de português jurídico*.

A língua portuguesa, tão rica e bela, é hoje submetida a constantes agressões por parte de muitos brasileiros. E quando as agressões provêm dos que exercem profissões jurídicas, os maus-tratos têm consequências ainda piores. Justamente os que deveriam manejar a Língua com mais habilidade cometem às vezes erros crassos de gramática e de sintaxe: o "posto que" ou o "eis que" no lugar de *uma vez que*, o verbo "tratar-se" com sujeito pessoal, as crases colocadas a bel-prazer, o uso da próclise e da ênclise sem que obedeçam a qualquer regra, o futuro do infinitivo quando o sujeito é o mesmo, a expressão "de encontro" no lugar de *ao encontro* ou vice-versa, a utilização indevida das preposições ou a falta delas quando necessárias, a vírgula entre o sujeito e o verbo, os erros de concordância, sem falar em pecadilhos menores como os galicismos, que já entraram em nosso vernáculo e são perdoáveis. E o latim, Deus nos acuda quando alguns profissionais do Direito se arriscam com as formas "inaudita altera pars", "data máxima vênia" com acentos, o horrível "data maxima permissa vênia", "a quo" referido ao feminino, "querela nulitatis", e outras pérolas mais.

Além do que a Língua Portuguesa é insidiosa: quem ainda não teve dúvidas entre o por quê, por que, porque e porquê atire a primeira pedra!

A obra de Eduardo Sabbag é clara, exaustiva e amena, dando regras e dicas na mesma proporção, com a criatividade dos diversos macetes. Enriquece o vocabulário e ensina a redigir bem, numa linguagem rica, sem ser hermética – pois a redação forense há de ser clara e enxuta. Para que usar "exordial", quando o termo técnico é *inicial*, "Pretório Excelso" quando se trata do *Supremo Tribunal Federal*, para que períodos longos e confusos quando podem ser concisos e sintéticos? A linguagem forense, conquanto técnica, deve ser compreendida pelos consumidores de justiça, e não apenas pelos iniciados. Deve ser correta, simples e direta.

Tenho certeza de que a obra ora apresentada, que se lê com facilidade e prazer, será de grande utilidade para profissionais do Direito, estudantes e candidatos a concursos. Sua leitura é um verdadeiro deleite para quem escreve bem. E certamente contribuirá para o enriquecimento e a correção do português usado não só na linguagem forense, mas até mesmo na linguagem em geral.

Obrigada, Eduardo, e parabéns!

São Paulo, 22 de março de 2005.

Ada Pellegrini Grinover
Professora Titular da Faculdade de Direito da USP
Titular da Cadeira n. 9 da Academia Paulista de Letras

SUMÁRIO

NOTA DO AUTOR 7
PREFÁCIO 9
LEGENDAS UTILIZADAS NO LIVRO 13
1. A REDAÇÃO FORENSE 17
2. A COMUNICAÇÃO JURÍDICA 26
3. A BOA LINGUAGEM 34
4. DA PETIÇÃO INICIAL 65
5. COMO ENRIQUECER A LINGUAGEM DO FORO 95
6. LATIMACETES 137
7. GRAFIMACETES 158
8. PROBLEMAS GERAIS DA LÍNGUA CULTA 257
9. PRONUNMACETES E TIMBREMACETES 280
10. ORTOGRAFIA 301
11. ACENTUAÇÃO GRÁFICA 341
12. CRASE 359
13. REGÊNCIAS NOMINAL E VERBAL 383
14. CONCORDÂNCIA NOMINAL 408
15. CONCORDÂNCIA VERBAL 425
16. PONTUAÇÃO 447
17. VERBOS 472
18. MEMORIMACETES 520
19. GLOSSÁRIO 543
20. ÍNDICE REMISSIVO 549
21. REFERÊNCIAS BIBLIOGRÁFICAS 571

LEGENDAS UTILIZADAS NO LIVRO

JURISMACETES

Referem-se aos vocábulos de grafia e pronúncia peculiares, devendo o leitor observá-los com maior atenção quando pretender confeccionar as peças prático-profissionais em concursos da área jurídica, bem como no dia a dia forense (v. Capítulos 1 ao 6).

CURIOSIMACETES

Trata-se das curiosidades surpreendentes de nosso léxico (v. Capítulos 7, 8 e 10 a 17).

A HORA DO ESPANTO
AS "PÉROLAS" DO PORTUGUÊS

Esta seção, cujo nome alude a um famoso filme de terror, traz os erros cometidos por desatentos usuários do idioma. Todos eles são reais e foram coletados ao longo de nossa vida docente. As "pérolas" e suas respectivas correções estão discriminadas em pequenas dicas ao final dos Capítulos, em toda a extensão da obra, permitindo momentos de rápida descontração durante a leitura do texto.

PRONUNMACETES

Oferecem ao leitor o domínio e a segurança necessária no discurso oral. A necessidade de falar bem passa pela capacidade de convencer, à medida que se imprime maior autoridade no que se exprime. Quem fala bem, enuncia algo com domínio e altivez. Por outro lado, o erro de pronúncia, deslocando a sílaba tônica (*silabada*), faz ruir o melhor dos argumentos defendidos. A propósito, a *silabada* ocorre em pronúncias do tipo "Nóbel" (em vez de "No<u>bel</u>", sem acento); "interím" (em vez de "<u>ín</u>terim"); "rúbrica" (em vez de "ru<u>bri</u>ca") etc. Bem a propósito, o mestre Paulinho da Viola chancela, afirmando: "... *coisas da Língua, minha nega*". Os **Pronunmacetes** foram inseridos no Capítulo 9, ao lado dos **Timbremacetes**.

TIMBREMACETES

Esta seção objetiva ofertar ao leitor o conhecimento do timbre correto das palavras, separadas em colunas de fácil visualização – colunas de *timbre fechado* e de *timbre aberto*. Por meio de rápida leitura, poderá o cultor do idioma se inteirar dos meandros da prosódia de nosso léxico, angariando o domínio fonético dos vocábulos guerreados. Os **Timbremacetes** foram inseridos no Capítulo 9, ao lado dos **Pronunmacetes**.

GRAFIMACETES

Compreendem as palavras de grafia complexa. Infelizmente, muitas delas têm a grafia "assassinada" diariamente pelos meios de comunicação de massa. Os **Grafimacetes** foram inseridos no Capítulo 7.

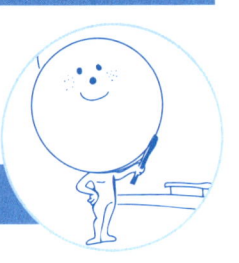

LEGENDAS UTILIZADAS NO LIVRO

LATIMACETES

O emprego de expressões latinas na linguagem forense não é mero diletantismo. O advogado deve conhecer as expressões mais correntes, porquanto, se não as usar, deve compreendê-las quando lê doutrina, razões e julgados, uma vez que muitos autores as empregam, bem como o fazem os Tribunais (v. Capítulo 6).

VOLP
VOCABULÁRIO ORTOGRÁFICO DA LÍNGUA PORTUGUESA

O **VOLP** é produto de compilação da *Academia Brasileira de Letras* (ABL), a quem compete a responsabilidade legal de editar o *Vocabulário*, como instrumento normatizador oficial. O VOLP apenas lista as palavras. Seu objetivo é consolidar a grafia delas (o modo como elas são escritas), classificá-las segundo o gênero (masculino ou feminino) e categoria morfológica (substantivo, adjetivo etc.). Ressalte-se que a ABL anunciou o lançamento da 6ª edição do VOLP em 2021, com 383 mil palavras, mil palavras novas, incluindo estrangeirismos, além de correções e informações complementares nos verbetes, como acréscimos de ortoépia, diversas possibilidades de plural e, apenas em alguns casos, para desfazer dúvidas e ambiguidades, a indicação de homonímia, paronímia e significado. Recomendamos ao leitor que acesse a página da ABL (www.academia.org.br) e aprecie o gratuito sistema de busca de palavras naquele portal.

1 A REDAÇÃO FORENSE

O escrever corretamente assume no campo do Direito valor maior do que em qualquer outro setor. O advogado que arrazoa ou peticiona ou o juiz que sentencia ou despacha têm de empregar linguagem escorreita e técnica. A boa linguagem é um dever do advogado para consigo mesmo.

O *Direito* é a profissão da palavra, e o operador do Direito, mais do que qualquer outro profissional, precisa saber usá-la com conhecimento, tática e habilidade. Deve-se prestar muita atenção à principal ferramenta de trabalho, que é a palavra escrita e falada, procurando transmitir melhor o pensamento com elegância, brevidade e clareza.

Nesse contexto surge a **redação forense** ou o **português jurídico**. Mas o que têm a traduzir tais expressões?

Os operadores do Direito são profissionais da comunicação que se valem, cotidianamente, de enunciados comunicativos para levarem a cabo a exteriorização das normas jurídicas, como as decisões judiciais, os textos doutrinários e as petições.

Nascimento (1992: XII) preconiza que "a linguagem é um meio de transmissão de ideias. Quanto melhor for o meio, melhor será a transmissão. Em Direito, a transmissão terá que ser perfeita, a fim de alcançar seus altos objetivos".

Nesse diapasão, despontam as normas gramaticais, que servirão de lastro para a veiculação da mensagem jurídica no dia a dia do operador do Direito. Portanto, não é inoportuno concluir que, se sobeja o domínio das classes gramaticais, realça-se a precisão na linguagem jurídica.

Entretanto, tudo se apresentaria simples, se não convivêssemos com um idioma marcadamente complexo, cujo desconhecimento atinge até aqueles que dele necessitam para exercerem seus misteres.

O operador do Direito vive do Direito e da Língua Portuguesa, primacialmente. Um erro em petição, sentença ou acórdão tem o condão de retirar-lhe a pujança e a autoridade, além de espelhar a incapacidade do anunciante. Ademais, há "efeitos colaterais" demasiado incômodos: o cliente, se perceber o erro, pode se questionar: "como é possível o meu advogado não saber concordância verbal ou ortografia, se vive da arte de convencer outrem?". A situação será, no mínimo, embaraçosa.

Essa é a razão que nos levou à confecção da presente obra – a necessidade de o profissional dominar as questões afetas à Língua pátria, sanando dúvidas do vernáculo em suas atividades diárias de escrita. Daí se falar no chamado *português jurídico* – expressão que pode criar uma falsa ideia acerca de seu significado. É patente que a Língua Portuguesa é uma só: advogados, juízes, médicos, dentistas e outros profissionais, todos eles falam o mesmo português. O que se denomina "português jurídico" é, então, a aplicação das regras gramaticais aos recursos expressivos mais usuais no discurso jurídico. É a exteriorização jurídica do sistema gramatical. Traduz-se no empréstimo das ferramentas gramaticais pelo Direito, que se incumbe de produzir um objeto final: o *português jurídico*.

É imperioso que o operador do Direito, que se vale das ferramentas acima mencionadas, mantenha constante preocupação em expressar as ideias com clareza e precisão, sem sacrificar o estilo solene que deve nortear a linguagem forense. Para levar a cabo tal mister, não pode se valer da fala pedante[1], com dizeres mirabolantes e terminologia "enrolativa", que vem de encontro à precisão necessária e à assimilação do argumento exposto. A linguagem hermética e "centrípeta" só agrada ao remetente, não ao destinatário.

Tal modo egoísta de transmissão de ideias, não raro nos ambientes forenses, deve ser banido com presteza. Estamos chegando a um ponto em que a convivência com a prolixidade no redigir, adotada por centenas de aplicadores do Direito menos avisados, gera estranheza ao leitor do texto, quando, diversamente, encontra-o enxuto e despido de rodeios. Parafraseando o insigne Padre Antonio[2] Vieira, *"o estilo há de ser fácil e muito natural"*.

Com efeito, o culto à boa linguagem rareia no dia a dia do operador do Direito, quer se passe nos bancos acadêmicos, quer se desenrole nos recantos profissionais. Têm-se encontrado, às escâncaras, narrativas pobres ou rebarbativas em conteúdo.

Nessa esteira, preconiza o eminente gramático Cegalla (1999: 12):

> A função dos adjetivos é caracterizar os substantivos. Devem ser adequados e usados com parcimônia. A adjetivação excessiva torna a frase[3] chocha. Além de sóbria e precisa, a adjetivação há de ser, no mesmo texto, diversificada. Para caracterizar um crime bárbaro, por exemplo, não faltam sinônimos para evitar a repetição do adjetivo: odioso, nefando, execrável, hediondo, abominável, etc.

---

1 **Preciosismo ou rebuscamento**: é vício marcado pela afetação na linguagem, cuja casticidade pauta-se pelo artificialismo e por sutilezas excessivas. Não se deve sacrificar a ideia, fugindo do natural, a fim de causar "impressão", sem lograr transmitir o pensamento com clareza.

2 Grafa-se **Antônio**, com acento – paroxítona, terminada em ditongo crescente -io –, uma vez que, segundo norma da ABL, "os nomes próprios personativos, evocativos e de qualquer natureza, sendo portugueses ou aportuguesados, serão sujeitos às mesmas regras estabelecidas para os nomes comuns" (VOLP). Todavia, omitir-se-á o acento, se o interessado desejar, *sponte sua*, grafar o nome desse modo.

3 A **frase** é a menor unidade de um discurso, traduzindo-se em enunciado linguístico de sentido completo. Ao estabelecer uma comunicação, a frase é hábil a transmitir uma ideia, uma emoção, uma ordem ou um apelo. Ressalte-se que, em uma frase, a presença do verbo não é obrigatória (Exemplo: *Boa-tarde!*).

Portanto, é questão de urgência: devemos evitar a terminologia pernóstica utilizada em textos jurídicos, procurando alcançar o conceito de precisão e objetividade na exposição do pensamento, que, necessariamente, passa pelo paradigma de *boa linguagem*, cujos pilares conheceremos em breve, na presente obra. Aliás, o dito popular é claro: *"Quem muito fala, muito erra e muito enfada"*.

Ademais, não se pode confundir a linguagem polida ou solene com expressões de subserviência, oriundas de um anacronismo extemporâneo, tais como os termos[4] "suplicante" e "suplicado"[5]. Tais vocábulos são resquícios de vassalagem, vindos do tempo da *Casa de Suplicação*, já ultrapassada pela inexorabilidade dos séculos, mas não por alguns profissionais menos avisados.

Como enfatiza Cândido Dinamarco, *"o Juiz é homem de seu tempo"*, que exerce uma das mais nobres atribuições conferidas às pessoas na sociedade organizada. Por seu turno, o advogado exercita nobre mister ao meio social. Ambos, juiz e advogado – e outros operadores do Direito – não necessitam expressar-se com a utilização de linguagem esotérica e retórica, quando não servil, sob pena de lhes servir o rótulo de "chatos". Quem é o chato? Walter Winchell define com argúcia: *"Chato: um sujeito que envolve uma ideia de dois minutos num palavreado de duas horas"*.

Em entrevista ao jornal *O Estado de S. Paulo* (dez. 1999, p. 38), o meritíssimo Juiz de Direito José Renato Nalini, então conselheiro da Escola Paulista da Magistratura, afirmou:

> Se o português é essencial para qualquer carreira, em relação ao Direito ele é um pressuposto. A única arma do bacharel é a linguagem. Do mau conhecimento ou da inadequada utilização desse instrumento, poderão derivar vulnerações e mesmo o perecimento de direitos alheios, como a liberdade, a honra e o patrimônio das pessoas.

Nadólskis, Marcondes e Toledo (1997: 7) asseveram, no mesmo diapasão:

> Todo cidadão deve zelar pelo vernáculo, mas o advogado é o grande profissional da palavra. É a palavra que dá forma final a seu trabalho. Se ele não sabe usá-la com perícia, os testemunhos, os documentos, o apoio legal, a bibliografia jurídica, as provas factuais não se transformam em argumentos e não lhe permitem defender,

---

4   Segundo Nascimento (1992: 239), "**termo** é a expressão material da ideia falada ou escrita. De certa forma, podemos dizer que é a palavra, para simplificar a noção" (destaque nosso).

5   Os termos **suplicante** e **suplicado** caíram em desuso, devendo ser substituídos por *autor* e *réu*, não obstante terem sua vernaculidade aforada em autores de inquestionável autoridade. Traduzem uma postura genuflexa do ato de pedir justiça (*genufletir*: dobrar os joelhos, postura de subserviência; *genuflexão*: ato de genufletir). Tais nomes eram termos em voga nas antigas organizações judiciais de Portugal, quando os recursos eram dirigidos à *Casa de Suplicação*. Coisa do passado, portanto, e usada alhures...

> acusar, contestar, exigir, exortar, tergiversar, persuadir, convencer com eficiência. Seu sucesso na profissão é diretamente proporcional a seu desempenho linguístico, a sua habilidade em manejar palavras.

E prosseguem os renomados autores:

> Muito mais que a parafernália retórica é o respeito a esta verossimilhança que persuade e convence, dando foros de verdade aos textos jurídicos, porque um discurso vazio, por mais retumbante que seja, não convence ninguém, é "címbalo que tine", "bronze que soa", cujo som não persiste (1, Co, 13). (...) O advogado é o homem da palavra, e a palavra é a "terra" que lhe cabe submeter e dominar (Gen, 2).

Sabe-se que o advogado despreparado possui vocabulário limitado. Desconhece o sentido das palavras e raramente consulta o dicionário. Esse distanciamento do vernáculo é maléfico, porque o retira do "mundo das letras", alienando-o em um ambiente de "falso conhecimento" do léxico, o que é de todo condenável. É comum encontrar operadores do Direito que opinam sobre regência de verbos, concordância de nomes, uso de crase e ortografia, sem que se deem ao trabalho de se dedicar à penosa tarefa de assimilar as bases da gramática do idioma doméstico. Encaixam-se, portanto, no perfil de ousados corretores que, no afã de corrigirem, extravasam, na verdade, um descaso com a língua, ao contrário do que pensam exteriorizar: domínio do português. Não é por acaso[6] que, segundo os árabes, "nascemos com dois olhos, dois ouvidos, duas narinas e... uma boca". É para ter mais cuidado no falar.

Em entrevista ao *Jornal do Advogado* (OAB), em 8 de junho de 2001, Miguel Reale, ao ser inquirido sobre quais eram os pré-requisitos para o exercício da carreira de advogado, respondeu:

> Em primeiro lugar, saber dizer o Direito. Nos concursos feitos para a Magistratura, para o Ministério Público e assim por diante, a maior parte das reprovações são devidas à forma como se escreve. Há uma falha absoluta na capacidade de expressão. Então, o primeiro conselho que dou é aprender a Língua Portuguesa. Em segundo

---

6   A expressão **se acaso**, no sentido de "se porventura" é gramaticalmente adequada. *Acaso* significa "por acaso, porventura", não tendo nada que ver com a conjunção condicional *caso*. Exemplos:
   - *Se acaso você chegasse a minha casa, iríamos jantar juntos.*
   - *Se acaso você vir o Márcio, dê-lhe um forte abraço.*
   - *Se acaso você vier amanhã, não se esqueça dos livros.*
   - *"Se acaso me quiseres, sou dessas mulheres..."* (verso da canção *Folhetim*, de Chico Buarque).

   Observação: Há redundância viciosa em "se caso" – expressão condenável, formada por palavras de igual significado. Deve-se usá-las isoladamente, e não em conjunto, sob pena de chancelar superfluidade vitanda. Dizer "se caso..." é o mesmo que dizer "se se", haja vista tratar-se de duas conjunções condicionais, exprimindo ambas uma condição.

lugar, pensar o Direito como uma ciência que envolve a responsabilidade do advogado por aquilo que diz e defende. Em terceiro lugar, vem o preparo adequado, o conhecimento técnico da matéria.

Nesse passo, Nascimento (1992: 248-249) relembra com precisão que "embasando as qualidades da linguagem do Direito está a Gramática, *lato sensu*[7]. Não há advogado sem gramática, visto como a intelecção, ou a interpretação de leis, sentenças, acórdãos, contratos, escrituras e testamentos se reduz à análise do texto à luz da gramática".

Como se nota, o desconhecimento do vernáculo torna o advogado um frágil defensor de interesses alheios, não sendo capaz de convencer sobre o que arrazoa, nem postular adequadamente o que intenciona. Pode até mesmo se ver privado de prosseguir na lide, caso elabore uma petição inicial ininteligível ou em dissonância das normas cultas da Língua Portuguesa, uma vez que o Código de Processo Civil, no art. 156, obriga o uso do vernáculo em todos os atos e termos do processo.

Ao se referirem sobre a possibilidade de se considerar "inepta"[8] uma petição inicial, Nadólskis, Marcondes e Toledo (1997: 21) citam De Plácido e Silva, para quem a petição assim se revela "quando não se mostra fundada na razão e se apresenta confusa, ou inconcludente, ou contraditória, ou desconexa, ou absurda".

E prosseguem os renomados autores, afirmando que

> estas considerações levam a inferir que o advogado, além de conhecer o ordenamento legal, tem de dominar as técnicas redacionais, a fim de construir um texto coeso e coerente, livre de ambíguas ou múltiplas interpretações, sem contar a exigência de um padrão culto de língua. Não há necessidade de rebuscamentos. Bastam[9] a clareza e a correção.

---

7 A expressão latina ***lato sensu*** (escreve-se *lato*, e não "latu") contrapõe-se à expressão ***stricto sensu***. A primeira quer dizer "em sentido amplo", enquanto a segunda significa "em sentido estrito". Não se deve pôr a preposição "em" antes de tais expressões.

8 **Inepto e inapto**: o *inapto* é "aquele que não é apto", ou seja, "sem aptidão, incapaz". Exemplo: *O deficiente físico foi considerado inapto para o exercício daquela função*. Inepto, por sua vez, tem a acepção de "inábil, bobo, estúpido, tolo". Exemplos:
- *Suas ideias são ineptas, e quem as profere, mais ainda.*
- *A decisão foi de todo inepta e prejudicial.*
- *Um empregado inapto não é obrigatoriamente inepto.*

9 O verbo **bastar** concorda normalmente com o sujeito, seguindo a regra geral de concordância verbal. Exemplos:
- *Bastavam poucos recursos para tocar o negócio.*
- *Não bastam dez horas de estudo.*
- *Como se não bastassem tantos telefonemas que fiz, houve reclamação (núcleo do sujeito: telefonemas).*
- *Como se não bastassem tantas propostas indecentes, fui mal atendida (núcleo do sujeito: propostas).*

Desse modo, o aplicador do Direito deve atrelar à linguagem jurídica um razoável conhecimento das normas de rigor[10] do nosso léxico, a fim de que logre se destacar na arte de convencer outrem – ofício primacial do causídico.

Segundo Damião e Henriques (2000: 27), "o ato comunicativo jurídico, conclui-se, exige a construção de um discurso que possa convencer o julgador da veracidade do 'real' que pretende provar. Em razão disso, a linguagem jurídica vale-se dos princípios da lógica clássica para organização do pensamento. (...) O discurso jurídico constrói uma linguagem própria que, no dizer de Reale (1965: 8), 'é uma linguagem científica'".

A propósito[11] do termo *linguagem jurídica*, faz-se mister elucidar que é gênero do qual exsurge espécie conhecida por *linguagem forense*. Esta representa a linguagem do advogado, enquanto aquela refere-se à linguagem jurisprudencial, doutrinária ou legislativa. Há três funções para a *linguagem forense*: tomar cautela, escrever e responder. Na verdade, as três palavras (verbos) encerram o nobre mister do advogado, podendo ser assimiladas, consoante a língua latina, em *cavere, scribere et respondere*. Não há como conceber o dia a dia do advogado despido dessas funções: sempre deve redigir as peças (*scribere*), tomando cautela com o procedimento nas ações (*cavere*) e com a resposta aos atos processuais (*respondere*).

Por meio de uma linguagem jurídica breve, clara e precisa, o operador do Direito reúne atributos à formação da *elegantia juris*, como denomina Jhering, ou beleza funcional (ou *estética funcional*). A dificuldade a ser suplantada pelo causídico em seu eminente trabalho diuturno[12] é conciliar a brevidade com a clareza, alcançando-se o conceito da *elegantia juris*.

No entanto, se houver sujeito oracional, não há concordância no plural. Exemplos:
- *Os problemas, não basta evitá-los, porém, solucioná-los.*
- *Basta que eles assegurem a exatidão dos cálculos.*

Por fim, ressalte-se que é invariável a expressão **basta de**, no sentido de "chega!". Exemplos:
- *Basta de engodo! Basta de enrolação!*
- *"Basta de clamares inocência"* (verso da canção *Basta de Clamares Inocência*, de Cartola).

10 **A rigor**: a expressão *a rigor*, aceita por dicionaristas de prol (Aurélio, por exemplo), pode ser usada como
   a) *locução adjetiva*, usada na expressão "traje a rigor", como sinônimo de "cerimonioso";
   b) *locução adverbial*, sinônima de "na verdade, a bem dizer ou rigorosamente falando". Exemplos:
   - *A rigor, não é esse o caminho.*
   - *"A rigor, o adjetivo só existe referido a um substantivo"* (Celso Cunha, *Gramática do Português Contemporâneo*, p. 182, *apud* Cegalla, 1999, p. 36).

   Observação: registre-se que há gramáticos que tacham a locução adverbial de galicismo, propondo que se diga **em rigor**, forma adotada por literatos de renome. Portanto, podem ser admitidas ambas as formas: *a rigor* e *em rigor*. Observe:
   - *"Em rigor, o gato não nos afaga, mas afaga-se em nós"* (Machado de Assis *apud* Cegalla, 1999, p. 138).

11 A locução adverbial **a propósito**, na acepção de "oportunamente, no momento certo", tem sinônimo erudito: **de molde**. Portanto: *A sua chegada veio de molde.*

12 O adjetivo **diuturno** tem o sentido daquilo "que vive muito tempo" ou "que tem longa duração". Não se deve confundir com "diário", com "cotidiano" ou, até mesmo, com "diurno". Observe o uso apropriado:

JURISMACETES

1. FAZER JUS A

Situação: *Ele fez jus à vitória.*

Comentário: a expressão idiomática **fazer jus a**, no sentido de "merecer", é bastante encontradiça na linguagem forense. O problema está na grafia do monossílabo **jus**, que deve ser grafado sem acento e com -s. Cuidado com o equivocado -z, criando-se um "juz" de "outro planeta"... A dúvida, talvez, nasça da infundada associação a outros monossílabos, terminados em -z, como *fiz, diz, faz, paz*. Aproveitando o ensejo, vale notar a semelhança com *pus*, grafado com -s, quer no sentido de "secreção", quer como "1ª pessoa do singular (eu) do pretérito perfeito do indicativo do verbo *pôr*". Por derradeiro, não é inoportuno relembrar que os tempos derivados dos verbos *pôr* e *querer* serão sempre grafados com -s, como *pus, pusera, puséssemos, puser, quis, quisera, quiséssemos, quisestes*.

2. RIXA

Situação: *O crime de rixa tem previsão no art. 135 do Código Penal.*

Comentário: o substantivo **rixa** deve ser grafado com -x. Dele derivam nomes como *rixentos* e *rixosos*. Grafam-se, ademais, com -x: *xampu, xícara, xaxim, lagartixa, coaxar, bruxa, xucro, xingar, extravasar, extemporâneo*.

3. VIVER À CUSTA DE – ESTAR EM VIA DE

Situação: *O genro vive à custa do sogro.*

Comentário: a locução prepositiva **à custa de** é escrita sem o -s ("custas"). Há quem admita a forma "às custas de", porém, à luz do português jurídico, é preferível a utilização de à custa de (sem o -s). O que existe é **custas**, como substantivo designativo de "despesas processuais". Com propriedade, Jucá Filho (1963: 178) estabelece clara distinção, citando dois exemplos: "Consegui-o à custa de muito bom dinheiro; e Ele foi condenado às custas do processo".

Diga-se, ainda, que a expressão "às custas de" é de péssima sonoridade, denotando total falta de familiaridade com as normas cultas da Língua Portuguesa. Portanto, com correção:

- *Ele vive à custa do pai.*
- *O serviço foi feito à minha custa.*
- *Fez concessões à custa do amigo.*
- *O réu vivia à custa de sua companheira.*
- *"À custa de quem se vestem estes Narcisos e Adônis?"*[13].

Uma locução equivalente que pode ser utilizada é **a expensas de** (sem crase) ou **às expensas de** (com crase). *Expensas* são gastos ou despesas. Observe as frases abaixo:

- *"O posto policial foi instalado a expensas da Companhia"*[14].
- *O noivo desempregado vive às expensas da noiva paciente.*

- *O projeto chegou ao fim depois de incansável trabalho diuturno.*
- *O recorde nas Olimpíadas foi à custa de treino diuturno.*

13 Camilo Castelo Branco. *A queda dum anjo*, p. 51, *apud* Cegalla, 1999, p. 10.
14 Carlos Drummond de Andrade. *Obra completa*, p. 450, *apud* Cegalla, 1999, p. 14.

O mesmo se diga da locução prepositiva **em via de**, equivalente a "prestes a", que deve ser escrita sem o -s. A expressão "em vias de" já está dicionarizada e, portanto, pode ser aceita em Português, embora não represente forma adequada à luz do português jurídico. Logo:

- *O jovem está em via de completar a maioridade.*
- *O namoro está em via de romper-se.*
- *O barraco, em virtude das fortes chuvas, estava em via de desabar.*

Importante: a locução preposicional **com vista a** é biforme, podendo ser utilizada com -s (**com vistas a**). Uma e outra significam "a fim de, com o propósito de", sendo chanceladas pelos dicionários em ambas as formas.

4. À MEDIDA QUE – NA MEDIDA EM QUE

Situação: *À medida que estudava, percebia que o estudo é mister cumulativo.*

Comentário: a locução conjuntiva (ou conjuncional) **à medida que** deve ser grafada com o sinal indicador da crase e, principalmente, sem a inoportuna preposição "em", criando a inadequada expressão "à medida em que". Com efeito, a locução vernácula *à medida que* possui timbre de imutabilidade, sendo cristalizada. Portanto, não se pode alterar aquilo que se nos apresenta fossilizado no léxico. Nesse passo, veja-se que a crase ocorre, de modo similar, em *às pressas, à custa de, à risca, à vista, à proporção que,* entre outras locuções adverbiais, prepositivas ou conjuntivas. Por seu turno, a expressão em análise, não obstante considerada galicismo pelos puristas, é forma vernácula, tendo as seguintes variações: *à proporção que, conforme, ao mesmo tempo que,* entre outras, que delineiam uma ideia de variação do estado de coisas em razão proporcional. Exemplos:

- *Ele chorava à medida que relia seu nome na lista de aprovados.*
- *A carga tributária do Brasil subia à medida que os tributos eram majorados.*
- *As taxas de juros irão baixar à medida que os preços dos bens de consumo caírem.*

Ressalte-se que, paralelamente à locução em comento, exsurge outra, bastante semelhante, todavia com sentido diverso: **na medida em que**. Essa locução conjuntiva causal traz em seu bojo a preposição "em", agora plenamente cabível. Tendo o sentido de "tendo em vista que", introduz uma oração com a ideia de causa. Exemplificando:

- *Ele bateu todos os recordes olímpicos na medida em que treinou com obstinação.*
- *Ele não passou no concurso na medida em que vivia na folia.*
- *"A regra da igualdade não consiste senão em quinhoar desigualmente aos desiguais, na medida em que se desigualam"* (Rui Barbosa).

5. FORO (Ô)

O termo **foro** (ô) contém várias acepções, a saber:

a) O Poder Judiciário, o juízo. Exemplo:

- *Os contratantes elegem o foro desta cidade para dirimir quaisquer questões oriundas do contrato.*

b) O prédio no qual funcionam as repartições do Poder Judiciário. Exemplo:

- *O foro da Comarca estava localizado no bairro de Pinheiros.*

c) O poder de julgar, ou seja, a alçada ou jurisdição. Exemplos:

- *Foro civil – Foro criminal – Foro trabalhista – Foro militar – Foro judicial.*

d) A quantia que o enfiteuta paga ao senhorio direto pelo uso de um imóvel foreiro. Exemplo:

- *O foro pago pelo enfiteuta onerou em demasia suas reservas.*

e) O direito, na forma plural, como "foros" (pronuncie "fóros"). Exemplo:
- *Ele adquiriu foros de cidadania.*

f) O juízo da própria consciência, na expressão idiomática **foro (ô) íntimo**.

Observação: foro (ó): designação da praça romana, cercada de prédios públicos, onde as pessoas se reuniam para discutir os negócios públicos. No foro (/ó/) romano, competiam aos pretores os julgamentos das demandas ou causas.

A HORA DO ESPANTO
AS "PÉROLAS" DO PORTUGUÊS

1. Asalto
   Correção: escreve-se *assalto*, com dois "ss".

2. Aperfeiçoação
   Correção: o VOLP somente admite *aperfeiçoamento*, ficando outros vocábulos adstritos ao campo da invencionice.

2 A COMUNICAÇÃO JURÍDICA

O texto jurídico na petição é uma forma de comunicação entre o advogado (transmissor) e o juiz (receptor), por meio da mensagem (pretensão aduzida pelo transmissor).

Na linguagem escrita, diferentemente da despretensiosa e possível linguagem falada do dia a dia, cabe ao operador do Direito a irrestrita adesão às normas da gramática, devendo o transmissor preocupar-se com a clareza e a objetividade. Esse cuidado no redigir remete aquele que lida com a linguagem jurídica, na qualidade de transmissor da mensagem, à chamada norma culta, aquela de maior prestígio, por meio da qual deverá observar as normas gramaticais em sua plenitude. Dessa forma, o profissional do Direito deve ficar circunscrito ao rigor da linguagem formal.

A *norma culta*, segundo os notáveis dizeres de Dino Preti (1987:54), ocupa o patamar do ideal linguístico de uma comunidade, como a norma de maior prestígio social. Trata-se da norma-padrão, utilizada pelas pessoas cultas e escolarizadas, servindo como o veículo de todo complexo cultural, científico e artístico que se viabiliza na forma escrita. É a norma tradicionalmente observada nos ambientes acadêmicos (conferências, universidades, reuniões formais) e escolares, embora se possa – e deva-se – deixar claro que tanto a norma popular como a norma culta serão apropriadas, dependendo do contexto em que se estabelecerem.

Devemos evitar os maus hábitos da linguagem descomprometida, veiculada com descaso no exprimir. Como nós representamos o mundo intelectualmente por palavras, não podemos corromper nosso pensamento com vocábulos ruins ou incorretos, falseando nossa visão, e prejudicando o propósito comunicacional.

Hodiernamente, é evidente a deturpação da linguagem por aqueles que a deveriam mimar. Refiro-me aos vários meios de comunicação escrita e falada (jornais, revistas e periódicos; universidades e centros de informação) e, fundamentalmente, àqueles de comunicação televisiva e auditiva (tevê e rádio). Apresentam-se dia a dia com uma linguagem distante das normas cultas, incapaz de convencer, quanto menos seduzir. Aliás, nos últimos tempos, não é raro deparar o cultor do idioma, para o seu mais genuíno desespero, com a mensagem falaciosa propagada por esses meios de comunicação de que "não importa a linguagem correta, mas, sim, a comunicação...". Tirante a absurdez do enunciado, é de se indagar: o que é "comunicação", senão a informação transmitida com linguagem escorreita e preocupada com o êxito comunicacional? Afinal, a boa linguagem é aquela que consegue expressar adequadamente um assunto querido, no contexto situacional pertinente. Essa adequação nasce, necessariamente, a partir da obediência ao rigor linguístico, responsável pela formação de uma mensagem que convence e seduz.

Portanto, a proliferação da linguagem desconexa, com desprezo à etimologia e à semântica, torna o emissor incapaz de representar a realidade por meio de palavras, inviabilizando uma comunicação adequada entre as pessoas.

Um exemplo retumbante de linguagem "nova", sem nexo etimológico nem semântico, que tem corrompido as estruturas basilares da boa linguagem é aquela utilizada na Internet e nos *sites* (em Portugal, é dito *sítios*), por internautas e seus usuários. Ali não se comunicam por palavras, balbuciam-nas. A estrutura frasal (sujeito, verbo e complemento) é inexistente. Quer-se comunicar com o menor número de toques no teclado, nem que sejam cinco, quatro, dois ou, o que é incrível, um toque. Deturpa-se o pensamento e sua tradicional manifestação. Corrompe-se a boa linguagem, por meio de uma manifestação "automática" do pensar. Pergunta-se: *para onde teriam ido a linguagem literária, o sentido das palavras, a arte de escrever e se comunicar e a técnica da redação?*

Visto que[1] é inequívoco o descaso com nosso léxico, é imperioso que nos conscientizemos da necessidade de uma "realfabetização", que nos municie a tomar novos rumos na formação de um processo linguístico satisfatório na arte da comunicação. O trabalho é árduo, haja vista a propaganda ideológica contrária que, manipuladoramente irreal, leva o aplicador do vernáculo a crer que "falar ou escrever bem" é "falar ou escrever simples, mesmo que o 'simples' atente contra as regras gramaticais". Pelo menos no contexto do discurso jurídico, em que a linguagem solene é indispensável, não se pode admitir argumento desse jaez, uma vez que "falar ou escrever bem no mundo do Direito" é se pautar na arte do convencimento com sedução, à luz das normas cultas da Língua Portuguesa.

Luis Fernando Verissimo, defendendo a tese de que a linguagem é meio de comunicação, considera indispensável obtê-la, independentemente da obediência cega às normas de rigor da Gramática. Mostrando no trecho a seguir uma divertida "implicância" com a Gramática, o ínclito escritor reconhece ser indispensável a intimidade com o léxico, até porque seu ofício é escrever, mas traz algumas ressalvas. Daí intitular seu interessante artigo, com o humor que lhe é característico, de "O Gigolô das Palavras". Observe um trecho do artigo extraído da obra de Rodríguez (2000: 278):

---

1 A expressão **visto que** (ou seja, "uma vez que, porquanto") pode ser utilizada sem problemas. Por falar em problema, este existe quando se emprega o tal de "eis que", que representa condenável impropriedade, quando em lugar de "porque, porquanto, uma vez que ou pois".

> (...) a linguagem, qualquer linguagem, é um meio de comunicação e que deve ser julgada exclusivamente como tal. Respeitadas algumas regras básicas da Gramática, para evitar os vexames mais gritantes, as outras são dispensáveis. A sintaxe é uma questão de uso, não de princípios. Escrever bem é escrever claro, não necessariamente certo. Por exemplo: dizer 'escrever claro' não é certo, mas é claro, certo? O importante é comunicar. (E quando possível surpreender, iluminar, divertir, comover... Mas aí entramos na área do talento, que também não tem nada a ver com a Gramática.)
>
> A Gramática é o esqueleto da língua. Só predomina nas línguas mortas, e aí é de interesse restrito a necrólogos e professores de Latim, gente em geral pouco comunicativa. Aquela sombria gravidade que a gente nota nas fotografias em grupo dos membros da Academia Brasileira de Letras é de reprovação pelo Português ainda estar vivo. Eles só estão esperando, fardados, que o Português morra para poderem carregar o caixão e escrever sua autópsia definitiva. É o esqueleto que nos traz de pé, certo, mas ele não informa nada, como a Gramática é a estrutura da língua, mas sozinha não diz nada, não tem futuro. As múmias conversam entre si em Gramática pura.

Concordar ou não com a tese exposta por Verissimo é uma questão de posicionamento pessoal e, sobretudo, situacional. É claro que, assim pensando, não estamos negando o fato de que a língua é propensa a variações. Não advogamos a tese da existência de uma única norma linguística possível, em que a língua seria representada por uma entidade monolítica, imutável – a própria norma linguística gramatical ou dicionarizada. Com efeito, a ideia de "monólito" é expressiva, porquanto tal palavra refere-se àquilo que forma um só bloco, um todo rígido, homogêneo, impenetrável. Assim, a língua teria uma única face de realização, e aquilo que pretendesse desafiar os cânones da gramática normativa seria tachado de "erro crasso". Sabemos da impraticabilidade dessa visão e não a endossamos. É evidente a existência de mais de uma norma linguística possível, em que a língua será representada por conjunto de normas, no lugar de uma entidade monoliticamente prescritiva ou dicionarizada. Nesse passo, as faces de realização da língua estabelecem, com a gramática normativa e com os dicionários, um diálogo de maior ou menor aproximação.

A questão que nos aflige é outra: *o que se espera de um operador do Direito no seu trato com a escrita e com a fala?* A nosso ver, o problema da norma linguística tem de considerar a língua efetivamente realizada, observando cada interação em sua integralidade e complexidade. Ou seja: é a própria sociedade que deve configurar "o que e como" se espera que se diga/escreva, em cada interação. Se esta requer um registro mais elaborado do falante – como o que deve prevalecer no mundo do Direito –, este deverá utilizar recursos lexicais, fraseológicos e gramaticais mais elaborados, sob pena de sofrer uma "sanção social". Por outro lado, se a interação requer um registro menos comprometido com a tradição (algo próximo do coloquial) – o que não é comum no discurso do Direito –, o falante deverá utilizar recursos lexicais menos sofisticados, também sob pena de "sanção social", caso a isso desobedeça. Portanto, tudo dependerá de cada interação ou situação de comunicação. Não há um registro linguístico único para todas as interações. Há um registro linguístico adequado para cada interação (cf. Leite, 2005: 196-197).

Na atualidade, é possível encontrar escritores famosos, mestres e até doutores, na área jurídica ou não, que, por não terem adquirido os rudimentos gramaticais, permanecem "analfabetos", incapazes de completar uma frase, redigir um período compreensível e, muito menos, desenvolver uma dissertação, embora escrevam teses eruditas, ainda que se espere deles uma linguagem de prestígio.

Parafraseando uma tirada famosa de Churchill, deles se poderia dizer que *"quando se sentam para escrever não sabem o que vão dizer; quando escrevem, não sabem o que estão dizendo; e, quando terminam, não sabem o que disseram"*. Muito menos seus leitores – infelizes destinatários da mensagem.

Ao redigir as peças, ao advogado compete buscar a clareza a todo custo, imprimindo nas palavras um sentido próprio e denotativo, a fim de que não se permita mais de uma interpretação ao que se expõe. *"A palavra é a porta de entrada para o mundo"*, nas palavras de Cecília Meireles, devendo o advogado atravessá-la por meio de uma linguagem satisfatória.

A linguagem conotativa precisa ser evitada, relatando-se os fatos como foram de verdade, e não como deveriam ter sido.

Vamos diferençar "denotação" de "conotação":

- **Denotação:** linguagem referencial que reflete o mundo objetivo, representando a realidade.
- **Conotação:** linguagem figurativa que alcança o mundo subjetivo, diferente da realidade posta. Designa tudo o que o termo possa avocar, com interpretações diferentes e múltiplas, dependendo do contexto em que se conferir. Por meio da linguagem conotativa, transcende-se a realidade.

Portanto, a linguagem denotativa é aquela que deve nortear os petitórios, sendo exteriorizada por meio do idioma nacional – o português. Com efeito, é patente a imprescindibilidade do uso do idioma nacional nos atos processuais, além de corresponder a uma exigência que decorre de razões vinculadas à própria soberania nacional, como projeção caracterizadora da norma inserida na Constituição Federal, art. 13, *caput*, que proclama ser a Língua Portuguesa o idioma oficial da República Federativa do Brasil.

Dessarte, os arrazoados demandam conteúdo acessível a todos, nada impedindo que se valha o culto causídico de frases ou expressões em outro idioma, para as quais, dependendo do caso, deve proceder à imediata tradução na peça.

É tempo, pois, de se mudar a linguagem jurídica, livrando-a de excessos, dos "entulhos literários" e da adjetivação presunçosa. Confeccionar uma narrativa clara e concisa dos fatos é burlar as extravagâncias de linguagem, a serviço da Justiça[2] e da imagem de quem a emite. Aliás, Guimarães Rosa não poupa justeza quando assevera que *"o idioma é o espelho da personalidade"*.

Parafraseando, nesse ínterim, a expressão latina *Dat mihi factum, dabo tibi jus* e adequando-a à mensagem querida, ter-se-ia: "Dá-me os fatos" com simplicidade e clareza, e "eu te darei o direito", com praticidade e bom senso.

À guisa de exemplificação, conta-se que um assessor de Franklin Roosevelt, ao ajudá-lo na elaboração de um discurso, escreveu: "Esforçar-nos-emos para criar uma sociedade mais inclusiva". O presidente americano, ao lê-la em voz alta, achou-a vazia e pretensiosa, substituindo-a por: "Vamos construir um país em que ninguém fique de fora". Aula de simplicidade, não acha?

Devemos, dessa forma, evitar expressões como "vem à presença de Vossa Excelência com o mais inclinado respeito ...". Basta ir à presença ou estar na presença, pois o advogado tem o dever de postular o direito de seu cliente, e o magistrado, o dever de prestar a jurisdição.

Ou ainda: "fulano de tal vem à presença rutilante, refulgente, briosa, resplandecente, preclara e esplendorosa de Vossa Excelência ...". Perguntar-se-ia: isso é real? Porque, a princípio, não se acreditaria que algum advogado tenha escrito dessa forma em petição... Dir-se-á: que mente criativa! Todavia, infelizmente, é real! Bem que Miguel de Cervantes, em seu romance *Dom Quixote* (1605), já havia prelecionado, no século XVII: *"A pena é a língua da mente"*.

---

2   O profissional do Direito, conquanto a ciência jurídica busque a univocidade em sua terminologia, convive com um sem-número de palavras polissêmicas. O exemplo clássico é o termo **justiça**, que tanto exprime a vontade de dar a cada um o que é seu, quanto significa as regras em lei previstas e, ainda, o aparelhamento político-jurídico destinado à aplicação da norma do caso concreto. Damião e Henriques (2000: 47) ensinam acerca do vocábulo "justiça" (do latim *justitia*): "Provém de *ius*, *jus* que, por sua vez, é oriundo do sânscrito *iu*, cuja ideia expressava proteção, vínculo ou ordem. No Direito Romano, o *jus* não se identificava com a *lex* (lei), mas estendeu-se ao vocábulo 'direito' em português, *diritto* em italiano, *derecho* em espanhol, *droit* em francês e *recht* em alemão, contaminando o sentido da aplicação da lei, porque ela busca o justo, tanto quanto o Direito procura pela Justiça. Inadequados são, pois, adjetivos comumente empregados nos fechos das peças processuais, *e.g.*, lídima Justiça, porque só ocorre a aplicação da Justiça quando se declaram direitos devidos ao titular e a punição de quem não os respeita, sendo ela, desta sorte, sempre legítima".

Em petições ou sentenças, chega-se, às vezes, ao ridículo de falar com o objetivo de não ser entendido, como denota esta pérola de linguagem a seguir demonstrada:

> "Declinam estes autos saga de prosaico certame suburbano, em que a destra contrariedade do ofendido logrou frustrar sanhuda venida de um adolescente. Foi na Vila Esperança, nesta urbe, em noturna e insone hora undevicésima...".

Seria bem mais simples e clara a transcrição:

> Os autos tratam de um trivial conflito, na Vila Esperança, às 19h, ocasião em que o ofendido conseguiu evitar o repentino e furioso ataque de um adolescente.

Ou, ainda, esta outra, que ressuscita uma "múmia" do vernáculo: o obsoleto termo **suso**. Vejamos:

> "Impende aludir ao venerando argumento suso mencionado ....".

A propósito, a palavra "suso" – com o significado de antes, acima –, não obstante ser do jargão jurídico, padece de insustentabilidade. Por que não se falar, simplesmente, "acima"? Sem contar a falta de sonoridade do vocábulo, que tem sofrível prosódia.

Rodríguez (2000: 38), ao tecer comentários sobre jargão[3], preleciona que, "ao cuidarmos da seleção das palavras, devemo-nos ater ao chamado vocabulário jurídico. Todos sabemos que o advogado tem, por assim dizer, uma linguagem própria, peculiar a sua classe. Isso importa em afirmar que algumas palavras do universo do léxico português, apesar de serem, em tese, acessíveis a qualquer falante, são mais utilizadas pelos advogados, por uma série de motivos". Portanto, o renomado autor entende que o jargão representa a

---

3 Rodríguez (2000: 45), ainda, afirma sobre o **jargão**: "O jargão serve como um dos sinais distintivos da linguagem, mas utilizar algumas expressões em repetição, que não mais são que forma de revelar-se como membro de uma classe, a dos operadores do direito, no caso, não é sinal de boa expressão, de bom texto, de construção clara. Ao contrário, revela-se como pobreza de estilo, como falta de conhecimento ou de segurança para a utilização de outros termos de nossa língua que não somente se expressam com o mesmo valor, como também utilizam uma linguagem mais corrente e permitem troca por outros termos, sinônimos, que acabam por organizar uma construção textual, no mínimo, de leitura mais fluente. Ao redigir, então, o autor deve distinguir o que é termo técnico, insubstituível e com carga semântica determinada, daquilo que é propriamente um jargão. Não se afirma que o jargão não se possa utilizar nunca, pois ele, como qualquer outro termo, também é parte do universo de linguagem que o autor tem à sua disposição. Entretanto, ao contrário do termo técnico, a gíria profissional não deve ser repetida várias vezes em um texto, pois o leitor sabe que o jargão pode ser trocado por outras palavras de valor semelhante, do uso corrente da língua, ao contrário do termo técnico, cuja repetição se admite, em tese, por lhe faltarem sinônimos com a mesma carga de significado".

gíria profissional ou a ornamentação que dá forma à linguagem, em aplicação, em nosso caso, ao Direito.

Deve, portanto, o profissional do Direito agir, pensar e escrever na atualidade, e para a atualidade, sem qualquer prejuízo à qualidade das petições ou para a eficácia dos julgados. Dessa forma, ter-se-á aproximado do conceito da comunicação perfeita, respeitando o destinatário da mensagem, a si próprio e o próprio idioma nacional. Afinal, parafraseando Caetano Veloso, sempre é bom lembrar: *"Minha pátria é minha língua"*.

JURISMACETES

1. A LIBIDO DESENFREADA E O DÓ DA VÍTIMA DO CRIME SEXUAL

Situação: *A libido incontida do estuprador levou-o ao cometimento do crime de estupro.*

Comentário: a **libido** (ou **concupiscência**) designa o apetite sexual. A preocupação, à luz da Língua Portuguesa, é que o nobre usuário do idioma saiba que *libido* é substantivo feminino, portanto, grafando-se, sempre *a libido, minha libido, sua libido, aquela libido* (com determinantes desse gênero feminino). No exemplo em epígrafe, trouxemos à baila outro substantivo de gênero comumente "assassinado", a saber, **dó** – um substantivo masculino. Portanto, diga sempre: *o dó; um dó*, na acepção de "pena, compaixão, comiseração".

2. EXCEÇÃO

Situação: *"A exceção só é regra se a regra for exceção"* (o Autor).

Comentário: o vocábulo **exceção**, a par de outros, como *excesso, excessivo, excessivamente, excepcionar*, deve consumir a atenção do aplicador do Direito, sob pena de o erro ortográfico patentear um inequívoco desleixo do usuário com relação à língua aplicada em seu dia a dia. Insistimos com frequência em salas de aula e auditórios, nos quais proferimos aulas e palestras, que o advogado, juiz ou promotor que escorregar nas palavras em estudo estará fadado à crítica severa e merecida. Saliente-se que a ferramenta de trabalho do operador do Direito é a palavra, e ela deve ser manuseada com domínio e segurança.

3. EXCESSO

Situação: *Sua Excelência estava com um excesso de trabalho, o que a motivou a tomar uma excepcional e excêntrica providência.*

Comentário: a frase disposta acima traz à baila o dígrafo -xc e seu uso em vocábulos de nosso léxico. Como se notou, **excesso**, a par de *excelência, excepcional, excêntrica*, entre outros vocábulos, é grafado com -xc. Com efeito, deve-se tomar cuidado com a grafia de tais palavras, principalmente quando formadas com mais de um dígrafo, como "excesso" ("xc" e "ss"). Aliás, os nomes derivados são escritos da mesma forma: *excessivo e excessivamente*.

4. INTERCESSÃO DO JUIZ

Situação: *Houve a intercessão do juiz na seção eleitoral, a qual ficou desfalcada com a saída do funcionário para fazer uma secção da perna.*

Comentário: o verbo *interceder*, derivado de *ceder*, provoca o surgimento do substantivo **intercessão** (ceder – cessão). Nesse passo, não é demasiado relembrar que sessão (com "três 'esses'") designa o tempo que dura uma reunião, apresentação (*sessão de Júri, sessão de cinema*); seção (ou secção), o departamento ou a divisão (*seção eleitoral, seção de brinquedos, seção de eletrodomésticos*). Usa-se, de modo restrito, *secção* para corte em operação médica (*secção do osso, secção da ferida*) e, também, *ceção* para frescura.

A HORA DO ESPANTO
AS "PÉROLAS" DO PORTUGUÊS

1. **Serve para prosperá**
   Correção: o verbo adequado é *prosperar* (-rar), devendo ser pronunciado o "erre" final, em abono da boa sonoridade das letras.

2. **Bom-censo**
   Correção: a expressão correta é *bom senso*, sem hífen, para o VOLP.

3 A BOA LINGUAGEM

O pensamento humano organiza-se, articula-se e ganha nitidez à medida que o indivíduo exercita a linguagem. Quanto mais[1] nos esforçamos para exprimir nossas ideias de modo claro, mais alcançamos essa virtude rara na comunicação.

Isso nos leva a admitir que a escrita pode ser aprimorada ao longo do tempo. É sabido que não se consegue fluência em um idioma sem contínuo esforço. É importante também frisar – com uma boa dose de ufanismo, é claro – que há idiomas e idiomas, isto é, não há parâmetros de comparação entre nosso riquíssimo vernáculo e outras línguas do globo. Espalhados pelos cinco continentes, somos mais de 240 milhões de cultores de um idioma sedutor e rico. Nesse passo, Analu Fernandes obtempera: *"A língua portuguesa não é difícil. É rica"*.

Essa riqueza, que se mostra pelo brilho de uma gramática lógica e empolgante, tem que ser perscrutada e assimilada, cotidianamente. À proporção que se aperfeiçoa a linguagem, aprimora-se o modo de pensar porque o desenvolvimento da linguagem permite a organização do pensamento e a exteriorização deste em toda a sua complexidade. O esforço trará a consecução do resultado querido: o sucesso na transmissão do pensar. Aliás, *"o que é escrito sem esforço é geralmente lido sem prazer"* (Samuel Johnson).

Como se pode notar, a boa linguagem passa por organização das ideias, com o propósito de que o pensamento, uma vez disciplinado, possa se traduzir em convencimento de outrem. Mas como se devem organizar as ideias? É o que veremos no próximo tópico.

3.1. A ORGANIZAÇÃO DAS IDEIAS

A expressão do pensamento é uma manifestação humana, que pode se representar pela exteriorização da fala, de gestos, da escrita ou de comportamento. O objeto principal da presente obra é analisar a expressão do pensamento pela escrita, que exige igualmente uma disciplina no pensar. É vital, para uma escrita a contento, que se conceba de antemão a ideia querida, refletindo-a em um processo de "ruminação mental", com o fito de manifestá-la com a clareza e a objetividade da boa linguagem. Com efeito, aquilo que se pretende enunciar deve ser bem concebido, com uma detida reflexão da manifestação pretendida. Repise-se que a *reflexão* é pré-requisito para a *expressão*.

---

1 A expressão **quanto mais... tanto mais** correlaciona duas orações. Nada obsta a que se omita a palavra "tanto" na segunda oração (*quanto mais... mais*); todavia, não se pode omitir a palavra "quanto" na primeira oração. Assim, vamos aos exemplos:
 - *Quanto mais dava aulas, tanto mais agitada se tornava a vida.*
 - *Quanto mais tiros davam, mais revides ocorriam.*

É necessário pensar detidamente sobre um assunto, uma ideia, antes de expressá-la. O pensamento, em sua origem, é uma massa disforme que, aos poucos, vai ganhando ordem e corporificação, na busca das palavras exatas que servirão para transmiti-lo.

Em nosso dia a dia, no entanto, não nos dedicamos a essa prática, acabando por cultivar hábitos impulsivos de exteriorização de ideias, o que torna o texto escrito tradutor de lampejos mentais irrefletidos.

O mestre Câmara Jr. (1996:10) ensina:

> A precisão lógica da exposição linguística importa, antes de tudo, no problema da composição, que consiste em ajustar e concatenar os pensamentos. O próprio raciocínio ainda não exteriorizado depende disso para desenvolver-se. Antes de nos fazermos entender pelos outros, temos de nos entender a nós mesmos (...).

No mesmo rumo, Confúcio, de há muito, prelecionava que, *"se a linguagem não tem sentido, a ação torna-se impossível e, consequentemente, todos os assuntos humanos se desintegram e torna-se impossível e inútil seu manejo"*.

Ainda, a corroborar o exposto, a maior de todas as poetisas brasileiras – Cecília Meireles – assevera, com riqueza de pensamento, que *"a palavra é a porta de entrada para o mundo"*. Portanto, entendemos que, se não a usarmos com perspicácia, com organização, seremos alvo de uma "babelização" na transmissão do pensamento em nosso cotidiano.

Posto isso, é crucial que busquemos a arte na comunicação, mantendo organizadamente a conexão entre as palavras e a realidade que designam. Vale dizer, somente pelo caminho de uma linguagem correta e inteligível é que se pode avançar na trilha que assegura a adequada comunicação.

3.2. QUALIDADES DA BOA LINGUAGEM

O operador do Direito, em seu dia a dia, deve utilizar uma linguagem castiça, procurando construir um texto balizado em parâmetros que sustentem a boa comunicação. Nos dias atuais, o ato de comunicar precisa ser eficiente e rápido. Assim, esteja atento para as virtudes de estilo ou qualidades da boa linguagem. Veja a seguir os fatores que influem positivamente no processo de manifestação verbal.

3.2.1. Correção: traduz-se na obediência à disciplina gramatical, com respeito às normas linguísticas. A correção deve ser conquistada com o uso de uma linguagem escorreita, livre de vícios, formando uma imagem favorável do comunicador perante os receptores das mensagens. Há, pois, a necessidade de uma linguagem inatacável, quer sob o aspecto técnico-jurídico, quer à luz da própria casticidade do idioma.

Nascimento (1992:3) preconiza que "a correção é um pressuposto. É inadmissível o advogado escrever com erros ortográficos ou sintáticos". Exemplo: Na oração "Assim, requer o Autor à Vossa Excelência ...", há vício gramatical quanto ao acento grave indicador da crase, uma vez que se deve grafar *"Assim, requer o Autor **a** Vossa Excelência ..."*, sem o sinal indicador, uma vez que não há crase antes de pronome de tratamento (ressalvado o caso – conquanto tratado com certa polêmica – de *senhora, senhorita, dona* e *madame*).

Nesse passo, há impropriedades que são verdadeiras "encruzilhadas diante das quais tantas vezes param perplexos os usuários da língua portuguesa" (Domingos Paschoal Cegalla). O pronome "se", por exemplo, e, mais precisamente, a flexão verbal – causa verdadeira "tragédia" na vida dos operadores do Direito menos cautelosos. No lugar de *compram-se casas, alugam-se apartamentos* e *trata-se de problemas*, aparecem graves situações com as equivocadas formas "compra-se casas", "aluga-se apartamentos" e "tratam-se de problemas".

No entanto, o estudioso e aplicador do idioma deve sempre ter parcimônia, a fim de que a preocupação exacerbada com o purismo ou com aquilo que não deve ser dito não sacrifique a espontaneidade, podando a ideia a ser transmitida.

A obediência ao rigor gramatical não deve provocar a abertura de um "abismo" entre o anunciante e o leitor da mensagem. O segredo da boa comunicação está na receita: *simplicidade com propriedade* – a primeira indicando uma preocupação com quem lê; a segunda, uma preocupação de quem escreve.

3.2.2. Concisão: é qualidade inerente à objetividade e à justeza de sentido no redigir. Como se sabe, falar muito, com prolixidade, é fácil; o difícil é falar tudo, com concisão... É dizer muito em poucas palavras, evitando períodos extensos. A sobriedade no dizer, expondo o sentido retilíneo do pensamento, sem digressões desnecessárias e manifestações supérfluas, representa o ideal na exposição do pensar. Quem fala em demasia abusa de frases "obesas", que mais parecem "pinheirinho de Natal" – cheias de enfeites e badulaques. Deve-se evitar a vazão à verborragia e à egolatria.

Nos dias atuais, com ofícios ou varas superlotadas de processos, uma constante no ambiente forense, a prolixidade no redigir é um danoso escudo contra o esvaziamento dos cartórios. Não há mais como tolerar petições gigantes, repetitivas, que tornam o estilo moroso e maçante, vindo de encontro aos interesses perquiridos pelo próprio subscritor do petitório, embora, às vezes, este não se deixe perceber. Deve o cauteloso peticionário redigir com concisão, substituindo por sinônimos as palavras repetidas, desmembrando períodos longos, procurando construir frases curtas, com objetividade.

Mais uma vez, vem à baila a argúcia de Nascimento (1992: 238), segundo o qual "a repetição, quer das ideias, quer de formas, gera a monotonia. Esta leva nosso leitor forçado, o juiz, a desinteressar-se da leitura. O abade Th. Moreaux demonstrou cientificamente que as repetições tornam o leitor desinteressado da leitura (*Science et Style*)".

É sabido que a frase longa é um labirinto de ideias várias que, desordenadamente, expõem-se sem sequência definida, frustrando-se o mister comunicativo. O cipoal de informações não leva a lugar qualquer, pois o leitor se cansa com facilidade ao acompanhar longos raciocínios sem pausas. A frase deve conter uma ideia principal e clara, que a norteie, em uma relação de causa-consequência, adição, comparação etc., não se podendo servir como veículo de períodos extensos e pouco nítidos ao leitor.

A propósito, a prolixidade – vício que se opõe à concisão – é visível em três comportamentos distintos do anunciante:

- nasce, pois, da necessidade de enfatizar alguma ideia ou fato do texto. Esse desejo provoca no redator desavisado a tentação da repetição desnecessária da mensagem e, com isso, gera confusão, em vez de clareza;
- surge no intuito de alongar o texto, preenchendo o trabalho com ideias que sobejam, frases caudalosas e dados inúteis. Dessa forma, procede-se a um preenchimento intencional de espaço e, necessariamente, ocupa-se o texto com menos informação e mais papel. Esse excesso é facilmente perceptível, servindo para retirar a autoridade da mensagem pretendida. Reitere-se que uma petição, em juízo, não é mais ou menos persuasiva se ocupar maior ou menor espaço, se contiver mais ou menos caracteres digitados. A qualidade do petitório não se mostra pela quantidade de vocábulos, mas pela pujança teórico-jurídica e pela vitalidade gramatical do subscritor;
- desponta na falsa impressão de que o texto confeccionado com frases maiores traduzirá maior conhecimento do elaborador, "impressionando" o destinatário com a obscuridade. O desejo de "causar impressão" denota uma extravagância desnecessária, além de provocar um natural afastamento do leitor, diante do eixo temático proposto.

Nessa esteira, segue com propriedade Rodríguez (2000: 4):

> Tem-se aconselhado aos operadores do Direito que sejam cada vez menos prolixos em suas exposições, e que, portanto, façam petições mais sucintas, objetivas, sem grandes delongas na exposição. (...) Na verdade, escrever bem é escrever com clareza, ordem e método, sem precisar delongar-se em ideias de pouca relevância para o resultado final da demanda. Um dos fatores pelo qual se constrói o bom texto é a seleção dos argumentos e elementos a serem enunciados, ou seja, a capacidade de delongar-se naquilo que é mais importante, e ser sucinto quanto ao que é, no contexto, periférico.

E prossegue o renomado autor (Rodríguez, 2000: 357):

> A frase deve ter uma ideia completa, sem grandes excessos. É que todo texto tem um ritmo que deve ser estabelecido e observado. Isso não significa dizer que uma petição deve-se preocupar com o tamanho das orações como aspecto mais relevante de sua enunciação, mas sim que um modo de tornar a leitura agradável e clara,

principalmente nos textos mais longos, é manter frases de tamanho médio, que enunciem uma ideia completa, sem prolongar-se em detalhes.

Portanto, deve-se buscar transmitir o máximo de ideias com o mínimo de palavras, evitando a "enrolação". Pense que, quase sempre, o leitor do seu texto tem pouco tempo e quase nenhuma paciência disponível. A linguagem direta, sem rebuscamentos e excesso de adjetivações, comunica melhor.

Não é desnecessário salientar que, em concursos públicos, nos quais se exige a elaboração de peças escritas, deve o examinando procurar se valer de um "rascunho", para, em ulterior momento, transpor as suas ideias para as páginas de correção definitiva. Recomenda-se que, depois de escrever na folha de rascunho tudo a que tinha direito, aí, sim, será o momento de "enxugar" o texto, melhorando frases, cortando outras, corrigindo grafias etc. E aparecerá, também, a grande oportunidade de eliminar detalhamentos desnecessários que, além de prejudicar o ritmo do texto, demonstram falta de confiança no que o anunciante escreveu anteriormente.

Segue um retumbante exemplo, em um pedido de petição, que denota a falta de concisão do operador do Direito:

> "Protesta, assim, o reconvinte pela produção de todos os meios de prova permitidos em Direito, sem exceção, especialmente, depoimentos pessoais, por parte da reconvinda, por parte de funcionários, por parte da Autoridade Policial e Investigadores, de vizinhos, de testemunhas outras, da juntada de novos documentos, prova pericial, expedição de ofícios e tantas quantas necessárias no decorrer da instrução processual".

Na verdade, o pedido poderia ter sido bem mais simples:

> "Protesta, assim, o reconvinte pela produção de todos os meios de prova permitidos em Direito, incluindo[2] depoimentos pessoais, a juntada de novos documentos, provas periciais e outras que se fizerem necessárias".

---

2 **Incluindo e Inclusive:** não é recomendável o uso do termo **inclusive** antes da ideia que se diz incluída. Note o erro:
"Todos estavam ansiosos com o resultado, inclusive os próprios jurados".
Corrigindo:
▪ *Todos estavam ansiosos com o resultado; os próprios jurados, inclusive.*
Entretanto, é correto o emprego da forma "incluindo" antes da ideia a que se refere:
▪ *Todos estavam ansiosos com o resultado, incluindo os próprios jurados.*

Nesse rumo, observe, nas frases adiante, como é possível aperfeiçoar frases, substituindo palavras ou expressões por outras mais fortes e adequadas, no intuito de conferir maior expressividade à ideia a ser transmitida. Vamos a elas:

1. Nesta lista há o seu nome.

    Prefira: *Nesta lista figura o seu nome.*

2. Devemos ter esperança.

    Prefira: *Devemos alimentar esperança.*

3. Ter boa reputação.

    Prefira: *Gozar de boa reputação.*

4. Ele teve uma ideia genial.

    Prefira: *Ele concebeu uma ideia genial.*

5. Ele só diz seus desgostos ao amigo.

    Prefira: *Ele só confia seus desgostos ao amigo.*

Além disso, recomenda-se que, ao enxugar o texto, proceda o cultor da boa linguagem à supressão de termos, como "coisa" ou *pronomes demonstrativos* em demasia.

Exemplos:

1. A vaidade é coisa deplorável.

    Substitua: "coisa" por "*vício*".

2. A guerra é uma coisa terrível.

    Substitua: "coisa" por "*flagelo*".

3. Ele pratica a filantropia; isso o torna um bom homem.

    Substitua: "isso" por "*essa virtude*".

Nesse rumo, é vital elucidar que a *concisão* passa por táticas simples, às vezes imperceptíveis por sua singeleza. Nosso léxico[3] é farto de termos variados. Podemos usar à

---

3 Há gramáticos que não estabelecem diferenças entre as palavras **léxico**, **vocabulário** e **dicionário**. É o caso de Sousa da Silveira (1972: 2), para quem "o léxico de uma língua é o conjunto das palavras dessa língua: é o seu vocabulário, o seu dicionário". No entanto, os linguistas veem diferenças semânticas entre os vocábulos. Observe, a propósito, os traços distintivos colhidos da obra de Damião e Henriques (2000: 37-38): "**Léxico** reserva-se à língua como um conjunto sistêmico posto ao usuário; é um inventário aberto, com número infinito de palavras, podendo ser sempre acrescido e enriquecido não só pelo surgimento de novos vocábulos, mas também por mudanças de sentidos dos já existentes na língua. Esse conjunto de palavras pode ser organizado, por ordem alfabética, indicando nos verbetes o significado. Dá-se a ele o nome de **dicionário**: é o

vontade a substituição, na busca da objetividade da transmissão do pensamento. A propósito, veja que o *advérbio de intensidade* "muito" é, frequentemente, desnecessário, podendo ser substituído, como se notará nos exemplos a seguir:

1. Água muito clara.

> Troque por: *Água límpida*.

2. Estilo muito conciso.

> Troque por: *Estilo lacônico*.

Nas peças forenses, é comum encontrarmos *expressões supérfluas*, cuja simples supressão importará em aperfeiçoamento da frase. Observe os exemplos a seguir:

1. A prova pericial realizada concluiu que o resultado era inábil.

> Enxugando: *A prova pericial concluiu que o resultado era inábil*.

2. As testemunhas ouvidas deixam claro que o autor é inimputável.

> Enxugando: *As testemunhas deixam claro que o autor é inimputável*.

3. O acusado foi citado por edital, por não ter sido encontrado pessoalmente.

> Enxugando: *O acusado foi citado por edital, por não ter sido encontrado*.

Na linguagem forense, deve-se evitar o uso excessivo de *advérbios de modo*. O exemplo típico ocorre com a forma "brevemente" – produto da falta de tirocínio de quem emprega ou tem coragem de fazê-lo. Evite "brevemente", devendo o termo ser substituído por "sucintamente". Vamos conhecer outros dislates:

1. Possui um imóvel precariamente...

> Corrigindo: *Possui um imóvel a título precário*.

2. Tocantemente à medida de segurança...

> Corrigindo: *No tocante à medida de segurança...*

3. O crédito foi apresentado retardatariamente...

> Corrigindo: *O credor se habilitou na recuperação judicial como retardatário*.

---

elemento concreto da língua e possui grande mobilidade, apesar de não registrar ele todas as possibilidades lexicais. **Vocabulário**, por sua vez, é o uso do falante, é a seleção e o emprego de palavras pertencentes ao léxico para realizar a comunicação humana. Explica-se: João é brasileiro, natural do Rio Grande do Sul, advogado. José é também brasileiro, natural do Rio Grande do Norte, médico. Ambos partilham o mesmo léxico português (língua), mas cada qual possui seu vocabulário próprio, um repertório fechado, sujeito a uma série de indicadores socioculturais" (destaques nossos).

4. Ele se mudou para aquela cidade e pretende montar localmente seu negócio.

> Corrigindo: *Ele se mudou para aquela cidade, onde pretende montar seu negócio.*

5. Contra essa decisão, o autor agravou retidamente.

> Corrigindo: *Contra essa decisão, o autor interpôs agravo retido.*

6. Eles foram editaliciamente citados.

> Corrigindo: *Eles foram citados por edital.*

7. Tangentemente a esse caso...

> Corrigindo: *No que tange a esse caso...*

Por fim, o abuso de *artigos indefinidos* pode sacrificar a concisão do texto. Observe a arguta observação de Cegalla (1999: 37):

> Evite-se o uso dos artigos indefinidos sempre que desnecessários. Nos exemplos seguintes, não passam de recheios: Ela ainda guarda <u>um</u> certo ressentimento contra o ex-namorado. / <u>Um</u> tal gesto é digno de nossos aplausos. / O homem tinha <u>uma</u> cara de poucos amigos. / (...) Agora ele goza de <u>uma</u> ótima saúde (destaques nossos).

Portanto, é de crucial importância a elaboração de um texto conciso, que pode ser alcançado mediante a utilização das táticas aqui ofertadas e de um treino constante.

3.2.3. Clareza: esse atributo é a limpidez de pensamento e a simplicidade da forma; opõe-se à obscuridade. A clareza se evidencia na exteriorização cristalina do pensar, da vontade e dos desejos. Trata-se de virtude essencial da comunicação, e seu oposto é a obscuridade e a ambiguidade (ou anfibologia) – vício de linguagem que consiste em deixar uma frase com mais de um sentido.

Nascimento (1992: 3-4) preconiza que "a clareza deve ser adquirida por meio do estudo do sentido das palavras (semântica), de sua colocação e da ordem das orações no período. Os romanos diziam que, quando o texto é claro, cessa a interpretação ('In claris interpretato cessat'). É até um princípio de hermenêutica".

Obtém-se a clareza com auxílio da concisão, que, a ela associada, permite lastrear o texto com vocábulos de alta frequência ou inteligíveis ao receptor comum, com períodos curtos e ordem direta. Nesse rumo, Shenstone assevera: *"Frases longas numa composição curta são como móveis grandes numa casa pequena"*.

Como já se tratou em tópicos precedentes, há certos profissionais que se esmeram na linguagem rebuscada, quase incompreensível, na vã ilusão de que com isso impressionam. Ledo engano. Não perca de vista a adequação do nível de linguagem ao público a quem se dirige: conforme os destinatários, você precisará empregar linguagem acessível, fazendo-se entender. O ideal é o falante ser *"poliglota na sua própria língua"*, consoante os lúcidos dizeres de Evanildo Bechara.

À guisa de reforço, é bom enfatizar que, além da prolixidade, é comum a falta de clareza dos concursandos, quando elaboram as respostas às questões dissertativas de concursos públicos. Recomenda-se, nesse caso – e, mais uma vez –, que o concursando recorra, em primeiro lugar, ao uso do *rascunho* e, após rever o texto, manifeste suas ideias com a clareza suficente. Por essa razão, o treino é fundamental. Aliás, se o êxito na empreitada requer técnica, mais verdadeiro é afirmar que ele não prescinde da apuração da técnica pelo incessante treino. Nesse sentido, vale mencionar as precisas palavras de Rodríguez (2000: 1-2):

> Mas engana-se aquele que entende que o estudo do advogado deve-se cingir às questões jurídicas e que, embora reconheça os outros aspectos que complementam sua atividade, a exemplo da boa redação, prefere pensar sejam estes adquiridos, somente, com a prática e a experiência diária. Ou, então, que nasçam com a índole de cada um, com um dom inerente à personalidade. Nessa linha equivocada de pensamento, a escrita, longe de ser uma técnica, consistiria em uma arte, uma virtude inerente àquele que, por alguma desconhecida razão idiossincrática, consegue expor no papel suas ideias com clareza e, assim, persuadir aquele a quem as suas petições são dirigidas. Redigir é exteriorizar, em palavras, ideias, em ordem e método. Para nosso objetivo, aqui, significa expor fatos de forma clara, bem como combinar conceitos e ideias, com o objetivo de persuadir. E a competência para fazê-lo não é, nitidamente, uma questão de arte, mas de técnica apurada.

Frise-se, em tempo, que, em prol da clareza, a caligrafia[4] é fundamental. Claro que, naquelas provas que requerem respostas manuscritas – as provas dissertativas de concursos, por exemplo –, não se pretende que o examinando lapide uma "obra de arte", mas não se pode esquecer de que a letra é o veículo por meio do qual o anunciante se apresenta... e apresenta os seus pensamentos. A tolerância do examinador, em provas escritas, variará com a maior ou menor facilidade de entender o texto que for elaborado. Todavia, sempre é bom enfatizar: caligrafia sem correção não há prosperar-se.

---

4   Evite usar a expressão "bela caligrafia", uma vez que a concepção de belo já se encontra inserida no vocábulo **caligrafia**, de origem grega, que quer dizer, justamente, bela escrita. Logo, a expressão citada indica uma redundância inadequada. Prefira, pois, *bela escrita*, *bonita letra* ou outras formas.

Exemplo:

> "O pensamento do ilustre doutrinador vem de encontro aos argumentos expendidos pelo Autor, o que confirma a robustez da tese defendida".

Na verdade, se há intenção de corroborar a tese defendida com a doutrina do ilustre fulano, beltrano ou sicrano, é melhor que ela venha "ao encontro de", e não "de encontro a"..., a não ser que se queira desdizer o que se disse... Portanto, corrigindo com clareza:

"O pensamento do ilustre doutrinador vem ao encontro dos argumentos expendidos pelo Autor, o que confirma a robustez da tese defendida".

Observe, ainda, o trecho abaixo e, com esforço, tente entender a mensagem que se quis transmitir:

> "Vê-se que não há nos autos prova de que a Reclamada deu causa ao suposto dano para que a Autora possa ter seu pedido atendido, falecendo a mesma a tutela judicial perseguida".

Pergunta-se: falecendo quem? O quê? Quem é "a mesma"? A perseguida ou a falecida?... Só rindo ou, quem sabe, chorando... Quanta falta de clareza e simplicidade!

Veja, também, nesse rumo, a propaganda veiculada por uma grande rede de lojas, com o propósito de atrair clientes:

> "Seguro contra desemprego grátis".

Pensando bem, não seria melhor escrever *Seguro grátis contra o desemprego?* Note que coube ao leitor uma função que não lhe compete – decifrar a propaganda –, haja vista não se saber se é grátis o desemprego ou o seguro. Veja o prejuízo que a falta de clareza pode provocar.

Ainda ilustrando o vício, insta mencionar o exemplo abaixo:

> "Não vou demitir funcionários nomeados pelo ex-ministro".

Uma pergunta se faz urgente: ex-ministro pode nomear alguém? Melhor se haveria o elaborador da "pérola" se empregasse o vocábulo "então". Observe como uma simples tática pode aclarar o sentido a transmitir: *Não vou demitir funcionários nomeados pelo então ministro*.

E podemos citar mais exemplos:

Veja este: é comum ouvirmos a seguinte notícia lacônica sobre o estado de saúde de alguém que se encontra hospitalizado:

> "Seu estado de saúde é estável".

Pergunta-se: estável?... Isso é bom ou ruim, pois quem possui a dúvida deseja saber exatamente isso. Observe que o adjetivo "estável" não é claramente satisfatório. Com efeito, "estável" significa sem alteração, devendo se referir a certo parâmetro ou quadro comparativo. Se ontem o paciente estava mal e hoje continua estável, pode saber que seu estado de saúde não é bom. No entanto, se estava bem e continua estável, pode-se afirmar que seu estado clínico é bom. Esse é mais um exemplo de como os nomes e signos precisam ser transmitidos com clareza. É por isso que Celso Cunha defende que *"ser claro é uma gentileza com o leitor"*.

A falta de clareza, a par da ambiguidade, mostra-se patente nas orações a seguir expostas. Aprecie, tentando aclará-las:

1. **"Haverá um seminário sobre homossexualidade na Câmara dos Deputados".**

    Todos sabem que o seminário será na Câmara, porém a dúvida paira: o tema do seminário é "homossexualidade" ou "homossexualidade na Câmara"? Caso se confirme este último, não seria seminário, mas discriminação sexual, não acha? Quanta ambiguidade!

    Vamos consertar, com uma simples inversão[5] de termos, fazendo exsurgir o "poder" da vírgula: "*Na Câmara dos Deputados, haverá um seminário sobre homossexualidade*".

2. **"O presidente receberá o cardeal fortalecido".**

    Quem está fortalecido? O cardeal ou o presidente? Seria melhor que se construísse: "*Fortalecido, o presidente receberá o cardeal*". Veja quão poderoso é o "milagre" provocado por uma simples inversão (com vírgula)! Todavia, há orações tão obscuras que a singela inversão não é suficiente para a clarificação do contexto. Deve-se, então, proceder a uma "faxina" mais minuciosa.

3. **"Médico defende ambulatório de denúncia".**

    Sabe-se que existem ambulatórios ou "*hospital para atendimento de enfermos que se podem locomover*" (Aurélio), mas um "ambulatório de denúncia" é novidade! E, infelizmente, é o que parece anunciar a distorcida frase ao ouvinte. Vamos proceder à correção: "*Médico rebate denúncia contra ambulatório*".

---

5 Exemplo retumbante de **inversão da ordem direta da oração** é o exórdio de nosso *Hino Nacional*. Se o famoso trecho inicial houvesse sido composto em ordem direta, teríamos: "*As margens plácidas do Ipiranga ouviram o brado retumbante de um povo heroico*". Muito diferente é, como se sabe, o trecho no original. Trata-se de mera questão de estilo, analisada estilisticamente no âmbito da **anástrofe**.

4. **"Não é justo esquecer que famílias inteiras foram expulsas dos locais onde viviam há décadas e outras acabaram vendendo casas construídas com os maiores sacrifícios durante anos por qualquer preço para se livrar dos riscos e dos estragos provocados pelos tiroteios constantes" (Exemplo de Cegalla, 1999: 129).**

    O problema está em descobrir se as casas é que foram "construídas" a qualquer preço ou se as casas foram "vendidas" a qualquer preço. Além disso, a falta das vírgulas contribui para o desconforto provocado na detecção do sentido querido, além de outras falhas cometidas, como a ausência da conjunção "que" antes da palavra "outras". Portanto, vamos corrigir, conferindo clareza ao texto: *"Não é justo esquecer que famílias inteiras foram expulsas dos locais onde viviam há décadas(,) e (que) outras acabaram vendendo(,) (por qualquer preço)(,) casas construídas com os maiores sacrifícios durante anos(,) para se livrar(em) dos riscos e dos estragos provocados pelos tiroteios constantes".*

5. **"Mando-lhe um cão pelo meu motorista que tem as orelhas cortadas e marcas nas patas".**

    Questiona-se: que motorista é esse com patas... e marcas nelas, além de orelhas cortadas? Seria um tanto assustador, não é mesmo? Confesso que, particularmente, prefiro guiar meu carro sozinho... Seria melhor afirmar: *"Pelo meu motorista, mando-lhe um cão que tem as orelhas cortadas e marcas nas patas".*

6. **"Apesar da irritação com a exclusão do ministério das discussões, o conteúdo da medida não foi mal recebida no Ministério"[6].**

    Observe que o lapso cometido pelo ilustre jornalista foi multifacetado: titubeou na clareza, com a má colocação do complemento nominal "do ministério das discussões", continuou laborando em erro na concordância nominal (usou "recebida", em vez de "recebido") e, por fim, "escorregou" na ortografia, ao grafar "ministério" com inicial minúscula. Por fim, o tal "ministério das discussões" é um tanto hilário! Só conseguiremos justificar tal expressão no provável intuito jornalístico de provocar risos no leitor; caso contrário, é sinal de considerável falta de percepção do razoável. O esquecimento da vírgula depois da palavra "ministério" fez surgir o "ministério das discussões".

7. **"O ministro da Fazenda qualificou os compradores de motos que pagavam ágio aos revendedores de ignorantes"[7].**

    A sentença é de elaboração ousada: "revendedores de ignorantes"? E o que é pior: não se trata de "vendedores", mas de "revendedores"! Isso, certamente, vai gerar uma dupla "venda"... e uma "dupla indagação": *o que se deu, verdadeiramente? Venda ou revenda de ignorantes?* Confesso que não tenho interesse na "compra", nem mesmo

---

6 *Jornal do Brasil*, de 30-3-1995, *apud* Cegalla, 1999, p. 129.

7 *Jornal do Brasil*, de 13-2-1996, *apud* Cegalla, 1999, p. 129.

em liquidação... E você, teria? Note que a ambiguidade e a falta de clareza podem levar o elaborador da mensagem ao ridículo. Melhor se houvera o emissor se tivesse afirmado: "*O ministro da Fazenda qualificou de ignorantes os compradores de motos que pagavam ágio aos revendedores*".

E Rodríguez (2000: 18) nos brinda com um oportuno exemplo que evidencia a ocorrência da ambiguidade:

> "Como a fuga foi negada, exigiu a presença da imprensa, do juiz corregedor Maurício Lemos Porto Alves e de seu pai, Osias Hermes Alves".

Segundo o autor, "no modo como foi escrita, a frase traz uma **ambiguidade**. Perceba-se que não é possível identificar se *Osias* é pai do preso ou pai do juiz corregedor. O pronome 'seu', no caso, pode fazer referência tanto ao fugitivo quanto ao 'juiz corregedor', termo este que lhe é imediatamente anterior" (grifos nossos).

Outras vezes, a falta de clareza se dá em virtude da má ordenação da frase. Alguns exemplos a seguir porão em evidência o defeito e a sua correção:

1. Em que pese a concordância do réu, não pode ser o acordo entabulado entre as partes homologado.
   Ordenando: *Em que pese a concordância do réu, não pode ser homologado o acordo entabulado entre as partes.*

2. Na avaliação de seus ministros, a estratégia contra as greves adotada foi um sucesso.
   Ordenando: *Na avaliação de seus ministros, a estratégia adotada contra as greves foi um sucesso.*

3. As provas de que o acusado tenha abordado a vítima, encostando em suas costas um punhal e tapando-lhe a boca, obrigando-a a entregar-lhe um par de brincos e um relógio, são exuberantes.
   Ordenando: *São exuberantes as provas de que o acusado abordou a vítima, encostou-lhe nas costas um punhal e, tapando-lhe a boca, a obrigou a lhe entregar um par de brincos e um relógio.*

É relevante destacar o mau uso de *adjetivos e locuções adjetivas* em petitórios, quer pela impropriedade, quer pela desarmonia textual. Há que se notar que o uso de locuções adjetivas deve ocorrer em virtude da falta de adjetivo adequado, evitando que se sacrifiquem o estilo e a harmonia.

Um exemplo retumbante de inadequação dessas expressões ocorre com a expressão "materialidade delitiva" – locução inapropriada, por ser evidente que a "materialidade" não pode ser qualificada de "delitiva"; o "fato" é que pode ser delituoso. Portanto, substitua por "materialidade do fato delituoso". A seguir, observe alguns pitorescos exemplos de impropriedade no uso dos adjetivos:

1. Laudo avaliatório.
   Prefira: *Laudo de avaliação.*

2. Anotação no documento laboral.
   Prefira: *Anotação da caderneta de trabalho.*

3. Testemunhas acusatórias.
   Prefira: *Testemunhas arroladas pela acusação.*

4. Processar e julgar o pedido falencial.
   Prefira: *Processar e julgar o pedido de falência / pedido falimentar.*

5. Irresignado com o auto flagrancial.
   Prefira: *Irresignado com o auto de prisão em flagrante.*

6. O depoimento vitimário.
   Prefira: *O depoimento da vítima.*

7. Apreenderam dois pacotes canábicos.
   Prefira: *Apreenderam dois pacotes de maconha.*

8. Insuficiência probatória.
   Prefira: *Insuficiência de provas.*

9. Acolho a manifestação ministerial.
   Prefira: *Acolho a manifestação do Ministério Público.*

10. Depoimentos testemunhais.
    Prefira: *Depoimentos da testemunha.*

11. Diploma do Anonimato.
    Prefira: *Lei das Sociedades Anônimas.*

Insta mencionar, ademais, quão importantes são as palavras e preposições apropriadas para a clareza da mensagem. É comum encontrarmos nos rótulos dos remédios os dizeres:

> "Ao persistirem os sintomas, consulte o médico".

Com o tempo, tal enunciado foi modificado para: "A persistirem os sintomas, consulte o médico". Daí, surge a indagação: *o que a mudança de uma letra pode efetivamente significar, quanto à clareza do enunciado?* Vejamos. Nos dizeres "Ao persistirem os sintomas, consulte o médico", evidencia-se o aspecto temporal, isto é, quando persistirem os sintomas, deve o doente procurar o médico. O mesmo raciocínio se nota em enunciados, como: "Ao sair, apague a luz"; "Ao sair, leve seus pertences". Por outro lado, o enunciado "A persistirem os sintomas, consulte o médico" transmite uma *ideia de condição*, isto é, se persistirem os sintomas, deve o doente procurar o médico.

A propósito, o mesmo entendimento se nota nas frases a seguir explicitadas:

- *A continuar assim, prefiro desistir* (ou seja: Se continuar assim, prefiro desistir).

- *A desaparecer o envolvido, tudo dará errado* (ou seja: Se desaparecer o envolvido, tudo dará errado).

- "... *a não sermos nós, já teria voltado para casa*" (Machado de Assis, abrilhantando a sentença com o sentido de "... se não fôssemos nós, já teria voltado para casa").

A Lei Complementar n. 95, de 26-2-1998, sob os efeitos do art. 59 da Constituição Federal, estabelece regras para elaboração, redação e consolidação de uma lei. Em seu art. 11, inciso I, tratando da *clareza* – e também do **preciosismo** –, assim dispõe:

> **Art. 11.** As disposições normativas serão redigidas com **clareza**, precisão e ordem lógica, observadas, para esse propósito, as seguintes normas:
>
> I – para a obtenção de clareza:
>
> *a)* usar as palavras e as expressões em seu sentido comum, salvo quando a norma versar sobre assunto técnico, hipótese em que se empregará a nomenclatura própria da área em que se esteja legislando;
>
> *b)* usar frases curtas e concisas;
>
> *c)* construir as orações na ordem direta, evitando **preciosismo**, neologismo e adjetivações dispensáveis;
>
> *d)* buscar a uniformidade do tempo verbal em todo o texto das normas legais, dando preferência ao tempo presente ou ao futuro simples do presente;
>
> *e)* usar os recursos de pontuação de forma judiciosa, evitando os abusos de caráter estilístico.

Acerca do *preciosismo*, mencionado na alínea *c* do inciso I do art. 11, sabe-se que seu uso prejudica o propósito daquele que pretende se comunicar com clareza, e o legislador deve sempre evitá-lo. No trabalho jurídico do dia a dia, também, é crucial evitar a linguagem muito rebuscada, principalmente quando o discurso inteiro não a sustenta. Em cada item a seguir, existe ao menos um termo que caracteriza *preciosismo*. Observe as frases, identificando-o:

- O homicida dizia sofrer ameaças de morte por seus infensos do bairro (**infensos**).
- Tais querelas judiciais só têm por consequência mangrar o desenvolvimento da sociedade (**mangrar**).
- Quer o acusado vestir-se com o cretone da primariedade, a fim de enganar os ouvintes (**cretone**).
- São Paulo não se livra da récova de migrantes que vêm aqui trabalhar duramente (**récova**).
- O advogado da parte *ex adversa* apresentou-se recru em matéria jurídica (**recru**).
- O excesso de recursos é que caracteriza a tranquibérnia que forma a azoada corriqueira no sério trabalho do Poder Judiciário (**tranquibérnia, azoada**).
- O réu pretende a peragração da linha processual, mas seus argumentos são totalmente baldos de maior razão (**peragração, baldos**).
- A acusação enjambra-se em seus próprios fundamentos (**enjambra-se**).
- A cavilação e o dobrez do réu ressaltam em seu próprio depoimento, marcado pela fluidez do começo ao fim (**cavilação, dobrez**).
- O banco concedeu empréstimos a qualquer peralvilho janota que lhe aparecesse à frente (**peralvilho, janota**).
- A operação é delicada, por conta da trimegista quantia que envolve a venda imobiliária (**trimegista**).
- Não fosse a velutina maviosidade da atual mulher, com quem vive o autor, jamais superaria o tantálico sacrifício de não poder ver seus filhos (**velutina, maviosidade, tantálico**).
- A vítima passou anos macambúzio e ensimesmado, enquanto o inimigo saía às ruas a festejar longânime e prazenteiro (**macambúzio, ensimesmado, longânime, prazenteiro**).
- Sua ficha de antecedentes revela quão furbesco é seu comportamento no dia a dia (**furbesco**).

- O tema proposto será matéria cevatícia para os operadores do Direito, no ano que se aproxima (**cevatícia**).

- Estes requerentes procuram ser lhanos e polidos no trato, ao contrário da parte adversa, que tem o hábito de emborrascar os humores de todos os partícipes, tornando demasiado dissímeis as formas de atuação das partes no decorrer da lide (**lhanos, emborrascar, dissímeis**).

Em tempo, será possível ao curioso leitor "traduzir" os preciosismos supramencionados, consultando o nosso sugestivo glossário disposto ao final desta obra. Boa sorte!

3.2.4. Precisão: refere-se à escolha do termo próprio, da palavra[8] exata, do conhecimento do vocabulário. Na construção do texto, é fundamental colocar a palavra certa no lugar devido.

Para Oliveira (2001: 9), "a utilização de vocábulos semanticamente 'justos' confere ao texto não apenas a especificidade inerente ao padrão culto do idioma, como também outorga-lhe riqueza de expressão, além da ampliação imperativa do vocabulário".

Na mesma direção, segue Nascimento (1992: 4), para quem "a precisão requer o conhecimento dos termos e de seu valor. Um dicionário de sinônimos, um dicionário analógico, o aprendizado de figuras, o estudo de expressões usadas em direito resolvem o problema da precisão".

---

8   Costuma-se empregar o termo **palavra** como sinônimo de vocábulo. Na verdade, a linguística estabelece traços distintivos acerca dos termos, atribuindo à "palavra" o aspecto semântico e ao "vocábulo", apenas um sentido eufônico. Portanto, "fila" seria uma *palavra*; "fi-la" (verbo + pronome) seria um *vocábulo* com duas palavras. O problema da distinção é enfrentá-la à luz de seu caráter reducionista, uma vez que toda palavra será um vocábulo, se apresentada sob uma forma fônica. Não há como dissociar o conceito de palavra do som, até porque as palavras são signos linguísticos, compostos de elementos fônicos, determinantes de contextos vários, a depender da situação posta. Note, em tempo, a explicação didática de Rodríguez (2000: 27-28) acerca das definições de *palavra, idioma, vocábulo, termo, léxico* e *vocabulário*:

> Se pretendemos dar uma noção completa de texto, é preciso que comecemos, sistematicamente, pelo mais simples: a **palavra**. O texto é formado de palavras que se combinam, assumindo um sentido único e preciso. Palavra, então, é parte da linguagem, podendo ser constituída por sons ou por representação desses mesmos sons, servindo para expressar ideias. O conjunto de palavras próprias de um povo chama-se **idioma** ou **língua**. A palavra, com conjunto de letras que representam sons, é chamada **vocábulo**. Como representação de uma ideia, chama-se **termo**. Dessa forma, a palavra 'réu' é um 'vocábulo' enquanto composta pelas letras r-e-u, e um termo, enquanto encerra a ideia de componente do polo passivo do processo. Segundo o professor Napoleão Mendes de Almeida, in "Gramática Metódica da Língua Portuguesa", Editora Saraiva, 40ª edição, 1995, §§ 5 a 12, "conjunto de palavras é denominado **vocabulário** e o conjunto de palavras dispostas em ordem alfabética denomina-se **léxico** ou **dicionário**". Quando se diz que alguém tem bom vocabulário, significa afirmar-se que tem a sua disposição um grande conjunto de palavras que lhe servem para expressar ideias. Se as palavras são parte do modo de expressão de ideias, fica bastante claro que, quanto maior o vocabulário que uma pessoa conheça, maiores são as possibilidades de exteriorizar suas ideias com competência. Portanto, a aquisição de um bom vocabulário é essencial para a escrita e para a construção do texto (destaques nossos).

A expressão precisa revela-se vital para o leitor atingir o objetivo de comunicar exatamente o que pretende e evitar mal-entendidos. A prática constante da leitura e da escrita e exercícios com sinônimos ajudam a desenvolver a precisão.

O contrário da comunicação exata é a *imprecisão* ou mesmo a *obscuridade*, muitas vezes causadas pela inadequação vocabular. A impropriedade dos termos torna a linguagem fluida[9], imprecisa e obscura. Exemplo:

> "O relevante fundamento do pedido apresenta-se cristalino, devendo ser concedida a liminar, que virá retificar a pujança da argumentação expendida nos autos".

No período acima, há um erro atinente ao conceito de *retificar*, em contraponto à acepção de *ratificar*. O verbo "retificar" significa "consertar, reparar". Por outro lado, "ratificar" quer dizer "confirmar, corroborar o/a". Por conseguinte, na frase supracitada, a liminar concedida irá confirmar a pujança da argumentação exposta, despontando a necessidade de uso do verbo *ratificar*, e não "retificar". Portanto, corrigindo, com precisão: "*O relevante fundamento do pedido apresenta-se cristalino, devendo ser concedida a liminar, que virá ratificar a pujança da argumentação expendida nos autos*".

Por fim, outro defeito da redação forense, prejudicial à precisão do texto, consiste no abusivo emprego da locução **sendo que**[10], com valor conjuncional. Essa expressão pode ser bem empregada, quando for sinônima de "uma vez que", "porque", "porquanto" etc., haja vista representar uma *locução conjuntiva causal*. Do contrário, o uso será agramatical, afeando-se o estilo. Note o uso correto: *Sendo que o juiz deu o apito final, o time tornou-se campeão.*

Cegalla (1999: 370), a par de vários outros gramáticos, corrobora o seu uso, ressalvando, todavia, o abuso condenável do termo em situações que refogem ao sentido ora estudado. Tal excesso ocorre quando se nota a substituição de conjunções coordenativas aditivas e adversativas pela expressão "sendo que", evidenciando uma impropriedade no uso de conectivos. Observe o emprego inadequado nas elocuções a seguir, com as devidas correções:

1. O homem disparou quatro tiros, sendo que duas balas atingiram a vítima.
   Corrigindo: *O homem disparou contra a vítima quatro tiros, dos quais dois a atingiram.*

---

9   O adjetivo ou o substantivo **fluido** (flui-do; dissílabo) não recebe o acento agudo, pois a sílaba inicial comporta um ditongo. Em outro giro, há o verbo *fluir*, cuja forma participial é "fluído" (flu-í-do; trissílabo), com acento agudo, em razão do hiato.

10 A forma em análise (**sendo que**) é corrigida com veemência pelas bancas examinadoras dos concursos públicos, em especial nas fases dissertativas (Magistratura, Ministério Público, Procuradoria etc.), em que o candidato se submete à elaboração de textos ou peças manuscritas. Muita atenção, portanto!

2. O réu mentiu quando disse que não estava na cidade, sendo que foi visto várias vezes por testemunhas.
   Corrigindo: *O réu mentiu quando disse que não estava na cidade, contudo foi visto várias vezes por testemunhas.*

3. Nada foi requerido pela defesa, sendo que o Dr. Promotor, nesta fase, requereu certidões.
   Corrigindo: *Nada foi requerido pela defesa, entretanto o Dr. Promotor, nesta fase, requereu certidões.*

4. As duplicatas estavam em seu poder, sendo que a quitação nos títulos foi dada posteriormente.
   Corrigindo: *As duplicatas, cuja quitação foi dada posteriormente, estavam em seu poder.*

5. Nesta fase processual, é bastante a autoria, sendo que a alegação da legítima defesa não está configurada.
   Corrigindo: *Nesta fase processual, é bastante a autoria, todavia a alegação da legítima defesa não está configurada.*

6. Obteve o referido bem por contrato particular, celebrado entre João e José, sendo que este, por seu turno, o teria adquirido de João.
   Corrigindo: *Obteve o referido bem por contrato particular, celebrado entre João e José, o qual, por seu turno, o teria adquirido de João.*

7. Dois carros vinham pela pista contrária, tendo o primeiro desviado à direita, indo parar no acostamento, sendo que o segundo, não conseguindo parar, atingiu a traseira do veículo conduzido pelo acusado.
   Corrigindo: *Dois carros vinham pela pista contrária, o primeiro desviou à direita e parou no acostamento. Enquanto isso, o segundo não conseguiu parar e atingiu a traseira do veículo que o acusado conduzia.*

8. As violentas agressões físicas a que foi submetida a autora tornaram a vida em comum insuportável, sendo que, durante a última agressão, a autora quase foi estrangulada.
   Corrigindo: *A vida em comum se tornou insuportável, em virtude das violentas agressões físicas a que foi submetida a autora, na última das quais quase foi estrangulada.*

9. Os réus foram citados, sendo que apenas um deles contestou.
   Corrigindo: *Os réus foram citados, mas apenas um deles contestou.*

10. É de rigor o reconhecimento da prescrição, sendo que o prazo prescricional deve ser contado a partir do fato gerador.
    Corrigindo: *É de rigor o reconhecimento da prescrição, cujo prazo deve ser contado a partir do fato gerador.*

Vale a pena repisar que a Lei Complementar n. 95/98, em seu art. 11, inciso II, refere-se à *precisão* do texto jurídico:

> **Art. 11.** As disposições normativas serão redigidas com clareza, precisão e ordem lógica, observadas, para esse propósito, as seguintes normas:
>
> (...)
>
> II – para a obtenção de precisão:
>
> *a)* articular a linguagem, técnica ou comum, de modo a ensejar perfeita compreensão do objetivo da lei e a permitir que seu texto evidencie com clareza o conteúdo e o alcance que o legislador pretende dar à norma;
>
> *b)* expressar a ideia, quando repetida no texto, por meio das mesmas palavras, evitando o emprego de sinonímia com propósito meramente estilístico;
>
> *c)* evitar o emprego de expressão ou palavra que confira duplo sentido ao texto;
>
> *d)* escolher termos que tenham o mesmo sentido e significado na maior parte do território nacional, evitando o uso de expressões locais ou regionais;
>
> *e)* usar apenas siglas consagradas pelo uso, observado o princípio de que a primeira referência no texto seja acompanhada de explicitação de seu significado;
>
> *f)* grafar por extenso quaisquer referências a números e percentuais, exceto data, número de lei e nos casos em que houver prejuízo para a compreensão do texto;
>
> *g)* indicar, expressamente, o dispositivo objeto de remissão, em vez de usar as expressões "anterior", "seguinte" ou equivalentes.

Desse modo, a precisão e a clareza – esta, anteriormente estudada – revelam-se como atributos determinantes da boa linguagem.

3.2.5. Naturalidade: quanto à naturalidade no ato de redigir, a escrita deve correr simples e espontânea, sem que se perceba o esforço da arte e a preocupação do estilo. Para se alcançar a naturalidade, deve-se evitar o artificialismo e a afetação, que remetem o emissor da rebuscada mensagem ao maléfico campo da linguagem intangível, com emprego de expressões empoladas e vocábulos inacessíveis para a maioria das pessoas. Nessa toada, por exemplo, prefira a utilização de "morrer" a "falecer"; de "caixão" a "féretro"; o uso da expressão "com fulcro no artigo tal" à utilização da forma "com espeque no artigo tal".

Em tom de gracejo, imagine, por exemplo, em um bate-papo informal entre amigos, alguém dizer:

> "– Você ver-se-á em maus lençóis se continuar a insistir naquilo".

Ou, ainda:

> "– Hoje não tomarei nenhum tipo de bebida. Abster-me-ei de tais prazeres levianos nos próximos dias".

Fica fácil perceber que sobra erudição, mas faltam praticidade e naturalidade à comunicação.

Ou, ainda, suponha ouvir-se nos corredores dos tribunais:

> "As taxas revelam-se escorchantes, fazendo-se mister rechaçá-las, tendo em vista o indizível e sublime pronunciamento do ilustre membro do *Parquet*".

Da mesma forma, o enunciado deu várias voltas para dizer algo bem simples: "*As taxas são abusivas, devendo ser afastadas, conforme entendimento do Ministério Público*".

Nesse passo, Rodríguez (2000: 34-35), tratando da simplicidade *versus* rebuscamento no texto, assim dispõe:

> Nem sempre, no entanto, escrever com palavras mais rebuscadas é mais difícil. Foi o saudoso José Paulo Paes, poeta também conhecido por suas obras voltadas ao público infantil, que afirmou que quem escreve para crianças deve escrever da mesma forma que escreve para adultos. Só que melhor.
>
> Tem razão o poeta. Em alguns casos, escrever com palavras mais simples pode-se tornar tarefa mais complicada, pois o importante é selecionar os vocábulos adequados à transmissão de uma ideia, para cada momento.
>
> Mas nem sempre o advogado se dirige a pessoas de grande vastidão vocabular. Um tribuno do júri nos contou, certa vez, que, em uma de suas defesas, fez uma citação jurisprudencial. Ressaltou, em extensa sustentação, que as jurisprudências dos tribunais eram todas favoráveis a sua tese, explanando-as todas durante a fala. No fim de seu texto oral, como conclusão, pediu aos jurados que não decidissem em desconformidade com a jurisprudência, como que pedindo para que apoiassem sua tese, na votação. Já terminada sua fala, foi surpreendido por uma questão formulada pelo jurado: mas, afinal, o que significa "jurisprudência"?

Posto isso, fica evidente que o texto simples é mais natural e, como tal, mais recomendável.

3.2.6. Originalidade: trata-se da qualidade inata ao escritor, um dom natural. É o "ser você mesmo", o estilo de cada um e, como já dizia, magistralmente, o ínclito naturalista francês Georges Louis Leclerc, Conde de Buffon (1707-1788): "*O estilo é o próprio homem*".

Segundo Oliveira (2001: 10), "a utilização de recursos estilísticos mais apurados confia inexoravelmente ao texto um grau maior de elaboração e, digamos, 'frescor' semânticos, elementos inseparáveis da criatividade".

Origina-se da visão pessoal do mundo e das coisas, sem a imitação subserviente, denotadora de um estilo postiço, artificial e pasteurizado. Com o tempo, o estilo vai-se definindo, mediante certas preferências vocabulares e de construção frasal. Essa definição há de evidenciar a "marca" do emissor e mostrar sua visão do mundo.

Como exemplo de *originalidade*, embora não seja o padrão de linguagem que se espera em um texto jurídico, vejamos alguns trechos da brilhante sentença prolatada pelo Juiz de Direito Ronaldo Tovani, substituto da Comarca de Varginha, Minas Gerais, que concedeu liberdade provisória a Alceu da Costa, vulgo "Rolinha", preso em flagrante por ter furtado duas galinhas e ter perguntado ao delegado: "*– Desde quando furto é crime neste Brasil de bandidos?*". O ilustre magistrado, com muita originalidade, lavrou então sua sentença em versos e afirmou, antes, que lei no país é para pobre, enquanto mantém impunes os "charmosos" autores das fraudes do antigo INAMPS. Apreciemos alguns trechos da criativa manifestação:

"No dia cinco de outubro
Do ano ainda fluente
Em Carmo da Cachoeira
Terra de boa gente
Ocorreu um fato inédito
Que me deixou descontente.

O jovem Alceu da Costa
Conhecido por "Rolinha"
Aproveitando a madrugada
Resolveu sair da linha
Subtraindo de outrem
Duas saborosas galinhas.
(...)

Desta forma é que concedo
A esse homem da simplória
Com base no CPP
Liberdade provisória
Para que volte para casa
E passe a viver na glória.

Se virar homem honesto
E sair dessa sua trilha
Permaneça em Cachoeira
Ao lado de sua família
Devendo, se ao contrário,
Mudar-se para Brasília".

No mesmo rumo, faz-se mister trazer à baila trechos da sentença prolatada em versos pelo Juiz de Direito Rubens Sérgio Salfer, na Comarca de São Miguel do Oeste, em Santa Catarina. O nobre magistrado decidiu uma causa acerca da contenda de dois fazendeiros. É que os animais (dois porcos) de propriedade de um foram fatalmente atacados pelo animal de estimação (um cachorro) de outro. Se a situação se apresenta pitoresca, não menos original foi a sentença prolatada. Vejamos:

"Visto e analisado
Todo o processado
Os relatórios são dispensados
Conforme a Lei dos Juizados.

Abrão Prestes dos Santos é agricultor
Gilmar Henzel tem o mesmo labor
São vizinhos na Linha Cordilheira
Bem próximo à fronteira.

O segundo é o reclamado
Dono do cão apontado
Causador destas intrigas
Entre famílias amigas.

Sobreveio o despacho inicial
Na forma da Lei Especial
Citando-se o requerido
Intimando-se o ofendido.

Chega o momento esperado
Pelo juiz designado
Para julgar a questão
Posta em discussão. (...)

Apresentadas as razões derradeiras
Tudo sem brincadeiras
Prolato esta sentença
Para geral sabença.

Expressa o artigo trezentos e trinta e três
Em casos deste jaez
Que incumbe ao autor
Evidenciar o seu clamor.

A BOA LINGUAGEM • capítulo 3

Os testemunhos colhidos
Neste Juízo ouvidos
Vieram em socorro
Do mencionado cachorro.

O primeiro é o reclamante
Vem a Juízo confiante
Propor ação de cobrança
Em face da vizinhança.

Diz o requerente
Que encontra-se descontente
Por ver mortos dois suínos
Por afiados dentes caninos. (...)

Os porquinhos coitados
Morreram estraçalhados
Sem que ninguém apontou
Qual 'bichano' lhes matou.

Compete a quem alega
Em caso de refrega
Provar o que sustenta
Na liça que ostenta. (...)

Sem medos em minha mente
Julgo improcedente
O pedido formulado pelo autor
Lamentando a sua dor. (...)

São Miguel do Oeste
Não fica no Norte, Sul ou Leste
Não fica na Argentina
Fica em Santa Catarina.

Rubens Sérgio é o meu nome
Salfer o sobrenome
Sou Juiz de Direito
Judicando escorreito".

Conforme se afirmou, conquanto não seja o padrão de linguagem que se espera em um texto jurídico, é indiscutível a originalidade das sentenças em epígrafe, ressaltando que ambas vêm brilhantemente de encontro à mesmice que campeia a maioria dos petitórios nos ambientes forenses, arrebatando-a para longe.

3.2.7. Nobreza: a linguagem nobre é aquela que não é chula e torpe, que não enxovalha o petitório. A arte literária não merece ser prostituída. Esta não dispensa o véu do pudor e do decoro. Nesse passo, não se pode admitir no texto jurídico a presença de palavrões e chocantes pornografias, que só vêm atentar contra a nobreza do petitório, maculando a sua essência.

A propósito, há causídicos que extrapolam o limite do bom senso e da boa educação. Costumo afirmar, em tom jocoso, que as peças processuais não são "estádio de futebol", onde se pode livremente extravasar a possível indignação com xingamentos ao árbitro e ao adversário. O texto nobre é aquele que qualquer pessoa pode ler "sem censura". Aliás, seguindo as palavras do eminente jornalista e escritor Josué Machado, *"não basta escrever certo. Elegância e fluência também contam"*.

Com relação à utilização da **gíria**, é de se notar que deve ser evitada no discurso jurídico, salvo situações particulares e justificadas. Mas a utilização ou não do vocabulário gírio, como índice de cultura, deve sempre ser analisada com cautela.

Acerca do tema, reiteramos aqui nosso entendimento. O uso da gíria é perfeitamente válido, desde que a situação de comunicação lhe abra alas. É evidente, a olhos vistos, que a gíria, própria da linguagem dos morros, ganhou trânsito livre em nosso cotidiano, o que já na década de 1930, segundo Preti (2009: 45), foi registrado por Noel Rosa, no samba *O cinema falado*:

> "A gíria que o nosso morro criou
> bem cedo a cidade aprendeu e usou".

A propósito, vale a pena citarmos o fragmento de Manuel Bandeira (2005: 24), que corrobora a importância dessa língua do povo:

> "(...) A vida não me chegava pelos jornais nem pelos livros
> Vinha da boca do povo na língua errada do povo
> Língua certa do povo
> Porque ele é que fala gostoso o português do Brasil
> Ao passo que nós
> O que fazemos
> É macaquear
> A sintaxe lusíada (...)".

Tal análise nos leva a refletir sobre quem pode ser considerado *culto* perante o léxico. A resposta é simples: o falante será tanto mais culto quanto melhor souber adequar a sua fala às situações de comunicação. O falante "culto", voltado para seu interlocutor, é aquele que fala pensando "para quem fala", "em qual ambiente fala" e "sobre o que fala".

De modo oposto, a *incultura* do falante desponta quando este se vale de um único registro para todas as situações de comunicação. Desse modo, é possível ser um falante *culto*, ainda que use gíria, bastando que esta bem sirva ao contexto situacional. A esse propósito, Preti (2009: 43) afirma:

> Seria temerário afirmar que a gíria está ausente do vocabulário dos falantes cultos, embora estes estejam mais atentos à adequação entre sua fala e a situação de interação, o que faz com que se substitua o vocábulo gírio por um culto ou menos estigmatizado.

Observe que, neste tópico, aplica-se perfeitamente a distinção entre *padrão formal* e *coloquial*. Assim, no discurso jurídico, enquanto não cabe o primeiro na comunicação oral, o segundo não se compatibiliza com o texto escrito. Vejamos alguns abusos em petição:

> "Este é um fato somente imaginável entre os dementes de um hospício...!"
>
> "Dito e feito! Mandaram o cheque para o pau!"

Em tempo, na linguagem oral do dia a dia, tem sido bastante frequente o uso da expressão **fazer uma colocação**, no sentido de "emitir uma opinião, ideia ou sugestão". Esse é um dos condenáveis modismos ou chavões[11] em voga, que deve ser abolido em caráter emergencial, por ser eufonicamente desarmônico e rude. É clichê modernoso, tradutor de expressão que, se colocada ao lado daquelas que podem substituí-la, apresentar-se-á reprovável, não se justificando em nosso léxico. Nesse diapasão, impende transcrever as lúcidas palavras do renomado jornalista e escritor Moacir Werneck de Castro[12]:

---

11 **Chavões ou modismos:** são as expressões de impacto, que adornam e prejudicam o texto, devendo ser evitadas, por lhes faltar objetividade. É natural que se utilizem tais expressões no discurso oral, no padrão coloquial, a fim de poupar esforços na exposição do pensar. Todavia, na linguagem escrita, que obedece ao rigor prescritivo das normas cultas, tais expressões não são bem-vindas. O modismo veicula a trivialidade da ideia já demasiado conhecida e repisada. Seu caráter efêmero retira-lhe a força, e, por isso mesmo, deve ser evitado.

12 *Jornal do Brasil*, de 28-5-1994, *apud* Cegalla, 1999, p. 76.

E não é de hoje que se esbarra a cada momento com expressões como "proposta", "colocação", "a nível de" – por aí afora. Os linguistas, sociólogos, comunicadores... estão chamados a estudar esse fenômeno alarmante que é a busca da originalidade, visando uma pobre fábrica de clichês modernosos. Portanto, substitua a vitanda[13] expressão por "fazer uma exposição", "fazer um esclarecimento", "fazer um comentário" ou, simplesmente, por verbos, como: "explicar", "explanar" ou "argumentar".

Nesse rumo, segue uma lista de lugares-comuns ou clichês que retiram a robustez argumentativa da ideia a ser transmitida, devendo ser evitados no padrão formal (linguagem escrita):

A cada dia que passa	A duras penas	A olho nu
A sete chaves	A todo vapor	A toque de caixa
Abrir com chave de ouro	Acertar os ponteiros	Deu o tiro de misericórdia
Alto e bom som	Antes de mais nada	Ao apagar das luzes
Arregaçar as mangas	Ataque fulminante	Atingir em cheio
Baixar a guarda	Cair como uma luva	Aparar as arestas
Chover no molhado	Colocar um ponto final	De mão beijada
Do Oiapoque ao Chuí[14]	Ele dispensa apresentação	Divisor de águas
Erro gritante	Efeito dominó	Em ponto de bala
Em sã consciência	Eminência parda	Encostar contra a parede
Estar no páreo	Faca de dois gumes	Fazer das tripas coração
Fazer vistas grossas	Fez por merecer	Fugir da raia
Gerar polêmica	Hora da verdade	Lavar a alma
Leque de opções	Lugar ao sol	Luz no fim do túnel
Menina dos olhos	Na ordem do dia	No fundo do poço
Ovelha negra	Isto é óbvio e ululante	Pelo andar da carruagem

---

13 A expressão **vitanda** é exemplo erudito do uso bastante frequente, na Língua Portuguesa, do "gerundivo latino". Ocorre em expressões como: *crime nefando; argumento despiciendo* e em inúmeras palavras (*doutorando, venerando, colendo, memorando, subtraendo, minuendo, multiplicando* etc.). No Direito, veem-se *extraditando, interditando, usucapiendo, prestações vincendas, exequenda* etc.

14 As mais atualizadas pesquisas cartográficas indicaram que o ponto mais setentrional do Brasil é o *Monte Caburaí*, em Roraima. Portanto, com todo o rigor geográfico, deve-se dizer "do Monte Caburaí ao Chuí".

Em petição de miséria	Requinte de crueldade	Saraivada de golpes
Sentir na pele	Separar o joio do trigo	Trazer à tona
Trocar farpas	Página virada	Voltar à estaca zero
Parece que foi ontem	A vida é uma luta	A escalada da violência
A ciranda de preços	A corrida armamentista	Apostar todas as fichas
Tecer comentários	A nível de	Administrar a vantagem
Reverter a situação	Agradar a gregos e troianos	Via de regra[15]
A pressa é inimiga da perfeição	Passar em brancas nuvens	Botar a boca no trombone
Pode tirar o cavalo da chuva		

3.2.8. Harmonia: a prosa harmônica prima pela adequada escolha e disposição dos vocábulos, pelos períodos não muito longos e pela ausência de cacofonias. Representa o componente musical da frase. A confecção cuidadosa dos períodos imprime ao texto o equilíbrio melódico e rítmico, permitindo uma leitura com prazer.

Na busca do texto bem escrito, evite as cacofonias e a repetição vocabular – daí a importância dos exercícios com sinônimos e do uso constante do dicionário, que, aliás, existe para ser consultado. Ele não é adereço, mas objeto de consulta, sob pena de cultivarmos o que tenho apelidado de *substituísmo*: condenável hábito de substituir as palavras, diante da dúvida semântica, trocando-as por outras de fácil escrita ou significado, em vez de consultar o nosso querido "paizão" – o dicionário –, a fim de esclarecer a dúvida.

Em sentido oposto à pertinência[16] das palavras do insigne escritor italiano Dante Alighieri (1265-1321), para quem *"a dúvida agrada não menos que o saber"*, os *substituístas* nunca dirimem a dúvida, deixando de enfrentá-la, mas perpetuam o desconhecimento, adotando uma postura arredia. Isso nos faz lembrar a história da secretária de um ex-presidente da República que, ao redigir um memorando para marcar a reunião para uma dada sexta-feira, viu-se na dúvida se tal dia da semana se escrevia

---

15 A locução **via de regra** tem o sentido de "em geral, quase sempre", sendo variante de **por via de regra**. Deve-se preferir esta àquela, por se apresentar mais consonante com as normas cultas da Língua Portuguesa. Exemplos:
  ▪ *Por via de regra, os homens são machistas.*
  ▪ *Nos vestibulares mais difíceis, por via de regra, são aprovados candidatos de classes sociais mais abonadas.*

16 Admitem-se as formas **pertinente e pertinência** (VOLP, Aurélio e Houaiss). Entretanto, não há registro de verbo ao qual pudesse pertencer a palavra "pertine". Assim, a expressão "no que pertine..." é condenável e inexistente.

com -x ou -s. Perguntando ao presidente, este evasivamente respondeu: "Mude para sábado". E ninguém abriu o dicionário para conferir a grafia do tal dia. Hilário? Diz-se ser fato histórico!

Sabe-se que o *vocabulário* é expressão da personalidade do homem e de seus conhecimentos linguísticos, representando o inventário vocabular que facilita a tarefa comunicativa, principalmente redacional, por ampliar o leque utilizável na escolha da palavra mais adequada. Para tanto, a consulta frequente a dicionários e a leitura de autores renomados são atividades imprescindíveis à riqueza lexical e, por consequência, à produção e compreensão das imagens verbais. Sobre o tema, Damião e Henriques (2000: 38) recomendam em boa hora:

> Alguns dicionários, muito úteis a quem milita na área jurídica: de Direito (Plácido e Silva e Pedro Nunes); de definições (Caldas Aulete, Laudelino Freire, Aurélio); de etimologia (Antenor Nascentes, José Pedro Machado); de sinônimos e antônimos (Francisco Fernandes, Antenor Nascentes); de Filosofia (André Lalande, Régis Jolivet); de Linguística (Dubois, Zélio dos Santos Jota) e Dicionário Analógico da Língua Portuguesa (Francisco dos Santos Azevedo), além dos dicionários especializados do vocabulário jurídico.

E, ainda, os renomados autores (Damião e Henriques, 2000: 52) complementam:

> Exercício obrigatório ao profissional do Direito é, assim, perscrutar com zelo os dicionários de palavras análogas e, firmada uma família ideológica, pesquisar os dicionários especializados para informar-se sobre os usos das palavras.
>
> Aparentemente penosa, gratificante é a tarefa, porque o profissional, ou mesmo o estudante, vai aprimorando sua linguagem, de sorte a não realizar trocas impensadas de palavras; ao contrário, vai ajustando com precisão crescente as palavras às ideias, nomeando o pensamento de maneira lógica e designando corretamente a ideia na linguagem jurídica.

Frise-se que, atualmente, há excelentes *dicionários eletrônicos*, que muito nos auxiliam no aprimoramento do repertório lexical – o *Dicionário Houaiss da Língua Portuguesa*, por exemplo –, em face de suas convidativas ferramentas eletrônicas de busca.

Da mesma forma, não há como prescindir dos clássicos dicionários de *regência verbal* e *nominal* de Celso Pedro Luft e o de verbos de Francisco da Silva Borba.

Diante do exposto, é fundamental ao operador do Direito, evitando o prejudicial distanciamento dos postulados estudados, preservar a boa linguagem e, com isso, alcançar o que se busca no discurso jurídico: o êxito na arte do convencimento.

A BOA LINGUAGEM • capítulo 3

JURISMACETES

1. SUPRACITADO OU SUPRAMENCIONADO

Situação: *O autor foi representado nos autos pelos supramencionados advogados que subscrevem a petição anexa.*

Comentário: o prefixo **supra-** atrairá o hífen se a palavra posterior iniciar-se com h- ou idêntica vogal. Assim sendo, deve o operador do Direito memorizar tal regra, escrevendo com acerto: *supra-atmosférico, supra-auricular, supra-anal, supra-histórico, supra-humano, supracitado, supramencionado*, entre outros.

2. HAJA VISTA O OCORRIDO

Situação: *Haja vista os acontecimentos, tomaremos as providências cabíveis.*

Comentário: trata-se de locução estereotipada, uma espécie de "fóssil sintático". Assim, é melhor mantê-la toda invariável – portanto, **haja vista**. Significa "veja-se, tendo em vista, oferecer-se à vista, aos olhos". Exemplos:

- *O candidato estava preparado para o concurso, haja vista as notas que tirou.*
- *A invasão do Iraque de nada adiantou, haja vista a forte pressão imposta pelos rebeldes aos EUA.*

Em outro giro, sabe-se que a forma "haja visto" não pode ser usada como sinônima de *haja vista*, no entanto, caso imaginemos o **haja visto** como tempo verbal sucedâneo de "tenha visto", sua utilização será legítima. Exemplos:

- *É imperioso que ele haja visto (tenha visto) o cometimento do ilícito.*
- *Espero que ele haja visto (tenha visto) o filme.*
- *Talvez ele haja visto (tenha visto) o resultado das provas antes dos colegas.*
- *Convém que eu haja visto (tenha visto) o texto antes de responder ao teste.*

Nos outros casos, como se enfatizou, há consenso em que a expressão deve ser fixa:

- *Haja vista o acidente; Haja vista a tempestade; Haja vista os acidentes; Haja vista as tempestades.*

Ressalte-se, ainda, que há registros gramaticais que legitimam o uso invariável do verbo "haver", mas com o termo "vista" acompanhado da preposição "a" ou "de". Exemplos:

- *Haja vista ao acidente; Haja vista à tempestade.*
- *Haja vista dos acidentes; Haja vista das tempestades.*

Frise-se, ademais, que há quem tolere o verbo "haver" variável e o termo "vista" sem preposição. Exemplos:

- *Hajam vista os acidentes; Hajam vista as tempestades.*

3. ARTIGO INSERTO NO CAPÍTULO

Situação: *Os doze parágrafos do art. 62 da Constituição foram insertos após a Emenda Constitucional n. 32/2001.*

Comentário: o adjetivo **inserto** tem a acepção "daquilo que se inseriu; o que foi introduzido, inserido, incluído". Na verdade, é forma participial irregular do verbo inserir, cujas formações são inserido (particípio regular) e inserto (particípio irregular). Portanto, não se deve titubear diante dos adjetivos inserto e ***incerto***. Este tem a acepção de "incorreto, aquilo que não é certo", enquanto aquele, como se viu, tem o sentido de "introduzido". Assim, aprecie a frase correta: *Era certo que o incerto inciso estava inserto no texto.*

4. MERITÍSSIMO

Situação: *O advogado perguntou ao Meritíssimo Juiz: – Vossa Excelência está passando bem?*

Comentário: o vocábulo **meritíssimo** pode conter duas acepções: (a) no sentido "do que é muito merecedor, muito digno ou digníssimo". Aqui se mostra como o superlativo absoluto sintético de *meritório* ou *merecedor*. Exemplo: *Seu sucesso é meritíssimo*; e (b) no sentido de "designar o tratamento dispensado a juízes em geral, devendo-se usar a inicial maiúscula" (Meritíssimo) ou a forma abreviada ("MM.").

Ressalte-se que, no discurso direto, usa-se "Meritíssimo Senhor" ou "Vossa Excelência" (Exemplo: *Obrigado, Meritíssimo Senhor, pela atenção dispensada*). Com efeito, em *discurso direto*, usa-se o pronome possessivo "Vossa" (Exemplo: *Vossa Excelência me permite esclarecer?*). Por outro lado, quando a forma ocorre em *discurso indireto*, usa-se o pronome possessivo "Sua" (Exemplo: *O Promotor, referindo-se ao Juiz, disse que Sua Excelência prolatou a sentença*).

Não é demasiado enfatizar que o verbo e os pronomes devem concordar na terceira pessoa com as formas de tratamento na função de "sujeito" (Exemplo: *Vossa Excelência entende que o critério prevalecente é o finalístico*).

VOLP
VOCABULÁRIO ORTOGRÁFICO DA LÍNGUA PORTUGUESA

1. Bom senso

O termo, conforme já se mencionou, é grafado sem o hífen. Outros vocábulos, todavia, exigem o hífen: *bom-tom, bom-moço, bom-mocismo, bom-talher, bom-bocado, bom-copo, bom-é* (substantivo feminino; plural *bom-és*) e *bom-homem*.

2. Novas Palavras

A 6ª edição do VOLP, publicada em 2021, trouxe cerca de mil palavras novas. Muitos desses acréscimos estão relacionados ao contexto da pandemia e ao avanço científico e tecnológico. Seguem algumas novidades: telemedicina, teleinterconsulta, laudar, biopsiar, bucomaxilofacial, ciberataque, cibersegurança, aporofobia, gerontofobia, feminicídio, sororidade, decolonialidade, judicialização, infodemia, covid-19, pós-verdade, negacionismo, necropolítica, homoparental, gentrificação, ciclofaixa, astroturismo, mocumentário, docussérie, apneísta, entre muitas outras. Em relação aos estrangeirismos, podemos citar o registro de *botox, bullying, compliance, coworking, crossfit, delay, home office, live-action, lockdown, personal trainer, podcast*, entre muitos outros da língua inglesa. Também foram incluídos vocábulos que atestam a influência de outras línguas, como *emoji, shiitake, shimeji*, do japonês, *parkour, physique du rôle, sommelier*, do francês, *paparazzo, cappuccino*, do italiano, *chimichurri*, do espanhol, entre outros.

4 DA PETIÇÃO INICIAL

Na lição de Nascimento (1992: 205), "o silogismo é um raciocínio, mediante o qual 'da posição de duas coisas, decorre outra, só por estas terem sido postas' (Aristóteles); ou, mais simplesmente, é um argumento dedutivo formado de três proposições encadeadas, de tal modo que das duas primeiras se infere necessariamente a terceira" (*H. Geenne*). Essas proposições chamam-se "premissa maior", "premissa menor" e "conclusão". Exemplos:

Todo cidadão brasileiro pode votar (premissa maior).
Pedro é cidadão brasileiro (premissa menor).
Logo, Pedro pode votar (conclusão).

Na petição inicial[1], a "premissa menor" precede a "premissa maior":

O FATO . . . . **Premissa menor**

O DIREITO . . . . **Premissa maior**

O PEDIDO . . . . . **Conclusão**

Além disso, a inicial[2] deve ser redigida com ideias concatenadas, isto é, articuladas, a saber: disposição da matéria em artigos ou parágrafos, separados e correlacionados. Tais artigos são hoje impropriamente denominados "itens" e são numerados ou enunciados por letras na ordem do abecedário. Segundo os cânones da boa disposição, quando se usam números, colocam-se pontos; quando letras, parêntesis. Exemplo: 1. 2. 3. ou a) b) c). Nos petitórios, recomenda-se essa regra.

4.1. A ARTICULAÇÃO NA PETIÇÃO

A articulação no petitório serve para explicar a necessidade de delimitar as partes da dissertação (tese, desenvolvimento, argumentação e conclusão).

---

1   Há inúmeros **sinônimos para petição inicial**: *peça exordial, preambular, introdutória, prefacial, vestibular, inaugural, libelo cível, libelo cível inaugural*, entre outros.

2   Vale lembrar o fenômeno linguístico chamado **braquiologia**: consiste em simplificar-se a expressão, eliminando o substantivo e substantivando o adjetivo. Na área jurídica, temos:

Petição Inicial – a inicial	Carta Rogatória – a rogatória
Carta Precatória – a precatória	Carta Remissória – a remissória
Sentença Absolutória – a absolutória	Nota Promissória – a promissória

A troca de parágrafos não implica uma mudança de assunto, que deve ser o mesmo em toda a extensão da dissertação na petição. Entretanto, pergunta-se:

> *O que tem a ver uma dissertação com a petição?*

A resposta a essa indagação é muito simples: tudo. Com efeito, a técnica do convencimento desenvolvida nas petições e recursos não está divorciada da técnica dissertativa. Pelo contrário, podemos afirmar, categoricamente, que a petição é uma "dissertação" apresentada ao juiz, na tentativa de convencê-lo acerca de um determinado ponto de vista.

Para desenvolvermos uma dissertação, precisamos organizar as ideias, acomodando-as numa estrutura discursiva, convincente e persuasiva. Vamos conhecê-la.

TESE, DESENVOLVIMENTO, ARGUMENTAÇÃO E CONCLUSÃO

Tese: é a exposição do tema, por meio da elaboração do parágrafo introdutório. Neste se transmite a ideia central (ou ideia-núcleo), delineando o que se pretende expor nos articulados que serão a seguir expostos. Na introdução define-se o problema, o objeto.

Damião e Henriques (2000: 136) denominam a "tese" de *tópico frasal* – exórdio ou introdução do tema e asseveram: "Cumprem-lhe as funções de delimitar o tema e fixar os objetivos da redação, e não se deve redigi-lo com mais de duas frases".

Encerrando a ideia-central, o tópico frasal deve ser mais genérico do que o desenvolvimento, e não pode conter ideias conclusivas. Lembre-se, no entanto, que no texto narrativo é frequente a diluição da ideia-chave no desenvolvimento do parágrafo, podendo, até, surgir no final do texto. Todavia, o cuidado de enunciar de pronto a ideia-núcleo garante a unidade do parágrafo, sua coerência, facilitando a tarefa de realçar o tema.

Desenvolvimento ou argumentação: é a exposição detalhada dos argumentos norteadores da tese. Representa os parágrafos seguintes à introdução ou tese, nos quais se fará o desenvolvimento da linha argumentativa, por meio de uma visão crítica do tema ora proposto. Seguindo o fio do discurso, deve-se unir os parágrafos com elementos de ligação (conectivos de passagens de pensamento, como "portanto", "embora", "desse modo", entre outros).

Conclusão: condensa a essência do conteúdo desenvolvido, reafirmando o posicionamento exposto na "tese", permitindo-se uma efetiva "retomada" daquela. Segundo Oliveira (2001: 56), "a conclusão deve traduzir plenamente sua proposição inicial. Tudo em seu texto deve apontar para a conclusão de sua argumentação. Esse é o espaço dedicado à união das ideias lançadas ao longo do texto".

Damião e Henriques (2000: 141) denominam a "conclusão" de *fecho redacional*. Os renomados autores entendem que

> uma boa redação termina de forma incisiva, dando ao leitor a sensação de ter sido esgotado o plano do autor, logrando o emissor obter o objetivo pretendido. Há, assim, correlação entre introdução e conclusão, porque esta última resolve a proposta do texto. (...) A conclusão é, pois, o remate das ideias desenvolvidas, podendo ser um resumo delas (síntese), apresentar uma proposta e até mesmo constituir-se em conclusão-surpresa.

É fato que a montagem de qualquer linha argumentativa passa pela feitura de um "esboço" dos fatos que se pretende narrar. Após esse mister preambular, deve o causídico construir as "teses" ventiladas, que serão sustentadas com "argumentos". Com efeito, a confecção de qualquer argumento se traduz no "trinômio" *esboço – tese – argumento*, que deve lastrear a exposição da ideia querida, sob pena de sacrificar a ordem no pensamento e a sua aposição no petitório.

Nesse ínterim, enfatize que é possível a coexistência de argumentos em uma tese – hipótese em que deve o peticionário se valer de uma estrutura textual predeterminada.

Diante do exposto, conclui-se que é possível notar a mesma estrutura dissertativa nas **petições**. Vejamos:

> **Introdução:** é a apresentação da linha argumentativa que se pretende seguir, expondo sucintamente os elementos fáticos que a sustentam.
>
> **Desenvolvimento:** é a exposição detalhada dos argumentos norteadores da tese, concatenados em linguagem crítica e dialética.
>
> **Conclusão:** é o fechamento textual, conhecido como "arremate" ou "fecho", por meio do qual se procede à retomada da tese, chegando-se a conclusões pretendidas, em um nítido *iter* silogístico, trilhado pelo causídico.

Portanto, evidencia-se que a estrutura supracitada – "introdução, desenvolvimento e conclusão" – propicia ao magistrado, destinatário da mensagem, uma rápida intelecção do propósito ideológico-jurídico, aclarando a necessidade de acolhimento da pretensão.

É indubitável que, se a cada tese o causídico se valer da estrutura mencionada, proporcionará ao destinatário da petição uma leitura rápida e aprazível, evitando que se releia o texto, em uma enfadonha e sacrificante tentativa de entendimento.

Interessante é observar a lógica de Aristóteles (384-322 a.C.) que, em *Arte Retórica*, corrobora a estrutura acima ventilada. Para o filósofo, a dissertação, como todo plano redacional, tem começo, meio e fim, sendo estruturada em três partes bem definidas:

a) **Exórdio:** é a parte introdutória, que objetiva enunciar a ideia-chave, indicando a tese a ser postulada, chamada pelos escolásticos de *status quaestionis* (= anúncio do tema).

b) **Desenvolvimento:** compreende dois momentos: a explanação das ideias e as provas comprobatórias de sua veracidade (demonstração na dissertação expositiva). É a fase da reflexão, da fundamentação do trabalho. No discurso jurídico, a matéria probante é mola mestra da dissertação argumentativa.

c) **Peroração:** é o fecho, o coroamento discursivo. Demonstradas as provas, cumpre ao redator retomar o tópico frasal para mostrar ter sido ele exposto, com eficácia, no desenvolvimento.

Vamos, agora, aprofundar a estrutura do texto dissertativo.

4.2. A DISSERTAÇÃO – DEDUÇÃO E INDUÇÃO

Podemos desenvolver uma dissertação, encaminhando nosso raciocínio "indutivamente", ou seja, partindo de um fato particular para uma generalização, ou "dedutivamente", tomando um princípio geral para chegar a uma conclusão particularizante.

Pelo *método dedutivo*, opera-se o raciocínio silogístico: parte-se de uma premissa de caráter geral para se chegar a uma conclusão particular.

A dedução leva-nos a tomar fatos ou ideias gerais para alcançar uma conclusão singularizada. Portanto, *deduz-se* quando se parte da *generalização* em direção à *particularização*.

A linguagem deve ter a clareza de um pensamento disciplinado, visando à concatenação e ordenação de ideias. Concatenar ideias é buscar seu encadeamento, formando a tessitura redacional, à medida que se empregam termos adequados. A linguagem adequada formará o repertório linguístico que se espera de um advogado.

Uma dissertação bem redigida apresenta perfeita articulação de ideias. Para obtê-la, é necessário promover o encadeamento semântico (significado ou ideias) e o encadeamento sintático (mecanismos que ligam uma oração à outra). Tal coesão é obtida por meio de *elementos de ligação* – conectivos de integração harmoniosa de orações e parágrafos em torno de um mesmo assunto –, que se traduzem no *eixo temático*. Esses elementos de ligação podem ser advérbios, conjunções, preposições, pronomes etc. Há elementos ou conectores:

a) de adição, continuação: *outrossim, ademais, vale ressaltar também;*

b) de resumo, recapitulação, conclusão: *em suma, em resumo;*

c) de causa e consequência: *por isso, de fato, com efeito.*

Nesse passo, Rodríguez (2000: 263) preleciona que

> para cada tese se traceja um percurso argumentativo, uma linha de raciocínio que deve ser transmitida ao leitor. No desenvolver dos argumentos, é necessário que se observe um fator de textualidade denominado coerência. Não basta selecionar, entre os vários tipos de argumentos, os mais persuasivos e adequados ao caso concreto, mas é necessário ver se esses argumentos se coadunam, se pertencem a uma linha de raciocínio único. Se os argumentos não pertencerem a essa linha única de raciocínio, está-se diante da falta de coerência, que, em seu grau máximo, se denomina contradição.

A estratégia argumentativa ou percurso argumentativo que melhor contribui para tornar o texto persuasivo e convincente é a "exemplificação", que ilustra e fundamenta as ideias-núcleo. Sem a exemplificação correspondente a cada ideia-núcleo citada, a argumentação fica inócua. Daí o peticionário se valer de argumentos doutrinários e jurisprudenciais.

Um dos objetivos da dissertação é *convencer alguém de que determinado ponto de vista é praticamente inquestionável*. Portanto, "dissertar" é expor ideias a respeito de um determinado assunto, apresentando provas que justifiquem e convençam o leitor da validade do ponto de vista de quem as defende.

A título de revisão, veja o quadro abaixo:

Estrutura Sinóptica da Dissertação
a) introdução: parágrafo introdutório – ideia central, ideia-núcleo – **tese**;
b) desenvolvimento: vários parágrafos – reforçar o primeiro parágrafo – **argumentação**;
c) conclusão: condensa a essência do conteúdo desenvolvido, reafirmando a tese – **retomada da tese**.

Tomaremos, a título de ilustração, dissertações elogiáveis, elaboradas em provas de vestibulares e concursos de renome, que merecem a transcrição, na íntegra – ainda que fora do contexto da petição –, por preencherem os requisitos acima expostos com total fidelidade. Vamos aos exemplos.

Dissertação nota 10, em exame no vestibular para ingresso na Universidade de São Paulo (Fuvest), publicada no *Jornal do Brasil*, em 10 de outubro de 1990 (Oliveira, 2001: 57-58):

> **Tema: Terra de Cegos:** há um conto de H. G. Wells, chamado "A Terra dos Cegos", que narra o esforço de um homem com visão normal para persuadir uma população cega de que ele possui um sentido do qual ela é destituída; fracassa, e afinal a população decide arrancar-lhe os olhos para curá-lo de sua ilusão. Discuta a ideia central do conto de Wells, comparando-a com a do ditado popular "Em terra de cego quem tem um olho é rei". Em sua opinião, essas ideias são antagônicas ou você vê um modo de conciliá-las?

> *A audácia de se enxergar à frente*
>
> A capacidade de estar à frente de seu tempo quase nunca confere ao seu possuidor alguma vantagem. A dureza das sociedades humanas em aceitar certas noções desmente, não raro, o ditado popular que diz que "Em terra de cego quem tem um olho é rei".
>
> Exemplos, a História é pródiga em nos apresentar. Sócrates foi obrigado, pela sociedade ateniense, a tomar cicuta, em razão de suas ideias. Giordanno Bruno, que concebeu a Terra como um simples planeta, tal qual sabemos hoje, foi chamado herege e queimado. Darwin debateu-se contra a incompreensão e condenação de suas ideias, mais tarde aceitas.
>
> Ainda hoje, temos exemplos de procedimentos similares. Oscar Arias, presidente da Costa Rica e prêmio Nobel da Paz, ainda há pouco tempo se debatia contra a sociedade de seu país, que teimava em colocar obstáculos à sua atuação. Em tempo: o mérito de Oscar Arias nem era o de estar à frente de seu tempo, mas simplesmente o de analisar os problemas do presente.
>
> Esse mal não será curado tão cedo. Isso porque as pessoas que conseguem enxergar à frente apresentam ao homem o que ele odeia desde os tempos imemoriais: a necessidade de rever as próprias convicções. Enquanto esse ódio – ou será medo? – não for superado, a humanidade continuará cega para o futuro e para si mesma.

A redação anterior, é bom frisar, acha-se em um parâmetro de exigência de nível médio.

A propósito, aproveita o Autor[3] o momento para trazer à baila algumas redações de sua autoria, algumas mais antigas, outras mais recentes.

1ª Proposta de Redação:

> *Um quadro: tela e moldura* (o Autor, 1991)
>
> O homem é um ser eminentemente social e, como consequência dessa natureza, está sujeito às imposições ou determinações da sociedade que o abriga. Inegavelmente discriminadoras, tais determinações visam ao benefício de um pequeno grupo, que

---

3   O **Autor** desta obra foi aprovado no vestibular da FUVEST, para o Curso de Direito – USP, com nota máxima 10.0 (dez) em redação, com o tema "Vestibular" (dezembro de 1992). Na ocasião, pôde desenvolver a técnica redacional haurida dos precisos ensinamentos do ilustre professor e amigo *Ailton Paulino dos Santos*, conterrâneo de sua saudosa cidade natal – Guaxupé, em Minas Gerais.

denominamos "elite", em detrimento da grande parte restante, essencialmente inconsciente, que chamamos de "massa".

Toda tela precisa de uma moldura para se constituir num verdadeiro quadro. Essa realidade em pedaços vem levar-nos a refletir sobre o grupo minoritário, porém poderoso, que vive à custa da massa oprimida, constituindo o verdadeiro sistema capitalista, que, mediante reflexão radical, seria um "egossistema".

Há a necessidade de ter a massa envolvida, enlaçada nos efeitos paralisantes do eficiente mecanismo usado pela elite – o discurso ideológico. Esse envolvimento gera passividade, e esta, legitimação dos valores. Há a necessidade de todos se envolverem com o sistema manipuladoramente paternalista, e o não envolvimento pode causar amargas consequências ao arrojado indivíduo que o tentar. Não será "este perturbador da ordem" perseguido pela elite como subversivo, assim como o alvo o é pelo cartucho? Não o seria, se todos não "tirassem sempre o chapéu" e "comessem só o que 'eles' dão", sem saber se o que está ingerindo é bom ou ruim, benéfico ou maléfico.

Assim, resta-nos concluir que todas as diretrizes que seguimos são a moldura da tela que o "pintor", o sistema capitalista, deseja retratar – a manipulação ideológica. E mediante o desenho em que nos baseamos, entende-se que tal manipulação está para o sistema assim como a tela, para a moldura.

2ª Proposta de Redação:

A enxada e a caneta (o Autor, 1991)

A caneta e a enxada são instrumentos úteis ao homem. Justificam, aparentemente, uma relação de oposição entre o engajamento e a alienação que, segundo Hegel, tendem a uma aproximação. Mas em que medida a enxada caracteriza o ser dominado diante da caneta, como ser dominador?

O sistema capitalista a que somos submetidos é estruturado, fundamentalmente, pela exploração do homem pelo homem, no qual o "poder" é análogo ao "ter". Uma minoria elitizada domina uma massa alienada, segundo os interesses egoisticamente unilaterais da classe dominante.

Embora a caneta e a enxada mostrem interesses opostos e conflitantes, há profunda identificação, na medida em que ambos os instrumentos coexistem, isto é, não há dominador sem dominado e nem elite sem massa, em nossa sociedade. Enquanto a caneta simbolizar a consciência e a enxada, a ignorância, o primeiro prevalecerá sobre o segundo, pois o conhecimento gera dominação, e esta, passividade.

Assim, ambos são a antítese que se sintetizam na estrutura social capitalista.

3ª Proposta de Redação:

Com base na letra de *Lenine* e nas *três frases para reflexão*, escreva o que significa, para você, "estar vivo":

Canção: VIVO (Lenine / Carlos Rennó) Precário, provisório, perecível; Falível, transitório, transitivo; Efêmero, fugaz e passageiro Eis aqui um vivo, eis aqui um vivo! Impuro, imperfeito, impermanente; Incerto, incompleto, inconstante; Instável, variável, defectivo Eis aqui um vivo, eis aqui... E apesar... Do tráfico, do tráfego equívoco;	Do tóxico, do trânsito nocivo; Da droga, do indigesto digestivo; Do câncer vil, do servo e do servil; Da mente o mal doente coletivo; Do sangue o mal do soro positivo; E apesar dessas e outras... O vivo afirma firme afirmativo O que mais vale a pena é estar vivo! É estar vivo / Vivo / É estar vivo Não feito, não perfeito, não completo; Não satisfeito nunca, não contente; Não acabado, não definitivo Eis aqui um vivo, eis-me aqui.

Frases:

1. *"A arrogância é o reino – sem a coroa"* **(provérbio judaico).**

2. *"Quanto maiores somos em humildade, tanto mais próximos estamos da grandeza"* **(Rabindranath Tagore: poeta e escritor índio).**

3. *"Creio que não valho tudo isso"* **(observação: frase proferida por Zinedine Zidane, ao ser contratado pelo Real Madri por US$ 65 milhões).**

A felicidade no estar vivo (o Autor, 2011)

A associação da felicidade à mera condição de "estar vivo" é tarefa árdua para o ser humano. Pensa-se: não há felicidade porque se está vivo, mas pela possibilidade de consumir enquanto ser vivo.

Ciente de sua incompletude e imperfeição, o ser humano tende a buscar, arrogantemente, a plenitude da vida pela lógica do prazer imediato, em que o ato de comprar serve como "termômetro" de felicidade. Compram-se bens materiais, e o dinheiro, no imaginário do ser alienado, será também capaz de comprar os bens imateriais – até a felicidade. Tudo isso lhe dá uma sensação de menor precariedade, embora sua dependência do consumo – a "transitividade" que o marca – prenda-o ao "complemento" de uma falsa noção de felicidade.

O "vivo" manipulável será objeto do sistema no qual se insere, que o levará alienadamente à condição de vítima de seu próprio erro. A doença, o vício, a dificuldade de se impor como ser socialmente emancipado, tudo isso traduz-se no produto de escolhas equivocadas, que lhe foram ofertadas pelo sistema ao qual se liga. Os erros cometidos recrudescem as lacunas em seu âmago, tornando-o "defectivo" e, consequentemente, mais propenso à dominação.

"Estar vivo" será sempre bastante para quem, conscientemente, consome para viver, e não para aqueles que, alienadamente, vivem para consumir.

4ª Proposta de Redação:

Leia o artigo a seguir, retirado do Editorial da *Folha de S. Paulo* (de 6-12-1995) e elabore um texto dissertativo a seu respeito:

"A preocupação da comitiva presidencial com o vestuário durante a visita de Fernando Henrique Cardoso à Ásia trata diretamente do conceito de leis suntuárias.

Na sua origem, essas leis tinham uma inspiração moral e visavam a impor limites aos impulsos humanos. Assim, na sóbria Esparta, eram proibidos o álcool, o uso de móveis feitos com ferramentas sofisticadas e a possessão de ouro e prata.

Essas leis passaram a afetar também o vestuário. Na Roma republicana, em 215 a.C., a *Lex Oppia* proibia as mulheres de usar mais de meia onça de ouro. No judaísmo, a lei mosaica condena o uso de linho e lã no mesmo artigo, prática condenável no Ocidente até hoje.

Na Europa, as leis suntuárias deixaram um pouco de lado a preocupação moralizante para passar a diferenciar as classes sociais. Em 1337 o rei Eduardo 3º, da Inglaterra, proibiu qualquer um com título inferior a cavaleiro de usar peles.

A partir do século 17, as leis suntuárias acabaram perdendo também um pouco do sentido de diferenciação social para converter-se num instrumento de guerra comercial. A Inglaterra, por exemplo, proibia a importação de seda francesa e a França, a de lã inglesa. Essa prática rapidamente evoluiu para os impostos sobre a importação.

Seria tolice, entretanto, acreditar que as leis suntuárias morreram. Elas apenas deixaram de ser leis positivas e foram transferidas para o mercado. As grifes continuam aí, indicando quem pertence a que classe. A tirania é a mesma, mas a eficiência é maior. Mesmo um pobre sempre poderá sonhar em vestir um Giorgio Armani".

Vocabulário:

Lei suntuária: lei que, em caráter excepcional, o governo promulga em época de crise, para restringir o luxo e os gastos imoderados.

Suntuosidade: grande luxo, magnificência, aparato, pompa (*Novo Dicionário Aurélio da Língua Portuguesa*).

As leis suntuárias continuam legítimas (o Autor, 2010)

No plano histórico, as sociedades sempre tenderam a se organizar por meio de estamentos ou classes, indicando a diferença natural entre os grupos, bem como a dominação de um sobre o outro. É natural que a dominação gera passividade, uma vez que há de prevalecer a ética do dominador, por meio da imposição de valores e simbologia própria, hábeis a demarcar a posição ocupada por aquele que pertence à sociedade estratificada.

Nesse contexto, inserem-se as leis suntuárias. No passado remoto, as leis suntuárias, positivas e escritas, tinham um viés inibitório de consumo, passando, com o tempo, a servir à diferenciação de classes sociais. A partir do século XVII, transformaram-se em instrumentos de proteção do mercado interno, assumindo o papel que é hoje realizado pela tributação extrafiscal. Na atualidade, as leis suntuárias, não mais escritas, permanecem como meios de restrição de liberdade, entretanto a ultrapassada lógica moralizante, originariamente justificadora dessas normas, cedeu passo a outro tipo de coibição, diante da tirania das leis do mercado: "a coibição da coibição".

Vivemos em uma sociedade em que a ascensão social liga-se à ideia de posse de objetos, capazes de legitimar o indivíduo como um ser superior. Somos instados a consumir, desenfreadamente, em um incentivo à aquisição do que não é necessário, sob a opressão imposta pelas práticas tidas como "da moda". Daí o desejo de adquirir roupas de "grife", carros de luxo, objetos de valor, entre tantos bens suntuosos e supérfluos.

Na perspectiva da lei de mercado, fomentar o consumo, associando-o à elevação social do adquirente do bem, é prática natural. O desejo de consumir indica a possibilidade de alteração do "status quo" do indivíduo nos estamentos da sociedade, promovendo-se a mobilidade social tão desejada. Curiosamente, ao mesmo tempo em que o consumo se faz necessário, a diferenciação de classes se mostra vital em uma estrutura socialmente estratificada, uma vez que é desta que irradia o desejo no indivíduo de ascensão social, levando-o à prática consumista.

Assim, as leis suntuárias permanecem atuais. A diferença é que o "não faça" do passado deu lugar ao "use", "consuma", "vista-se" do presente, denotadores de um falso engajamento, e, sim, de uma induvidosa alienação. Não há dúvida de que a liberdade do indivíduo vai até onde seu consumo chega.

A redação seguinte foi extraída do concurso público de admissão à carreira de diplomata do *Instituto Rio Branco*, em Brasília, para o qual é necessário possuir nível universitário; daí a elaboração maior, tanto no estilo quanto no conteúdo desenvolvido, assim como nas ilustrações.

O trabalho apresentado – citado por Oliveira (2001: 59-61) – é de autoria da concursanda Giuliana Sampaio Ciccu, que conquistou 49 pontos de 60 possíveis.

Nacionalismo e globalização: o papel da cultura e política do idioma

A cultura é o principal elemento em que se baseia o conceito de nação. Profundamente arraigada nas diversas sociedades, cada cultura tem condições de manter sua individualidade, a despeito do intercâmbio progressivamente maior entre os países, decorrente do processo de globalização. O Estado tem um papel a cumprir para assegurar esta permanência: cabe a ele providenciar acesso à educação e incentivar manifestações culturais genuínas do povo.

Desde as unificações italiana e alemã, alguns fatores têm sido considerados fundamentais para que um Estado possa ser propriamente considerado como tal. Somente quando há entre o povo um nível mínimo de homogeneidade poderá haver estabilidade suficiente para que a unidade política se mantenha. Assim, história, religião, raça e, em especial, língua comuns são indispensáveis para que surja um sentimento de identidade que caracterize e particularize uma nação.

A história fornece várias evidências da fragilidade de um Estado constituído na ausência de um substrato cultural comum. A antiga Iugoslávia, por exemplo, esfacelou-se logo após o fim do regime comunista do Marechal Tito, que mantinha o país unido por meio da força. A fragmentação observada ocorreu, sobretudo, em virtude das diferenças religiosas e culturais entre os povos que habitavam aquele território.

A identidade cultural é, portanto, essencial para a vida do Estado. Com o fim da Guerra Fria, acelerou-se o processo de globalização, tanto nos planos econômico e político quanto no âmbito cultural. No Brasil, a influência estrangeira começou a evidenciar-se de maneira mais pronunciada, principalmente no que diz respeito à presença da língua inglesa.

Vocábulos ingleses passaram a ser utilizados, mesmo quando há termos correspondentes na língua nacional.

Tal influência, embora não configure ameaça à cultura brasileira, não pode tampouco ser considerada positiva. Alguns países, como a França, adotaram métodos legais para pôr fim à tendência, elaborando lei que proíbe o uso do inglês em diversas ocasiões. Esta, porém, não parece ser a solução mais adequada para o problema.

> O melhor caminho para garantir a unidade cultural é a educação. Um povo que conheça suas tradições e sua história certamente encontrará motivos para se orgulhar do patrimônio que herdou e não sentirá necessidade de adotar ou imitar outras culturas. Permitirá somente o intercâmbio natural, com mútuas influências, que caracteriza uma cultura viva.
>
> Estabelecer contatos permanentes com povos de cultura semelhante é igualmente importante para estimular a consciência cultural de cada povo. Desse modo, a criação da Comunidade dos Países de Língua Portuguesa, reunindo os sete países lusófonos do mundo, representa iniciativa de grande relevância e deve ser prioritária no plano da política do idioma. Não se trata de anular o que há de específico no português falado na Europa, América e África, mas de ressaltar significativo traço cultural que aproxima os diversos países.
>
> Não há motivos, portanto, para temer os efeitos da globalização sobre a cultura nacional. Desde que o Estado contribua de modo eficaz para estimular a consciência cultural do povo, esta tende a manter-se, ainda que haja intensos contatos com outras culturas.

4.2.1. A PETIÇÃO À LUZ DA DISSERTAÇÃO

Observemos, agora, a sequência de articulados que devem compor a linha argumentativa de um petitório:

DO DIREITO

De acordo com o art. 150, I, da CF, é vedado aos Entes tributantes, entre eles os Municípios, aumentar tributo sem lei que o estabeleça.

A corroborar o exposto acima, impende destacar a dicção dos §§ 1º e 2º do art. 97 do CTN, que destacam a necessidade de lei para atualização em bases de cálculo de impostos, com índices acima da correção monetária do período.

O Decreto, na realidade, não atualizou apenas a base de cálculo do imposto, mas, sim, estabeleceu um aumento real, portanto acima da correção monetária do período, o que somente poderia ter sido exigido por meio de ato emanado do Poder Legislativo Municipal, isto é, lei, jamais um ato do Poder Executivo.

Citar DOUTRINA...

Citar JURISPRUDÊNCIA...

Com efeito, fica demonstrada, à saciedade, que a majoração da base de cálculo do IPTU, ou seja, a atualização do valor venal dos imóveis acima da correção monetária oficial, mediante Decreto do Poder Executivo, viola frontalmente o princípio da legalidade, consagrado no art. 150, I, da CF, combinado com o art. 97, §§ 1º e 2º, do CTN.

4.3. A REDAÇÃO DE PETIÇÕES

O presente item versará sobre o detalhamento da petição, a fim de que o eminente leitor possa angariar meios de expressão consentâneos com a forma solene dos petitórios. Portanto, deverá assimilar as dicas ofertadas e, fundamentalmente, aplicá-las em seu dia a dia, na elaboração de peças e arrazoados. Vamos, então, a elas.

4.3.1. O endereçamento

Sabemos que é por meio de petições que o advogado se comunica com o Poder Judiciário, importando muito a qualidade delas, não apenas para o resultado da ação, como também para a apresentação do trabalho jurídico.

A petição inicia-se com o *endereçamento*. Ele é necessário para que se conheça a Vara a que se deve encaminhar o petitório, além de indicar a pessoa a quem deve ser dirigido o texto, comumente o juiz ou o desembargador responsável pela instrução e pelo julgamento do processo.

O endereçamento deve, por isso, vir logo no início da página, desta forma:

> - *Excelentíssimo Senhor Doutor Juiz de Direito da __ Vara Criminal do Foro Regional de Santo Amaro, São Paulo.*
>
> Ou:
>
> - *Excelentíssimo Senhor Doutor Desembargador Presidente do Egrégio[4] Tribunal de Justiça de São Paulo.*

No cabeçalho da petição (endereçamento ou vocativo), não use abreviaturas. A redação forense as repele quando usadas sem critério nas petições. Assim, evite a forma "Exmo. Sr. Dr. Juiz ...", preferindo "Excelentíssimo Senhor Doutor Juiz...".

É de destacar que a abreviatura prejudica o estilo solene da linguagem do foro, despindo-a de rigor. Ademais, a visualização do texto com abreviaturas torna-se áspera e desagradável ao olhar do leitor, devendo o aplicador do Direito usá-las somente em casos

---

4 O vocábulo **egrégio** é exemplo de homonímia reinterpretada – desvio semântico entendido pelos autores como polissemia, em razão de ser exemplo de palavra que assume relações psicológicas diferentes. Isso porque "egrégio" (*ex grege*) era usado para designar a ovelha separada do rebanho; hoje, fala-se em *Egrégio Tribunal*. O mesmo se dá com:
  - "hospício": que passou de hospedaria para hospital e, daí, para hospital de alienados;
  - "insolente": excessivo, fora do comum, cristalizou-se como grosseiro;
  - "formidável": que causa medo ("do latim *formidare*") e cujo sentido, hoje, é excelente;
  - "escrúpulo": antes, pedrinhas da areia que perturbavam quando entravam no sapato; hoje, perturbação da consciência.

extremos. Queremos mencionar que existe tranquila tolerância com relação a certas abreviaturas, como: "art." para artigo; "p." para página; ou mesmo "CF" para Constituição Federal. Todavia, deve-se, *exempli gratia*, evitar "r. sentença", preferindo "respeitável sentença". Da mesma forma, substitua "v. acórdão" por "venerando acórdão" e, por fim, "V. Exa." por "Vossa Excelência".

A esse propósito, Rodríguez (2000: 61-62) ensina que

> existem adjetivos que, devido às formalidades do discurso jurídico, encontram-se impregnados na redação de peças enviadas ao Poder Judiciário. Esses adjetivos podem ser entendidos como forma de referência, e devem ser utilizados para que, no mínimo, se demonstre conhecimento da linguagem usual no foro. São os principais:

SUBSTANTIVO	ADJETIVO	SUBSTANTIVO	ADJETIVO
Acórdão	Venerando acórdão	Juiz	Meritíssimo Juiz
Câmara, Turma Julgadora	Colenda Câmara	Juízo	Digníssimo Juízo
Defensor / Relator	Culto Defensor / Nobre Relator	Julgador	Ínclito Julgador
Sentença	Respeitável sentença	Patrono	Culto Patrono
Tribunal	Egrégio Tribunal	Procurador, Promotor de Justiça	Nobre Procurador / Douto Promotor de Justiça

Não obstante, a adjetivação que se impinge a alguns termos forenses, no intuito de imprimir elegância ao texto e respeito à autoridade mencionada, pode vir a se tornar repetitiva, em razão do número de retomadas que o autor tem de fazer em sua exposição. Nesse ínterim, surge a opção pela abreviação desses adjetivos, de índole excepcional, a fim de que tal adjetivação hermética não prejudique a "musicalidade" ou "harmonia" textuais. Exemplo:

> A r. sentença de fls. 20, a par do v. acórdão de fls., não satisfez os interesses do postulante, à medida que se pretendeu provar a essa C. Corte o dolo do autor.

4.3.2. Sugestões de melhoria

Como se notou nos tópicos precedentes, a petição é articulada com parágrafos, que devem estar concatenados por adequados elementos de ligação.

Tais elementos visam imprimir uma ordem lógica ao texto, ofertando-lhe unicidade em torno do eixo temático. Observe alguns exemplos.

4.3.2.1. Para citar artigos, comece com os seguintes conectivos de passagens:

- *Segundo o comando inserto no artigo tal, o Autor ...;*
- *Consoante a inteligência do artigo tal, o Embargante ...;*
- *"Ex vi" do disposto na literalidade do artigo tal, o Réu ...* (*Ex vi*: por força de; leia-se com a sílaba tônica em "éx");
- *Conforme se depreende do alcance do artigo tal ...;*
- *Consoante a dicção do artigo tal ...*

Observe que o texto ganha elegância, denotando o convívio do emissor com a melhor linguagem do foro. Com efeito, é indiscutível que as formas citadas são preferíveis à simples enunciação: "O artigo tal reza que ...". Portanto, use-as sem receio de transparecer afetação, uma vez que tal vício está longe de ser localizado nas expressões supracitadas, mas, sim, em modos intangíveis de exteriorização do pensamento, que permeiam alguns petitórios, dando a nítida impressão de que vieram tão somente para confundir, e não para veicular pensamentos.

4.3.2.2. Para mencionar o caso concreto, utilize as formas abaixo:

- *No caso em tela, há que se destacar...;*
- *No vertente caso, faz-se mister enaltecer...;*
- *No caso "sub examine", urge mencionar...* (pronuncie "sub eczâmine");
- *No caso em comento, é mister frisar...;*
- *No caso em tela, esclareça-se que... .*

Note que são formas estereotipadas, de que pode se valer o aplicador do Direito, a fim de que conduza a petição com linguagem técnica. É imperioso afirmar que o conhecimento de múltiplas formas é de vital importância, à medida que pode o ilustre causídico diversificar o texto, variando-as. Aliás, enquanto a repetição de palavras ou termos traduz-se em condenável pobreza vocabular, a diversificação de vocábulos, que se materializa no domínio da sinonímia[5], denota o controle amplo do léxico, conferindo zelo ao redigir.

---

5 O notável compositor Nando Reis, na canção *Diariamente*, dá-nos uma lição de **sinonímia**, com versos magistralmente burilados. Vejamos:
"Para calar a boca: Rícino / Pra lavar a roupa: Omo / Para viagem longa: Jato /Para difíceis contas: Calculadora(...) / Para lápis ter ponta: Apontador(...) / Para trazer à tona: Homem-rã / Para a melhor azeitona: Ibéria(...) / Para embaixo da sombra: Guarda-sol / Para todas as coisas: Dicionário(...) / Para limpar a lousa:

Não é difícil imaginar que todos os falantes da Língua compreendem um universo de vocábulos significativamente maior do que o rol de palavras emitidas no dia a dia. É episódio natural em qualquer idioma: entende-se, todavia não se emprega.

Nesse passo, evidencia-se o "perigo", no momento da construção da petição, à medida que se deve proceder à boa seleção de vocábulos conhecidos e, decorrencial e apropriadamente, inseri-los no corpo da petição.

Na prática, a "seleção" e o "emprego" das palavras traduzem-se no domínio do léxico. É sabido que o **léxico ativo** representa o rol de palavras conhecidas e, realmente, empregadas na conversação cotidiana, enquanto o **léxico passivo** se traduz no conjunto de vocábulos que o leitor conhece, identificando seu significado, todavia não os utiliza efetivamente em seu texto, por motivo de insegurança ou por falta de prática.

O desenvolvimento do *léxico ativo* desponta a partir do "convívio vocabular insistido" – expressão por nós empregada, no intuito de demonstrar que o conhecimento das palavras e de seus sinônimos é fundamental para a desejada desenvoltura na confecção do texto. Recomendamos, a todo tempo, que se parafraseiem textos. O que é isso, afinal? A **paráfrase** representa a maneira diferente de dizer algo que foi dito, valendo-se da sinonímia. Conhecida como "metáfrase", é eficiente recurso para o fortalecimento vocabular, à medida que se traduz o texto na "mesma língua", procedendo à alteração de palavras, no mister de confecção de um novo texto. Com efeito, é essa substituição de palavras por outras do mesmo teor que provoca, paulatinamente, o robustecimento do vocabulário ativo do usuário da Língua.

Construir a paráfrase de um texto significa "traduzi-lo na mesma língua". Ou seja, escrever as mesmas ideias que nele constam, com palavras diferentes. O grande segredo da boa paráfrase, então, é a utilização dos sinônimos. Vejamos um interessante exercício de paráfrase, extraído da obra de Rodríguez (2000: 121):

> **Texto original:**
>
> "Não há dúvida nenhuma que fiscal do Juizado de Menores é um cara frustrado. É um tipo que sonhou um dia ser policial e, tendo ido parar noutra repartição da vida, se apresentou voluntariamente ao Juizado para a necessária fiscalização dos menores que driblam os pais e saem por aí como se já fossem cocorocas, quando ainda devem esperar alguns anos para isso.

Apagador(...) / Para uma voz muito rouca: Hortelã / Para a cor roxa: Ataúde(...) / Para aumentar a vitrola: Sábado(...) / Para trancar bem a porta: Cadeado(...) / Para os dias de folga: Namorado(...) / Para a mulher que aborta: Repouso / Para saber a resposta: Vide-o-Verso(...) / Para o telefone que toca / Para a água lá na poça / Para a mesa que vai ser posta / Diariamente" **(versos da canção *Diariamente*, de Nando Reis, na voz sublime de Marisa Monte).**

> Se tem algum leitor aí duvidando do que diz aqui o filho de Dona Dulce, o que nos parece um pouco difícil, pois jamais enganei ninguém no setor jornalístico, que esse duvidador repare no jeito dos fiscais do Juizado, quando invadem um bar para inspecionar. Reparem na cara de 'tira', a transpirar abuso de autoridade, que eles usam. Morem no jeito arbitrário, tão comum ao policial carreira" (PONTE PRETA, Stanislaw, *in Primo Altamirando e Elas*, Rio de Janeiro: Editora do Autor, 1962, pp. 115-116).

Paráfrase

Tenho absoluta certeza de que fiscal do Juizado de Menores é pessoa malograda, desiludida. É alguém que aspirava à carreira policial mas, tendo-se desencaminhado para outra vida, ofereceu seus préstimos para a indispensável vigilância dos garotos que enganam os pais e saem a passear fingindo ser maiores, ainda não sendo.

Se algum leitor duvida de minhas palavras – o que considero improvável, pois minhas palavras têm tido muita credibilidade – que esse descrente atente-se à cara de "tira", a exalar arbitrariedade, que eles exibem. Percebam o modo despótico, inerente ao policial típico.

4.3.2.3. Para citar doutrina, os elementos de ligação podem ser:

- *Nesse sentido, necessário se faz mencionar o entendimento do ilustre Fulano que preconiza, "in verbis": (citar a doutrina).*

- *A esse propósito, faz-se mister trazer à colação o entendimento do eminente Fulano que assevera, "ipsis litteris": (citar a doutrina).*

- *Nesse diapasão, impende destacar o entendimento do ínclito Fulano, que aduz, "verbis": (citar a doutrina).*

- *A corroborar o exposto acima, insta transcrever o entendimento do renomado Fulano, que preleciona, "ad litteram": (citar a doutrina).*

- *Nesse passo, é de todo oportuno trazer à baila o entendimento do preclaro mestre, que obtempera, "verbo ad verbum": (citar a doutrina).*

Observe que os enunciados supracitados vêm ao encontro do que objetiva o modesto trabalho literário a que agora se dedica, nobre amigo leitor: municiá-lo com linguagem técnica e múltipla.

Note que os exemplos trazem a lume o mesmo contexto, com modos diversos de expressão. Confira na tabela a seguir a variedade de expressões utilizadas, confrontando-as com os modelos anteriormente mencionados:

MANUAL DE PORTUGUÊS JURÍDICO

Elemento de ligação I	Elemento de ligação II	Qualificativo	Verbo	Latim*
Nesse sentido →	necessário se faz mencionar →	Ilustre Fulano →	Preconiza →	*In verbis*
A esse propósito →	faz-se mister trazer à colação →	Eminente Fulano →	Assevera →	*Ipsis litteris*
Nesse diapasão →	impende destacar o →	Renomado Fulano →	Aduz →	*Verbis*
A corroborar o exposto acima →	insta transcrever →	Ínclito Fulano →	Preleciona →	*Ad litteram*
Nesse passo →	é de todo oportuno trazer à baila** →	Preclaro Fulano →	Obtempera →	*Verbo ad verbum*

* As expressões latinas utilizadas (***in verbis***, ***ipsis litteris***, ***verbis***, ***ad litteram*** e ***verbo ad verbum***) têm a acepção de "sem alteração" ou "literalmente", de modo que devem transitar com tranquilidade nos textos jurídicos, à medida que, inexoravelmente, valer-se-á o nobre causídico de fiéis citações de doutrina, jurisprudência, entre outros argumentos *ab auctoritatem*. Ressalte-se que há, ainda, a forma *ad litteris et verbis*, na acepção de "literalmente".

** A forma **"vir à baila"** pode ser grafada como "vir à balha". Primitivamente, a expressão significava "vir à dança", "vir ao baile", "aparecer" ou "ser visto". Desse modo semanticamente restrito, a expressão evoluiu para um sentido genérico, aplicando-se também ao campo das ideias.

Dessa forma, na elaboração da peça prático-profissional, deve o aplicador da redação jurídica demonstrar domínio da linguagem simples, porém técnica, peculiar ao estilo forense. Para tanto, faz-se mister que utilize expressões tradutoras de uma desenvoltura adequada na elaboração de parágrafos componentes do trabalho escrito.

Aprecie o quadro a seguir, com algumas "fórmulas", para utilização na introdução de articulados.

Nesse raciocínio,	o douto (Autor)	assevera
Nessa esteira,	o ínclito (...)	ministra
Nesse passo,	o ilustre (...)	preleciona
Nesse rumo,	o culto (...)	aduz
Nesse diapasão,	o eminente (...)	entende
A esse propósito,	o renomado (...)	leciona
Na mesma toada,	o preclaro (...)	obtempera

Ou, ainda:

- *Outrossim, merece ser trazido à baila o entendimento do ilustre doutrinador ... .*
- *Ademais, merece ser trazido a lume o magistério do renomado catedrático ... .*
- *Além disso, imperioso se faz trazer à colação os dizeres do renomado escritor ... .*
- *À guisa de corroboração, necessário se faz trazer à baila o entendimento do eminente professor ... .*
- *A ratificar o acima expendido, é de todo oportuno gizar (= delinear) o magistério do ínclito autor ... .*

Veja, em tempo, outras "fórmulas" a serem usadas na petição para citar doutrina:

- *Nesse raciocínio, o festejado Autor preleciona, de modo esclarecedor, no sentido de que ... .*
- *Nos respeitáveis dizeres do eminente Autor ... .*
- *Com muita propriedade, o douto Fulano traça as seguintes explanações sobre o assunto ... .*
- *Em consonância com o magistério do Fulano... .*
- *Sobre tal aspecto, merece ser trazido (ou necessário se faz trazer) à baila o excelente magistério do Fulano ... .*
- *Também por este prisma é o entendimento do respeitável Autor, que perfilha o mesmo pensar, ao asseverar que ... .*
- *Nesse rumo, ainda, as Impetrantes pedem vênia para transcrever as lapidares explanações tecidas pelo ilustre Fulano sobre o tema ora analisado ... .*
- *Escudado nesse sólido embasamento doutrinário, a Autora entende que ... .*
- *É de todo oportuno gizar as palavras do ilustre Autor, que assevera ... .*
- *Em consonância com os dizeres do douto Autor, há que se notar o posicionamento do Fulano, em total corroboração ao acima expendido, que preconiza ... .*
- *A tese defendida pelo Autor apresenta-se agasalhada pela melhor doutrina, como se pode notar da transcrição abaixo ... .*
- *Empós as clarividentes lições do renomado Autor ... .*
- *No dizer sempre expressivo do preclaro Fulano ... .*
- *Em assonância com a lição sempre precisa do Autor ... .*

Ressalte-se que, para a citação de doutrinas, é necessário demasiada atenção, pois se trata de "argumentos de autoridade" (*ab auctoritatem*), que visam imprimir vigor na argumentação expendida. A esse propósito, Rodríguez (2000: 231-232) aduz que

> argumento de autoridade é aquele que usa da lição de pessoa conhecida e reconhecida em determinada área do saber para corroborar a afirmação do autor sobre certa matéria. (...) São argumentos de autoridade, via de regra, as citações de doutrina nas petições. Esse tipo de argumento traz duplo efeito. O primeiro deles é a presunção de acerto no raciocínio que o argumentante toma de empréstimo. Como a autoridade cujo pronunciamento é citado é (ou ao menos deve ser) pessoa conhecida (ou seja, cujo nome o leitor conheça) e reconhecida (o leitor deve conhecer a pessoa citada e reconhecê-la como autoridade em determinado assunto), o leitor passa a presumir que seu raciocínio tenha bons fundamentos (...).

E cita o autor um exemplo:

> **"Como assenta Joel de Figueiredo Dias, professor catedrático da Universidade de Coimbra e presidente do Instituto de Direito Penal Econômico Europeu (...)".**
>
> Essa apresentação, ainda que o leitor não conheça o professor citado, passa-lhe o *status* de autoridade, dando maior força ao argumento (destaque nosso).

Damião e Henriques (2000: 162) asseveram, acerca do argumento de autoridade, que sua

> intenção é mais confirmatória do que comprobatória. O argumento apoia-se na validade das declarações de um especialista da questão (que partilha da opinião do redator). É largamente explorado no discurso jurídico com o emprego de fórmulas estereotipadas como "estribando-se na autoridade de ...".

No mesmo diapasão, Ferraz Jr. (1991: 309) preconiza que "tal argumento domina a argumentação jurídica. Na esfera religiosa, a palavra de Deus é o argumento mais forte".

Assim, deve o anunciante observar as importantes regras abaixo para citação de doutrina:

1. utilize aspas (começo e fim);
2. se for destacar algo, indique com a expressão "grifos nossos", "destaques nossos" ou "sublinhas nossas";
3. utilize recurso que dê destaque ao trecho de citação: geralmente, quando a citação é um tanto extensa, procura-se mudar a fonte (o tipo de letra), ou a paragrafação, impondo uma margem bem maior para o texto citado. Assim, a própria estética da petição demonstra que aquele trecho é recorte de outra obra;

> 4. se for pular um trecho, use reticências entre parêntesis ou colchetes (...)/[...], ou utilize a expressão latina "omissis";
>
> 5. quando houver erro do doutrinador, jamais corrija. Insira apenas o termo sic ("assim", em latim), entre parêntesis, "debitando na conta" de outrem o erro de que não é dono. Exemplo: O título foi enviado à (sic) Cartório;
>
> 6. ao final (ou no início), deve detalhar a fonte, indicando autor, nome da obra, edição, cidade, editora, volume, ano e página.

É interessante observar que o causídico, quando depara com um argumento de autoridade, deve proceder de modo adequado, preocupando-se em combatê-lo, tendo em conta, em primeiro lugar, que, ao lado do argumento de autoridade mencionado, deve haver a fundamentação da tese, sob pena de esvaziar a força persuasiva da citação. Nesse passo, Rodríguez (2000: 234-236) leciona que

> um dos modos de desconstituir a força persuasiva de um argumento de autoridade é expor que não é a autoridade que, por si, constitui a tese, mas sim os argumentos que usa para fundamentá-la. Isso é muito bem expresso no aforismo latino "Amicus Platus, sedi magia mica veritas" ("Gosto de Platão, mas prefiro a verdade"). A expressão indica que, ainda que Platão tenha um conjunto de ideias que representaram conhecimento fabuloso para os de sua época, muitas vezes pode-se dele discordar.

E prossegue o autor:

> O segundo modo de combater o argumento de autoridade não é desconstituir-lhe a fundamentação, mas encontrar outra autoridade que defenda a tese contrária. Para nosso bem, o Direito permite doutrinas com entendimentos mais variados, portanto não é raro que aquele que cita a lição de renomado autor para fundamentar sua tese depare, em contestação, com citação da lição de outro renomado autor, defendendo a tese contrária. Vale a pena pesquisar.

4.3.2.4. Quanto à citação de jurisprudência

Seguindo a ordem dos articulados de uma petição, deverá o eminente aplicador do Direito citar a jurisprudência nos petitórios, logo após a doutrina. O modelo abaixo foi delineado com riqueza de detalhes, com vistas a[6] enriquecer o vocabulário, podendo ser apreciado com parcimônia, caso o ilustre leitor não pretenda se valer de todo o delineamento vocabular propositadamente empregado, na forma transcrita a seguir:

---

6 As formas **com vista a** e **com vistas a** são igualmente vernáculas.

> "Ademais, a corroborar o posicionamento doutrinário expendido nos tópicos supracitados, impende trazer à colação a judiciosa ementa do venerando acórdão proferido pela colenda Turma do Egrégio Tribunal Regional Federal, cuja transcrição segue em anexo, *ipsis litteris*: ...".

Ou, ainda, com maior brevidade:

> "Nesse contexto, urge trazer à baila a respeitável ementa da judiciosa decisão proferida pelo Egrégio Tribunal, cuja transcrição segue abaixo, *in verbis*: (citar a jurisprudência)".

Ressalte-se que deve o autor do petitório "preparar" o leitor para a apresentação da jurisprudência no texto. Geralmente, utilizam-se fórmulas introdutórias, como: *"É assim que decidem nossos Tribunais"; ou "A jurisprudência pátria é assente nesse sentido, da qual se depreende que ..."*, entre outras formas.

Outras "fórmulas" a serem usadas na petição para citar jurisprudência:

- *Lapidar nesse sentido o entendimento expendido pela egrégia __Turma do egrégio TRF da __ Região, na ementa de decisão proferida nos autos da Apelação, conforme se nota a seguir ... .*

- *É altamente ilustrativo transcrever os clarividentes excertos dos votos de alguns dos ínclitos Ministros que participaram do julgamento... .*

- *Escudado nesse sólido embasamento jurisprudencial, a Autora entende que... .*

- *É necessário não perder de vista a posição que a jurisprudência pátria vem assumindo diante da matéria "sub examine", conforme se depreende da ementa abaixo transcrita... .*

- *A esse propósito, vale mencionar o venerando acórdão exarado pela __Turma, de cuja dicção depreende-se a rigidez dos argumentos ora apresentados pelo Autor... .*

- *A esse propósito, mister destacar que os argumentos perfilados pelas Impetrantes foram esposados por esta Colenda Corte, como se observa das decisões a seguir transcritas... .*

- *Com efeito, é ancilar o entendimento jurisprudencial... .*

- *Em abono dessa disposição doutrinária, mister se faz trazer à colação a judiciosa ementa... .*

Como se nota, a citação de jurisprudência é técnica que veicula o chamado argumento *a simili* ou "por analogia", segundo o qual as decisões dos magistrados funcionam como fonte do próprio Direito, em um processo analógico de convencimento. Nesse passo, Rodríguez (2000: 239) leciona que

> a justiça deve tratar de maneira idêntica situações semelhantes. Por isso, no Direito o argumento por analogia assume grande relevância e, como se sabe, é bastante persuasivo. (...)
>
> Por mais que o direito permita teses e entendimentos diversos sobre a mesma lei ou valoração diferente para as mesmas provas, é claro a todos que o sentido de justiça encontra-se exatamente nessa pretensa homogeneidade de decisões. Por isso, sempre o juiz será de algum modo influenciado a decidir de acordo com o que já decidiram seus iguais, não por qualquer subordinação ou por falta de independência funcional para seguir seu próprio convencimento, mas principalmente para manter a equidade no Judiciário como um todo.

Frise-se que a citação da jurisprudência deve ser precisa e, da mesma forma que o argumento por analogia deve prevalecer por uma identidade de fatos e fundamentos, o argumento de autoridade não pode se pautar apenas em citações descomprometidas de ementas, mas em enumerações contundentes de pronunciamentos de tribunais, adaptáveis com precisão ao caso concreto.

Assim, deve o anunciante observar as importantes regras abaixo para citar jurisprudência:

1. *utilize aspas (começo e fim);*
2. *se for destacar algo, indique com a expressão "grifos nossos" ou "sublinhas nossas";*
3. *utilize recurso que dê destaque ao trecho de citação: geralmente, quando a citação é um tanto extensa, procura-se mudar a fonte (o tipo de letra), ou a paragrafação, impondo uma margem bem maior para o texto citado. Assim, a própria estética da petição demonstra que aquele trecho é recorte de outra obra;*
4. *se for pular um trecho, use colchetes ou reticências entre parênteses (...), ou utilize a expressão latina "omissis";*
5. *ao final (ou no início), deve detalhar a fonte, indicando qual o relator da decisão, o número dos autos em que se encontra, a data e o órgão da publicação ou a revista autorizada de jurisprudência;*
6. *não fazer citações muito longas se não for aproveitar seu conteúdo;*
7. *não faça citações desatualizadas, que traduzam posicionamentos jurisprudenciais superados.*

4.3.2.5. Quanto à conclusão do texto:

Por fim, para terminar o texto, devem ser empregados os elementos de ligação que são hábeis a concluir o pensamento. Por si sós[7], devem transparecer ao leitor que o emissor da mensagem está no derradeiro pensar, pronto para proceder ao fecho do raciocínio, arrematando o pensamento com elementos de finalização que se reportam à tese acima ventilada. Observe:

- *Posto isso, merece a Impetrante a concessão do provimento pleiteado, uma vez que ... .*
- *Por derradeiro, logrou a Autora provar a veracidade dos fatos, merecendo a procedência do pedido ... .*
- *Em face do exposto, insta mencionar... (e não "Face ao exposto, ...".*
- *Do exposto, é de se destacar que ... .*
- *Perante o exposto, evidente se faz a necessidade de procedência... (e não "Perante ao exposto, ...".*
- *"Ex positis", desponta cristalina a prova de que ... .*
- *Em suma, não há dúvida de que ... .*
- *É de se concluir, destarte,... (ou dessarte).*
- *Desse modo, inexorável a conclusão de que ... .*
- *Solicita, afinal[8] (e não "a final"), o julgamento procedente do pedido ... .*

Não obstante o largo uso no meio jornalístico e na literatura moderna, as expressões "frente a" e "face a" – neologismos derivados do francês, portanto, francesismos[9] – devem

---

7   O termo **só**, como adjetivo, sinônimo de "sozinho", varia em número. Exemplos:
   - *Ele está só – Eles estão sós.*
   - *Quando me vi só – Quando nos vimos sós.*
   - *Só, eu caminhei – Sós, nós caminhamos.*

   Da mesma forma, deve ser regida a expressão **por si só**. Quando se referir a mais de uma pessoa, deve ser grafada como "por si sós". Exemplo:
   - *Eles, por si sós, chegaram a casa.*

   Por fim, ressalte-se que o termo "só", como advérbio, sinônimo de "somente", não varia. Exemplo:
   - *Eles só não passaram mal porque comeram pouco.*

8   Na linguagem jurídica, é bastante comum a expressão **a final** com a significação de "por último, finalmente, no término da demanda". Tal emprego, porém, deve ser evitado, não só pela natural confusão com o advérbio *afinal* (sentido de "enfim"), quanto por requerer, nesta construção, a presença do artigo "o", em razão de a intenção semântica ser entendida assim: *Solicita, ao final (ao término) do processo, seja considerado improcedente...*

9   **Estrangeirismo:** uso de palavras ou construções próprias de línguas estrangeiras, podendo variar o nome, de acordo com a proveniência da expressão. O uso de tais expressões deve ser contido, pois, muito ao contrário de demonstrar erudição, pode traduzir petulância e falta de praticidade. Situações há em que não podemos abrir

ser evitadas. A razão está no fato de que a locução preposicional deve conter a preposição "a" ou "em", antes da palavra "face", e não após o vocábulo. Logo, as locuções neológicas "frente a", "face a" e "ante a" devem ser substituídas por "em frente de", "em face de" e "ante" (sem a preposição "a") ou "perante" (sem a preposição "a"). Aliás, não há como sustentar gramaticalmente as formações vocabulares "perante a" ou "ante a", uma vez que "perante" e "ante" são preposições, não havendo espaço para outra preposição na expressão. Perguntar-se-á: o que faz o "a", preposição, ali, ao lado do "perante" ou "ante"?

Observe as erronias abaixo delineadas, bem como as oportunas correções:

Evite...	Troque por...
Face às dificuldades, ...	Em face das dificuldades, ...
	Diante das dificuldades, ...
	Ante as dificuldades, ...
Perante ao ocorrido, ...	Perante o* ocorrido, ...
Ante a isso, ...	Ante isso, ...

* A preposição "**perante**" tem a acepção de "diante de", "ante". Diz-se: perante o juiz (e não "perante ao juiz"), perante elas (e não "perante a elas"), perante o qual (e não "perante ao qual").

mão do uso, como é o caso da palavra francesa *sursis* (pronuncie "sursi"), na acepção de suspensão condicional da pena, representando vocábulo comum à linguagem jurídica. Frise-se que, ao usar palavras ou expressões que não sejam da Língua Portuguesa, não deixe de dar destaque gráfico (ou negrito ou itálico) ou pôr aspas.

Nesse passo, é importante notar que a parcimônia no uso de estrangeirismos vem ao encontro da corroboração do nosso idioma, tão rico em palavras e expressões sucedâneas. Seguindo essa direção, Cegalla ratifica (1999: 155):

> Os estrangeirismos ainda não assimilados ou pouco conhecidos, sem feição vernácula, devem ser usados com muita parcimônia. É prática reprovável permear, por exemplo, um texto jornalístico de palavras e expressões exóticas, de neologias estrangeiras, cujo sentido o leitor não tem a obrigação de conhecer. Quem assim procede, além de evidenciar mau gosto e pedantismo, está passando atestado de subserviência cultural.

Nesse sentido, Damião e Henriques (2000: 61-62) preconizam que

> os seres humanos não vivem insulados; o caráter social obriga-os ao intercâmbio político, econômico e cultural. A influência de uma língua em outra é decorrência normal de tal intercâmbio; é, pois, um fato que se há de considerar com naturalidade. Hoje, não há mais clima para os antigos caçadores de estrangeirismos, cacófatos e outros que tais. Algumas palavras estrangeiras não têm correspondentes adequados e hão de ser usadas; ninguém pensaria em substituir "outdoor" por "cartazão". Ressalte-se que, com a globalização, há crescente tolerância aos estrangeirismos, que podem ser assimilados pela cultura jurídica brasileira sem a necessidade de substituição por equivalências em português. Entretanto, quando for possível e se fizer prudente, é mister vestir as formas estrangeiras de uma roupagem vernácula e, assim, incorporá-las ao nosso léxico, como ocorreu com "abajur", "bibelô", "chalé", "coquetel", "buquê" e tantas outras.

> E finalizam os renomados autores: "No mundo jurídico, a tendência sempre foi a do aportuguesamento das palavras, mesmo quando o uso consagra o estrangeirismo, *e.g.*, 'leasing' por arrendamento mercantil; 'franchising' por franquia; 'factoring' por faturização".

Como se enunciou acima, há vários registros na imprensa que denotam a preferência pelo uso ora condenado. Exemplos:

- "Yeltsin se mobiliza face à oposição"[10].
- "Face às perspectivas que se abriam à sua frente, Henri ficou muito emocionado"[11].
- "O dólar teve nova desvalorização frente ao iene"[12].

Por outro lado, Vivaldo Coaraci[13] enuncia interessante frase, com a expressão adequadamente utilizada:

- "Não seria o primeiro que, em face da viuvez, se acolhia ao altar" (destaque nosso).

Na mesma esteira, Vinicius de Moraes, no *Soneto de Fidelidade*, brilhou, como de costume, ao expor a locução com propriedade:

- *"De tudo ao meu amor serei atento*

  Antes, e com tal zelo, e sempre, e tanto

  *Que mesmo **em face do** maior encanto*

  Dele se encante mais meu pensamento" (destaque nosso).

Por outro lado, o jornal *O Estado de S. Paulo*, de 30-5-1994, titubeou, ao divulgar notícia com os sofríveis dizeres:

"Ante a esta possibilidade perigosa, policiais da 3ª Delegacia, de Salvador, foram chamados".

Seria mais prudente se tivesse divulgado: *"Ante esta possibilidade perigosa, policiais da 3ª Delegacia, de Salvador, foram chamados"*.

---

10 *Jornal do Brasil*, de 7-11-1992, *apud* Cegalla, 1999, p. 162.
11 Rubem Fonseca, *Os prisioneiros*, *apud* Cegalla, 1999, p. 162.
12 *Folha de S. Paulo*, de 18-8-1993, *apud* Cegalla, 1999, p. 175.
13 *Todos contam sua vida*, p. 77, *apud* Cegalla, 1999, p. 135.

4.3.2.6. Quanto ao pedido da petição:

"Fórmulas" a serem usadas na confecção do pedido na petição:

- *Ex positis*, serve-se o Autor da presente para requerer a Vossa Excelência que[14] se digne de:
  a) conceder a liminar;
  b) julgar procedente o pedido;
  c) citar;
  d) condenar o Réu;
  e) autorizar a produção de provas.

Observação: o verbo "dignar-se" é pronominal e pode ser acompanhado, diretamente, do verbo que compõe a locução verbal. Exemplo: "... se digne citar" ou "digne-se citar".

Ademais, ressalte-se que a preposição "de" é facultativa, podendo ser empregada, caso deseje o aplicador do Direito. Exemplo: "... se digne de citar" ou "digne-se de citar".

Por fim, o verbo "dignar-se" não admite a preposição "a", embora seja forma aceita por lexicógrafos de nomeada[15]. Vamos analisar a frase abaixo:

Do exposto, é a presente para requerer se digne Vossa Excelência a conceder a liminar ... .

Troque por:

- *Do exposto, é a presente para requerer se digne Vossa Excelência conceder a liminar ...*; **Ou**:
- *Do exposto, é a presente para requerer se digne Vossa Excelência de conceder a liminar ...*; **Ou**:
- *Do exposto, é a presente para requerer digne-se Vossa Excelência conceder a liminar ...*; **Ou**:
- *Do exposto, é a presente para requerer digne-se Vossa Excelência de conceder a liminar ... .*

Observação: a omissão da conjunção integrante **QUE** foi intencional, apenas com propósito estilístico. Nada obsta a que se escreva a oração com a conjunção: *Do exposto, é a presente para requerer QUE se digne Vossa Excelência **a** conceder a liminar ... .*

---

14 Há situações em que é possível **omitir a conjunção que**. Tal partícula tem o condão de enlaçar as orações, mas é possível suprimi-la em abono da sonoridade. Aqui se dá o fenômeno da elipse. Exemplos:
  - *Ele propõe seja reformado o prédio.*
  - *Peço a você me forneça mais dados sobre o acusado.*
  - *"Pouco importa me batas pelo dobro"* (Carlos Drummond de Andrade, *Menino antigo*, p. 157, *apud* Cegalla, 1999, p. 342).
  - *"Agora pedir-vos-ei a mercê que espero me concedais"* (Alexandre Herculano, *O monge de Cister*, I, p. 124, *apud* Cegalla, 1999, p. 342).

15 O *Dicionário gramatical de verbos do português contemporâneo do Brasil*, coordenado por Francisco da Silva Borba e editado pela UNESP, assevera: "**Dignar-se** – é modalizador precedendo oração infinitiva, introduzida ou não por a/de, para indicar volição: 'Ninguém se dignou a mostrar-lhe o que existe' (16-09-1966, 3)".

Observe outros casos equivocados em que o verbo veio acompanhado da preposição "a":

> O paciente esperou pacientemente, até que o médico se dignasse a atendê-lo.
>
> Ele estava com as mãos desocupadas, porém não se dignou a me cumprimentar.
>
> O cirurgião não se dignou a pegar o bisturi.

Por derradeiro, segue uma lista de expressões estereotipadas de fecho ou conclusão em petitórios: *destarte, dessarte, em suma, em remate, por conseguinte, em análise última, concluindo, em derradeiro, por fim, por conseguinte, finalmente, por tais razões, do exposto, pelo exposto, por tudo isso, em razão disso, em síntese, enfim, posto isto (isso), assim, consequentemente* etc.

JURISMACETES

1. VEREDICTO E DETECTOR

Situação: *Os ouvintes passaram pelos detectores de metais, para que pudessem entrar no Tribunal do Júri, de onde emanou o veredicto.*

Comentário: em alguns locais públicos, usam-se "detectores" de metais para evitar que pessoas trafeguem armadas. Portanto, detectam-se pessoas.

De acordo com o VOLP, o substantivo em exame é de dupla prosódia – *detector* ou *detetor*. Nessa esteira, ao verbo se dá o mesmo tratamento: *detectar* e *detetar*. A propósito, existem outras palavras derivadas: *detetado, detetabilidade, detetador, detetante e detetável* – todas sem o -c.

Na verdade, foi o VOLP 2004 que inovou ao dar tal tratamento a esses termos – que, até então, não recebiam a dupla prosódia –, em abono da uniformidade com outros vocábulos que já contavam com a dupla pronunciação: *contacto e contato; corrupto e corruto; corrupção e corrução; aspecto e aspeto; expectativa e expetativa; expectorar e expetorar; secção e seção; intersecção e interseção* etc.

No tocante à forma **veredicto**, o Vocabulário Ortográfico reconhece, na mesma esteira, as formas "veredito" e "veredicto".

Posto isso, fique com **detectar** ou **detetar**, **detector** ou **detetor** e **veredito** ou **veredicto**... e fique com o VOLP.

2. CUSTAS, NÚPCIAS, PÊSAMES, ÓCULOS, OLHEIRAS

Situação: *No comovente enterro, era possível ver as profundas olheiras dos familiares, que se retraíam atrás dos óculos escuros.*

Comentário: há certos substantivos que só se usam no plural – os vocábulos ou **palavras pluralícias**. Diríamos, jocosamente, que sofrem elas de "complexo de superioridade". Eis alguns: *suspensórios, arredores, bodas, anais, férias escolares, damas (o jogo), condolências, pêsames, exéquias, núpcias, algemas, trevas, antolhos, belas-artes, belas-letras, calendas, cãs, esponsais, fezes, matinas, parabéns, primícias, víveres, cadeiras e costas (partes do corpo humano), olheiras* (o VOLP e o Houaiss admitem a forma no singular, também).

Portanto, diga:

- *Onde estão os meus óculos? Onde estão minhas calças? Adquira aqui seus óculos.*

Interessante é compartilhar a suscitação de dúvida levantada por Celso Pedro Luft que, intrigado com o assunto em comento, atribui-lhe um inusitado desrespeito à lógica. Afirma o renomado gramático que se "quebrei o pires amarelo", por que não "quebrei 'o' óculos escuro"? O raciocínio merece nosso aval. Entretanto, o melhor é que usemos tudo no plural (*os meus óculos escuros, teus óculos novos*). Caso contrário, deve-se optar pelo uso irrestrito no singular – *o meu óculo escuro, teu óculo novo* (forma pouco sonora, uma vez que "óculo" é cada aro e, como se sabe, hoje em dia, ninguém usa mais pincenê ("óculos sem haste", que se prende ao nariz por meio de uma mola).

3. UMA AGRAVANTE – UMA ATENUANTE

Situação: *O advogado alegou algumas atenuantes, para justificar o pedido de redução de pena. Todavia, o fato de ele dirigir alcoolizado é uma agravante no caso de colisão.*

Comentário: a palavra **agravante** pode ter a acepção de *adjetivo* ou *substantivo*.

Como *adjetivo*, deve concordar com o substantivo. Exemplos:

- *Essa é uma situação agravante.*
- *Esse é um fenômeno agravante.*

Por outro lado, as palavras **agravante** e **atenuante**, como *substantivos*, são do gênero feminino. Exemplos:

- *O comportamento do suspeito é uma agravante que deve ser levada em conta.*
- *O advogado alegou a existência de algumas atenuantes, o que justificou o pedido de redução de pena do preso.*

Ressalte-se que existe "agravante" como substantivo masculino, mas aí se trata de alguém do sexo masculino que interpõe um agravo (ou seja: *um recurso para aumentar a pena de um veredicto*).

- *O agravante protocolizou o recurso a destempo.*

À semelhança de "atenuante" e "agravante", aprecie outros *substantivos femininos* (e seus significados):

A abusão (superstição; ilusão) – A aguardente – A alcíone (ave fabulosa) – A alface – A aluvião (grande quantidade) – A áspide (espécie de víbora) – A bacanal (festim licencioso; orgia) – A cal – A cataplasma (papa medicamentosa) – A clâmide (espécie de manto) – A cólera (ira, raiva; doença infeciosa) – A comichão (coceira; desejo ardente) – A couve – A couve-flor – A derme – A dinamite – A ênfase – A entorse (lesão articular) – A faringe – A ferrugem – A filoxera (tipo de inseto; doença) – A gênese – A hélice – A jaçanã (espécie de papagaio) – A juriti (ave) – A libido – A mascote – A omoplata – A ordenança – A pane – A sentinela – A sucuri – A ubá (espécie de canoa).

4. PROPOSITADO OU PROPOSITAL

Situação: *O ladrão se aproximou propositadamente da vítima.*

Comentário: o dicionarista Aurélio registra os adjetivos *proposital* e *propositado* como sinônimos. Antônio Houaiss faz uso do termo *propositadamente*, e não "propositalmente", quando define as diversas acepções do verbete *proposital*. O gramático Napoleão Mendes de Almeida (1999: 448), a quem fazemos coro, diz textualmente: "Não são consideradas de bom uso – a advertência é de João Ribeiro – proposital e propositalmente, convindo dizer propositado (ofensa propositada) e propositadamente: agiu propositadamente".

É mister, pois, seguir o exemplo dos grandes mestres e fazer uso do vocábulo *propositadamente*. Desse modo, entendemos que, no sentido de "acintosamente, de propósito", o advérbio *propositadamente* é forma preferível a "propositalmente". No mesmo rumo, prefira *despropositadamente* à expressão "despropositalmente". Ainda, prefira a forma *despropositado* ao adjetivo "desproposital".

Frise-se que *propositado* é adjetivo designativo "daquilo que é feito com alguma intenção, em que há propósito; não casual". Por sua vez, "proposital" é adjetivo com o sentido de "premeditado, deliberado, feito por querer; propositadamente; intencional".

Em tempo, à guisa de fortalecimento vocabular, aprecie as variações etimológicas da palavra **propósito**, como substantivo masculino, indicando a "intenção de fazer algo; projeto; desígnio; objetivo; finalidade" (Houaiss).

- **A propósito de:** tem o mesmo sentido de "oportunamente; por falar nisso; aliás".

    Exemplo: *A propósito, acho que fomos apresentados na última reunião.*

- **De bons (ou maus) propósitos:** é o mesmo que "bem-intencionado ou mal-intencionado".

    Exemplo: *Os irmãos eram pessoas de bons propósitos.*

- **De propósito:** é o mesmo que "propositadamente; por querer".

    Exemplo: *Ele esqueceu o compromisso de propósito.*

- **Fora de propósito:** tem a mesma acepção de "algo que não é adequado".

    Exemplo: *Sua intervenção é totalmente fora de propósito.*

- **Ter propósito:** na acepção de "ter razão de ser; ser sensato; ter sentido".

    Exemplo: *Tem propósito fazer tanta dieta assim?*

A HORA DO ESPANTO
AS "PÉROLAS" DO PORTUGUÊS

1. Basta nascer-mos e pronto

Correção: não seria "nascermos", como forma designativa da 1ª pessoa do plural (nós) do futuro do subjuntivo do verbo nascer? A estrutura verbal criada por este desatento usuário é bastante criativa (nascer-mos!?).

2. Tenção nervosa

Correção: como qualidade do que é "tenso", somente existe "tensão", com -s. A forma "tenção", com cê-cedilha, tem a acepção de "intenção", sendo também dicionarizada. Portanto, não "troque as bolas", sob pena de provocar uma "tensão geral"...

5 COMO ENRIQUECER A LINGUAGEM DO FORO

Este capítulo traz as principais ferramentas para a construção do texto jurídico, analisado em uma perspectiva essencialmente prática. O leitor poderá se aproximar das principais questões que incomodam o operador do Direito no momento da elaboração da petição, da sentença, do parecer, enfim, dos mais diversos textos jurídicos.

Nesse ínterim, procuramos enfrentar a problemática afeta aos *defeitos das petições, clichês, arcaísmos, pronomes demonstrativos inadequados*, sem embargo de indicar o melhor caminho a seguir – o que ocorre, sobretudo ao término do Capítulo, com as dezenas de **fórmulas** (composições frásticas) as quais recomendamos serem usadas no texto jurídico. Passemos, então, a esse importante estudo.

1. Evite a expressão "**através de**" usada sem adequação.

Essa locução preposicional significa "de um para o outro lado", na acepção de transpor obstáculo. A locução traz ínsita a ideia de "passar por", "de lado a lado". Não deve reger situações relacionadas com pessoa, pois, parafraseando Nascimento (1992: 144), "constitui emprego desconhecido na boa linguagem a locução preposicional 'através de' regendo nome de pessoa fora do sentido físico; bem como seu uso para indicar 'instrumento', 'meio' ou 'veículo' não é correto".

Portanto, é erronia usar a expressão como indicadora de meio. Em português, as preposições que indicam relações de "meio" são: *por meio de, por intermédio de, mediante, graças a, mercê de*, entre outras.

A locução somente deve ser usada para travessia de algo ou para representar o deslocamento de algo "através" de alguma coisa (no sentido de atravessar). Exemplos:

- *Irei ao outro lado do rio através da ponte.*
- *A bala passou através da parede.*
- *Vejo o hospital através da janela.*
- *"Laços que se prolongam através das eras" (Alexandre Herculano).*
- *A vida prossegue através das vicissitudes.*
- *Através dos tempos, os conceitos mudam.*
- *Passou através de campos e matas (ou seja: lado a lado).*
- *Andou através da multidão na Rua da Consolação (= por entre).*

- *Conservou a fé através do tempo* (ou seja: no decurso do tempo).
- *O conceito de elegância mudou através dos tempos* (frase correta, uma vez que mostra que o conceito atravessou o tempo, ao longo dos anos).

Jamais, então:

> "... vem através do advogado abaixo assinado".
>
> "... provado através de testemunhas idôneas...".
>
> "... foi resolvido através de acordo".
>
> "Chegaram a um bom termo através do acordo".

Há "remédios" para a "enfermidade" demonstrada: prefira o uso de "por meio de", "por intermédio de", "mediante", "graças a", "servindo-se de".

2. Evite, também, o uso indiscriminado do pronome **onde**, que equivale a "em que", referindo-se a lugar físico. Deve ser usado apenas para "local", e não para outras situações. Vejamos o uso correto:

- *A estrada onde ocorreu o acidente.*
- *O prédio onde ele trabalha.*

O uso inadequado apresenta-se nas orações a seguir:

> "A lei viola o art. 5º, onde está consagrado ...".
>
> "Este é o instituto da Prescrição, onde há o prazo...".
>
> "Estes são os autos onde estão as provas".

Procedendo à correção:

"A lei viola o art. 5º, **no qual (em que)** está consagrado...".

"Este é o instituto da Prescrição, **no qual (em que)** há o prazo...".

"Estes são os autos, **nos quais (em que)** estão as provas".

Importante: existe uma praxe condenável de se usar a forma "onde" em excesso nos textos escritos. Costumamos denominar o fenômeno de "ondismo". Como pronome relativo, "onde" deve conter sempre um antecedente que se refira a lugar, podendo ser substituído por "em que", "no(a) qual" ou "nos(as) quais".

Exemplo: Minha terra tem palmeiras. O sabiá canta nas palmeiras.

Portanto, "Minha terra tem palmeiras, onde canta o sabiá" (verso da poesia *Canção do Exílio*, de Gonçalves Dias).

3. Evite expressões **clichês (frases feitas e preciosismos ou arcaísmos)** usadas de modo corriqueiro, porém irrefletido, pelos operadores do Direito menos avisados. É fato inequívoco da Língua atual do Brasil o uso inadequado de tais expressões – os famosos chavões, lugares-comuns ou hipérboles desnecessárias, que denotam uma pobreza de estilo e tornam a leitura cansativa.

Nesse passo, Damião e Henriques (2000: 58) afirmam que

> palavras, expressões e tipos de construção sintática caem em desuso, saem de circulação. A essas formas que cumprem sua missão em determinada fase da história e, depois, desaparecem na escuridão dos tempos, dá-se o nome de arcaísmos. Costumam ser divididos em "léxicos", "morfológicos" e "sintáticos"; o presente trabalho interessa-se pelos primeiros (arcaísmos léxicos).

Utilizar a linguagem culta não significa lançar mão de linguagem rebuscada e preciosismos inoportunos. Deve o advogado ter bom senso. Como pretende convencer os juízes, cidadãos comuns[1], com uma linguagem obsoleta e, às vezes, denotadora de pedantismo? São exemplos:

- *"... vem, com espeque no art. ..., ajuizar a presente ...".*
- *"Argumentos baldos de maior razão".*

---

1 "Ressalte-se que há grande diferença entre a linguagem do advogado e a dos juízes. E, como Pierre Mimin, frisamos que 'há diferença entre a forma do arrazoado e a da sentença, uma vez que o advogado, tendo determinado interesse a defender, recorre a todos os argumentos que tenham probabilidade de serem acolhidos, ao contrário do magistrado que, encarregado de dizer o direito, não se apoia senão em argumentos exatos. Daí serem os arrazoados peças de eloquência, enquanto a sentença não tem necessidade senão de lógica'" (*Le Style des Jugements*, Paris, 1951, n. 87, p. 192).
E ainda sobre a linguagem dos juízes:
"Há que se lembrar que a linguagem das decisões judiciais está comprometida com a linguagem literária e determinado nível de cultura. Por isso, importa que o prolator da sentença escolha com cuidado as palavras e dê atenção à propriedade dos termos; respeite as regras de pontuação; evite os pleonasmos e as palavras repetidas ou redundantes, e bem assim os solecismos e vulgarismos, que não coadunam com esse tipo de exposição escrita. Esses erros e vícios de linguagem desprestigiam quem os comete. Nos respeitáveis dizeres de J. Mattoso Câmara Jr., *in Manual de Expressão Oral e Escrita* (Editora Vozes, 6ª ed., p. 58), 'as grafias errôneas, às vezes irrelevantes em si mesmas, ganham vulto e importância, porque são tomadas como índice de cultura geral de quem escreve, mostrando nele, indiretamente, pouco manuseio de leituras e pouca sedimentação escolar'" (Des. Geraldo Amaral Arruda, *Notas Sobre a Linguagem do Juiz*, Corregedoria Geral de Justiça – TJSP, 1988).

- *"A exordial ministerial apresentou uma miríade de falsas afirmações, que não passam de bazófias que devem ser repelidas por esse Douto Areópago".*
- *"O autor procura aproveitar-se da indústria do dano moral, partindo para uma aventura jurídica sem fundamento".*
- *"O réu pretende acobertar-se com o manto da impunidade".*

Damião e Henriques (2000: 24) referem-se à linguagem culta como sendo aquela que

> em latim, era o "sermo urbanus" ou "sermo eruditus". Utilizam-na as classes intelectuais da sociedade, mais na forma escrita e, menos, na oral. É de uso nos meios diplomáticos e científicos; nos discursos e sermões; nos tratados jurídicos e nas sessões do tribunal. O vocabulário é rico e são observadas as normas gramaticais em sua plenitude.
>
> Esta linguagem, usam-na os juristas quando nos diferentes misteres de sua profissão. Não é mais a linguagem de Rui Barbosa, mas dela se aproxima.

Portanto, nota-se que a linguagem culta deve dispor de vocabulário selecionado e ritualizado, sendo exemplos corriqueiros vocábulos, como *outrossim, estribar, militar* (verbo), *supedâneo, incontinenti, dessarte, tutela, arguir, acoimar*. Alguns termos fruem predileção especial por parte de certos autores: *incontinenti*[2] e *supedâneo* (Miguel Reale) ou *dessarte* (Magalhães Noronha).

Nesse rumo, segue o escritor e pensador extraordinariamente fecundo Mário Ferreira dos Santos (1954: 29), versando sobre a linguagem do Direito: "Deve-se escrever com as palavras que usamos na linguagem comum. Por isso convém evitar-se os arcaísmos, expressões raras e obsoletas. Quando o discurso, a palestra ou o relato refiram-se a temas científicos e filosóficos deve ser empregada a terminologia em uso nessas ciências. A finalidade dessa regra é garantir a clareza, que é uma das qualidades principais de um bom estilo".

Evite elementos arcaicos, tais como:

- **Lídimo:** De Plácido e Silva (1978) registra o termo com o sentido de *legítimo*, em se tratando do filho procedente do legítimo casamento. Artur de Almeida Torres (1959: 163) considera que, hoje, ninguém mais diria "filho lídimo, prole lídima, sucessão lídima".

---

[2] O termo **incontinenti** é encontradiço entre os juristas. Miguel Reale (1986-1987) usa-o, pelo menos, dezessete vezes em seu livro de memórias.

- **Pertenças:** substantivo usado no plural cujo sentido é de benfeitorias.
- **Avença:** com o significado de *acordo*, *contrato*, *ajuste*; o termo aparece em Jaime Barros (1967: 110).
- **Usança:** equivale a *uso*; é termo frequente no Direito Comercial.
- **Defeso:** significa *proibido*; representa forma arcaica e acepção usada até o século XVI e mantida no Direito.

O preciosismo, na definição de Napoleão Mendes de Almeida (1999: 517), é o "uso de palavras, expressões e construções ou antigas (mais propriamente o vício se denomina, então, 'arcaísmo') ou inusitadas, esquisitas, rebuscadas, de forma que o pensamento se torne de difícil compreensão".

É sobremodo importante assinalar que, no ambiente forense, subsistem os **jargões** e os **arcaísmos**, realidades léxicas distintas, que merecem consideração. Com efeito, o *jargão* é termo usual na linguagem do operador do Direito, que recebe a chancela do usuário da linguagem forense, como se fosse uma "gíria profissional". Por outro lado, o *arcaísmo* é despido dessa "naturalidade" no uso, na medida em que representa o "preciosismo" – conjunto de expressões raras e obscuras, despidas de clareza, que acabam por traduzir certa dose de rebuscamento indesejável e pedantismo no emissor.

Evidencia-se o preciosismo no uso de expressões como "aferro", "pertinácia", "com espeque em", ou verbos de raro uso, como "apropinquar-se", "obsecrar", "soer", entre outros. Sempre insistimos: a utilização de vocábulos desse porte somente seria considerada tolerável, caso o texto o "sustentasse", isto é, na hipótese de o eixo temático do fragmento vir permeado de linguagem burilada, denotando, sim, que o redator é exímio conhecedor do idioma. Caso contrário, se o termo raro vier solto, perdido e em total desarmonia com o conjunto vocabular demonstrado, afirmamos tratar-se de "plantio de palavras", na tentativa de provocar uma falsa sensação de erudição. Esse "plantio vocabular" indesejável coloca em perigo a unidade e concatenação do texto, provocando uma inevitável desconfiança no leitor, que tende a se afastar do foco apresentado.

Uma linguagem clássica somente se sustenta se outras passagens do texto denotarem erudição e sapiência. É inadmissível que o redator empregue o verbo "obsecrar" e, por exemplo, titubeie nos "pilares gramaticais", como a crase, a concordância ou a regência. Portanto, entendemos que a seleção adequada de palavras se pauta pela simplicidade, despida de arcaísmos, excetuado o uso de termos que, de fato, encontrarão sustentabilidade no conjunto apresentado. Afinal, o arcaísmo e o jargão são como uma "estrada de mão dupla": em uma "faixa de rolamento", vai o *arcaísmo*, seguido da incompreensão; na via contrária, vem o *jargão*, trazendo a reboque a fácil assimilabilidade.

É comum, outrossim, um problema de estilo nos petitórios: a **hipérbole** – figura de linguagem que consiste no exagero no modo de enunciar uma ideia, com efeito falsamente persuasivo. A linguagem hiperbólica nada acrescenta à persuasão do destinatário da mensagem, além de conter, dependendo da intensidade, uma carga hilariante em seu conteúdo. Observe o exemplo:

> "É preferível despencarem os céus sobre mim a que o Meritíssimo Juízo acate o teratológico pedido do Autor, que pretende fazer destes autos uma verdadeira comédia, uma sátira com todos os envolvidos nesta pitoresca demanda!"

4. Ao se referir às partes do processo, procure evitar insinuações hierárquicas, que denotem uma **falta de paralelismo entre as partes**. O tratamento deve ser polido, em um processo de "equivalência de funções", que liga o advogado ao juiz ou ao promotor, e estes àquele, sem dessemelhanças vãs.

Rodríguez (2000: 65-67), ao tecer comentários sobre a hierarquia entre os operadores do Direito no processo, preleciona:

> Sabe-se, no entanto, que, entre juiz, promotor e advogado, não há, na demanda, relação hierárquica, por força de dispositivo legal, como abaixo se lê:
>
> **LEI N. 8.906, DE 4-7-1994 – DOU 5-7-1994**
>
> **Estatuto da Advocacia e a Ordem dos Advogados do Brasil – OAB. Dispõe sobre o Estatuto da Advocacia e a Ordem dos Advogados do Brasil – OAB. Título I – Da advocacia (artigos 1º a 43) Capítulo II – Dos Direitos do Advogado (artigos 6º e 7º)**
>
> **Art. 6º** Não há hierarquia nem subordinação entre advogados, magistrados e membros do Ministério Público, devendo todos tratar-se com consideração e respeito recíprocos.
>
> **Parágrafo único.** As autoridades, os servidores públicos e os serventuários da justiça devem dispensar ao advogado, no exercício da profissão, tratamento compatível com a dignidade, a advocacia e condições adequadas a seu desempenho.

A paridade de tratamento entre os operadores do Direito vem ao encontro do bom andamento das lides processuais, que demandam um funcionamento harmônico das partes do processo. As atitudes de respeito e consideração, mais encontradiças nos eventos orais do foro – audiências, júris, entre outros –, que traduzem o rito solene que caracteriza o ambiente forense, devem ser estendidas aos petitórios e sentenças. Essa é a razão por que devemos enaltecer as felizes construções de lúcidos magistrados que, em sentenças, mostram deferência ao patrono da causa, da mesma forma que o fazem com relação ao promotor de justiça. Não se pode admitir, mesmo que não se queira, qualquer indício de desigualdade ou subordinação nas formas de referência, sob pena de transformarmos o processo em "parte", e não em "partes", exaltando uma em detrimento de outra.

4.1. O paralelismo entre as partes processuais e o uso das iniciais maiúsculas

Devem-se utilizar as **iniciais maiúsculas** em sinal de respeito e paridade entre os cargos e funções. Ademais, há a necessidade de paralelismo em toda a petição. Assim, utilize as iniciais maiúsculas em "Autor e Réu", "Impetrante e Impetrado", "Reclamante e Reclamado", "Embargante e Embargado" etc.

A cordialidade na escrita é tão identificável quanto na linguagem falada. Uma forma, visualmente recomendável, de denotar polidez no redigir está no emprego da letra maiúscula, hábil a revelar, entre outros atributos, o respeito a cargos e funções. Essa é a razão para que se escrevam na petição "Juiz" (com -j maiúsculo), "Promotor" (com -p maiúsculo), "Autor" (com -a maiúsculo), "Réu" (com -r maiúsculo), "Patrono" (com -p maiúsculo), entre outras expressões.

O uso linear das formas, em abono de um adequado paralelismo, vem ao encontro da harmonia na construção do texto. Nessa esteira, não se deve "desequilibrar" o tratamento, quando se faz menção a órgão e a seus cargos. Exemplo: evite referir-se, no mesmo texto, à Ordem dos Advogados do Brasil, com iniciais maiúsculas – o que, por óbvio, sabemos ser correto – e, simultaneamente, fazer referência a "advogado", com -a inicial, minúsculo, sob pena de ferir a harmonia das relações.

Posto isso, não é prudente utilizar um tratamento a uma parte sem o dar à outra, sob pena de chancelar um desnivelamento infausto, exceto se houver uma intenção clara de empreender a fatídica dessemelhança.

5. Evite a utilização do verbo **restar** como verbo de ligação. Ele não o é. Nenhum dicionário da Língua Portuguesa o registra como verbo de ligação. Assim, há equívoco quando se escrevem as expressões estereotipadas "resta provado", "resta demonstrado" ou "resta claro". O verbo "restar" deve ser utilizado para indicar "sobras" e só. Exemplo: *Comi dois chocolates dos três que ganhei. Restou um.*

O mesmo raciocínio vale para o verbo **resultar**, que tem sido utilizado impropriamente como verbo de ligação, sinônimo de "ficar". A construção é fruto de espanholismo. Registre-se que o *Dicionário Gramatical de Verbos do Português Contemporâneo do Brasil*, editado pela UNESP, admite tal uso: *"Foi um belo momento que resultou triste, mas passou"*. No entanto, insistimos, *concessa venia*, em rechaçar seu uso. "Resultar" significa "dar em resultado, seguir-se, originar-se, ser a consequência lógica, redundar". Não se deve usá-lo como verbo de ligação, criando orações como "a prova resultou irrelevante", em vez de "a prova resultou em completa irrelevância" ou, também admissível, "a prova não deu resultado". Júlio Nogueira assevera que "a nossa imprensa[3] parece disposta a dar ao verbo 'resultar' um emprego que ele só tem no espanhol: 'os esforços resultaram improfícuos'; 'a diligência resultou inútil'".

Nesse sentido, seguem Francisco Fernandes, em seu *Dicionário de Verbos e Regimes*[4], acompanhado de Napoleão Mendes de Almeida (*Dicionário de Questões Vernáculas*) e Cândido Jucá Filho (*Dicionário Escolar das Dificuldades da Língua Portuguesa*). Portanto, devemos evitar dar vazão ao estrangeirismo inoportuno, escrevendo à castelhana. Aprecie, pois, a correção das frases abaixo:

1. Os trabalhos resultaram improfícuos.

    Troque por: *Os trabalhos foram improfícuos.*

2. As palavras resultaram proveitosas para mim.

    Troque por: *As palavras resultaram em proveito para mim.*

3. "A operação, porém – e os seus efeitos eram implacáveis –, resultou inútil" (Euclides da Cunha, *Os Sertões*, p. 316).

    Troque por: *"A operação, porém – e os seus efeitos eram implacáveis –, foi inútil".*

É imperioso frisar que escritores de nomeada, dicionaristas e até gramáticos cometeram pequenos deslizes no vernáculo. Desacertos, todos os podem cometer; o importante é enfrentá-los e, sobretudo, proceder à eventual correção deles.

6. É sobremodo elegante na linguagem forense a **omissão de termos nas orações**[5]. Trata-se de elipse – supressão de um ou mais vocábulos, facilmente identificáveis pelo contexto.

---

3 Ao se referir à **imprensa**, evite as impróprias e corriqueiras expressões: "imprensa escrita", "imprensa falada" ou "imprensa televisionada". Quando se quer fazer menção a jornais, revistas, rádio ou televisão, diga-se, tão somente, "imprensa".

4 Atualmente, quanto a verbos e regimes, recomendamos a consulta a preciosos dicionários, como o de Celso Pedro Luft e o de Francisco da Silva Borba (Coordenador – UNESP).

5 No mesmo sentido são as lições de Napoleão Mendes de Almeida (*Dicionário de Questões Vernáculas*) e Evanildo Bechara (*Moderna Gramática Portuguesa*).

Exemplo: *"No mar (há) tanta tormenta, (há) tanto engano. Tantas vezes a morte (é) apercebida"* (Camões). Um exemplo retumbante na linguagem do foro é a omissão do verbo "ser". Exemplos:

- *A sentença merece confirmada.*
- *O recurso merece lido.*
- *A petição merece anexada.*
- *A opinião do promotor precisa ouvida.*

Na mesma esteira, vale mencionar a elegância da expressão "sobre", indicando "além de":

- *Sobre exagerada, a afirmação é leviana.*

7. Evite a utilização do advérbio **"eis"**, cujo significado, consoante o *Grande Dicionário Etimológico Prosódico da Língua Portuguesa*, de Francisco da Silveira Bueno, é "aqui está". Com efeito, a expressão "eis a luz" equivale a verbo, na 2ª pessoa do plural "vós", significando "vós tendes a luz" ou "vós vedes a luz". Deve-se repudiar a locução igualmente condenável **eis que**, haja vista nenhum gramático ou dicionário autorizar o seu uso, na função de *conjunção causal*, como reiteradamente vem sendo usada na linguagem forense. Edmundo Dantes Nascimento (1992: 131) assevera que "de fato observa-se o equívoco em arrazoados, petições, sentenças e acórdãos, porém constitui erro que não cometem os que atentam mais para a pureza da língua".

No entanto, vale mencionar que é correto e castiço o uso de "eis que" como *advérbio*, significando "de repente", "de supetão", "de inopino". Exemplo: *Estávamos de partida, mas eis que veio a chuva.*

Note que na frase acima descrita o "eis que" não poderia ser conjunção causal, até porque sucede à conjunção adversativa "mas". Assim, "eis que" é vício de linguagem que deve ser substituído no texto por expressões como: "porquanto", "uma vez que", ou outras que aprouverem ao cultor da boa linguagem. Observe a errônea construção:

> "... deve ser condenado em honorários, eis que a ação foi julgada improcedente...".

Prefira:

"... deve ser condenado em honorários, uma vez que a ação foi julgada improcedente...".

8. Evite a utilização do neologismo[6] **inobstante**, que circula nos meios forenses, bastando substituí-lo pelas formas vernáculas já consagradas, quais sejam: "não obstante" ou "nada obstante".

Há, ainda, outras expressões esdrúxulas, que devem ser evitadas, tais como: "fragilizar", em vez de "enfraquecer"; "heliponto", em vez de "heliporto"; ou "reverter[7] uma situação", em vez de "mudar a situação".

Da mesma forma, deve-se rechaçar o uso inadequado de invencionices, como "inacolher o pedido" ou "verbas impagas". Com efeito, **"in-"** é prefixo latino de valor negativo que se deve ligar a advérbio (*inadvertidamente*), a adjetivo (*inapto*) e a substantivo (*inexatidão*). Dessa forma, a combinação do prefixo em comento com verbos é condenável. São, portanto, exemplos de erronia: "inocorrer", "inacolher", "impagar" ou "inaplicar". Todavia, há exceções, designativas de verbos dotados de vernaculidade, com a chancela do VOLP, *verbi gratia*, inabilitar, inadimplir, inadmitir, inalienar, inexistir, inobservar, inutilizar, impermeabilizar, impossibilitar, improceder, impronunciar, impunir, incapacitar, entre outros.

9. Pronomes demonstrativos: ESSE, ESSA, ISSO e ESTE, ESTA, ISTO

Na petição, é comum a utilização de expressões formadas com os pronomes demonstrativos *esse, essa* ou *isso*, tais como "dessa forma", "nesse rumo", "a esse propósito", "nesse diapasão", "isso posto" e "nesses termos".

A dúvida é singela: devo usar o pronome com dois -ss ou com -ste, preferindo-se "esse" a "este" ou "isso" a "isto"? Para obtermos a resposta, é necessário conhecer o emprego dos pronomes demonstrativos. Vejamos:

É sabido que uma das funções do pronome grafado com dois -ss (isso) é referir-se a algo já dito. Exemplos:

- *Liberdade, igualdade e fraternidade: esse é o lema da Revolução Francesa.*
- *"A vida é a melhor faculdade". Esse dito popular é de todo verdadeiro.*

---

6 O **neologismo** é palavra ou termo novo, representando um fato linguístico inevitável na história evolutiva dos idiomas. A evolução do homem em sociedade exige novas formas de expressão, em um processo natural e incoercível. Em nosso idioma, as criações neológicas adentrarão as barreiras do léxico, incorporando-se à Língua, caso obedeçam aos processos de formação de palavras convencionais, além de se fazerem de todo necessárias. Nas três últimas décadas, houve vários neologismos, com a devida chancela do VOLP, incorporados à nossa Língua. Exemplos: *pivete, fax, fac-símile, insumo, televisivo, terceiro-mundista, xerox (ou xérox), ecologia, clonagem, futevôlei, biônico, bipartidarismo, aidético, terceirizar, terceirização* etc.

7 **Reverter uma situação** é neologismo semântico largamente empregado na imprensa, como se não existissem termos equivalentes mais apropriados ao uso. Nesta acepção, "reverter uma situação" quer dizer "fazê-la voltar à que era antes", e não mudá-la ou invertê-la.

- *"Saddam Hussein: estadista ou louco?" Essa é uma pergunta difícil de responder.*
- *Nesse passo, reitero meus argumentos.*
- *Isso posto, julgo procedente o pedido.*
- *Nesses termos, pede deferimento.*
- *"A estrada do mar, larga e oscilante, essa, sim, o tentava[8]".*
- *"Os operários, esses nunca apareciam ali[9]".*

Por outro lado, os pronomes demonstrativos "este", "esta" e "isto" podem indicar aquilo que ainda vai ser falado. Exemplos:

- *Espero de fato isto: que se façam as pazes.*
- *Estes são alguns problemas difíceis: o trinta e um e o vinte e dois.*

Portanto, entendemos que devem prevalecer nas petições as formas "isso posto" e "posto isso" àquelas grafadas com o emprego do pronome "isto" ("isto posto" ou "posto isto"). Ainda, perscrutando a máxima correção na utilização das duas formas admitidas, somos da opinião que se deve preferir **posto isso** a "isso posto", em virtude da[10] composição participial da primeira expressão. Com efeito, as orações reduzidas de particípio são formadas com o "verbo + sujeito", e não o contrário. Exemplos:

- Tomadas ***as providências***, aceitei o pedido. (Sujeito da oração em destaque: **as providências**.)
- Feitos ***os cálculos***, apurou-se o débito. (Sujeito da oração em destaque: **os cálculos**.)

Então, há que se dizer: *Posto isso, chegou-se à conclusão ...* (na acepção de *Postas essas considerações, chegou-se à conclusão...*).

A corroborar a postura acima expendida, Nascimento (1992:24) preconiza que "é comum nos requerimentos a expressão final 'posto isto'; ora, este e isto denotam o que vem a seguir, ao passo que esse e isso, o que já foi exposto (...)".

---

8   Jorge Amado, *apud* Cegalla, 1999, p. 150.

9   Rachel de Queiroz, *Caminho de pedras*, 8ª ed., p. 36, *apud* Cegalla, 1999, p. 150.

10 A expressão **em virtude de** tem como sinônima a locução preposicional "por causa de". Exemplo: *Os sem-terra abandonaram as terras ocupadas por causa da intervenção da polícia.*
    Observação: evite a expressão "por causa que", expressão comum na linguagem popular, porém estreme de boa eufonia e vernaculidade. Em linguagem burilada, diga-se, tão somente, "porque": *Ele chegou ao evento demasiado esbaforido porque correu como atleta.*

Vamos assimilar com o quadro abaixo:

PRONOMES DEMONSTRATIVOS	
Este, Esta, Isto *x* Esse, Essa, Isso	
ESTE[11]	ESSE
1) O objeto está perto da pessoa que fala. Exemplo: • *Este livro que tenho em mão.*	**1) O objeto está perto da pessoa com quem se fala.** Exemplo: • *Esse livro que tens em mão.*
2) O tempo está próximo da pessoa que fala. Refere-se a "esta semana", "este mês" ou "este ano". Exemplo: • *Este ano é o ano da virada.*	**2) O tempo está um pouco distante da pessoa que fala. Refere-se ao passado próximo.** Exemplo: • *Estive em Natal em 1999. Nesse ano, visitei todo o Nordeste.*
3) Refere-se a algo a ser dito. Exemplos: • *Este é o lema da Revolução Francesa: liberdade, igualdade e fraternidade.* • *O militar disse esta frase: "Soldados, lutem até a morte".* • *O aluno fez esta pergunta: "Professor, qual é o porquê?".* • *Este é o resultado da disputa, porém não era o que esperávamos.* • *Isto deve ser destacado: nós venceremos!* • *A celeuma é esta: grafa-se com -s ou -z?* • *Este é o motivo da discórdia: falta de fé.*	**3) Refere-se a algo já dito.** Exemplos: • *Liberdade, igualdade e fraternidade: esse é o lema da Revolução Francesa.* • *"A vida é a melhor faculdade". Esse dito popular é de todo verdadeiro.* • *"Saddam Hussein: estadista ou louco?" Essa é uma pergunta difícil de responder.* • *Nesse passo, reitero meus argumentos apresentados alhures.* • *Isso posto, julgo procedente o pedido.* • *Nesses termos, pede deferimento.* • *"Pague já!" – isso foi dito anteontem.*

10. Muito cuidado ao redigir a expressão ***ad judicia*** – forma adequada para designar as procurações. Não utilize *ad juditia* (com -t), pois é erro grave. A forma correta *ad judicia* (vem do latim *judicium-ii*), tendo a acepção de ação judicial, do processo ou litígio em discussão. Com essa cláusula, fica o advogado impedido de agir além dos estritos termos do mandato.

---

11 **Este *versus* Aquele**: no confronto de tais pronomes demonstrativos, vale a pena trazer à baila os ensinamentos de Nascimento (1992: 6): "Este" diz respeito à localização perto da 1ª pessoa; "esse", da 2ª pessoa; "aquele", da 3ª pessoa. Numa enumeração de dois substantivos usamos "este" para o segundo e "aquele" para o primeiro. Exemplo: As duas testemunhas, João e Paulo, nada esclarecem, pois "este" nem sabe o nome do réu e "aquele" não estava presente. No caso anterior, não se usa "esse".

Nadólskis, Marcondes e Toledo (1997: 10) asseveram que

> "ad judicia" é a procuração pela qual se conferem poderes ao outorgado judicial a praticar, conforme o art. 38 do CPC, todos os atos do processo, salvo para receber a citação inicial, confessar, transigir, desistir, renunciar ao direito sobre o que se funda a ação, receber, dar quitação e firmar compromisso.
>
> Vê-se, portanto, que o mandatário pode, com a procuração "ad judicia", praticar todo e qualquer ato processual, tirante[12] os mencionados na segunda parte do artigo, para os quais necessita de poderes especiais, além daqueles constantes da cláusula "ad judicia".

Nascimento (1992: 85) assevera que "é uma cinca a expressão 'ad juditia', porém, correm as procurações impressas ou datilografadas com o erro".

11. A favor e contra a tese...

É comum que os anunciantes, "sovinas" no redigir, empreguem poucas palavras na exteriorização da ideia, numa ânsia de economizar tempo e espaço. Com isso, perdem clareza e imprimem incorreção ao texto. Existem expressões antônimas, por exemplo, que não podem ser usadas com a conjunção aditiva "e", sob pena de permitir a existência de um só complemento para ambas as preposições, o que é insustentável. As boas normas de regência agradecem... Portanto, aprecie os exemplos:

1. O processo seguirá com ou sem o réu.

   Troque por: *O processo seguirá com o réu ou sem ele.*

2. Elementos a favor e contra a tese dos apelantes.

   Troque por: *Elementos a favor da tese dos apelantes e contra ela.*

3. Ele entrou e saiu de casa momentos depois.

   Troque por: *Ele entrou na casa e saiu dela momentos depois.*

4. Vi e me apaixonei por Salvador.

   Troque por: *Vi Salvador e me apaixonei por ela.*

5. Quero e preciso de mais dinheiro.

   Troque por: *Quero mais dinheiro e preciso dele.*

---

12 **Tirante** designa adjetivo denotativo de exclusão, na acepção de "exceto", "salvo", "fora". Exemplos:
- *Com a colisão, todos saíram ilesos, tirante o garoto.*
- *"O marido, tirante as horas de comer, não saía da livraria"* (Camilo Castelo Branco, A queda dum anjo, p. 62, apud Cegalla, 1999, p. 394).

6. Queremos, gostamos com intensidade, ou melhor, ansiamos ardentemente pela pacificação social.

Troque por: *Queremos a pacificação social, gostamos dela com intensidade, ou melhor, ansiamos ardentemente por ela.*

7. Respeite e obedeça às normas impostas.

Troque por: *Respeite as normas impostas e obedeça a elas.*

Note que deve haver uma repetição, em abono da correção gramatical. Não se sinta "constrangido" em fazê-lo. Pior do que repetir é "enxugar", desautorizadamente, chancelando uma erronia[13]. Observe mais alguns exemplos:

- *"Os gritos da vítima antes da luta e durante a luta continuavam a repercutir"*[14].
- *Subiu no brinquedo e desceu dele sem ajuda dos pais.*

12. Seja polido ao redigir. Denota-se, com isso, domínio da boa técnica e se mantém o nível solene e respeitoso do discurso jurídico. Ao se referir à sentença, utilize "respeitável sentença", ou "sábia decisão", ou "judiciosa decisão".

Nessa esteira, utilize "egrégio Tribunal", "venerando acórdão", "culto Relator", "ínclito Julgador", "meritíssimo[15] Juiz", "digníssimo Juízo", "nobre Promotor" e "colenda Câmara".

Rodríguez (2000: 56), ao tecer comentários sobre a polidez no redigir, preleciona:

> E assim o ambiente forense preserva, em todo o mundo, muito dos protocolos e solenidades que nasceram em tempos antigos, e as formas de tratamento e de referência são provas disso. Elas se constituem algumas expressões cristalizadas, seja na própria gramática, seja na praxe do dia a dia, acabam se impregnando na linguagem e no vocabulário jurídico de modo indelével.

---

13 No entanto, ressalte-se que "não há erro quando se empregam locuções preposicionais terminadas com a mesma preposição formadora da locução", segundo a oportuna explicação de Nascimento (1992: 161-162): "As locuções **'antes de'** e **'depois de'** – têm a mesma preposição formadora, razão por que podem ser usadas com a repetição de apenas o último elemento. Assim, a frase acima poderia ser escrita: '... antes e depois das férias'". (Destaques nossos)
Assim, há emprego legítimo em: *Além e aquém da costa; Antes e depois do anoitecer; Dentro e fora da casa; À direita e à esquerda do muro; Por baixo e por cima da mesa.*

14 Machado de Assis, *Várias histórias*, p. 178.

15 O adjetivo **meritíssimo**, forma de tratamento dada a juízes, deriva do latim *meritissimus*, como superlativo de *meritus*, significando "merecedor de grande mérito" ou "digníssimo". Como substantivo masculino, designa a pessoa do magistrado. A título de gracejo, sempre recomendamos evitar o tal "MEREtíssimo" ou, como querem alguns ousados e criativos operadores do Direito, "MERETRíssimo". Só rindo...

(...) É certo que muitas vezes a expressão, usada apenas pela praxe, acaba se distanciando de seu valor original (responda o leitor: qual o significado exato da palavra "egrégio"? E "colenda"?), mas ainda assim continua tendo seu significado que, embora não seja propriamente técnico, é plenamente adequado ao protocolo, à linguagem específica do contexto forense.

Essas formas de tratamento e de referência procuram manter o nível solene, sóbrio e respeitoso das relações com o Poder Judiciário.

Mostrar respeito[16], ainda que haja discórdia, com a parte contrária ou com o julgador, é essencial na disputa forense.

13. Como se escreve: "consta de fls." ou "consta em fls."?

O verbo **constar**, na acepção de "estar registrado", pode ser regido pelas preposições "de" (*constar de*) ou "em" (*constar em*), indiferentemente. Portanto, é adequado redigir:

- *O documento consta dos autos.*
- *O nome da aluna não constava na lista.*

Frise-se, outrossim, que o tal verbo pode ser usado no sentido de "chegar ao conhecimento", mantendo-se, quer no modo indicativo, quer no modo subjuntivo, a 3ª pessoa do singular (ele). Exemplos:

- *Não me consta que tenha chegado a mercadoria.*
- *Seu argumento não é inadequado, que me conste.*

Por fim, diga-se que na linguagem forense encontra-se a expressão **constante de** nos arts. 5º, LXXII, *a*, e 6º, § 5º, da Constituição Federal.

A propósito, dúvida maior surge ao peticionário com a fatídica expressão **a folhas**. De há muito[17], as expressões "a folhas" (ou, abreviadamente, *a fls.*) e "de folhas" (ou, abreviadamente, *de fls.*) foram consagradas no ambiente forense. Há quem prefira designar a expressão "a folhas" com artigo precedente, criando a forma também possível "às folhas".

---

16 É sobre tal respeito que o Professor Ives Gandra da Silva Martins (1999: 130) dita, em trecho de seu decálogo para os operadores do Direito: "Respeita teus julgadores como deseja que te respeitem. Só assim, em ambiente nobre e altaneiro, as disputas judiciais revelam, em seu momento conflitual, a grandeza do Direito".

17 As expressões **de há muito** e **de há pouco** estão adstritas à linguagem culta. Observe os esclarecedores exemplos:
- *"Já não se usam leões, e as fogueiras de há muito foram proscritas"* (Carlos Drummond de Andrade. *Obra completa*, p. 645 apud Cegalla, 1999, p. 105).
- *"Seja o que for, é alguma coisa que não a alegria de há pouco"* (Machado de Assis, *Quincas Borba*, cap. 29, *apud* Cegalla, 1999, p. 105).

Napoleão Mendes de Almeida, em seu *Dicionário de Questões Vernáculas*, disciplina que a forma "*a folhas vinte e duas*" significa "a vinte e duas folhas do início do trabalho", como quem diz "a vinte e duas braças", na linguagem marítima. Portanto, memorize a tabela a seguir:

Folha (fl.)	Folhas (fls.)
"...a folha 12" (a = preposição)	"...a folhas 12" (a = preposição)
"...à folha 12" (à = preposição + artigo)	"...às folhas 12" (às = preposição + artigo)

Observação: abaixo seguem as **formas errôneas** que devem ser evitadas. Note-as:

1. "O laudo se encontra à folhas 12"

A erronia é patente, uma vez que não se justifica o "à", com o sinal indicador da crase, que representa a soma da preposição com o artigo definido feminino singular. No caso em tela, o vocábulo "folhas", se acompanhado por artigo, deve suceder à forma "às" [a (preposição) + as (artigo definido feminino plural)].

2. "O laudo se encontra as folhas 12"

O equívoco se patenteia, na medida em que o vocábulo "folhas", se acompanhado por artigo, deve suceder à forma "às" [a (preposição) + as (artigo definido feminino plural)], quando se quer delinear uma locução adverbial de lugar. É claro que a forma "as folhas" é plenamente cabível, mas apenas em situações dessemelhantes, *verbi gratia*, "as folhas do laudo foram anexadas nos autos".

14. Vistos ou VISTOS?

Na abertura das sentenças, a expressão **vistos** funciona como título, identificando a própria sentença. Tal termo objetiva revelar que os autos foram propriamente "vistos, relatados e discutidos", para, só então, dar a eles uma solução. Não há exigibilidade, pela regra gramatical, de as letras estarem todas maiúsculas. Bom é de lembrar, contudo, que as próprias gramáticas grafam inteiramente em maiúsculas os títulos e subtítulos, como medida de realce. Também, interessante se faz mencionar as variantes "Vistos etc." ou "Vistos, etc." (com vírgula) e, ainda, em maiúsculas "VISTOS ETC." ou "VISTOS, ETC." (com vírgula).

15. Pronúncia de artigos – numerais

O Constituinte de 1988, ao tratar do tema do "Processo Legislativo", estabeleceu que seria editada lei complementar que dispusesse sobre "a elaboração, redação, alteração e consolidação das leis" (art. 59, parágrafo único, da CF).

Dando cumprimento ao comando constitucional, o Congresso Nacional aprovou a Lei Complementar n. 95, de 26-2-1998, que ditou normas gerais, estabelecendo padrões para a "elaboração", "a redação", a "alteração" e a "consolidação" da legislação federal.

O Decreto n. 2.954/99 veio a regulamentar a Lei Complementar n. 95/98.

Na linguagem do Foro, é mister adotar a seguinte regra, para a numeração e pronunciação de artigos de leis, decretos e portarias:

1. Até o número **nove**, utilizaremos *números ordinais*:

- Art. 6º (sexto);
- Art. 1º (primeiro);
- Inciso IX (nono);
- § 5º (quinto).

2. A partir do número **dez**, utilizaremos *números cardinais*:

- Art. 10 (dez);
- Art. 33 (trinta e três);
- Inciso XXXIV (trinta e quatro).

É o que determina o art. 10, I e III, da Lei Complementar n. 95/98, disciplinando que, quanto aos artigos e parágrafos, deve-se empreender a numeração ordinal até o nono e a cardinal a partir deste. O curioso é que não se fez menção a "incisos", para os quais entendemos que, não obstante a omissão do legislador, vale a mesma regra.

Observações:

1. Na designação do primeiro dia do mês, é possível a utilização do número cardinal (um) ou ordinal (primeiro). Registre-se que há preferência pelo ordinal. Exemplo:

    - *Ele nasceu no dia primeiro (ou dia 1) de janeiro.*

2. Na designação de séculos, reis, papas e partes indicativas de obras, usam-se numerais ordinais até "décimo" e cardinais de onze em diante. Exemplos:

    - *Século V (quinto), Século XII (doze), Século X (décimo), Canto IV (quarto), Capítulo XXI (vinte e um), Tomo XI (onze), Rei Eduardo II (segundo), Papa João XXIII (vinte e três), Papa Pio X (décimo), Papa Pio XII (doze).*

2.1. Se o numeral anteceder o substantivo, emprega-se, porém, o ordinal. Exemplos:

    - *Nono século, Quarto ato, Terceiro Canto, Vigésimo sexto capítulo, Décimo quarto tomo, III Salão do Automóvel (terceiro), VIII Copa do Mundo (oitava).*

3. Na numeração de páginas e de folhas de um livro, assim como na de casas, apartamentos, cabines de navio, poltronas de cinema, entre outras hipóteses, empregam-se os cardinais. Exemplos:

- *Página 7 (sete), Folha 56 (cinquenta e seis), Cabine 2 (dois), Casa 3 (três), Apartamento 27 (vinte e sete).*

3.1. Se o numeral anteceder o substantivo, emprega-se, porém, o ordinal. Exemplos:

- *Sétima página, Vigésima quinta folha, Quarta cabine, Segunda casa.*

Elementos de ligação importantes – rico vocabulário jurídico

É bastante comum, no momento de feitura da peça, aquela situação em que ocorre a famosa "trava". Na verdade, "travar" é permitido, porém deve o cauteloso operador do Direito dispor de mecanismos "antitrava", capazes de lhe assegurar uma retomada tranquila do controle do texto, sem delongas desnecessárias.

Abaixo, seguem "frases feitas", próprias da linguagem do foro, que todo aplicador da Linguagem Jurídica deve dominar, no intuito de marcar seus arrazoados e petições com um estilo nobre e retilíneo, caracterizador de nossa bela profissão. Procure memorizá-las e comece a adotar as fórmulas em seu dia a dia.

"FÓRMULAS" A SEREM USADAS NO TEXTO JURÍDICO

Esta seção visa enriquecer o arcabouço vocabular do aplicador do Direito, possibilitando-lhe contato com expressões elegantes da linguagem do Foro. Tais expressões podem ser aplicadas com propriedade em seu cotidiano e denotam o domínio do rico vocabulário jurídico:

1. *Fica, portanto, cristalino que à Autora falece razão.*

   Comentário: a frase demonstra que falta à autora a razão de que precisa, tendo havido a utilização de recurso sobremodo elegante – verbo "falecer", na forma **falece a**.

   Ademais, ressalte-se que o adjetivo **cristalino** tem a acepção de "evidente, claro, nítido, patente, indubitável ou irretorquível".

2. *Ora, Excelência, não pode prosperar, "in casu", a falaciosa argumentação expendida pelo Réu.*

   Comentário: na oração, é importante destacar que o vocativo **Excelência** deve estar separado por vírgulas, e não com uma ou outra vírgula, tão somente.

Note-se ainda que o uso da expressão latina (*in casu*) exige aspas ou a grafia em itálico, diferençando o destaque do restante do texto. Por fim, o verbo **expender** tem o significado de "expor, transmitir" e não deve ser confundido com "despender", na acepção de gastar.

3. *Com efeito, translúcida a agressão aos artigos em comento, não há que se falar em tributação constitucional.*

   Comentário: o exemplo traz à tona a expressão **com efeito**, no sentido de "efetivamente, com razão, de fato". Desponta, a seguir, o adjetivo **translúcida**, na acepção de "claro, evidente".

   A expressão **em comento** tem o sentido de "em exame, em tela" – elementos vocabulares importantes na formação do eixo temático proposto. Ressalte-se que a expressão "em questão", bastante utilizada na linguagem coloquial, deve ser evitada, por ser antieufônica.

   Por fim, a colocação pronominal na frase "... **não há que se falar em** ..." apresentou-se irretocável, delineando regra de próclise obrigatória, em face da atração exercida pela palavra *que*.

4. *Diga-se, ademais, que, no vertente caso, revela-se descabida a exigência de se provar o irrefutável.*

   Comentário: uma forma elegante de expor o pensamento se vê na expressão **diga-se, ademais,** na acepção de "frise-se, além disso". O pronome "se" imprime uma agradável harmonia prosódica ao texto, como se nota, à frente, na expressão **revela-se descabida**, no sentido de "apresenta-se inoportuna".

   Por fim, o adjetivo **irrefutável** quer exprimir a ideia de "inatacável, irretorquível, indiscutível, incontestável".

5. *"Data venia", torna-se desnecessário salientar que o Reclamado era hipossuficiente, fazendo horas extras seguidas vezes.*

   Comentário: observe que a expressão latina *data venia* é grafada sem acento (circunflexo).

   Nesse passo, é necessário notar a interessante grafia das palavras **hipossuficiente**, com o sentido de "carente, debilitado" e **despiciendo**, na acepção de desnecessário. Portanto, quando se afirma "não é despiciendo", quer-se dizer, *a contrario sensu*, que "é necessário".

   Com relação ao adjetivo **extra**, a concordância nominal será simples: uma hora extra; duas horas extras.

6. *Com fulcro em tais considerações, pode-se afirmar que a Agravante se faz merecedora da concessão dos efeitos da antecipação da tutela recursal.*

   Comentário: o período se inicia pela expressão **com fulcro**, que tem o sentido de "com base, com suporte, com supedâneo" etc.

Por fim, observe o uso adequado do pronome proclítico "se", atraído pelo "que" (conjunção integrante), em um nítido caso de próclise obrigatória ("*...que se faz merecedora...*", e não "...que faz-se merecedora...").

7. **Conforme é cediço, a violação ao direito apresenta-se irretorquível, não encontrando guarida em nosso ordenamento jurídico.**

   Comentário: a expressão **como é cediço**, usual em ambientes forenses, tem o sentido de "como é pacífico" ou "como é assente", isto é, aquilo que já se apresenta sedimentado e aceito. Nesse diapasão, aquilo que é cediço necessariamente sê-lo-á[18] **irretorquível** ou indiscutível.

   Por fim, o substantivo **guarida** (e não "guarita", com -t!) tem o sentido jurídico de "amparo, sustento, suporte". Logo, "não encontrar guarida" é o mesmo que estar insulado no raciocínio, despido de sustentação.

8. **À luz do expendido, dessume-se que o direito é líquido e certo, fazendo jus a Impetrante à liminar pleiteada.**

   Comentário: a expressão **à luz do expendido** tem o sentido de "à luz do exposto", na medida em que o verbo "expender" significa "expor, detalhar, esmiuçar".

   O verbo **dessumir** tem a acepção de "inferir, concluir".

   Ressalte-se, por fim, a interessante expressão **fazer jus a**, composta do vocábulo "jus" (grafa-se com -s) e acompanhada da crase ("*fazer jus à liminar*"), se anteceder palavra feminina.

9. **Dessarte, deflui do artigo em comento, de maneira inolvidável, que o comportamento doloso apresenta-se estreme de dúvidas.**

   Comentário: o elemento de ligação hábil a veicular finalização de raciocínio – dessarte (que significa "dessa forma", "portanto", "assim") – é variante da forma mais encontradiça "destarte", entre outras expressões.

   O adjetivo **inolvidável** representa aquilo que não se olvida, o que é inesquecível. Diga-se, nesse passo, que o verbo "olvidar" significa esquecer ou deixar cair no esquecimento.

   Por derradeiro, o adjetivo **estreme** (grafa-se com -s) significa "despido, isento, genuíno, o que não tem mistura". A expressão "estreme de dúvidas" tem a acepção de "despido de dúvidas, indubitável, irretorquível, indiscutível".

---

18 As formas verbais terminadas em *-a, -e, -o*, quando tônicas, seguidas de *-lo, -la, -los, -las*, são acentuadas: *amá-lo, repô-los e comprá-la-íamos*.

10. *Sua prova é inexoravelmente robusta, isto é, há nítida indiscrepância nos autos quanto à veracidade dos fatos.*

   Comentário: o advérbio **inexoravelmente** tem a acepção de "indiscutivelmente, implacavelmente, rigidamente, indubitavelmente". Derivado do adjetivo "inexorável", com o sentido de "irretorquível", deve ser pronunciado com adequação: o -x tem som prosódico de "z", como em "exame". Portanto, pronuncie "ineZOravelmente".

   Com relação ao substantivo **indiscrepância**, diga-se que se apresenta como sinônimo de "certeza, indiscutibilidade ou indubitabilidade".

   Por derradeiro, o adjetivo **robusta**, como qualificativo de prova, é de todo oportuno, quando se quer evidenciar a pujança do elemento probante. Pode-se usar, alternativamente, *prova sobeja, prova eloquente, prova iniludível* (que não admite dúvidas). Observe as frases abaixo:

   - *As provas devem ser sobejamente analisadas (excessivamente).*
   - *Este processo encerra provas sobejas de uma tentativa de homicídio.*

11. *Nosso ordenamento é marcado pelo primado da Constituição sobre os demais instrumentos normativos.*

   Comentário: o vocábulo **primado** tem o sentido de "excelência, primazia ou prevalência".

   Note os exemplos:

   - *A ordem social tem como base o primado do trabalho.*
   - *O primado da norma especial sobre a regra geral é básico em nosso ordenamento.*

12. *De fato, cristalina a presença dos pressupostos autorizadores da tutela antecipatória, merece a Autora a obtenção do provimento emergencial que promova o adiantamento dos efeitos da sentença.*

   Comentário: o adjetivo **cristalino** tem a acepção de "patente, indubitável e indiscrepante". Deve ser usado nos petitórios, porém não se pode ultrapassar os limites impostos pelo bom senso. Já deparamos com arrazoados, nos quais o causídico, talvez em razão de um entusiasmo excessivo com a beleza prosódica e semântica do vocábulo em epígrafe, usou-o repetidas vezes, denotando pobreza vocabular.

   No caso citado, o incauto operador do Direito usara o adjetivo a torto e a direito, evidenciando uma "fossilização sinonímica" e uma certa fissura com o termo. Nesse passo, ressalte-se que o modelo traz a lume a forma **provimento emergencial** para designação de tutela antecipada, como recurso de sinonímia, a fim de não provocar a repetição desta expressão, em prejuízo da sonoridade do texto, e imprimir elegância no pensamento exteriorizado.

13. **É bem verdade que o Autor não logrou provar os fatos; no entanto, mais indubitável ainda se apresenta a falta de nexo na argumentação trazida aos autos.**

    Comentário: a expressão **é bem verdade** traduz-se em importante elemento de ligação de petitórios, marcando concatenação no texto. É viável sua utilização no momento em que se pretende reforçar uma ideia anteriormente defendida, podendo ser substituída por expressões igualmente recomendáveis, por exemplo, *com efeito* (ou seja: *efetivamente, de fato*), *com toda razão, de fato, não há dúvida de que..., oportuno se torna dizer que... ou inadequado seria esquecer que...* . Observe os exemplos a seguir:

    - *Oportuno se torna dizer que não houve dolo ensejador da aplicação da Teoria da Despersonalização da Pessoa Jurídica ou postulado do "Disregard of Legal Entity".*

    - *Com efeito, a teoria tripartida dos tributos não prevalece à luz da melhor doutrina e jurisprudência. Inadequado seria esquecer que a Reclamante agia de modo evasivo, evitando que a ora Reclamada a encontrasse no ambiente de trabalho.*

14. **É sobremodo importante assinalar que a Emenda Constitucional n. 42 representa o passo inicial à reforma tributária no Brasil.**

    Comentário: na frase acima ventilada, o advérbio **sobremodo** se destaca, na condição de sinônimo de "sobremaneira", isto é, "excessivamente, extraordinariamente". Portanto, seu uso é recomendado, além de representar forma elegante e sonora.

15. **À guisa de exemplificação, urge trazer aos autos situações semelhantes à que se lhe apresenta, Excelência, no intuito de se evidenciar a ocorrência habitual do fato.**

    Comentário: a expressão **à guisa de** tem a acepção de "à maneira de" ou "à feição de", traduzindo-se em forma recomendável na confecção de textos jurídicos, como importante elemento de ligação na introdução do que se pretende exemplificar. Exemplo:

    - *À guisa de esclarecimentos, vale mencionar que o pai não se ausentava do lar, como se afirmou nos autos.*

    Evidencia-se, outrossim, no trecho acima expendido, o uso apropriado da **crase**: "... *situações semelhantes à que se lhe apresenta*". Trata-se de elipse do termo, obrigando a presença do sinal grave indicador porque o vocábulo "semelhantes" exige a preposição "a", e temos a contração com o "a" seguinte. Sem a omissão propositada, ter-se-ia: "... *situações semelhantes à [situação] que se lhe apresenta*".

16. **Não obstante o texto apresentar-se bastante sumariado, devemos tratar ambos os conceitos de forma díspar.**

    Comentário: o adjetivo **sumariado** tem o sentido de "sintetizado, resumido ou conciso". A concisão, como se sabe, segue caminho oposto ao do vício da prolixidade.

Por outro lado, o adjetivo **díspar**, cujo plural forma "díspares", tem a acepção de "desigual ou dessemelhante".

17. *Embora a questão seja interpretável, foi defendida com notável brilhantismo, no intuito de evidenciar que o contrato apresenta-se eivado de nulidade.*

    Comentário: como adjetivo derivado do verbo "interpretar", a forma **interpretável** designa o "objeto passível de análise exegética". Quer-se exprimir "aquilo que pode ser analisado à luz da ciência da interpretação, isto é, a hermenêutica".

    Portanto, "interpretar" é a atividade de descoberta do ânimo das palavras, clarificando-as ou as desnudando. Por outro lado, **eivado** é qualificativo com sentido de "manchado, contaminado, maculado ou impuro". O substantivo feminino "eiva" significa "mancha, mácula, vício". Nesse rumo, o verbo "eivar" tem a acepção de "manchar, macular, viciar ou anular". Bastante utilizado no meio forense, o adjetivo em comento pode ser empregado em expressões estereotipadas, tais como: *eivado de nulidade, eivado de inconstitucionalidade, eivado de arbitrariedade, eivado de ilegitimidade*. É interessante observar que "estar eivado de" é expressão antônima de "estar estreme de". Portanto, aprecie as frases, analisando o efeito "presença" *versus* "ausência":

    - *O contrato apresenta-se eivado de nulidade.*
    - *O contrato apresenta-se estreme de nulidade.*

18. *A defesa vai brandir o seguinte argumento, citando uma variedade inexaurível de exemplos.*

    Comentário: o verbo **brandir** tem o sentido de "acenar com". Pode ser empregado na linguagem forense para exprimir "aquilo que se pretende expor, exprimir ou expender". Por outro lado, o adjetivo **inexaurível** representa "aquilo dotado de inesgotabilidade, isto é, o que é infindável, inacabável ou interminável".

    Na frase trazida à baila, utilizou-se a expressão "variedade inexaurível de exemplos", no sentido de "presença de farto rol exemplificativo ou grande quantidade de exemplos". Podemos, alternativamente, usar a expressão em situações várias, tais como: *variedade inexaurível de espécies de aves, de argumentos contrários, de animais em extinção, de razões, de desculpas, entre outras*.

19. *O uso inadequado da expressão alienígena por nós incorporada resultou num cipoal de contradições.*

    Comentário: o adjetivo **alienígena** tem a acepção de estrangeiro ou aquilo que não é nacional ou doméstico. A forma ora estudada ("expressão alienígena") quer exprimir termos ou vocábulos não consagrados pela Língua Portuguesa. Aliás, como é sabido, circunda-nos um excesso de estrangeirismos, que transitam em abundância no cotidiano do usuário do idioma.

Nesse passo, mencione-se que o termo **cipoal** representa uma "situação intrincada, uma complicação" (exemplo: *um cipoal burocrático para obter o documento*). Com efeito, como substantivo masculino designativo do "emaranhado de cipós, difícil de atravessar", traduz-se, figuradamente, em "algo difícil de transpor ou resolver".

20. *Assim que procedermos a um cotejo entre as classificações, deveremos pugnar pela defesa da teoria mais adequada.*

    Comentário: o verbo **proceder**, no sentido de "executar", é transitivo indireto, sendo acompanhado pela preposição "a". Portanto, deve-se falar "proceder a um cotejo", e não "proceder um cotejo". Ressalte-se que, se o objeto indireto a que se refere o verbo for representado por palavra feminina, exsurgirá o fenômeno indicador da crase: ele procedeu à feitura do exame; *ele procedeu à colheita de provas*.

    Nesse passo, o substantivo **cotejo** vem a lume como sinônimo de "confronto ou comparação", sendo expressão bastante comum na linguagem forense. Exemplo: *No cotejo entre as causas e consequências, inferimos tratar-se de matéria dúbia.*

    O verbo **pugnar**, por outro lado, tem o sentido de "defender, sustentar, combater, pelejar ou brigar". Exemplo: *Eles pugnam pela emancipação da colônia.*

21. *Para que o Autor atinja esse desiderato, deve procurar reunir copiosa produção jurisprudencial.*

    Comentário: o substantivo **desiderato** significa "o que se deseja" ou "ao que aspira". É "aspiração, objetivo ou meta".

    Nesse passo, frise-se que o adjetivo **copioso** quer dizer "farto, abundante". Pode ser utilizado em frases, como: *copiosa tempestade, cabelos copiosos, discurso copioso e enfadonho.*

    Ressalte-se que a **vírgula** utilizada no enunciado em exame está apropriada, na medida em que separa oração subordinada adverbial final anteposta.

22. *Em abono dessa posição doutrinária, podemos citar o clarividente exemplo trazido aos autos, sem se esquecer de que é comum a incidência de abusos que ocorrem sob o agasalho de alguns autores.*

    Comentário: a locução **em abono de** significa "em apoio de, com respaldo em, baseado na", traduzindo-se em expressão de ratificação, confirmação ou corroboração.

    O adjetivo **clarividente** tem o sentido de "nítido, o que se vê com clareza".

    O período traz a lume o verbo **esquecer**, em sua forma pronominal (esquecer-se), cuja regência exige a preposição "de", apropriadamente empregada.

    Por fim, em linguagem figurada, temos o substantivo **agasalho**, no sentido de "manto, proteção".

23. Esta posição o torna insulado, resultando em manifesta absurdidade.

Comentário: o adjetivo **insulado** é de uso demasiadamente elegante, podendo ser utilizado na linguagem forense para exteriorizar o pensamento segregado ou "ilhado" de alguém, a que se pretende fazer menção. Esse adjetivo mostra a desvinculação do pensamento de um com relação a outros, em certo momento de confronto. Dir-se-á que *"fulano age de tal forma, no entanto seu agir apresenta-se insulado"*.

Por fim, mencione-se que "absurdo" é "o que se opõe à razão e ao bom senso; o que é destituído de sentido, de racionalidade". Como sinônimo do termo, podemos encontrar "absurdez" ou **absurdidade**.

24. Isso vem roborar, com mais uma prova, a tese – dissecada pelo causídico com paciência beneditina – de que o crime foi doloso.

Comentário: o verbo **roborar**, como sinônimo de "corroborar", tem a acepção de "confirmar ou ratificar". É importante enaltecer que não são verbos transitivos indiretos, isto é, regidos pela preposição "com". Portanto, evite construções como: *"O depoimento veio corroborar com a verdade dos fatos"*, trocando por *"O depoimento veio corroborar a verdade dos fatos"*.

Ademais, o verbo **dissecar** significa "examinar, considerar com minúcia ou esmiuçar". Exemplo: *dissecar as emoções do coração humano*.

Por fim, o adjetivo **beneditino** refere-se, figuradamente, "àquele que se devota incansavelmente a trabalho meticuloso". Daí se falar em *paciência beneditina*.

25. Manifestação visceralmente contrária à doutrina.

Comentário: o advérbio **visceralmente** significa "profundamente", podendo ser utilizado na linguagem forense. Há sinônimos vários, como: *literalmente, ineludivelmente, categoricamente ou diametralmente*. Todos têm o condão de imprimir força de expressão à mensagem querida. Observe as frases abaixo:

- *Isto é literalmente contra a doutrina* (rigorosamente).
- *Problema de ordem precipuamente jurídica* (principalmente).
- *A lei estabeleceu ineludivelmente que o comportamento era proibido* (eludir: evitar; ineludível: inevitável; ineludivelmente: inevitavelmente).
- *Constar categoricamente das cláusulas do contrato* (indiscutivelmente).
- *Sugiro-lhe um caminho diametralmente oposto* ("diâmetro": relativo à linha que passa pelo centro de uma circunferência e a divide ao meio).

Ressalte-se que a crase está apropriadamente empregada, à luz da regência nominal do termo "**contrária**", que requer a preposição "a". Exemplo:

- *Ele é contrário ao tema, ao discurso, à propaganda, à festa, à personagem etc.*

26. *Ele se arvorou em dono da razão, decidindo consentâneo à jurisprudência e evitando ferir os elementos cardeais do conceito do instituto.*

Comentário: o verbo pronominal **arvorar-se** tem o sentido de assumir por autoridade própria qualquer ofício ou encargo. Nesse sentido, o verbo "arvorar-se", com transitividade indireta, deve ser escrito na forma pronominal, com a preposição "em". Exemplos:

- *Ele se arvorou em chefe da corriola (*ou seja: *quadrilha).*
- *Ela se arvora em juízo dos meus atos.*
- *"Às vezes, se mostram atrevidos, arvoram-se em censores*[19]*".*
- *Ele se arvorou no direito de alterar a lei.*

Em outro giro: **consentâneo** designa "algo que cabe bem a determinado caso ou situação; é algo apropriado, adequado, conveniente". Frise-se que se pode usar "consentâneo a" ou "consentâneo com". Exemplos: *resposta consentânea com a provocação; um desvario consentâneo à sua juventude.*

Nesse rumo, diga-se que o adjetivo **cardeal** significa "principal, fulcral, crucial, elementar".

27. *Isso é írrito e nulo, vindo reforçar e acoroçoar a ideia já existente.*

Comentário: o adjetivo **írrito** tem o sentido de "nulo, sem efeito", traduzindo-se "naquilo que, por ter sido feito contra o que estabelece o Direito, não produz efeito jurídico algum e é passível de anulação". No entanto, a expressão **írrito e nulo** encerra um pleonasmo, em face da prolixidade dos termos. Assim, prefira "írrito" ou "nulo", evitando usar as expressões em conjunto.

Nesse passo, o verbo **acoroçoar** significa "estimular, encorajar". Tem a acepção de "fazer sentir ou sentir coragem, ânimo, vontade; animar(-se)". Exemplos:

- *O esforço inicial acoroçoou-nos a continuar a luta.*
- *A vida acoroçoou os menores ao crime.*

28. *O contrato de compra e venda se ultima com a tradição da coisa, havendo inúmeros julgados do STF que desacolhem a pretensão.*

Comentário: o verbo **ultimar** é transitivo direto, podendo ser pronominal ou, simplesmente, estar acompanhado do pronome oblíquo átono (ultimar-se). Tem a acepção de "pôr termo a" ou "chegar ao fim; completar(-se), concluir(-se), finalizar(-se), terminar(-se)". Exemplos:

---

[19] Ciro dos Anjos, *Montanha*, p. 105, *apud* Cegalla, 1999, p. 38.

- *Os funcionários já ultimam os preparativos para a festa.*
- *Ultimaram-se os projetos para o evento.*
- *Ultimamos a venda do terreno.*

Nesse ínterim, diga-se que o verbo **desacolher** tem o sentido de "rejeitar o acolhimento de (alguma coisa); repelir, rejeitar". Exemplos: *desacolheu a proposta, desacolho a sugestão*. A forma "inacolher" é inexistente.

29. Erro e dolo infirmam o ato jurídico, podendo se constituir burla aos demais licitantes.

Comentário: **infirmar** é verbo transitivo direto, no sentido de "enfraquecer, tirar a força, a autoridade ou a eficácia". Exemplo: *infirmar os argumentos de outrem*. Em sentido jurídico, tem a acepção de "retirar a força de (um ato jurídico) ou declará-lo nulo ou inválido". Exemplo: *infirmar um contrato*.

O substantivo **burla**, derivado do verbo burlar, significa "artifício usado para enganar; logro, embuste, ação dolosa; fraude". Exemplo: *o sonegador cometeu uma burla na declaração de bens*.

30. Há uma pletora de partidos, desvirtuando-se da vontade inequívoca do legislador, que se estriba em um pluralismo político contido.

Comentário: o substantivo **pletora** tem o sentido de superabundância de efeitos nocivos. Podemos, ademais, usar o adjetivo *pletórico* – "aquilo que se encontra em estado exuberante, estuante". Exemplo: *Isto pode gerar uma gratidão pletórica*.

Em outro giro, desponta o verbo **estribar-se**, que tem o sentido de "apoiar-se ou apoiar (alguma coisa) sobre; assentar(-se)". Exemplos:

- *A casa estriba sobre robustos pilares.*
- *Ele estribou estátuas sobre colunas.*
- *Devemos estribar-nos em nossas experiências.*

Em sentido figurado, o verbo pode ter a acepção de "usar (algo) como fundamento; basear(-se), fundamentar(-se)". Exemplos:

- *A proposta estribava na teoria econômica.*
- *Estribava-se em Reale para afirmá-lo.*
- *Há outros direitos que se estribam nesse princípio.*
- *Texto estribado no Direito Civil.*

31. O poder do juiz de perquirição da verdade deve ser norteado por decisões tomadas sob o crivo do contraditório.

Comentário: o ato de "perquirir" significa "efetuar investigação escrupulosa; inquirir de maneira minuciosa; esquadrinhar, indagar". Assim, a **perquirição** é a busca detalhada.

Com relação ao substantivo **crivo**, faz-se oportuno perquirir sua origem. É substantivo que representa uma espécie de coador (filtro) utilizado para se separar a parte mais fina de diversas substâncias. Essa é a razão por que se usa a expressão *objeto crivado de buracos*. Em uma análise histórica, podemos encontrar o substantivo como designativo das grelhas das fornalhas dos engenhos de açúcar. Na verdade, "crivo" seria cada uma das barras dessa grelha. Posto isso, nota-se que o termo apresenta-se vocacionado a traduzir "amparo", "proteção", a par do substantivo "égide". Assim, pode-se falar: *sob o crivo do contraditório; sob a égide da ampla defesa etc.*

32. *Isso foi feito ao arrepio legal e sem amparo no Direito Civil, cujos artigos consignam algumas regras paradoxais.*

Comentário: o substantivo **arrepio**, no vertente caso, tem a acepção de "desvio do caminho normal" e compõe a conhecida expressão "*ao arrepio da lei*", bastante utilizada nos meios forenses. Exemplo: *Não deve o juiz julgar e decidir ao arrepio da lei.* "Ao arrepio de" significa "em sentido oposto, contra".

Nesse passo, registre-se que se mencionou "Direito Civil". Pergunta-se: qual a diferença entre **civil e cível**? Vejamos:

- civil: refere-se a cidadãos e se relaciona com eles; regula-se pelo Direito Civil, excluindo o Direito do Trabalho, Direito Comercial e Direito Penal;
- cível: é adjetivo de amplitude maior, abrangendo o Direito Civil, Comercial e do Trabalho; utilizado como oposição à forma "criminal". Exemplos: *causa cível, vara cível, ações cíveis*.

Ressalte-se que o termo "cível" pode assumir a feição de substantivo, na acepção de Tribunal ou jurisdição em que se julgam causas cíveis. Exemplo: *os magistrados do cível*.

Por fim, o adjetivo **paradoxal**, derivado de "paradoxo", traduz-se na "aparente falta de nexo ou de lógica. É o que veicula contradição".

33. *Deve justificar documental e testemunhalmente o procedimento.*

Comentário: quando dois ou mais **advérbios terminados em -*mente*** modificam a mesma palavra, pode-se, para tornar mais leve o enunciado, atrelar o sufixo apenas ao último deles:

- *"O outro respondeu, vaga e maquinalmente ..."*[20].
- *Decidir-se inteira e irrevogavelmente a favor.*
- *A apelante vem, respeitosa e tempestivamente, perante Vossa Excelência, apresentar o recurso de Apelação.*

---

20 Eça de Queirós, *Obra de ficção*, II, p. 25, *apud* Celso Cunha, 1983, p. 503.

- *"Está lá na sua cidadezinha, criando agora os netos, como criara os filhos, pacífica, honrada e banalmente"*[21].

No entanto, se a intenção é realçar as circunstâncias expressas pelos advérbios, costuma-se usar o sufixo "-mente" para todos. Exemplo:

- *"O mar chora, como sempre, longamente, monotonamente"*[22].

34. **Princípios que municiam o advogado de elementos para a sustentação de que, usando de argumentos insubsistentes, sua alegação não prosperará.**

    Comentário: o verbo **municiar** tem o sentido de "prover do que é necessário; abastecer, guarnecer".

    O adjetivo **insubsistente**, por outro lado, significa "não subsistente; que não pode subsistir, que não tem fundamento ou valor, que não tem razão de ser".

    Por fim, evidencia-se o verbo **prosperar**, no sentido de "dar bom resultado (para); melhorar, desenvolver(-se)".

35. **Deste dispositivo legal, deflui que o princípio se dessume do ordenamento jurídico como um todo.**

    Comentário: o verbo **defluir**, como transitivo indireto, significa "derivar, vir de (alguém ou algo); emanar". Exemplo: *No concurso, as fórmulas defluíam de sua mente.*

    Nesse passo, destaca-se o verbo **dessumir** (pronominal *dessumir-se*), com a preposição "de", no sentido de "inferir ou deduzir". Exemplo: *Trata-se de norma que se dessume do princípio da legalidade.*

36. **O contrato indigitado, do qual se faz mister expungir-se a parte reveladora de nulidade, é draconiano, não tendo suporte legal.**

    Comentário: o adjetivo **indigitado** tem o sentido "daquilo que se indigitou, isto é, o que foi apontado com o dedo; indicado, assinalado". Exemplo: *os erros indigitados pelo corretor.*

    Nesse passo, **expungir** é verbo bitransitivo, no sentido de "apagar, delir, eliminar, tornar limpo, isento, livre". Exemplos:

    - *Expungiu do texto as menções ao autor.*
    - *Os policiais expungiram os torcedores indesejáveis do estádio.*

---

21 Gilberto Amado, *História da minha infância*, 3ª ed., p. 170, *apud* Celso Cunha, 1983, p. 503.
22 Augusto Frederico Schimidt, *O galo branco*, p. 240, *apud* Celso Cunha, 1983, p. 504.

Note, ainda, a correção quanto à próclise na frase, em razão da presença do pronome relativo "**o qual**". Observe:

- "... *do qual se faz mister expungir-se...*", e não "... *do qual faz-se mister expungir-se ...*".

Por derradeiro, os nomes "Dracon" e **draconiano** são relativos a *Drácon*, legislador de Atenas, no século VII a.C., famoso pela dureza cruel das leis a ele atribuídas. Usa-se para qualificar ato que é excessivamente rigoroso ou drástico. Exemplos: *contrato draconiano; medidas draconianas*. Observe a frase: *Punir o réu com uma sanção não pouco "draconiana"*.

37. **Entre as hipóteses aventadas, enfatize que a regra insculpida nos artigos comentados, a que o costume deu guarida, está em total corroboração com a assente jurisprudência do Tribunal.**

    Comentário: o adjetivo **aventado** tem o sentido de "tornar do conhecimento de outrem; enunciado, relatado, aduzido, ventilado". Exemplo: *aventou suas propostas*.

    Nesse passo, o verbo **insculpir**, em sentido figurado, significa "fixar(-se) na memória de (alguém); gravar(-se), inscrever(-se)". Exemplo: *As campanhas eleitorais visam insculpir-se heróis na mente do povo*. Assim, uma regra insculpida tem a acepção de "fixada, gravada".

    Ressalte-se, ademais, que o substantivo **guarida**[23], figuradamente, representa "**algo que oferece amparo ou acolhimento**".

    O substantivo corroboração, derivado do verbo "corroborar", tem o sentido de "confirmação, concordância, ratificação". Exemplo: *Obteve a corroboração de seu projeto*.

    Por derradeiro, note-se que **assente** significa, em sentido figurado, "fundamentado, baseado". Exemplo: *O trabalho está assente em anos de pesquisa*.

38. **Temos exemplos eloquentes de que a teoria ora debatida, longe de desafiar as meninges do intérprete, desfruta de endosso generalizado, haja vista sua cartesiana logicidade.**

    Comentário: o substantivo *eloquência* tem, figuradamente, o sentido de "expressividade". Exemplo: *a eloquência de seus hábitos e gestos*. Nesse passo, o uso do adjetivo **eloquente** deve sinalizar o sentido de "expressivo, notável, significativo". Daí se falar em *exemplos eloquentes*.

    O advérbio **ora** tem o significado de "agora, nesta ocasião, neste momento". Exemplo: *O senador, ora na tribuna, verberou seu ponto de vista*. É importante assinalar que

---

23 É sinônimo de **valhacouto** – substantivo que se traduz em "proteção, amparo, abrigada, abrigadouro, abrigo, acolhida, acolhimento, aprisco, asilo, couto, efúgio, refúgio, ninho, porto, recolhimento, tegúrio, tugúrio, teto".

o termo **ora** pode ser utilizado como conjunção alternativa, no início de duas frases sequentes, como: *ora estudava, ora dormia*. Outrossim, pode ser utilizado como partícula expletiva em frases como: *ora vamos!, ora essa!, ora bolas!*. Por fim, enuncie-se que a expressão "por ora" tem o sentido de "por enquanto, por agora". Exemplo: *Por ora, os projetos foram suspensos.*

Quanto ao adjetivo **cartesiano**, seu uso na oração tem sentido pejorativo – diz-se do espírito "sistemático" em excesso. "Sistematizar" é "reduzir (fatos, conceitos, opiniões etc.) a um corpo de doutrina, de modo metódico, ordenado, coerente".

O substantivo feminino **logicidade** tem a acepção de "atributo do que é determinado pelo conhecimento lógico e/ou do que apresenta lógica". Exemplo: *a logicidade de suas ponderações.*

39. **O eminente magistrado, dono de invulgar erudição jurídica, resolveu a questão sob o mais cristalino signo da justiça.**

    Comentário: o adjetivo **invulgar** representa "o que não é vulgar ou comum; aquilo que foge ao padrão encontradiço; portanto, algo invulgar é especial, raro, incomum".

    Nesse ínterim, ressalte-se que **signo** tem a acepção de "sinal indicativo; indício, marca, símbolo". Exemplo: *Era possível ver nos olhos da vítima o signo do desespero.*

    Figuradamente, entretanto, "signo" significa "elemento de projeção ou importância; expoente, luminar". Daí se falar em *signo da justiça*.

40. **Isso foi feito adrede para mostrar que esta é uma conduta que se afina com a lei, não representando procedimento despido do característico da liceidade.**

    Comentário: o termo **adrede** (pronuncie "drê") tem a acepção de "propositado ou de propósito". Seu uso é demasiado raro, no entanto é expressão encontradiça em alguns manuais de Direito.

    Em sentido figurado, o verbo **afinar** – verbo transitivo indireto e pronominal ("afinar-se com") – tem a acepção de "pôr-se em harmonia com; ajustar-se, conciliar-se". Exemplo: *O comportamento da filha afinava-se com o dos pais.*

    O substantivo **liceidade** se traduz na "qualidade e requisito do que é lícito". É sinônimo de "licitude".

41. **Furto-me a criticar esta teoria, por achar que o ato vem inquinado de vícios.**

    Comentário: o verbo **furtar**, como bitransitivo e pronominal, pode ter o sentido de "deixar de fazer ou cumprir; fugir à responsabilidade; escapar-se". Exemplo: *Não me furto de minhas obrigações.*

    O adjetivo **inquinado** representa "aquilo que tem nódoas, que é manchado, maculado ou sujo". Derivado do verbo "inquinar", cujo significado é o de "tornar(-se) sujo; manchar(-se), poluir(-se)". Ademais, pode ter a acepção de "pôr tacha em" ou qualificar. Exemplo: *Inquinar de fraudulento o negócio* (ou seja: tachá-lo de fraudulento).

42. **Há a presunção irrefragável, oriunda do arcabouço jurídico vigente, de que todos conhecem a lei.**

   Comentário: o adjetivo **irrefragável** representa "o que não se pode recusar, que não se pode contestar; é, pois, irrefutável, incontestável, indiscutível, irretorquível". Exemplo: *O candidato sofreu uma derrota irrefragável nas urnas.*

   O substantivo **arcabouço** tem a acepção de "esqueleto, delineamento inicial, esboço". Exemplos: *arcabouço de um projeto; arcabouço de um romance.*

43. **Dessa regra decorre corolário importante: o ato, não obstante colidente com a lei, é passível de defesa.**

   Comentário: segundo a lógica, **corolário** é a *"proposição que deriva, em um encadeamento dedutivo, de uma asserção precedente, produzindo um acréscimo de conhecimento por meio da explicitação de aspectos que, no enunciado anterior, se mantinham latentes ou obscuros"* (Houaiss). Com efeito, é a verdade que decorre de outra, que é sua consequência necessária ou continuação natural. Exemplo: *O corolário dessa medida foi a perda de espaço na política.* É termo sinônimo de "ilação"[24] – substantivo feminino que designa a ação de "inferir, de concluir; inferência".

   Em outro giro, ressalte-se que **passível** é o "objeto suscetível de experimentar boas ou más sensações ou alvo de certas ações". Exemplos: *passível de crítica; passível de dor; o Juiz não é passível de remoção, em razão de sua inamovibilidade.* Portanto, o termo indica alguém ou aquilo que é "apto, capaz, suscetível, suscetivo".

44. **As regras sufragadas pela jurisprudência proporcionaram uma retumbante defesa do advogado, que se valeu da analogia como um poderoso adminículo.**

   Comentário: o verbo **sufragar** tem o sentido de "apoiar ou aprovar com sufrágio ou votar (em) e eleger". Exemplos: *sufragar vereadores; sufragar uma escolha.*

   Em outro giro, diga-se que o adjetivo **retumbante** designa "aquilo que retumba; que provoca grande som, grande ressonância". A retumbância é a "grandiloquência" – modo afetado de se expressar, que abusa de palavras pomposas, rebuscadas. Portanto, retumbante é "altissonante, altíssono, bombástico, grandíloco (ou grandíloquo)".

   O substantivo **adminículo** tem a acepção de "ajuda, de amparo, auxílio, subsídio". Juridicamente, é termo designativo de "qualquer elemento que, mesmo secundário, contribua para estabelecer a prova efetiva de algo".

45. **A indicação da mezinha adequada visa manutenir a boa saúde.**

   Comentário: a frase é composta de termos arcaicos – são os **arcaísmos**, isto é, palavras da Língua que caíram em desuso. Há referência às expressões "mezinha" e "manutenir".

---

24 Pode-se dizer que **corolário** ou **ilação** têm como sinônimos os termos *conclusão, consequência, dedução, entrelinhas, indução, induzimento, inferência, resultado, solução.*

Vamos analisá-las:

- **mezinha:** o substantivo feminino "mezinha" ou "meizinha" (com -z) tem a acepção de remédio, medicamento ou mesmo "remédio caseiro";
- **manutenir:** este verbo representa um arcaísmo que se mantém no vocabulário jurídico, condimentando o estilo com certa pitada de austera majestade. Em sentido jurídico, portanto, significa "conservar alguém, por meio de mandado de manutenção, na posse de algo". Ressalte-se que pode ter a acepção de "fazer permanecer ou manter em determinado estado, situação; preservar, conservar". Exemplos:
    - *Manutenir o desejo a todo custo* (como transitivo direto).
    - *Para manutenir-se, utilizava expedientes reprováveis* (como verbo pronominal).

Vamos conhecer outros arcaísmos:

- **vossa mercê** (em vez de "você"): forma de tratamento dada a pessoas que não tinham senhoria, as quais não se tratava por "tu"; há registros de "vosmecê", "vossemecê";
- **boticário** (em vez de "farmacêutico"): proprietário ou administrador de botica (loja, taberna, farmácia);
- **usança** (em vez de "usos", "costumes"): é a tradição, prática, costume há muito tempo observados. Exemplos: *práticas que refogem às nossas usanças; uma oração segundo a usança dos maias; usanças do dia a dia forense;*
- **avença** (em vez de "acordo"): é o acordo, convenção entre os litigantes; aveniência;
- **peitar**[25] (em vez de "subornar"): como verbo transitivo direto, "peitar" pode ter a acepção de "dar uma coisa (bem, valia, dinheiro etc.) para que se faça outra, ilícita; subornar com peita(s); corromper com dádivas" etc. Exemplo: *Peitei vários políticos, na expectativa de retorno.*

46. *O magno princípio está disciplinado em preciso artigo no texto constitucional, não devendo prevalecer a tese mirabolante ventilada pelo advogado rabulista.*

Comentário: o adjetivo **magno** tem o sentido de "algo que, em razão da importância, se sobrepõe a tudo que lhe é congênere, isto é, designa aquilo que tem grande relevância". Exemplo: *magnas questões; Carta Magna* (como menção à Constituição Federal).

Quanto ao termo **mirabolante**, pode ser definido como "algo extravagante e fantástico; maluco, delirante". Exemplos: *Ele possui ideias mirabolantes; o plano do invasor era mirabolante.*

O verbo **ventilar** (transitivo direto) significa, figuradamente, "trazer à mente, cogitar, presumir, imaginar". Exemplos: *Ele deixou de ventilar tal hipótese.*

---

25 Os dicionários Houaiss e Aurélio também registram **peitar** com o sentido de "ser contrário; enfrentar; chocar-se".

Por derradeiro, diga-se que "rábula" ou **rabulista** é expressão pejorativa que designa "o advogado de limitada cultura, chicaneiro, isto é, aquele que é dado a chicanas forenses ou sutilezas capciosas em questões judiciais". Os verbos oriundos do adjetivo são: rabular ou rabulejar. Observe a frase: *Há advogados que vivem rabulejando pelos Tribunais de Júri.*

47. **Ele anuiu em permanecer solerte e, no sopesar dos argumentos, ficou claro que a norma foi adjudicada à competência de outrem.**

    Comentário: o verbo **anuir** tem o sentido de "consentir (com gestos ou palavras), estar de acordo, aprovar ou assentir", podendo ser transitivo indireto (preposições "a", "em" e "com") ou intransitivo. Exemplos: *Ela anuiu ao meu requerimento; Sua face amiga era demonstração de que anuíra; Todos anuíram com a cabeça.*

    O adjetivo **solerte** designa "aquele que procede com desembaraço, iniciativa e sabedoria; esperto, diligente, sagaz".

    Quanto ao verbo **sopesar**, do qual deriva a expressão verbal "no sopesar dos argumentos", diga-se que tem o sentido de "equilibrar o peso de, pôr contrapeso em; contrabalançar, contrapesar". Exemplo: *sopesar os produtos da balança*. Pode-se, ainda, ganhar definição de "procurar entender (algo) para levá-lo em conta; considerar, interpretar, avaliar". Exemplo: *A equipe sopesará a proposta ofertada.*

    Em outro giro, o substantivo feminino **adjudicação**, em sentido jurídico, designa "o ato judicial que dá a alguém a posse e a propriedade de determinados bens; é a atribuição da coisa adjudicada ao adjudicatário". O verbo que a tal substantivo se prende – adjudicar –, entre vários sentidos possíveis aceitos pelos lexicógrafos, equivale a "entregar legalmente (algo) a". Exemplo: *O candidato adjudicou a sucessão presidencial ao novo político.*

48. **Há uma crescente e deletéria prática de se buscar ressarcimento por danos morais, sem fundadas razões, criando-se pelejas judiciais inoportunas.**

    Comentário: o adjetivo **deletério** designa "aquilo que possui um efeito destrutivo; danoso, nocivo". Em sentido figurado, pode significar "aquilo que conduz à imoralidade, à corrupção; o que é degradante".

    Diga-se, ainda, que o substantivo **peleja** se traduz na "ação ou efeito de pelejar" (peleja /ê/ – verbo pelejar). Tem o sentido de "defesa apaixonada de pontos de vista contrários; discussão, briga, disputa".

49. **O ato visante a receber a importância pleiteada sofreu os empecilhos impostos pelo obsoletismo notável da máquina administrativa do Governo.**

    Comentário: **visante** é adjetivo derivado do verbo "visar" e tem o sentido "daquilo a que se visa; que tem por finalidade". Exemplo: *eram regras visantes ao aprendizado.* O verbo "visar" possui várias acepções. Vamos a elas:

- Verbo transitivo direto: na acepção de "dirigir a vista para (um ponto determinado); mirar". Exemplos: *visava a fruta do último galho; visou o ocupante do lugar da mesa.*
- Verbo transitivo direto: no sentido de "dirigir-se (projétil, tiro)". Exemplo: *Embora visasse o ladrão, o tiro atingiu o cidadão.*
- Verbo transitivo direto e transitivo indireto: em sentido figurado, o verbo significa "ter (algo) como desígnio, ter por fim ou objetivo; mirar (a), propor-se". Exemplos: *as medidas visam assegurar o cumprimento da lei; toda atitude que vise ao mandamento legal deverá ser apoiada; não há ação que vise à consecução do ato.*

Ressalte-se, ademais, que o verbo **pleitear** (transitivo direto) tem a acepção de "manifestar-se a favor de; defender, requerer". Exemplo: *Os jovens pleiteavam seus direitos.*

Nesse passo, diga-se que o substantivo masculino **obsoletismo** é designativo da "qualidade do que é 'obsoleto'" – adjetivo com significado de arcaico, antigo, que já não se usa, fora de moda, ultrapassado, antiquado". Há interessantes sinônimos, que merecem registro, para o substantivo "obsoleto". Note:

- *Afonsino*: de tempos remotos, afonsinho, antigo.
- *Ferrugento*: que é velho, antigo ou está fora de uso.
- *Serôdio*: que ocorre fora do tempo; extemporâneo, tardio, serotino, serôtino.
- *Temporão*: que vem ou ocorre antes ou fora do tempo apropriado; forma o feminino "temporã".

50. *Seria temerário dizer que o artigo não tem o condão de penalizar o infrator, em face da imprevisibilidade na arena dos negócios jurídicos.*

Comentário: o adjetivo **temerário** tem a acepção de "precipitado, imprudente, arriscado, perigoso, audacioso". Exemplo: *projeto temerário, ação temerária.*

Nesse ínterim, ressalte-se que **condão** é substantivo masculino designativo de "atributo, aptidão, qualidade especial, capacidade, faculdade ou poder". Exemplos: *sua habilidade tem o condão de provocar risos; sua presença tinha o condão de provocar surpresa.*

O substantivo **arena** tem, figuradamente, o sentido na frase de "local de debate, de desafio, de luta". Usa-se, ademais, a par de "arena dos negócios jurídicos", a expressão "seara dos negócios", na acepção de "campo de atividade ou interesse relacionado com as transações negociais".

51. *Ouvidas as partes, o juiz decidirá de plano, não acolhendo a arguição de que o fato se subsume à lei.*

Comentário: a expressão idiomática **de plano** significa "de imediato, sem formalidades outras". A propósito, é imperioso mencionar que a preposição "de" apresenta vários significados interessantes. Alguns podem ser mencionados:

- relacionando palavras por subordinação e expressando o assunto de que se trata. Exemplo: *Ela falou de você e não de nós;*
- introduzindo objeto direto preposicionado. Exemplos: *ele comeu do pão; ela bebeu do vinho; ele provou do espaguete;*
- compondo a formação de determinadas formas perifrásticas com verbos como ter, haver, parar, deixar etc. e o infinitivo do verbo principal. Exemplos: *hei de vencer; ele parou de sorrir.*

Com relação ao verbo **arguir**, sabe-se que é termo jurídico de alta rotatividade, no sentido de "argumentar ou alegar como prova ou razão; utilizar um conjunto de ideias, fatos etc. como base para argumentação". Exemplo: *Arguindo as circunstâncias atenuantes, levou o magistrado à conclusão de que era detentor do direito de servidão.*

O verbo deriva do substantivo "arguição", cujo sentido se traduz em "alegação fundamentada; impugnação de argumentos contrários; citação de razões ou motivos para provar ou defender algo; argumentação". Ademais, o verbo "arguir" tem a acepção de "examinar, questionando ou interrogando". Exemplo: *Eles arguiram sobre o episódio.*

Em outro giro, desponta o verbo **subsumir** (pronuncie "subssumir"), no sentido de "incluir ou adaptar (alguma coisa) em algo maior, mais amplo, do qual aquela coisa seria parte ou componente".

52. *A prova, posto que incontestável, por ser a verdade inconcussa, foi contestada com argumentos incontestes.*

    Comentário: o adjetivo **inconcussa** tem a acepção de "incontestável, irrefragável", sendo termo corrente no Direito com o sentido de "o que está firmado, provado; o irrefutável".

    É comum na linguagem do foro encontrarmos as expressões "incontestável" e "inconteste", quase sempre usadas como sinônimas, o que, verdadeiramente, não o são. Podem ser adjetivos derivados do mesmo verbo – contestar –, porém há dessemelhanças sutis. Vamos à diferença:

    - **Incontestável:** refere-se "àquilo que não tem possibilidade de ser contestado, ao indubitável, ao irretorquível, ao indiscutível, ao irrefutável, ao inconcusso etc.".
    - **Inconteste:** em qualquer dicionário, a palavra "conteste" designará aquilo que depõe ou afirma o mesmo que o outro. Portanto, se há *testemunhas contestes*, há uniformidade nos depoimentos, que são afins, concordes, contestes. Quando se tem "inconteste", com o prefixo *-in*, tem-se algo "não conteste, isto é, não uniforme, não harmônico, não concorde". Portanto, "inconteste" é "contradizente, contraditório, discorde, discrepante, destoante, divergente, desarmônico".

Não se esqueça, todavia, de que a palavra "incontestes" deve ser grafada sempre no plural, pois, obrigatoriamente, refere-se a mais de um substantivo. Exemplos: *provas incontestes, depoimentos incontestes, testemunhas incontestes.*

Por fim, ressalte-se que "incontestado" é adjetivo designativo "daquilo que não foi contestado, posto que (ainda que) contestável".

Vamos aos exemplos de recapitulação:

- *A prova, posto que incontestável, foi contestada com argumentos incontestes.*
- *Sempre contestou as testemunhas incontestes com incontestáveis mecanismos.*
- *As diligências incontestadas são contestáveis, não se podendo valer o réu de provas incontestes.*

53. **Fazer a petição cônscio de que se deve esgrimir argumentos poderosos contra a defesa.**

    Comentário: o adjetivo **cônscio** significa "o que sabe, que tem noção clara". Exemplos: *cônscio de seus deveres; cônscio de seus trabalhos.*

    Por outro lado, o verbo **esgrimir** (transitivo indireto) tem o sentido de "travar combate contra; lutar". Exemplo: *O homem vivia a esgrimir contra os defeitos dos colegas.*

54. **Deve-se devotar zelo ao assunto em tela, uma vez que sua prova é estreme de dúvidas, conquanto se saiba que os fatos militam contra tal hipótese.**

    Comentário: o adjetivo **estreme** (com -s) tem a acepção de "isento, puro, genuíno, caracterizado pela não contaminação". Fala-se em "ar estreme", em "vinho estreme". Nesse ínterim, surge a expressão **estreme de**, cujo sentido é de "salvo de, isento de ou despido de". Exemplo: *Sua prova é estreme de dúvidas*, i.e., *indiscrepante*.

    A conjunção concessiva **conquanto** tem o condão de introduzir uma oração subordinada que contém a afirmação de um fato contrário ao da afirmação disposta na oração principal, mas que não é suficiente para anular este último. Significa "embora, se bem que, não obstante". Exemplos: *Não disputou a vaga, conquanto pudesse fazê-lo. Saí, conquanto estivesse me sentindo mal.*

    O verbo **militar**, em sentido figurado, significa "influir, agir, lutar ativamente em favor de uma ideia ou causa". Exemplos:

    - *É preciso militar a favor da liberdade de imprensa.*
    - *As provas militam contra as acusações do Ministério Público.*
    - *"Esta circunstância milita em favor do réu"*[26].

---

26 Antenor Nascentes, *apud* Cegalla, 1999, p. 262.

- *Militam razões poderosas a seu favor, no entanto pretendo pensar antes de lhe dar a resposta.*
- *"Contra nós militam forças poderosas"*[27].

55. Sobre inverdadeira, a alegação é maliciosa.

Comentário: a preposição **sobre** pode conter várias acepções. Um sentido erudito, bastante encontradiço na linguagem forense, dá-se no uso da preposição como sinônimo de "além de". É utilização elegante e recomendável. Vamos a alguns exemplos:

- *Sobre intolerante, era dotada de singular ignorância.*
- *Sobre tapas, cusparadas.*
- *"A pergunta é, sobre ociosa, estólida"*[28].

56. A ação há de ser julgada procedente, mercê do iterativo pronunciamento do STF, uma vez que tal comportamento não se apresenta consentâneo com o sistema jurídico vigente.

Comentário: há várias locuções formadas com o substantivo feminino **mercê**. Vamos conhecer algumas:

- **Mercê de**: no sentido de "graças a, em virtude de", a expressão pode ser usada, como exemplo:
    - *A ação há de ser julgada favoravelmente à Autora, mercê do inequívoco pronunciamento do STF....*

Observe outros exemplos:

- *Ressalte-se que, mercê de significado semelhante àquele trazido há pouco, a prova ganhou robustez.*
- *Passou mercê de ajuda alheia.*

- **À mercê de**
    - no sentido de "ao capricho de; ao sabor de": *O planador ficou à mercê do vento.*
    - na acepção de "total dependência de alguém ou algo": *Ele ficou à mercê do cunhado.*

---

27 Antônio Houaiss, *apud* Cegalla, 1999, p. 262.
28 Camilo Castelo Branco, *Doze casamentos felizes*, p. 36, *apud* Cegalla, 1999, p. 377.

Frise-se que o adjetivo **iterativo**[29] tem o sentido daquilo que expressa a repetição e a habitualidade. No ambiente forense, são comuns as frases: *"práticas iterativamente adotadas pelo contribuinte"; "posicionamento iterativo do Tribunal"*.

Por fim, é imperioso trazer à baila o sentido do adjetivo **consentâneo**, isto é, "que cabe bem a determinado caso ou situação; apropriado, adequado, conveniente, congruente, concorde". Admite o termo as preposições "a" ou "com". Exemplos: *uma resposta consentânea com o ataque verbal; um desvario consentâneo à sua idade*.

57. A norma não pode engendrar óbices à concretude do princípio fundamental a cuja implementação se destina.

Comentário: o verbo **engendrar** tem o sentido de "formar, criar". Ao lado do substantivo **óbice** (= empecilho, obstáculo), tem a expressão composta *engendrar óbices* o sentido de "criar dificuldades".

O vocábulo **implementação**, no sentido de "realização ou execução", é vocábulo muito adotado pelos amantes do linguajar tecnicista e estrangeiro, adotado por alguns economistas. A ele se ligam o verbo "implementar" e o substantivo "implemento" – outros fastidiosos lugares-comuns que vêm incrementar o "economês". Não obstante tratar-se de expressão marcada pela fragilidade etimológica, o VOLP já previa o vocábulo na edição de 1999, confirmando-o na edição de 2004, na edição de 2009 e na mais recente publicação do compêndio. Dessa forma, é possível substituir "implementação" por "realização", na busca do vocábulo mais adequado, no entanto não se pode esquecer que conta a forma em análise com a chancela do VOLP.

58. O exercício da função pública, por si só, não coonesta uma prática arbitrária.

Comentário: a expressão **por si só**, quando referente a substantivo no singular (função), mantém-se no singular; entretanto, se estiver ligada a nome no plural, deve ser grafada como "por si sós".

Exemplo: *Os dados, por si sós, não são bastantes para o convencimento*.

Nesse ínterim, diga-se que o verbo **coonestar** tem o sentido de "legitimar, dar aparência de". É verbo transitivo direto, na acepção de "fazer que pareça honesto, honroso; disfarçar". Exemplos:

- *Valeu-se de uma postura ingênua para coonestar seus gestos ignóbeis.*

- *A filantropia, por si mesma, não coonesta uma prática religiosa.*

---

29 Diz-se, na gramática, que o **termo** é **iterativo** ou **frequentativo**, quando expressa ações repetidas. Exemplos: o verbo *"corresponder-se"* é frequentativo; a frase *"volta e meia, ele aparece aqui"* também tem conteúdo frequentativo; os termos *pisca-pisca, vaivém* (há registro de *"vai e vem"*, no VOLP), *saltitar*, entre outros, também podem ser citados como exemplos.

59. A parte se valeu de argumento aríete para proceder ao convencimento do Magistrado, que aquiesceu ao nosso pedido.

Comentário: a expressão **argumento aríete** tem a acepção, figuradamente, de "argumento forte, contundente, decisivo, que abre caminho".

Nesse passo, o verbo **aquiescer** significa "concordar, anuir, ceder, consentir". É transitivo indireto (com preposição "a") e intransitivo. Exemplos:

- *Ele aquiesceu ao pedido da parte.*
- *Depois de tudo, só lhe restou aquiescer.*
- *Ouvindo as suas explicações, aquiesci.*
- *O Juiz aquiesceu ao pedido do Autor.*

60. Atenta a circunstância de o réu ser primário, podemos requerer benefícios para o apenado perante o Juiz.

Comentário: o verbo no particípio (**atenta**) inaugura uma oração subordinada adverbial causal reduzida de particípio (o sentido é o de a circunstância ser levada em consideração, ser atendida). É forma participial irregular, plenamente aceita em nossa gramática, à semelhança de "anexo e anexado", "pago e pagado", "eleito e elegido", entre outros.

61. Ilaquear a boa-fé de outrem é se pautar por procedimentos com os quais não nos coadunamos em nosso dia a dia.

Comentário: o verbo **ilaquear** tem o sentido de "excluir o excesso; induzir a erro para tirar proveito próprio ou alheio".

Nesse rumo, o verbo **coadunar** tem regência complexa. Pode ser:

a) *transitivo direto*, na acepção de "juntar, incorporar, pôr-se em harmonia". Exemplos: *procurou coadunar os projetos; coadunar os pontos de vista divergentes;*

b) *bitransitivo*, no sentido de "combinar-se". Exemplo: *coadunar austeridade com bondade;*

c) *pronominal* (preposição "com"). Grafa-se, pois, "ele se coaduna com", "nós nos coadunamos com", "eu me coaduno com". Exemplo: *Seu comportamento não se coadunava com os princípios que recebera.*

COMO ENRIQUECER A LINGUAGEM DO FORO • capítulo 5

JURISMACETES

1. ADVOGADO ABAIXO ASSINADO

Situação: *O advogado abaixo assinado assinará o abaixo-assinado em breve.*

Comentário: o substantivo masculino **abaixo-assinado**, com hífen, designa o documento coletivo, de caráter público ou restrito, que torna manifesta a opinião de certo grupo, ou representa os interesses dos que o assinam. Forma o plural "abaixo-assinados".

Em outro giro, existe a forma **abaixo assinado**, sem hífen, segundo a qual se quer dizer que algo está assinado logo abaixo, isto é, embaixo, em posição subsequente. Não se deve inserir o hífen nesta forma, uma vez que a possui, exclusivamente, o substantivo.

2. FLAGRANTE DELITO

Situação: *O flagrante delito se deu há poucos minutos.*

Comentário: o adjetivo **flagrante** tem a acepção de visto ou registrado no próprio momento da realização (*flagrante delito*). Ademais, pode ter a acepção de "evidente, manifesto, incontestável". Além disso, há a formação do substantivo "flagrante" na "ação notada e/ou registrada no momento da ocorrência".

Não se pode confundir esta formação com **fragrante**, com a sílaba inicial fra-, cujo significado está "no que exala bom odor, sendo aromático, cheiroso, perfumado". Exemplo: *orquídeas fragrantes, insenso fragrante*.

3. ANTE O EXPOSTO

Situação: *Ante o exposto, requer o Autor a Vossa Excelência que se digne de conceder o provimento emergencial pleiteado.*

Comentário: a preposição é palavra gramatical invariável que subordina o elemento que introduz (consequente), marcando a sua função. Por via de regra, subordina o consequente à palavra determinada da frase (antecedente). Pode ser "simples" (*a, ante, após, até, com, contra, de, desde, em, entre, para, per, perante, por, sem, sob, sobre*) ou "composta" (locuções prepositivas, cuja formação se faz, geralmente, por meio de um advérbio seguido de uma preposição, ou precedido e seguido de preposições: *por sobre, ao lado de, por baixo de, etc.*).

Ressalte-se que as preposições em geral não se usam no complemento de objeto direto (*comi uma fruta*), embora haja na Língua objetos diretos preposicionados (*amar a Deus*).

Na expressão supracitada **ante o exposto**, a par de "perante o exposto" ou "perante a Juíza", há a presença das preposições *ante* e *perante*, que rechaçam, por si sós, outra preposição. Esta é a razão pela qual seria incorreto grafar "ante ao" (ao = a+o), "perante ao" ou "perante à" (à = a+a), uma vez que nessas formas ter-se-ia a presença de duas preposições, o que não é tolerável.

Ademais, em razão de sua função, qualquer preposição rege sintagmas adverbiais: *a limpo, ante o público, com dúvidas, contra os pareceres, de vista, entre amigos, por vontade própria, rente ao chão, sob tensão, sobre o campo.*

4. BOA-FÉ E MÁ-FÉ

Situação: *Não se trata de boas-fés ou más-fés, mas de boa índole.*

Comentário: a **boa-fé** representa a "retidão ou pureza de intenções; é a convicção de agir ou portar-se com justiça, lisura e lealdade com relação a alguém ou a algo, com respeito ou fidelidade às exigências da honestidade".

A boa-fé, na acepção jurídica, representa, consoante o Houaiss, "o estado de consciência de quem crê, por erro ou equívoco, que age com correção e em conformidade com o direito, podendo ser levado a ter seus interesses prejudicados [configura uma circunstância que a lei leva em conta para proteger o faltoso das consequências da irregularidade cometida]". Note que *boa-fé* forma o plural *boas-fés*.

Em outro giro, **má-fé** representa "a disposição de espírito que inspira e alimenta ação maldosa, conscientemente praticada. É a deslealdade, fraude ou perfídia".

A má-fé, na acepção jurídica, representa, consoante o Houaiss, "o termo usado para caracterizar o que é feito contra a lei, sem justa causa, sem fundamento legal e com plena consciência disso". O plural é *más-fés*.

5. A OLHOS VISTOS

Situação: *A oportunidade crescia a olhos vistos.*

Comentário: trata-se de locução adverbial invariável, com o sentido de "visivelmente". Observe os exemplos:

- *As florestas, no Brasil, diminuem a olhos vistos.*
- *A China tem prosperado a olhos vistos.*
- *"Esta Juliana anda uma janota! Prospera a olhos vistos"*[30].

A HORA DO ESPANTO
AS "PÉROLAS" DO PORTUGUÊS

1. Assidentes

Correção: grafa-se "acidentes", com -c. A criativa forma "assidentes" pode causar até "acidentes" por aí...

2. Arrazadas

Correção: de certo modo, é desculpável o equívoco, uma vez que muitos desconhecem que o verbo "arrasar" grafa-se com -s. Portanto, utilize, sempre com -s, *arraso, arrasar, arrasador* etc.

---

30 Eça de Queirós, *O Primo Basílio*, p. 219, *apud* Cegalla, 1999, p. 30.

6. LATIMACETES

Expressões latinas usadas na linguagem do foro

O emprego de expressões latinas na linguagem forense não é mero diletantismo. O advogado deve conhecer as expressões mais correntes, porquanto, se não as usar, deve compreendê-las quando lê doutrina, razões e julgados, uma vez que muitos autores as empregam, bem como o fazem os Tribunais.

Para Rodríguez (2000:70-71), "podem-se firmar duas funções para as expressões e brocardos latinos. A primeira delas é a linguagem apurada, uma vez que o Direito atual mantém ou recupera, pela denominação original, os institutos que, na maioria das vezes, surgiram no Direito Romano. Assim, as expressões latinas revelam técnica da linguagem, pela referência específica a tais institutos. Por outro lado, servem as aludidas expressões – ainda no que atine à linguagem – para revelar erudição do enunciador, porque constituem termos de rara aplicação e conhecimento".

Urge lembrar que, caso se utilize o latim sem parcimônia, seu uso poderá se traduzir em preciosismo condenável. A objetividade e a clareza na transmissão da mensagem são fundamentais para que se alcance o objetivo da comunicação. Usar bem o latim é valer-se de sua terminologia com precisão, sem lançar mão de uma linguagem hermética e, assim, maléfica à concatenação textual, despida de sustentabilidade no discurso realizado. É mister usar adequadamente as expressões latinas, até porque o Direito e o latim são elementos indissociáveis em todos os ordenamentos calcados originariamente no Direito Romano. Todavia, é necessário usar o latim com a moderação dos cautos e com a convicção dos sábios. Vamos verificar alguns exemplos.

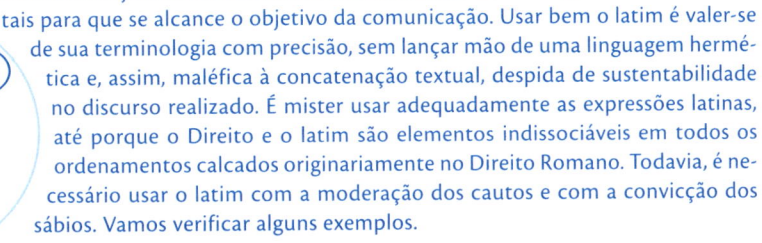

1. *Mutatis mutandis*

A expressão *mutatis mutandis* quer dizer "mudando o que deve ser mudado". Em outras palavras: "com a devida alteração dos pormenores", "com as devidas modificações" ou "com os devidos descontos". Usa-se quando se adapta uma citação ao contexto ou às circunstâncias. É uma expressão extremamente útil nos textos argumentativos, quando queremos ressaltar as semelhanças entre dois elementos sem deixar que as diferenças tornem a analogia obscura, ou seja, utilizadas pelo interlocutor para invalidar o raciocínio.

Vamos apreciar os exemplos:

- *A "Descoberta da América" também está mal explicada, uma vez que os "vikings" precederam os espanhóis (na América do Norte) por volta do ano 1000. Logo, pode-se afirmar, "mutatis mutandis", que a América foi redescoberta pelos europeus em 1492.*
- *O desenvolvimento da linguagem de uma criança seguiria, "mutatis mutandis", as mesmas etapas por que passou o idioma na sua evolução histórica.*
- *Tem o pai vários deveres para com o filho; "mutatis mutandis", tem o filho iguais deveres para com o pai.*

Na escrita, a expressão "mutatis mutandis" vem sempre separada por vírgula, na medida em que se trata de locução adverbial intercalada, carecendo do sinal diacrítico em comento. Não se esqueça, por fim, de que é expressão latina, devendo ser grafada em itálico ou com aspas.

2. Sic

É advérbio, em latim. Sendo latinismo com significado de "assim", "desse jeito", costuma aparecer entre parênteses ou colchetes (forma preferível), depois de uma palavra com a grafia incorreta ou inadequada para o contexto. Muitas vezes o renome, o respeito ou o saber de quem está sendo citado nos obriga a usá-lo, para avisar o leitor de que, conquanto estejamos conscientes da estranheza do que está escrito, optamos pela manutenção da literalidade textual.

É usado internacionalmente para indicar ao leitor que aquilo que ele acabou de ler, por mais errado ou estranho que pareça, é assim mesmo que se deve grafar. É o que ocorre quando se intercala um "sic" em texto de autoria própria, querendo frisar que é daquela forma que deve ler.

Nascimento (1992: 53) preconiza que "quando queremos citar alguém ou alguma coisa que nos parecem errados, usamos da conjunção latina 'SIC' (assim) sempre entre parêntesis para significar que se achava escrito como na citação feita. "Processe-se (*sic*) os agravos".

O "sic" é muito usado por profissionais da área jurídica, como magistrados e escrivães, que, ao lidarem diretamente com o público, precisam registrar nos autos do processo declarações e depoimentos com fidelidade. Assim, surge o "sic" para mostrar que o registro foi fiel, mas que o autor está atento para a incongruência do que foi dito pelo réu ou pela testemunha.

Note-se que, quando se trata de óbvio equívoco de digitação, que não se pode imaginar como "erro" do autor, não devemos utilizar o "sic". Se encontrar expressões do tipo "no Hosdital das Clínicas" (em vez de "hospital") ou "Cabral avistou nossa costa no ano de 2500", (em vez de 1500), proceda à correção sem estardalhaço.

Todavia, se desejar citar um autor em cujo texto aparece "excessão" com "ss", não é motivo para desmaio, por enquanto, devendo optar o leitor por ignorar o erro do texto original, transcrevendo-o de forma correta ("exceção", pelo amor de Deus!) ou reproduzi-lo exatamente, acrescentando-lhe o "sic".

Ademais, o "sic" tem sido usado como uma forma de transmitir opinião sobre um autor ou seu modo de pensar. Por exemplo, se alguém diz "Esse foi o erro de Pontes de Miranda", posso citá-lo como "Esse foi o erro [*sic*] de Pontes de Miranda". Assim, demonstro minha indignação com o autor citado que se referiu a "erro" de Pontes de Miranda[1]. Talvez fosse mais adequado evitar a expressão afeta a doutrinador de notório saber jurídico, para não denotar uma aparente arrogância do austero corretor. Poder-se-ia até mesmo combinar o "sic" com o ponto de exclamação ("Esse foi o erro [*sic!*] de Pontes de Miranda"); com a exclamação entre parêntesis ("Esse foi o erro [!] de Pontes de Miranda"); ou, finalmente, com a interrogação ("Esse foi o erro [?] de Pontes de Miranda"). Todavia, a parcimônia é o segredo do uso da expressão, que não pode ser utilizada a torto e a direito. Ao transcrever um trecho que contenha grafia antiga ou evidentes lapsos de datilografia ou digitação, é melhor consertá-los. Quando um mesmo caso se repete em várias passagens de um texto, usa-se [**sic passim**] – "está assim por toda parte".

Entretanto, se o autor cometeu muitos erros de ortografia, sintaxe, regência etc., evite-o. Perguntamos: qual a razão de citar um autor que não cuida do idioma com esmero? Não seria o caso de evitá-lo? Desse modo, a fórmula funciona como um poderoso instrumento retórico, criando uma salutar cumplicidade entre o leitor e o autor corretor, em benefício do autor destinatário do "sic".

Ressalte-se que o "sic" está presente em muitas frases célebres da tradição ocidental, entre elas o famoso *"Sic transit gloria mundi"* ("Assim passa a glória deste mundo") – palavras que são ditas (três vezes) na cerimônia de posse de um novo papa.

Deve ser escrito em negrito ou itálico e, preferencialmente, entre colchetes, e não entre parêntesis, pois os colchetes representam a pontuação recomendada para qualquer intromissão no texto que se lê. Portanto, grafe assim: [**sic**] ou [*sic*].

Já se produziu verbo dele derivado – "sicar" –, conquanto não encontre guarida nos dicionários e no VOLP. Ouve-se muito no mundo acadêmico: *"Eu o siquei duas vezes"*; *"Ninguém tem coragem de sicar um autor deste nível"*.

Há quem afirme que desse advérbio latino teriam saído o "sim" do português e o "si" do espanhol, o que nos parece, em princípio, aceitável. Já se mencionou, por outro lado, tratar-se o símbolo [*sic*] de sigla da expressão "segundo informações colhidas", com o que não concordamos, por acreditá-la fruto da imaginação humana, sem, todavia, deixar de elogiar a "visão criativa" do inventor.

---

1 **Pontes de Miranda** (Francisco Cavalcanti Pontes de Miranda) foi advogado, professor, diplomata e ínclito jurista. Nasceu em Macéio, Alagoas, em 23 de abril de 1892 e faleceu em 22 de dezembro de 1979. Bacharelou-se na Faculdade de Direito do Recife em 1911, com apenas 19 anos. Na área jurídica, foi advogado e desembargador do Tribunal de Justiça do Distrito Federal; como diplomata, foi embaixador na Colômbia. Sua obra mais importante é o célebre *Tratado de Direito Privado*, em 60 volumes, concluído em 1970.

3. A PRIORI E A POSTERIORI

Essas expressões latinas têm sido empregadas de modo equivocado, em inúmeras situações nos ambientes forenses. Na verdade, há uma banalização das duas expressões como se fossem sinônimas de "antes" e "depois".

A priori (pronuncie "a prióri") significa "anterior à experiência, anterior à verificação experimental, apresentado como hipótese, preconcebido, sem fundamento, de antemão". Nesse contexto, a expressão "a priori" representa o método que conclui pelas causas e princípios.

Faz parte de uma expressão de maior extensão, *"a priori ratione quam experientia"*, que significa "por um raciocínio anterior à experiência". Serve para indicar, por exemplo, um princípio que eu faço valer antes de mais nada e do qual não abro mão. Exemplo:

> *Não posso conceber, "a priori", que alguém seja impedido de manifestar seu entendimento nesta reunião.*

Também pode designar um raciocínio que se baseia em pressupostos, não levando em consideração o que a experiência posterior possa trazer:

> *É perigoso condenar "a priori" essa prática adotada pelo contribuinte* (entenda-se: sem ainda ter visto seus desdobramentos e suas consequências).

Julgar uma pessoa "a priori" é fazer uma opinião de alguém antes de realmente conhecê-lo:

> *Não me agrada fazer julgamentos "a priori", todavia o homem tem um comportamento intragável.*

O raciocínio "a priori" opõe-se ao raciocínio a "posteriori". Na Filosofia e na Lógica, as duas expressões são usadas com significados bem definidos e especializados.

Segundo Kant[2], são a "priori" os elementos do conhecimento (intuições, conceitos, juízos) independentes da experiência. Assim, por exemplo, a proposição "todos os cor-

---

2 **Immanuel (ou Emanuel) Kant** (1724-1804) foi um filósofo alemão, comumente considerado como o último grande filósofo dos princípios da era moderna; indiscutivelmente, um dos seus pensadores mais influentes. Ele observa que, para que se dê o conhecimento, são necessários dois tipos de condições: **empíricas** e "***a priori***". As primeiras (*condições empíricas*) são particulares e contingentes, quer dizer, referem-se a um sujeito e podem ser modificadas (exemplo: *Para enxergar uma coisa, intervêm a agudeza visual e o tamanho do objeto*); todavia, as "condições a 'priori'" são universais e necessárias (Exemplo: *O espaço e o tempo, que estão sempre presentes, não procedem da experiência, mas a antecedem*. Note que, para ver algo, urge ter, em primeira análise, um lugar e um tempo nos quais se ordenam as impressões recebidas pela vista). Portanto, se existem condições "a priori", isso significa que o sujeito desempenha um papel ativo no processo do conhecimento, traz algo para esse conhecimento e, portanto, não se limita a receber passivamente o que percebe. Por outro lado, os juízos podem ser ***analíticos*** ou ***sintéticos***. Os *juízos analíticos* são aqueles cujo predicado está compreendido no conceito do sujeito e, portanto, não são extensivos e apresentam-se obstativos de algo novo ao conhecimento (Exemplo: *O quadrado tem quatro lados iguais*). Os *juízos sintéticos*, esses sim, ampliam o nosso conhecimento porque o predicado

pos são extensos" é uma afirmação necessária e universalmente verdadeira (os juízos "a priori" são universais e necessários), existam corpos ou não; é uma verdade que não depende da experiência. O conhecimento é *a posteriori* quando só é possível por meio da experiência.

Como se disse, "a priori" tem como antônima outra expressão latina: *a posteriori*, que significa "conhecimento, afirmação, verdade provenientes da experiência, ou que dela dependem". Quer dizer "de trás para diante", representando um método que conclui pelos efeitos e consequências.

Julgar "a posteriori" é julgar pela experiência. Argumentar "a posteriori" é argumentar passando do efeito à causa. A Universidade Estadual Paulista (UNESP), em seu vestibular realizado pela Fundação VUNESP, em dezembro de 2004, elaborou, como de costume, elogiável Prova de Língua Portuguesa, digna de admiração e louvor. Trouxe uma passagem de um texto escrito por Eça de Queirós (1845-1900) que exigiu a interpretação dos termos "a priori" e "a posteriori". Aprecie o trecho abaixo transcrito:

> "Idealismo e Realismo
>
> (...) Outrora uma novela romântica, em lugar de estudar o homem, inventava-o. Hoje o romance estuda-o na sua realidade social. Outrora no drama, no romance, concebia-se o jogo das paixões *a priori*; hoje, analisa-se *a posteriori*, por processos tão exactos como os da própria fisiologia. Desde que se descobriu que a lei que rege os corpos brutos é a mesma que rege os seres vivos, que a constituição intrínseca duma pedra obedeceu às mesmas leis que a constituição do espírito duma donzela, que há no mundo uma fenomenalidade única, que a lei que rege os movimentos dos mundos não difere da lei que rege as paixões humanas, o romance, em lugar de imaginar, tinha simplesmente de observar. *O verdadeiro autor do naturalismo não é, pois, 'Zola' – é 'Claude Bernard'. A arte tornou-se o estudo dos fenômenos vivos e não a idealização das imaginações inatas..."*
> (Eça de Queirós, Cartas Inéditas de Fradique Mendes. *In: Obras de Eça de Queirós*).
> (Destaques nossos)

---

não faz parte do sujeito (Exemplo: *Este livro é de Filosofia*). Observe que, nesses exemplos, o primeiro – "juízo analítico" – também é um juízo "a priori", porque o fato de um quadrado ter quatro lados é uma característica essencial e não precisamos da experiência para o comprovar. No segundo caso, com o "juízo sintético", tem-se um juízo "a posteriori", pois necessitamos recorrer à realidade para o emitir: é necessária a experiência.

Eça de Queirós, ao anunciar que "outrora no drama, no romance, concebia-se o jogo das paixões *a priori*; hoje, analisa-se *a posteriori*, por processos tão exatos como os da própria fisiologia", assume uma visão determinista, ao cotejar a literatura romântica, praticada no passado ("outrora"), e a arte realista, praticada no momento da elocução ("hoje"). Segundo o autor, a primeira prioriza a inspiração e a intuição, sem se pautar nas convicções da realidade exterior – é a arte apriorística e subjetiva. A segunda, por seu turno, vislumbra a arte como produto da observação e análise do mundo sensível, a partir de uma postura de criticidade racional e científica – é a arte calcada na experimentação científica. Reitere-se que, para Eça de Queirós, as expressões "a priori" e "a posteriori" significam, respectivamente: antes ou independentemente da observação dos fatos; e depois ou em decorrência da observação dos fatos.

É importante enaltecer que um dos pilares do Naturalismo foi a adoção de princípios mecanicistas e deterministas, que influenciaram a cultura na segunda metade do século XIX. A corroborar, citem-se as palavras do fisiologista Claude Bernard[3] – *"O determinismo é absoluto tanto para os fenômenos dos corpos vivos como para os dos corpos brutos*[4]*"* –, a par do trecho do soneto *Eu* (1935), de Augusto dos Anjos – *"(...) Duras leis as que os homens e a hórrida hidra / a uma só lei biológica vinculam (...)"*. Para Augusto dos Anjos[5], aliás, a diversidade da realidade se unifica por leis universais e absolutas, o que explicaria, por exemplo, a inexorabilidade das transformações, do amanhã e da morte.

4. IN CASU

A expressão ***in casu*** tem a acepção de "no caso", podendo ser livremente utilizada nos petitórios. Exemplo:

> *Não pode prosperar, "in casu", o argumento expendido pelo Réu.*

---

3 **Claude Bernard** (1813-1878), fisiologista francês, estabeleceu as condições metodológicas da pesquisa biológica na sua obra *Introdução ao estudo da medicina experimental* (1865). A título de curiosidade médica, o fisiologista foi responsável pelos primeiros trabalhos experimentais relacionados com o metabolismo dos glicídios, tendo descoberto, em 1848, o glicogênio hepático e provocado a aparição de glicose na urina com a excitação dos centros bulbares.

4 **Armand Cuvillier**, *Pequeno vocabulário de língua filosófica*. São Paulo: Companhia Editorial Nacional, 1961.

5 **Augusto dos Anjos** (1884-1914) ocupa extrema singularidade na história da poesia brasileira e universal. Publicou um único livro (*Eu*), todavia a popularidade dos seus versos é notável. Quem não se lembra de ["Se a alguém causa ainda pena a tua chaga,/ Apedreja essa mão vil que te afaga,/ Escarra nessa boca que te beija (...)"]. Igualmente imortalizadas, ficaram frases de sua autoria, como ["Ah! Um urubu pousou na minha sorte!" e *"A mão que afaga é a mesma que apedreja"*]. Utilizando-se de um léxico cientificista inesperado, com palavras como *diatomáceas, elefantíases, cinocéfalos, malacopterígios* e outras do gênero, o poeta paraibano inspirou a argúcia e musicalidade de **Arnaldo Antunes**, na canção *Budismo Moderno*.

Ademais, pode ser substituída por expressões sinônimas, como: "no caso em tela", "no caso em comento", "no presente caso", "no vertente caso" ou, ainda, insistindo no latim, "no caso 'sub examine'"– expressão sobremodo elegante, que confere agradável som prosódico ao texto, devendo ser pronunciada como "sub eczâmine". Traduz-se por "no caso em exame".

Nos meios forenses, é comum a dúvida entre a grafia "sub examen" e "sub examine" quando se pretende dizer que a matéria está sendo examinada ou sob exame. Frise-se que, à luz do latim, é possível dirimir a dúvida por meio da análise de expressão latina similar: a locução adverbial "in limine" (ou seja, "desde logo, no início"), originada pelo substantivo "limen", que significa "limiar, entrada". O caso nominativo é "limen"; "liminis" é o genitivo e "limine", o ablativo (caso latino que representa as palavras na função de adjunto adverbial, em que aparece uma preposição, como *in*, *sub*, *de*).

Então, como "examen" e "limen" pertencem à mesma declinação (neutros da 3ª), temos, à semelhança de "limen", "liminis" e "limine" os termos "examen", "examinis" e "examine". Consequentemente, redija-se "sub examine".

5. Venia concessa

Na linguagem forense, quando se pretende exteriorizar o pensamento com polidez em sinal de respeito à opinião daquele com quem se fala, pode se valer o peticionário de expressões estereotipadas, que, como um "abre-alas", permitem a passagem da ideia contraposta com elegância e respeito[6]. Portanto, é fórmula de cortesia com que se começa uma argumentação para discordar do interlocutor. Tais expressões são demasiado encontradiças no ambiente forense. Vamos conhecê-las:

- *data venia;*
- *data maxima venia* (pronuncie "mákssima");
- *concessa venia;*
- *permissa venia;*
- *venia concessa.*

Exemplos:

- *"Data venia"* seu posicionamento, discordamos em gênero, número e grau.
- O Autor, Excelência, *"permissa venia"*, não logrou trazer aos autos depoimentos convincentes.

---

6 Aceitam-se **faltar ao respeito a alguém** ou **faltar com o respeito a alguém.** No sentido de "desacatar e ser indelicado", ambas as expressões são bem-vindas. Portanto:
- *Os filhos não podem faltar ao respeito aos seus pais.*
- *"Há em Nova Iorque uma polícia de proteção às senhoras, punindo os que lhes faltam ao respeito"* (Ramalho Ortigão, A Holanda, p. 255, apud Cegalla, 1999: 164).
- *Os alunos não podem faltar com o respeito ao professor.*

> *A respeitável sentença de fls., "concessa venia", merece ser reformada por esse meritíssimo Juízo "ad quem", a fim de que se alcance o desiderato da justiça.*
> *Na verdade, "venia concessa", revela-se descabida a prova.*

Observações: note que as expressões latinas não são grafadas com acento. Portanto, o termo latino "venia" não recebe o acento diacrítico. No entanto, caso o estudioso queira se valer da Língua Portuguesa, poderá empregar "vênia" (palavra com acento circunflexo), na acepção de "licença", que representa uma paroxítona terminada em ditongo crescente. Exemplo:

> *A parte pede vênia para demonstrar que, durante o convívio conjugal, a Ré se comportava como moça solteira, cultivando hábitos levianos e promíscuos, mais parecendo uma rapariga de lupanar.*

6. IN VERBIS

A expressão latina, que pode se encontrada na forma resumida ***verbis***, tem a acepção de "literalmente, fielmente, de acordo com a literalidade ou 'nas palavras'". Muito usual na linguagem forense, que requer autenticidade da informação transmitida, essa forma pode ser expressa por termos sinônimos, como "ipsis litteris", "ipsis verbis", "ad litteram" ou "verbo ad verbum".

Vejamos alguns exemplos:

> *O artigo dispõe, "in verbis", que a exceção existe para incentivos fiscais destinados a promover o equilíbrio socioeconômico entre as diferentes regiões do País.*
> *O art. 5º, "caput", da Constituição Federal, disciplina, "ad litteram": "Todos são iguais perante a lei".*

7. EX POSITIS

Essa expressão representa um elemento de ligação de articulados em petição, dando a ideia de fecho de pensamento. Sabe-se que é de todo louvável que o peticionário se valha de elementos de ligação nos arrazoados, a fim de conferir a concatenação aos articulados do texto. No momento em que se pretende arrematar o raciocínio empreendido, encerrando-o, desponta oportuna a expressão em análise, como se pode notar nos exemplos a seguir:

> *"Ex positis", merece o Autor a concessão da tutela antecipada, uma vez cristalina a presença dos pressupostos autorizadores do provimento emergencial.*
> *Não resta dúvida, "ex positis", que se valeu a parte de expediente antiético, a fim de lograr trazer aos autos provas sobejas.*

Observe que a pronúncia correta da expressão latina é "eks-pó-sitis", e não "eKsposí--tis". Tal expressão pode ser substituída por "do exposto", "ante o exposto", "perante o exposto", "em face do exposto", entre outras.

8. *Ex vi*

Com o sentido de "por força de", a expressão imprime destacada elegância ao texto jurídico. Deve ser usada ao lado de artigos, incisos ou disposições legais. Os exemplos são oportunos. Confira-os:

- *"Ex vi" do art. 150, I, da CF, o princípio da legalidade tributária é aquele segundo o qual o tributo deve ser instituído ou majorado por meio de lei.*
- *A lei, "ex vi" do art. 5º, XXXVI, da CF, não atingirá o ato jurídico perfeito, o direito adquirido e a coisa julgada.*
- *A violência é presumida "ex vi legis".*
- *"Ex vi" do Decreto n. ..., há que se notar ... .*
- *A não discriminação em razão de idade, sexo ou cor subsiste, "ex vi" da Constituição, no inciso VI do art. 3º.*
- *"Ex vi" de imposição constitucional extraída do art. 145 da CF, são tributos no Brasil: impostos, taxas e contribuições de melhoria.*

Por fim, ressalte-se que há duas importantes expressões decorrentes do termo latino ora estudado: "ex vi legis" (ou seja, por força da lei) e "ex auctoritate legis" (ou seja, por autoridade da lei). Observe alguns exemplos:

- *A violência é presumida "ex vi legis".*
- *Não deve haver, "ex auctoritate legis", empecilhos ao livre acesso da autoridade fiscal no estabelecimento comercial.*

Observação: a pronúncia deve ser feita com cautela. A sílaba tônica não se encontra em "*vi*", mas em "*ex*", devendo-se falar "éks-vi", e não "eks-ví".

9. *In albis*

O vocábulo latino tem a acepção de "em branco", isto é, refere-se a transcurso de prazo sem a tomada de providências pertinentes, do que resulta a conhecida expressão. Exemplos:

- *"O prazo transcorreu 'in albis'".*
- *A perda do prazo foi inevitável: houve o transcurso "in albis".*
- *O prazo transcorreu "in albis", ficando nítida a revelia do interessado.*
- *Houve o esgotamento "in albis" do prazo.*

10. *In pari causa*

A expressão tem a acepção de "igualmente, no mesmo caso". Exemplos:

- *O Tribunal decidiu "in pari causa" de modo favorável à tese ora ventilada nos autos.*
- *O STJ "in pari causa" decidiu diversamente.*

> Os julgados proferidos pelo egrégio STF, "in pari causa", têm sido no sentido de que há crime preterdoloso na situação em comento.

11. In fine

Com a acepção de "no fim", tal expressão é comum na citação de artigos, quando se quer enfatizar a parte final do comando normativo. Acreditamos que a grafia da expressão não apresenta problemas maiores, no entanto, a pronúncia tem dado vazão a "assassinatos prosódicos" no ambiente forense. Queremos enfatizar que se deve pronunciar "*in fine*" como se falam /fino/, /fineza/. Jamais, portanto, pode-se emitir o terrível /*fáine*/, como se inglês fosse. Portanto, muita cautela!

12. V.G. e E.G.

É interessante observar que o acadêmico de Direito permanece cerca de meia dúzia de anos em bancos da faculdade, a fim de que assimile as letras jurídicas, no entanto, a informação rasa, menor, mais simples lhe falta às escâncaras. Não obstante encontrar o leitor as expressões abreviadas "**v.g.**" e "**e.g.**" nos vários livros jurídicos pelos quais passou os olhos, desconhece-as, acreditando, talvez, que representem sinais gráficos desimportantes, quem sabe, talvez, um "erro de digitação"!

Percebe-se, pois, que o acadêmico de Direito, como regra, não recebe dos docentes das faculdades a tradução simples de tais vocábulos, embora aqueles acabem por exigir sapiência jurídica de quem nem sequer[7] captou o sentido semântico do que pretende assimilar.

Portanto, feita a observação, passemos a traduzir as fatídicas expressões.

Ambas são formas latinas, que ora se apresentam abreviadas, ora escritas por extenso. Logo, "v.g." representa "verbi gratia", na acepção de "por exemplo". Destaque-se que "e.g." indica "exempli gratia" (pronuncie "eczêmpli"), com o mesmo sentido de "por exemplo". Portanto são expressões latinas sinônimas. Vamos às frases:

> A Constituição Federal, "verbi gratia", apresenta-se com erros de ortografia.
> Os tributos, "e.g.", impostos, taxas e contribuições de melhoria, têm previsão no art. 145 da CF.

---

7 **Sequer**, na acepção de "pelo menos" ou "ao menos", é termo que deve ser usado em frases negativas, isto é, ao lado de "não" ou "nem". É erronia atribuir-lhe, por si só, sentido negativo, vindo desacompanhado de tais elementos, como se nota nas frases a seguir:
"O pedreiro sequer possuía o diploma do primário".
"A ousada garota sequer trocou olhares comigo".
Procedendo à correção:
- O pedreiro nem sequer possuía o diploma do primário.
- A ousada garota nem sequer trocou olhares comigo.

Ressalte-se, por derradeiro, que existem outras expressões que vêm a calhar. São elas: "ad exemplum", "exempli causa" e "verbi causa", todas com sentido de enumeração, isto é, no sentido de "por exemplo".

13. I.E.

A forma *i.e.* se encaixa na observação crítica retrocitada. Costuma ser igualmente desconhecida por acadêmicos de Direito, embora se revele expressão corrente em textos escritos. No sentido de "isto é", a forma latina abreviada de "id est" (pronuncie "idést") – "i.e." – deve ser usada com tranquilidade, haja vista marcar elegância no texto. Vamos ao exemplo:

- *O laudo vem corroborar, "i.e.", confirmar o ocorrido.*

14. APUD

O termo latino ***apud*** possui a acepção de "junto de, em, citado por, conforme ou segundo". Indica a fonte de uma citação indireta, quase sempre fazendo menção ao nome do autor a que se refere a obra. É a indicação de um documento ao qual não se teve acesso, mas do qual se tomou conhecimento apenas por citação em outro trabalho. Apenas deve ser usada na total impossibilidade de acesso ao documento original. A palavra "apud" deve vir sempre em itálico. Também pode ser substituída pela expressão "citado por". Exemplos:

- (Anderson, 1981 *apud* Arévalo, 1997, p. 73).
- Estudos de Zapeda (*apud* Melo, 1995, p. 5) mostram ... .
- A Teoria Especial da Relatividade foi publicada no início do século (Einstein, 1905 *apud* Brody, 1999).
- A palavra "avô", *apud* Antônio Houaiss, segundo José Pedro Machado *in Dicionário Etimológico da Língua Portuguesa*, foi empregada pela primeira vez em português no ano de 1024.
- "Segundo Neuman (*apud* Heller, 1999, p. 127): 'A dominação não tem poder, como tal, não inclui a dominação de outros seres humanos'".
- "De acordo com Neuman, '*a dominação não tem poder, como tal, não inclui a dominação de outros seres humanos*'" (*apud* Heller, 1999, p. 127).
- "*A dominação não tem poder, como tal, não inclui a dominação de outros seres humanos*" (Neuman *apud* Heller, 1999, p. 127).

Portanto, memorize: quando se transcrevem palavras textuais ou conceitos de um autor, dito por um segundo autor, utiliza-se a expressão *apud* (citado por). Por exemplo, eu leio, no livro de Teixeira, algo que Oliveira havia dito, em 1999. Então, quem está dizendo é Oliveira *apud* Teixeira (1999). Exemplo:

- Segundo Oliveira *apud* (ou citado por) Teixeira (1999), "toda criança deve ser muito bem cuidada principalmente nos primeiros anos de vida...".

É importante lembrar que a referência que vai ao final do trabalho é de Teixeira, e não Oliveira.

Destaque-se, ademais, que, segundo as normas oriundas da Associação Brasileira de Normas Técnicas, NBR 10520, Rio de Janeiro, 2002, a indicação bibliográfica deve obedecer à seguinte sequência:

> Indicar o autor da citação, seguido da data da obra original, a expressão latina "apud", o nome do autor consultado, a data da obra consultada e a página onde consta a citação.

Exemplos:

- *"O homem é precisamente o que ainda não é. O homem não se define pelo que é, mas pelo que deseja ser"* (Ortega Y Gasset, 1963, *apud* Salvador, 1977, p. 160).
- *Segundo Silva* (1983, *apud* Abreu, 1999, p. 3) *diz ser ... .*

Vamos conhecer outras **expressões latinas** úteis em citação:

1. *Idem* ou *id*. **Sentido:** *mesmo autor.* **Exemplo:** Lamprecht, 1962, p. 20 Id., 1964, p. 35	**3. *Opus citatum, opere citato* ou *op. cit*.** **Sentido:** *obra citada.* **Exemplo:** Gonçalves, 2000, p. 50 Lamprecht, 1962, p. 20 Gonçalves, *op. cit.*, p. 216
2. *Ibidem, ibid.* ou *ib.* (pronuncie "ibídem") **Sentido:** *na mesma obra, aí mesmo, no mesmo lugar.* Emprega-se nas citações, para indicar que estas são da obra mencionada anteriormente. **Exemplo:** Josué de Castro, *Geografia da Fome*, p. 249 Josué de Castro, *ib.*, p. 272 **Observação:** caso se pretenda repetir o autor e a obra, utilize: "id., ib., p. 57". **Exemplo:** Rebelo da Silva, *Contos e Lendas*, p. 78 Id., ib., p. 57	**4. *Passim* ou *Pass*.** **Sentido:** *por aqui e ali, em diversas passagens, indicando referência a vários trechos da obra.* **Exemplo:** A prescrição vem tratada no Capítulo 7 (pp. 20-22 e *passim*). **Observação:** é possível combinar a forma "passim" com "sic" (*sic passim*), "supra" (*supra passim*), "infra" (*infra passim*) e "apud" (*apud passim*). **5. *Loco citato* ou *loc. cit*.** **Sentido:** *no trecho citado, usada para remissão a um trecho citado anteriormente.* **Exemplo:** Silva; Souza; Santos, 1995, p. 99-115 Silva; Souza; Santos, 1995, *loc. cit.*

Por derradeiro, mencione-se que a expressão ***apud acta*** é bastante conhecida nos ambientes forenses. Tem a acepção de "nos autos". Revelado o nome, será o advogado indicado objeto de intimação para os demais atos do processo, independentemente de juntada do instrumento do mandato.

15. PARI PASSU

É locução latina que designa "lado a lado, a passo igual, em igual tempo". Pronuncia-se "pári pássu". Exemplos:

- *O sucesso e o esforço caminham "pari passu".*
- *"É por tais razões que as vicissitudes da palavra 'Direito' acompanham 'pari passu' a história ..."* (Miguel Reale)
- *"À medida que forem adquirindo o vocabulário do Direito, ... sentirão crescer 'pari passu' os seus conhecimentos jurídicos"*[8].

Não se deve dizer "a pari passu" – é erronia desmedida.

16. INAUDITA ALTERA PARTE

A expressão é utilizada em petitório no sentido de "sem ouvir a outra parte". Percebe-a, com frequência, nos pedidos de Mandado de Segurança, nos quais o impetrante requer a liminar sem a ouvida da parte contrária, isto é, ***inaudita altera parte*** (pronuncie "inau<u>dí</u>ta <u>ál</u>tera <u>pár</u>te" – o sublinhado mostra a sílaba tônica). Pode ser substituída pela expressão sinônima – "altera inaudita" (pronuncie "áltera inaudíta"). Por outro lado, quando se quer ouvir a parte adversa, é de notar que existe uma expressão apropriada para o contexto querido. Vamos conhecê-la: "audiatur et altera pars". No entanto, não a confunda com a forma estereotipada, acima ventilada, ***inaudita altera parte***.

Preliminarmente, observe-se que a primeira palavra se escreve "inaudita", com a letra "u" antes do "d", porque é palavra derivada do verbo "audire" (ou seja, ouvir). No caso, "inaudire" seria "não ouvir" e "inaudita" seria "não ouvida", sempre com "u". Há pessoas que escrevem "inaldita" (com -l), que é uma grafia errada, pelos motivos apontados.

A palavra ***altera*** significa literalmente "outra", devendo ser pronunciada como "áltera", proparoxítona.

Pars e ***parte*** são, na verdade, a mesma palavra, representando, tão somente, "casos" gramaticais diferentes, ou seja, ***pars*** está no *caso nominativo* (sujeito), enquanto ***parte***

---

8 Miguel Reale, *Lições Preliminares de Direito*, p. 9, *apud* Cegalla, 1999, p. 308.

está no *caso ablativo* (complemento verbal). Vejamos em que situações se usam uma ou outra. Observe o seguinte exemplo:

- *"A outra parte não ouvida será interrogada na próxima semana"*.

A expressão "a outra parte" funciona como sujeito da oração. Neste caso, o correto é escrever assim:

> ***Altera inaudita pars*** será interrogada na próxima semana.
>
> **Traduzindo:** "pars" (caso nominativo – sujeito) = "a outra parte"
>
> "altera inaudita" = "sem ouvir a outra parte"
>
> **Assim:**
>
> "Altera inaudita" + "pars" = "a outra parte não ouvida"

Considere ainda esta outra expressão: ***Audiatur (et) altera pars*** (ou seja: ouça-se também a outra parte).

A expressão "altera pars" funciona como agente da passiva, que equivale à função de sujeito. "Audiatur" (ou "Inaudiatur") é a voz passiva do verbo "audio" (ouvir), exigindo o sujeito no caso nominativo "altera pars". Traduzindo, pois, teremos "seja ouvida a outra parte". Agora observe este outro exemplo:

- *"O autor requer que, sem ouvir a outra parte, seja-lhe concedida a medida liminar pleiteada"*.

A expressão "a outra parte", neste caso, não é sujeito da oração principal, mas está inserida numa oração reduzida subordinada à primeira, que corresponde em latim a um **ablativo absoluto**[9]. Neste caso, a grafia correta será:

- *"O autor requer que, 'inaudita altera parte', seja-lhe concedida a medida liminar pleiteada"*.

---

9   Na gramática latina todas as frases incidentais são colocadas no **ablativo**, chamado de *ablativo absoluto*. Se eu disser: "Roma conquistou Albalonga", a frase estará completa, porque há o sujeito "Roma", o verbo "conquistou" e o objeto direto "Albalonga". Se eu, depois do sujeito Roma, colocar a frase incidental "reinante Rômulo", esta frase vai para o ablativo, e o sentido não muda se eu subtraí-la ou deixá-la. Apenas explico que Roma conquistou Albalonga durante o reinado de Rômulo. Então, se o juiz despachar: *Concedo a liminar*, a frase estará completa porque existem o sujeito oculto "eu", o verbo "concedo" e o objeto direto "a liminar". Se o juiz colocar, depois do sujeito oculto, ou do verbo, a frase incidental, "sem ouvir a outra parte", que em latim escreve-se "inaudita altera parte", no ablativo absoluto, a frase não mudará, quer eu deixe ou subtraia a frase incidental, ficando: *Concedo*, "inaudita altera parte", *a liminar*.
A frase "inaudita altera pars" estará correta se o verbo estiver na forma passiva, e a frase, em vez de ser incidental, tornar-se sujeito. Relembrando: "'Inaudita altera pars' será chamada aos autos", isto é, "A outra parte não ouvida será chamada aos autos".

O professor Paulo Fernandes[10], em artigo intitulado *"Nihil novi sub sole"*, traz à baila lúcidos dizeres ao afirmar:

> Veja-se, também, por outro lado, para se fazer uso, da palavra ou expressão latina nas petições, nos arrazoados ou mesmo nos pareceres, impõe-se um conhecimento do idioma de Cícero. Efetivamente todo jurista prima pelo uso das expressões latinas. Mas para manuseá-las, necessária a proficuidade, sob pena de haver surpresas. Senão vejamos:
>
> A expressão "inaudita altera pars" está errada! Nem por isso deixa de ser encontrada em petições, acórdãos, sentenças e pareceres. O certo é "inaudita altera parte", que quer dizer "sem ouvir a parte contrária". A expressão antagônica é "Inaudiatur et altera pars", cuja tradução é: "e também seja ouvida a outra parte".
>
> Conforme se observa, na grande maioria das vezes que esta expressão aparece nos textos jurídicos, será condizente com a segunda hipótese, sendo bastante raro o primeiro caso. Portanto, ao inserir esta expressão latina no texto, o leitor deve estar bem ciente da função sintática da locução "a outra parte", a fim de utilizar a grafia correta. Ambas as formas são corretas gramaticalmente, mas precisam ser utilizadas no contexto apropriado. Trocar uma pela outra constitui erro imperdoável de gramática.

17. IPSO FACTO

Trata-se de expressão latina que significa "por isso mesmo, em virtude desse mesmo fato". Portanto, aprecie as frases:

- *Ele não pagou; "ipso facto" não concorreu ao sorteio.*
- *O aumento da carga tributária acarreta, "ipso facto", o crescimento do desemprego.*

18. (DE) PER SE

A expressão latina **de per se** ou **per se** significa "por si, por si só, por si mesmo, por si próprio, espontaneamente, intrinsecamente, pela sua própria natureza". Exemplos:

- *Isto não constitui, de "per se", coação.*
- *Ato válido "per se", com relação aos demais que foram trazidos ao debate.*

---

10 Paulo Fernandes é advogado e professor especialista da UERN. O artigo foi extraído do *site* www.defato.com, seção "Artigos" em 2 de junho de 2003.

Muito comum em obras de caráter jurídico, a expressão latina "de per se" é composta de "per", que faz parte do léxico português. É uma preposição (antiquada) sinônima de "por". Ao referi-la, o *Grande Dicionário da Língua Portuguesa*, após anotar que se trata de preposição antiga, acrescenta que "continua ainda hoje em uso nas locuções 'de per si' e 'de per meio'". A expressão "de per si" é, pois, uma locução adverbial de nossa Língua Portuguesa, tendo a acepção de "cada um por vez", "isoladamente". Exemplo:

- "No último instante, cada um, de per si, conseguiria libertar-se"[11].

> **Resumindo:**
>
> "De per se" = "Per se" (expressão em latim): escreva com aspas ou com itálico; significa "por si mesmo".
>
> De per si (expressão em português): escreva sem aspas ou sem itálico; significa "cada um por vez, isoladamente".

Diga-se, por fim, que **per** também existe em latim. É uma preposição que pode ser encontrada na forma equivalente ao nosso "de per si", isto é, **per se** (latim). Esta expressão latina aparece com frequência na linguagem filosófica de Cícero.

19. Sine die

É locução latina (pronuncie "síne díe") que significa "sem dia, por tempo indeterminado, sem data marcada". O singular e plural são formados, sem alteração. Exemplos:

- *Devemos adiar "sine die" o evento.*
- *Os congressos foram postergados "sine die".*
- *O simpósio foi prorrogado "sine die".*
- *O início das reformas foi protelado "sine die".*
- *A data do curso foi estabelecida "sine die".*

20. Sine qua non

Esta expressão latina indica uma cláusula ou condição sem a qual não se fará tal coisa. Forma o plural **sine quibus non**. Bastante corriqueira na linguagem forense, a expressão tem a acepção de "exclusivo, singular, genuíno", tendente a demonstrar sua unicidade perante certa situação de confronto. Exemplos:

- *O preenchimento desse requisito é "conditio sine qua non" para a obtenção do texto.*
- *Trata-se de condição "sine qua non", sob pena de haver indeferimento do pedido.*

---

11 Fernando Namora, *Domingo à tarde*, p. 33, *apud* Cegalla, 1999, p. 109.

> "... Vieira, porém, acentua a nota do trabalho como condição 'sine qua non'..." (Alfredo Bosi).
> "Tudo dependerá do cumprimento das condições 'sine quibus non'"[12].

21. Punctum pruriens – Punctum saliens

Com o sentido de "ponto desejado ou ponto principal", essa expressão pode ser utilizada com tranquilidade em textos forenses. Representa o aspecto crucial ou fulcral do tema discutido. É o ponto precípuo da situação posta. Exemplo:

> Este é o "punctum pruriens" da controvérsia.

22. Habeas corpus

A tradução da expressão latina **habeas corpus** é "que tenha o teu corpo". A expressão completa é "habeas corpus ad subjiciendum", isto é, "que tenhas o teu corpo para submetê-lo (à Corte de Justiça)". Representa a medida judicial garantidora do direito constitucional de locomoção de quem está preso ilegalmente ou está ameaçado de o ser.

Não há consenso quanto ao uso do hífen nesta expressão latina. Prefere-se evitá-lo a utilizá-lo. Vamos conferir alguns detalhes quanto à hifenização do termo:

O "Word" (editor de textos utilizado para a confecção de cartas, memorandos, documentos etc.) acentua automaticamente a palavra "hábeas". "Mas latim não tem acento!", surpreendem-se as pessoas. Pois é. No Brasil se vulgarizou o uso de "hábeas" como palavra proparoxítona no lugar de "habeas corpus", que é a expressão latina original e que, portanto, não levaria nem hífen nem acento. Para que se caracterize o latim em qualquer texto, as palavras devem ser escritas em itálico, entre aspas ou sublinhadas. A imprensa, no entanto, como evita o uso desse tipo de destaque, tem unido os dois vocábulos com hífen [habeas-corpus] ou utilizado "hábeas", simplesmente aportuguesando a palavra, como hábitat e outras. Os operadores do Direito devem usar o termo em latim, com o devido grifo.

Em sentido contrário, posicionou-se o ilustre professor e imortal Arnaldo Niskier (1992: ...), consoante os dizeres abaixo transcritos:

> A expressão habeas-corpus é latina, devendo ser escrita sempre com hífen. É um estrangeirismo; no caso, denominado latinismo e significa o direito de ir e vir das pessoas. É uma expressão jurídica; portanto, muito usada e conhecida por todos os advogados e pessoas que militam na Justiça.

---

12 Para o *Manual de Redação e Estilo* do jornal *O Estado de S. Paulo*, a expressão é jornalisticamente inviável, devendo o leitor preferir, no bom português, "condições indispensáveis, essenciais, absolutamente necessárias".

Todavia, diga-se que, se é expressão latina, não pode ser escrita com hífen, que não existe em latim. Se quisermos usar o hífen, no afã de aportuguesar o presente termo latino, deveríamos escrever "hábeas córpus".

Faz-se mister entender o ponto de vista do ilustre Arnaldo Niskier, ex-presidente da Academia Brasileira de Letras: não poderia ter o ínclito professor diverso entendimento, haja vista a forma latina "habeas-corpus" (com hífen) estar registrada, a par de "hábeas", na página 389, do *Vocabulário Ortográfico da Língua Portuguesa*, 3ª ed., 1999, da Academia Brasileira de Letras, sob a presidência do preclaro mestre. O curioso, nessa esteira, é notar que tanto o VOLP 2004/2009 quanto o VOLP 2021[13] suprimiram a forma latina do compêndio, apenas registrando "hábeas", como um substantivo masculino de dois números (o hábeas; os hábeas).

Portanto, tirante o episódio citado e o seu grau inofensivo de erronia, entendemos que, em abono do maior rigor, não se deve escrever o termo de outra forma que não seja a do puro latim – **entre aspas ou itálico, sem hífen e sem acento**: "**habeas corpus**" ou ***habeas corpus***.

Assim, os estudantes e adeptos do latim, bem como os juristas, devem grafar *habeas corpus* (dando-lhe o devido destaque gráfico), na mais pura forma latina, evitando a forma aportuguesada. É o que nos parece mais recomendável.

23. AB INITIO

A expressão significa "desde o início, a partir do início, de início". Exemplo:

▸ *O processo foi anulado "ab initio".*

24. AB IRATO

A expressão significa "em consequência de ira, de raiva". Exemplo:

▸ *Ato executado "ab irato" é passível de anulação.*

25. ABSENTE REO

Significando "na ausência do réu, estando o réu ausente", há o exemplo:

▸ *Procedeu-se ao julgamento "absente reo".*

---

[13] Academia Brasileira de Letras. *Vocabulário Ortográfico da Língua Portuguesa*. 6. ed. 2021.

26. Ad cautelam

No sentido de "para efeito de cautela, de prevenção", a expressão pode ser exemplificada nas frases a seguir:

- *Medidas "ad cautelam"* (acauteladoras).
- *Nomeação "ad cautelam"* (por precaução).

27. Ad instar

A expressão significa "à semelhança de, à medida de, à maneira de". Exemplo:

- *"Vê-se 'ad instar' dos exemplos apontados..."* (Washington de Barros Monteiro).

28. Ad libitum

Com o sentido de "segundo a deliberação, vontade, arbítrio", há o exemplo:

- *"... o prenome pode ser escolhido 'ad libitum' dos interessados"* (Washington de Barros Monteiro).

29. Ad nutum

No sentido de "segundo o arbítrio, livremente", a expressão pode ser exemplificada:

- *"Assim sendo, mandato... não comporta revogação 'ad nutum'"* (Washington de Barros Monteiro).

30. Ex professo

A expressão latina significa "por profissão, por ofício". Exemplo:

- *"(...) mas não cuidaram 'ex professo' desse problema..."* (Miguel Reale).

31. In loco – In situ

Os termos latinos significam "no lugar, no próprio local". Exemplos:

- *Investigação "in loco".*
- *A operação "in situ" provocará melhores resultados.*

JURISMACETES

1. JÚRI

Situação: Os Júris ocorrerão à tarde.

Comentário: **júri** é palavra paroxítona, com acento. A regra é esta: toda paroxítona terminada em "i(s)" é acentuada, como *táxi*, *safári*, *beribéri*, *cáli*, *cáqui* (cor), *lápis*, *miosótis*, *íris*, *tênis*, *cútis*, *biquíni* (a palavra é acentuada, desde que a palavra "Bikini", nome de uma ilha do Oceano Pacífico, incorporou-se à nossa Língua e às nossas praias...) etc.

Observação: os prefixos paroxítonos, mesmo terminados em "i" ou "r", não são acentuados. Exemplos: **semi**, **anti**, **hiper**, **super** etc.

2. A FIM DE E AFIM

Situação: Ele chegou à casa noturna cedo, a fim de se sentar em lugar privilegiado.

Comentário: trata-se de locução prepositiva sinônima de "para, com o propósito de e com a intenção de". Exemplo:

- *Veio a fim de assistir ao filme. Saiu de casa a fim de procurar um pronto-socorro.*

Ressalte-se que a forma "a fim de que", sinônima de "para que", é locução conjuncional que indica "finalidade". Exemplo:

- *Estudou arduamente, a fim de que conseguisse passar nas provas.*

Em outro giro, frise-se que a expressão **estar a fim**, no Brasil, é sinônima de "estar com vontade de" (= disposto a, interessado em), devendo se restringir à linguagem coloquial (Exemplo: *O estagiário está a fim de sair do escritório*).

Outrossim, há a expressão **estar a fim de** (**alguém**) – brasileirismo que traduz a intenção de querer namorar uma determinada pessoa (exemplo: *O Ricardo está a fim da Joana*).

Não se pode confundir com o termo **afim** (do latim *affinis*, ou seja, "vizinho") – termo que pode assumir a feição de substantivo ou adjetivo.

a) Como *substantivo*, tem a acepção de parente por afinidade (comumente usado no plural):

- *Não podem casar os afins em linha reta;*
- *Os afins foram citados no testamento.*

b) Como *adjetivo*, designa aquele **(1)** que tem parentesco ou que está ligado a alguém por afinidade (exemplo: *parentes afins*); **(2)** aquele que tem características comuns com outro elemento, apresentando semelhança (Exemplo: *O português e o espanhol são línguas afins*); ou **(3)** algo próximo ou limítrofe (Exemplo: *São Paulo e Guarulhos são cidades afins*).

3. GROSSO MODO (E NÃO "A GROSSO MODO")

Situação: O Direito Tributário, grosso modo, é matéria bem mais simples que a Língua Portuguesa.

Comentário: a expressão latina **grosso modo**, que significa "de modo impreciso, aproximadamente, grosseiramente", deve ser grafada entre aspas ou em itálico, por representar expressão alienígena.

A pronúncia é latina, isto é, "grosso (ó) modo (ó)", além de se repudiar a forma "a grosso modo", com a partícula "a". Portanto, aprecie as frases:

- "Esta área linguística [do tupi-guarani] corresponde, 'grosso modo', aos territórios atuais do Brasil, do Paraguai e do Uruguai"[14].
- Os investidores colocaram à disposição da empresa, "grosso modo", dois milhões de reais.
- A avaliação preliminar revelou, "grosso modo", lucro superior a 100 mil dólares.

4. AFICIONADO DE / AO

Situação: *Na infância, ele era um colecionador aficionado de revistas em quadrinhos.*

Comentário: o adjetivo **aficionado** (e não "afik-cionado") designa aquele que é afeiçoado, entusiasta ou simpatizante de algo. Exemplo: *os aficionados de motocicletas.*

Às vezes, fico pensando no porquê da preferência popular pela pronúncia esdrúxula "afik--cionado". Estaria a provável lógica na comparação com a válida forma "ficção": na acepção de "construção ou criação imaginária, grande falácia, mentira". Exemplo: *sua vida era uma ficção.*

Até o presente momento, não encontrei lógica nessa infeliz preferência coloquial... Enquanto procuramos, é mister ficarmos com "aficionado"... e só.

A HORA DO ESPANTO
AS "PÉROLAS" DO PORTUGUÊS

1. A vida é ariscada, pois um missil pode atingir a nossa cabeça.

Correção: a frase apresenta problemas na grafia das palavras *arriscada* e *míssil*. A primeira deve ser escrita com dois "erres", e a segunda, com acento agudo (paroxítona terminada em -l, à semelhança de *túnel, estável, viável* e outras). Diga-se, em tempo, que o tal "'missil' na cabeça", escrito sem o acento agudo, é quase uma bomba atômica...

2. Experiénte / Muitas vêzes

Correção: à luz das regras de acentuação, é terminantemente proibido acentuar os vocábulos. Portanto, escreva "experiente" (sem acento agudo) e "muitas vezes" (sem acento circunflexo).

---

14 Darcy Ribeiro, *O povo brasileiro*, p. 122, *apud* Cegalla, 1999, p. 185.

7 GRAFIMACETES

Este capítulo visa municiar o leitor com palavras de grafia complexa. Infelizmente, muitas delas têm a grafia "assassinada" diariamente pelos meios de comunicação de massa. Como se sabe, o presente trabalho está lastreado no Vocabulário Ortográfico da Língua Portuguesa – o VOLP 2021 –, compêndio que veicula a *palavra final* sobre a ortografia dos vocábulos da língua portuguesa no Brasil. Diga-se que suas famosas *instruções* – aprovadas pela Academia Brasileira de Letras em 12 de agosto de 1943 e, mais tarde, modificadas pela Lei n. 5.765, de 18-12-1971 – tiveram por base o Vocabulário Ortográfico da Língua Portuguesa da Academia das Ciências de Lisboa (1940). Vamos, pois, às questões.

1. Praxe – Explanar – Extemporâneo

Situação: *A praxe dos Tribunais tem sido no sentido de explanar os casos extemporâneos, a fim de que se possa padronizar os julgados.*

Comentário: deve-se ter cautela com o fonema da intrigante consoante "x", uma vez que tal letra pode conter inúmeros valores fonéticos ou sons, dependendo do vocábulo. Sabe-se que o "fonema" é o som distintivo que forma as sílabas na comunicação oral. Exemplos:

- *Praxe* (palavra de origem latina): pronuncie a letra como em *xale, xarope, enxada*.
- *Exame* (palavra de origem latina): pronuncie a letra como em *exílio, exegese, exumação, êxodo e inexorável*[1].
- *Táxi*: pronuncie a letra como em *fixo, tórax, maxissaia* (/ks/ para Volp e Houaiss), *anorexia, orexia, máxime*[2] (pronuncie *"máksime"*), *filoxera* (pronuncie *"filokséra"*), *proxeneta* (pronuncie *"proksenêta"*) e *tóxico*[3] (palavra de origem grega, com pronúncia *"tóksico"*).
- *Próximo*: pronuncie a letra como em *trouxer, auxiliar, aproximar, sintaxe*[4].

---

1 No vocábulo **inexorável**, evite, com todas as forças, empregar o fonema /ks/, na formação prosódica "ineKSSorável".

2 A edição do VOLP 2021 trouxe uma pronúncia oscilante (/ks/ ou /ss/) para o vocábulo **máximo** e seus derivados: *maximalizar, maximiliano, maximização, maximizar, maximizável*, entre outros.

3 A forma **tóxico**, impropriamente pronunciada com som de /ch/ (como em *chave*), é, simplesmente, "o fim do mundo"... ou, pelo menos, do nosso "mundo jurídico"...

4 Os Dicionários Houaiss e Michaelis, a par do VOLP, registram a pronúncia /ss/ para **sintaxe**. O Aurélio, por outro lado, admite os fonemas /ss/ e /ks/, como em "táxi". De fato, esta é derivada do grego *táxis*, no sentido de "arranjo", devendo o -x, como em todos os vocábulos ligados a esse radical, ser proferido como "ks". Fiquemos, pois, com o VOLP, Houaiss e Michaelis.

> *Hexacampeão*: pronuncie a letra como em (/ks/ ou /z/), devendo se pronunciar "*heKsacampeão*"[5] ou "*hezacampeão*" (VOLP).

Posto isso, exercite os sons com a frase a seguir:

A praxe dos Tribunais tem sido no sentido de explanar, inexoravelmente, os casos extemporâneos, máxime a fim de que se possa padronizar os julgados.

2. Egrégio – Agiotagem – Gesto

Situação: *O egrégio Tribunal tem procurado coibir as ações de agiotagem no Estado. O gesto do "agiota", ao se defender, vem ao encontro de sua tese de defesa.*

Comentário: é mister não confundir a aplicação da letra "g" com a letra "j". Ambas são consoantes "palatais" [quando se encontram o dorso da língua e o palato (céu da boca)], devendo se empregar a letra "g" ou "j", de acordo com a origem da palavra ou com as regras específicas. Exemplo:

VOCÁBULO	LETRA G	LETRA J
Egrégio	Palavras terminadas em **-ágio, -égio, -ígio, -ógio, -úgio.** Exemplos: *pedágio, egrégio, prodígio, relógio, refúgio.*	
Engessar	Palavra derivada de gesso (origem grega).	
Gesso	Origem grega	
Jeito		Origem latina
Laranja		Palavras terminadas em **-ja** e **-aje**. Exemplos: *lisonja, granja, laje, traje, ultraje.*
Moji		Palavras de origem indígena ou africana. Exemplos: *canjica, jiló, jiboia, pajé, jenipapo, jerimum, jirau, jequitibá.*

---

5 O VOLP 2009 adota a pronúncia oscilante (/ks/ ou /z/) para **hexacampeão**. O mesmo som se deve verificar em *hexaedro, hexassílabo, hexágono, hexagonal, hexacampeonato, hexadecimal, hexacosagonal, hexassubstituição*, entre outras.

Viagem	Substantivo terminado em **-agem**, **-igem**, **-ugem**. Exemplos: *viagem, fuligem, penugem.* Exceções: *pajem, lajem, lambujem*[6].	
Viaje		Formas derivadas de verbos terminados em **-jar** ou **-jear**. Exemplos: *viaje, gorjeie.*
Variedades do G	Algema, gengiva, gibi, herege, abigeato, monge, rabugice, tigela, pugilo.	
Variedades do J		*Projétil, trajeto, berinjela, jiu-jítsu, alforje, cafajeste, enjeitar, enrijecer, gorjeta, jeca, jegue, jejum, jérsei, manjedoura, manjerona, rejeitar, trejeito, varejeira, varejista.*

3. Ojeriza – Objeção – Projétil

Situação: *Não faço objeção àqueles por quem tenho ojeriza, somente os quero distantes de mim.* Ou, ainda: *Não emprestarei, portanto, meus projéteis para o colega.*

Comentário: as palavras acima são grafadas com "j". Saliente-se que o vocábulo "projétil", uma paroxítona terminada em -l, pode ser grafado como "projetil", oxítona, sem acento. O interessante, como se disse, ocorre com as formas plurais, quais sejam: projéteis e projetis.

4. Defesa – Agasalho

Situação: *A boa defesa contra o frio está no agasalho de lã.*

Comentário: em nosso sistema ortográfico[7], há palavras escritas com "s" que deverão ser pronunciadas com som de /z/. Vamos a alguns exemplos:

---

[6] **Lambujem:** é uma exceção à regra que manda grafar com "g" os substantivos terminados em -agem (aragem, viagem, garagem etc.). À guisa de curiosidade, *lambujem* deriva do verbo "lamber" e nos remete, mais propriamente, ao ato de lamber os cantos da boca (daí a ideia de "algo mais"). O mesmo fato ocorre com "pajem", grafado com "j", pois vem do francês *paje* (ou seja, criado, aprendiz).

[7] O **sistema ortográfico** em um país se lastreia em convenção. O nosso não é distinto: possui base histórica e fonética. Seu lastro histórico leva em conta a *etimologia*, isto é, a origem da palavra para determinar sua grafia; por outro lado, a base fonética leva em conta o *som* das palavras. O sistema adotado no Brasil – aprovado pela Academia Brasileira de Letras, em 12 de agosto de 1943 e simplificado pela Lei n. 5.765, de 18-12-1971 – pode ser considerado *misto*, pois ora privilegia a *etimologia*, ora a *fonética*.

Análise	Hesitar	Poetisa
Camponesa	Inglesa	Profetisa
Despesa	Lesado	Puser (verbo pôr)
Enviesar (de viés)	Lesão	Querosene
Frase	Leso[8]	Requisito
Gostoso	Maisena[9]	Vaselina
Heresia	Obséquio	

5. BALIZAR – FRAQUEZA

Situação: *Procure balizar sua vida com princípios de força e otimismo, rechaçando a fraqueza em suas ações.*

Comentário: em nosso sistema ortográfico, há palavras escritas com "z", tais como: *aprazível, baliza, chafariz, ojeriza, fertilizar, limpeza* etc. A questão crucial é saber: "s" ou "z"? Vamos descobrir:

VOCÁBULO	LETRA S	LETRA Z
Analisar	Escreve-se com "s" quando o radical dos nomes correspondentes termina em "s". Exemplos: *analisar (de análise); avisar (de aviso); alisar (de liso); improvisar (de improviso); pesquisar (de pesquisa); catalisar (de catálise); paralisar (de paralisia).*	

---

8   O vocábulo **lesa** (/é/) pode se adaptar a várias classes gramaticais. Vejamos:
- Verbo: 3ª pessoa do singular do presente do indicativo do verbo lesar. Exemplos: *O agiota lesa a sociedade; Ela lesa o marido.*
- Adjetivo (leso ou lesa): significa "lesado, ferido". Exemplo: *Ele está leso do tornozelo, de uma perna* etc.
- Em *palavras compostas*, com hífen, concordando com o substantivo: nesse caso, tem a acepção de "lesado, que sofreu lesão, prejudicado física ou moralmente", antepondo-se a substantivos ao lado da expressão "crime de". Portanto: *crime de lesa-pátria, crime de leso-patriotismo, crime de lesas-pátrias, crime de lesa-gramática, crime de leso-direito, crime de lesa-majestade, crime de (réus de) lesa-linguagem, crime de lesa-civilidade.*

9   A forma **maisena** vem de *maís*, uma variedade de milho. Note que a famosa caixa amarela que compramos no supermercado traz a grafia estranha ("maizena", com -z). Enfatize que "Maizena" é marca registrada e, como todo nome comercial, foi inventada, não constituindo, necessariamente, erro. Cite-se, exemplificativamente, o termo "Antarctica", que apresenta adaptação vocabular semelhante.

Anarquizar		Escreve-se com "**z**" quando o radical dos nomes correspondentes não termina em "s". Exemplos: *anarquizar* (de anarquia); *civilizar* (de civil); *amenizar* (de ameno); *colonizar* (de colono); *cicatrizar* (de cicatriz); *vulgarizar* (de vulgar); *canalizar* (de canal). **Cuidado** com *batizar* (de batismo), *catequizar* (de catequese) e *traumatizar* (de traumatismo): tais verbos derivam do grego e vieram já formados para o nosso vernáculo.
Antropônimos	*Teresa, Luís, Hortênsia,* entre outros.	
Beleza		Usa-se o sufixo **-eza** nos substantivos abstratos derivados de adjetivos. Exemplos: *beleza (de belo); pobreza (de pobre).* E em palavras, como: *Veneza.* Muito cuidado, no entanto, com "*rijeza*" *(de rijo).*
Burguês	Usa-se o sufixo **-ês** nos adjetivos derivados de substantivos. Exemplos: *burguês (de burgo); chinês (de China).*	
Defesa	Usa-se o sufixo **-esa** nos substantivos cognatos de verbos terminados em -ender. Exemplos: *defesa (defender); despesa (despender).* E em palavras, como: *framboesa, obesa, turquesa, sobremesa.***	
Estupidez		Usa-se o sufixo **-ez** nos substantivos femininos derivados de adjetivos: Exemplos: *estupidez* (de estúpido); avidez (de ávido); mudez (de mudo); cupidez (de cúpido).*

Eu pus	Os derivados dos verbos "pôr" e "querer" serão grafados sempre com "s". Exemplos: *pus, pusera, puséramos, puséssemos, quiséssemos.*	
Variedades do S	*Marquesa, diocese, metamorfose, afrancesar, pus, quiséssemos, gás, besouro, rês, reses, arrasar, ansioso, pretensão, pretensioso, siso, extravasar.*	
Variedades do Z		*Baliza, azar, vazamento, gaze, azáfama, prazeroso, cafuzo, ojeriza, regozijo, granizo, assaz, prezado.*

* O plural de **estupidez** se forma como *estupidezes*. O mesmo se dá em:
  Invalidez – *invalidezes*;
  Sordidez – *sordidezes*;
  Gravidez – *gravidezes*;
  Malcriadez – *malcriadezes*.

** Quando o "s" está entre vogais (no substantivo) e tem som de /z/, seguramente é "s". Assemelha-se, pois, a um "sanduíche" – a consoante "s" no meio de duas vogais.

6. Através

Situação: *A bala passou pelo corredor através da parede. Como se esperava, o depoimento da vítima foi espontâneo.*

Comentário: a expressão **através de** ganhou poderosa estatura na linguagem cotidiana, sendo utilizada com prodigalidade condenável. Seu uso adequado deve ser restrito, devendo representar situações pelas quais se atravessa ou se transpõe. Logo, "*a bala passou através da parede*"; "*a luz passou através da janela*"; "*avançamos através da floresta*"; "*ele chegou à outra margem do rio através da ponte*". Entretanto, evite: "provar através dos argumentos" ou "através de testemunhas". A não ser que se queira, surpreendentemente, "atravessá-las"... o que não é recomendável. Assim, o uso de tal expressão não tem lugar[10] no bom português, devendo ser evitado. Vejamos alguns exemplos do uso inadequado da expressão "através de", colhidos nos autos de processo:

---

10 A expressão **ter lugar** significa "ser admissível, ter cabimento, ser oportuno". Exemplos:
  ▪ *Os comentários dos colegas não têm lugar, haja vista serem inoportunos.*
  ▪ *Antes de palavra masculina, não tem lugar o uso da crase.*

> - "Isto deve ser feito através de escritura de retificação por instrumento público".
> - "Os autos foram apensados aos da medida cautelar de sustação de protesto, através do qual a autora logrou a sustação liminar do protesto...".
> - "A materialidade também está presente nos autos, através do laudo de fls. 30".
> - "M.E.N., [...], através de seu procurador, [...]".
> - "Através de alegações finais, a causa foi debatida...".
> - "... incumbia à autora provar os fatos, através de perícia, que...".

Posto isso, não obstante a generalização do uso inadequado da locução, somos da opinião que[11] se deve substituí-la por expressões, sonora e etimologicamente, mais adequadas, tais como: "por meio de"; "por intermédio de"; "por".

7. Obséquio

Situação: *Mudarei minha opinião, em obséquio ao bom senso e à parcimônia.*

Comentário: o vocábulo **obséquio** tem separação silábica interessante. Aliás, palavras formadas com encontros consonantais podem tê-los separáveis ou inseparáveis. Vejamos:

Vocábulos com encontros consonantais inseparáveis:

***Mn**e-mô-ni-co, **pn**eu-mo-ni-a, **ps**i-ca-ná-lise, **cz**ar, **ps**eu-dô-ni-mo, **ps**i-co-se.*

Vocábulos com encontros consonantais separáveis:

*Pe**rs**-**p**i-caz; fe**lds**-**p**a-to; a**p**-**t**i-dão; o**f**-**t**al-mo-lo-gi-a, o**b**-**t**u-so, a**p**-**t**o, fú**c**-sia, su**b**-lo-car, é**t**-**n**i-co, cor-ru**p**-ção, o**bs**-**t**á-cu-lo.*

O nome "obséquio" pode ser regido pelas preposições "a" ou "de" – portanto, use "em obséquio a" ou "em obséquio de".

8. Esplêndido – Extravasar

Situação: *O carnaval é uma festa esplêndida, por meio da qual podemos extravasar nossas emoções.*

---

11 **Ser da opinião que**: essa expressão é equivalente a "julgar, achar", não devendo ser utilizada a preposição "de" antes do "que". Exemplo da erronia:
"Somos da opinião de que devemos mudar os planos".
Procedendo à correção: *Somos da opinião que devemos mudar os planos.*

Comentário: o confronto entre o "s" e o "x" é demasiado relevante, merecendo citação. Saliente-se que o verbo *extravasar* é formado por *"extra"* + *"vaso"* + *"ar"*, com o sentido de "fazer transbordar". Grafa-se, pois, com -s, pois deriva de "vaso", ao passo que "vazar" se escreve com -z, por advir de "vazio". Abaixo seguem palavras grafadas com "x", e não "s", embora o pareçam ser:

Expectativa	Expoente	Êxtase
Exportação	Extrair	Expiar (= remir)

9. Prazeroso – Receoso – Aleijar

Situação: *O rapaz, inicialmente receoso, percebeu, em seguida, que sua opção render-lhe-ia um prazeroso passeio.*

Comentário: a título de memorização, deve o estudioso do vernáculo portar-se com parcimônia perante palavras como *receoso*, que, aparentemente, denotam carecer da semivogal *-i* para lhe conferir uma "boa" sonoridade ("receioso"). Não é o que deve ocorrer, pois se grafa "receoso", sem o -i. Na mesma esteira, temos:

Pronúncia e Grafia Incorretas	Pronúncia e Grafia Corretas
Afeiar	Afear
Estreiar	Estrear
Freiar / Freiada	Frear / Freada
Granjeiar	Granjear
Nomeiar	Nomear
Prazeiroso	Prazeroso
Prazeirosamente	Prazerosamente

Todavia, cuidado! O verbo **aleijar** deve ser grafado com *-i*. Portanto, não existe o tal "aléja".

Em outro giro, é de todo oportuno mencionar que os verbos terminados em **-iar** têm pronúncia peculiar. Vamos relembrar:

Regra 1: a maioria deles se conjuga regularmente. São eles: *criar, presenciar, copiar, abreviar* etc. Portanto: *eu crio, eu presencio, eu copio, eu abrevio.*

Regra 2: há aqueles, no entanto, em que o *-i* da penúltima sílaba se transforma em *-ei*. São apenas **cinco verbos**: *mediar, ansiar, remediar, incendiar* e *odiar*. Observe o quadro abaixo:

M	EDIAR (e intermediar)
A	NSIAR
R	EMEDIAR
I	NCENDIAR
O	DIAR
"MARIO" (palavra mnemônica)	

Vejamos as conjugações:

Eu medeio, eu intermedeio, eu anseio, eu remedeio, eu incendeio, eu odeio.

Importante:

O verbo ***intermediar*** provoca intrigantes celeumas no dia a dia do usuário da Língua. Como se assimilou, deve ser conjugado como *odiar, mediar, ansiar*, entre outros componentes da expressão mnemônica **MARIO**. Não há razão, pois, para se propagar, indiscriminada e inexplicavelmente, o tal "intermedio", que nem sequer soa bem. Sempre aconselho em sala de aula, em tom jocoso: *"não intermedeiem esse 'desastre vocabular'!"*

A corroborar o exposto acima, observe o deslize da imprensa abaixo noticiado:

- *"João Roberto Lupion intermedia venda de equipamentos para a hidrelétrica de Machadinho, na divisa dos Estados do Rio Grande do Sul e Santa Catarina"*[12].

Todavia, o erro não é **onipresente**[13], o que nos permite citar acertos elogiáveis, dignos de registro:

- *"São funcionários que intermedeiam a entrega da criança a um casal ansioso por um filho"*[14].
- *"Intermedeia entre eles uma grande distância"* (Celso Luft).

Registre-se, ademais, a correção com o verbo ***mediar***. Observe os exemplos:

- *"Poucos passos medeiam entre uns e outros"*[15].
- *Entre Guaxupé e São Paulo medeiam cerca de trezentos quilômetros.*

---

12 *Jornal do Brasil*, de 18-7-1996, *apud* Cegalla, 1999, p. 217.

13 A **onipresença** tem como sinônimo o termo *ubiquidade* – propriedade de quem é *ubíquo*.

14 Regina Eleutério, *O Globo*, de 8-12-1996, *apud* Cegalla, 1999, p. 217.

15 Alexandre Herculano, *Eurico, o Presbítero*, p. 216, *apud* Cegalla, 1999, p. 254.

10. Magistral – Docente – Insular – Jurídico

Situação: *O magistral corpo docente manteve seu insular posicionamento acerca da discussão jurídica.*

Comentário: as locuções adjetivas podem ser plenamente substituídas por adjetivos simples, que imprimem leveza e suavidade no texto. Vamos conhecer alguns **adjetivos importantes**:

Adjetivos	Locuções Adjetivas	Adjetivos	Locuções Adjetivas
Acético	de vinagre	Jurídico	de Direito
Bélico	de guerra	Lígneo	de madeira
Cervical	de pescoço	Luciferino	de Lúcifer[16]
Cítrico	de limão, laranja	Magistral	de mestre
Columbino	de pombo	Murino	de rato
Discente	do aluno	Onírico	de sonho
Docente	do professor	Pecuniário	de dinheiro
Ebúrneo	de marfim	Plúmbeo	de chumbo
Estival	de verão	Pluvial	de chuva
Filatélico	de selos	Rupestre	de rocha
Gutural	de garganta	Simiesco	de macaco
Hepático	de fígado	Tritíceo	de trigo
Hircino	de bode	Vacum	de vaca
Hirundino	de andorinha	Vespertino	de tarde
Insular	de ilha	Vulpino	de raposa

Outros adjetivos, com exemplos:

Adjetivos	Locuções Adjetivas
Coimbrã	de Coimbra (*Portugal*) (Exemplo: *questão coimbrã*)
Episcopal	de bispo (Exemplo: *anel episcopal*)
Femoral	de fêmur (*ou coxa*) (Exemplo: *artéria femoral*, e não "femural")

---

16 Geralmente, grafa-se **Lúcifer** com inicial maiúscula (Houaiss).

Frênico	de diafragma (Exemplo: *músculo frênico*)
Heráldico	de brasão (Exemplo: *símbolo heráldico*)
Palustre	de brejo (Exemplo: *animal palustre*)
Torácico	do tórax (Evite "toráxico", uma forma inexistente)
Venatório	de caça (Exemplo: *cão venatório*)

11. Acesso – Excesso – Dissensão

Situação: *A dissensão surgiu, em face do excesso de espectadores que trafegavam pelos acessos que levavam ao palco.*

Comentário: as palavras acima apresentam-se com o dígrafo -ss. O dígrafo é o grupo de duas letras que representam um só fonema ou som. Também conhecido como "digrama", o dígrafo pode ser *consonantal* (por exemplo, -rr e -ss representam os fonemas consonantais /r/ e /s/, respectivamente) ou *vocálico* (-am e -an representam o som vocálico /ã/). Quando se escreve, por exemplo, "asseio" ou "cassar", ouve-se o fonema /s/, representado por dois "ss". Deve-se ter bastante cuidado com tais vocábulos. Vamos à assimilação de alguns:

Acesso	Dissenso	Obsessivo
Assaz	Escasso	Procissão
Carrossel	Massagista	Sessenta
Concussão	Meritíssimo	Submissão
Dissensão	Obsessão	Verossimilhança

12. Mandato Cassado – Sessão de Cinema – Espectador

Situação: *O acesso à sala da sessão de cinema foi criticado, com veemência, pelo Dr. Edgar, um dos espectadores e ex-vereador da cidade vizinha. Ele teve seu mandato cassado, há dois meses.*

Comentário: a matéria versa sobre a significação das palavras. Vamos dissecar:

- *Sinônimos*: são palavras que possuem significação aproximada, como *original / autêntico*; *único / singular*.
- *Antônimos*: são palavras de significação oposta, como *elegante / vulgar*.
- *Homônimos*: são palavras que podem apresentar a mesma grafia e a mesma pronúncia (homônimos perfeitos), como o substantivo *combate* e a forma verbal *combate* (ele). Segundo Dubois (1978: 326), "homonímia é a identidade fônica (homofonia) ou a identidade gráfica (homografia) de dois morfemas que não têm o mesmo sentido, de modo geral".

a) **Homógrafos**: são palavras que apresentam a mesma grafia, mas pronúncias diferentes, como o substantivo *esforço* e a forma verbal *esforço* (eu).
b) **Homófonos**: são palavras que possuem a mesma pronúncia, mas grafias diferentes, como *caçar / cassar*; *sessão / seção*.

- **Parônimos**: são palavras que apresentam grafias ou pronúncias semelhantes, sem que, no entanto, ocorra coincidência total. Costumam provocar dúvidas quanto ao seu emprego correto. É o caso, por exemplo, de pares como flagrante/fragrante, pleito/preito, vultoso/vultuoso.

APLICANDO...

CONCEITO	EXEMPLOS
Sinônimo	Antídoto e Contraveneno; Retificar e Consertar; Perigoso e Periclitante
Antônimo	Soberba e Humildade; Patente e Latente; Ativo e Inativo
Homônimo	Aço (substantivo) e Asso (verbo); Jogo (substantivo) e Jogo (verbo); Para (preposição) e Para (verbo)
Homônimo homógrafo	Colher (substantivo) e Colher (verbo); Providência (substantivo) e Providencia (verbo)
Homônimo homófono	Paço (palácio) e Passo (verbo) Conserto (reparo) e Concerto (sessão musical) Espectador (aquele que vê) e Expectador (aquele que tem expectativa) Esperto (arguto, sagaz) e Experto (perito, experimentado) Estático (imóvel) e Extático (em êxtase, absorto: *olhos extáticos diante do acidente*)
Parônimo	Vultoso (vulto) e Vultuoso (rubor) Suar (transpirar) e Soar (tilintar) Conjuntura (situação) e Conjetura (suposição) Espavorido (apavorado) e Esbaforido (ofegante)

Como exemplos de **homônimos homófonos**, têm-se:

- **Acender:** *alumiar, pôr fogo*
  Ascender: *subir*
- **Acento:** *tom de voz, sinal gráfico*
  Assento: *lugar de sentar-se*, verbo (*assentar*)
- **Caçar:** *apanhar animais ou aves*
  Cassar: *anular*
- **Cessão:** *ato de ceder*
  Ceção: *frescura*
  Sessão: *reunião*
  Seção: *repartição*

- **Cela:** *cubículo, prisão*
  Sela: *arreio*
- **Laço:** *nó*
  Lasso: *frouxo, gasto, cansado*
- **Tacha:** *pequeno prego, labéu, mancha*
  Taxa: *imposto, tributo, percentagem*

Por fim, citem-se alguns exemplos de **homônimos "homófonos-homógrafos"**:

- **Mato** (bosque) e **Mato** (verbo)
- **Rio** (verbo) e **Rio** (curso d'água)
- **Amo** (verbo) e **Amo** (servo)
- **Canto** (verbo) e **Canto** (ângulo)

13. A fim de – Acerca

Conforme já explicamos, é crucial diferenciar a locução prepositiva **a fim de** do vocábulo **afim**. A expressão *a fim de* quer dizer "com o fito de, com o propósito de". Por outro lado, o vocábulo *afim* refere-se a "afinidade". Não se pode tolerar o tal "afim de", querendo expressar finalidade. Nesse caso, deve-se grafar "a fim de", separadamente. Exemplo: *Os irmãos têm ideias afins, por estarem sempre a fim da mesma coisa.* Concluindo, observe a frase: *Ele está a fim de você, por acreditar que ambos têm interesses afins.*

Por derradeiro, resta-nos a análise da expressão **acerca**. O problema está na coexistência de outras semelhantes: *a cerca de* e *há cerca de*. Como se achar nesse cipoal de expressões similares, que denotam a riqueza de nosso vernáculo? Vamos à solução:

- **Acerca de**: locução prepositiva que significa "sobre a/o", "a respeito de".
  Exemplo: *A palestra será acerca de novos temas.*
- **A cerca de**: locução prepositiva que significa distância próxima.
  Exemplo: *O veículo se encontrava a cerca de 2 m.*
- **Há cerca de**: nesse caso, quer-se referir a tempo passado, quando se usou o verbo haver.

Exemplo: *Há cerca de dois meses, estive em Macapá, Capital do Amapá.*

14. Empecilho – Privilégio – Eminente jurista

Situação: *Não há empecilhos ao eminente jurista, que tem o privilégio de expor a matéria no tempo que lhe convier.*

Comentário: o grupo de palavras em comento traz a lume a problemática atinente ao uso das vogais -e ou -i. Com efeito, tais letras causam transtornos ao escritor desatento, que pode trocá-las com facilidade.

GRAFIMACETES • capítulo 7

Vamos à diferenciação:

VOCÁBULO	LETRA E	LETRA I
Continue	Na sílaba final dos verbos terminados em **-uar**. Exemplos: Continuar – *que ele continue*; Habituar – *que ele habitue*; Pontuar – *que ele pontue*.	
Diminui		Na sílaba final dos verbos terminados em **-uir**. Exemplos: Diminuir – *ele diminui*; Influir – *ele influi*; Possuir – *ele possui*.
Magoe	Na sílaba final dos verbos terminados em **-oar**. Exemplos: Magoar – *que ele magoe*; Abençoar – *que ele abençoe*; Perdoar – *que ele perdoe*.	
Variedades do E	*Cadeado, creolina, cumeeira, desperdício, empecilho, irrequieto, mexerica, mimeógrafo, sequer, seriema, areal* (e não "areial").	
Variedades do I		*Artimanha, crânio, digladiar, displicência, displicente, erisipela, frontispício, pátio, silvícola, dignitário.*
Palavras importantes	*Desplante* (e não "displante") *Cesárea* (confronte: "cesariana")	*Disenteria* (e não "desinteria") *Privilégio* (e não "previlégio") *Cesariana* (confronte: "cesárea")

Vamos conhecer alguns parônimos interessantes que envolvem as letras "**e**" ou "**i**":

área – superfície	←→	**ária** – melodia, cantiga
arrear – pôr arreios, enfeitar	←→	**arriar** – abaixar, cair
deferir – conceder, atender (deferimento)	←→	**diferir** – ser diferente, adiar (diferimento)
descrição – ato de escrever	←→	**discrição** – qualidade de discreto
delatar – denunciar	←→	**dilatar** – alargar
descriminar – inocentar	←→	**discriminar** – separar

despensa – lugar onde se guardam alimentos	↔	**dispensa** – ato de dispensar, licença
dessecar – secar completamente, enxugar	↔	**dissecar** – analisar minuciosamente
destratar – insultar	↔	**distratar** – desfazer
docente – professor; relativo ao professor	↔	**discente** – estudante; relativo ao estudante
elidir – eliminar	↔	**ilidir** – refutar
emergir – vir à tona, sair	↔	**imergir** – mergulhar
emérito – insigne	↔	**imérito** – não merecido
eminente – importante, destacado	↔	**iminente** – prestes a ocorrer
emitir – gerar	↔	**imitir** – investir[17]
estância – fazenda de criação; estrofe	↔	**instância** – insistência; jurisdição
intemerato – puro	↔	**intimorato** – corajoso
incontinente – imoderado, descontrolado	↔	**incontinenti** (latim) – imediatamente
preeminente – nobre, distinto	↔	**proeminente** – saliente
preceder – vir antes	↔	**proceder** – agir; originar-se
prescrever – receitar; expirar prazo	↔	**proscrever** – afastar, expulsar
ratificar – confirmar	↔	**retificar** – corrigir
recriar – criar novamente	↔	**recrear** – divertir
reincidir – tornar a cair, repetir	↔	**rescindir** – tornar sem efeito, dissolver
vadear – atravessar (rio) por onde "dá pé"	↔	**vadiar** – vagabundear, levar a vida de vadio
tráfego – movimento, trânsito	↔	**tráfico** – comércio

15. Quantia vultosa – Ratificar a doutrina – Puni-los

Situação: *A quantia vultosa subtraída é uma agravante que colabora para puni-los, segundo a melhor jurisprudência, que vem ratificar a doutrina, como se verá nos articulados adiante expostos.*

Comentário: as expressões parônimas **vultoso** e **vultuoso** são costumeiramente trocadas no ambiente forense. Não se justifica a equivocidade, uma vez que seus significados são substancialmente distintos. Vejamos: "vultoso" quer dizer volumoso. Deriva da palavra vulto. Por outro lado, "vultuoso" quer dizer ruborizado, vermelho. Refere-se à vultuosidade, geralmente atribuída à face vermelha da pessoa. Exemplos:

---

[17] Observe o exemplo quanto ao verbo **imitir**: *Ele imitiu parte do dinheiro em cultura.*

- *Ganhou um prêmio vultoso na loteria.*
- *Suas bochechas ficaram vultuosas com a piada obscena.*

Nesse diapasão, evidenciam-se os verbos distintos: **ratificar** e **retificar**. Quando se pretende "confirmar, corroborar ou reforçar", há de *ratificar*; por outro lado, caso se pretenda "reparar ou consertar", urge *retificar*. Exemplos:

- *Ele corroborou[18] o argumento, ratificando-o.*
- *A oficina retificou o motor, trocando as peças.*

Quanto à forma verbal **puni-los**, é relevante mencionar a ausência do acento agudo, embora evidente a tonicidade na sílaba -**ni**. É que se trata de oxítona terminada em -i, que repudia o acento agudo. As palavras oxítonas são aquelas que têm a última sílaba como a sílaba tônica. Não é excessivo afirmar que somente se acentuam as oxítonas terminadas em -**a(s)**, -**e(s)**, -**o(s)**, -**em** e -**ens**. Exemplos: *Pará, café, cipó, desdém, vinténs.*

Nesse rumo, saliente-se que as vogais "i" e "u", seguidas ou não de -s, serão acentuadas quando precedidas de vogal átona com a qual formarem hiato. Exemplos:

Açaí	→	A-ça-í
Acaraí	→	A-ca-ra-í
Balaústre	→	Ba-la-ús-tre
Camboriú	→	Cam-bo-ri-ú
Egoísta	→	E-go-ís-ta
Instruí-los	→	Ins-tru-í-los
Jacareí	→	Ja-ca-re-í
Juízes	→	Ju-í-zes (mas *Juiz*, sem acento)
Raízes	→	Ra-í-zes (mas *Raiz*, sem acento)
Uísque	→	U-ís-que

É mister esclarecer que não se acentuam o "i" e o "u" quando:

1. Formam sílaba com as letras "**l**", "**m**", "**n**", "**r**", "**z**", "**i**" ou "**u**", isto é, sílaba com letra diversa de -s. Exemplos: *Ruim (Ru-im) – Trairdes (Tra-ir-des) – Juiz (Ju-iz) – Atraiu (A-tra-iu) – Paul (Pa-ul) – Pauis (Pa-u-is) – Cair (Ca-ir) – Sairmos (Sa-ir-mos) – Saindo*

---

18 O verbo **corroborar** é transitivo direto, não se admitindo a preposição "com". Na acepção de "fortalecer", "ratificar", o verbo "corroborar" é encontradiço na linguagem forense. Logo, evite grafar "o advogado corroborou com a tese expendida", em vez de "o advogado corroborou a tese expendida".

(Sa-in-do) – Ainda (A-in-da) – Raul (Ra-ul) – Cauim (Cau-im) – Amendoim (A-men-do-im) – Contribuiu (Cont-tri-bu-iu) – Instruiu (ins-tru-iu) – Adail (A-da-il) – Demiurgo (De-mi-ur-go) – Ventoinha (Ven-to-i-nha).

2. Seguidos de **-nh**. Exemplos: *Moinho – Lagoinha – Rainha*.

Vamos conhecer algumas *oxítonas* (acentuadas ou não) interessantes:

Bambu	Frenesi (ou Frenesim)	Masseter	Pacu	Saci
Bandô	Ialorixá	Mister	Parangolê	Sutil
Cajá	Jaó	Moji	Puni-los	Ureter[21]
Cateter[19]	Juriti	Nobel	Reduzi-los	Urubu
Colecionador	Má-criação[20]	Obus	Ruim	Zebu

16. Quinquênio – Cinquenta

Situação: *O quinquênio decadencial representa o lustro norteador da extinção do crédito tributário. No caso, houve a decadência, por exceder a autuação em cinquenta dias, após o término do prazo para lançamento.*

Consideração: com o novo Acordo, caiu o trema. Desse modo, escreveremos sem trema *quinquênio* (antes, qüinqüênio), *quiproquó* (antes, qüiproquó), *frequência* (antes, freqüência), *quinquelíngue* (antes, qüinqüelíngue), entre outros exemplos.

É importante frisar que o vocábulo "lustro" representa o período de cinco anos.

Quanto à indicação do número cardinal, temos **cinquenta** (e não "cincoenta").

17. Beneficente – Entregas em domicílio

Situação: *O supermercado, que auxilia em várias campanhas beneficentes, faz entregas em domicílio.*

Consideração: há erros que se cristalizam no dia a dia da comunicação oral. Isso se evidencia em coletividades que utilizam idiomas complexos para lograrem a comunicação. É o caso do Brasil e das demais nações lusófonas.

---

19 O plural de **cateter** forma "catéteres".

20 Para a **classificação das palavras compostas**, considere-se a posição da sílaba tônica do último elemento.

21 A pronúncia de **ureter** é "ure<u>ter</u>" /tér/.

A pronúncia "beneficiente" (com "ci") é um "atentado à benemerência". Não se recomenda fazer "filantropia", assim... não se estará ajudando o próximo, mas o prejudicando, com uma linguagem atentatória ao vernáculo. Portanto, prefira *benefiCENte*, e a ajuda será dada com gramaticalidade.

Há outros equívocos que merecem destaque:

Grafia Incorreta	Grafia Correta
"Caixa toráxica"	Caixa torácica[22]
"Frustado"	Frustrado
"Impecilho"	Empecilho
"Mendingo"	Mendigo
"Previlégio"	Privilégio
"Própio"	Próprio
"Psicultura"	Piscicultura
"Siclano"	Sicrano
"Supertição" ou "Superticioso"	Superstição ou Superticioso
"Xipófagas"	Xifópagas[23]

Nesse rumo, enfatize-se que os nomes **residente, sito, situado, estabelecido e domiciliado** devem ser regidos pela preposição "em", e não "a". As preposições podem representar uma relação de movimento ("preposições de movimento") ou de lugar ("preposições de quietação"). A preposição clássica de quietação é "em", que significa "lugar onde uma coisa está ou se põe". Por outro lado, "para" e "a" são as preposições norteadoras de movimento. Dessa forma, não se pode usar verbo de movimento com preposição de quietação ou vice-versa.

Os verbos em análise (*residir, situar, domiciliar, morar*) são de quietação, não admitindo a preposição **a**. Da mesma forma, os nomes derivados daqueles (*residente, situado, domiciliado*) não podem ser grafados ao lado de tal preposição.

---

22 Observe que se escreve **tórax**, enquanto o adjetivo se grafa **torácico**. Por quê? A razão está no fato de que o substantivo *tórax* vem do latim *thorax* (com "x") e, por isso, é grafado com "x". O adjetivo *torácico* vem do próprio adjetivo latino *thoracicus* (com "c") e, por essa razão, é escrito com "c".

23 **Xifópagos:** procure memorizar a palavra, procedendo, verbalmente, à separação silábica [xi-fó-pa-gos]. Tal expressão designa duas pessoas que nascem ligadas, geralmente, na altura do tórax, desde o apêndice xifoide até o umbigo. Remete-nos ao vocábulo "siamês", derivado de Sião (uma designação da atual Tailândia), na acepção de irmãos siameses. A origem deve-se ao caso dos irmãos gêmeos Chang e Eng, nascidos no Sião em 1811, ligados por uma membrana situada no tórax.

Voltando ao tópico, no tocante ao vocábulo "entrega", preferimos que esta seja feita "em domicílio", pois a fatídica "entrega a domicílio"[24] ou, como preferem alguns ousados interlocutores, "entrega à domicílio" (com crase), traduz-se em expressão sobremodo equivocada. Explicando: o verbo *entregar*, nesta acepção, requer a preposição "em", assim como o nome "entregas" é regido por idêntica preposição. Veja o exemplo: *"Ela atua visitando os doentes em domicílio ou internados"*[25]. Logo, obedeça à regência exigida pelo termo, sob pena de justificar uma erronia expressiva.

Nesse passo, impende destacar que a expressão "a domicílio" mostra-se sustentável, desde que o verbo exija a preposição "a". Exemplos:

- *Levam-se as compras a domicílio* (levar a).
- *As encomendas chegam a domicílio sempre às três horas* (chegar a).
- *Os técnicos vão a domicílio proceder ao conserto* (ir a).

18. Tevê em cores – Dadas as ocorrências

Situação: *Dadas as últimas ocorrências, a aquisição da tevê em cores dependerá de verificação da situação de crédito do cliente.*

Consideração: a expressão **tevê em cores** causa celeuma, havendo divergência quanto à adequação ortográfica, até mesmo entre os autores de nossa disciplina.

Há aqueles que condenam com veemência a expressão "a cores", afirmando tratar-se de galicismo intolerável. É o caso de vários gramáticos, capitaneados por Napoleão Mendes de Almeida (1998: 2). Para tais estudiosos, quando nos valemos da expressão, dizemos transmissão em cores ou a cores? E revista em cores ou a cores? E, por fim, "tevê em branco e preto" ou "a branco e preto"? Respondendo às perguntas, é facilmente perceptível que diremos com acerto "transmissão em cores", "revista em cores" e "tevê em branco e preto". Logo, o paralelismo das formas dispensa mais comentários. Não há por que se falar em "tevê a cores", pois não se diz "tevê a branco e preto".

Por outro lado, Domingos Paschoal Cegalla (1999: 9) preconiza não se tratar de galicismo a forma "a cores", podendo ser livremente adotada. E aí surge a indagação: e nós, pobres mortais, "impotentes" diante da divergência entre gramáticos de nomeada, como ficamos? Somos da opinião de que, em face da falta de uniformidade quanto à adequação da expressão, deve o usuário do idioma se valer da livre escolha, optando pela forma que lhe aprouver.

---

24 *Ad argumentandum*, é possível que se defenda, ainda que de modo minoritário, a expressão *entrega a domicílio*, considerando "a domicílio" como uma locução adjetiva, ou seja, um tipo de entrega.

25 D. Eugênio Sales, *Jornal do Brasil*, de 15-2-1997, *apud* Cegalla, 1999, p. 13 (destaque nosso).

Com relação à concordância nominal da expressão **dado(s) / dada(s)**, vale mencionar: deve concordar com o termo a que se refere. Exemplo:

- *Dada a situação ,...* (ou seja: a situação dada, apresentada).
- *Dados os documentos, ...* (ou seja: os documentos dados, apresentados).
- *Dadas as ocorrências, ...* (ou seja: as ocorrências dadas, apresentadas).
- *"Dado o suporte técnico, nossa 'tevê em cores'[26] não apresentará problemas"* (ou seja: o suporte dado, apresentado).

Por falar em "ocorrência", trata-se de uma palavra paroxítona[27] terminada em ditongo (crescente), o que a torna alvo de acentuação obrigatória, ao lado de vocábulos, como: *his-tó-ria; sé-rie; pá-tio; tê-nue; vá-cuo; in-gê-nuo; á-gua; má-goa; cons-tân-cia; a-po-lí--neo; or-quí-dea.*

Mas o que é uma palavra *paroxítona*? Relembrando os fundamentos da **Prosódia** – parte da fonética que se destina ao estudo da acentuação tônica das palavras –, notaremos que o acento prosódico não pode ser deslocado, sob pena de se cometerem equívocos conhecidos como "silabadas".

Assim, *oxítonas* são as palavras que têm o acento na última sílaba; *paroxítonas* são as palavras que têm o acento na penúltima sílaba; e *proparoxítonas* são as palavras que têm o acento na antepenúltima sílaba.

Vamos conhecer algumas *paroxítonas* interessantes:

Abdome (ou Abdômen)	Avito	Cartomancia
Abside	Aziago	Celtibero
Acórdão	Azimute	Ciclope /cló/
Albúmen	Barbaria (ou Barbárie)	Cóccix /ksiks/
Alcácer	Bênção	Cútis
Algaravia	Bibliopola (Livreiro)	Descreem (Acordo)
Aljôfar	Bíceps	Dólmã
Almíscar	Bororos (Pronuncie "borôrus")	Druida
Ambrósia ou Ambrosia	Busílis	Eclampsia (E-clamp-si-a)
Antioquia (An-ti-o-qui-a)	Caracteres	Edito /di/

---

26 **Aspas simples:** as aspas simples devem ser usadas quando estiverem dentro de outras aspas (" ' x ' "). Exemplo: "O jovem falou em ʹinstitucionalizaçãoʽ da academia".

27 **Ditongo ou hiato:** há postura minoritária de alguns gramáticos que consideram tais encontros consonantais (*ia, ie, io, ua, ue, uo*), quer como ditongos, quer como hiatos. Sendo hiatos, aceitar-se-iam as seguintes separações silábicas: his-tó-ri-a; sé-ri-e; pá-ti-o; tê-nu-e; vá-cu-o; in-gê-nu-o; á-gu-a; má-go-a; cons-tân-ci-a; a-po-lí-ne-o; or-quí-de-a.

Enjoo (Acordo)	Imbele /bé/	Pudico /di/
Epicuro	Inaudito	Quiromancia
Erva-mate	Júri	Recorde /cór/
Estêncil	Lucúleo (Houaiss)	Refrega
Filantropo /trô/	Madagáscar[28]	Rocio /ci/
Flúor	Malaca (Cidade da Malásia)	Rubrica /bri/
Fortuito /tui/	Médium	Safári
Gêiser	Misantropo	Serôdio
Gratuito /tui/	Nhoque (e não "inhoque")	Sótão
Homilia	Opimo	Subida (Subida honra)
Homizio /zi/	Opróbrio	Tênder
Hoplita	Órfão	Verossímil / Inverossímil
Ianomâmi (Com acento – VOLP)	Órgão	Viquingue[29]
Ibero	Penedia	Vômer
Ímã	Policromo	

Observações importantes sobre algumas PAROXÍTONAS:

BECCARIA

César Beccaria foi criminalista e economista italiano; viveu entre 1738 e 1794, tendo sido o introdutor da cátedra de Economia Política nos cursos de Direito. Não pronuncie "becária"... é forma prosódica condenável, ainda mais no meio jurídico... Diga "Beccaría" /rí/.

BIQUÍNI

As paroxítonas terminadas em -i devem ser acentuadas. Exemplos: *biquíni, beribéri, ravióli, táxi, báli, máxi, gueriguéri, martíni, júri, lápis-lazúli* (plural *lápis-lazúlis*).

FLUIDO

O substantivo "fluido" deve ser pronunciado como "descuido", portanto, diga "flui-do", quer na acepção de adjetivo, quer no sentido de substantivo. Exemplos:

- *O líquido é fluido* (adjetivo);
- *O fluido escorreu pelas mãos do químico* (substantivo).

---

28 O adjetivo pátrio é *malgaxe*. Aceita-se, também **Madagascar**, sem acento, e **Madagáscar**, com acento (VOLP).

29 Para o VOLP 1999, aceitava-se o estrangeirismo *viking*; atualmente, com o VOLP 2021, só se admite **viquingue**.

Registre-se, todavia, que *fluído* (flu-í-do) – forma trissílaba, como em *ruído* – é tempo particípio do verbo *fluir*. Exemplos:

- *As águas da enchente já haviam fluído quando transpusemos a ponte.*
- *Ao seu lado, não percebi que as horas haviam fluído tão rapidamente.*

HÍFEN[30]

Não se acentuam as paroxítonas terminadas em **-ens**: *hifens, itens, edens, nuvens, liquens, abdomens, dolmens, polens*. Com relação à palavra **hífen**, vale mencionar que o vocábulo tem dupla prosódia. Vamos detalhar:

- *Hífen* (paroxítona acentuada, terminada em -en). Plural: *Hífenes* (proparoxítona, com acento gráfico).
- *Hifem* (forma arcaica, paroxítona não acentuada, terminada em *-em*). Plural: *Hifens* (paroxítona não acentuada, terminada em *-ens*).

Daí, evidenciam as formas que, de fato, "pegaram": **Hífen (no singular) e Hifens (no plural).**

Observações:

- **Hifem** e **hífenes** ficaram reservadas à linguagem acadêmica, constando a última no VOLP.

    O mesmo fenômeno linguístico ocorre com "líquen" (no singular, grafa-se *líquen*; no plural, *liquens*, sem acento).

- **Liquem** e **líquenes** ficaram reservadas à linguagem acadêmica. Não se acentuam as paroxítonas com terminação *-em*, por exemplo, *item, totem, subitem*. Todavia, acentuam-se as oxítonas com terminação *-em*, isto é, palavras como *também, ninguém,* (ele) *intervém,* (eles) *provêm* (verbo provir).

MAQUINARIA /RI/

Para a designação do conjunto de máquinas, há dois substantivos: um feminino (*a maquinaria*) e um masculino (*o maquinário*). Não pode haver confusão, nem mesmo imaginar-se existir o tal "maquinária" (termo condenável). Como mecanismo mnemônico, procure associar *maquinaria* a palavras de formação etimológica semelhante, como: *cavalaria, livraria, sorveteria*.

---

30 Segundo A. Amaral, *in Revista da Academia Paulista de Letras,* 26 (73): 171-2 (1969), "o hífen veio do grego para o latim. Da locução adverbial *'hypohen'* (= 'sob um' ou 'em um'), dada a contração p + h, adveio 'hífen'".

Portanto, memorize:

SUBSTANTIVO FEMININO	SUBSTANTIVO MASCULINO
(A) MA – QUI – NA – **RI** – A	(O) MA – QUI – **NÁ** – RIO
Sílaba Tônica: **RI**	Sílaba Tônica: **NÁ**

Por falar em vocábulos paroxítonos – representantes do maior número de palavras em nosso idioma –, é mister notar que a acentuação das palavras **vocábulos** e **paroxítonos** ocorre em virtude de serem palavras **proparoxítonas**... por sinal, uma outra palavra proparoxítona. Sabe-se que todas as proparoxítonas são acentuadas na vogal tônica.

SERÔDIO

Serôdio é adjetivo que significa "tardio, fora do tempo, que vem tarde". Exemplos: *paixão serôdia, movimento estudantil serôdio*.

Neste momento, vamos conhecer algumas *proparoxítonas* interessantes:

Aeródromo	Azáfama	Hégira
Aerolítico	Azêmola	Iídiche (com dois "is")
Aerólito (meteorito)	Biótipo (ou Biotipo)	Impávido
Aeróstato	Bólide	Ímprobo
Ágape	Chávena	Impróvido
Álacre	Cotilédone	Ínclito
Álcali	Côvado	Íncubo
Alcíone	Crisântemo	Índigo
Alcoólatra	Écloga	Ínterim
Álibi (palavra já aportuguesada)	Édito (ordem judicial)	Ípsilon (ou Ipsilão)
Antífona	Êmbolo	Isóbare (adj. 2g. s.f.)
Aríete	Éolo	Isóbaro (adj. s.m.)
Arquétipo	Epóxido /ks/	Jerárquico
Autóctone	Guáiaco	Lídimo
Lôbrego	Pólipo (ou Polipo)	Sânscrito
Málaga (Cidade da Espanha)	Pórfiro	Semíramis

Miíase	Prófugo	Séquito
Munícipe	Prônubo	Sílfide
Náiade	Proparoxítona	Tômbola
Notívago	Púnico (= cartaginês)	Trânsfuga
Óbolo (e não "óbulo")	Quadrilátero	Úvula
Oxítona	Quadrúmano	Vermífugo
Paralelepípedo	Quérulo	Vérmina
Paroxítona	Rábano	Wattímetro
Périplo	Réprobo	Zênite
Plêiade	Rítmico	Zíngaro

Observações importantes, sobre algumas PROPAROXÍTONAS:

ANTÁRTIDA

Denominação dada ao continente gelado. Essa forma – Antártida – é preferível à outra ("Antártica"). Reserve o vocábulo "antártica" para o adjetivo, e não para o substantivo que designa o continente. Exemplos:

a) Se quero me referir às aves do continente, posso falar *"aves antárticas"*. Da mesma forma, *"geleiras antárticas"*, *"baleias antárticas"*.

b) Se quero me referir ao continente, devo usar "Antártida". Exemplo: *"Buraco de ozônio cresce na Antártida"* (*Jornal do Brasil*, de 3-11-1994, *apud* Cegalla, 1999, p. 27). Ou, ainda: *"Na Antártida, há muitas forças grandes em jogo: clima, frio, mar, etc."* (Amir Klink).

Observação: não confunda o continente (Antártida) e o adjetivo (antártica) com uma marca de cerveja, cujo nome é "Antarctica" (com -c).

APÓCRIFOS

Apócrifo e **Anônimo**: o vocábulo *anônimo* quer dizer sem nome de autor, sem autoria. Por outro lado, *apócrifo* significa algo com autoria, mas sem autenticidade. É o caso, por exemplo, dos *evangelhos apócrifos* (Evangelho de São Pedro, Evangelho de São Tomé). Os autores são identificados, mas não há autenticidade.

ESPÉCIME

Espécime é substantivo masculino (*o espécime*). Não existe a forma no feminino, embora muitos artigos jornalísticos insistam na erronia. A forma variante *espécimen*, também no gênero masculino (*o espécimen*), apresenta o plural *espécimens*.

LÊVEDO

Segundo o VOLP, diferentemente dos dicionaristas, que se apresentam demasiado contraditórios, o vocábulo **lêvedo** (proparoxítono) é adjetivo (ou seja, *massa lêveda*), enquanto **levedo** (paroxítono) é substantivo. Dessa forma, devemos usar *lêvedo* para "fermentado" ou "levedado", enquanto *levedo* usaremos para o próprio "fermento", "levedura" ou "cogumelo", em total consonância com a pronúncia popular no Brasil. Todavia, há gramáticos de nomeada, aos quais fazem coro alguns dicionaristas, que abonam a forma *lêvedo* para o substantivo, criando-se o conhecido *lêvedo de cerveja*, no lugar de *levedo de cerveja*, conforme estamos a preconizar no presente trabalho. Assim, não obstante as divergências, recomendamos: *Pão lêvedo – Massa lêveda – Levedo de cerveja – Levedura de cerveja.*

ÓCULOS

Há substantivos que devem ser escritos no **plural**, sendo, por isso, chamados de **vocábulos pluralícios**. São eles: *os óculos, os parabéns, as felicitações, os cumprimentos, as saudações, os pêsames, as condolências, as olheiras* (a forma "olheira" é admitida pelo VOLP e Houaiss), *as cócegas, os afazeres, as custas, as férias, as núpcias, os antolhos, os arredores, as cãs, as exéquias, as fezes, os víveres, os lêmures* (ou seja, fantasmas), *as alvíssaras, os anais, as arras, as belas-artes, as calendas, os esponsais, os fastos, as matinas, as primícias, as copas* (naipe), *as espadas* (naipe), *os ouros* (naipe) *e os paus* (naipe), *as efemérides, as endoenças, os escombros, os idos, as primícias,* entre outros.

PALÍNDROMO

São as palavras, frases ou números que, se lidos da esquerda para a direita ou da direita para a esquerda, mantêm o sentido literal, ficando idênticos. Exemplo: *Ana* é vocábulo bivalente e exemplo de palíndromo, uma vez que as três letras formam a palavra "Ana", se unidas da esquerda para a direita ou vice-versa. O mesmo ocorre com *Amor e Roma*. Tente você mesmo!

GRAFIMACETES • capítulo 7

Agora se divirta com o rol privilegiado de palíndromos em nosso idioma:

- Irene ri.
- A diva em Argel alegra-me a vida.
- 1001.
- 11.
- "Tucano na Cut" (livro de Rômulo Pinheiro, acerca do assunto).
- Socorram-me, subi no ônibus em Marrocos.

Por fim, conheçamos algumas *oxítonas* interessantes:

Albornoz /ós/	Desdém	Ruim (ru-im – dissílaba)
Alcazar	Desdéns	Sassafrás
Algoz /ô/ ou /ó/	Esmoler (pessoa esmoler)	Somali /lí/
Ananás	Fá-lo-á	Soror (ou sóror)
Bagdali	Masseter /ter/ (Plural: masseteres)	Tarzã[31]
Bê-á-bá (Plural: bê-á-bás)	Mister	Transistor[32]
Bengali /lí/	Nobel	Ureter (plural: ureteres)
Cateter (Plural: cateteres)	Novel	Vê-lo-á(s)
Clister (Plural: clisteres)	Obus (Plural: obuses)	Vendê-lo-ei
Comprá-lo	Para-quê (substantivo masculino)	Xerox (ou xérox)[33]
Condor (e não "côndor")	Projetil (ou projétil)	Zás-trás

---

31 A palavra **tarzã** grafa-se com til ("ã"), e não com terminação "an" ou "am". Da mesma forma, escrevem-se: *manhã, imã, irmã, órfã, satã, ãatá, cristãmente, avelãzeira, chãmente, cãs, balangandã*.
A vogal "ã" ocorre ainda em final interna, *i. e.*, antes de sufixos: *chãmente* (chã + mente), *avelãzinha, romãzeira* etc. Casos como *ãatá, tucumãí* são excepcionais, mas compreensíveis.

32 Pronuncie **transistor** (/tôr/), como em *pintor, castor ou Nestor*. A influência do vocábulo inglês transistor colaborou para a adoção da forma **transístor**, hoje aceita pelo VOLP. Portanto, temos as formas dicionarizadas *transistor* e *transístor*. No entanto, a regra é que as palavras terminadas em -or sejam oxítonas.

33 O substantivo ou o adjetivo **xerox** tem acento prosódico oscilante, podendo formar *xerox* (oxítona, não acentuada) ou *xérox* (paroxítona acentuada em face da terminação em -x). A tendência é prevalecer a primeira forma (a oxítona *xerox*), em relação à segunda. Observe os exemplos:
- *"Se tiver o folheto, pode tirar xerox ou permitir que seja xerocado?"* (Carlos Drummond de Andrade, *Jornal do Brasil*, de 26-05-1981, apud Cegalla, 1999, p. 418).
- *"Imagine uma fila de pessoas em um serviço de xerox"* (Lair Ribeiro, *Comunicação Global*, p. 97, apud Cegalla, 1999, p. 418).

19. Eles estão quites – Estar a par do assunto

Situação: *Quando nos tornamos quites, todos ficaram a par do assunto.*

Consideração: **quite** é nome de concordância simples. Deve-se grafar *eu estou quite, eu e ele estamos quites* ou *nós estamos quites*. Portanto, evite a forma errônea "nós estamos quitE", sem a concordância adequada.

Com relação à forma **estar a par**, deve-se entendê-la como sinônima de "estar ciente". Assim, *o fulano está a par da disciplina*, e não "ao par da disciplina". Por sua vez, a expressão **ao par** é de uso bastante restrito, referindo-se apenas à linguagem cambial. Caldas Aulete distingue perfeitamente as expressões, asseverando que "ao par diz-se das ações, obrigações ou papéis de crédito, quando o valor venal se equipara ao capital". Exemplos:

- *"A moeda utilizada está ao par do dólar".*
- *"O dólar e o marco estão ao par"* (portanto, têm o mesmo valor).

20. Aonde você quer chegar?

Situação: *Saber onde se encontram as pessoas é difícil; mais complicado ainda é descobrir aonde você quer chegar com a insinuação.*

Consideração: a tendência no português atual é considerar os termos com sentidos distintos. Há quem pense que esta última expressão – aonde – não existe. Ledo engano. Existem ambas. Cada qual devendo ser empregada em situações específicas. Vejamos:

- **Onde** se emprega como expressão designativa de lugar, estando ao lado de verbos *sem movimento* (os que não exigem preposição). Indica o lugar em que se está ou em que se passa algum fato. Exemplos:
    - *Onde está minha caneta?*
    - *Onde colocou o caderno?*
    - *Onde mora o fulano?*
    - *Não sei onde começar a procurar.*
    - *Não sabiam onde o genro se encontrava.*
    - *"O único lugar onde o 'sucesso' vem antes do 'trabalho' é o dicionário"* (Albert Einstein).
    - *Diz-se que o Maranhão é o Estado onde se fala o melhor português.*

- **Aonde** se emprega como expressão designativa de lugar, estando ao lado de verbos que indicam movimento ou aproximação, opondo-se a "donde", que exprime afastamento. Exemplos:

- *Aonde você pensa que vai?* ("ir" – preposição "a": quem vai, vai a algum lugar).
- *Ele chegará aonde quiser* ("chegar" – preposição "a": quem chega, chega a algum lugar).
- *Aonde devo dirigir-me para obter informações?* ("dirigir-se" – preposição "a": quem se dirige, dirige-se a alguém ou a algum lugar).
- *O investigador descobriu aonde eram levadas as mulheres* ("levar" – preposição "a": quem leva, leva (algo) a algum lugar).
- *Não sei aonde ir para chegar ao fim dessa "novela"* ("ir" – preposição "a": quem vai, vai a algum lugar).

Observação: quando se tratar de verbos de movimento, manter-se-á o vocábulo "onde", se este advérbio vier precedido de preposição. Exemplos:

- *Para onde iremos no domingo?*
- *Até onde chegou a água das enchentes?*

Importante: existe uma praxe condenável de se usar a forma "onde" em demasia nos textos escritos. Costumamos denominar o fenômeno de **ondismo**. Explicando: como pronome relativo, *onde* deve conter sempre um antecedente que se refira a lugar, podendo ser substituído por *em que* ou *no/na qual* (ou *nos/nas quais*). Exemplo: *Minha terra tem palmeiras. O sabiá canta nas palmeiras.* Portanto, é possível dizer, usando o pronome: *Minha terra tem palmeiras, onde canta o sabiá* (verso da poesia *Canção do Exílio*, de Gonçalves Dias). Todavia, vale a pena conhecer o intrigante uso anômalo do vocábulo "onde". Note a frase a seguir: "Este é o processo onde estão as provas". Trata-se de uma construção frástica equivocada, porquanto "onde" deve se referir a local físico, geralmente, cidades, pontos turísticos, países[34] etc., o que não ocorreu exatamente no caso citado. Nesse caso, substitua-o por "no qual", "em que". Portanto:

Este é o processo no qual estão as provas.

---

34 O substantivo **país** (com acento) forma o plural *países* (com acento). Por outro lado, o substantivo **pai** (sem acento) forma o plural *pais* (sem acento). Vejamos: *o país – os países; o pai – os pais*. E o diminutivo plural? Vale a pena conhecê-lo nos dois casos. Sua formação é para lá de sofisticada. Temos que adotar três passos:
1º Ponha a palavra primitiva no plural. 2º Esconda o -s. 3º Acresça o sufixo -zinhos. **Exemplos:**
- **Coração:** *corações(s) + zinhos* = **coraçõezinhos**
- **Animal:** *animai(s) + zinhos* = **animaizinhos**
- **Chapéu:** *chapéu(s) + zinhos* = **chapeuzinhos**
- **Farol:** *farói(s) + zinhos* = **faroizinhos**
- **Papel:** *papéi(s) + zinhos* = **papeizinhos**
- **Túnel:** *túnei(s) + zinhos* = **tuneizinhos**
- **Pai:** *pai(s) + zinho* = **paizinhos (pai-zi-nhos, com ditongo)**
- **País*:** *paíse(s) + zinhos* = **paisinhos (pa-i-si-nhos, com hiato)**

* **País** não entra na regra especial acima explicada. A razão é simples: na formação do diminutivo de *país*, o "-zinho" será substituído por "-inho". Portanto: **país – paisinho** ou **paisinhos, no plural**.

21. O dó – O lança-perfume

Situação: *O flagrante refere-se à apreensão de vários lança-perfumes. O desapontamento da vítima provocou muito dó de todos os espectadores.*

Comentário: os substantivos, palavras que designam os seres, podem ser masculinos ou femininos. No primeiro caso, devem ser acompanhados, no singular, de artigos **o** ou **um**; no segundo caso, se femininos, devem estar acompanhados, no singular, de **a** ou **uma**. Vamos conhecer alguns importantes substantivos, que provocam "espanto" no estudioso, quando revelam seu verdadeiro gênero. Verifique o quadro abaixo:

	Substantivo Masculino	Substantivo Feminino
Abusão		A abusão
Acne		A acne
Ágape	O ágape	
Aguardente		A aguardente
Alcíone		A alcíone
Alface		A alface
Antílope	O antílope	
Apóstolo	O apóstolo	
Areal	O areal	
Áspide		A áspide
Atenuante		A atenuante
Bólide		A bólide
Cal		A cal
Carrasco	O carrasco	
Cataplasma		A cataplasma
Cataclismo	O cataclismo	
Caudal	O caudal	
Celeuma		A celeuma
Champanhe	O champanhe	A champanhe (dois gêneros, para o VOLP)
Champanha	O champanha	
Comichão		A comichão
Contralto	O contralto	
Dó	O dó	
Entorse		A entorse
Fibroma	O fribroma	

GRAFIMACETES • capítulo 7

	Substantivo Masculino	Substantivo Feminino
Filoxera /cs/		A filoxera /cs/
Fleuma e Fleugma		A fleugma
Herpes	O herpes	
Hosana	O hosana	
Jaçanã		A jaçanã
Juriti		A juriti
Lança-perfume	O lança-perfume	
Lhama	O lhama	A lhama (dois gêneros, para o VOLP)
Libido		A libido
Matiz	O matiz	
Milhar	O milhar	
Neném	O neném (só masculino para o VOLP)	A neném (dois gêneros para o Houaiss)
Omelete	O omelete	A omelete (dois gêneros, para o VOLP)
Omoplata		A omoplata
Proclama	O proclama	
Púbis	O púbis	
Parasito	O parasito	
Soprano	O soprano	
Suéter	O suéter	
Trânsfuga	O trânsfuga	
Virago		A virago (mulher machona, varonil)

Outros casos:

NOME	SUBSTANTIVO MASCULINO	SUBSTANTIVO FEMININO
Agravante	O agravante	A agravante

Será substantivo masculino apenas no caso de menção à figura masculina daquele que interpõe o recurso de Agravo de Instrumento. Exemplo:

- *O agravante procedeu à anexação das peças obrigatórias do recurso, conforme o artigo 511 do CPC.*

Caso contrário, teremos a prevalência do gênero feminino: *a agravante, uma agravante, múltiplas agravantes*.

NOME	SUBSTANTIVO MASCULINO	SUBSTANTIVO FEMININO
Aluvião		A *aluvião*

A **aluvião** designa, em sentido figurado, "um depósito de coisas". No sentido literal, tem a acepção de "depósito de cascalho que se forma após as chuvas com as enxurradas". Não obstante bons escritores terem usado tal substantivo na forma masculina, deve-se frisar que se trata de substantivo feminino (*a aluvião*), em virtude de sua origem latina (*alluvione*). O Aurélio admite ambas as formas. O VOLP registra tão somente a forma feminina, entendimento ao qual nos filiamos. Apreciemos nossos literatos de prol, adeptos da forma feminina:

- *"Durante esse tempo ia o poeta tirando do bolso uma aluvião de papéis"* (Machado de Assis);

- *José Eduardo ocultara esse acontecimento para evitar uma aluvião de perguntas.*

Bacanal		A *bacanal*

Os nomes de festas pagãs ou populares devem ser grafados com inicial minúscula. Exemplo: *carnaval, bacanais*. Diga-se que as festas em honra de Baco (ou Dioniso, na mitologia grega) – deus romano do vinho – eram encontros festivos e licenciosos, celebrados à noite e, até por volta de 198 a.C., exclusivos das mulheres.

Cólera	O *cólera*	A *cólera*

Cólera é substantivo feminino, preferencialmente, referindo-se à enfermidade infecciosa (ou seja, *cólera morbo*). No entanto, é oportuno tolerar, conforme a dicção do VOLP, a modalidade masculina (*o cólera*) – gênero bastante utilizado no meio médico. Registre-se que, no sentido de "estado de raiva e ira", é substantivo feminino, exclusivamente (*a cólera*). Vamos observar alguns exemplos:

- *"Vibrião da cólera chega à Zona Sul"*[35].

- *"A cólera-morbo dizimava a população"*[36].

- *"Com a rapidez da cólera ou da peste corre por todos os ângulos de Portugal uma coisa hedionda e torpe..."*[37]

Cônjuge	O *cônjuge*	

O termo designativo para cada um dos esposos é **cônjuge**. O substantivo é sobrecomum, isto é, aquele que se refere tanto a pessoas do sexo masculino quanto a pessoas do sexo feminino. Portanto, referindo-se a homem ou a mulher, o substantivo será sempre masculino: *ele é o cônjuge; ela é o cônjuge*.

---

35 *Jornal do Brasil*, de 1-4-1993, *apud* Cegalla, 1999, p. 76.
36 Mário Barreto, *Novos Estudos*, p. 303, *apud* Cegalla, 1999, p. 76.
37 Alexandre Herculano, *O Monge de Cister*, I, p. IX, *apud* Cegalla, 1999, p. 76.

NOME	SUBSTANTIVO MASCULINO	SUBSTANTIVO FEMININO
Diabete (s)	*O diabete (s)*	*A diabete (s)*

O substantivo **diabete** ou **diabetes** pode ser masculino ou feminino, não havendo possibilidade de equívoco com a palavra. Observe as formas possíveis: *O diabete – O diabetes – A diabete – A diabetes*. A forma **o diabetes** é a que mais se apresenta fiel à etimologia do grego diabétes. Note que, mesmo com o -s presente, manteve-se a forma, no singular. Pela sua origem, o vocábulo é masculino, não obstante os dicionaristas preferirem considerá-lo como masculino ou feminino. Talvez se pense em usar o artigo feminino por se associar a palavra ao vocábulo feminino doença.

Grama (peso)	*O grama*	

Todas as palavras de origem grega terminadas em "ma" são masculinas. Exemplos: *Problema – Trema – Fonema – Dilema – Grama – Panorama – Telegrama – Fantasma*.

Mascote		*A mascote*

O vocábulo **mascote**, derivado como substantivo feminino do francês *mascotte*, assim se manteve em nosso idioma, sendo considerado como tal pela grande maioria dos lexicógrafos nacionais, com exceção de Antônio G. da Cunha (2003: 505), que o reputa comum de dois gêneros (o mascote / a mascote). Portanto, entendemos que o substantivo deve ser grafado no gênero feminino, a par da melhor literatura, que esposa idêntico pensar, conforme se nota dos exemplos abaixo delineados:

- "A mascote dos Fuzileiros Navais é um carneiro"[38].
- "Em cinco anos, Edival nasce, enverga uma farda, faz a mascote do Corpo de Bombeiros, tira retrato..."[39].

Modelo	*O modelo*	*A modelo*

Caso se refira ao "indivíduo contratado por agência ou casa de modas para desfilar com as roupas que devem ser exibidas à clientela", segundo o Dicionário Houaiss, o vocábulo seria comum de dois gêneros: o *modelo* (para homem), a *modelo* (para mulher). Da mesma forma: o *lotação* (veículo), a *lotação* (ato de lotar ou capacidade de um espaço físico).

Nuança		*A nuança*

Prefira essa forma ao condenável galicismo "nuance". Trata-se verdadeiramente de substantivo feminino (a nuance), na acepção de "tom, tonalidade, gradação de cor ou matiz" (este, sim, um substantivo masculino). Exemplos:

- As nuanças dos vestidos na passarela eram imperceptíveis.
- Eram muitas as nuanças da voz do exímio tenor.
- As nuanças do estilo e os matizes da forma são o diferencial do bom intérprete.

---

38 Antônio Houaiss, *apud* Cegalla, 1999, p. 252.
39 Carlos Drummond de Andrade, *Obra Completa*, p. 586, *apud* Cegalla, 1999, p. 252.

NOME	SUBSTANTIVO MASCULINO	SUBSTANTIVO FEMININO
Ordenança	O ordenança	A ordenança

O substantivo **ordenança**, na acepção de "soldado posto às ordens de uma unidade", é admitido pelo VOLP e Houaiss nas formas masculina e feminina (substantivo de dois gêneros).

Parasita		A parasita

Parasita é substantivo feminino (a parasita), que significa o vegetal que se nutre da seiva alheia. Exemplos:

- *Devemos exterminar as parasitas, senão nossa plantação estará ameaçada.*
- *A erva-de-passarinho é uma danosa e temida parasita.*

Por sua vez, **parasito** é substantivo masculino (o parasito), que significa o animal ou organismo que se nutre do sangue ou matéria alheios do outro, no qual se instala. Exemplos:

- *Os piolhos são parasitos; os vermes, também os são.*
- *O homem é um parasito; vive à custa do tio.*

Observação: há registros de uso de parasita no feminino (a parasita) para este sentido. Ademais, frise-se que o VOLP abona o vocábulo parasita como adjetivo.

Personagem	O personagem	A personagem

O vocábulo **personagem** pode ser utilizado tanto no masculino quanto no feminino (*o/a personagem*). Diga-se que, originalmente do francês *personnage*, o substantivo é masculino, razão pela qual a crítica a esse gênero é prática arbitrária, mostrando-se divorciada do conhecimento dos fatos da linguagem. Portanto, há liberdade de gêneros e de uso. Aliás, já se consagrou o uso desse substantivo como *comum-de-dois (o personagem, a personagem)*.

Praça (soldado)	O praça	

Os dicionários Aurélio e Houaiss admitem o substantivo como masculino ou feminino (*o praça* ou *a praça*), designativos do soldado. A preferência, no entanto, é pelo masculino.

Sentinela	O sentinela	A sentinela

Sentinela é substantivo feminino (VOLP). Exemplos:

- *O pelotão possuía várias sentinelas que se revezavam no posto.*
- *"O cão era a sentinela da casa"* (Aurélio).
- *Interpelado pela sentinela, balbuciou palavras inconsistentes.*

Há quem admita o uso no gênero masculino, pelo fato de que a função é tradicionalmente exercida por homens (guardas ou soldados). Tal posicionamento encontra guarida na boa literatura. Exemplo:

- *"A noite, para o sentinela, é sempre igual"*[40].

---

40 Fernando Namora, *O Homem Disfarçado*, p. 14, *apud* Cegalla, 1999, p. 21.

NOME	SUBSTANTIVO MASCULINO	SUBSTANTIVO FEMININO
Sósia	O sósia	A sósia

O substantivo **sósia**, na acepção de pessoa muito parecida com outra, pode vir acompanhado do artigo masculino ou feminino, dependendo da pessoa a que se refere. Exemplo: a sósia ou *o sósia*. Ou, ainda:

- *Hoje vi o sósia de Gilberto Gil.*
- *Na tevê, apareceram várias sósias de Gal Costa.*

Usucapião	O usucapião	A usucapião

O substantivo **usucapião** pode ser usado no gênero masculino ou feminino (VOLP). Os dicionaristas adotam ambas as formas. O verbo é *usucapir* (verbo defectivo; conjuga-se como *abolir*).

22. Macérrimo (muito magro) e superbíssimo (muito soberbo)

Situação: *O Imperador era homem muito magro, macérrimo perante os homens comuns. Não se pode esquecer de que lhe faltava a humildade... era superbíssimo.*

Comentário: os adjetivos exprimem as qualidades dos seres. Há vezes em que desejamos imprimir-lhes força, a fim de que traduzam a intensidade da qualidade manifestada no momento.

Podemos, portanto, exprimir a intensidade com o uso do advérbio de intensidade *muito*, grafando, em vez de "doce", *muito doce*; em vez de "notável", *muito notável*; em vez de "sagrado", *muito sagrado*. Em tais situações, teremos o adjetivo expresso no *Grau Superlativo Absoluto Analítico*.

Se preferirmos sintetizar a usar o tal *muito*, enfrentaremos nomes pouco usuais, designativos de adjetivos expressos no *Grau Superlativo Absoluto Sintético*. Assim, teremos, em consonância com os adjetivos supramencionados: *dulcíssimo* (doce), *notabilíssimo* (notável) e *sacratíssimo* (sagrado). São nomes adstritos à língua culta ou literária, no entanto, recomendamos que os utilize, caso se veja em situação que os exija. Quanto ao superlativo absoluto sintético de magro, há *macérrimo* (forma erudita) e magríssimo (forma vulgar). Quanto à forma "magérrimo", temos criticado com veemência sua utilização, em razão do fato de que a formação etimológica de "magro" vem de *macer* – portanto, "macérrimo". Nesse diapasão, o ilustre Professor Ivo Xavier Fernandes, *in Questões de Língua Pátria*, preconiza: "*Usar a forma magérrimo é um despautério que não se justifica*". Assim, ressalte-se: não se trata de um purismo exagerado, mas de não permitir que o vernáculo feneça.

Não obstante, somos levados a reconhecer que o termo "magérrimo" se encontra consagrado na linguagem popular, recebendo a chancela até mesmo de gramáticos e dicionaristas (Houaiss). Frise-se, ainda, que a 6ª edição do VOLP também legitima a forma.

Vamos conhecer, em suas formações, alguns superlativos absolutos sintéticos de notável beleza:

ADJETIVO	SUPERLATIVO ABSOLUTO ANALÍTICO	SUPERLATIVO ABSOLUTO SINTÉTICO
Acre	Muito acre	Acérrimo
Ágil	Muito ágil	Agílimo
Amargo	Muito amargo	Amaríssimo
Amigo	Muito amigo	Amicíssimo
Antigo	Muito antigo	Antiquíssimo
Benéfico	Muito benéfico	Beneficentíssimo
Benévolo	Muito benévolo	Benevolentíssimo
Célebre	Muito célebre	Celebérrimo
Cristão	Muito cristão	Cristianíssimo
Crível	Muito crível	Credibilíssimo
Cruel	Muito cruel	Crudelíssimo
Dessemelhante	Muito dessemelhante	Dissimílimo
Doce	Muito doce	Dulcíssimo
Dócil	Muito dócil	Docílimo
Fiel	Muito fiel	Fidelíssimo
Frio	Muito frio	Friíssimo (ou Frigidíssimo)
Frígido	Muito frígido	Frigidíssimo
Geral	Muito geral	Generalíssimo
Humilde	Muito humilde	Humílimo
Incrível	Muito incrível	Incredibilíssimo
Inimigo	Muito inimigo	Inimicíssimo
Íntegro	Muito íntegro	Integérrimo
Jovem	Muito jovem	Juveníssimo
Macio	Muito macio	Maciíssimo* (Ma-ci-ís-si-mo)
Magnífico	Muito magnífico	Magnificentíssimo
Maledicente	Muito maledicente	Maledicentíssimo
Maléfico	Muito maléfico	Maleficentíssimo
Malévolo	Muito malévolo	Malevolentíssimo
Manso	Muito manso	Mansuetíssimo
Mirífico	Muito mirífico	Mirificentíssimo
Miúdo	Muito miúdo	Minutíssimo

GRAFIMACETES • capítulo 7

ADJETIVO	SUPERLATIVO ABSOLUTO ANALÍTICO	SUPERLATIVO ABSOLUTO SINTÉTICO
Pessoal	Muito pessoal	Personalíssimo
Pio	Muito pio	Piíssimo
Pobre	Muito pobre	Paupérrimo
Precário	Muito precário	Precariíssimo* (Pre-ca-ri-ís-si-mo)
Provável	Muito provável	Probabilíssimo
Sábio	Muito sábio	Sapientíssimo
Sagaz	Muito sagaz	Sagacíssimo
São	Muito são	Saníssimo
Semelhante	Muito semelhante	Simílimo (ou Semelhantíssimo)
Sério	Muito sério	Seriíssimo* (Se-ri-ís-si-mo)
Simples	Muito simples	Simplicíssimo
Só	Muito só	Sozíssimo
Sumário	Muito sumário	Sumariíssimo* (Su-ma-ri-ís-si-mo)
Vão	Muito vão	Vaníssimo
Volúvel	Muito volúvel	Volubilíssimo

* O superlativo absoluto sintético de *sumário, sério* e *precário*, segundo os cânones da norma culta, é **sumariíssimo, seriíssimo e precariíssimo**, respectivamente. No entanto, a preferência popular e literária, bem como a praxe forense, sacramentou a forma regular -íssimo, não adotando a irregular -iíssimo. Assim, podemos considerar ambas as formas aceitáveis (*sumaríssimo* ou *sumariíssimo*; *seríssimo* ou *seriíssimo*; *precaríssimo* ou *precariíssimo*). Vamos ao exemplo:

- "... enquanto era expulsa a Canalha das Ruas, que se apresentara em trajes sumaríssimos, atentando contra o decoro" (Carlos Drummond de Andrade, *Os Dias Lindos*, p. 80, *apud* Cegalla, 1999, p. 384).

23. SEPARAÇÃO SILÁBICA: AB-RUP-TO OU A-BRUP-TO?

Situação: *O rapaz, sem dar sinais de doença, teve um abrupto choque.*

Comentário: é comum, em nosso cotidiano, ao redigirmos textos, depararmos com uma insidiosa tarefa: **a separação de sílabas.** E por que "insidiosa"? Porque a matéria não é tão simples, "pregando peças" naquele que se mantém distante do estudo da Gramática. Todavia, vamos aproveitar o momento para reavivar os balizamentos da adequada separação das sílabas.

1. Para separarmos as sílabas, devemos usar a *silabação*, isto é, pronunciar os vocábulos por sílaba – conjunto de letras que se forma com uma vogal, a que se agregam, ou não, semivogais ou consoantes. Como sinal gráfico, usa-se o hífen. Exemplos:

- *Caminho: Ca-mi-nho*
- *Cadeira: Ca-dei-ra*

2. Não se separam ditongos[41]. Exemplos:

- *Treino: Trei-no*
- *Sociedade: So-cie-da-de*

3. Não se separam tritongos[42]. Exemplos:

- *Paraguai: Pa-ra-guai*
- *Averiguou: A-ve-ri-guou*

4. Não se separam os dígrafos[43] *ch, lh, nh, gu e qu*. Exemplos:

- *Colheita: Co-lhei-ta*
- *Queijo: Quei-jo*

5. Separam-se os dígrafos *rr, ss, sc e xc*. Exemplos:

- *Carro: Car-ro*
- *Ressuscitar: Res-sus-ci-tar*
- *Sussurro: Sus-sur-ro*

6. Separam-se os hiatos[44]. Exemplos:

- *Saúde: Sa-ú-de*
- *Duelo: Du-e-lo*
- *Pituíta: Pi-tu-í-ta*

7. Separam-se os encontros consonantais dissociáveis. Exemplo:

- *Rapto: Rap-to*
- *Istmo: Ist-mo*

8. Separa-se o grupo de letras formadoras de prefixos, quando antecederem vogal. Exemplos:

- *Suboficial: Su-bo-fi-ci-al* (quebra-se o prefixo "sub", por anteceder a vogal "o")[45].

---

41 **Ditongo:** é o encontro de uma vogal com uma semivogal em uma mesma sílaba.

42 **Tritongo:** é o produto da combinação [semivogal + vogal + semivogal] em uma mesma sílaba.

43 **Dígrafo:** é a combinação de duas letras, que representam um único fonema.

44 **Hiato:** é a combinação de duas vogais "vizinhas", porém pertencentes a sílabas diferentes.

45 O mesmo fato ocorre com os vocábulos adiante assinalados: *Subitem (su-bi-tem), subumano (su-bu-ma-no), subaxilar (su-ba-xi-lar), subaquático (su-ba-quá-ti-co), subabdominal (su-bab-do-mi-nal), subadutora (su-ba--du-to-ra), subalimentado (su-ba-li-men-ta-do), subafluente (su-ba-flu-en-te), subagente (su-ba-gen-te), subalugar (su-ba-lu-gar), subaluguel (su-ba-lu-guel), subarrendar (su-bar-ren-dar), subarmônico (su-bar-mô-ni--co), subarte (su-bar-te), subatômico (su-ba-tô-mi-co), subemenda (su-be-men-da), subequatorial (su-be-qua-to-ri-al), subepático (su-be-pá-ti-co), subespécie (su-bes-pé-cie), subestação (su-bes-ta-ção), subinflamação (su-bin-fla-ma-tó-rio), subinformar (su-bin-for-mar), subocular (su-bo-cu-lar), subordem (su-bor--dem), suborizonte (su-bo-ri-zon-te), subumbilical (su-bum-bi-li-cal), subumeral (su-bu-me-ral), subestimar (su-bes-ti-mar).*

- *Transatlântico*[46]: *Tran-sa-tlân-ti-co* (quebra-se o prefixo "trans", por anteceder a vogal "a").
- *Subentender*: *Su-ben-ten-der* (quebra-se o prefixo "sub", por anteceder a vogal "e").

9. Não se separa o grupo de letras formadoras de prefixos, quando antecederem consoante não seguida de vogal. Esta irá se juntar ao prefixo anterior. Exemplos:

- *Transcontinental*: *Trans-con-ti-nen-tal* (mantém-se incólume o grupo de letras "trans", por anteceder a consoante "c").
- *Substância*: *Subs-tân-cia* (mantém-se incólume o grupo de letras "subs", por anteceder a consoante "t").

Observação: no entanto, "*subsumir*" separa-se como "sub-su-mir", quebrando-se o grupo de letras "sub<u>s</u>", por anteceder a vogal "u"). O mesmo ocorre com *subliminar* (sub-li-mi-nar): mantém-se incólume o prefixo "sub", por anteceder a consoante "l", porém seguida de vogal[47].

10. Deve-se ter cuidado com a quebra de algumas palavras, cujos "pedaços" podem provocar "estragos", recomendando-se a não separação. Trata-se do vício conhecido como cacófato. Observe a palavra *cujo*. Ao separá-la, teremos um "palavrão" somado a uma outra sílaba (cu + jo). O mesmo se diga do vocábulo *federal*, caso se quebre a palavra no meio, separando-a "fede-ral".

Enfatize-se, ainda, que nessa matéria existem postulados dos quais não podemos prescindir:

a) não há sílaba sem vogal;

b) não pode haver duas vogais na mesma sílaba. Note que em *boi* ou em *mãe*, as vogais são "o" e "a", respectivamente. As outras letras ("i" e "e") representam semivogais.

Vamos conhecer algumas separações silábicas que merecem destaque:

---

46 Observe que o -s de *trans* tem valor fonético de "z", se vier antes de vogal. Exemplo: *transamazônico* (/za/), *transoceânico* (/zo/), *transandino* (/zan/), *transuniversal* (/zu/). Por outro lado, se vier antes de -s, haverá a fusão em um "s" apenas, e pronunciar-se-á como "ss". Exemplo: *transexual* (/sse/), *transexualismo* (/sse/), *transudar* (/ssu/), *transubstanciação* (/ssu/), *transiberiano* (/ssi/).

47 O mesmo fato ocorre com os vocábulos adiante assinalados: *sublocar* (pronuncie e separe /sub-lo/), *sublunar* (pronuncie e separe /sub-lu/), *subgerente* (pronuncie e separe /sub-ge/), *subtropical* (pronuncie e separe /sub-tro/), *sublegenda* (pronuncie e separe /sub-le/), *sublacustre* (pronuncie e separe /sub-la/), *sublevação* (pronuncie e separe /sub-le/), *sublenhoso* (pronuncie e separe /sub-le/), *sublevar* (pronuncie e separe /sub--le/), *subliminar* (pronuncie e separe /sub-li/), *sublingual* (pronuncie e separe /sub-li/), *sublombar* (pronuncie e separe /sub-lom/). A exceção ocorre com a palavra "sublime" (pronuncie /su-bli/) e suas derivadas, como: *sublimação, sublimado, sublimar, sublimidade* etc.

PALAVRA	QUANTIDADE DE SÍLABAS	SEPARAÇÃO SILÁBICA
Abdome	Trissílaba	Ab-do-me
Abstrato	Trissílaba	Abs-tra-to
Adlegar	Trissílaba	Ad-le-gar
Arrizotônica	Polissílaba	Ar-ri-zo-tô-ni-ca
Bíceps	Dissílaba	Bí-ceps
Bisanual	Polissílaba	Bi-sa-nu-al
Bissemanal	Trissílaba	Bis-se-ma-nal
Cacauicultura	Polissílaba	Ca-cau-i-cul-tu-ra
Cisalpino	Polissílaba	Ci-sal-pi-no
Corrupção	Trissílaba	Cor-rup-ção
Desassossegar	Polissílaba	De-sas-sos-se-gar
Descerrar	Trissílaba	Des-cer-rar
Eurritmia	Polissílaba	Eur-rit-mi-a
Friccionar	Trissílaba	Fric-cio-nar
Fissirrostro	Polissílaba	Fis-sir-ros-tro
Friíssimo	Polissílaba	Fri-ís-si-mo
Fissura	Trissílaba	Fis-su-ra
Fotossíntese	Polissílaba	Fo-tos-sín-te-se
Horribilíssimo	Polissílaba	Hor-ri-bi-lís-si-mo
Insosso	Trissílaba	In-sos-so
Interurbano	Polissílaba	In-te-rur-ba-no
Irrepreensível	Polissílaba	Ir-re-pre-en-sí-vel
Minissaia	Trissílaba	Mi-nis-sai-a
Perspicaz	Trissílaba	Pers-pi-caz
Radiouvinte	Polissílaba	Ra-diou-vin-te
Ressurrecto	Polissílaba	Res-sur-rec-to
Ressurreição	Polissílaba	Res-sur-rei-ção
Ressuscitar	Polissílaba	Res-sus-ci-tar
Solstício	Trissílaba	Sols-tí-cio
Subestimar	Polissílaba	Su-bes-ti-mar
Sublingual	Trissílaba	Sub-lin-gual
Sublocar	Trissílaba	Sub-lo-car

PALAVRA	QUANTIDADE DE SÍLABAS	SEPARAÇÃO SILÁBICA
Subráquio	Trissílaba	Su-brá-quio
Sussurrante	Polissílaba	Sus-sur-ran-te
Terribilíssimo	Polissílaba	Ter-ri-bi-lís-si-mo
Videorrevista	Polissílaba	Vi-de-or-re-vis-ta
Vivissecção	Polissílaba	Vi-vis-sec-ção

Observe, agora, alguns comentários extras.

PALAVRA	QUANTIDADE DE SÍLABAS	SEPARAÇÃO SILÁBICA
Abrupto	Trissílaba	Ab-rup-to

A separação silábica da palavra **abrupto** é de deixar qualquer um "louco"... ainda mais se tentarmos pronunciar conforme a separação se faz. Teremos que falar, separadamente, "ab-rup-to", e não "abrup-to", como geralmente se diz. Portanto, somos da opinião que não deve ser sacrificada a naturalidade em abono do rigor absoluto. Seguindo as palavras de Cegalla, em seu *Dicionário de Dificuldades da Língua Portuguesa*, devemos nos portar "nem muito ao mar nem muito à terra; nem liberal nem purista; nem demasiada condescendência com os desvios da boa norma, nem caturrice vernaculista, amarrada a velhos cânones gramaticais, infensa a qualquer inovação. 'In medio virtus'" (1999: Apresentação, VIII).

Dessa forma, por ser aspérrima a pronúncia "ab-rup-to", não obstante legítima, prefira-se proferir "abrup-to" e "abrup-tamente".

| Cafeicultor | Polissílaba | Ca-fe-i-cul-tor |

Em vocábulos como **cafeicultor, cafeicultura** e **cafeocracia** as vogais -i e -o são elementos de ligação, devendo ser pronunciadas, isoladamente. Assim: *ca-fe-i-cul-tor; ca-fe-i-cul-tu-ra; ca-fe-o-cra-ci-a*. Além disso, repita-se o raciocínio em: *ca-fe-i-na-do; ca-fe-i-nis-mo*.

| Occipital | Trissílaba | Oc-ci-pi-tal |

O vocábulo **occipital** deve ser pronunciado "ókcipital". O timbre é aberto no "o" inicial. Da mesma forma, os termos cognatos, *v.g.*, *occipício* (pronuncie "ókcipíciu").

| Sublinhar | Trissílaba | Sub-li-nhar |

A separação silábica, nesses casos, assim se impõe: *sub-li-nhar, sub-le-va-ção, sub-le-var, sub-la-cus-tre, sub-le-gen-da, sub-li-mi-nar, sub-lin-gual, sub-li-te-ra-tu-ra, sub-lo-ca-ção, sub-lo-ca-tá-rio, sub-lu-nar*.

No ato da fala, não deve ser sacrificada a naturalidade em abono do rigor absoluto. A pronúncia "su-blinhar", por ser mais eufônica, é a que nos parece mais recomendável. A edição do VOLP 2021 chancelou a *pronúncia oscilante* ("*su-bli*" ou "*sub-li*") para *sublinhar, sublinhador, sublinhado, sublinha, sublevar* e *sublevado*.

IMPORTANTE

Translineação – Conceito

A translineação se refere à passagem de uma linha para outra, na confecção de um texto escrito. É natural que nesse processo deve haver obediência às regras de separação silábica acima enunciadas, no entanto, há critérios importantes que precisam ser seguidos. Vamos a eles:

1. Não se deve isolar letras na separação silábica, ao mudar a linha. O isolamento é visualmente condenável, além de não ser gramaticalmente recomendável. Portanto, escreva a palavra inteira, evitando a "quebra" das vogais nas separações de:

    1.1. Dissílabos, como *unha* (u-nha), *rua* (ru-a), *Eva* (E-va).

    1.2. Trissílabos ou Polissílabos, como *ícaro* (í-ca-ro), *avião* (a-vi-ão), *efêmero* (e-fê-me-ro).

2. Na translineação de uma palavra composta ou de uma combinação de palavras em que há um hífen, ou mais, se a partição coincide com o final de um dos elementos ou membros, deve, por clareza gráfica, repetir-se com o hífen no início da linha imediata.

Exemplo:

....serená- -los-emos...................................	....serená-los- -emos...................................

24. Abreviaturas de metro, hora e quilômetro

Situação: *O submarino, que já trafegara 1.500km entre as ilhas, atingiu a profundidade de 150m às 15h30min.*

Comentário: a abreviatura é a representação concisa de uma palavra ou expressão. Podemos abreviar *Avenida* como **Av.**, o *Estado do Amazonas* por **AM** e *Doutor* por **Dr.**

É necessário distinguir **abreviação** de **abreviatura**. A *abreviação* resulta de um processo de formação de palavras até o limite que não prejudica a compreensão. Exemplo: "moto" é abreviação de *motocicleta*; "foto", de *fotografia* etc. A *abreviatura*, por outro lado, é a representação do vocábulo por meio de algumas de suas sílabas ou letras. Exemplo: "p." ou "pág." são abreviaturas de *página*.

Em geral, a abreviatura termina por consoante seguida de ponto final, exceto se forem símbolos científicos de pesos e medidas, nos quais se deve omitir o ponto final e o "s", no plural, segundo o Decreto n. 4.257, de 16-6-1939, e legislações posteriores. Exemplos:

m = metro ou metros (*observação*: "ms." ou "mts." ou "m." são erronias)

cm = centímetro ou centímetros

g = grama ou gramas

l = litro ou litros (letra "éle" minúscula)

h = hora ou horas

min = minuto ou minutos

s ou seg = segundo

km = quilômetro (letras minúsculas) (*observação*: "kms." é erronia)

kg = quilograma (letras minúsculas) (*observação*: "k." ou "ks" são erronias)

K = potássio (letra maiúscula)

Com efeito, deve o operador do Direito tomar muito cuidado com a abreviatura de *horas*. O correto é a letra **h**, minúscula e sem acréscimo de qualquer outra letra ("s", por exemplo). O erro, todavia, é bastante comum, e dele o estudioso deve se afastar. Vamos reforçar:

- Três e meia da tarde = **15h30min**
- *Dez horas* = **10h** (e não "10:00h", ou "10H", ou "10 Hs", ou "10 Hrs")[48].
- Nove e quinze da noite = **21h15min**
- Duas horas, dez minutos e vinte segundos = **2h10min20seg** ou **2h10min20s**

Observe outras abreviaturas importantes:

Abreviatura	Palavra
cf.	confronte ou confira (e não "conforme"!)
DD.	Digníssimo
Dr.	Doutor
Fl.	Folha
Fls.	Folhas (na redação forense, admite-se essa abreviatura para *folha*, no singular)

---

48 **Letra H:** como mera letra decorativa, o **h**, na formação vocabular, não tem valor fonético, nem funciona como **notação léxica** (ou seja, um sinal ortográfico ou diacrítico que se une às palavras para lhes dar um valor fonético e uma pronúncia adequada – *o acento agudo, o circunflexo e o grave; o til; a cedilha; o trema; o apóstrofo; e o hífen*). Parafraseando o dito popular: "O 'h' é letra muda. Não fala, mas ajuda". Todavia, pode trazer problemas àqueles menos familiarizados com a norma etimológica e com a tradição escrita.

MANUAL DE PORTUGUÊS JURÍDICO

Abreviatura	Palavra
p.p.	próximo passado
P.S.	Depois do escrito (*post scriptum*)
S.A.	Sociedade Anônima
S.O.S.	*Save our souls* ("salve nossas almas") – pedido de socorro enviado por navios e aviões
v.g.	*verbi gratia* (ou seja, por exemplo)
e.g.	*exempli gratia* (ou seja, por exemplo)
a.C.	antes de Cristo
d.C.	depois de Cristo
Prof.	Professor (evite o pequeno "o" superior. Exemplo: "Profº")
Profª.	Professora (insira o pequeno "a" superior. Exemplo: Profª.)
Ib. ou ibid.	*Ibidem* (ou seja, no mesmo lugar)
Id.	*Idem* (ou seja, o mesmo)
Op. cit.	*Opus citatum* (ou seja, obra citada)
Pass.	*Passim* (ou seja, aqui e ali, em diversos lugares)
Etc.	*Et cetera* (e o resto)
Séc.[49]	Século

Vamos, agora, memorizar algumas palavras escritas com a **letra H**:

Bahia[50]	Hemograma	Hialino
Hábil (mas *inábil*, sem -h)	Hendecassílabo	Hialurgia
Halterofilista	Heptacampeão	Hidatismo
Haurir	Heptassílabo	Hidrelétrica ou Hidroelétrica
Haver (mas *reaver*, sem -h)	Herbívoro (mas *erva*, sem -h)	Hidroavião
Hélice (mas *turboélice*, sem -h)	Herege	Hidrossanitário
Helminto	Hérnia	Hidroterapia
Hemácia	Hesitar	Hidrovia
Hematoma	Hexacampeão[51]	Higidez

---

[49] Observe que se mantêm os acentos nas abreviaturas. *Exemplos:* **gên.** (gênero); **pág.** (página).

[50] *Grafam-se sem **h**, porém, os derivados baiano, baianada, baianinha, baianismo e laranja-da-baía. Além disso, escrevem-se Baía de Guanabara e Baía de Todos os Santos, por serem nomes próprios ("baía", aqui, é o acidente geográfico).*

[51] Registre-se que os vocábulos **hexacampeão** e **hexacampeonato** passaram a compor o nosso léxico desde a edição do VOLP 2004. A pronúncia afeta à letra -x deve ser oscilante (/ks/, como em *tóxico*, ou /z/, como em *exame*).

Hígido	Hipoderme	Homilia /lí/
Hílare	Hipopótamo	Homizio /zí/
Hilaridade (e não "hilariedade")	Hipotensão	Hoplita
Hilário	Histeria	Horripilar
Hiperacidez	Histogista	Hulha
Hiper-hidrose[52]	Hodômetro	Humano (mas *desumano*, sem -h)
Hiper-rancoroso	Holismo	Humificar
Hipersensível	Holofote	Húmus
Hipocarpo	Homem (mas *lobisomem*, sem -h)	

25. JABUTICABA – REBULIÇO

Situação: *Os jovens fizeram o maior rebuliço quando chegaram ao quintal repleto de jabuticabas.*

Comentário: as palavras acima apresentam dificuldades, podendo gerar equívocos, com relação ao emprego das vogais "u" ou "o". Vamos conhecer o quadro comparativo a seguir.

Grafam-se com O	Grafam-se com U
BússOla	BUeiro
COstume	BUgiganga
EngOlir	BUlir
GOela	bUrbUrinho
MagOar	CocUruto
MOela	CUrtume
NévOa	ElUcubração[53]
NódOa	EntUpir
ÓbOlo	JabUti
POlenta	JabUticaba
POlir	LóbUlo
POleiro	RebUliço
FOcinho	TábUa

---

[52] O prefixo **hiper** (origem grega) só exige o hífen se a palavra posterior começar com -r ou -h. Exemplos: *hiper-realista, hiper-reatividade, hiper-reativação, hiper-resposta, hiper-hidratação, hiper-humano, hiper--hedonismo.*

[53] Para o VOLP, são corretas as formas **elucubração** ou **lucubração**.

26. Obsessão – Excesso – Vicissitude – Imprescindível

Situação: *É imprescindível que ele supere as vicissitudes da vida, a fim de que essa obsessão não se transforme em algo excessivamente intransponível.*

Comentário: há várias palavras em nosso vernáculo que têm o fonema /s/. Há palavras grafadas com -ç (*endereço*), com -ss (*massa*), com -sc (*descer*), com -sç (eu *desço*), com -x (*próximo*) e, finalmente, com -xc (*excelente*). Ressalte-se que, segundo Nicola & Terra (2000: 111),

> o fonema é a menor unidade sonora de caráter distintivo, ou seja, a permuta de um fonema implica uma nova palavra.

Os fonemas são representados, na escrita, por letras; no entanto, nem sempre a cada fonema corresponde uma letra. Podemos ter um fonema representado por duas letras ou dígrafos (é o que ocorre em "chave"). Aliás, esse mesmo fonema pode ser representado pela letra "x" ("xícara", "lixar"). Por outro lado, em "táxi", a letra "x" indica dois fonemas (/k/ e /s/); em "exemplo", o fonema /z/; em "aproximar", o fonema /s/. Portanto, não devemos confundir fonema com letra.

A tabela abaixo detalhará o fonema /s/:

FONEMA /s/							
Rol de Palavras Grafadas com:							
C	Ç	S	SS	SC	X	XC
Acervo	Açafate	Ansiar	Acesso	Abscesso	Aproximar	Exceção
Acético	Açafrão	Ansiedade	Admissão	Abscissa	Cóccix	Excedente
Acetinado	Açucena	Ansioso	Aerossol[54]	Adolescência	Expectativa	Excelência
Acinte	Alçar	Aspersão	Alvíssaras[55]	Arborescer	Expensa(s)	Excelentíssimo
Alcance	Almaço	Cós	Amissão	Ascensão[56]	Experiente	Excelso

---

54   Para o VOLP, é correta apenas a forma **aerossol**.

55   Existe um sem-número de expressões e vocábulos oriundos do **idioma árabe** que foram incorporados pela língua portuguesa, já que a História mostra uma longa ocupação dos mouros na Península Ibérica, que lá permaneceram durante oito séculos, entre os anos de 711 a 1492. São palavras de origem árabe: *álcool, alfama, algarismo, alfaiate, algodão, alfândega, alface, algibeira, alfafa, alguidar, alparcata, álgebra, alqueire, azeite* e várias outras iniciadas por *"al"* (= é artigo em árabe).

56   **Ascensão:** na acepção de "subir, elevar-se", é vocábulo usado em ascensão da pipa, ascensão da montanha, ascensão a um cargo, ascensão de Cristo.
Assunção: representa o "ato de assumir, de tomar para si". Exemplo: *assunção da Virgem Maria ao céu*.
Memorize: no relato bíblico da **ascensão de Jesus Cristo e e da assunção de Maria**, ambas se referem à subida para o céu. Jesus subiu aos céus 40 dias depois da Páscoa, sem ajuda – é a ascensão de Cristo. Por outro lado, Maria seguiu o Filho, porém foi elevada ao Céu pelo poder de Deus – portanto, assunção de Maria.

GRAFIMACETES • capítulo 7

FONEMA /s/ Rol de Palavras Grafadas com:						
C	Ç	S	SS	SC	X	XC
Cê-cedilha	Araçá	Emersão	Amissível	Ascético[57]	Expiar	Excentração
Ceifar	Beiço	Esplendor	Asseio	Condescender	Expirar	Excêntrico
Celerado	Caçula	Espontâneo	Asséptico	Consciência	Expoente	Excentropíase
Célere	Caiçara	Excursão	Assunção	Convalescença	Expropriar	Excepcional
Cerne	Calabouço	Farsa	Bissemanal	Discernir	Extasiado	Excerto
Certame	Caução	Gás	Carrossel	Enrubescer	Extemporâneo	Excessivo
Coincidência	Contorção	Hortênsia	Concessão	Fascinação	Extra	Excesso
Contracenar	Exceção	Imersão	Escasso	Fascismo	Extravagante	Exceto
Criciúma	Iguaçu	Jus	Fissura	Florescer	Ex-voto	Êxcetra
Decerto	Linhaça	Misto	Impressão	Imprescindível[58]	Inexpugnável	Excídio
Lance	Maçarico	Pretensão	Intercessão	Lascívia	Máximo	Excipiente
Maciço	Miçanga	Pretensioso	Minissaia	Obsceno	Próximo	Excitamento
Obcecação	Muçurana	Propensão	Obsessão	Recrudescer[59]	Sexta-feira	Excitar
Obcecado	Mulheraça	Pus	Procissão	Remanescer	Sexto	Excitatriz
Súcia	Paçoca	Quis	Ressurreição	Rescisão	Têxtil	Inexcedível
Sucinto	Pança	Reversão	Sessenta	Ressuscitar	Texto	Inexcedibilidade
Tecelão	Soçobrar	Siso	Submissão	Suscetível	Trouxe	Inexcitável
Vicissitude	Turiaçu	Submersão	Sucessivo	Víscera	Trouxer	Inexcutido

Com relação ao fonema /s/, é importante revelar alguns *homônimos interessantes*.

Homônimos: são palavras que podem apresentar semelhança na grafia e na pronúncia, como o substantivo *combate* e a forma verbal *combate* (ele) – o chamado *homônimo perfeito*. Exemplos:

---

57 **Ascético:** refere-se à "ascese, àquilo que é místico, contemplativo". Exemplo: *Certos grupos religiosos têm vida ascética*.
Acético: refere-se a um tipo de ácido (acético = vinagre).
Por fim, **asséptico** designa "assepsia, limpeza".

58 O verbo **prescindir** é transitivo indireto, tendo a acepção de "dispensar". Portanto, aprecie as frases:
- Ele prescinde de sua ajuda, por ser ela dispensável.
- O de que não se prescinde é o bom humor pela manhã.
- O livro de que se prescinde é necessário para mim.

59 O verbo **recrudescer** é *intransitivo*. Tem a acepção de "agravar-se, tornar-se mais intenso". Exemplos:
- As lutas entre gangues recrudesceram.
- As rivalidades entre as torcidas organizadas tendem a recrudescer.

acender – pôr fogo a	←→	ascender – elevar-se
acento – inflexão da voz	←→	assento – lugar para sentar-se, verbo (*assentar*)
acerto – ajuste, verbo (*acertar*)	←→	asserto – proposição afirmativa (*assertiva*)
acético – referente ao ácido acético (*vinagre*)	←→	ascético – referente ao ascetismo, místico
caçar – perseguir	←→	cassar – anular
cartucho – estojo de carga de projétil	←→	cartuxo – frade da ordem religiosa de Cartuxa
censo – recenseamento	←→	senso – juízo, raciocínio
cessão – ato de ceder	←→	sessão – tempo de duração de reunião, apresentação seção (ou secção) – departamento, divisão ceção – frescura
círio – grande vela de cera	←→	sírio – natural da Síria
cisma – substantivo masculino, na acepção de "ruptura, separação (*o cisma do Oriente*)"	←→	cisma – substantivo feminino, como devaneio, ideia fixa (*a cisma da menina desconfiada*)
cismo – 1ª pessoa do singular do verbo cismar (presente do indicativo)	←→	sismo – terremoto
concerto – harmonia; sessão musical	←→	conserto – reparo, verbo (*consertar*)
empoçar – formar poça /ô/	←→	empossar – dar posse a
estreme – genuíno, puro	←→	extremo – distante
incerto – duvidoso	←→	inserto – inserido
incipiente – que está no início	←→	insipiente – ignorante
indefeso – sem demora, desarmado (*cidade indefesa, povo indefeso*)	←→	indefesso – incansável, laborioso (*lutador indefesso*)
intercessão – ato de interceder	←→	interseção – ato de cortar
mandado – ordem judicial	←→	mandato – procuração; tempo de ocupação de um cargo
remição – resgate	←→	remissão – perdão, ato de remeter a um ponto
ruço – pardacento (adjetivo) ou nevoeiro espesso (substantivo), difícil (*situação ruça*)	←→	russo – natural da Rússia
subvenção – ajuda, contribuição	←→	subversão – revolta, insubordinação

27. ENXURRADA – ENCHENTE – PRAXE

Situação: *Já é praxe no bairro os moradores sofrerem com as enxurradas provocadas pelas enchentes.*

Comentário: as palavras acima podem apresentar dificuldades ao aplicador do idioma quanto à utilização do -x ou -ch. Impende memorizar a grafia dos vocábulos a seguir discriminados.

Vocábulo	Letra X	Dígrafo CH
Enxada	Escreve-se com -x, quando tal letra suceder à sílaba *en-*. Exemplo: *enxada, enxamear, enxaqueca, enxó, enxovalhar, enxúndia, enxoval, enxaguar, enxurrada, enxuto*. **Exceção**: *encharcar, encher* (e derivados), *enchova, enchumaçar* (e derivados), *enchiqueirar* (e derivados) e *enchoçar* (e derivados).	
Rouxinol	Escreve-se com -x, quando tal letra suceder a ditongos. Exemplo: *caixa, feixe, frouxo*. **Exceção**: *caucho, recauchutagem* e *cauchal*.	
Xavante	Escreve-se com -x, quando se tratar de palavras de origem indígena ou africana. Exemplo: *abacaxi, orixá, caxambu*.	

- Variedades do **x:** *xampu, xícara, xaxim, rixa, lagartixa, coaxar, bruxa, xucro, xingar, extravasar, extemporâneo, coxa*[60].
- Variedades do **ch:** *rechonchudo, cocha*[61], *pechincha, chuchu, mecha, mochila, cochilar, bucha, chulo, bochechar, bochecho*.

Com relação ao confronto entre -x e -ch, insta conhecer alguns *homônimos interessantes*.

1. **Tacha** – tipo de prego; mancha ou defeito; caldeira
   Taxa – tributo, índice
2. **Tachar** – censurar; pregar
   Taxar – determinar a *taxa* de (tributo)
3. **Bucho** – estômago
   Buxo – espécie de arbusto
4. **Cocho** – vasilha rústica de madeira
   Coxo – capenga, manco
5. **Chá** – planta ou bebida
   Xá – título do soberano da Pérsia (atual Irã)
6. **Cheque** – ordem de pagamento
   Xeque – lance[62] no jogo de xadrez

---

60 Escreve-se com a **letra -x:** **(I) coxa:** parte da perna (*coxa do homem, coxa de galinha*); **(II) coxão:** coxa grande; no açougue, *coxão duro* e *coxão mole*; e **(III) coxo:** manco, capenga.

61 Escreve-se com o **dígrafo -ch:** **(I) cocha:** torcedura de cabo, gamela; **(II) coche:** carruagem; **(III) cocheira:** local onde se guardam as carruagens; e **(IV) cocho:** vasilha rústica de madeira.

62 **Lance ou Lanço:** representa a oferta verbal de preço pela coisa apregoada em leilão ou hasta pública. Para esse sentido, use uma ou outra forma. Exemplo:

28. O CHAPEUZINHO – OS BALÕEZINHOS – A ORFÃZINHA

Situação: *A orfãzinha, aquela pequena garota de chapeuzinho, corria atrás dos balõezinhos.*

Comentário: a reforma ortográfica de 1971, resultante de um acordo entre a Academia Brasileira de Letras e a Academia das Ciências de Lisboa, eliminou o acento secundário – agudo (′) ou circunflexo (^) – que se grafava na sílaba subtônica de advérbios terminados em *-mente* e em palavras derivadas em que aparece o infixo *-z*. Exemplos:

- *Somente – Cafezal – Avozinha – Cafezinho – Papeizinhos – Chapeuzinhos – Faroizinhos – Tuneizinhos.*

Ressalte-se que o emprego do til permaneceu inalterado. Logo, deve-se redigir *romãzeira, balõezinhos, cristãmente, aquidabãense, pãezinhos, botõezinhos, mãozinhas*.

29. A OFICIALA – A ESCRIVÃ – A POETISA

Situação: *A oficiala da Polícia Militar abandonou a Corporação após ser aprovada no concurso para o cargo de Escrivã da Polícia Federal. Era conhecida na PM como "a poetisa", por gostar de escrever.*

Comentário: a formação do feminino de alguns substantivos pode causar problemas ao aplicador menos avisado do vernáculo. Vamos conhecer alguns femininos de interesse:

SUBSTANTIVO MASCULINO	SUBSTANTIVO FEMININO	SUBSTANTIVO MASCULINO	SUBSTANTIVO FEMININO
O oficial	A oficiala	O escrivão	A escrivã
O leitão	A leitoa	O varão	A varoa (ou A virago)
O bode	A cabra	O sabichão	A sabichona
O glutão	A glutona	O sultão	A sultana
O imperador	A imperatriz	O papa	A papisa
O czar	A czarina	O ladrão	A ladra
O perdigão	A perdiz	O ateu	A ateia
O pigmeu	A pigmeia (Acordo)	O judeu	A judia
O frade	A freira	O padre	A madre
O cavaleiro	A amazona	O cavalheiro	A dama

- *"... anunciou-se a venda da quinta de Real de Oleiros..., a requerimento dos credores. José Maria Guimarães cobriu todos os lanços"* (Camilo Castelo Branco, *Noites de Insônia*, IV, p. 26, apud Aurélio, 1986, p. 825).
Ressalte-se que **lanço** designa a parte da escada compreendida entre dois patamares. Evite "lance" para esse sentido. Exemplo:
- *"A cada lanço de escadaria vencido, alargava o panorama as suas riquezas de paisagem"*. (Fialho d'Almeida, *O País das Uvas*, p. 75, apud Aurélio, 1986, p. 825.)

SUBSTANTIVO MASCULINO	SUBSTANTIVO FEMININO	SUBSTANTIVO MASCULINO	SUBSTANTIVO FEMININO
O zangão (ou O zângão)	A abelha	O trabalhador	A trabalhadeira[63]
O marajá	A marani	O rajá	A rani
O parente	A parenta (ou A parente)	O chefe	A chefa (ou A chefe)
O árbitro	A árbitra	O decano	A decana
O druida	A druidesa	O faisão	A faisoa
O grou	A grua (ave)	O hortelão	A horteloa (e não "hortelã")
O ilhéu	A ilhoa	O pavão	A pavoa
O silfo	A sílfide	O ermitão	A ermitoa
O veado	A veada	O cônego	A canonisa
O javali	A javalina	O jogral	A jogralesa
O píton	A pitonisa	O lebrão	A lebre
O anfitrião	A anfitrioa	O capiau	A capioa
O charlatão	A charlatã	O eleitor	A eleitora (ou A eletriz)
O esquimó	A esquimoa	O filho-famílias	A filha-famílias
O landgrave	A landgravina	O manicuro	A manicura (ou A manicure)

OBSERVAÇÕES SUPLEMENTARES:

SUBSTANTIVO MASCULINO	SUBSTANTIVO FEMININO
O elefante	A elefanta ou elefoa (VOLP)
O tabelião	A tabeliã (ou tabelioa – forma menos comum, mas dicionarizada)
O presidente	A presidenta(e) (ambas são formas dicionarizadas e corretas)
O bispo	A episcopisa[64]
O confrade	A confreira (confrada ou confratiça)

---

63 Os dicionários Michaelis e Houaiss aceitam, também, a forma **trabalhadora**.

64 Ressalte-se que **episcopisa** é termo antigo, utilizado nos primórdios do Cristianismo; no entanto, **bispa** designa termo utilizável para os protestantes, que admitem mulheres nessa "função", e os evangélicos aprovam, em idêntica trilha. Portanto, é imperioso registrar o uso da forma "bispa", embora os dicionários ainda não a reconheçam, para esse sentido.

Observações finais sobre gênero de substantivos:

SUBSTANTIVO MASCULINO	SUBSTANTIVO FEMININO
O bacharel	A bacharela

É possível formar o feminino de dois modos: *a bacharel* ou *a bacharela*. O Aurélio abona a última forma, todavia a literatura brasileira acolhe legitimamente a primeira forma.

O hóspede	A hóspeda (ou "a hóspede")

Para o VOLP, são aceitas as formas *hóspede* ou *hóspeda*, ambas no feminino. Celso Luft, em seu *Dicionário Gramatical da Língua Portuguesa*, igualmente, admite "hóspeda" e "hóspede".

Urge mencionar a interessante máxima que corrobora a utilização do termo: "Faze conta com a hóspeda e verás o que te fica".

A propósito da acepção do termo, *hóspede* pode ser aquele que hospeda como aquele que é hospedado. Modernamente, vem-se afirmando apenas a acepção de "receber por hóspede". Mário Barreto denomina tais palavras de "bifrontes", isto é, que têm sentido ora ativo, ora passivo.

Frei	Sóror (ou soror)

O substantivo *frei* é forma reduzida de *freire* (ou seja, irmão). Não se pode usar artigo antes de *frei*, portanto, memorize:

- *A visita foi feita por frei Miguel* (e não "pelo").
- *Frei Sávio era um homem de alma pura* (e não "O frei...").

O mesmo fenômeno linguístico ocorre no tratamento dado às freiras, por meio da expressão **sóror** ou **soror**, isto é, não se deve utilizar artigo. Exemplo:

- *Quem a chamou foi sóror Manuela.*

Nessa esteira, a regra também vale para *monsenhor*, que não admite, pois, artigo. Exemplos:

- *A missa foi celebrada por monsenhor Manuel.*
- *Vi monsenhor Siqueira no Seminário.*
- *"Monsenhor tirou do alforge da sela o breviário, abriu-o e pegou a ler"*[65].

Observação: cabe, todavia, o artigo, se *monsenhor* vier precedido de adjetivo. Exemplos:

- *Quem celebrou a missa foi o renomado monsenhor Teixeira Silva.*
- *O venerando monsenhor Caio Campos participará do Encontro de Jovens.*

30. Corrimãos – Maus-caracteres – Projetis

Situação: *Quando os maus-caracteres chegaram ao banco, os guardas estavam entretidos com a instalação dos corrimãos. As armas dispararam centenas de projetis.*

Comentário: a formação do plural de alguns vocábulos merece a atenção do estudioso do vernáculo. Vamos a eles:

---

65 Bernardo Élis, *Seleta*, p. 144, *apud* Cegalla, 1999, p. 267.

SUBSTANTIVO SINGULAR		SUBSTANTIVO PLURAL
O cânon	←→	Os cânones
O abdômen	←→	Os abdomens (mais utilizada) ou Os abdômenes
O abdome	←→	Os abdomes
O dólmen	←→	Os dólmenes (ou Os dolmens)
O líquen	←→	Os líquenes (ou Os liquens)
O mel	←→	Os méis (mais utilizado) ou Os meles
O faquir	←→	Os faquires
O júnior	←→	Os juniores (escreve-se sem acento circunflexo)
O sênior	←→	Os seniores (escreve-se sem acento circunflexo)
Sóror	←→	Sórores
O sol	←→	Os sóis
O paul	←→	Os pauis (pronuncie e separe pa-uis)
O álcool	←→	Os alcoóis/álcoois (VOLP 2021 e Houaiss). O VOLP 1999 trazia apenas o plural Os *álcoois*.
O ultimátum	←→	Os ultimátuns
O adeus	←→	Os adeuses
O obus	←→	Os obuses
O cós	←→	Os cós (VOLP) ou Os *coses*, à luz de escritores antigos
A rês	←→	As reses (sem acento – pronuncie /ê/)
O sax	←→	Os saxes
"O sim e o não"	←→	"Os sins e os nãos"
"O pingo no i"	←→	"Os pingos nos is" (*vide* obervações a seguir)
O lugar-tenente	←→	Os lugar-tenentes (Aurélio) ou Os lugares-tenentes (Michaelis e Houaiss)
O projétil	←→	Os projetis / projéteis (Houaiss)
O capelão	←→	Os capelães
O contêiner	←→	Os contêineres
O destróier	←→	Os destróieres
O haltere	←→	Os halteres

SUBSTANTIVO SINGULAR	SUBSTANTIVO PLURAL
A ponte pênsil	As pontes pênseis
O volt	Os volts
O sem-vergonha	Os sem-vergonhas (ou Os sem-vergonha)
O pôr do sol (Acordo)	Os pores do sol (sem acento circunflexo)
O cais	Os cais (invariável)
O louva-a-deus	Os louva-a-deus (invariável)
O leva e traz	Os leva e traz (invariável) (*vide* observações a seguir)
O pega pra capar	Os pega pra capar (invariável)
O sem-teto	Os sem-teto (invariável)
O sem-terra	Os sem-terra (invariável)
O sem-sal	Os sem-sal (invariável)
O fora da lei	Os fora da lei (invariável)
O zero-quilômetro	Os zero-quilômetro (invariável)
O sobe e desce	Os sobe e desce (invariável) (*vide* observações a seguir)
O tórax	Os tórax (invariável)
O telex	Os telex (invariável)
A (O) Maria vai com as outras	As (Os) Maria vai com as outras (invariável e comum de dois)

OBSERVAÇÕES FINAIS SOBRE O PLURAL DOS SUBSTANTIVOS:

SUBSTANTIVO SINGULAR	SUBSTANTIVO PLURAL
O sobe e desce	*Os sobe e desce*

As *expressões substantivadas* formadas por dois verbos de sentido oposto mantêm-se invariáveis. Exemplos: *o entra e sai, os entra e sai; o leva e traz, os leva e traz.*

A intervenção médico-cirúrgica	*As intervenções médico-cirúrgicas*

Nos *adjetivos compostos*, o plural se faz com a variação do segundo elemento, mantendo-se incólume o primeiro elemento. Exemplos:

- *Povo latino-americano: povos latino-americanos.*
- *Trabalho médico-cirúrgico: trabalhos médico-cirúrgicos.*
- *Partido democrata-cristão: partidos democrata-cristão.*

GRAFIMACETES • capítulo 7

SUBSTANTIVO SINGULAR	SUBSTANTIVO PLURAL
O "erre" (letra do alfabeto)	Os erres

O *plural das letras do alfabeto* se faz de dois modos: inserindo o -s ou duplicando-se as letras. Exemplos:

- A → /á/ : os *ás* (com o acréscimo do -s) OU os "aa" (com a duplicação da letra);
- B → /bê / : os *bês* (com o acréscimo do -s) OU os "bb");
- C → /cê / : os *cês* (com o acréscimo do -s) OU os "cc");
- D → /dê / : os *dês* (com o acréscimo do -s) OU os "dd");
- H → /agá / : os *agás* (com o acréscimo do -s) OU os "hh");
- R → /erre / : os *erres* (com o acréscimo do -s) OU os "rr");
- I → /i/ : os *is* (com o acréscimo do -s) OU os "ii" (com a duplicação da letra).

Portanto, usando a conhecida frase: *Vamos pôr os pontos nos is* (OU "... nos 'ii'").

O artesão	Os artesãos

O substantivo **artesão** pode representar dois significados:

- na acepção de "artífice", com substantivo plural *artesãos* e substantivo feminino *artesã*;
- na acepção de "ornato em tetos e abóbadas", com substantivo plural *artesões*. Exemplo: *Os lustres estão presos aos artesões.*

O corrimão	Os corrimãos

O plural de **corrimão** é *corrimãos*. Não recomendamos o plural "corrimões", conquanto seja abonado por alguns dicionaristas, em razão de se apresentar dissociado da formação original da palavra.

Gol	Os gols

O plural do substantivo **gol**, usado no Brasil, é *gols* (VOLP), em vez de *gois* (ô), que seria a forma normal. A forma *gols*, aliás, foi chancelada até pela brilhante pena de Vinicius de Moraes[66]: "Meus gols são mais raros que os seus".

31. PÔ-LO – PÔ-LA – PÕE-NO – PÕE-NA

Situação: *Devemos pô-lo no lugar certo. Por favor, põe-no como lhe pedi!*

Comentário: é possível associar pronomes às formas verbais. Quando isso ocorre, devem ser seguidas regras. Vamos a elas:

1. Se os verbos terminarem em *-r, -s* ou *-z*, os pronomes **o, a, os, as** assumem as formas **lo, la, los, las,** caindo as consoantes originárias (*r, s, z*). Exemplos:

---

[66] *Para uma menina com uma flor*, 13. ed., José Olympio, 1983, p. 164, *apud* Cegalla, 1999, p. 181.

- Ele deve comer – *Ele deve comê-lo*
- Ele fez o... – *Ele fê-lo*
- Ele faz o... – *Ele fá-lo*
- Tu tens o objeto – *Tu tem-lo*
- Tu conténs o perfume – *Tu contém-lo*

2. Se os verbos terminarem em ditongo nasal (*-am, -em, -ão, -õe*), os pronomes **o, a, os, as** assumem as formas **no, na, nos, nas**. Exemplos:

- Eles comem o... – *Eles **comem-no**[67]*
- Eles disseram os... – *Eles **disseram-nos***
- Eles fazem o... – *Eles **fazem-no***
- Eles dão o... – *Eles **dão-no***
- Eles põe o... – *Eles **põe-no***

3. Em todos os demais casos, devemos acrescentar o pronome oblíquo ao verbo, sem que isso provoque qualquer transformação. Exemplos:

- Mando ele... – *Mando-o*
- Fizeste ele... – *Fizeste-o*

APLICANDO...

Eu compro ele... ←→	Compro-o	Eles conhecem ele... ←→	Eles conhecem-no
Tu compras ela... ←→	Compra-la	Eu pus ela... ←→	Eu pu-la
Ele quer ela... ←→	Qué-la	Tu puseste ele... ←→	Tu puseste-o
Ele quer ver ela... ←→	Vê-la	Nós pusemos ela... ←→	Nós pusemo-la
Nós queremos ela... ←→	Queremo-la	Elas puseram ele... ←→	Elas puseram-no
Vós vereis ele... ←→	Verei-lo		

4. Nos **verbos pronominais** (observe alguns exemplos a seguir), em abono da melhor eufonia, as formas da 1ª pessoa do plural (nós) perdem o *-s* final, antes de receberem o pronome enclítico.

São verbos pronominais[68]:

---

[67] A **forma verbal** *comem-no*: o verbo com terminação *-em* assume os pronomes *-no* ou *-na* (Exemplo: Ele tem o → *Ele tem-no*). No entanto, o verbo com terminação *-ens* não faz parte da regra, devendo gerar os pronomes *-lo* ou *-la*. (Exemplo: Tu tens o → *Tu tem-lo*).

[68] Há **verbos essencialmente pronominais** (*abster-se, ater-se, atrever-se, apiedar-se, queixar-se, dignar-se, arrepender-se* etc.) e **verbos acidentalmente pronominais** (*pentear-se, matar-se* etc.).

Abster-se	Arrepender-se	Cumprimentar-se	Entreter-se	Queixar-se
Afastar-se	Ater-se	Deitar-se	Lembrar-se	Suicidar-se[69]
Apaixonar-se	Atrapalhar-se	Dignar-se	Levantar-se	Vestir-se
Apiedar-se	Comprazer-se	Divertir-se	Orgulhar-se	Zangar-se
Apropinquar-se	Converter-se	Doutorar-se	Prejudicar-se	

Exemplos:

- *Vistamo-nos e enfeitemo-nos para o baile.*
- *Agindo assim, prejudicamo-nos a nós próprios.*
- *Quase sempre, atrapalhamo-nos uns aos outros.*
- *Cumprimentamo-nos cordialmente.*
- *Fizemo-lo às 18h.*
- *Apropinquamo-nos do acidente.*
- *Apiedemo-nos dos pecadores.*
- *Comprazemo-nos sempre com sua visita.*
- *Doutoramo-nos em 1990.*
- *Vamo-nos acostumando com o tempo.*

Observação:

a) Os pronomes **lhe** e **lhes**, ao se juntarem, encliticamente, à forma verbal, não produzem nenhuma alteração. Exemplos:

- *Enviamos-lhes – Recomendamos-lhes – Comunicamos-lhes*
- *Perdoamos-lhes – Abrimos-lhe – Oferecemos-lhe*

b) **Afastar-se** *(acidentalmente pronominal):*

- *Afastamo-nos em pequenos grupos.*
- *Afastávamo-nos dali.*
- *Afastemo-nos do acidente, agora.*

c) **Lembrar-se** *(acidentalmente pronominal):*

- *Lembramo-nos disso.*
- *Lembrávamo-nos sempre.*
- *Lembremo-nos, agora, do episódio.*

---

[69] É primordial notar que, em rigor, o verbo pronominal **suicidar-se** encerra redundância em sua composição etimológica, uma vez que a ideia de reflexividade já se encontra no termo latino *sui*, que significa "de si próprio". No entanto, a forma dicionarizada é *suicidar-se*, com o pronome "se", não se devendo contrariar a lexicografia, apesar de reconhecermos que nem sempre o léxico se submete ao jugo da lógica.

d) O fato em exame não ocorre com as formas verbais referentes às outras pessoas (*tu, vós*), em que o *-s* mantém-se intacto. Exemplos:

- *Lembras-te do ocorrido?*
- *Lembrais-vos da palavra de Deus.*
- *Lembravas-te do episódio.*
- *Lembráveis-vos do ocorrido.*

5. Os pronomes oblíquos *me, te, lhe, nos, vos, lhes* podem se unir aos pronomes átonos *o, a, os, as*, formando contrações muito interessantes, sem embargo de os autores brasileiros atuais insistirem no seu abandono. Dessas combinações, as mais usuais são **lho, no-lo** e **vo-lo**. Vamos conhecer as intrigantes combinações:

ME	ME + O = **MO**	**NOS**	NOS + O = **NO-LO**	**LHE**	LHE + O = **LHO**
	ME + A = **MA**		NOS + A = **NO-LA**		LHE + A = **LHA**
	ME + OS = **MOS**		NOS + OS = **NO-LOS**		LHE + OS = **LHOS**
	ME + AS = **MAS**		NOS + AS = **NO-LAS**		LHE + AS = **LHAS**

TE	TE + O = **TO**	**VOS**	VOS + O = **VO-LO**	**LHES**	LHES + O = **LHO***
	TE + A = **TA**		VOS + A = **VO-LA**		LHES + A = **LHA***
	TE + OS = **TOS**		VOS + OS = **VO-LOS**		LHES + OS = **LHOS***
	TE + AS = **TAS**		VOS + AS = **VO-LAS**		LHES + AS = **LHAS***

* Note que as formas contraídas são idênticas para as formas *lhe* e *lhes*.

Aplicando...

Ele me entregou-o – *Ele MO entregou*
Ele me entregou-a – *Ele MA entregou*
Ele me entregou-os – *Ele MOS entregou*
Ele me entregou-as – *Ele MAS entregou*

Ele nos mostra-o – *Ele NO-LO mostra*
Ele nos mostra-a – *Ele NO-LA mostra*
Ele nos mostra-os – *Ele NO-LOS mostra*
Ele nos mostra-as – *Ele NO-LAS mostra*

Ele lhe/lhes remetia-o – *Ele LHO remetia*
Ele lhe/lhes remetia-a – *Ele LHA remetia*
Ele lhe/lhes remetia-os – *Ele LHOS remetia*
Ele lhe/lhes remetia-as – *Ele LHAS remetia*

Exemplos:

- *Ele viu a moto e instou para que o dono **lha** vendesse.*
- *O cargo é dele, ninguém **lho** pode tirar.*
- *Se ela mostrasse seus belos lábios, eu **lhos** beijaria.*
- *Retirou o envelope do bolso e entregou-**lho**.*
- *Não dou aulas de Direito Empresarial, mas dar-**lhas**-ia, se os alunos quisessem.*
- *Eu não o conhecia, por isso pedi ao jovem que **mo** indicasse.*
- *As roupas de inverno, meu pai **mas** impôs sem possibilidade de diálogo.*
- *Perdemos o início da aula; pedimos, pois, para que a colega **no-lo** apontasse, a fim de que localizássemos a matéria dada.*
- *"O coração humano tem seus abismos e às vezes **no-los** mostra com crueza"*[70].

Observação: repise-se que tais contrações pronominais são exclusivas da linguagem culta, sendo raro o seu uso.

32. O PRONOME VOSSA EXCELÊNCIA REQUER O VERBO NA TERCEIRA PESSOA?

Situação: *Vossa Excelência pode tirar o seu processo da mesa.*

Comentário: os pronomes de tratamento devem ser usados no trato solene e cerimonioso com as pessoas.

Na linguagem jurídica, transitam em abundância, uma vez que deve o causídico se referir ao magistrado, ao falar com ele, como *Vossa Excelência* e, quando se fala dele, como *Sua Excelência*. Observe o diálogo abaixo:

- **Diálogo entre uma secretária e o magistrado:**

    – *Vossa Excelência aceita um café?*

    – *Sim, por favor* – disse o magistrado à secretária.

- **Diálogo entre a secretária e uma copeira:**

    – *Leve o café para Sua Excelência. Ele acabou de pedir* – falou a secretária à copeira.

OBSERVE OUTRO EXEMPLO NA SEGUINTE FRASE:

- *O presidente da República deve viajar para Cuba amanhã. Sua Excelência conversará longamente com o carismático líder Fidel Castro.*

---

70 Ciro dos Anjos, *Abdias*, p. 48, *apud* Cegalla, 1999, p. 283.

A explicação está no fato de que esses pronomes são de segunda pessoa, todavia se usam com as formas verbais de terceira pessoa. Incoerência? Não. Quando usamos os pronomes *você* ou *tu*, estamos nos dirigindo a alguém com quem falamos. Daí a razão de serem pronomes de segunda pessoa. Todavia, quando se referem à terceira pessoa, devem ser usados com o pronome possessivo *sua* ou *seu* (e não "vosso" ou "vossa"). Portanto: os pronomes possessivos utilizados (*meu, minha, teu, tua, seu, sua, nosso, vosso*), perante os pronomes de tratamento, são sempre os de terceira pessoa do singular ou plural. Portanto:

- *Vossa Excelência pretende mudar de comarca?* (e não "pretendeis").
- *Vossas Excelências, preclaros Juízes, são muito austeros consigo mesmos!* (e não "sois").
- *Vossa Excelência, em sua obra doutrinária, expõe o mesmo posicionamento apresentado em razões de apelação* (e não "vossa obra" e "expendes").

Rodríguez (2000: 59), ao tecer comentários sobre a distinção entre **sua** e **vossa**, preleciona:

> Existe fundamento para a distinção entre "sua" e "Vossa", ao referir-se a uma pessoa e ao dirigir-se diretamente a ela. Tal distinção ocorre porque a fórmula ou o pronome de tratamento constitui um recurso para a substituição da invocação da pessoa pela invocação de uma qualidade que lhe é inerente. Assim, quem diz "Sua Santidade, o Papa", em um recurso retórico, passa a não se referir diretamente ao Sumo Sacerdote, mas sim à santidade que ele representa. Ao rei, ao que tem de majestoso; ao juiz, à excelência que traz consigo. É assim que, referindo-se sobre o magistrado, diz-se "Sua Excelência = A excelência dele" e, ao se dirigir a ele, utiliza-se "Vossa Excelência = A excelência de vós".

Ressalte-se que o mesmo postulado vale para outras expressões de tratamento, tais como: Vossa Santidade, Vossa Senhoria, Vossa Majestade etc.

Como se nota, os vocábulos *vosso* e *vossa* têm uso de todo restrito, devendo compor os pronomes de tratamento e as preces. Observe:

- *"Pai Nosso, que estais no céu, santificado seja o Vosso Nome, venha a nós o Vosso reino, seja feita a Vossa vontade, ...".*
- *"Ave Maria, cheia de graça, o Senhor é convosco, bendita sois vós entre as mulheres, bendito é o fruto do vosso ventre, Jesus ...".*

A explicação está no fato de que as preces foram criadas em tempos antigos, em que era comum o uso do pronome pessoal de segunda pessoa do plural *vós*. Hodiernamente, ele sobrevive por insistência dos gramáticos e estudiosos, já que é de pouca praticidade.

À guisa de esclarecimento, vale ressaltar que o pronome **você** (contração de *vosmecê*, derivada de *Vossa Mercê*) é pronome de tratamento.

33. A LOCUÇÃO O QUÊ

Situação: *O advogado examinou o caso; após o quê, tomou as devidas providências.*

Comentário: a locução **o quê** parece-nos como pronome demonstrativo, podendo ser substituída por *isso*. Ressalte-se que o termo *quê* será acentuado nas seguintes situações:

a) Quando for *substantivo*, na acepção de "alguma coisa" ou "qual coisa". Exemplos:

- *Notamos em sua face um quê de espanto.*
- *O professor respondeu com um não sei quê à pergunta.*
- *"Trabalhar em quê, meu amigo?"* (Graciliano Ramos).

b) Quando for *interjeição*. Exemplo:

- *Quê!? Aonde pensa que vai?*

c) Quando *finaliza frase*. Exemplos:

- *Este livro serve pra quê?*
- *Vai chorar agora pra quê?*
- *Você não estudou ontem por quê?*

d) Para formar a expressão *um não sei quê*. Exemplo:

- *Em seu semblante havia um não sei quê de desconfiança.*

34. O PRONOME RELATIVO CUJO

Situação: *O objeto de que lhe falei era a luminária, cuja iluminação é agradável.*

Comentário: o termo **cujo**, como pronome relativo, tem a função de unir duas frases, sendo que uma delas indica posse. Os pronomes *cujo* e *cuja* significam "do qual" e "da qual", precedendo sempre um substantivo sem artigo. Assim, analise as duas orações:

- *O PSDB está disposto a negociar.*
- *O candidato do PSDB ganhou a presidência da Câmara.*

Melhor seria, evitando-se a repetição:

- *O PSDB, cujo candidato ganhou a presidência da Câmara, está disposto a negociar.*

Além disso, é necessário memorizar que tal pronome relativo não acompanha artigo. Portanto, observe as frases **corretamente** grafadas:

- *Ele foi ao cinema, cujo filme mencionei ontem* (e não "cujo o filme").
- *Epitácio, cujo filme foi ovacionado, sentiu-se prestigiado.*
- *Ele foi ao teatro, a cuja peça me referi anteontem* (e não "cuja a peça").
- *O "Titanic", cujo casco foi perfurado por um iceberg, afundou lentamente.*

35. Fulano, Beltrano e ...

Situação: *Ele **cria**[71] em tudo que fulano dizia ou sicrano afirmava.*

Comentário: as palavras **fulano, beltrano** e **sicrano** são consideradas *pronomes indefinidos*. O termo "siclano", com a sílaba *-cla* não existe. Também aparecendo como pronome, destaca-se a palavra **outrem** – uma paroxítona com tonicidade na sílaba ou- –, muito utilizada nos meios forenses.

36. A preposição entre e os pronomes pessoais

Situação: *Entre mim e ela, não há desentendimento.*

Comentário: com a preposição **entre**, não podemos utilizar os pronomes pessoais do caso reto *eu* e *tu*, mas tão somente os pronomes pessoais do caso oblíquo *mim e ti*. Daí se falar com correção *entre mim e ti* (e não "entre eu e tu"). Portanto os pronomes retos da primeira e da segunda pessoa – *eu, tu* – não podem ser regidos por preposição. Esta, por sua vez, pode reger o pronome reto da terceira pessoa (*ele, ela*), sem qualquer restrição. Nesse rumo, atente-se para o fato de que com o termo *você*, igualmente, não há restrição, por se tratar de pronome de tratamento. Observe as **frases corretas** abaixo delineadas:

- *Ela estava entre mim e Cláudio.*
- *Ele se sentou entre mim e Pedro.*
- *Não há o que resolver entre mim e ti.*
- *Entre mim e você, há desavenças.*
- *Entre mim e ti, há uma grande amizade.*
- *Houve acordo entre os réus e mim.*
- *Nada existe entre mim, ti e ela.*
- *O caso de amor era entre mim e a Camélia.*
- *Entre mim e ti, abriu-se intransponível abismo* (O Autor).
- *Entre eles e mim, nunca houve discussões.*
- *Entre os contratantes e mim, houve um acordo.*
- *Houve alguma rusga entre os atletas e ti?*
- *"No jantar, Lili ficou entre mim e ele, o padrinho"*[72].
- *"... entre mim e ti está a cruz ensanguentada do Calvário"* (Alexandre Herculano).

---

71 Verbo **crer**, 3ª pessoa do singular do pretérito imperfeito do indicativo.
72 Afrânio Peixoto, *Uma mulher como as outras*, p. 196, apud Cegalla, 1999, p. 143.

Ressalte-se que há um caso em que se admitiria o pronome reto: quando se achar distante da preposição. Exemplo:

> *Entre o local do acidente e eu, que consegui parar a tempo, mediram-se dez metros.*

Por outro lado, emprega-se *eu* quando este for sujeito de um verbo no infinitivo, até porque "'mim' não faz coisa alguma":

> *Isto é para eu fazer.*
> *Isto é para mim?*

Importante: é relevante esclarecer a diferença entre *para mim* e *para eu*. Quando estiver diante de verbos no infinitivo, utilize o pronome do caso reto *eu*. No mais, poderá utilizar o pronome pessoal do caso oblíquo *mim*. Vamos reforçar:

> *Ele deu a caneta para mim.*
> *O formulário é para eu preencher.*
> *Pediu para eu responder à correspondência.*
> *Ele deu a caneta para eu guardar.*
> *Não vá sem eu entregar-lhe a encomenda.*
> *Tornou-se complicado para mim ser o alvo.* (Sujeito: or. sub. subst. reduzida de infinitivo)
> *É difícil para mim vencer a batalha.* (Sujeito: or. sub. subst. reduzida de infinitivo)
> *É difícil para mim ler à noite.* (Sujeito: or. sub. subst. reduzida de infinitivo)
> *É complicado, para mim, estudar.* ("Para mim", com vírgulas, significa "na minha opinião")
> *Para mim, estudar é um prazer.* ("Para mim", entre vírgulas, significa "na minha opinião")

Neste momento, não é desnecessário relembrar o pronome **consigo**. Os pronomes *si* e *consigo* devem ser usados em sentido reflexivo, portanto, usa-se *consigo* quando tal pronome se referir ao sujeito da oração. Aliás, não é raro ouvir, nos meios forenses, frases equivocadas, como "eu estava consigo", em vez de *eu estava com você*. Indaga-se: como é possível "eu" estar "consigo"? Portanto:

- Ele leva consigo
- Eu levo comigo
- Tu levas contigo
- Nós levamos conosco

Assim, é melhor evitar erronias, como:

> **1.** "Eu trouxe um presente para si."
>
> Perguntar-se-ia: o presente é para quem? Se é pra mim, prefiro que "me" entregue, de fato. Logo, corrigindo:
>
> *Eu trouxe um presente para você.*
>
> **2.** "Professor, nós queremos falar consigo."
>
> Questionar-se-ia: consigo? Já está falando... ou não? No entanto, se deseja falar "comigo", por que não usar:
>
> *Professor, nós queremos falar com você (com o senhor).*

Assim, apreciemos bons exemplos de grafia elogiável:

- *Ela é demasiado egoísta, ao pensar em si.*
- *Os torcedores escolheram os lugares para si.*
- *Guarde o cheque consigo.*
- *A chuva traz consigo raios e problemas.*
- *Os jogadores precisavam de mais confiança em si próprios.*

Por fim, ressalte-se que devemos preferir **conosco** (a "**com nós**") e **convosco** (a "**com vós**"). Exemplos:

- *Ele se sentou conosco (e não "Ele se sentou com nós").*
- *Falei convosco (e não "Falei com vós").*

Exceção: se tais pronomes vierem acompanhados de *numeral*, de *palavra reforçativa* ou *palavra determinativa*, como *próprios, mesmos, outros, todos* etc., deve-se usar a forma originária. Exemplos:

- *Nada acontece com nós todos.*
- *O barco virou com nós quatro.*
- *Falaram com nós, que éramos seus amigos.*
- *Falei com vós mesmos.*
- *Contamos com vós todos.*
- *Ele se dirigiu com nós próprios à Delegacia.*
- *O homem foi com nós mesmos à lanchonete.*
- *O espetáculo começou com nós todos **de pé**[73].*

---

[73] São corretas as formas *ficar de pé* e *ficar em pé*.

- *Os livros ficaram com nós todos.*
- *Os amigos holandeses saíram com nós dois ontem à noite.*
- *Queremos estar de bem com nós mesmos.*
- *Preocupamo-nos muito com nós próprios.*

37. OBEDECER-LHE – ASPIRAR A ELE

Situação: *Confie nos amigos, devendo obedecer-lhes. Aspire ao seu sucesso, seguindo estas regras básicas.*

Comentário: os verbos **obedecer** e **aspirar** (no sentido de "almejar, objetivar") são transitivos indiretos, necessitando de preposição para se ligarem a seus complementos (objetos indiretos). Entre os verbos transitivos indiretos, importa distinguir:

1. São verbos que, em geral, exigem a preposição *a* (pagar à médica; perdoar à mulher). Observe que, na ausência de preposição, passam a ser *transitivos diretos* (pagar a conta; perdoar a falha). Sem contar o fato de que podem ser *transitivos diretos e indiretos* (pagar a conta à médica). Além disso, constroem-se com os pronomes *lhe* ou *lhes*, quando o objeto for indicativo de pessoa ou ente personificado, tais como:

Agradar	Desagradar	Obedecer	Desobedecer	Agradecer
Aprazer	Caber	Interessar	Pagar	Perdoar
Querer	Resistir	Repugnar	Suceder	Valer etc.

Exemplos:
- Obedeça à professora – *Obedeça-lhe*.
- Não bata nos cavalos – *Não lhes bata*.
- O namorado perdoou à namorada – *O namorado perdoou-lhe*.
- O cliente pagou ao advogado – *O cliente pagou-lhe*.
- Resistimos aos intrusos – *Resistimos-lhes*.

2. São verbos que não se constroem com os pronomes *lhe* ou *lhes*, devendo utilizar os pronomes pessoais do caso oblíquo precedidos de preposição (*a ele / a ela*). São eles:

| Aludir (*Aludir a ele*) | Aspirar (*Aspirar a ele*) etc. | Recorrer (*Recorrer a ele*) |
| Anuir (*Anuir a ele*) | Assistir (*Assistir a ele*) | Referir-se (*Referir-se a ele*) |

Observações:

a) O uso do pronome **lhe** em lugar de pronome possessivo:

É elogiável o uso do pronome **lhe** em lugar de pronomes possessivos *seu* ou *sua*. Exemplos:

- *O gás irrita-lhe os olhos* (em vez de "O gás irrita os seus olhos").
- *Ninguém lhe ouvia os gritos* (em vez de "Ninguém ouvia os seus gritos").
- *O chapéu protegia-lhe a testa* (em vez de "O chapéu protegia a sua testa").
- *O guarda-chuva protegeu-lhe a cabeça* (em vez de "O guarda-chuva protegeu a sua cabeça").

Observe alguns exemplos colhidos na literatura:

- "Desde então ninguém mais lhe seguiu os passos"[74].
- "Evaporam-se-lhe os vestidos, na paisagem"[75].

> O verbo **recorrer**, em sentido jurídico, tem a acepção de "apelar ou interpor recurso" para instância superior. Nesse sentido, exige-se a preposição *para*, e não a preposição "a". Exemplos:
> - *Ele recorreu da decisão para o Tribunal* (e não "ele recorreu da decisão ao Tribunal").
> - *Ele recorre para o Supremo sempre.*

b) O uso inadequado do pronome **lhe** com verbos de transitividade direta:

Não se pode utilizar o pronome pessoal do caso oblíquo **lhe** com verbos transitivos diretos. É erronia grosseira que deve ser de todo evitada. Exemplos de equívocos:

1. "Ele lhe encontrou em casa".
   Troque por: *Ele o encontrou em casa.*
2. "Isto lhe preocupa muito".
   Troque por: *Isto o preocupa muito.*
3. "Presentearam-lhe com um lindo violino".
   Troque por: *Presentearam-no com um lindo violino.*
4. "A tela do cinema lhe impressionou pela grandiosidade".
   Troque por: *A tela do cinema o impressionou pela grandiosidade.*
5. "Deus lhe abençoe".
   Troque por: *Deus o abençoe.*
6. "Jamais lhe favoreci com privilégios indiscriminados".
   Troque por: *Jamais o favoreci com privilégios indiscriminados.*

38. QUAL É A MELHOR ESCOLHA: MELHOR OU MAIS BEM?

Situação: *O atleta está mais bem preparado do que na outra competição.*

---

74 Alexandre Herculano, *Eurico, o presbítero*, p. 16, apud Cegalla, 1999, p. 234.
75 Cecília Meireles, apud Cegalla, 1999, p. 234.

> **Comentário:** não obstante haver gramáticos que esposam posicionamento mais liberal, entendemos que, antes de particípio, isto é, das formas verbais terminadas em *-ado* e *-ido*, não se deve usar "melhor" ou "pior".

Assim, filiamo-nos à linha de pensamento de maior austeridade, que abona a melhor sonoridade da forma. Com efeito, falar *mais bem pago* é mais eufônico do que dizer "melhor pago". Além disso, ressalte-se que o superlativo de *bem* é *mais bem*, e não "melhor", por isso:

> Textos bem escritos – Textos mais bem escritos
> O homem bem vestido – O homem mais bem vestido

Vamos, assim, aos exemplos das formas recomendáveis:

- *No acórdão, o fato está mais bem interpretado.*
- *Era a noiva mais bem vestida da noite.*
- *Ele foi mais bem classificado no concurso do que o rival.*
- *Este projeto é o mais bem desenvolvido que já vi.*
- *Esta é uma das provas mais bem formuladas do mês.*
- *Minas Gerais é um dos Estados mais bem localizados do País.*
- *Este é o teste mais mal formulado que já vi.*
- *Este é o comentário mais mal proferido em todas as sessões.*
- *O trabalho foi mais bem feito do que o projeto.*
- *A casa foi mais bem limpa do que o sobrado.*
- *O pijama foi mais bem seco do que o avental.*
- *"O operário americano é mais bem retribuído que o inglês; os seus salários deixam-lhe margem à economia"*[76].

À guisa de complemento, citem-se dois exemplos com a forma *melhor*, embora tenhamos a preferência pelo outro modo:

- *"O pedido para que as placas fossem melhor acomodadas partiu do presidente da Federação Internacional de Vôlei"*[77].
- *"Se o colegial daquela geração andava melhor informado do que o de hoje sobre os grandes inventores era apenas porque lia mais"*[78].

Por derradeiro, diga-se que as mesmas observações servem para a forma *mais mal*. Portanto, aprecie as formas corretas:

---

[76] Rui Barbosa, *Cartas de Inglaterra*, I, p. 122, *apud* Cegalla, 1999, p. 243.
[77] *Jornal do Brasil*, de 20-10-1994, *apud* Cegalla, 1999, p. 243.
[78] Vivaldo Coaraci, *Cata-Vento*, p. 217, *apud* Cegalla, 1999, p. 243.

- *A obra é mais mal pintada do que a mostrada ontem.*
- *Os prédios foram os mais mal construídos no terreno.*
- *Estes servidores são os mais mal remunerados.*

39. Verbo SOER

Situação: *Como sói ocorrer, as chuvam vêm à tarde.*

Comentário: o verbo *soer* é pra lá de sofisticado. Usá-lo requer engenho e parcimônia. Ele quer dizer "ser comum, frequente, habitual". O verbo é defectivo, seguindo o modelo adotado pelo verbo *moer*. Assim:

| Ele moeu – Ele soeu | Ele mói – Ele sói | Eu moí – Eu soí |
| Nós moemos – Nós soemos | Eles moem – Eles soem | Vós moeis – Tu soeis |

Exemplos:

- *Sói chover forte em janeiro.*
- *Sói nadar às seis da manhã.*
- *Sói nevar em Nova Iorque.*
- *Como sói acontecer, ele se atrasou mais uma vez.*

40. Adjetivos pátrios: quem nasce lá é o quê?

Situação: *O cidadão soteropolitano tem algo em comum com o tricordiano: gostam de boa comida.*

Comentário: os adjetivos *pátrios* ou *gentílicos* designam o local de origem de alguém ou de alguma coisa. Há alguns nomes deveras interessantes, como *soteropolitano* (de *Salvador*) ou *tricordiano* (de *Três Corações*). Vamos conhecê-los:

LOCALIDADE	Adjetivo Pátrio
Bagdá	*Bagdali*[79] (oxítona, com sílaba tônica em /lí/)
Bahia	*Baiano* (sem -h)
Baviera	*Bávaro* (e não "Bavaro", como se fosse paroxítona)
Buenos Aires	*Portenho*
Cairo	*Cairota*
Campinas	*Campineiro*

---

79 A pessoa natural de Bagdá – a capital do Iraque – é (o/a) **bagdali** (oxítona, com sílaba tônica em /lí/, à semelhança de Bagali e Somali, acima apontados no quadro).

LOCALIDADE	Adjetivo Pátrio
Campos	Campista
Ceilão	Cingalês
Florença	Florentino
Florianópolis	Florianopolitano
Guatemala	Guatemalteco
Israel	Israelense
Jerusalém	Hierosolomita (ou hierosolimitano, jerosolimita, jerosomilitano, jerusalemita)
Judeia	Judeu ou Judaico
Lisboa	Lisboeta
Madagáscar	Malgaxe
Mali	Malês
Marajó	Marajoara
País de Gales	Galês
Pequim	Pequinês (e não "pequenez")
Piauí	Piauiense
Rio de Janeiro (Cidade)	Carioca
Rio de Janeiro (Estado)	Fluminense
Rio Grande do Norte	Norte-rio-grandense, Rio-grandense-do-norte ou Potiguar (alcunha)
Salvador	Soteropolitano ou Salvadorense
São Paulo (Cidade)	Paulistano
São Paulo (Estado)	Paulista
Somália	Somali (oxítona, com sílaba tônica em /lí/)
Taubaté	Taubateense
Tunis	Tunisino ou Tunisiano

41. Deixe-me entrar ou Deixe eu entrar?

Situação: *Deixe-me entrar; falarei a verdade.*

Comentário: o pronome do caso oblíquo (*me, te, se, lhe, o*) não funciona como sujeito, exceto em um caso – quando se tratar de orações reduzidas de infinitivo. Isso ocorre com os verbos *deixar, fazer, ouvir, mandar, sentir* e *ver*. Exemplos:

- *Deixe que eu entre* **ou** *Deixe-me entrar* (me: sujeito).
- *Mandou que saíssemos* ou *Mandou-nos sair* (nos: sujeito).
- *Fez que se sentasse à mesa* ou *Fê-lo sentar-se à mesa* (lo: sujeito).

42. Verbos abundantes

Situação: *O jovem, que tinha salvado a menina, conseguiu nadar.*

Consideração: em nosso léxico, há verbos considerados *abundantes* – formam o particípio de dois modos. Têm-se o *particípio regular* (terminação verbal em *-ado* e *-ido*, como em *expulsado* e *extinguido*) e o *particípio irregular* (mais conciso, como em *expulso* ou *extinto*). Quanto ao uso dos particípios, é prudente o conhecimento de algumas regras. Observe a frase:

> - *O estado de necessidade, inserto no Código Penal em seu artigo 24, deve ser minuciosamente discutido no presente caso.*

Note que o verbo, no exemplo acima, é *inserir*. Ele admite, como particípio, as formas *inserido* e *inserto*. É importante registrar que a forma irregular do particípio (*inserto*) deve ser utilizada quando a oração tem sentido passivo, estando na voz passiva. Esta é a razão de se utilizar tal forma (e não "inserido") na frase acima. Por outro lado, observe a frase a seguir:

> - *Esse é o deputado que havia inserido a pena de morte no projeto de lei discutido na Câmara.*

Na voz ativa, havendo verbo auxiliar, usa-se o particípio regular. Dessa forma, é possível aplicar o raciocínio a verbos de uso corriqueiro na linguagem forense, como: *contraditar, incorrer* e *extinguir*.

- Contraditar:
  - *O libelo está contradito em plenário.*
  - *O juiz deu o réu como indefeso porque o advogado não tinha contraditado o libelo.*
- Incorrer:
  - *O criminoso está (foi) incurso no artigo 121 do Código Penal.*
  - *Haverá ele incorrido em crime de homicídio.*
- Extinguir:
  - *A sociedade limitada foi extinta.*
  - *Ele havia extinguido a sociedade limitada.*

Observe alguns **verbos abundantes**:

VERBO ABUNDANTE	PARTICÍPIO REGULAR	PARTICÍPIO IRREGULAR
Absolver	Absolvido	Absolto
Aceitar	Aceitado	Aceito
Acender	Acendido	Aceso
Anexar	Anexado	Anexo
Assentar	Assentado	Assente
Benzer	Benzido	Bento
Concluir	Concluído	Concluso
Contundir	Contundido	Contuso
Defender	Defendido	Defeso
Eleger	Elegido	Eleito
Emergir	Emergido	Emerso
Entregar	Entregado	Entregue
Envolver	Envolvido	Envolto
Enxugar	Enxugado	Enxuto
Erigir*	Erigido	Ereto
Espargir	Espargido	Esparso
Extinguir	Extinguido	Extinto
Expulsar	Expulsado	Expulso
Expelir	Expelido	Expulso
Expressar**	Expressado	Expresso
Exprimir**	Exprimido	Expresso
Gastar	Gastado	Gasto
Findar	Findado	Findo
Frigir**	Frigido	Frito
Fritar**	Fritado	Frito
Imprimir	Imprimido	Impresso
Incorrer	Incorrido	Incurso
Incluir	Incluído	Incluso

VERBO ABUNDANTE	PARTICÍPIO REGULAR	PARTICÍPIO IRREGULAR
Inserir	Inserido	Inserto
Isentar	Isentado	Isento
Limpar	Limpado	Limpo
Matar	Matado	Morto
Ocultar	Ocultado	Oculto
Omitir	Omitido	Omisso
Prender	Prendido	Preso
Propender	Propendido	Propenso
Remitir	Remitido	Remisso
Romper	Rompido	Roto
Salvar	Salvado	Salvo
Segurar	Segurado	Seguro
Sepultar	Sepultado	Sepulto
Soltar	Soltado	Solto
Sujeitar	Sujeitado	Sujeito
Surgir	Surgido	Surto
Suspender	Suspendido	Suspenso
Submergir	Submergido	Submerso
Tingir	Tingido	Tinto

* O verbo **erigir**, quando utilizado na forma pronominal (*erigir-se*), terá o sentido de "arvorar-se, constituir-se", não devendo ser acompanhado da preposição "em", sob pena de chancela de galicismo. O mesmo se diga do verbo "*constituir-se*". Observe as erronias:
"Ele se erigiu em censor dos alunos".
"Todos se erigiram em juízes de meus atos".
"O inimigo se erigia em crítico de meus pensamentos".
"Ele se constituiu em chefe da quadrilha".

** O particípio irregular dos verbos [**expressar** e **exprimir**] e [**frigir** e **fritar**] são, respectivamente, *expresso* e *frito*. Portanto, há uma curiosa identidade.

Regra geral: use o particípio regular com os verbos *ter* e *haver* e o irregular, com os verbos *ser* e *estar*. Exemplos:

- *Ele havia matado dois pássaros.*
- *O tatu foi morto pelo caçador.*
- *Os holandeses haviam elegido o candidato da oposição.*

- *O candidato foi eleito em primeiro turno.*
- *"Por que tinha ele suspendido a leitura?"* (Graciliano Ramos).
- *"Foi temeridade haver aceitado o convite"* (Ciro dos Anjos).
- *"Podia ter salvo a rapariga"* (Erico Verissimo).
- *"Estará sepulto Churchill"* (Rachel de Queiroz).
- *Ficou assentado o projeto.*
- *A hipoteca foi remissa.*
- *Está incurso no artigo 5º da Constituição Federal.*

É prudente mencionar que as *formas irregulares* gozam de preferência na Língua atual, não sendo poucos os casos de prevalência sobre as *formas regulares* em confronto. Um exemplo ocorre com a formação "pagado" que, não obstante apropriada, pode causar má sonoridade ao ouvinte menos avisado, que tende a preferir *pago*. Quanto a nosso uso, recomendamos que fique com a regra. Dessa forma, não se equivocará.

Importante: "chego", como particípio, em vez de *chegado*, não existe em nosso idioma! Tal forma é produto da mirabolante imaginação humana, uma vez que o verbo *chegar* possui a forma do particípio como *chegado*, e não "chego". Já é chegada a hora de "'dizer chega' ao *chego*"!

43. A FOLHAS – DE FOLHAS

Situação: *Segue o documento a fls. 32.*

Comentário: de há muito, as expressões *a folhas* (a fls.) e *de folhas* (de fls.) foram consagradas no ambiente forense. Há quem prefira utilizar a expressão *a folhas* com o precedente artigo definido plural, criando a forma também possível *às folhas* (a + as folhas = às folhas).

Napoleão Mendes de Almeida, em seu *Dicionário de Questões Vernáculas* (1998: 3-4), disciplina que a forma *a folhas vinte e duas* significa *"a vinte e duas folhas do início do trabalho"*, como quem diz *"a vinte e duas braças"*, na linguagem marítima. Portanto, memorize a tabela a seguir:

Folha (Fl.)	Folhas (Fls.)
... *a folha* 12 (a: preposição)	... *a folhas* 12 (a: preposição)
... *à folha* 12 (à: preposição + artigo)	... *às folhas* 12 (às: preposição + artigo plural)
Formas errôneas que devem ser evitadas: "... à folhas 12" (com crase); "... as folhas 12" (sem crase).	

44. FLEXÕES VERBAIS CURIOSAS

Situação: *Há um receio claro em não permitir que os países adiram à OTAN.*

Comentário: existem alguns verbos de pronúncia e grafia diferentes, em razão das peculiaridades de suas flexões. É mister se acostumar com eles. Na conjugação verbal, a primeira pessoa do *presente do indicativo* (eu) é quase sempre a causa da celeuma. E o problema está no fato de que começamos a conjugar o verbo por ela e... não podemos começar mal. Portanto, vamos conhecer alguns importantes verbos que aqui se encaixam.

Verbos	1ª pessoa do singular do presente do indicativo	Verbos	1ª pessoa do singular do presente do indicativo
Acudir	Eu acudo	Computar	Eu computo
Aderir	Eu adiro	Desarraigar	Eu desarraigo (ra-i)
Agir	Eu ajo	(Des)embainhar	Eu (des)embainho (ba-i)
Ajuizar	Eu ajuízo	Desenraizar (enraizar)	Eu desenraízo (ra-i)
Apiedar-se	Eu me apiedo	Despir	Eu dispo
Arraigar	Eu arraigo (ar-ra-í-go)	Diagnosticar	Eu diagnostico (/tí/)
Arrear (pôr arreios)	Eu arreio	Diferir	Eu difiro
Arriar (fazer descer)	Eu arrio	Digerir	Eu digiro
Arruinar	Eu arruíno (ru-i)	Discernir	Eu discirno
Bochechar	Eu bochecho	Divergir	Eu divirjo
Bulir	Eu bulo	Enciumar-se	Eu me enciúmo
Caber	Eu caibo	Enviuvar	Eu enviúvo
Cavoucar	Eu cavouco (/vôu/)	Epilogar	Eu epilogo
Cerzir	Eu cirzo	Estagnar	Eu estagno
Coagir	Eu coajo	Expelir	Eu expilo
Colorar (colorir)	Eu coloro (/ló/)	Extinguir	Eu extingo
Comerciar	Eu comercio	Ferir	Eu firo
Compelir	Eu compilo	Filosofar	Eu filosofo
Competir	Eu compito	Franquear	Eu franqueio
Comprazer	Eu comprazo	Frigir	Eu frijo

Verbos	1ª pessoa do singular do presente do indicativo	Verbos	1ª pessoa do singular do presente do indicativo
Fruir	Eu fruo	Munir (municiar, defender)	Eu muno
Gerir*	Eu giro	Nascer	Eu nasço
Girar*	Eu giro	Obstar	Eu obsto
Granjear	Eu granjeio	Plagiar	Eu plagio
Hastear	Eu hasteio	Prognosticar	Eu prognostico
Haver	Eu hei	Prover	Eu provejo
Inferir	Eu infiro	Reivindicar	Eu reivindico
Infligir	Eu inflijo	Repelir	Eu repilo
Infringir	Eu infrinjo	Requerer	Eu requeiro
Ingerir	Eu ingiro (com -g)	Retrogradar	Eu retrogrado (/grá/)
Jazer	Eu jazo	Rir	Eu rio
Maquiar	Eu maquio	Ritmar	Eu ritmo
Mimeografar	Eu mimeografo (/grá/)	Roer	Eu roo (Acordo Ortográfico)
Mobiliar	Eu mobílio	Sedar (acalmar)	Eu sedo
Monologar	Eu monologo	Soar (tilintar)	Eu soo (Acordo Ortográfico)
Moscar-se (sumir)	Eu me musco	Sortir	Eu surto
Mungir (ordenhar)	Eu munjo	Suar (transpirar)	Eu suo

Observações:

*1. Há identidade entre as formas dos verbos [**girar** e **gerir**]: eu giro, indistintamente (ver observação final adiante, no próximo quadro).

2. Nas flexões verbais terminadas em -guar, -quar e -quir, o Acordo Ortográfico previu a facultatividade. Assim, teremos:

- **APAZIGUAR:** *Eu apaziguo (/gu/)* **OU** *Eu apazíguo (/zí/);*
- **DELINQUIR:** *Eu delinquo (/qu/)* **OU** *Eu delínquo (/lín/).*
- **ENXAGUAR:** *Eu enxaguo (/gu/)* **OU** *Eu enxáguo (/xá/);*
- **MINGUAR:** *Eu minguo (/gu/)* **OU** *Eu míng‌uo (/mín/);*
- **OBLIQUAR:** *Eu obliquo (/qu/)* **OU** *Eu oblíquo (/blí/).*

Observações finais sobre verbos:

Verbos	1ª pessoa do singular do presente do indicativo
Apiedar-se	*Eu me apiedo*

O verbo pronominal **apiedar-se** deve ser conjugado, segundo a gramática moderna, como: *eu me apiedo, tu te apiedas, ele se apieda, nós nos apiedamos, vós vos apiedais, eles se apiedam.*

No presente do subjuntivo, veja a conjugação: *que eu me apiede, que tu te apiedes, que ele se apiede, que nós nos apiedemos, que vós vos apiedeis, que eles se apiedem.*

Observação: as formas *apiado-me, apiada-se, apiada-te* têm respaldo no antigo verbo **apiadar-se**, não devendo prevalecer sobre aqueloutras.

Apropinquar-se	*Eu me apropínquo*

O verbo **apropinquar-se** tem a acepção de "aproximar-se". Antes do Acordo, a conjugação, embora parecesse estranha, era um tanto simples: *eu me apropínquo, tu te apropínquas, ele se apropínqua* etc. Com o advento do Acordo, nas flexões verbais terminadas em *-guar, -quar* e *-quir*, estipulou-se a facultatividade. Assim, teremos:

- *O barco se apropínqua* (/pín/) *da ilha* **OU** *O barco se apropinqua* (/qu/) *da ilha* .
- *Espero que o ônibus se apropínque* (/pín/) *do ponto* **OU** *Espero que o ônibus se apropinque* (/qu/) *do ponto.*

Desdizer	*Eu desdigo*

O verbo **desdizer** deve ser conjugado como "dizer": *eu desdigo, nós desdizemos, ele desdisse, eu desdirei, quando eu desdisser, que eu desdiga.* Exemplo:

- "*Desdigo-me do que escrevi a propósito das histórias de Luísa Velha*"[80].

Doutorar-se	*Eu me doutoro*

O verbo **doutorar-se** não será sempre pronominal. No sentido de "conferir o grau de doutora", não há o pronome. Exemplo: *A Universidade de São Paulo o doutorou em 1997.* Todavia, no sentido de "receber o grau de doutor", o pronome é obrigatório. Exemplos:

- *Ele se doutora em breve.*
- *Eu me doutorarei no fim do ano.*

Gerir	*Eu giro*

O verbo **gerir** conjuga-se como "ferir". Portanto: [*Eu giro*], *tu geres, ele gere, nós gerimos, vós geris, eles gerem; que eu gira, que tu giras, que ele gira, que nós giramos, que vós girais, que eles giram.* Observe que, na 1ª pessoa do singular do presente do indicativo, há uma semelhança entre o verbo **gerir** e o verbo **girar** (*eu giro*, para ambos). Este último assim se conjuga: [*Eu giro*], *tu giras, ele gira, nós giramos, vós girais, eles giram; que eu gire, que tu gires, que ele gire, que nós giremos, que vós gireis, que eles girem.*

---

80 Ciro dos Anjos, *Explorações no Tempo*, p. 18, *apud* Cegalla, 1999, p. 114.

Verbos	1ª pessoa do singular do presente do indicativo
Sotopor	Eu sotoponho

O verbo **sotopor** tem o sentido de "pôr debaixo, pôr em plano inferior ou subpor". Deve ser conjugado como pôr. Exemplos:

- "Manuel, um homem difícil de lidar, sotopôs seus objetivos à vaidade"[81].
- O militar em combate deve sotopor sua vida à pátria.
- O político desonesto sotopunha as promessas de campanha aos interesses pessoais.

45. Usa-se o travessão com a vírgula?

Situação: *Quando chegou o Dr. Pedro – Juiz de Direito da cidade –, às 18h, muitos já haviam se retirado.*

Comentário: é possível o uso do travessão ao lado da vírgula [–,] quando um tiver que conviver com o outro, isto é, sem que se possa abrir mão de nenhum deles na estrutura frasal. Exemplo:

- *Após o pagamento das mensalidades – quatro de R$ 100,00 (– ,) os pais dos alunos devem voltar para outra reunião.*

Todavia, não há vírgula em:

- *Nadar – na opinião de médicos especialistas (–) é o melhor esporte.*

Veja que, nesse exemplo supracitado, não há regra sintática que imponha a concomitância da vírgula e do travessão, pois se estaria separando sujeito e predicado.

46. A expressão latina et cetera (etc.)

Situação: *Ele comprou maçãs, laranjas, bananas etc.*

Comentário: a expressão latina ***et cetera*** (**etc.**) significa "e o resto" ou "e outras coisas", devendo ser acompanhada do ponto final, por se tratar de abreviatura estereotipada (**etc.**). A dúvida maior surge com relação à vírgula que a precederia em enumerações. Usa-se ou não? Levando-se em conta que a tradução da expressão é "e outras coisas", já contendo em sua literalidade a partícula aditiva "e", não haveria razão para a inserção da vírgula, precedendo-a. No entanto, a praxe sacramentou o uso da vírgula antes de etc. (Exemplo: *A, B, C [,] etc.*).

A propósito, Nascimento (1992: 46) esposa idêntica opinião, quando disciplina que

---

81 Carlos Drummond de Andrade, *apud* Cegalla, 1999, p. 160.

quanto à vírgula que precede a abreviatura, é hábito internacional. Sem dúvidas, têm razão os que entendem não haver vírgula, dada a presença da conjunção "e". Repugna a pontuação em uma série terminada por "e", para quem não perdeu o sentido da abreviatura, todavia, talvez, por esquecimento do significado passou-se à virgulação.

Problema maior criou-nos o VOLP, quando colocou vírgula antes do *etc.* nas *Instruções para a Organização do Vocabulário Ortográfico da Língua Portuguesa*. Todavia, somos da opinião que há opção ao estudioso, podendo inseri-la ou omiti-la. Nesta obra, preferimos a omissão à inserção.

47. Eles têm de estudar ou Eles têm que estudar?

Situação: *Com o horário de verão, muitos alunos têm de acordar mais cedo.*

Comentário: as formas **ter de** e **ter que** são igualmente aceitas, podendo ser usadas livremente.

Os gramáticos que abonam a distinção, considerando-as expressões singularmente diferentes, recomendam o uso da forma *ter de*, quando se quiser exprimir *obrigação* ou *necessidade*. Exemplos:

- *O médico tem de atender o paciente.*
- *O advogado tem de atender o réu.*
- *O autor tem de cumprir o despacho.*
- *Você tem de escolher a roupa para a festa.*
- *"Quem embarcou com o diabo tem de navegar com ele"* (Provérbio).

Por outro lado, o uso da forma *ter que* seria de rigor em frases nas quais não houvesse obrigação ou dever. Exemplos:

- *Nada mais temos que acrescentar à exposição.*
- *Tenho que aprender essa disciplina.*
- *Tenho mais que fazer.*
- *Você tem que estudar todos os dias para o concurso.*

48. A baixo – Abaixo

Situação: *O homem olhou para a donzela de cima a baixo.*

Comentário: **a baixo** é locução adverbial, que faz oposição à forma "de cima", em frases como:

- *O casaco rasgou-se de cima a baixo.*
- *"Só Lalu olhava-o de cima a baixo, observando o estado de suas roupas sujas e remendadas"*[82].

Por outro lado, **abaixo** representa o antônimo de "acima", aparecendo em frases como:

- *O projeto foi por água abaixo.*
- *As torres do "World Trade Center" vieram abaixo.*
- *Quito fica abaixo do Equador.*
- *A vítima do naufrágio foi levada rio abaixo.*

É oportuno diferençarmos, nesse ínterim, as expressões **abaixo-assinado** (com hífen) e **abaixo assinado** (sem hífen).

O termo *abaixo-assinado* (com hífen) representa o documento no qual as pessoas apõem suas assinaturas a fim de requererem algo. Como um substantivo composto, forma o plural *abaixo-assinados*.

Nesse rumo, *abaixo assinado* (sem hífen) equivale ao termo designativo daquele que assinou o documento logo abaixo, isto é, ao signatário do documento. Exemplo:

- *Todos que estão abaixo assinados vêm requerer a Vossa Excelência que se proceda à retificação do ato.*

Em tempo, não é inoportuno aclararmos a diferença entre os verbos **baixar** e **abaixar**. Vejamos:

Empregar-se-á BAIXAR:	Empregar-se-á ABAIXAR:
1. Se o verbo for *intransitivo*. Exemplos:	**1.** Se o verbo for *transitivo direto*. Exemplos:
▪ *O nível das águas baixou.*	▪ *O deputado abaixou a voz.*
▪ *O preço do gás baixou.*	▪ *O irascível oponente abaixou o topete.*
▪ *Quando a poeira baixar, tomaremos as providências.*	▪ *O "DJ" abaixou o volume do som.*
▪ *O crápula baixou à merecida sepultura.*	▪ *O posto de gasolina abaixou o preço do combustível.*
▪ *Os autos baixaram ao Tribunal de origem.*	
2. Se o verbo contiver o sentido de "expedir":	
▪ *O ministro baixou várias portarias.*	
▪ *O chefe da expedição baixará as instruções.*	

---

82 Dias Gomes, *Decadência*, p.11, *apud* Cegalla, 1999, p. 1.

MANUAL DE PORTUGUÊS JURÍDICO

49. Os bichos são "amorais" ou "imorais"?

Situação: *O incesto, mesmo não sendo crime tipificado no Código Penal, é imoral.*

Comentário: **imoral** é adjetivo que designa "aquilo que é contrário aos bons costumes, ao honesto, ao pudico". Portanto, equivale a "desonesto, impuro, devasso, lascivo, libertino, depravado". Dessa forma, observe os exemplos:

- *A desonestidade é imoral; mais imoral é quem se vale dela para se projetar na sociedade.*
- *As novelas de hoje veiculam tramas, às vezes, imorais.*
- *O livro que li é imoral.*

Por outro lado, **amoral** designa "a falta de senso moral, isto é, a ausência da consciência dos valores morais". Aliás, o vocábulo *moral*, segundo o Aurélio, representa o "conjunto de regras de conduta ou hábitos julgados válidos, quer de modo absoluto, quer para grupo ou pessoa determinada". Assim, *amoral* é "aquele ou aquilo despido de moralidade, isto é, afastado de qualquer preocupação com a moral". Exemplos:

- *Os jovens de hoje, por estarem alienados de princípios de espiritualidade, estão se tornando amorais.*
- *A guerra é amoral.*
- *Na tevê, há programas tão imorais que fomentam a amoralidade na sociedade.*
- *Os bichos, por não terem senso de moral, são amorais.*

Portanto, memorize: aquilo que é *imoral* necessariamente é *amoral*; no entanto, o que é *amoral* não será, inevitavelmente, *imoral*.

Por derradeiro, não se esqueça de que o termo moral pode ser substantivo masculino[83], na acepção de "ânimo ou estado de espírito". Assim, memorize:

- *Os vietcongues abalavam dia a dia o moral das tropas americanas no Vietnã.*
- *O palhaço anda de moral abatido.*
- *Após o insucesso no concurso público, o candidato ficou com o moral baixo.*

50. Há problema na frase "Antes queria que a xingassem do que que xingassem sua mãe"?

Situação: *Nunca Brito vem à loja.*

Comentário: as frases apontam um vício de linguagem conhecido como *cacofonia* ou *cacófato* – figura que indica o som desagradável ou vocábulo de sentido ridículo ou desaconselhável, resultante da sequência de sílabas formadoras das palavras da frase. Exemplos:

---

[83] O vocábulo **moral** será substantivo feminino, no sentido de "moral da história" – lição que se extrai do que se absorveu.

> "Por cada mil habitantes" (som de "porcada") – "Vai-a seguindo" (som de "vaia") – "Mande-me já isso" (som de "mijar") – "Cinco cada um" (som de "cocada") – "Pega a linha e agulha" (som de "galinha") – "Foi assaltada por rapazes adultos" (som de "porra") – "A boca dela espumava" (som de "cadela") – "Ela nunca ganhou um presente" (som de "caga") – "Nunca gaste além do que pode" (som de "cagaste") – "Na janela trina um pássaro" (som de "latrina") – "Uma mão lava a outra" (som de "mamão") – "O jogador marca gol" (som de "cagou") – "O boss tá aí" (boss: "palavra inglesa, na acepção de chefe, patrão, empregador") (som de "bosta").

A propósito da frase em análise, que norteia o item ora analisado, não obstante gramaticalmente apropriada, deve ser evitada, devido ao cacofônico encontro "que que".

Corrigindo: *Preferia que a xingassem a que xingassem sua mãe.*

Enfatize-se que há cacófatos inevitáveis, como se nota na máxima "uma mão lava a outra", não se devendo cultivar preocupação excessiva em rechaçá-los, em detrimento da naturalidade no texto. Todavia, se possível, procure evitá-los, usando expedientes simples, como: substitua os termos por sinônimos, mudando-os de lugar ou, em último caso, alterando a estrutura da frase. Exemplo: *Em vez de "pega a linha e agulha" (som de "galinha"), mude para "pega a agulha e linha".*

51. O VERBO AVIR(-SE)

Situação: *No ato de conciliação, os dois adversários políticos se avieram, trocando um longo abraço.*

Comentário: o verbo **avir** ou, na forma pronominal, **avir-se**, significa "reconciliar", devendo ser conjugado como vir. É verbo de pouco uso, no entanto é oportuno assimilá-lo. Posto isso, se é dito eles *vêm*, diz-se eles *avêm*; se é falado eles *vieram*, fala-se eles *avieram*; se é anunciado eles *virão*, anuncia-se eles *avirão*. Da mesma forma, diz-se, no modo subjuntivo, que eles *avenham*, quando eles *avierem* e se eles *aviessem*.

Nesse passo, registre-se que o antônimo do verbo é **desavir** ou, na forma pronominal, **desavir-se**. Tem a acepção de "pôr em desavença, indispor(-se), discordar". Exemplos:

- *As discussões constantes desavieram o marido e a esposa.*
- *O goleiro desaveio-se com o técnico.*
- *O cliente se desaviera com o advogado.*
- *Tendo-se desavindo com o gerente do supermercado, dirigiu-se ao Procon.*

Diga-se, em tempo, que a forma pronominal *desavir-se* é mais comum. Portanto, pratique: *eu me desavenho, ele se desavém, eles se desavêm, eu me desavim, eles se desavieram, ainda que se desaviessem, se eu me desavier* etc.

Memorize, ainda, que o particípio e o gerúndio do verbo desavir(-se) possuem a mesma forma: *desavindo*.

52. Azálea ou Azaleia – Acróbata ou Acrobata

Situação: O acróbata pulou de frondosa azálea (ou seja: arbusto).

Comentário: o assunto em análise refere-se às chamadas palavras de dupla prosódia ou formas variantes. O que ocorre é que ambas as palavras são aceitas, uma vez que as normas do léxico e da prosódia as admitem, no entanto, uma, geralmente, "pega", enquanto à outra resta o esquecimento. Vamos conhecê-las:

Abdômen	ou	Abdome	Boêmio	ou	Boêmico (adjetivo)
Abóbada	ou	Abóboda	Bujão de gás	ou	Botijão de gás
Aborígene	ou	Aborígine	Cafetina	ou	Caftina
Acróbata	ou	Acrobata	Camionete	ou	Caminhonete
Adjutório	ou	Ajutório	Camioneta /ê/	ou	Caminhoneta (/ê/)
Albúmen	ou	Albume	Carroçaria	ou	Carroceria
Aluguel	ou	Aluguer (Alugueres, no plural)	Catorze	ou	Quatorze
			Chimpanzé	ou	Chipanzé
Ambrosia	ou	Ambrósia	Cobreiro	ou	Cobrelo (/ê/)
Apostila	ou	Apostilha	Cociente	ou	Quociente
Assoalho	ou	Soalho	Contato	ou	Contacto
Assoviar	ou	Assobiar	Contatar	ou	Contactar
Autópsia	ou	Autopsia (Acordo)	Cota	ou	Quota
Azálea	ou	Azaleia	Cotidiano	ou	Quotidiano
Babadouro	ou	Babadoiro (ou Babador)	Elucubração	ou	Lucubração
Bêbado	ou	Bêbedo	Engambelar	ou	Engabelar
Bílis	ou	Bile	Estalar	ou	Estralar
Biópsia	ou	Biopsia	Espuma	ou	Escuma
Biotipo	ou	Biótipo[84]	Flecha	ou	Frecha
Biquíni	ou	biquine	Floco(s)	ou	Froco(s)
Boêmia	ou	Boemia (substantivo)	Hieróglifo	ou	Hieroglifo
Homília	ou	Homilia	Hífen	ou	Hifem (arcaico)

---

84 A forma **biótipo**, com acento, é preferível à formação **biotipo**, porém as duas formas são corretas e aceitas (VOLP).

Húmus	ou	Humo	Pólipo	ou	Polipo
Interseção	ou	Intersecção	Projétil	ou	Projetil
Intrincado	ou	Intricado	Rasto	ou	Rastro
Ípsilon	ou	Ipsilão	Respectivo	ou	Respetivo
Laje	ou	Lajem	Salmódia	ou	Salmodia
Louro	ou	Loiro	Seção	ou	Secção
Madagascar	ou	Madagáscar	Septuagenário	ou	Setuagenário
Maquiador	ou	Maquilador	Soror	ou	Sóror
Maquiagem	ou	Maquilagem (ou Maquilhagem)	Toucinho	ou	Toicinho
Maquiar	ou	Maquilar	Transpassar	ou	Traspassar (ou Trespassar)
Marimbondo	ou	Maribondo	Trasladar	ou	Transladar
Nefelíbata	ou	Nefelibata	TV a cabo	ou	TV por cabo
Oceânia	ou	Oceania	Vai e vem	ou	Vaivém
Ortoépia	ou	Ortoepia	Verruga	ou	Berruga
Parêntese	ou	Parêntesis	Xerocar	ou	Xerocopiar
Percentagem	ou	Porcentagem	Xérox	ou	Xerox
Piaçaba	ou	Piaçava	Zangão	ou	Zângão

Algumas **observações** importantes sobre *palavras de dupla prosódia*:

Bálcãs	ou	Balcãs
A palavra tem pronúncia controversa. O Aurélio adota **Bálcãs** (paroxítona), enquanto o Houaiss abona **Balcãs** (oxítona). Preferimos a primeira forma, o que também recebe a chancela da literatura, como se nota no exemplo abaixo: ■ "As massas andavam extremamente preocupadas com a solução do conflito da China e a consolidação da democracia nos Bálcãs"[85].		
Cacoépia	ou	*Cacoepia*
Ocorre a **cacoépia (ou cacoepia)** quando se pronuncia incorretamente uma palavra. Trata-se de erro de ortoépia (ou ortoepia). Observe os exemplos: falar "guspe", em vez de cuspe.		

---

[85] Carlos Drummond de Andrade, *Obra Completa*, p. 489, *apud* Cegalla, 1999, p. 50.

Cãibra	ou	Câimbra

A forma **cãibra** (com til, sem -m) é preferível ao termo **câimbra** (com acento circunflexo, com -m), porém as duas formas são corretas e aceitas (VOLP).

Dúplex	ou	Duplex

Segundo o VOLP, as formas **dúplex** (paroxítona) e **duplex** (oxítona) seriam adjetivos com formação única no plural: o/os dúplex; o/os duplex. Os dicionários, todavia, dão aos termos um tratamento mais minudente. Vejamos, conforme o Houaiss:

I. Dúplex (Plural: os dúplices) – esta forma pode ser:

a) numeral;

b) adjetivo (Exemplos: *blusa dúplex; apartamento dúplex*);

c) substantivo masculino (Exemplo: *Ele mora num luxuoso dúplex*).

II. Duplex (Plural: o/os duplex) – forma mais usual que a outra, podendo ser:

a) adjetivo (Exemplo: *apartamento duplex*);

b) substantivo masculino (Exemplo: *Ele mora num luxuoso duplex*).

Termoelétrica	ou	Termelétrica

O elemento de composição **termo-** une-se à palavra seguinte sem o hífen. Portanto: *termoelétrica, termonuclear, termômetro, termodifusão, termostato, termodinâmica*. Como se notou, trata-se de palavra de dupla prosódia: *termoelétrica ou termelétrica (ou termeléctrica)*.

Terraplenagem	ou	Terraplanagem

Terraplenar é o "ato de nivelar o solo, enchendo-o de terra". Deve-se preferir a forma terraplenar (com -e) à outra – "terraplanar" (com -a). O motivo está no fato de que "terraPLEnar" deriva de "pleno, no sentido de "cheio", sendo o termo mais indicado para o nivelamento do solo, todavia, como se notou, a palavra é de dupla prosódia. Observe as palavras derivadas: *terraplenagem (ou terraplanagem), terraplenamento (ou terraplanamento), terrapleno (ou terraplano)* .

53. A palavra "bastantes" existe?

Situação: *Ele comprou bastantes pães de queijo, após ter procurado bastantes vezes nas padarias da cidade.*

Comentário: o termo **bastante** pode assumir variadas classes gramaticais em nosso idioma. Pode ser advérbio, adjetivo, pronome ou substantivo. Vamos detalhar.

1. **Como advérbio:** forma invariável, na acepção de "suficientemente", não sofrendo quaisquer alterações. Observe que o advérbio modifica o verbo, o adjetivo e o próprio advérbio, representando classe gramatical fossilizada, isto é, não passível de modificação. Exemplos:

- *Ele estuda bastante (e Eles estudam bastante).*
- *Ele era bastante otimista (e Eles eram bastante otimistas).*

2. **Como adjetivo:** forma variável, no sentido de "suficiente". Exemplos:
   - *Não há provas bastantes para condenar o acusado.*
   - *Dois agentes são bastantes para deter o culpado.*
   - *Por meio de seus advogados e bastantes procuradores, tomará o Autor as devidas providências.*

3. **Como pronome indefinido:** forma variável. Exemplos:
   - *Ele prestou o concurso bastantes vezes.*
   - *Ele comprou bastantes pães.*
   - *Tomaremos bastantes comprimidos para a enfermidade.*
   - *"Um dia, há bastantes anos, lembrou-me reproduzir no Engenho novo a casa em que me criei na antiga Rua de Mata-Cavalos"*[86].

4. **Como substantivo:** forma estereotipada, antecedida do artigo "o" [o bastante], no sentido de "quantidade suficiente". Exemplo:
   - *Ele trabalha o bastante para viver.*

54. As formas "Longes" e "Nenhuns" existem?

Situação: *Ele andou por longes terras sem encontrar nenhuns obstáculos.*

Comentário: o termo **longe** pode assumir a feição de advérbio, quando será invariável. Exemplo: *Seus gritos soaram longe.* Todavia, "longe" pode assumir a classe gramatical de adjetivo, devendo ser pluralizado. Observe as frases:
- *Eram longes cidades a que tínhamos de ir.*
- *Longes obstáculos foram colocados para dificultarem a prova.*

Registre-se que existe um sentido pouco conhecido, delineado pela forma pluralizada "longes", como *substantivo masculino*, que designa "leve semelhança". Exemplo:
- *O filho tinha uns longes do jeito do pai.*

Por outro lado, **nenhuns** é forma pluralizada do pronome indefinido "nenhum". Veja que nada obsta a[87] que se pluralizem os pronomes, uma vez que são formas variáveis. Assim:

---

86 Machado de Assis, *Dom Casmurro*, cap. II, *apud* Cegalla, 1999, p. 51.

87 O verbo **obstar** tem regência, preferencialmente, de *verbo transitivo indireto*. Portanto, aprecie as frases:
   - *Ele obstou ao veto no Congresso.*
   - *Os deputados tentaram obstar à votação das propostas de Emenda.*
   - *As chuvas obstavam a que se iniciasse o plantio.*
   - *Nada obsta a que o façam calar.*
   - *Ele preconizou que nada obstava a que se desse início às explanações.*

   Observação: A regência direta não constitui, propriamente, erro, sendo apenas menos recomendável.

- *Algum objeto – Alguns objetos;*
- *Nenhum obstáculo – Nenhuns obstáculos;*
- *Alguma ideia – Algumas ideias.*

Portanto, aprecie a frase:

- *Nenhuns desafios instigavam o lutador.*

55. ENTRA E SAI DA SALA – NATURAL E RESIDENTE EM

Situação: *José, natural e residente em Cuiabá, entra e sai da sala.*

Comentário: é comum aos anunciantes, concisos demais no redigir, que empreguem poucas palavras na exteriorização da ideia, numa ânsia de economizar tempo e espaço. Existem expressões antônimas que não podem ser usadas com a conjunção aditiva "e", sob pena de se permitir a existência de um só complemento para preposições diversas, o que é insustentável.

O *Metrô* de São Paulo, em certa ocasião, corrigiu erro semelhante em dada mensagem. Antes divulgaram "Ao toque da campainha, não entre nem saia do trem"; após, passaram a anunciar *Ao toque da campainha, não entre no trem nem saia dele*. Portanto, a escrever

1. "O processo seguirá com ou sem o réu", **prefira** *O processo seguirá com o réu ou sem ele.*
2. "Elementos a favor e contra a tese dos apelantes", **prefira** *Elementos a favor da tese dos apelantes e contra ela.*
3. "Ele entrou e saiu de casa momentos depois", **prefira** *Ele entrou na casa e saiu dela momentos depois.*
4. "Ele entra e sai da sala", **prefira** *Ele entra na sala e sai dela.*
5. "Ele é natural e residente em Florianópolis", **prefira** *Ele é natural de Florianópolis e residente na mesma cidade.*

56. "ALUGAM-SE CASAS" – "NECESSITA-SE DE EMPREGADOS"

Situação: *Colocarei o anúncio duplo "Vendem-se terrenos e necessita-se de advogados".*

Comentário: o assunto em epígrafe é palpitante. Trata-se do estudo da partícula "se" – uma intrincada matéria que transita em abundância nas provas de concursos e vestibulares do País afora. Vamos à análise.

1. Se: partícula apassivadora do sujeito

Há situações em que o sujeito da oração apresenta-se apassivado, isto é, na voz passiva. Isto é possível com a utilização da partícula "se", formando a *voz passiva sintética*. Observe a frase:

- *Compram-se carros.*

O sujeito da oração é "carros", despontando na forma apassivada. Assim, pode-se "inverter" facilmente a frase, transformando-a na *voz passiva analítica*: "*carros são comprados*". Observe que o verbo deve concordar com o sujeito, razão pela qual conjugamos "compram-se", e não "compra-se". Por fim, é curioso notar que tal fenômeno ocorre com verbos de *transitividade direta*, ou seja, aqueles que prescindem da preposição. Memorize os exemplos abaixo:

▪ *Alugam-se casas.*	▪ *Doam-se terras.*
▪ *Arquivem-se os autos.*	▪ *Vendem-se terrenos.*
▪ *Construir-se-iam várias pontes.*	▪ *É mister que se contratem enfermeiras.*
▪ *Ainda se viam casas intactas após o terremoto.*	▪ *Ao se discutirem os planos, tomaram-se decisões.*
▪ *Todas as brigas se têm resolvido com diálogo.*	▪ *Quais desculpas se hão de suscitar?*
▪ *Usam-se becas para sustentações orais.*	▪ *Prolataram-se três sentenças.*
▪ *Ouviram-se oito tiros.*	▪ *Aqueceram-se os mercados.*

2. Se: índice de indeterminação do sujeito

Há situações em que o sujeito da oração apresenta-se indeterminado, sem que se possa identificá-lo com precisão. É nesse contexto que a partícula "se" desponta, contribuindo para tal indeterminação, como se pode notar na frase a seguir exposta:

▪ *Necessita-se de empregados.*

Trata-se de oração com sujeito indeterminado. O complemento "de empregados" não é o sujeito, mas o objeto indireto do verbo que o rege – "necessitar". Aliás, a indeterminação do sujeito é peculiar aos *verbos transitivos indiretos* e *intransitivos*, sendo fácil ao estudioso identificá-la no caso concreto. Ademais, nem se tente proceder à "inversão" em tais orações, pois o resultado não será recomendável (evite "empregados são necessitados"). Portanto, assimile alguns exemplos dotados de correção:

▪ *Precisa-se de copeiras.*	▪ *Procede-se a averiguações.*
▪ *Necessita-se de pintores.*	▪ *Morre-se bem às cinco.*
▪ *Obedece-se a normas.*	▪ *Aspira-se a aprovações em concursos.*
▪ *Trata-se de aparições misteriosas.*	▪ *Acabe-se com tais abusos!*
▪ *Respondeu-se a todas as dúvidas.*	▪ *Recorre-se a médicos em tal caso.*
▪ *Chegou-se a vários acordos.*	▪ *Carece-se de melhores políticos.*
▪ *É raro o dia em que não se assiste a esses espetáculos.*	▪ *Usou-se de ardilosos expedientes para iludi-lo.*

Agora, vamos enfrentar algumas situações um pouco mais complicadas, diante do uso do "pronome 'se'":

1. Qual é a forma correta: *"Deve-se ler bons livros"* **ou** *"Devem-se ler bons livros"*?

Resposta: ambas as formas são vernáculas, podendo ser utilizadas. Nas locuções verbais formadas com os verbos auxiliares "poder" e "dever", tanto o singular quanto o plural são bem-vindos. Os exemplos são pródigos. Conheçamo-los:

- *Pode-se colher estas plantas* **ou** *Podem-se colher estas plantas.*
- *Não se pode cortar estas árvores* **ou** *Não se podem cortar estas árvores.*
- *Deve-se ouvir boas músicas, MPB, é claro!* **ou** *Devem-se ouvir boas músicas, MPB, é claro!.*

Importante: nada obsta a que o pronome "se" apresente-se encliticamente ao segundo verbo da locução. Exemplos:

- *Pode colher-se estas plantas* **ou** *Podem colher-se estas plantas.*
- *Deve praticar-se vários esportes* **ou** *Devem praticar-se vários esportes.*

Nesse diapasão, note os exemplos colhidos da literatura:

- *"Tenho nojo do Cantidinho, mas em política não se podem cultivar delicadezas de estômago"*[88].
- *"Pode-se comer sem inconvenientes certos peixes fritos"*[89].
- *"Era loura, mas podia-se ver massas castanhas por baixo da tintura dourada do cabelo"*[90].

2. Existem as formas "se + o", "se + a", "se + os", "se + as"?

Resposta: as formas supramencionadas não existem. Portanto, são erros:

- "O lustre ficou na vitrina, mas não se o vendeu".
- "A vida fica mais fácil, quando se a encara com bom humor".
- "Se o computador é simples demais, por que se o comprou?".

Para que tais frases ganhem foro de correção, basta retirar-lhes os pronomes oblíquos (*o, a, os, as*). Vejamos:

---

[88] Ciro dos Anjos, *Montanha*, p. 88, *apud* Cegalla, 1999, p. 320.
[89] Mário Barreto, *Através do Dicionário e da Gramática*, p. 295, *apud* Cegalla, 1999, p. 320.
[90] Vinicius de Moraes, *Para Uma Menina Com Uma Flor*, p. 27, *apud* Cegalla, 1999, p. 321.

- *O lustre ficou na vitrina, mas não se vendeu.*
- *A vida fica mais fácil, quando se encara com bom humor.*
- *Se o computador é simples demais, por que comprou?*

Cuidado: A frase *"Beijo-a, se a vejo"* apresenta-se correta, uma vez que o "se" não é pronome, mas conjunção.

57. Usa-se minúscula com o sinal "dois-pontos"?

Situação: *Quem quer vencer não luta: batalha.*

Comentário: o assunto em epígrafe é de muita importância. Tem-se notado uma tendência a usar a letra maiúscula após dois pontos. Todavia, a gramática recomenda caminho diverso, haja vista os dois-pontos não combinarem com maiúsculas, exceto no caso de citação (ou seja, uma transcrição exata daquilo afirmado por alguém). Exemplo:

- *Disse Gonçalves Dias: "A vida é combate, que os fracos abate, e que os fortes, os bravos, só pode exaltar".*

Não se tratando de citação, prevalecem as minúsculas. Vejamos:

- *Falou tudo que queria: o salário, as férias e as horas extras.*
- *Ela é tudo: companhia, amizade e amor.*

58. Enxame – Farândola – Matilha – Fato

Situação: *O enxame de abelhas atacou a farândola de maltrapilhos e a matilha de cães. Só ficou a salvo o fato de cabras, que se esconderam nos quiosques[91].*

Comentário: trata-se de *substantivos coletivos*, designativos de seres da mesma espécie. Veja alguns *coletivos* que merecem destaque.

Acervo	De obras artísticas	**Caravana**	De viajantes
Alcateia (Acordo)	De lobos	**Cardume**	De peixes
Armada ou Esquadra	De navios de guerra	**Clero**	De sacerdotes
Arquipélago	De ilhas	**Colmeia** (Acordo)	De abelhas
Atilho	De espigas de milho	**Concílio**	De bispos
Banca	De examinadores	**Conclave**	De cardeais (para eleger o papa)
Cabido	De cônegos	**Congregação**	De professores
Cáfila	De camelos	**Conselho**	De ministros

---

[91] O termo "quiosque", segundo Antônio Geraldo da Cunha (1986: 657), chegou-nos pelo francês *kiosque* – derivado do turco *kjösk* e, este, do persa *gosä*.

Consistório	De cardeais (sob a presidência do papa)	**Matilha**	De cães de caça
Constelação	De estrelas	**Ninhada**	De pintos
Elenco	De artistas	**Nuvem**	De gafanhotos
Esquadrilha	De aviões	**Panapaná**[92]	De borboletas
Enxame	De abelhas	**Pelotão**	De soldados
Enxoval	De roupas	**Ramalhete**	De flores
Farândola	De maltrapilhos	**Resma**	De papel
Fato	De cabras	**Revoada**	De pássaros
Girândola	De fogos de artifício	**Vara**	De porcos
Júri	De jurados	**Vocabulário**	De palavras

59. Ciúmes ou Ciúme? Saudades ou Saudade?

Situação: *Os ciúmes eram intensos; a saudade, pungente.*

Comentário: é de estranhar o uso no plural de nomes como "ciúme" ou "saudade", já que ambos expressam conceitos abstratos que são "incontáveis". Não é possível falar "três ciúmes", "duas saudades".

Nesse diapasão, Almeida (1981: 286) preconiza que

> os substantivos que exprimem noções abstratas, vícios e virtudes empregam-se no singular: a prudência, a preguiça, a caridade, a ociosidade, a fortaleza.

Mais adiante, porém, ele acrescenta:

> Tratando-se de virtudes, vícios, de certas disposições, sentimentos e paixões, muito é para notado que, em alguns casos, a mesma palavra, empregada no singular ou plural, não designa de todo o ponto a mesma noção, mas dois aspectos diferentes por ela indicados nos dois números, como tão ao claro no-lo dão a ver os modelos do bom falar: "Deixando as armas e as armaduras, a **liberdade** e as **liberdades** da vida, se vestiu de um hábito religioso" (Vieira) (destaques nossos).

É possível, desse modo, que certos nomes abstratos, quando empregados no plural, adquiram sentido diferente. Exemplo: "liberdade", no singular, representa "o sentimento de independência, de permissão, de licença". Por sua vez, "liberdades", no plural, pode representar "direitos do indivíduo: liberdade de ir e vir, de pensamento, de expressão,

---

[92] "Panapaná" é substantivo feminino, designativo do bando de borboletas. Registre-se que José Pedro Machado (*Dicionário da Língua Portuguesa*) traz a forma "paná-paná". O nome é bastante curioso! Por isso, sempre afirmamos em sala de aula: "Em nossa Língua, tanta coisa há para saber, que, por mais que se saiba, é sempre um pouco que se conhece".

de credo religioso etc.". Sem contar que "liberdades" pode ainda se traduzir em "permissividade", como em *"Não lhe dou essas liberdades!"*.

Dessa forma, se o plural de substantivos desse jaez não acarretar mudança de sentido, será indiferente usá-los no singular ou no plural: "o ciúme" ou "os ciúmes", "muita saudade" ou "muitas saudades", embora verifiquemos a tendência para pluralizar tais nomes.

É fato que o tempo propiciou a assimilação do plural em detrimento da forma singularizada de vocábulos, como "parabém" (usa-se "parabéns"), "pêsame" (usa-se "pêsames"), entre outros. A explicação para a pluralização prevalecente de tais nomes se lastreia na constatação de que, na mente dos falantes, o plural tende a expressar a continuidade das situações em que o sentimento ou a emoção ocorrem. Ademais, o plural traz ínsita a ideia de reforço, acentuando a intensidade do sentimento.

Posto isso, podemos admitir a pluralização de nomes abstratos designativos de sentimentos e emoções, com o cuidado de verificar se não mudam de sentido nessa condição. Entre os estudiosos, frise-se que esse posicionamento não desfruta da chancela de gramáticos de prol, como Luiz Antonio Sacconi, porém encontra guarida no pensamento de Napoleão Mendes de Almeida.

60. Independente(mente) – Tampouco – Em que pese a

Situação: *Dadas as dificuldades por que passa o homem, não deverá tomar as medidas recomendadas, independentemente de sua decisão. Tampouco continuará no projeto, em que pese à insistência dos amigos.*

Comentário: o correto é grafar o **advérbio de modo** com a terminação **-mente**. Portanto, escreva *independentemente*, e não "independente". Este é adjetivo, não podendo ocupar, como regra[93], o lugar daquele. Exemplos:

- *O contrato seria assinado, independentemente da vontade das partes.*
- *O professor, independentemente de sua apoucada idade, sabia ensinar a contento.*
- *"As coisas passaram a existir fora e independentemente de nós"*[94].

Enfatize-se, à guisa de memorização, que, na sequência de dois ou mais advérbios de modo, coloca-se o sufixo *-mente* apenas no último deles. Observe:

- *O acusado estava profunda e inconsolavelmente triste.*
- *Agravou-se a situação do acusado lenta, mas gradualmente.*

---

93 Em "A cerveja que desce redondo", temos uma hipótese que foge à regra, à luz da chamada *derivação imprópria*, porquanto "redondo" quer dizer *redondamente*.

94 Carlos Drummond de Andrade, *Obra Completa*, p. 594, *apud* Cegalla, 1999, p. 206.

Todavia, em caso de ênfase, pode-se empregar de modo completo todos os advérbios. A propósito, Rui Barbosa legou-nos este pontual exemplo:

- *"Assim que, em suma, logicamente, juridicamente e tradicionalmente, não há outra maneira de nos exprimirmos".*

Quanto à expressão **tampouco**, vale dizer que ela tem valor negativo, equivalendo a "também não", "muito menos". Exemplos:

- *Ele não bebe, tampouco dança.*
- *Ela não gostou da festa, e nós, tampouco.*

Veja que não se deve confundir "tampouco" com "tão pouco", que significa "tão pouca coisa". Exemplos:

- *Ganho tão pouco por mês, que vivo aperreado.*
- *Tinha tão pouco entusiasmo, que me chamou a atenção.*
- *Tinha tão pouco cuidado, que deixou o orgulho subir à cabeça.*

A expressão **em que pese a** – escrita dessa forma, de modo estereotipado – significa "ainda que lhe custe, ainda que seja penoso, ainda que cause aborrecimento, apesar de ou não obstante". Trata-se, aliás, de locução clássica, tendo sido usada por Gonçalves Dias, Alexandre Herculano, Almeida Garret e outros autores portugueses e brasileiros. Exemplos:

- *Não concordo com seu argumento, em que pese ao discurso convincente.*
- *Em que pese aos admiradores da canção, ela denota incrível pobreza musical.*
- *Em que pese à Cláudia, nossa inimiga, vamos à festa.*
- *Em que pese aos adeptos do esquema, seremos rígidos na punição.*
- *"Em que pese aos seus oito batalhões, magnificamente armados, a luta era desigual"*[95]*.*
- *"Parece que todos os cachorrinhos são iguais, em que pese à vaidade ou à ternura cega dos donos"*[96]*.*

Frise-se que a expressão deve ser usada com a preposição "a", uma vez que se trata de forma cristalizada. Sabe-se que o sujeito ("isto") fica implícito na expressão, uma vez que a forma não condensada seria "em que [isto] pese a".

Por outro lado, a expressão **em que pese**, escrita sem a preposição, tem sido acolhida por alguns gramáticos, seguidos por bons escritores, todos filiados à aplicação moderna e evoluída das normas gramaticais. Ressalte-se que, nesse caso, é possível o "em que pese", variável, desde que o sujeito seja *nome de coisa*. Exemplos:

---

95 Euclides da Cunha, *Os Sertões*, p. 336, *apud* Cegalla, 1999, p. 138.
96 Carlos Drummond de Andrade, *Obra Completa*, p. 456, *apud* Cegalla, 1999, p. 138.

- *Em que pesem os esforços dos instrutores, os atletas soçobraram.*
- *Em que pese a dificuldade apontada, vamos superá-la com obstinação.*

Frise-se que, havendo referência a *nome de pessoa*, deverá ser utilizada a forma original "em que pese a" (*Em que pese aos governistas, não iremos à votação*).

Por fim, segundo alguns gramáticos, a pronúncia do "e" em "pese" deve ser com o timbre fechado (/ê/), como em *pêsames*. A praxe, no entanto, é pronunciá-la com o timbre aberto (/é/), como em *pedra*.

61. O mesmo fez... o mesmo faz... Pergunta-se: quem é "o mesmo"?

Situação: *Quando entrei na sala para falar com o professor, o mesmo estava respondendo a perguntas dos alunos.*

Comentário: Napoleão Mendes de Almeida, em seu *Dicionário de Questões Vernáculas*, registra como erro o emprego do demonstrativo "mesmo" com função pronominal. Na mesma esteira, Aurélio Buarque de Holanda, em seu *Dicionário*, anota ser conveniente evitar o uso de "o mesmo" como equivalente do pronome "ele" ou "o". Recomenda-se dizer, apropriadamente, "*falei com ele*" ou "*falei-lhe*" (em vez de "falei com o mesmo"); ou "*já o tirei dos embaraços*" (em vez de "já tirei o mesmo dos embaraços"). No entanto, é prudente notar o uso legítimo da palavra "mesmo". Seguem abaixo alguns empregos aceitáveis:

1. Como "próprio", sendo variável (como palavra de realce):

- *Eu mesmo vou fazer o trabalho.*
- *Eles mesmos constroem os seus barracos.*
- *As mães mesmas compareceriam à reunião.*

2. Como "até, ainda, realmente, de fato", sendo invariável (como preposição ou advérbio):

- *Não ficavam tranquilos dentro mesmo de suas casas.* [até]
- *Eles chegaram mesmo a agredir o pobre rapaz.* [ainda]
- *O castelo está mesmo abandonado.* [de fato]
- *Os dois suspeitos são mesmo atrevidos.* [de fato]

3. Há sentidos pouco conhecidos, como:

    a) indicando "simultaneidade":

- *Nesses dias, quase foi tudo o mesmo de sempre.*
- *O restante foi tudo o mesmo, nada mudou.*

b) como locução "assim mesmo", na acepção de "apesar disso, ainda assim, todavia":

- *"Esta mulher assim mesmo não é tão feia como diziam"*[97].

c) como pronome neutro, na acepção de a "mesma coisa":

- *Cheguei atrasado, bati o ponto, e ele fez o mesmo.*
- *"Ele fez o mesmo com Isaac, por causa de seu pai, Abraão"*[98].
- *Dizem que ele fez o mesmo ao sair do partido político, abandonando a vida pública.*
- *"Pus o chapéu na cabeça e ele fez o mesmo"* (Caldas Aulete).

Não obstante os exemplos, esta forma é condenada por gramáticos de escol, capitaneados por Laudelino Freire[99], como um nítido galicismo, posto que[100] seja encontradiça em relatos literários, como:

- *"Tivemos tempo para nos irmos aclimando e afazendo e haurindo poesia mesmo [até] dos penedos...". "Não importa; profanados, perdidos mesmo [de fato] esses lugares conservam a sua primitiva consagração"*[101].

Observação: "Mesmíssimo" e "Mesmissimamente". Embora não consagrados como legítimos pela gramática, são vocábulos dicionarizados, tanto o superlativo absoluto sintético "mesmíssimo" como o advérbio de modo "mesmissimamente". Exemplos:

- *Advogado e Juiz cometeram o mesmíssimo erro.*
- *O dia a dia do funcionário era monótono: via as mesmíssimas coisas.*

A literatura também chancela o uso das expressões. Vejamos:

- *"Assim, mesmissimamente, escrevia Castilho"*[102].
- *"(...) Seu repertório de informações permanece, mesmissimamente, o mesmo"*[103].

---

97 Caldas Aulete *apud* Nascimento, 1992, p. 154.
98 Eclesiástico, cap. 44.
99 Laudelino de Oliveira Freire (1873-1937), advogado, jornalista, escritor e filólogo, é autor do *Grande e Novíssimo Dicionário da Língua Portuguesa*, de publicação póstuma, em 5 volumes.
100 Cuidado: a expressão "posto que", como se sabe, tem a acepção de "ainda que", "não obstante" ou "embora".
101 Antônio Feliciano Castilho (1800-1875), *A Chave do Enigma* (1861), *apud* Nascimento, 1992, p. 154, rodapé.
102 Rui Barbosa, *Réplica*, n. 209, *apud* Nascimento, 1992, p. 154, rodapé.
103 Augusto de Campos, *O Balanço da Bossa*.

62. SOLECISMO: O QUE É ISSO?

Situação: *Havia vários combatentes no pelotão.*

Comentário: o "solecismo" designa *erro de sintaxe* (concordância, regência, colocação de pronomes e termos na oração). Assim, teremos o solecismo nas situações seguintes: "haviam vários homens" (em vez de *havia vários homens*); "obedecia a lei" (em vez de *obedecia à lei*, com crase); "apontaria-se o erro" (em vez de *apontar-se-ia o erro*, em boa mesóclise).

63. ESTRANGEIRISMOS – DEVEMOS ACEITÁ-LOS OU NÃO?

Situação: *A performance do candidato provocou uma avalanche de inscrições.*

Comentário: a frase traz a lume a presença de "estrangeirismos" ("performance" e "avalanche"), ou seja, o uso de palavras ou construções próprias de línguas estrangeiras, podendo variar o nome de acordo com a proveniência da expressão (italianismo, francesismo, entre outros). O uso de tais termos deve ser contido, pois, muito ao contrário de demonstrar erudição, pode traduzir petulância e falta de praticidade.

É bem verdade que situações há em que não podemos abrir mão do uso, como é o caso da palavra francesa *sursis* (pronuncie /sursi/), na acepção de suspensão condicional da pena, representando vocábulo comum à linguagem jurídica. A propósito, ao usar palavras ou expressões que não sejam da Língua Portuguesa, recomenda-se dar destaque gráfico ou pôr aspas (ou negrito ou itálico).

Nesse passo, é importante notar que o comedimento no uso de estrangeirismos vem ao encontro da corroboração da riqueza de nosso idioma, tão fértil em palavras e expressões. A esse propósito, Cegalla (1999: 155) assevera:

> Os estrangeirismos ainda não assimilados ou pouco conhecidos, sem feição vernácula, devem ser usados com muita parcimônia. É prática reprovável permear, por exemplo, um texto jornalístico de palavras e expressões exóticas, de neologias estrangeiras, cujo sentido o leitor não tem a obrigação de conhecer. Quem assim procede, além de evidenciar mau gosto e pedantismo, está passando atestado de subserviência cultural.

Assim, questiona-se: por que empregar "*performance*", se temos *desempenho*; "*menu*", em vez de *cardápio*; "*apartheid*", em vez de *segregação racial*; "*week-end*", em vez de *fim de semana*; "*outdoor*", em lugar de *painel*?

A rejeitar a palavra estrangeira, é preferível aportuguesá-la, quando se é possível com alguns vocábulos já aceitos pelo VOLP: *garçom, voleibol, judô, cassino, nhoque, tênis, lanche, boné, buquê, cabaré, cachê, cartum, turismo, uísque, Nova Iorque, futebol, futevôlei, abajur, ateliê, batom, bibelô, bijuteria, garagem, estressar, estresse, leiaute, lêiser, turnê, náilon, xampu, copidesque, contêiner, estande, ofsete, blecaute, blêizer (plural blêizeres), cáiser (plural cáiseres)* etc.

Aliás, para Bechara (1997: 332-333), "entre os vícios de linguagem que devem ser combatidos inclui-se o estrangeirismo desnecessário, por se encontrarem no vernáculo vocábulos e giros equivalentes".

Em tempo, diga-se que há vários tipos de estrangeirismos: **francesismo** ou **galicismo** (do francês); **anglicismo** (do inglês); **germanismo** (do alemão); **castelhanismo** (do espanhol), **italianismo** (do italiano). Nesse passo, os estrangeirismos que não foram absorvidos pelo léxico devem ser escritos *em itálico* ou *entre aspas*, o que não tem sido observado muitas vezes pela Imprensa, que negligentemente os escreve como se fossem as mais genuínas palavras portuguesas. Vejamos:

Estrangeirismo	Prefira, em português	Estrangeirismo	Prefira, em português
Bikini	biquíni ou biquine (sem acento)	kitchenette	quitinete
Black-out	blecaute	Manager	gerente, administrador
Boom (no mercado)	estouro, choque	Nylon	náilon
Box	boxe	Outdoor	painel
Club	clube	Picnic	piquenique
Cock-tail	coquetel	Record	recorde
Copy-desk	copidesque	Roast-beef	rosbife
Dandy	dândi	Surf	surfe
Drink	drinque	Water polo	polo aquático (Acordo)
Far-west	faroeste	Week-end	fim de semana
Fox-trot	foxtrote	Whisky	uísque
Freezer	congelador	Writ	Mandado de Segurança
Jeep	jipe	Zipper	zíper
Jockey	jóquei		

a) Anglicismo

Acerca dos anglicismos, Cegalla (1999: 374) critica o uso demasiado de termos em inglês, no Brasil, com os seguintes dizeres:

> A nossa velha mania de preferir os termos ingleses aos vernáculos foi severamente censurada por um professor[104] da Universidade de São Paulo em um excelente artigo, do qual transcrevemos este trecho: "Há colegas universitários que falam

---

104 F. Pimentel Gomes, *Boletim Informativo da Sociedade Brasileira de Ciência do Solo*, v. 20, n. 1, p. 35, Campinas, 1995.

um verdadeiro 'portuglês', mistura de português e inglês, em que artigo é 'paper', revista é 'journal', equipamento é 'hardware', cartaz é 'outdoor', folheto é 'leaflet', contínuo é 'office-boy', mercado aberto é 'open market', centro comercial é 'shopping center', vestíbulo é 'hall', e assim por diante. Forçoso é reconhecer que expressões novas são necessárias e aparecem normalmente na evolução natural de qualquer idioma. Mas há um meio-termo sadio entre o purismo exagerado, que rejeita qualquer inovação, e o descaso completo que, associado à ignorância, aceita novidades desnecessárias e até ridículas. Não podemos esquecer que o vernáculo é o maior fator de unidade nacional. Preservá-lo, pois, é reforçar os fundamentos de nossa nacionalidade".

b) Galicismo ou Francesismo

No âmbito dos galicismos, a formas como "vitrine", prefira *vitrina*. Observe a frase colhida da boa literatura doméstica:

> *"Aos sábados é a Rua do Ouvidor um mostruário, a vitrina ou o palco do Rio de Janeiro"*[105].

Aliás, a mesma coisa se diga de *gasolina, bobina, turbina e cabina*, em vez de, respectivamente, "gasoline", "bobine", "turbine" e "cabine". A terminação feminina "-ine" é estranha à língua portuguesa e familiar à língua francesa. Observe, ainda, outros exemplos no quadro a seguir:

Francês	Prefira, em português	Francês	Prefira, em português
Abat-jour	abajur	Cachet	cachê
Atelier	ateliê	Camionette	caminhonete[106]
Avalanche	avalancha	Carroussel	carrossel
Baton	batom	Chalet	chalé
Bibelot	bibelô	Champagne	champanha ou champanhe
Bijouterie	bijuteria	Chassis	chassi (plural: chassis)
Boite	boate	Chauffeur	chofer
Bouquet	buquê	Chic	chique
Bric-à-brac	bricabraque	Cognac	conhaque
Buffet	bufê	Crachat	crachá
Cabaret	cabaré	Crepon	crepom

---

105 Afrânio Peixoto, *Uma Mulher como as Outras*, p. 66, *apud* Cegalla, 1999, p. 414.

106 Para o VOLP, admitem-se as formas: *caminhonete* ou *caminhoneta* e, ainda, *camionete* ou *camioneta*.

Francês	Prefira, em português	Francês	Prefira, em português
Garçon	garçom ou garção	*Tic*	tique
Guidon	guidom ou Guidão	*Tricot*	tricô
Madame	madama ou madame	*Vermout*[107]	vermute

Observações extras:

- "Flamboyant" ("flamejante"): prefira as formas aportuguesadas adotadas pelo VOLP e Houaiss, isto é, *flamboaiã* ou *flambuaiã*;
- "Garage": prefira *garagem*;
- "Menu": prefira *cardápio*;
- "Nuance": prefira *nuança* (substantivo feminino: a nuança).

Ainda, no plano dos francesismos, vale a pena analisarmos os seguintes vocábulos:

- ***Enquete***: à luz da edição do VOLP 1999, considerava-se o vocábulo como estrangeirismo, recomendando a substituição por "pesquisa ou sondagem". A novidade está no fato de que o VOLP 2009 procedeu ao aportuguesamento do vocábulo para "enquete" (substantivo feminino), não mais se tratando de vocábulo estrangeiro.

- ***Manicure(a) / Pedicure(a/o)***: à luz da edição do VOLP 1999, considerava-se o vocábulo "manicure" como estrangeirismo, recomendando a substituição por "manicura" (feminino: *a manicura*) e "manicuro" (masculino: *o manicuro*). A novidade está no fato de que, a partir do VOLP 2009, houve o aportuguesamento do vocábulo retrocitado (masculino e feminino: *o/a manicure*) e do vocábulo pedicure/pedicura (masculino e feminino: *o/a pedicure*; e, ainda, *o/a pedicura*), a par das já consagradas formas "manicura" (feminino: *a manicura*), "manicuro" (masculino: *o manicuro*) e pedicuro (masculino: *o pedicuro*). Portanto, hoje é possível se falar em *o/a manicure, a manicura* e *o manicuro*. Além disso, também é possível se falar em *o/a pedicure, o/a pedicura* e *o pedicuro*. Portanto:

	Mãos	Pés
Mulher	**A** manicure – **A** manicura	**A** pedicure – **A** pedicura
Homem	**O** manicure – **O** manicuro	**O** pedicure – **O** pedicura – **O** pedicuro

- ***Valise***: à luz da edição do VOLP 1999, considerava-se o vocábulo como estrangeirismo, recomendando a substituição por "maleta". A novidade está no fato de que o VOLP 2009 procedeu ao aportuguesamento do vocábulo para *valise* ou *valisa* – uma palavra de dupla prosódia.

---

107 Registre-se que é palavra de origem alemã, conforme o VOLP e os dicionários. No final do século XVIII (1798), o termo apresentou registro no francês, como "Vermouth", tendo derivado do alemão "Wermut".

c) Italianismo

Italiano	Prefira, em português
Gnocchi	nhoque
Imbroglio	imbróglio (Evite "imbrólio", sem -g)
Lasagna	lasanha
Risotto	risoto
Spaghetti	espaguete

CURIOSIMACETES

1. *LANCE* OU *LANÇO*

O lance (ou lanço) representa a oferta verbal de preço pela coisa apregoada em leilão ou hasta pública. Exemplo:

"... anunciou-se a venda da quinta de Real de Oleiros..., a requerimento dos credores. José Maria Guimarães cobriu todos os lanços"[108].

Ressalte-se, ainda, que *lanço* designa a parte da escada compreendida entre dois patamares. Evite "lance" para este sentido. Exemplo:

"A cada lanço de escadaria vencido, alargava o panorama as suas riquezas de paisagem"[109].

2. INÉPCIAS

O substantivo feminino plural *inépcias* tem sentido peculiar em nosso idioma. Diferentemente de "inépcia", no sentido de "inaptidão", o termo *inépcias*, no plural, tem a acepção de "absurdos, tolices, asneiras". Exemplo:

No discurso político, o candidato prometeu uma série de inépcias.

3. TOALETE: MASCULINO OU FEMININO?

Para o eminente Domingos Paschoal Cegalla (1999: 395-396), o substantivo "toalete" pode ser masculino ou feminino.

Será *feminino*:

a) na acepção de "lavar-se ou adornar-se". Exemplo:

Ele toma café após a toalete matinal;

b) na acepção de "traje para mulheres". Exemplo:

As toaletes das jovens americanas têm tamanhos avantajados.

Por outro lado, será *masculino*, na acepção de "aposento sanitário". Exemplos:

O restaurante continha dois toaletes.

---

108 Camilo Castelo Branco, *Noites de Insônia*, IV, p. 26, *apud* Aurélio, 1986, p. 825.
109 Fialho d'Almeida, *O País das Uvas*, p. 75, *apud* Aurélio, 1986, p. 825.

Onde fica o toalete, senhor?

Observação: o ínclito lexicógrafo Houaiss concebe o termo tão somente na forma feminina, até mesmo na acepção de "aposento sanitário". O eminente Aurélio, por sua vez, traz a acepção de "ato de adornar-se" (substantivo feminino) e "traje ou aposento sanitário" (substantivo masculino). A divergência não para por aí: o VOLP somente admitiu o vocábulo na forma feminina, ressaltando-se que edições anteriores previam a forma dupla (masculina e feminina).

Posto isso, fiquemos, assim, com o VOLP, seguido pelo Houaiss.

Por fim, não confunda com toalhete /ê/, um substantivo masculino designativo de "guardanapo ou toalha de mão".

A HORA DO ESPANTO
AS "PÉROLAS" DO PORTUGUÊS

1. **Generalização edionda**
   Correção: onde está o -h? Sumiu? Grafa-se *hediondo*, com -h.

2. **Supérfolo / Supérfulu**
   Correção: quanta criatividade!... Não sei qual é pior: "supérfolo" ou "supérfulu". Prefira a única forma – a correta: *supérfluo* ou *supérflua*.

VOLP
VOCABULÁRIO ORTOGRÁFICO DA LÍNGUA PORTUGUESA

1. **Lesa**
   Ao tratarmos, em tópico anterior, das palavras escritas com "s" e som de /z/, exemplificamos com o adjetivo "leso" ou "lesa". Lembre-se de que o VOLP registra com hífen: *lesa-ortografia, lesa-felicidade, lesa-ciência, lesa-filologia, lesa-formosura, lesa-fradaria, lesa-humanidade, lesa-legalidade, lesa-literatura, lesa-moralidade, lesa-nação, lesa-penitência, lesa-poesia, lesa-pragmática, lesa-razão, lesa-seriedade, lesa-sociedade*.

8 PROBLEMAS GERAIS DA LÍNGUA CULTA

A Língua Portuguesa é repleta de situações "limítrofes", no plano da ortografia, da acentuação e da semântica. Não raras vezes, o estudioso se vê diante de tais encruzilhadas, que o levam a refletir sobre a necessidade de conhecer a norma culta da Língua. Tais situações são inúmeras, porém as mais relevantes são tratadas neste capítulo: o problema das expressões semelhantes e seus significados diferentes (*mau* e *mal*; *a par* e *ao par*; *ao encontro de* e *de encontro a*; *na medida em que* e *à medida que*; *afim* e *a fim de*; *demais* e *de mais*; *todo* e *todo o*; *senão* e *se não*; *em princípio* e *a princípio*; a grafia e acentuação do pronome *que* e dos *porquês*; entre outras); os problemas dos parônimos; os pleonasmos viciosos; e a necessidade de ampliação do vocabulário.

8.1. AS EXPRESSÕES SEMELHANTES E SEUS SIGNIFICADOS DIFERENTES

8.1.1. QUE E QUÊ

- *Que* é pronome, conjunção, advérbio ou partícula expletiva. Por se tratar de monossílabo átono, não é acentuado:
  - *(O) Que você pretende?*
  - *Você me pergunta (o) que farei. (O) Que posso fazer?*
  - *Que beleza! Que bela atitude!*
  - *Convém que o assunto seja discutido seriamente.*
  - *Quase que me esqueço de avisá-lo.*

- *Quê* representa um monossílabo tônico. Ele ocorre quando se encontra em final de frase, como pronome, imediatamente antes de um ponto (final, de interrogação ou exclamação), ou de reticências, ou quando *quê* é um substantivo (com o sentido de "alguma coisa, certa coisa"), ou uma interjeição (indicando surpresa, espanto):
  - *Afinal, você veio aqui fazer o quê?*
  - *Você precisa de quê?* (= pronome)
  - *Há um quê inexplicável em sua atitude* (como substantivo).
  - *Quê! Conseguiu chegar a tempo?!* (como interjeição, sempre com o ponto de exclamação).
  - *A letra quê tem charme.*
  - *Não sei os quês dos porquês.*

- *Nenhum dos quês foi respondido.*
- *Eles estão assustados com quê?*

8.1.2. Por que, Por quê, Porque e Porquê – Os Quatro Porquês

- A forma ***por que*** é a sequência de uma [preposição (por) + um pronome interrogativo (que)]. É uma expressão equivalente a "por qual razão, por qual motivo". Observe os exemplos:
    - *Por que você age assim?*
    - *Preciso saber por que você grita assim.*
    - *Não sei por que você pensa isso.*
    - *Não deixe de ler a matéria intitulada: "Por que os corruptos não vão para a cadeia". É impressionante!*

- Caso surja no final de uma frase, imediatamente antes de um ponto (final, de interrogação, de exclamação), ou de reticências, a sequência deve ser grafada ***por quê***, pois o monossílabo "que" passa a ser tônico:
    - *Ainda não terminou? Por quê?*
    - *Você tem coragem de perguntar por quê?!*

Há casos em que ***por que*** representa a sequência [preposição + pronome relativo], equivalendo a "pelo qual" (ou alguma de suas flexões: pela qual, pelos quais, pelas quais). Em outros contextos, com maior sofisticação, ***por que*** equivale a "para que":

- *Estas são as reivindicações por que estamos lutando* (= pelas quais).
- *O túnel por que deveríamos passar desabou ontem* (= pelo qual).
- *Lutamos por que um dia este país seja melhor* (= para que).
- *Eu anseio por que o dia da decisão logo chegue* (= para que).
- *Ansiávamos por que a guerra terminasse logo* (= para que).

- Já a forma ***porque*** é uma conjunção, equivalendo a "pois, já que, uma vez que", como:
    - *A situação agravou-se porque muita gente se omitiu.*
    - *Sei que há algo errado porque ninguém apareceu agora.*
    - *Continuas implicando comigo? É porque discordo de ti.*

Porque também pode indicar finalidade, equivalendo a "a fim de". Trata-se de um uso pouco frequente na Língua atual:

- *Não julgues porque não te julguem.*

- A forma **porquê** representa um substantivo. Significa "causa, razão, motivo" e, normalmente, surge acompanhada de palavra determinante (um artigo, por exemplo). Como é um substantivo, pode ser pluralizado sem qualquer problema:
  - *Não é fácil encontrar o porquê de toda essa confusão.*
  - *Creio que os verdadeiros porquês não vieram à luz.*
  - *Queria saber o quê dos porquês.*
  - *Certos porquês deixavam-no intrigado.*

Observe as frases a seguir e aprecie a **aplicação correta** dos ***porquês***:

1. *Por que "os porquês" levam acento?*

2. *Quero saber o porquê dos porquês.*

3. *A forma "porquê" leva acento por quê?*

8.1.3. Mas e Mais

- ***Mas*** é uma conjunção adversativa, equivalendo a "porém, contudo, entretanto":
  - *Não conseguiu, mas tentou.*
- ***Mais*** é pronome ou advérbio de intensidade, opondo-se normalmente a "menos":
  - *Ele foi quem mais tentou; ainda assim, não conseguiu.*
  - *É um dos países mais miseráveis do planeta.*

8.1.4. Mal e Mau

- ***Mal*** pode ser advérbio ou substantivo. Como advérbio, significa "irregularmente, erradamente, de forma inconveniente ou desagradável". Opõe-se a "bem":
  - *Era previsível que ele se comportaria mal.*
  - *Era evidente que ele estava mal-intencionado, porque suas opiniões haviam repercutido mal na reunião anterior.*
  - *"Quem mal estuda mal acaba"* (o Autor).

Como substantivo, **mal** pode significar "doença, moléstia"; em alguns casos, significa "aquilo que é prejudicial ou nocivo":

- *A febre amarela é um mal que atormenta as populações pobres.*
- *O mal é que não se toma alguma atitude definitiva.*

O substantivo **mal** também pode designar um "conceito moral, ligado à ideia de maldade"; nesse sentido, a palavra também se opõe a "bem". Cite-se o verso da canção de Roberto Carlos e Erasmo Carlos, em música regravada pelos Titãs:

- "*Se o bem e o mal existem / Você pode escolher / É preciso saber viver*"[1].

- **Mau** é adjetivo. Significa "ruim, de má índole, de má qualidade". Opõe-se a "bom" e apresenta a forma feminina "má":

    - *Não é mau sujeito.*

    - *Trata-se de um mau administrador.*

    - *Tem um coração mau e uma má índole.*

8.1.5. A PAR E AO PAR

- **A par** tem o sentido de "bem-informado, ciente":

    - *Mantenha-me a par de tudo o que acontecer.*

    - *É importante manter-se a par das decisões parlamentares.*

Importante: registre-se a ocorrência da locução preposicional "a par de", com acepção de "ao lado de, junto a". Exemplos:

- *As chuvas, a par dos ventos, prejudicam as plantações.*

- *A par de notória sabedoria, ele possuía inigualável carisma.*

- **Ao par** é uma expressão usada para indicar "relação de equivalência ou igualdade entre valores financeiros (geralmente, em operações cambiais)":

    - *As moedas fortes mantêm o câmbio praticamente ao par.* (Logo, o valor de venda equivale ao valor nominal do papel de crédito.)

8.1.6. AO ENCONTRO DE E DE ENCONTRO A

- **Ao encontro de** indica "ser favorável a, aproximar-se de":

    - *Ainda bem que sua posição veio ao encontro da minha.*

    - *Quando a viu, foi ao seu encontro e abraçou-a.*

- **De encontro a** indica "oposição, choque, colisão". Veja:

    - *Suas opiniões sempre vieram de encontro às minhas: pertencemos a mundos diferentes.*

    - *O caminhão foi de encontro ao muro, derrubando-o.*

Observe o erro na frase seguinte:

"*O posicionamento exposto pela defesa vai de encontro ao mais recente posicionamento do STF*".

---

1 Esse verso foi alvo da censura, e o "Rei", em vez de cantar ["Se o bem e o mal existem (...)"], passou a fazê-lo como ["Se o bem e o 'bem' existem (...)"].

Quem fez a afirmação depôs-se contra si próprio. Ir de encontro a alguma coisa significa ir contra ela.

A propósito, Rodríguez (2000: 387) leciona que

> se um comentarista esportivo, ao narrar uma corrida de fórmula um, diz que o carro de Ayrton Senna foi de encontro ao carro de Alain Prost, está afirmando que os carros chocaram-se. Todavia, se disser que Senna foi ao encontro de Prost, então sim estará dizendo que o brasileiro aproxima-se do francês, no intuito de ultrapassá-lo.

8.1.7. A E HÁ

- O verbo ***haver*** é usado em expressões que indicam tempo já transcorrido:
    - *Tais fatos aconteceram <u>há</u> dez anos.*

Nesse sentido, é equivalente ao verbo ***fazer***: *"Tudo aconteceu <u>faz</u> dez anos"*.

- A preposição ***a*** surge em expressões em que a substituição pelo verbo *fazer* é impossível. Exemplo:
    - *O lançamento do satélite ocorrerá daqui <u>a</u> duas semanas.*

8.1.8. ACERCA DE, HÁ CERCA DE E A CERCA DE

- ***Acerca de*** significa "sobre, a respeito de"[2]:
    - *Haverá uma palestra <u>acerca das</u> consequências das queimadas.*
- ***Há cerca de*** indica um "período aproximado de tempo já transcorrido".
    - *Os primeiros colonizadores surgiram <u>há cerca de</u> quinhentos anos.*
- ***A cerca de*** equivale à formação "à (a) distância de":
    - *O cadáver estava <u>a cerca de</u> poucos metros do veículo colidido.*

Observação: a formação "a cerca de" pode ser encontradiça em frases como:

- *<u>A cerca de</u> arame farpado impedia o acesso do ladrão.*

Nesse caso, ***cerca*** é substantivo, e não termo integrante de locução prepositiva.

---

[2] A expressão "a respeito" ou "a respeito de" representa impropriedade (anglicismo). Portanto, evite a expressão "nada sei a respeito de", devendo substituí-la por *nada sei a esse respeito* ou *nada sei a tal respeito*.
Da mesma forma, evidencia-se impropriedade na expressão similar "em termos de", um modismo de linguagem modernosa, na acepção de "relativamente a, no que se refere a". É expressão que deve ser evitada ou, pelo menos, contida, a fim de não imprimir claudicância ao texto elaborado.

8.1.9. Afim e A fim de

- **Afim** é um adjetivo que significa "igual, semelhante". Relaciona-se com a ideia de afinidade:
    - *Tiveram ideias afins durante o trabalho.*
    - *O português e o espanhol são línguas afins.*
- **A fim** surge na locução **a fim de**, que significa "para" e indica ideia de finalidade:
    - *Trouxe algumas flores a fim de nos agradar.*

Registre-se que é comum, na gíria, a expressão "estar a fim de" (ou seja: estar com vontade de):

- *Hoje estou com vontade de viajar (assim: Hoje estou a fim de viajar).*

Igualmente comum, na linguagem coloquial, é o sentido da expressão como "ter interesse em alguém; desejar alguém": *Não queria que soubessem que estava a fim da sua amiga.*

8.1.10. Demais e De mais

- **Demais** pode ser advérbio de intensidade, com o sentido de "muito"; aparece intensificando verbos, adjetivos ou outros advérbios:
    - *Aborreceram-nos muito: isso nos deixou indignados demais.*
    - *Estou até bem demais!*

Pode ser também pronome indefinido, equivalendo a "outros", "restantes":

- *Não coma todo o pudim! Deixe um pouco para os demais.*
- **De mais** opõe-se a "de menos". Refere-se sempre a um substantivo ou pronome:
    - *Não vejo nada de mais em sua atitude!*
    - *O concurso foi suspenso porque surgiram candidatos de mais.*
    - *"O país tem município de mais e governo de menos" (Veja).*

8.1.11. Todo e Todo o

É necessário distinguir os termos **todo** e **todo o** ou **toda** e **toda a**.

- Quando se quer dar o sentido de "qualquer um", utilize **todo**; se, por outro lado, pretender-se dar o sentido de "pleno, completo, em sua inteireza", utilize **todo o**.

A título de exemplo, quando se pretende enaltecer a beleza feminina, é possível fazê-lo de dois modos:

- *Toda mulher é bela* (no sentido de "qualquer mulher" é bela); ou
- *Toda a mulher é bela* (na acepção de que a mulher é bela em sua inteireza, "dos pés à cabeça").

Observe, ainda, outros exemplos:

- *Traga toda ferramenta que possuir* (qualquer ferramenta que possuir).
- *Percorri toda a Patagônia... nunca vi tamanha beleza...* (a Patagônia inteira).
- *Todo homem pode ajudar o hipossuficiente* (qualquer homem pode ajudar o hipossuficiente).
- *Há problemas técnicos de toda ordem na aeronave* (qualquer tipo, ordem).
- *Em toda parte havia vítimas* (qualquer parte).

Importante:

1. Urge ressaltar que o termo **todo**, seguido de numeral, tem disciplinamento específico. Vejamos:

a) Se o numeral, que sucede a **todo**, acompanhar substantivo, haverá a presença do artigo. Exemplos:
- *Todos os onze jogadores do time estavam abalados com o gol do adversário.*
- *Todos os quatro atores eram sul-mato-grossenses.*

b) Se o numeral, que sucede a **todo**, não acompanhar substantivo, não haverá a presença do artigo. Exemplos:
- *Todos onze estavam abalados com o gol do adversário.*
- *Todos quatro eram sul-mato-grossenses.*
- *"Era belo de verem-se todos cinco em redor da criança"*[3].
- *"Todos cinco participaram do concurso"*[4].

2. Frise-se que a expressão **todo o mundo** deve ser utilizada preferencialmente à forma **todo mundo**, no sentido de "todas as pessoas", não obstante serem ambas as formas corretas. Exemplos:
- *Todo o mundo sabe que o trânsito é problema sério na cidade de São Paulo.*
- *"Todo (o) mundo tem problemas; a diferença entre as pessoas está na capacidade de superação"* (o Autor).

---

3 Camilo Castelo Branco, *O Bem e o Mal*, p. 131, *apud* Cegalla, 1999, p. 397.
4 Celso Cunha, *Gramática do Português Contemporâneo*, p. 161, *apud* Cegalla, 1999, p. 398.

Observação: é claro que se houver menção à Terra, a todos do planeta, a expressão "todo o mundo" deverá prevalecer:

- *As Olimpíadas serão transmitidas ao vivo para todo o mundo.*

8.1.12. Senão e Se não

- O termo **senão** pode conter várias acepções. Vamos a elas:

  a) Termo que indica "a não ser":
    - *Não fazia coisa alguma senão reclamar.*
    - *Não lhe restava alternativa senão estudar.*
    - *Ninguém, senão os alunos mais aplicados, compareceu à palestra.*

  b) Termo equivalente a "mas, mas sim, mas também":
    - *O problema não compete ao Senado, senão à Câmara dos Deputados.*
    - *São obras não apenas instrutivas, senão divertidas.*

  c) Termo equivalente a "caso contrário, do contrário":
    - *Tome os remédios, senão a enfermidade deve piorar.*
    - *É bom que ele coopere, senão não haverá como o ajudar.*
    - *Argumentem sempre, senão levarão "gato por lebre".*

Observação: ressalte-se que, nessa hipótese, tolerar-se-ia a forma "se não", separada (antecedendo a vírgula), na medida em que se entendesse tratar-se de omissão de verbo. Exemplos:

- *Tome os remédios, se não (tomar), a enfermidade deve piorar.*
- *Argumentem sempre, se não (argumentarem), levarão "gato por lebre".*

  d) Termo equivalente a "de repente, subitamente":
    - *Eis senão quando surgem dois olhos verdes e hipnotizantes da multidão.*

  e) Termo equivalente a "defeito, erro, mácula":
    - *"Ele gosta de enxergar os senões alheios, todavia se esquece de ver os que lhe pertencem"* (o Autor).
    - *A prova do candidato estava sem senões quaisquer.*

Observações:

I. Há situações em que se usa **senão** ligado a pronomes pessoais do caso oblíquo. Ressalte-se que a preposição é indispensável. Exemplo:

- *Senão a mim (e não "senão mim"); senão a ti (e não "senão ti"); senão a ele (e não "senão ele").*

II. É encontradiço o vocábulo **senão** com o sentido de "porque" explicativo, na linguagem dos petitórios. Veja-se:

- *"Há de se reformar a respeitável sentença. Senão vejamos: (...)"*

Ressalte-se que não há vírgula após o termo **senão**, aqui empregado.

- **Se não**, por sua vez, surge em orações condicionais, representando o "se" a conjunção condicional. Pode ter as seguintes acepções:

    a) Termo equivalente a "caso não", como conjunção condicional:
    - *Se não houver aula, iremos ao cinema.*
    - *Se não perdoares, não serás perdoado.*
    - *Os prontos-socorros fecharão as portas, se não comprarem equipamentos adequados.*

    b) Termo equivalente a "quando não", como conjunção condicional:
    - *Estudar diariamente para ele parecia insuportável, se não impossível.*
    - *Pensei em chamá-lo para a reunião, se não para dissuadi-lo, ao menos para conhecê-lo.*
    - *"Não se nega que a múmia tenha sua beleza hierática – se não a múmia, pelo menos o seu sarcófago..."*[5].
    - *"Tudo acabou bem, se não ótima e magnificamente"*[6].

    c) Termo equivalente à conjunção integrante, ligando orações (inicia oração subordinada substantiva objetiva direta):
    - *Questionava se não era a hora oportuna.*
    - *Tolerava se não fossem mulheres bonitas.*

8.1.13. Na medida em que e à medida que

- **Na medida em que** exprime relação de causa e equivale a "porque, já que, uma vez que":
    - *Na medida em que os projetos foram abandonados, a população carente ficou entregue à própria sorte.*

- **À medida que** indica "proporção, desenvolvimento simultâneo e gradual". Equivale à forma "à proporção que":
    - *A ansiedade aumentava à medida que o prazo ia chegando ao fim.*

---

5   Rachel de Queiroz, *O Caçador de Tatu*, p. 25, *apud* Cegalla, 1999, p. 370.
6   Ciro dos Anjos, *A Menina do Sobrado*, p. 212, *apud* Cegalla, 1999, p. 370.

É errônea a expressão "à medida em que", devendo o estudioso evitá-la. A propósito, registre-se que, em um jornal do Rio de Janeiro, em 7-3-1997, um economista titubeou, afirmando:

"O BB e o BNDS também emprestaram dinheiro ao projeto à medida em que a situação financeira do Jari não melhorava".

Corrigindo:

O BB e o BNDS também emprestaram dinheiro ao projeto à medida que a situação financeira do Jari não melhorava.

8.1.14. Mais grande e Mais pequeno

Não será estranho notarem-se risadas entre os ouvintes, à sua volta, numa conversa qualquer, se anunciar a forma "mais grande". O tema, todavia, abre-se para discussão. É que as regras, por serem complexas, são assimiladas "em pedaços", dando a falsa impressão do conhecimento total do conceito. Na verdade, as formas **mais grande** e **mais pequeno** existem, podendo ser utilizadas com relativa liberdade quando se comparam qualidades ou atributos. Exemplos:

- *A casa é mais grande do que agradável.*
- *O salão é mais pequeno do que aconchegante.*
- *O carro é mais pequeno do que confortável.*

Nesse contexto, surgem as expressões, igualmente apropriadas, "mais bom" e "mais ruim". Seu uso é adequado quando se confrontam duas qualidades do mesmo ser.

- *Ele é mais bom do que esperto.*
- *Ele era mais bom do que mau.*
- *Ele é mais ruim do que bom.*
- *Meu avô era mais bom do que ingênuo.*
- *Este teatro é mais bom do que arejado.*

Observações:

I. Se aprouver ao leitor, é permitido substituir a forma um tanto desagradável "mais bom" por "antes bom". Exemplo:

- *Ele era antes bom do que mau.*

II. As expressões "menos bom" e "menos boa" são perfeitamente válidas. Exemplos:

- *Entre os discos ofertados, escolhi os menos bons, que eram mais baratos.*

- *As partes <u>menos boas</u> do filme eram as mais adequadas ao cochilo.*
- *"A obra não seria <u>menos boa</u> por isso"[7].*
- *A caçula era a <u>menos boa</u> de todas as irmãs, haja vista seu temperamento irascível.*

8.1.15. Em princípio e A princípio

São expressões bastante parecidas, mas não podem ser confundidas, uma vez que a preposição "faz a diferença". Vejamos:

- **Em princípio** significa "em tese, teoricamente, de modo geral". Exemplos:
    - *<u>Em princípio</u>, toda decisão precipitada é maléfica.*
    - *Estamos, <u>em princípio</u>, dispostos a negociar.*
    - *<u>Em princípio</u>, sua proposta é atraente.*
    - *Concordava <u>em princípio</u> com o posicionamento esposado pela doutrina.*
- **A princípio** quer dizer "no princípio, inicialmente". Exemplos:
    - *<u>A princípio</u>, o atleta era o favorito. Depois deixou de sê-lo.*
    - *O excesso de dinheiro é, <u>a princípio</u>, excitante. Todavia, parafraseando o mestre Paulinho da Viola, como o "dinheiro na mão é vendaval", tudo se esvai com rapidez.*
    - *<u>A princípio</u>, tudo parecia um mar de rosas; depois, o relacionamento soçobrou em tempestade incontida.*

8.2. A QUESTÃO DOS PARÔNIMOS E OS SIGNIFICADOS DAS PALAVRAS

Como se explicou em capítulo anterior, temos os vocábulos *sinônimos, antônimos, homônimos* e *parônimos*[8]. Vamos conhecer alguns casos interessantes de **parônimos**:

---

7 Graciliano Ramos, *Linhas Tortas*, p. 96, apud Cegalla, 1999, p. 257.

8 É importante estabelecermos os conceitos entre os *sinônimos, antônimos, homônimos, homógrafos, homófonos e parônimos*. Vamos a eles:
- **Sinônimos:** são palavras que possuem significação aproximada, como, por exemplo, *original* e *autêntico* ou *original* e *singular*.
- **Antônimos:** são palavras de significação oposta, como *original* e *vulgar*, por exemplo.
- **Homônimos**: são palavras que apresentam a mesma grafia e a mesma pronúncia, como os substantivos *manga* (fruta), *manga* (da camisa) e a forma verbal *manga* (ele).
- **Homógrafos:** são palavras que apresentam a mesma grafia, mas pronúncias diferentes, como o substantivo *esforço* e a forma verbal *esforço* (eu). Podemos encontrar homônimos homógrafos, como: *leste* (oriente) e *leste* (verbo); *sede* (a casa principal) e *sede* (vontade de beber); *fábrica* (indústria) e *fabrica* (verbo).
- **Homófonos:** são palavras que possuem a mesma pronúncia, mas grafias diferentes, como os verbos *caçar*

Absolver: inocentar	↔	**Absorver:** esgotar, consumir
Acender: pôr fogo em	↔	**Ascender:** elevar-se
Acerto: ajuste	↔	**Asserto:** proposição afirmativa (assertiva)
Amoral: sem o senso da moral	↔	**Imoral:** contrário à moral
Caçar: perseguir	↔	**Cassar:** anular
Cavaleiro: que anda a cavalo	↔	**Cavalheiro:** educado
Censo: recenseamento	↔	**Senso:** juízo, raciocínio
Comprimento: extensão	↔	**Cumprimento:** saudação; ato de cumprir
Concerto: harmonia; sessão musical	↔	**Conserto:** reparo
Costear: navegar junto à costa, passar ao lado de	↔	**Custear:** arcar com as despesas de
Delatar: denunciar	↔	**Dilatar:** alargar
Descrição: ato de escrever	↔	**Discrição:** qualidade de discreto
Despensa: lugar onde se guardam alimentos	↔	**Dispensa:** ato de dispensar, licença
Dessecar: secar completamente, enxugar	↔	**Dissecar:** analisar minuciosamente
Destratar: insultar	↔	**Distratar:** desfazer
Docente: professor; relativo ao professor	↔	**Discente:** estudante; relativo ao estudante
Elidir: eliminar	↔	**Ilidir:** refutar
Emergir: vir à tona, sair	↔	**Mergir:** mergulhar
Emérito: insigne	↔	**Imérito:** não merecido
Eminente: importante, destacado	↔	**Iminente:** prestes a ocorrer
Empossar: dar posse	↔	**Empoçar:** formar poça /ô/ ou /ó/ (VOLP)
Estância: fazenda de criação; lugar de repouso; estrofe	↔	**Instância:** insistência; jurisdição

e *cassar*. Podemos encontrar homônimos homófonos, como: *acento* (tom de voz) e *assento* (banco); *cegar* (perder a visão) e *segar* (ceifar); *cesta* (caixa) e *sexta* (numeral).

- **Parônimos:** são palavras que apresentam grafias ou pronúncias semelhantes, sem que, no entanto, ocorra coincidência total. Costumam provocar dúvidas quanto ao seu emprego correto. É o caso, por exemplo, de pares como *flagrante / fragrante*, *pleito / preito*, *vultoso / vultuoso*.

Estreme: genuíno, puro	↔	**Extremo:** distante
Evocar: lembrar	↔	**Avocar:** chamar, atrair
Flagrante: evidente	↔	**Fragrante:** aromático
Florescente: que floresce, próspero	↔	**Fluorescente:** que tem fluorescência
Incerto: duvidoso	↔	**Inserto:** inserido
Incipiente: que está no início	↔	**Insipiente:** ignorante
Indefeso: sem defesa, desarmado	↔	**Indefesso:** incansável, incessante
Intemerato: puro	↔	**Intimorato:** corajoso
Intercessão: ato de interceder	↔	**Interseção:** ato de cortar
Mandado: ordem judicial	↔	**Mandato:** procuração; legislatura
Pleito: disputa	↔	**Preito:** homenagem
Preceder: vir antes	↔	**Proceder:** agir; originar-se
Preeminente: nobre, distinto	↔	**Proeminente:** saliente
Prescrever: receitar; expirar prazo	↔	**Proscrever:** afastar, expulsar
Ratificar: confirmar	↔	**Retificar:** corrigir
Reincidir: tornar a cair, repetir	↔	**Rescindir:** tornar sem efeito, dissolver
Remição: resgate	↔	**Remissão:** perdão, menção a
Retaliar: revidar, exercer represália	↔	**Retalhar:** cortar em pedaços
Soar: produzir som	↔	**Suar:** transpirar
Sobrescrever: endereçar, escrever sobre	↔	**Subscrever:** assinar; escrever embaixo de
Subvenção: ajuda, contribuição	↔	**Subversão:** revolta, insubordinação
Tacha: tipo de prego, mácula	↔	**Taxa:** tributo
Tachar: censurar, desaprovar, embebedar-se	↔	**Taxar:** determinar a "taxa" de (tributo)
Tráfego: movimento, trânsito	↔	**Tráfico:** comércio
Usuário: aquele que usa	↔	**Usurário:** avaro; agiota
Viagem: jornada	↔	**Viajem:** flexão de viajar (verbo)
Vultoso: grande, volumoso	↔	**Vultuoso:** atacado de vultuosidade (vermelho e inchado)

Outros casos interessantes:

Cessão: ato de ceder **Ceção:** frescura	**Sessão:** tempo que dura uma reunião, apresentação; **Seção (ou secção)**[9]**:** departamento, divisão
Deferir: conceder, atender (deferimento)	**Diferir:** ser diferente, adiar (diferimento)[10]
Descriminar: inocentar, descriminalizar[11]	**Discriminar:** separar, distinguir, discernir[12]
Despercebido[13]**:** sem ser notado	**Desapercebido:** desprevenido
Incontinente: imoderado, descontrolado[14]	***Incontinenti* (latim):** imediatamente[15]

9 Observe os exemplos com o vocábulo **seção**: *seção eleitoral, seção de brinquedos, seção de eletrodomésticos.* Diga-se que se usa, de modo restrito, **secção** para "corte em operação médica". Exemplo: *secção do osso, secção da perna.*

10 Veja a frase com o verbo **diferir**: *"Quando, porém, tornava à casa (...), ficava desarmado e diferia o castigo de um dia para outro"* (Dom Casmurro, Machado de Assis).

11 Observe os exemplos com o verbo **descriminar**, do qual defluem os substantivos "descriminação" ou "descriminalização":
- *Há quem lute para descriminar o uso da maconha.*
- *O réu matou em legítima defesa, razão pela qual o Juiz o descriminou.*
- *Há quem considere a descriminalização das drogas uma maneira de combatê-las.*
- *O deputado Fernando Gabeira, defensor da descriminação da maconha, falou ao repórter.*

12 Note os exemplos com o verbo **discriminar**, do qual deflui o substantivo "discriminação", no sentido de "distinção". Exemplos:
- *Devemos discriminar o bem do mal.*
- *É preciso discriminar os votos conscientes e os votos nulos.*
- *O homem de cautela discrimina as verdades das meias verdades.*
- *Não se deve discriminar pessoas, sob pena de violação à Constituição, que proíbe a discriminação de cor, raça, sexo e idade.*

13 O adjetivo **despercebido** não pode ser confundido com **desapercebido**.
Desapercebido tem o sentido de "desmuniciado, desprovido, desguarnecido". Exemplo:
- *A esquadra contava com vários navios desapercebidos de munições.*
- *O soldado foi pego em uma emboscada, pois estava, desapercebidamente, sem armas.*

Por outro lado, o adjetivo **despercebido**, isto é, "não notado", pode ser "percebido" em frases, como:
- *O incidente passou despercebido à maioria dos convivas.*
- *O homem é demasiado meticuloso – detalhe algum lhe passa despercebido.*
- *"Minha atitude não passou despercebida à turma".* (Ciro dos Anjos, *Abdias*, p. 30, *apud* Cegalla, 1999, p. 111).

14 **Incontinente** é adjetivo, substantivo ou advérbio. Exemplos:
- *O jovem era incontinente e agia sempre de supetão.*
- *O incontinente é o sujeito que sabe o que deve fazer, mas não consegue mover-se nesse sentido.*
- *Quero, incontinente, tomar as providências necessárias.*

15 ***Incontinenti*** é advérbio latino, devendo ser grafado entre aspas ("incontinenti") ou em itálico (*incontinenti*). Há gramáticos de nomeada que propõem o total aportuguesamento da expressão para a forma "incontinênti", como paroxítona terminada em -i, a par de outros latinismos já incorporados ao nosso léxico, *v.g.*, álibi, mapa-múndi, déficit etc. Nesse sentido, Houaiss ratifica, indicando como advérbio a forma "incontinente" (com -e, sem acento). Portanto, a escolha é sua: no latim, "incontinenti" ou *incontinenti*; ou as formas aportuguesadas "incontinênti" e "incontinente".

Infligir: aplicar pena ou castigo[16]	**Infringir:** transgredir, violar
Óptico: deriva de "óptica", considerado relativo ao olho ou à parte da Física[17]	**Ótico:** relativo ao ouvido, podendo ser vocábulo variante de "óptico"[18]

Algumas observações importantes:

1. AFIM (Substantivo)	AFIM (Adjetivo)	A FIM DE (Locução prepositiva)
Exemplos:	Exemplos:	Exemplos:
▪ Afim em linha reta. ▪ Ver art. 932, II, do CC.	▪ Disciplina afim. ▪ Termos afins. ▪ Ver art. 1.957 do CC.	▪ Ele está a fim de instaurar o inquérito policial. ▪ Ver arts. 45 e 213 do CPC.

2. ELIDIR (Suspender, eliminar, excluir, suprimir)	ILIDIR (Rebater, contestar)
Exemplos:	Exemplos:
▪ Art. 138 do CTN. ▪ Súmula 29 do STJ.	▪ O advogado ilidiu os argumentos. ▪ Ver art. 757 do CPC. ▪ Ver art. 204, parágrafo único, do CTN.
Uso inadequado:	**Uso inadequado:**
Art. 157 do CTN: "onde se lê ILIDE, leia-se ELIDE".	Art. 244, parágrafo único, do CP: "onde se lê ILIDIR, leia-se ELIDIR".

3. A PAR	AO PAR
Exemplos:	Exemplo:
▪ Ele está a par do assunto. ▪ Ver art. 2º, § 2º, da LINDB.	▪ O dólar está ao par do euro. ("Vem de paridade, refere-se a ações e obrigações, papéis de crédito").

---

16 O verbo **infligir** requer atenção do estudioso. Observe os exemplos:
▪ O rei infligiu duras penas aos súditos.
▪ O boxeador infligiu humilhante derrota àquele que o desafiou.
▪ Infligimos-lhes dolorosa derrota.

17 O termo **óptico** refere-se aos fenômenos da luz ou da visão. Nesse sentido, nada impede que se use "óptico" (com -p mudo) ou "ótico" (sem -p), para assuntos relativos à luz ou à visão. Exemplos: *instrumentos ópticos; canal óptico, antípoda óptico, vias ópticas, nervo óptico, ilusão de óptica.*
Em sentido figurado, **óptica** pode significar a "maneira de ver, de julgar, de sentir, perspectiva e conceito ou ideia particular". Portanto: *a óptica dos românticos; a óptica dos juízes; a ilusão de óptica.*

18 O vocábulo **ótico** refere-se aos assuntos relativos à audição. Pode-se escrever "óptico" (com -p mudo) ou "ótico" (sem -p). Exemplos: *nervo ótico; gotas óticas.* Registre-se, ainda, a ocorrência de palavras derivadas dessa forma: *otite, otiatria, otídeo, oticodinia.*
Observação: dada a possibilidade de se usar "ótico" ou "óptico", alternativamente, como se explicou, recomendamos que se adote, como regra, a forma **óptico** (com -p mudo), para ambos os sentidos, permitindo-se o acerto em qualquer situação.

4. EM VEZ DE (Substituição)	AO INVÉS DE (Oposição)
Indica tão somente "substituição", sem assinalar contraste.	Indica "oposição, sentido contrário", em frases antitéticas. É sinônima de "ao revés de".
Exemplo:	Exemplos:
▪ *O Juiz condenou-o a dois anos, em vez de três.*	▪ *O Juiz absolveu o réu, ao invés de condená-lo.* ▪ *O réu foi absolvido ao revés de ser condenado.* ▪ *Morreu ao invés de viver.* ▪ *Saiu ao invés de ficar.* ▪ *Comeu ao invés de fazer jejum.* ▪ *Ao invés de vingar-se, perdoou ao delinquente.* ▪ Ver art. 73 do CP. ▪ Ver art. 81, § 3º, do CP.

5. REMISSÃO	REMIÇÃO
(Verbo *remitir*, no sentido de "perdoar")	(Verbos *remir* ou *redimir*, no sentido de "resgatar, livrar, liberar a título oneroso, salvar")
▪ *Houve a remissão dos pecados.*	▪ *Ele deve remir os bens penhorados.*
Em sentido jurídico, pode significar "perdão do tributo ou multa" (art. 156, IV, do CTN) ou "perdão da pena" (graça ou indulto), no campo adstrito ao Direito Penal.	▪ *"Cristo veio à Terra para remir os homens"* (Aurélio). No sentido jurídico, fala-se em "remir bens do executado" (ou seja, "exonerar da penhora embarganda os bens constritados, mediante depósito do valor da avaliação").
Codificação:	**Codificação:**
Art. 150, § 6º, da CF. Art. 403 do CPC.	Arts. 1.429 e 1.478 do CC; arts. 651 (787, parágrafo único, 788, 789 e 790 – revogados) do CPC; arts. 267, 272, 274 e 276 da Lei n. 6.015/73; art. 130 da Lei n. 7.210/84; art. 49 do ADCT.

Equívocos:

No entanto, há vários equívocos registrados no Código Civil, que mostram situações de "remição" (resgate) registradas como "remissão" (perdão). Vejamos:

1. Art. 1.429, parágrafo único:
   "O herdeiro ou sucessor que fizer a remissão fica sub-rogado ...".

2. Art. 1.436, V:
   "Dando-se a adjudicação judicial, a remissão ...".

3. Art. 1.478, parágrafo único:
   "Para a remissão, neste caso, consignará o segundo credor ...".

Da mesma forma, a equivocidade ocorre em outras citações, como:

> Art. 1.481, *caput*, do CC; art. 1.484, primeira parte, do CC; art. 1.483, primeira parte, do CC; art. 1.499, V, do CC e o art. 120, § 2º, segunda parte, do DL 7.661, de 21-06-1945.
>
> Não é sem razão que a equipe lexicográfica da ABL, ao redigir o VOLP, fez questão de apontar o significado dos dois vocábulos de modo expresso em seu texto.

> **Observações:**
>
> 1. *Remissão* e *remição* são vocábulos homônimos homófonos, e não sinônimos.
>
> 2. O vocábulo *remisso* relaciona-se etimologicamente com "remitir" (particípio passado), mas adquiriu significado diverso, uma vez que nas leis aparece como adjetivo designativo de "descuidado, negligente ou relapso". É o que se nota nos arts. 578 do CCom; 695, § 3º (revogado), do CPC e 319, I (alterado), do CPP.

8.3. O PROBLEMA DAS REDUNDÂNCIAS OU PLEONASMOS VICIOSOS

Deve-se evitar o uso de *pleonasmos viciosos* – emprego de palavras redundantes, com o fim de reforçar ou enfatizar a expressão. Na verdade, os pleonasmos são os excessos ou superfluidades no uso das palavras, sendo passíveis de correção. Não se confundem com os *pleonasmos estilísticos*, usados intencionalmente no texto para comunicar a expressão com mais vigor e intensidade. São exemplos de pleonasmos estilísticos ou eruditos:

- "Que me importa a mim a glória?"[19].
- "Sorriu para Holanda um sorriso ainda marcado de pavor"[20].

É interessante observar que se encontram pleonasmos viciosos até mesmo em textos legais, como se nota nos dizeres insertos no art. 67, III, da Lei n. 8.245/91, o qual se refere a uma "sentença de primeira instância", como se houvesse sentença proferida em instância diversa.

Os exemplos a seguir são ilustrativos e representam o uso condenável de expressões que nada acrescentam à intelecção da ideia a ser transmitida.

1. "O projeto ainda vai levar mais um mês."

Observe o exagero: o "ainda" dispensa o "mais".

---

19 Alexandre Herculano, *Eurico, o Presbítero*, p. 69, *apud* Cegalla, 1999, p. 320.
20 Viana Moog, *Toia*, p. 294, *apud* Cegalla, 1999, p. 320.

2. "Estudou muito, mas não conseguiu, no entanto, tirar boa nota."

Note a redundância: se já houve o uso da conjunção adversativa "mas", não há por que usar outra de igual natureza, isto é, "no entanto". Portanto, corrigindo:

- *Estudou muito, mas não conseguiu tirar boa nota.* Ou então:
- *Estudou muito, no entanto não conseguiu tirar boa nota.*

3. "O gerente vai manter a mesma equipe."

Cuidado! O pleonasmo está evidente: o verbo "manter" traz a ideia de manutenção, dispensando-se o vocábulo "mesma".

4. "Ele ainda continua exigente."

Fique atento: o tempo verbal "continua" traz a ideia de permanência.

5. "O preço do produto é barato."

O termo "barato" já encerra a ideia de preço. É impropriedade de linguagem dizer "preço barato" ou "preço caro". Na verdade, os produtos, mercadorias ou serviços é que podem ser baratos ou caros, e não "os preços". Estes serão *baixos, módicos, altos, exorbitantes, escorchantes, extorsivos, abusivos*, entre outros qualificativos.

6. "Qual a sua experiência anterior?"

Toda experiência é anterior. Notável redundância! Evite-a.

7. "Preciso fazer planos para o futuro."

É melhor que se façam planos para o futuro, pois seria de todo contraproducente fazer planos para o passado. Afinal de contas, passado é passado. É o que nos ensina Roberto Carlos, na canção de Mauro Motta e Carlos Colla: *"Se você pretende"* (1989): *" [...] Não promete nada / Eu te aceito assim / Fica do meu lado / Passado é passado / Tá certo pra mim"*.

8. "Há várias goteiras no teto."

Só há goteiras no teto... Não há como se formarem goteiras no chão, pois seria uma poça, e não goteira... O mesmo se diga de *"estrelas do céu", "labaredas de fogo"*, entre outros pleonasmos retumbantes.

9. "Deve haver[21] menos desmatamentos, mais florestas arborizadas."

Pergunto: há floresta não arborizada, sem árvores? Seria o quê? Uma selva de "pedras"?

---

21 A locução **deve haver**, por ser composta de verbo impessoal (haver), não pode ser pluralizada. Portanto, escrevam-se: *"deve haver situações"*; *"deve haver ocorrências"*; *"deve haver protestos"*. Por outro lado, a expressão **deve existir** é composta de verbo pessoal (existir), podendo ser modificada no plural. Exemplo: *"devem existir situações"*; *"devem existir ocorrências"*; *"devem existir protestos"*.

10. "Seu discurso não passou de uma breve alocução."

A alocução[22] é um substantivo feminino que significa uma "breve exposição, um rápido discurso". Portanto, a expressão "breve alocução" é pleonástica, devendo ser evitada.

11. "Ele exporá a matéria nos mínimos detalhes."

O vocábulo "detalhe", na acepção de "pormenor ou particularidade", é galicismo já incorporado ao nosso idioma. Por representar "minúcia", o termo não deve ser acompanhado do adjetivo "mínimo". Todavia, há gramáticos renomados que não veem na expressão em comento um exemplo de pleonasmo vicioso. É o caso de Cegalla (1999: 119), para quem "não nos parecem merecedoras de censura as expressões 'mínimos detalhes', 'pequenos detalhes', 'mínimos pormenores', ainda que redundantes".

12. "Rejubilei-me de alegria com a boa notícia."

O verbo "rejubilar(-se)" tem o sentido de "alegrar-se muito, sentir grande júbilo". Há superfluidade na expressão "rejubilar-se de alegria", uma vez que o verbo já contém a ideia de contentamento. É, pois, pleonasmo vicioso, que deve ser evitado.

13. "Dividimos o bolo em duas metades iguais."

Ao usarmos o substantivo plural "metades", não há necessidade de dizermos "duas" (porque "metades" são sempre duas) nem "iguais" (porque, sendo metades, são necessariamente iguais). Portanto, corrigindo a frase, teremos: *"Dividimos o bolo em metades"*; ou *"Dividimos o bolo em duas partes iguais"*. Ainda: *"A linha do Equador divide a terra em duas metades"*.

Aprecie, ainda, algumas frases corretas:
- *Onde antes existiam desertos, agora só há plantações* (o Autor).
- *Existirão dúvidas, se houver pesquisas* (o Autor).
- *Não duvido de que possa haver vidas além da nossa no Universo; também não duvido de que existem muitas perguntas ainda sem respostas* (o Autor).

A propósito desta última frase, a palavra **universo**, como sinônimo de "sistema solar", deve ser grafada com inicial maiúscula (Universo). No entanto, há sentidos que avocam a inicial minúscula. Vamos a eles:

a) na acepção de "conjunto de coisas existentes no mundo, no cosmo", deve conter inicial minúscula. Exemplo: *O homem é um pequeno objeto que se move no universo*;

b) no sentido de "ambiente ou meio". Exemplo: *A quadra de esportes era o seu universo*;

c) como "população, ou indicador de estatística". Exemplo: *No universo de dois milhões de músicos, há poucos que nasceram para o ofício*.

22 Não confunda com **elocução** – maneira de exprimir-se pela palavra oral: *Ele tem uma elocução fluente no inglês*.

Humberto Gessinger, na canção *Perfeita Simetria* (Engenheiros do Hawaii), valendo-se de licença poética[23], utilizou a forma "metades iguais". Nada mau para uma música que integrou o álbum cuja vendagem deu ao grupo o título de "melhor banda de rock do Brasil" (1990).

14. "O homem estava com hemorragia de sangue."

Toda hemorragia é de sangue. Aliás, a etimologia da palavra aponta para tal obviedade: *hemo* ("sangue") + *ragia* ("derramamento"). Portanto, literalmente, hemorragia significa derramamento de sangue. Assim, evite o pleonasmo vicioso em comento.

15. "Quando a polícia chegou, já não mais havia necessidade."

A formação **[já (...) mais]** comporta divergência quanto à provável redundância em seu bojo. Nas indicações temporais, se couber "já", o "mais" pode ser evitado. Diga-se que há gramáticos de prol que não reprovam tal formação, aos quais fazem coro importantes escritores. Observe os exemplos adiante, colhidos da literatura:

- *"Já não se fazem mais frases como antigamente"*[24].

- *"Já não há mais razão para a revolta"*[25].

16. "Restou à equipe a outra alternativa."

Deve-se evitar a referência à "alternativa" como "outra" ou "única". O vocábulo já encerra, etimologicamente, o conceito de "outra" (*alter*, em latim). Com propriedade, Squarisi (2003) preconiza que "a alternativa se escolhe entre duas opções. Por isso evite dizer 'outra' alternativa e 'única alternativa'. (...) A alternativa é sempre outra. Se não há outra, só pode ser única".

17. "Há dois anos atrás, cheguei a São Paulo."

A sequência "[há (...) atrás]" é condenável, uma vez que se apresenta redundante. Se o anunciante já utiliza o verbo "haver", na acepção de "tempo transcorrido", não necessita de reiterar a ideia com o advérbio "atrás". Portanto, à errônea forma "há vinte anos atrás, ele chegou", sugerimos que prefira as formas adiante delineadas a fim de que fuja à redundância: *Há vinte anos, ele chegou*; ou *vinte anos atrás, ele chegou*.

---

23 A **licença poética** é fartamente aplicada na música e na poesia. Os dicionários conceituam-na como "liberdade outorgada aos poetas para que alterem regras da gramática, no mister artístico que lhes compete". Como se mencionou alhures, Vinicius de Moraes usou "posto que" no sentido de "porque", no *Soneto de Fidelidade*, recorrendo à licença poética. Não devemos recriminar esta "licenciosidade". Falta-nos autoridade... Aliás, "falar com delicadeza não machuca a língua" (Provérbio Francês).

24 Moacir Werneck de Castro, *Jornal do Brasil*, de 12-3-1994, *apud* Cegalla, 1999, p. 224.

25 Aníbal Machado, *Cadernos de João*, p. 198, *apud* Cegalla, 1999, p. 224.

18. "Deve-se evitar o uso abusivo do álcool."

Não se deve atrelar adjetivo a substantivo que possui o mesmo radical. Em vez de "uso abusivo", utilize "uso excessivo" ou "uso imoderado".

19. "Ele deverá voltar atrás em sua decisão."

O dicionário preconiza que a única forma de empregar o verbo "voltar" no sentido de "recuar, retroceder" é dar-lhe a companhia da preposição "atrás". Tal posicionamento frui a chancela de gramáticos de nomeada, que não a consideram redundante, na acepção de "mudar de ideia, mudar de opinião". Logo, "voltar atrás" não seria um pleonasmo vicioso; no entanto, deve-se evitar a expressão por lhe faltar boa sonoridade.

20. "O grupo revelou possuir um preconceito intolerante."

O vocábulo "preconceito" significa "pré-conceito" ou conceito prévio, derivando do vocábulo "conceito". Se já há preconceito, a intolerância é imanente, despontando o pleonasmo. Exemplos:
"Ter preconceito sobre minorias raciais é indesculpável."
"O grupo intolerante tem preconceito de certas minorias religiosas."

21. "Há necessidade de um acordo amigável para ambos."

Se o acordo nasce de concessões recíprocas, como imaginar um "acordo" inamistoso ou um "acordo" imposto por vontade de uma das partes? Não haverá meios...

A seguir, apresentamos um rol de expressões pleonásticas bastante utilizadas no dia a dia. Quanto ao uso, somos da opinião de que pode haver liberdade de expressão na linguagem informal, ressaltando-se, todavia, que são formas que contrariam o rigor gramatical apresentado até agora no livro, desafiando a chamada norma culta. Vamos a elas:

Acabamento final	Conviver junto	Criar novos
Elo de ligação	Encarar de frente	Erário público
Reincidir de novo	Subir pra cima	Descer pra baixo
Tornar a praticar	Canja de galinha	Introduzir você dentro da peça
Aumentar ainda mais	Novidade inédita	Vontade geral de todos
Já não há mais presidentes como antigamente	Horário individual para cada um	Acrescentar mais um detalhe
Anexar junto	Milênios de anos	Demente mental

Plebiscito popular	Minha opinião pessoal	Todos foram unânimes
Vereador municipal	Viúva do falecido	Unanimidade geral
Ultimato final	Templo sagrado	Repetir de novo
Protagonista principal	Previsão do futuro	O mais absoluto silêncio
Monopólio exclusivo	Melhorar mais	Infiltrar dentro
Brisa matinal da manhã	Ganhar de graça	Fato verídico
Conclusão final	Dar de graça	Consenso geral
Número exato	Adiar pra depois	Certeza absoluta
De sua livre escolha	Sugiro conjecturalmente	Interrompeu de uma vez
Multidão de pessoas	*Superavit* positivo	A seu critério pessoal
Surpresa inesperada	Frequentar constantemente	Compartilhar conosco
Gritar bem alto	Completamente vazio	Planejar antecipadamente
Expulsar para fora	Inflação galopante	Vítima fatal[26]
Colocar as coisas em seus respectivos lugares	*Habitat* natural	

CURIOSIMACETES

1. AUTOMAÇÃO E AUTOMATIZAÇÃO

O processo de substituição do trabalho humano pelo trabalho da máquina recebe o nome de "automação", palavra derivada do inglês *automation*. No entanto, a forma mais consentânea com o nosso idioma é "automatização", devendo-se preferir esta àquela, conforme direção adotada pelo Aurélio. Talvez por desleixo ou desconhecimento do usuário, surgem formações vocabulares que não obedecem ao adequado processo de formação de palavras. Entretanto, apesar de possuírem origens distintas, os termos são aceitos pelo VOLP e pelos dicionários Houaiss e Aurélio como sinônimos.

A propósito, o Editorial do *Jornal do Brasil*, em 8 de julho de 1995, delineou a expressão com propriedade:

- "A estrutura portuária moderna, com o uso máximo da automatização para movimentação de cargas em contêineres, tem peso considerável".

2. CARRASCO

O substantivo masculino que designa o executor da pena de morte, também conhecido como "algoz, verdugo", só apresenta o gênero masculino. Portanto, aceita-se tão somente (*o*) *carrasco* (e não "a carrasca").

---

[26] A vítima não é "mortal, fatal ou letal", mas, verdadeiramente, *o acidente, a queda, a doença*.

Como curiosidade, ressalte-se que a palavra deriva do sobrenome de Belchior Nunes Carrasco, homem que exerceu o mister de algoz na cidade de Lisboa, antes do século XV.

3. CESÁREA E CESARIANA

Como substantivos designativos da "incisão" (feita no ventre e útero maternos para a retirada do feto) ou do "procedimento cirúrgico" propriamente dito, derivam ambas de "César" ou Júlio César (*Caius Julius Caesar*) – estadista, general e escritor romano –, que teria nascido por meio de tal expediente cirúrgico, no ano 101 a.C.

4. DESADORAR

O verbo transitivo direto *desadorar* é bastante curioso. Como se pode imaginar, sua acepção é de "detestar, não gostar de". Pode ser usado na forma pronominal, no sentido de *detestar-se*. Vamos aos exemplos:

- *Ele desadora pessoas hipócritas.*
- *Desadorava a vida leviana da irmã.*
- *"Os dois se desadoram desde os tempos do Caraça"*[27].

A HORA DO ESPANTO
AS "PÉROLAS" DO PORTUGUÊS

1. Ser humano apto há receber

Correção: a expressão adequada é "apto a receber", sem crase, uma vez que não se usa crase antes de verbo.

2. Não se deve sobrepassar em cima das pessoas

Correção: acreditamos, em face da dúbia ideia que se quis transmitir, que o emissor da mensagem pretendeu dizer: "não se deve passar por cima das pessoas". "Sobrepassar em cima" é demais! Haja vontade de se impor sobre os outros...

3. Este problema o aflinge

Correção: o verbo em comento é "afligir", com acepção de "angustiar, atormentar". Conjuga-se como "dirigir", portanto, as flexões verbais devem ser *aflige* (com -g), *aflijo* (com -j), *afligia* (com -g) etc.

---

27 Ciro dos Anjos, *Montanha*, p. 87, *apud* Cegalla, 1999, p. 111.

9 PRONUNMACETES E TIMBREMACETES

PRONUNMACETES

RUIM

> **Pronúncia:** /ru-im/, e não "rúim".
>
> **Situação:** *A laranjada estava ruim, mas a comida estava pior.*
>
> **Comentário:** vocábulo oxítono, dissílabo e com a tonicidade na última sílaba (-im). Não se deve pronunciá-lo em uma sílaba ("rúim"), porque se poderia afirmar, em tom jocoso, que "'rúim' não é 'ruim' (/ru-im/), mas péssimo". Até mesmo com o substantivo "ruindade", a pronúncia deve ser respeitada: pronuncie /ru-in-da-de/, e não "rúin-dade".

Ressalte-se que, em português, os nomes terminados em -im são oxítonos: *amendoim, tuim, Caim, Serafim, capim, pasquim, curumim, rubim, jardim, Paim, jasmim, Joaquim,* entre outros. A exceção é "ínterim", uma palavra proparoxítona.

MAUS-CARACTERES: o plural de mau-caráter.

> **Pronúncia:** /ca-rac-te-res/, e não "caráteres".
>
> **Situação:** *Na cela do cárcere, havia vários maus-caracteres; todos, no entanto, afirmavam ser inocentes.*
>
> **Comentário:** o substantivo composto *mau-caráter* forma plural complexo (*maus-caracteres*). A acentuação gráfica ocorre em virtude de a palavra *caráter* ser paroxítona terminada em -r, assim como: *revólver (revólveres), hambúrguer (hambúrgueres), gângster (gângsteres), mártir (mártires), esfíncter (esfíncteres), Lúcifer (Lucíferes), Júpiter (Jupíteres), néctar (néctares), nenúfar (nenúfares), píer (píeres), pôster (pôsteres), trêiler (trêileres), zíper (zíperes), gêiser (gêiseres* – pronuncie /jêizeres/, e não "gáizeres"), etc.

O plural *maus-caracteres* justifica-se pelo fato de a palavra, no singular, ser de dupla prosódia (*caráter* ou *caractere*). Assim, temos que a forma *caracteres* serve indistintamente para formar o plural de *caractere* e de *caráter*.

RECORDE

> **Pronúncia:** /recór-/, e não "ré-cor".
>
> **Situação:** *Nas últimas Olimpíadas, os atletas bateram vários recordes.*

Comentário: a sílaba tônica se dá em "-cor" (como em *concorde*), e não em "ré", como se imagina (como em *réplica*). Aliás, de imaginação em demasia dispõem inúmeros jornalistas que insistem no famigerado "récorde", vocábulo de pronúncia inexistente em nosso vernáculo.

A propósito, o vocábulo em análise deve ser usado como *substantivo* ou *adjetivo*.

Como *substantivo*, teremos:

- *Há um livro de recordes: o "Guinness".*
- *O nadador bateu todos os recordes nas provas de natação.*
- *"Copacabana bateu o recorde de poluição sonora"*[1].

Como *adjetivo*, podemos citar:

- *Chegaremos a patamares recordes no fim do ano.*
- *"Fez o percurso em tempo recorde"* (Aurélio).

FORTUITO

Pronúncia: /for-tui-/, e não "for-tu-í".

Situação: *O caso fortuito é inexorável*[2]. *Sua inexorabilidade decorre de sua imprevisibilidade.*

Comentário: o vocábulo é trissílabo. Logo, não se pode transformá-lo em polissílabo, pronunciando-se "for-tu-í-to". Além de demonstrar má pronunciação, denotará pouca familiaridade com a adequada norma linguística. É importante enaltecer que não se trata de acento prosódico oscilante ou incerto – só há uma pronúncia para *fortuito*: /for-tui-to/. Da mesma forma, citem-se palavras, como:

- Gratuito (pronúncia: /gra-tui-/, e não "gra-tu-í").
- Curto-circuito (pronúncia: /cir-cui-/, e não "cir-cu-í").
- *Druida* (pronúncia: /drui-/, e não "dru-í").

RUBRICA

Pronúncia: /ru-brí-/, e não "rú-bri-".

Situação: *Ponha sua rubrica no texto e se dirija àquela porta.*

Comentário: palavra paroxítona, com tonicidade na sílaba -bri. É comum se ouvir falar em "rúbrica", mas tal forma (proparoxítona) é inexistente.

---

1 *O Globo* de 30-10-1991, *apud* Cegalla, 1999, p. 350.

2 A pronúncia correta para inexorável é /ine/z/orável/.

ÍNTERIM

Pronúncia: /ín-te-/, e não "in-te-rím".

Situação: *Nesse ínterim, chegamos à conclusão de que havia a necessidade de reparos.*

Comentários: o substantivo masculino *ínterim* designa o espaço de tempo intermédio entre algo que se enuncia. Muito comum na expressão "nesse ínterim", que transita em abundância nos ambientes forenses, significa "nesse meio-tempo", "nesse contexto", "no atual estado das coisas". Sendo palavra proparoxítona, deve ser pronunciada como /ín-te-rim/, e não "in-te-rím".

OUTREM

Pronúncia: /ôu-trem/, e não "ou-trém".

Situação: *Não se deve subtrair coisa de outrem, sob pena de se tipificar conduta ilícita.*

Comentário: *outrem* é palavra paroxítona, devendo-se pronunciar /ôu-trem/, e não "ou-trém". Trata-se de palavra demasiado encontradiça nos textos legais, quando não se tem determinada a pessoa a quem se refere. Usa-se, pois, *outrem* no intuito de abranger terceiras pessoas não identificadas.

O GRAMA

Pronúncia: /duzentos gramas/, e não "duzentas gramas".

Situação: *O passageiro foi preso em flagrante com 992g (novecentos e noventa e dois gramas) de cocaína.*

Comentário: o substantivo *grama*, como unidade de medida, é masculino. Portanto, deve vir acompanhado de artigos masculinos, definidos ou indefinidos, no singular ou no plural (o, os, um, uns).

É indesculpável que se cometam equívocos dessa natureza em ambientes forenses ou mesmo em veículos de comunicação de massa, como tevê ou jornais. Pedir "duzentas" gramas de presunto na padaria é arriscar-se demais... Por que não pedir "duzentOs gramas", de "peito aberto", mostrando o quão sonora é a expressão e, finalmente, como é bom conhecer as regras da prosódia?

Ademais, vale relembrar que o verbo *pisar* tem regência interessante: é verbo transitivo direto, não exigindo a preposição "em". Portanto, é errôneo falar "pisar em", ou "pisar na", devendo-se trocar tais formas por "pisar o" ou "pisar a". Observe as frases corretamente grafadas:

- *Ele pisou o excremento deixado pelo cão* (e não "...pisou no...").
- *Não pise a grama!* (e não "...pise na...").
- *O jogador pisou a bola* (e não "pisou na bola").

ESTUPRO

Pronúncia: /es-tu-/, e não "es-tru-".

Situação: *O estupro é crime bárbaro, que denota a tendência humana para o malefício.*

Comentário: embora tal palavra transite em excesso nos jornais difusores de informes policiais, sendo errônea e reiteradamente pronunciada pelos leitores comuns, faz-se necessário notar que o vocábulo *estupro* (do latim *stuprum*) deve ser na fala rigorosamente articulado pelos operadores do Direito. Não se pode tolerar silabada em tal palavra, principalmente se for cometida por advogado, juiz, promotor ou outro operador do Direito. A articulação deve ser correta e nítida, sob pena de se emitir fonema desaconselhável.

Em termos comparativos, um operador do Direito que fala "estrupo" (com *-tru*) é o mesmo que um médico de estômago (gastroenterologista) que não consegue falar o nome de sua especialidade; o mesmo que um músico que soçobra perante uma partitura; enfim, o mesmo que um jogador de futebol que põe as mãos na bola...

Aliás, a OAB/RJ, em sua prova realizada em setembro de 2005, trouxe a palavra "estrupo" digitada duas vezes na questão 26 do certame. Teria havido um "crime"? A propósito, parafraseando Arnaldo Niskier, "dizer ou escrever 'estrupo' é crime contra o vernáculo".

Entretanto, seguindo na contramão dos filólogos, gramáticos e dicionaristas, o VOLP registra, igualmente, **estrupo**. Curioso? Não, no mínimo, incrível! Tudo indica que a equipe de Lexicografia da ABL deverá rever este ponto nas próximas edições do VOLP.

MENDIGO

Pronúncia: /men-di/, e não "men-din-".

Situação: *Na rua, havia vários mendigos. A mendicância grassava na cidade.*

Comentário: a palavra *mendigo* é trissílaba, não devendo ser pronunciada com a sílaba *-din*, sob pena de prejudicar a adequada pronunciação do substantivo. Utilize, pois, "mendigo". O mesmo fenômeno ocorre com os vocábulos derivados, como *mendicância* (e não "men-din-cân-cia").

HORA EXTRA

Pronúncia: /êx-tra/, e não "éx-tra".

Situação: *O empregado deverá ganhar duas horas extras.*

Comentário: o adjetivo *extra* deriva de *extraordinário*, mantendo a pronúncia com o timbre /ê/, fechado. Logo, não se deve falar "éxtra", sob pena de macular o timbre da vogal tônica em apreço.

Não é inoportuno dizer que a concordância nominal se faz de acordo com o nome a que se refere o vocábulo *extra*. Exemplos: *uma hora extra; duas horas extras.*

SEJA E ESTEJA

Pronúncia: /seja/ ou /esteja/, e não "seje" ou "esteje".

Situação: *Seja obediente! Não me faça perder a paciência!*

Comentário: as formas verbais *seja* e *esteja* fazem parte do tempo *presente do modo subjuntivo* dos verbos *ser* e *estar*. Deve-se ter cuidado para não cometer um erro de ortoépia ao pronunciar "esteje", em vez de *esteja*. Muito menos a forma sincopada "seje" (ou "teje") . Não se podem tolerar os tais "esteje", "seje" ou "teje" – "pragas" que se espalham sem controle. Não se deixe contaminar, pois pode pagar alto preço pelo "tropeço". Não é difícil enfrentar a conjugação do verbo *ser*, nesse tempo. Vejamos: *que eu seja, que tu sejas, ele seja, nós sejamos, vós sejais, eles sejam*. O mesmo para o verbo *estar*, como se nota: *que eu esteja, que tu estejas, ele esteja, nós estejamos, vós estejais, eles estejam.*

É oportuno mencionar que o advérbio *talvez*, quando vem antes do verbo, exige o *modo subjuntivo*. Exemplos: *Talvez seja oportuno frisar...; Talvez nasça parecido com o pai; Talvez esteja em casa...*

Não consigo esquecer uma história real, que me contaram, acerca de uma criança que, ao ser repreendida pela mãe, com um sonoro "*Seja obediente! Não me faça perder a paciência!*", respondeu, cabisbaixa: "*Sejo!*"[3]. Conta-se que a mãe ficou histérica, em face da duplicidade de problemas: o que lhe estava por causar a perda da paciência e, agora, o "erro" da criança, a ser enfrentado.

Entretanto, sempre é bom lembrar que a criança segue uma "lógica" diferente, raciocinando por associações; assim, na verdade, ela está sendo inteligente, na medida em que a resposta ao verbo "veja" é "vejo", o que a leva a crer que "sejo" é forma correta. Essa é a razão pela qual os especialistas afirmam que, do ponto de vista linguístico, a criança "pensa diferente", não cometendo "erros condenáveis", já que suas analogias – pertinentes, de certa forma – fazem parte do processo de aprendizagem. Mas como não somos crianças...

SUBTERFÚGIO

Pronúncia: /sub-ter-fú-gio/, e não "sub-ter-fúl-gio".

Situação: *O deputado, quando se via em situação complicada, armava-se de vários subterfúgios para escapar às indagações.*

---

3   **Corrigindo:** "sejo" não existe. Diante da ordem "Seja obediente!", deve o destinatário da mensagem concordar com um "sim", discordar com um "não", ou se valer de outra resposta que lhe aprouver.

Comentário: *subterfúgio* tem a acepção de "evasiva ou pretexto para escapar de uma dada situação difícil". Para memorizar a grafia do vocábulo, pense em *refúgio*. Curiosamente, no campo da pronunciação, e até mesmo da escrita, é comum a equivocada inserção de -l ("subterfúl-gio"). Tal forma não existe, assim como não existe "re-fúl--gio". Atente-se para a sua regra de acentuação: paroxítona terminada em ditongo, à semelhança de *pedágio, tênue, cárie, superfície,* entre outros.

ADVOGADO

Pronúncia: /ad-vo-/, e não "adevo-".

Situação: *O domínio da Língua Portuguesa, quer seja falada quer seja escrita, é vital para o sucesso do advogado em nosso país.*

Comentário: a palavra *advogado*, formada por quatro sílabas (ad-vo-ga-do) deve ser pronunciada com o "d" mudo, não se emitindo um insonoro "adevo-" (ou "adivo-"), em vez de um correto /ad-vo-/. Aliás, é comum tal deslize fonético em outras palavras, como /ab-so-lu-to/ (e não "abissoluto"). Vamos aprofundar a matéria:

PRONÚNCIA CORRETA		PRONÚNCIA INCORRETA
Ad-vo-ga-do	e não ... →	→ "AdEvogado"
Ab-so-lu-to	e não... →	→ "AbIssoluto"
Psi-co-lo-gi-a	e não ... →	→ "PIsicologia"
Eu op-to	e não ... →	→ "Eu opIto"
Eu im-pug-no	e não ... →	→ "Eu impuGUIno"
Eu re-pug-no	e não ... →	→ "Eu repuGUIno"
Eu de-sig-no	e não ... →	→ "Eu desiGUIno"
Eu rap-to	e não ... →	→ "Eu rapIto"
Eu pug-no	e não ... →	→ "Eu puGUIno"
Eu obs-to	e não ... →	→ "Eu obIsto"
Ele im-preg-na	e não ... →	→ "Ele impreGUIna"
Eu con-sig-no	e não ... →	→ "Eu consiGUIno"
Ele se in-dig-na	e não ... →	→ "Ele se indiGUIna"
Ele se per-sig-na	e não ... →	→ "Ele se persiGUIna"
Ele se re-sig-na	e não ... →	→ "Ele se resiGUIna"
Es-tag-nar	e não ... →	→ "EstaGUInar"

FECHE A PORTA

Pronúncia: /fê-/, e não "fé-".

Situação: *Feche a porta, sem pisar a poça d'água.*

Comentário: a ortoépia (ou ortoepia, para o VOLP) ocupa-se da boa pronunciação dos vocábulos no ato da fala. Representa a fonética do dia a dia, aquela de cunho prático e dinâmico. Dedica-se a nortear a perfeita emissão das vogais e consoantes[4], além de tornar clara a pronúncia de algumas palavras, cujo timbre das vogais tônicas apresenta-se oscilante.

A propósito, vale a pena relembrar o "e" tônico, de pronúncia fechada /ê/, dos verbos *despejar* e *espelhar*:

Despejar: Eu despejo/pê/ – Ele despeja/pê/ – Que eu despeje/pê/ – Que eles despejem/pê/

Espelhar: Eu espelho/pê/ – Ele espelha/pê/ – Que eu espelhe/pê/ – Que eles espelhem/pê/

É importante frisar que a cacoépia (ou cacoepia, para o VOLP) se ocupa da pronúncia equivocada. Não se pode menosprezar que no Brasil, um país de latas extensões, existem regionalismos ortoépicos, que não são considerados cacoepias (Exemplo: "còração", "fèlicidádi", entre outras).

ELE ROUBA – ELE SAÚDA

Pronúncia: /rou-ba/, e não "ró-ba"; /sa-ú-da/, e não "sau-da".

Situação: *"O político desonesto 'rouba' o povo a quem saúda, com alegria, na festa" – dizia o leitor.*

Comentário: existem alguns verbos que apresentam pronúncia delicada, merecendo destaque em nosso estudo. Ou se desprezam, na fala, os ditongos (sai o correto /rou-ba/, entra o insonoro "róba"); ou se desconhecem os hiatos (aparece um "sau-da", no lugar adequado de /sa-ú-da/). Assim, vamos conhecer alguns casos importantes, relacionados aos verbos *aleijar, inteirar, roubar, estourar, cavoucar e saudar*:

1. **Aleijar, inteirar** (verbos cujo radical termina em *-ei*): pronuncie "ei", como em /rei/, proferindo-o fechado. Portanto:

    Aleijar: *Eu aleijo/êi/ – Ele aleija/êi/ – Que eu aleije/êi/ – Que eles aleijem/êi/*

    Inteirar: *Eu inteiro/êi/ – Ele inteira/êi/ – Que eu inteire/êi/ – Que eles inteirem/êi/*

---

4 Segundo Nicola e Terra (2000: 72), "a palavra 'consoante' significa, literalmente, 'que soa juntamente', ou seja, na Língua Portuguesa, a consoante só se realiza sonoramente quando apoiada numa vogal (a vogal é a base da sílaba). Na Língua Portuguesa, temos dezenove sons consonantais, representados nos exemplos seguintes: pomba, bomba, tomada, domada, cato, gato, faca, vaca, selo, zelo, já, chá, não, mamão, vinho, mala, malha, arara, amarra".

Observação: o verbo *cear* – e não "ceiar"– tem a sílaba "ce-" modificada para "cei-", quando se torna tônica. Exemplo:

Cear: *Eu ceio/êi/ – Ele ceia/êi/ – Que eu ceie/êi/ – Que eles ceiem/êi/*

Entretanto, note: *ceemos/êe/, ceamos/êa/, ceávamos/êa/.*

2. **Roubar, estourar, cavoucar, afrouxar** (verbos cujo radical termina em *-ou*): pronuncie "ou", como em "ouro", proferindo-o fechado. Portanto:

Roubar: *Eu roubo/ôu/ – Ele rouba/ôu/ – Que eu roube/ôu/ – Que eles roubem/ôu/*

Estourar: *Eu estouro/ôu/ – Ele estoura/ôu/ – Que eu estoure/ôu/ – Que eles estourem/ôu/*

Cavoucar: *Eu cavouco/ôu/ – Ele cavouca/ôu/ – Que eu cavouque/ôu/ – Que eles cavouquem/ôu/*

Afrouxar: *Eu afrouxo/ôu/ – Ele afrouxa/ôu/ – Que eu afrouxe/ôu/ – Que eles afrouxem/ôu/*

3. **Saudar** – observe que há formação de hiatos em algumas pessoas (eu, tu, ele e eles), e ditongos em outras (nós e vós):

Hiatos: *Eu saúdo (sa-ú-do); Tu saúdas (sa-ú-das); Ele saúda (sa-ú-da).*

Ditongos: *Nós saudamos (sau-da-mos); Vós saudais (sau-dais); Eles saúdam (sa-ú-dam).*

A SOBRANCELHA – A LAGARTIXA

Pronúncia: /so-bran-/, e não "som-bran-"; /la-gar/, e não "lar-ga".

Situação: *Ele fez um corte na altura da sobrancelha.*

Comentário: é comum a inserção de letras ou sílabas em palavras, veiculando-se equívocos palmares. Como se sabe, as sobrancelhas são pelos (sem acento diferencial, pelo Acordo) dispostos na parte superior aos cílios. São também conhecidas como *supercílios* ou *sobrolhos*. O termo não apresenta correlação etimológica com *sombra*, não se devendo falar "sombrancelha". Deriva, sim, do latim *supercilium*, com este, sim, mantendo relação. Aliás, à semelhança deste "-m" que aparece na má pronunciação do termo *sobrancelha*, cite-se o caso do vocábulo *lagartixa* (pronúncia: /la-gar-/, e não "lar-ga-") – pequeno insetívoro que causa problemas para ser escrito... e para ser pego.

ATERRISSAGEM

Pronúncia: /aterrissagem/

Situação: *Os helicópteros aterrissaram às 14h30min.*

Comentário: o verbo *aterrissar* (ou *aterrar*) significa descer à terra. A questão é confrontá-lo com a forma *aterrizar* (com -z) e decidir: qual forma é correta. Com efeito, para o VOLP e o Houaiss, as duas formas (*aterrissar* e *aterrizar*) são possíveis. O Dicionário Aurélio, por outro lado, admite tão somente *aterrissar*. Portanto, podemos utilizar ambas as formas, mas preferimos *aterrissar* à forma *aterrizar*. Fique à vontade e opte, como quiser.

FRUSTRAR – PROCRASTINAR

Pronúncia: /frus-trar/, e não "fustrar" ou "frustar"; /pro-cras-/, e não "pro-cas-".

Situação: *Você não deve se frustrar com pequenos insucessos no dia a dia. Afinal, "a vida é combate, que os fracos abate; que os fortes, os bravos, só pode exaltar"* (Gonçalves Dias, na poesia *Canção do Tamoio – Natalícia*).

Comentário: os vocábulos *frustrar*, *frustrado* e *frustração* devem ser pronunciados com clareza. As sílabas /frus-/ e /tra-/ devem ser nitidamente articuladas, a fim de que não se emitam sons contrários às regras da ortoépia.

O mesmo fato ocorre com o verbo *procrastinar*. Sua pronúncia é delicada, uma vez que deve o emissor pronunciar /pro-cras/, e não "pro-cas", sem o -r. O verbo significa "adiar, diferir; ou o retardamento ou protelação injustificável em praticar um ato". Do verbo podem derivar vocábulos, como *procrastinador*, *procrastinante* e *procrastinatório*. Exemplo: *O advogado procedia à realização de atos processuais, com o fito de procrastinar o andamento processual.*

INIMIGO FIGADAL

Pronúncia: /fi-ga-/, e não "fi-da-".

Situação: *Os povos vencidos nutriam um ódio figadal pelo inimigo.*

Comentário: o vocábulo *figadal* significa "íntimo, profundo, intenso". Deriva de "fígado", órgão que os antigos consideravam a "residência" do ódio. Dessa forma, pode-se falar em "inimigo figadal", "oponente figadal", "aversão figadal". É errônia grosseira trocar a forma em comento por "fidagal", com a sílaba -da, uma vez que tal forma é inexistente em nosso léxico.

A propósito, um termo de grafia próxima é *fidalgal*, relativo a *fidalgo*, ou seja, aquele que tem privilégio de nobreza. Pode-se falar em *atitude fidalgal*, referindo-se à maneira nobre como se agiu.

DISENTERIA

Pronúncia: /di-sen-/, e não "de-sin-".

Situação: *O neném tem disenteria há dez dias.*

Comentário: a palavra é formada pela soma de [*dis* + *énteron* + *ia*], sabendo-se que *énteron* significa intestino. O problema está menos no desarranjo intestinal em si, e mais no fato de que desde criança ouvimos falar outro nome, ou seja, a tal "de-sin-te-ri-a". E aí está o desafio a todos nós: convencer-nos de que o improvável é o correto e de que o equivocado termo que se cristalizou faz parte da invencionice humana... e de um verdadeiro *desarranjo vocabular*.

BENEFICENTE

Pronúncia: /be-ne-fi-<u>cen</u>-te/, e não "be-ne-fi-<u>ci-en</u>-te".

Situação: *A entidade filantrópica XYZ se dedica à beneficência, e suas festas beneficentes são muito animadas.*

Comentário: não confunda: a pronúncia correta das expressões é /benefi<u>cên</u>cia/ ou /benefi<u>cen</u>te/, e não "benefiCIência" ou "benefiCIente". Tais cacoepias são verdadeiros barbarismos, que põem em xeque até mesmo o louvável trabalho de filantropia a ser realizado. Como se quer ajudar outrem em uma festa "beneficiente"? Assim não se ajuda tanto... Ajudar-se-á, todavia, em festa "beneficente", por meio da qual se realizará a atividade de benemerência.

ASTERISCO

Pronúncia: /-<u>ris</u>-co/, e não "-<u>rís-ti</u>-co".

Situação: *Não se esqueça de observar os asteriscos no texto, que o remeterão a notas de rodapé bastante importantes.*

Comentário: o vocábulo *asterisco* deriva do grego *asterískos*, significando "estrelinha". É sinal gráfico em forma de uma pequena estrela (*), usado para remissões. Não existe a forma "asterístico" – produto da mirabolante imaginação humana.

MENOS – SOMENOS

Pronúncia: /me-<u>nos</u>/, e não "me-<u>nas</u>".

Situação: *Na solenidade, havia menos pessoas do que eu imaginava.*

Comentário: a palavra *menos* é invariável, exigindo muita atenção daquele que a utiliza, a fim de evitar a constrangedora pronúncia "menas". Todo cuidado é pouco, pois toda palavra, como se sabe, é "um pássaro que foge da gaiola, não retornando jamais". Logo, é necessário cautela. Portanto, deve prevalecer a invariabilidade. Exemplos:

- *Ele prestou o concurso menos vezes do que você* (e não: "...menas vezes...").
- *A árvore deu menos frutas do que o ano passado* (e não: "...menas frutas...").

- *Estas moças são menos delicadas do que aquelas que me apresentou* (e não: "...menas delicadas...").

- *Tinha mais bondade e menos vaidade* (e não: "...menas vaidade...").

- *Quanto menos pessoas houver, melhor será* (e não: "...menas pessoas...").

No plano da concordância, o verbo que antecede a expressão "menos de" deverá concordar com o substantivo a que se refere a própria expressão. Exemplos:

- *Utilizou-se menos de um saco de cal* (utilizou concordou com um saco).

- *Utilizaram-se menos de quatro sacos de cal* (utilizaram concordou com quatro sacos).

Por fim, derivando-se de *menos*, desponta o adjetivo invariável em gênero e número *somenos*, na acepção de "inferior, de pouca importância". Exemplos: *comentário de somenos importância; nota de somenos relevância*.

EXSURGIR

Pronúncia: /e<u>ss</u>urgir/, e não "e<u>ks</u>-surgir".

Situação: *Exsurgem evidências cristalinas do crime.*

Comentário: o verbo *exsurgir* significa "despontar, evidenciar, erguer-se". A pronúncia deve ser como em "osso", evitando-se o antissonoro "eks".

A MEU VER – A PONTO DE

Pronúncia: /a meu ver/, e não "ao meu ver"; /a ponto de/, e não "ao ponto de".

Situação: *A nosso ver, a situação está claudicando, a ponto de ser necessária a tomada urgente de providências.*

Comentário: As locuções devem ser usadas como se expôs: <u>a</u> *meu ver* e <u>a</u> *ponto de*, e não "ao meu ver" ou "ao ponto de". O Aurélio é claro: a expressão que deve ser usada é "a meu ver". Na mesma esteira, devem seguir: *a meu pensar, a meu sentir, a meu modo de ver, a meu bel-prazer, a seu modo*. Observe alguns exemplos:

- *A meu ver, estamos na iminência de um conflito.*

- *Ele ficou tão irritado, a ponto de agredir o adversário.*

- *A nosso sentir, sua opinião está despida de sustentabilidade.*

- *Ele agiu, a seu modo, com arbítrio.*

- *O barraco estava a ponto de desabar.*

- *Ela está a ponto de pedir para mudar de setor.*

Observação: Poder-se-ia empregar a expressão *ao ponto de* em situação específica, como:

- *Eles voltaram ao ponto de partida.*
- *A bisteca não está ao ponto de ser servida a todos.*

DESCARGO DE CONSCIÊNCIA

Pronúncia: /des-car-go/, e não "de-sen-car-go".

Situação: *Ele conferiu a mercadoria, apenas para descargo de consciência.*

Consideração: a expressão *descargo de consciência* pode soar mal a nossos ouvidos, mas não menos do que a pouco recomendável "desencargo de consciência". A questão é saber, independentemente de soar bem ou mal, qual delas deve prevalecer, em face do significado dos termos *descargo* e *desencargo*. O primeiro quer dizer "alívio"; o segundo, por outro lado, significa "retirar o encargo, o peso, a responsabilidade". Logo, quando se quer aliviar a consciência, prefira *descargo de consciência*, deixando aqueloutra expressão para situações como: *O pai, a partir de agora, tem o desencargo de cuidar da filha porque ela se casou.*

Vale ressaltar que os dicionários Aurélio e Houaiss registram *descargo* e *desencargo* como sinônimos. Logo, à luz dos dicionários, há plena liberdade na utilização de *descargo* ou *desencargo* de consciência.

Caso pretenda inovar, seguindo os passos de Machado de Assis, utilize *ventilar a consciência*. Aproveite... nosso léxico é generoso e pródigo.

AUTÓPSIA E AUTOPSIA – NECRÓPSIA E NECROPSIA

Pronúncia: /au-tóp-sia/ ou /au-top-si-a/; /ne-cróp-sia/ ou /ne-crop-si-a/ (VOLP 2021)

Situação: *O médico procedeu à necropsia do cadáver.*

Comentário: segundo a medicina legal, a *autópsia* é o termo designativo do exame médico-legal do cadáver, a fim de que se descubra a causa da morte. O exame anatômico é mencionado no art. 162, *caput*, do CPP. A acentuação da palavra se dá em razão de ser ela uma paroxítona terminada em ditongo, à semelhança de *óbvio, tênue, cárie*. Dela derivam o verbo *autopsiar* e o adjetivo *autópsico* ou *autopsiado*.

Todavia, quer se utilize *autópsia* (com acento gráfico), quer se utilize autopsia (sem acento gráfico), não chegaremos à melhor configuração conceitual do exame cadavérico, se partirmos da estrutura etimológica do radical dos vocábulos: *óps* (radical grego que designa "vista"; *autos* (radical grego que designa "próprio, mesmo"). Esta é a razão pela qual somos da opinião que a expressão mais fidedigna ao exame anatômico é *necropsia*. A *necropsia* (ne-crop-si-a), sem acento, formada por *óps* (radical grego que designa "vista") e por *necrós* (radical grego que designa "cadáver"), seria mais bem apropriada ao caso. Dela derivam o verbo *necropsiar* e o adjetivo *necrópsico*.

Por fim, o Vocabulário Ortográfico da Língua Portuguesa (VOLP) – veículo oficial da Academia Brasileira de Letras, responsável pela enumeração, grafia e pronúncia das palavras existentes em nosso léxico –, em sua edição de 2021, registra as formas "autópsia", "autopsia", "necrópsia" e "necropsia". Portanto, atualmente todas as quatro formas são admitidas.

A PERDA – A PERCA

Pronúncia: /a per-<u>da</u>/, e não "a per-<u>ca</u>".

Situação: *Espero que você não perca o prazo, senão vai haver a perda de minha paciência.*

Comentário: é comum entre os usuários da Língua Portuguesa a troca entre os termos "perda" e "perca". Fala-se, equivocadamente, "perca do prazo", "percas e danos", entre outras expressões bastante comprometedoras, no entanto é fácil notar que uma delas representa verbo, enquanto a outra refere-se a substantivo. O nome *perda* é o substantivo, enquanto *perca* equivale à forma verbal. Passemos a detalhar:

O verbo *perder*, quando conjugado no tempo presente do modo subjuntivo, provoca o surgimento da forma *perca (eu)*, na primeira e terceira pessoas do singular – eu e ele –, como se pode notar na conjugação a seguir*: (que) eu perca, (que) tu percas, (que) ele perca, (que) nós percamos, (que) vós percais, (que) eles percam. Portanto, perca é verbo, não podendo estar acompanhado de artigo, como se notou nos equívocos supramencionados:* "a perca do prazo" ou "as percas e danos".

A expressão *perda*, por outro lado, representa o substantivo com sentido de "falta, ausência, omissão". Se fulano perdeu algo, houve a *perda* de algo; se beltrano perdeu um episódio da novela, houve a *perda* do referido programa; se, por fim, sicrano perdeu o prazo, houve a *perda* do prazo. Assim, deve o atento falante perceber que, "se houver a 'perda' do compromisso, talvez 'perca' ele as novidades anunciadas"; ou que, "caso o funcionário 'perca' o prazo, pode haver a 'perda' da paciência do chefe".

SUBSÍDIO

Pronúncia: /sub-<u>ssí</u>-dio/, e não "sub-<u>zí</u>-dio".

Situação: *A argumentação expendida servirá como subsídio para o convencimento do cliente.*

Comentário: urge prestar demasiada atenção à pronúncia do vocábulo ora analisado. Entendemos que tal palavra é responsável pela principal equivocidade de pronúncia em nosso vernáculo, uma vez que se ouve, em programas de tevê, de rádio, em salas de aula ou em palestras, a forma *subsídio*, com o -s na forma prosódica de -z, como em "casa", "Isabel", "mesa", "isonomia" etc. Não devemos falar /sub-Zí-dio/, pela mesma razão de não podermos pronunciar /sub-zó-lo/ (*subsolo*).

Note que a formação do fonema /z/ ocorreria se tal consoante se encontrasse entre vogais (Exemplos: *casa/z/, vaso/z/, Pasárgada/z/*), o que não se dá com o vocábulo. Na verdade, o fonema consentâneo com a norma culta é /ss/, como em *subsolo, subserviente, subserviência, ansiar, ansioso, ansiedade, subsistir* (/ssi/ ou /zi/; VOLP), *subsistência* (/ssi/ ou /zi/; VOLP), *subsistente* (/ssi/ ou /zi/; VOLP) e *subsumir*.

Registre-se que a separação silábica do vocábulo em epígrafe deve ser: sub-sí-dio.

Portanto, sejamos coerentes com a prosódia de rigor, abonando-a. Pronunciemos /sub--SSí-dio/, sem medo de errar, mesmo que se enuncie a forma condenável à nossa volta, aos quatro ventos, a todo tempo... Haja ouvidos!

RORAIMA

Pronúncia: /Ro-rãi-ma/ ou /Ro-rái-ma/.

Situação: *Há uma estrada importante que liga Manaus a Boa Vista, em Roraima.*

Comentário: o som da formação do ditongo -ai, quando seguido de -m ou -n, deve ser nasalado. É peculiar do português do Brasil que se nasalize tal ditongo. Portanto, podemos pronunciar a palavra *Roraima* com o ditongo nasalado /ãi/, em vez de pronunciá-la, oralmente, como em *gaita* /ái/. No mesmo diapasão, podemos falar: *andaime(/ãi/), aplainar(/ãi/), paina(/ãi/), bocaina(/ãi/), polaina(/ãi/), sotaina(/ãi/), faina(/ãi/), Rifaina(/ãi/), taino(/ãi/), comezaina(/ãi/)* etc.

Todavia, entendemos que não é pronúncia incorreta proferir *Roraima(ái), Jaime(ái), andaime(ái)*, sem nasalar o ditongo. Portanto, opte como quiser, sabendo que se trata de questão de preferência.

SUBIDA HONRA

Pronúncia: /su-bi-da/, e não "sú-bi-da".

Situação: *Tive a subida honra de apresentar o Presidente.*

Comentário: o adjetivo *subido*, na forma paroxítona, com sílaba tônica em -bi, quer dizer "elevado, alto, excelente", sendo vocábulo que transita em abundância nos escritos clássicos. Há quem considere seu uso inadequado, mostrando-se como um chavão de mau gosto. De nossa parte, entendemos que a visão crítica é um tanto extremada, nada impedindo que se utilize a forma indicada.

Enfatize-se que não podemos confundir o adjetivo em análise com outro, de som diverso – *súbito* –, palavra proparoxítona que significa "inesperado, inopinado, repentino, de supetão". Podemos visualizar o confronto dos adjetivos analisados na frase abaixo transcrita: *O súbito encontro ocorreu quando conversava com tão subida autoridade.*

COMPANHIA

Pronúncia: /com-pa-nhi-a/, e não "com-pa-ni-a".

Situação: *Estávamos em companhia das melhores pessoas do grupo.*

Comentário: a pronúncia deve ser /compāNHia/, e não como se fala com certa frequência – "compania". Afinal, não há "companeiros", mas *compaNHeiros*. Portanto, devemos pronunciar o som de -nh, em todas as hipóteses: *companhia aérea, companhia limitada, companhia boa, andar em más companhias.*

IRASCÍVEL

Pronúncia: /i-ras-cí-vel/, e não "irra-".

Situação: *O jogador de futebol tinha um comportamento irascível.*

Comentário: o adjetivo *irascível*, na forma paroxítona, com sílaba tônica em -cí, quer dizer "irritadiço, irritável". O importante é ressaltar que não existe em nosso léxico a forma "iRRascível", com dois "rr". É produto da invencionice humana.

TIMBREMACETES

Palavra	Timbre aberto	Timbre fechado
Acerbo	Acerbo (/é/)	
Acervo	Acervo (/é/) (VOLP)	Acervo (/ê/) (VOLP)
Alcova		Alcova (/ô/)
Alforje		Alforje (/ô/)
Alentejo	Alentejo (/é/)	
Ambidestro	Ambidestro (/é/) (VOLP)	Ambidestro (/ê/) (VOLP)
Apodo		Apodo (/ô/)
Aresto	Aresto (/é/)	
Às avessas		Às avessas (/ê/) (VOLP)
Avesso		Avesso (/ê/)
Blefe	Blefe (/é/) (VOLP)	Blefe (/ê/) (VOLP)

PRONUNMACETES E TIMBREMACETES • capítulo 9

Palavra	Timbre aberto	Timbre fechado
Caolho		Caolho (/ô/)
Cateto		Cateto (/ê/)[5]
Cervo	Cervo (/é/) (VOLP)	Cervo (/ê/) (VOLP)
Consuetudinário	Consuetudinário[6]	
Desporto		Desporto (/ô/)
Desportos	Desportos (/ó/)	
Destro	Destro (/é/) (VOLP)	Destro (ê) (VOLP)
Embandeirar		Eu embandeiro (/ê/)
Empoeirar		Eu empoeiro (/ê/)
Endoidar		Eu endoido (/ô/)
Ensebar		Eu ensebo (/ê/)
Entesourar		Eu entesouro (/ô/)
Equevo	Equevo /é/	
Esbravejar		Eu esbravejo (/ê/)
Esfíncter	Esfíncter[7] (paroxítona – VOLP)	
Esfincter	Esfincter (oxítona)	
Esmero		Esmero (/ê/)
Espelhar		Eu espelho (/ê/)
Esquartejar		Eu esquartejo (/ê/)
Eu abiscoito (abiscoitar)		Eu abiscoito (/ô/)
Eu abrasileiro (abrasileirar)		Eu abrasileiro (/ê/)
Eu acoimo (acoimar)		Eu acoimo (/ô/)
Eu açoito (açoitar)		Eu açoito (/ô/)
Eu adejo (adejar)		Eu adejo (/ê/)
Eu afrouxo (afrouxar)		Eu afrouxo (/ô/)
Eu aleijo		Eu aleijo (/ê/)
Eu almejo		Eu almejo (/ê/)

---

5 Conforme se depreende do Houaiss, o termo matemático tem timbre aberto em Portugal, mas, no Brasil, deve ser pronunciado com o "e" fechado. Na edição do VOLP 1999, havia o registro de duas possibilidades: cateto (/ê/) e cáteto (forma com acento, vernácula, porém pouco usual). Hoje, com a edição do VOLP 2021, somente se admite cateto /ê/ (timbre fechado).

6 Pronuncie /consuétudinário/, com "-e" levemente aberto.

7 Pronuncie /esfíncter/, paroxítona, com "-e" levemente aberto.

Palavra	Timbre aberto	Timbre fechado
Eu alvejo		Eu alvejo (/ê/)
Eu amancebo (amancebar)		Eu amancebo (/ê/)
Eu amoito (amoitar)		Eu amoito (/ô/)
Eu apedrejo		Eu apedrejo (/ê/)
Eu arejo		Eu arejo (/ê/)
Eu bafejo (bafejar)		Eu bafejo (/ê/)
Eu bandeiro (bandeirar)		Eu bandeiro (/ê/)
Eu bochecho (bochechar)		Eu bochecho (/ê/)
Eu branquejo		Eu branquejo (/ê/)
Eu cacarejo		Eu cacarejo (/ê/)
Eu calejo		Eu calejo (/ê/)
Eu ceifo		Eu ceifo (/ê/)
Eu chamejo		Eu chamejo (/ê/)
Eu cortejo		Eu cortejo (/ê/)
Eu cotejo		Eu cotejo (/ê/)
Eu dardejo (dardejar)		Eu dardejo (/ê/)
Eu encabeço	Eu encabeço (/é/)	
Eu me esmero	Eu me esmero (/é/)	
Exegeta	Exegeta (/é/)	
Farejar		Eu farejo (/ê/)
Fechar		Eu fecho (/ê/)
Festejar		Eu festejo (/ê/)
Flamejar		Eu flamejo (/ê/)
Flechar	Eu flecho (/é/)	
Flerte		Flerte (/ê/)
Forcejar		Eu forcejo (/ê/)
Fraquejar		Eu fraquejo (/ê/)
Gaguejar		Eu gaguejo (/ê/)
Gargarejar		Eu gargarejo (/ê/)
Ginete		Ginete (/ê/)
Gotejar		Eu gotejo (/ê/)
Hetero-		Hetero- (/ê/)
Heterossexual		Heterossexual (/ê/)
Hissope	Hissope (/ó/)	
Incesto	Incesto (/é/)	
Inteirar		Eu inteiro (/ê/)
Joanete		Joanete (/ê/)

Palavra	Timbre aberto	Timbre fechado
Lacrimejar		Eu lacrimejo (/ê/)
Latejar		Ele lateja (/ê/)
Mechar	Eu mecho (/é/)	
Mexer		Eu mexo (/ê/)
Motejar		Eu motejo (/ê/)
Nucleico	Nucleico (/é/)	
Odre		Odre (/ô/)
Ocre	Ocre (/ó/)	
O requebro		O requebro (/ê/)
Ornejar		Eu ornejo (/ê/)
Paredro	Paredro (/é/)	
Pelejar		Eu pelejo (/ê/)
Peloponeso	Peloponeso (/é/)	
Peneirar		Eu peneiro (/ê/)
Pestanejar		Eu pestanejo (/ê/)
Piloro	Piloro (/ó/)	
Porejar		Ele poreja (/ê/)
Praguejar		Eu praguejo (/ê/)
Preconceito	Preconceito	
Pretejar		Eu pretejo (/ê/)
Probo	Probo (/ó/)	
Proteico	Proteico (/é/)	
Rastejar		Eu rastejo (/ê/)
Refrega	Refrega (/é/)	
Relampejar		Ele relampeja (/ê/)
Requebrar	Ele requebra (/é/)	
Reses (*plural de rês*)		Reses (/ê/)
Reveses (*plural de revés*)	Reveses (/é/)	
Rio Tejo	Rio Tejo (/é/)	
Sacolejar		Eu sacolejo (/ê/)
Socorro		Socorro (/ô/)

Palavra	Timbre aberto	Timbre fechado
Socorros	Socorros (/ó/)	
Solfejar		Eu solfejo (/ê/)
Terço (oração)		Terço (/ê/)
Terso (= puro)	Terso (/é/) (*linguagem tersa*)	
Topete	Topete (/é/) (*verbo topetar*)	
Topete (substantivo)	Topete (/é/) (VOLP)	Topete (/ê/) (VOLP)
Traquejar		Eu traquejo (/ê/)
Trovejar		Eu trovejo (/ê/)
Velejar		Eu velejo (/ê/)

Algumas explicações necessárias:

PALAVRA	TIMBRE ABERTO	TIMBRE FECHADO
Abeto		*Abeto (/ê/)*

Trata-se de substantivo masculino (*o abeto*), com o timbre fechado /ê/, que representa a designação comum às árvores do gênero "Abies" (Cegalla, 1999: 9).

Adrede		*Adrede (/ê/)*

É locução adverbial de raro uso, significando "de propósito, acintosamente". Veja o exemplo extraído da literatura nacional:

- "Os coronéis eram os mandões. Acoitavam homicidas e os defendiam nos júris, sob o simulacro de conselhos de sentença adrede preparados"[8].

Ressalte-se que não existe a forma "adredemente"... produto da invencionice humana.

Vale a pena observar a pontual observação de Cegalla (1999: 13), ao se referir à palavra em comento, quando assevera que "as poucas vezes que a ouvimos foi com a vogal tônica aberta (adrede), contrariamente ao que ensinam os dicionários, que lhe registram a pronúncia 'adrêde'".

Besta	*Besta (/é/)*	*Besta (/ê/)*

Segundo o eminente gramático Domingos Paschoal Cegalla, a pronúncia será aberta, como em /festa/, caso se trate de "arma, armamento". Exemplo: *A besta(/é/) era preferível ao mosquetão.*

Caso haja referência ao "animal de carga", a vogal será fechada, como em /cesta/. Exemplo:

A besta(/ê/) bebeu água à vontade.

Essa é uma variação que deve ser seguida, conforme entendimento da ABL (no VOLP): o timbre fechado para o animal; o timbre aberto para o armamento.

---

8 C. Povina Cavalcanti, *Vida e obra de Jorge de Lima*, p. 15, *apud* Cegalla, 1999, p. 13.

PALAVRA	TIMBRE ABERTO	TIMBRE FECHADO
Controle		*Controle* (/ô/)

A pronúncia cotidiana é /controle/, com a vogal fechada /ô/. No entanto, há gramáticos de prol que, em abono da coerência eufônica, preconizam o timbre aberto da vogal. Comparam o vocábulo com palavras como *gole*, *prole* e *fole*, que têm o timbre aberto. No entanto, *permissa venia*, não recomendamos o "ousado" som prosódico, uma vez sedimentada a pronúncia com o timbre fechado, exceto no caso de forma verbal (*que ele controle* (/ó/) – 3ª pessoa do presente do subjuntivo).

Dolo	*Dolo* (/ó/)	

O substantivo *dolo*, derivado do grego *dólos* e do latim *dolus*, significa a "má-fé, a astúcia, o ardil". Pronuncia-se com o timbre aberto, como em /solo/, e não como em /bolo/. Essa palavra "passa a perna" em muitos operadores do Direito e em Presidentes – Fernando Henrique Cardoso foi um dos que levou "rasteira" da palavra ao pronunciá-la como "bolo". Antonio Carlos Magalhães, por outro lado, já se mostrou mais atento ao falar *dolo*, com /ó/ aberto, como "manda o figurino".

Molho de tomate / de chaves	*Molho de chaves* (/ó/)	*Molho de tomate* (/ô/)

Para os dicionários e estudiosos da prosódia, a pronúncia do vocábulo deve variar, conforme o significado do termo. Observe:

1. Na acepção de "feixe ou reunião de objetos", profere-se *molho* **(/ó/)**, com a vogal tônica aberta. Portanto: *molho de lenha*, **molho de chaves**, *molho de cenouras*, *molho de rabanetes*.

2. No sentido de "condimento, caldo culinário ou tempero", o timbre é fechado **(/ô/)**. Portanto, diga *molho* (/ô/), com a vogal tônica fechada. Assim: **molho de tomate**, *molhos finos*, *molhos picantes*.

Ressalte-se a ocorrência de uma interessante expressão idiomática: *aos molhos* (/ó/), com a vogal tônica aberta, no sentido de "em grande quantidade". Portanto: *O político distribuiu abraços e apertos de mão aos molhos*.

Diga-se que a edição do VOLP 1999 ratificava a pronúncia distinta acima ventilada, ao prever, taxativamente, o timbre fechado para o sentido de "caldo" e silenciar a respeito da pronúncia afeta ao sentido de "feixe". O VOLP 2021 manteve a regra. Portanto, entendemos que a distinção permaneceu, devendo ser seguida pelo estudioso.

Obsoleto	*Obsoleto* (/é/) (VOLP)	*Obsoleto* (/ê/) (VOLP)

O adjetivo em análise não contava com a pronúncia definida na edição do VOLP 1999. Apenas os dicionários sinalizavam-na, indicando a preferência pelo timbre fechado (/ê/), a par da pronúncia com o timbre aberto (/é/), típica de Portugal, e não usual no Brasil.

A novidade está no fato de que o VOLP 2021 consagrou a pronúncia como oscilante, isto é, passou a admitir os timbres aberto (/é/) e fechado (/ê/).

Ressalte-se, por fim, que o substantivo cognato derivado de *obsoleto* é *obsolescência* – fato ou estado do que se tornou obsoleto. Exemplo: *obsolescência da máquina*.

PALAVRA	TIMBRE ABERTO	TIMBRE FECHADO
Vitamina E	*Vitamina E (/é/)*	
A vogal **e**, em Vitamina E, deve ser pronunciada com o timbre aberto (/é/). Em português, não existe, para a referida vogal, a pronúncia com o timbre fechado. Portanto, pronuncie com o timbre aberto: *vitamina E, turma E, TRE, IBGE, TSE*. Claro está que tal pronúncia não abrange a conjunção **e** nas orações que dela precisam: *O homem e o cavalo são importantes no campo.*		

Lembrete: neste Capítulo, em prol da organização editorial, deixamos de registrar as dicas afetas aos CURIOSIMACETES e HORAS DO ESPANTO – AS PÉROLAS DO PORTUGUÊS. Entretanto, não se preocupe: elas voltam nos Capítulos seguintes!

10 ORTOGRAFIA

Após o recente Acordo Ortográfico, o alfabeto do português passou a ter **vinte e seis** letras:

> a, b, c, d, e, f, g, h, i, j, k, l, m, n, o, p, q, r, s, t, u, v, w, x, y, z.

Nome das letras: *á, bê, cê, dê, é, efe, gê, agá, i, jota, cá, ele, eme, ene, ó, pê, quê, erre, esse, tê, u, vê, dábliu (ou dabliú), xis, ípsilon (ou ipsilão), zê*.

Antes da vigência do Acordo Ortográfico, as letras **k**, **y** e **w** não faziam parte do alfabeto da Língua Portuguesa, somente aparecendo em casos especiais, como estrageirismos e abreviaturas. Todavia, com a implementação do Acordo, essas letras passam a fazer parte do nosso alfabeto de forma oficial.

10.1. A LETRA H

A letra **H** em início de palavra não tem valor fonético nem funciona como notação léxica, sendo tão somente uma letra decorativa. Parafraseando o dito popular, *"o 'h' é letra muda; não fala, mas ajuda"*. Entretanto, tal letra pode trazer problemas àqueles menos familiarizados com a norma etimológica e com a tradição escrita. Vamos memorizar algumas palavras escritas com a letra **h**:

Hábil (mas *inábil*, sem h)	Hemograma	Hialino
Haicai	Hemorroidas (ou *hemorroides*)	Hialurgia
Halo	Hendecassílabo	Hidatismo
Halterofilista	Heptacampeão	Hidrelétrica (ou *hidroelétrica*)
Haurir	Heptassílabo	Hidroavião
Hausto	Hera (planta)	Hidroterapia
Haver (mas *reaver*, sem -h)	Heracleo	Hidrovia
Hebdomadário	Herbívoro (mas *erva*, sem -h)	Hidroviário
Hélice (mas *turboélice*, sem -h)	Hérnia	Higidez
Heliogabálico	Hersílio	Hígido
Helminto	Hesíodo	Hilare (alegre)
Hemácia	Hesitar	Hilaridade (e não "hilariedade")
Hematoma	Hexacampeão	Hilário

Himeneu	Histeria	Hoplita
Hiperacidez	Histologista	Hulha
Hiper-rancoroso	Histrião	Humano (mas *desumano*, sem h)
Hipersensível	Hodômetro	Humificar
Hipocarpo	Holismo	Húmus
Hipoderme	Holofote	Huno (povo)
Hipopótamo	Homem (mas *lobisomem*, sem h)	Hurra
Hipotensão	Homilia /lí/	Hussardo
Hispidez	Homizio /zí/	Hussita

Observações:

a) Hiper-hidrose

O prefixo *hiper* (origem grega) só exige o hífen se a palavra posterior começar com **r** ou **h**.

Exemplos: *hiper-realista, hiper-reatividade, hiper-resposta, hiper-hidratação, hiper-humano, hiper-hedonismo.*

b) Bahia

O vocábulo *Bahia* escreve-se com o -h intermediário. Grafam-se, sem -h, os derivados *baiano, baianada, baianinha, baianismo* e *laranja da baía*. Além disso, escrevem-se sem a letra ora analisada o acidente geográfico "baía". A propósito, temos dois nomes próprios que podem ser aqui apresentados: *Baía de Guanabara* e *Baía de Todos os Santos*.

Diga-se que o **h** pode ser concebido como "medial", isto é, que não soa nem se escreve. Exemplos: *Alambra, desumano, enarmonia, exausto, filarmônico, inábil, inarmonia, inumano, lobisomem, niilismo, niilista, reabilitar, reaver, transumano (/zu/), turboélice.*

10.2. SIGNIFICAÇÃO DAS PALAVRAS

Quanto à significação das palavras, já se analisou nos capítulos precedentes a existência de vocábulos *sinônimos, antônimos, homônimos* e *parônimos*. À guisa de memorização, observe o quadro sinóptico abaixo:

CONCEITO	EXEMPLOS
Sinônimos	Antídoto e Contraveneno
	Retificar e Consertar
	Perigoso e Periclitante
Antônimos	Soberba e Humildade
	Patente e Latente
	Ativo e Inativo

CONCEITO	EXEMPLOS
Homônimos Perfeitos	*Cedo* (advérbio) e *Cedo* (verbo: eu cedo)
	Secretaria (substantivo) e *Secretaria* (verbo: ele secretaria)
Homônimos Homógrafos	*Colher* (substantivo) e *Colher* (verbo: eu irei colher)
	Jogo (substantivo) e *Jogo* (verbo: eu jogo)
Homônimos Homófonos	*Paço* (palácio) e *Passo* (verbo: eu passo)
	Conserto (reparo) e *Concerto* (sessão musical)
	Espectador (aquele que vê) e *Expectador* (aquele que tem expectativa)
	Esperto (arguto, sagaz) e *Experto* (perito, experimentado)
	Estático (imóvel) e *Extático* (em êxtase, absorto)
Parônimos	*Vultoso* (volumoso) e *Vultuoso* (rubor)
	Suar (transpirar) e *Soar* (tilintar)
	Conjuntura (situação) e *Conjetura* ou *Conjectura* (suposição)
	Espavorido (apavorado) e *Esbaforido* (ofegante)

Vamos revisar alguns *homônimos* interessantes:

1. **acender** – pôr fogo em
   ascender – elevar-se

2. **acento** – inflexão da voz
   assento – lugar para sentar-se
   (eu) assento – verbo *assentar* conjugado na primeira pessoa do singular do presente do indicativo

3. **acético** – referente ao ácido acético (vinagre)
   ascético – referente ao ascetismo, místico

4. **acerto** – ajuste
   (eu) acerto – verbo *acertar* conjugado na primeira pessoa do singular do presente do indicativo
   asserto – proposição afirmativa (assertiva)

5. **caçar** – perseguir
   cassar – anular

6. **censo** – recenseamento
   senso – juízo, raciocínio

7. **cessão** – ato de ceder
   sessão – tempo que dura uma reunião, apresentação
   seção (ou secção) – departamento, divisão

8. círio – grande vela de cera
   sírio – natural da Síria

9. (eu) cismo – verbo *cismar* conjugado na primeira pessoa do singular do presente do indicativo
   sismo – terremoto

10. concerto – harmonia, sessão musical
   conserto – reparo, conserto
   (eu) conserto – verbo *consertar* conjugado na primeira pessoa do singular do presente do indicativo

11. empoçar – formar poça [ô] ou [ó] (VOLP)
   empossar – dar posse a

12. insipiente – ignorante
   incipiente[1] – que está no início

13. incerto – duvidoso
   inserto – inserido

14. intercessão – ato de interceder
   interseção – ato de cortar

15. ruço – pardacento (adjetivo), nevoeiro espesso (substantivo), cheio de dificuldades (adjetivo)[2]
   russo – natural da Rússia

16. cartucho – estojo de carga de projétil
   cartuxo – frade da ordem religiosa de Cartuxa

10.3. O FONEMA /S/

É sabido que há várias palavras em nosso vernáculo com o fonema /s/. Há palavras grafadas com "ç" (*endereço*), com "ss" (*massa*), com "sc" (*descer*), com "sç" (*eu desço*), com "x" (*próximo*), com "xc" (*excelente*) e, finalmente, com o próprio "s" (*sapato, subsídio*).

---

1 Observe os exemplos ilustrativos:
  "*O aborto extingue a vida incipiente no seio materno*" (Cegalla).
  O adolescente percebeu o crescimento incipiente de pelos axilares.

2 Considere-se que "ruça", coloquialmente, refere-se à "dificuldade e estranheza", por isso "situação ruça". O mesmo fenômeno linguístico se dá com "isso é grego para mim".

Vamos relembrar:

Fonema /S/[3] Rol de palavras grafadas com:						
C	Ç	S	SS	SC	X	XC
Acervo	Almaço	Ansiar	Acesso	Abscesso	Aproximar	Excedente
Acetinado	Alçar	Ansiedade	Admissão	Abscissa	Cóccix	Excelentíssimo
Acinte	Araçá	Ansioso	Aerossol	Adolescência	Ex-voto	Excelso
Acético	Açafate	Aspersão	Alvíssaras[4]	Arborescer	Expectativa	Excelência
Alcance	Açafrão	Cós	Amissão	Ascensão	Expensa	Excentração
Ceifar	Açucena	Emersão	Amissível	Ascético	Experiente	Excentropíase
Celerado	Beiço	Esplendor	Asseio	Condescender	Expiar	Excepcional
Cerne	Caiçara	Espontâneo	Assunção	Consciência	Expirar	Excerto
Certame	Calabouço	Excursão	Asséptico	Convalescença	Expoente	Excessivo
Coincidência	Caução	Farsa	Bissemanal	Discernir	Expropriar	Excesso
Contracenar	Caçula	Gás	Carrossel	Enrubescer	Extasiado	Exceto
Criciúma	Contorção	Hortênsia	Concessão	Fascinação	Extemporâneo	Exceção
Célere	Exceção	Imersão	Escasso	Fascismo	Extra	Excipiente
Cê-cedilha	Iguaçu	Jus	Fissura	Florescer	Extravagante	Excitamento
Decerto	Linhaça	Misto	Impressão	Imprescindível	Inexpugnável	Excitar
Lance	Maçarico	Pretensioso	Intercessão	Lascívia	Máximo	Excitatriz
Maciço	Miçanga	Pretensão	Minissaia	Obsceno	Próximo	Excêntrico
Obcecação	Mulheraça	Propensão	Obsessão	Recrudescer	Sexta-feira	Excídio
Obcecado	Muçurana	Pus	Procissão	Remanescer	Sexto	Inexcedível
Súcia	Pança	Quis	Ressurreição	Rescisão	Têxtil	Inexcedibilidade
Sucinto	Paçoca	Reversão	Sessenta	Ressuscitar	Texto	Inexcitável
Tecelão	Soçobrar	Siso	Submissão	Suscetível	Trouxe	Inexcutido
Vicissitude	Turiaçu	Submersão	Sucessivo	Víscera	Trouxer	Êxcetra

Observações:

A título de memorização, reitere-se:

3   As palavras integrantes do quadro em epígrafe encontram respaldo no VOLP, todavia é possível a ausência de dicionarização com relação a algumas delas.

4   Existe um sem-número de expressões e vocábulos oriundos do *idioma árabe* que foram por nós incorporados. Afinal, a História mostra uma longa ocupação dos mouros na Península Ibérica, que lá permaneceram durante oito séculos, entre os anos de 711 a 1492. São palavras de origem árabe: *álcool, alfama, algarismo, alfaiate, algodão, alfândega, alface, algibeira, alfafa, alguidar, alparcata, álgebra, alqueire, azeite, alvíssaras* e várias outras iniciadas por "al" (= é o artigo em árabe).

a) Ascensão e Assunção

Ascensão: na acepção de "subir ou elevar-se", é vocábulo usado em "ascensão da pipa", "ascensão da montanha", "ascensão a um cargo", "ascensão de Cristo".

Assunção: representa o "ato de assumir", de "tomar para si". Exemplos: "assunção de um encargo", "assunção da Virgem Maria ao céu".

Memorize:

Ascensão de Jesus Cristo e Assunção de Maria: ambas se referem à subida para o céu. Segundo os escritos bíblicos, Jesus subiu aos céus 40 dias depois da Páscoa, sem qualquer ajuda – é a *ascensão de Cristo*. Por outro lado, Maria seguiu o Filho, porém foi elevada ao Céu pelo poder de Deus – portanto, *assunção de Maria*.

b) Ascético, Acético e Asséptico

Ascético: refere-se à "ascese", ao "místico", ao "contemplativo". Exemplo: *Certos grupos religiosos têm vida ascética.*

Acético: refere-se a um tipo de ácido (acético = vinagre).

Asséptico: designa "assepsia, limpeza".

c) Imprescindível

O verbo *prescindir* é transitivo indireto, tendo a acepção de "dispensar". Observe que a grafia é com -sc. Portanto, aprecie as frases:

- *Ele prescinde de sua ajuda, por ser ela dispensável.*
- *O de que não se prescinde é o bom humor pela manhã.*
- *O livro de que se prescinde é necessário para mim.*

d) Recrudescer

O verbo *recrudescer* é intransitivo. Tem a acepção de "agravar-se, tornar-se mais intenso". Observe que a grafia é com -sc. Exemplos:

- *As lutas entre gangues recrudesceram.*
- *As rivalidades entre as torcidas organizadas tendem a recrudescer.*

10.4. O EMPREGO DO Z

A consoante **Z** deverá ser utilizada nas seguintes hipóteses:

- nos verbos formados pelo sufixo **-izar**.

    Exemplos: *arborizar, industrializar, profetizar, utilizar, fertilizar, civilizar;*

- nos substantivos abstratos derivados de adjetivos.

    Exemplos: *certeza, invalidez, leveza, madureza, honradez, frieza, pobreza, limpeza, avidez, rapidez, acidez;*

- nos sufixos formadores de aumentativos e diminutivos.

    Exemplos: *corpanzil, canzarrão (cão), florzinha, mãezinha, cafezinho, avezinha, cãozinho, cãozito, avezita;*

- nas palavras de origem árabe, oriental e italiana.

    Exemplos: *azeite, bazar, gazeta;*

- nas demais hipóteses (variedades do **Z**): *azar, vazamento, giz, gaze, azáfama, abalizar, prazeroso, cafuzo, aprazível, ojeriza, regozijo, granizo, baliza, assaz, prezado, catequizar.*

10.5. O EMPREGO DO S

A consoante **S** deverá ser utilizada nas seguintes hipóteses:

- no sufixo **-ês** indicador de origem, de procedência, de posição social.

    Exemplos: *montês, francês, tailandês, japonês, marquês, calabrês;*

- nos sufixos **-esa** e **-isa** formadores de femininos.

    Exemplos: *duquesa, consulesa, calabresa, profetisa, sacerdotisa, poetisa;*

- no sufixo **-esa** dos substantivos derivados de verbos terminados em **-ender**.

    Exemplos: *defender – defesa; prender – presa; surpreender – surpresa;*

- nos substantivos formados com os sufixos gregos **-ese**, **-isa**, **-ose**.

    Exemplos: *diocese, pitonisa, virose;*

- nos verbos derivados de palavra cujo radical termina em **-s**.

    Exemplos: *analisar* (de análise); *atrasar* (de atrás).

    Atenção: *catequese – catequizar;*

- em todas as formas dos verbos **pôr**, **querer**, **usar** e seus derivados.

    Exemplos: *puséssemos, compôs, quisermos, quis, usado, desusar;*

- depois de ditongos.

    Exemplos: *deusa, coisa, náusea, lousa;*

- nos sufixos **-oso**, **-osa**, formadores de adjetivos qualificativos.

    Exemplos: *formoso, prazeroso, apetitosa, pomposa;*

- nas demais hipóteses (variedades do **S**): *através, espontâneo, hesitar, abuso, ourivesaria, obus, cortesia, despesa, obséquio, asilo, siso, fusível, pêsames, evasão, agasalho, jus, esplêndido, gás, querosene, extravasar, grosa, gris, esplendor, groselha, vaselina, usura, casulo, maisena.*

10.6. O CONFRONTO ENTRE S E Z

Em nosso sistema ortográfico[5], há palavras escritas com **S** que deverão ser pronunciadas com som de /z/. Vamos a alguns exemplos:

Análise	Hesitar	Poetisa
Camponesa	Inglesa	Profetisa[7]
Despesa	Lesado	Puser (verbo pôr)
Enviesar (de viés)	Lesão	Querosene
Frase	Leso	Requisito
Gostoso	Maisena[6]	Vaselina
Heresia	Obséquio	

Em nosso sistema ortográfico, há palavras escritas com -z, tais como: *aprazível, baliza, chafariz, ojeriza, fertilizar, limpeza*, entre outras.

A questão crucial é saber se deve ser usado -s ou -z. Vamos descobrir:

Vocábulo	Letra S	Letra Z
Analisar	Escreve-se com **S** quando o radical dos nomes correspondentes termina em "s". Exemplos: *analisar (de análise); avisar (de aviso); alisar (de liso); improvisar (de improviso); pesquisar (de pesquisa); catalisar (de catálise); paralisar (de paralisia).*	

---

5   Como se afirmou em capítulo anterior, o sistema ortográfico em um país se lastreia em convenção. O nosso não é distinto: possui base histórica e fonética. Seu lastro histórico leva em conta a etimologia, isto é, a origem da palavra para determinar sua grafia; por outro lado, a base fonética leva em conta o som das palavras. O sistema adotado no Brasil – aprovado pela Academia Brasileira de Letras, em 12 de agosto de 1943, e simplificado pela Lei n. 5.765, de 18 de dezembro de 1971 – pode ser considerado misto, pois ora privilegia a etimologia, ora, a fonética.

6   A forma *maisena* vem de "maís", uma variedade de milho. Note que a famosa caixa amarela que compramos no supermercado traz a grafia estranha ("maizena", com -z). Ocorre que "Maizena" é marca registrada e, como todo nome comercial, foi inventada, não constituindo, necessariamente, erro. Cite-se, exemplificativamente, o termo *Antarctica*, para a cerveja, que apresenta adaptação vocabular semelhante.

7   O vocábulo *profetisa*, com -s, é o feminino de profeta. Já *profetiza*, com -z, é tempo verbal correspondente à terceira pessoa do singular do presente do indicativo de *profetizar* (ele profetiza).

Vocábulo	Letra S	Letra Z
Anarquizar		Escreve-se com **Z** quando o radical dos nomes correspondentes não termina em "s". Exemplos: *Anarquizar (de anarquia); civilizar (de civil); amenizar (de ameno); colonizar (de colono); cicatrizar (de cicatriz); vulgarizar (de vulgar); canalizar (de canal).* Todavia, recomenda-se cuidado com *batizar (de batismo), catequizar (de catequese)* e *traumatizar (de traumatismo)*: tais verbos derivam do *grego* e vieram já formados para o nosso vernáculo.
Beleza		Usa-se o sufixo **-eza** nos substantivos abstratos derivados de adjetivos. Exemplos: *beleza (de belo); pobreza (de pobre).* E, igualmente, em palavras, como *Veneza*. Entretanto, recomenda-se cuidado com "*rijeza*" *(de rijo)*.
Burguês	Usa-se o sufixo -ês nos adjetivos derivados de substantivos. Exemplos: *burguês (de burgo); chinês (de China).*	
Defesa	Usa-se o sufixo **-esa** nos substantivos cognatos de verbos terminados em -ender. Exemplos: *defesa (defender); despesa (despender).* E, igualmente, em palavras, como: *framboesa, obesa, turquesa, sobremesa*[8].	
Estupidez		Usa-se o sufixo **-ez** nos substantivos femininos derivados de adjetivos. Exemplos: *Estupidez*[9] *(de estúpido); avidez (de ávido); mudez (de mudo); cupidez (de cúpido).*

---

8 Quando o **S** está entre vogais (no substantivo) e tem som de "z", seguramente é "s".

9 O plural de *estupidez* é *estupidezes*. O mesmo se dá em: Invalidez – invalidezes; Sordidez – sordidezes; Gravidez – gravidezes; Malcriadez – malcriadezes.

Vocábulo	Letra S	Letra Z
Eu pus	Os derivados dos verbos "pôr" e "querer" serão grafados sempre com **s**. Exemplos: *pus, pusera, puséramos, puséssemos, quiséssemos.*	
Antropônimos	*Teresa, Luís, Hortênsia,* entre outros.	
Variedades do S	*Marquesa, diocese, metamorfose, afrancesar, gás, besouro, rês, reses, arrasar, ansioso, pretensão, pretensioso, siso.*	
Variedades do Z		*Baliza, azar, vazamento, gaze, azáfama, prazeroso, cafuzo, ojeriza, regozijo, granizo, assaz, prezado.*

10.7. O EMPREGO DO J

A consoante **J** deverá ser utilizada nas seguintes hipóteses:

- na conjugação de verbos terminados em **-jar**.
  Exemplos: *encorajar: encorajo, encorajei, encorajamos;*
- nas palavras de origem tupi, africana ou árabe.
  Exemplos: *jiboia, jeribita, canjica, alfanje, alforje, pajé, canjica, jiló, Moji, jenipapo, ajedra, ajenil, ajimez, jirau;*
- nas palavras derivadas de outras que já contêm a letra **J**.
  Exemplos: *varejo – varejista; brejo – brejeiro;*
- nas demais hipóteses (variedades do **J**): *jeca, ojeriza, jejum, dejetar, jegue, traje, rijo, rijeza, dejeto, Jeremias, trejeito, objeção, Jerônimo, sarjeta, berinjela, majestade, cafajeste.*

10.8. O EMPREGO DO G

A consoante **G** deverá ser utilizada nas seguintes hipóteses:

- nos substantivos terminados em **-agem, -igem, -ugem.**
  Exemplos: *viagem, massagem, garagem, origem, vertigem, fuligem, ferrugem, lanugem, pelugem.* Exceções: *pajem, lajem, lambujem;*
- nas palavras terminadas em **-ágio, -égio, -ígio, -ógio, -úgio.**
  Exemplos: *contágio, egrégio, prodígio, relógio, refúgio;*
- nas palavras derivadas de outras que se grafam com **G**.
  Exemplos: *vertiginoso, selvageria, engessar;*
- nas demais hipóteses (variedades do **G**): *algema, gibi, tigela, apogeu, aborígene (ou aborígine), herege, bege, auge, megera, gergelim, gengiva, rabugento, vagem, gesto, rabugice, mugir, alfageme, impingir, monge, viageiro.*

10.9. O CONFRONTO ENTRE G E J

Não se deve confundir a aplicação da letra **G** (antes de *-e* ou *-i*) com a letra **J**. Ambas são consoantes palatais (o som é produzido quando se encontram o dorso da língua e o "céu da boca"), representando o fonema / j /.

O emprego será de uma ou outra de acordo com a origem da palavra ou com regras específicas. Exemplos:

Vocábulo	Letra G	Letra J
Jeito		Origem latina
Gesso	Origem grega	
Egrégio	Palavras terminadas em **ágio, égio, ígio, ógio, úgio**. Exemplos: *pedágio, egrégio, prodígio, relógio, refúgio*.	
Engessar	Palavra derivada de *gesso* (origem grega).	
Laranja		Palavras terminadas em **-ja** e **-aje**. Exemplos: *lisonja, granja, laje, traje, ultraje*.
Viaje		Formas derivadas de verbos terminados em **-jar** ou **-jear**. Exemplos: *viaje, gorjeie*.
Moji		Palavras de origem indígena ou africana. Exemplos: *canjica, jiló, jiboia, pajé, jenipapo, jerimum, jirau, jequitibá*.
Variedades do G	Algema, gengiva, gibi, herege, abigeato, monge, rabugice, tigela, pugilo.	
Viagem	Substantivos terminados em **-agem, -igem** ou **-ugem**. Exemplos: *viagem, fuligem, penugem*. **Exceções**: *pajem, lajem, lambujem*[10].	
Variedades do J		Projétil[11], trajeto, berinjela, jiu-jítsu[12], alforje, cafajeste, enjeitar, enrijecer, gorjeta, jeca, jegue, jejum, jérsei, manjedoura, manjerona, rejeitar, trejeito, varejeira, varejista.

---

10 **Lambujem**: é uma exceção à regra que manda grafar com "g" os substantivos terminados em -gem (*aragem, viagem, garagem* etc.). À guisa de curiosidade, *lambujem* deriva do verbo "lamber" e nos remete, mais propriamente, ao ato de lamber os cantos da boca (daí a ideia de "algo mais"). O mesmo fato ocorre com *pajem*, grafado com "j", pois vem do francês "paje" (= *criado, aprendiz*).

11 Saliente-se que o vocábulo *projétil*, uma paroxítona terminada em -l, pode ser grafado como *projetil*, oxítona, sem acento. Assim, são corretas as duas formas plurais, quais sejam: *projéteis* e *projetis*.

12 A edição do VOLP 1999 previa a forma hifenizada sem acento (*jiu-jitsu*); a partir do VOLP 2004, passamos a ter, exclusivamente, a forma hifenizada com acento (*jiu-jítsu*).

10.10. O EMPREGO DO X

A consoante **X** deverá ser utilizada nas seguintes hipóteses:

- depois de ditongo.
  Exemplos: *ameixa, faixa, caixa, peixe, baixo, frouxo, rouxinol, seixo*;
- depois de inicial **-en**.
  Exemplos: *enxada, enxotar, enxergar, enxame, enxaqueca, enxárcia, enxerto, enxó, enxovalhar, enxúndia e enxurrada*;
  Exceções: *encher* e seus derivados.
  Se houver o prefixo **em-** seguido de palavra iniciada por **-ch**, esse dígrafo deverá ser mantido.
  Exemplos: *chumaço – enchumaçar; charco – encharcar*;
- depois de inicial **me-**.
  Exemplos: *México, mexerico, mexerica, mexilhão*.
  Exceções: *mecha, mechar, mechoacão, mechoacana*;
- nos vocábulos de origem indígena ou africana.
  Exemplos: *caxambu, caxinguelê, xará, maxixe, abacaxi, xavante, mixira, orixá*.

10.11. O CONFRONTO ENTRE S E X

O confronto entre o **S** e o **X** é deveras relevante, merecendo citação. Abaixo, seguem algumas palavras grafadas com **X**, e não **s**, embora o pareçam ser:

Expectativa	Expoente	Êxtase
Exportação	Extrair	Expiar (= remir)
Experiente	Expirar	Extasiado
Fênix	Têxtil	Texto

A propósito, o verbo *extravasar* é formado por *extra + vaso + ar*, com o sentido de "fazer transbordar". Grafa-se, assim, com **S**, pois deriva de "*vaso*", ao passo que *vazar* se escreve com **Z** por derivar de "*vazio*".

10.12. O CONFRONTO ENTRE X E CH

As palavras a seguir expostas apresentam dificuldades ao estudioso, uma vez que podem gerar equívocos com relação ao emprego de **X** ou **CH**. Vamos ao quadro comparativo:

Vocábulo	Letra X	Dígrafo CH
Enxada	Escreve-se com **X**, quando tal letra suceder à sílaba en-. Exemplo: *enxada, enxamear, enxaqueca, enxó, enxovalhar, enxúndia, enxoval, enxaguar, enxurrada, enxuto*.	

Vocábulo	Letra X	Dígrafo CH
Enxada	**Exceções**: *encharcar, encher* (e derivados), *enchova, enchumaçar* (e derivados), *enchiqueirar* (e derivados), *enchoçar* (e derivados).	
Rouxinol	Escreve-se com **X**, quando tal letra suceder a ditongos. Exemplo: *caixa, feixe, frouxo.* **Exceções**: *caucho, recauchutagem* e *cauchal.*	
Xavante	Escreve-se com **X**, quando se tratar de palavra de origem indígena ou africana. Exemplo: *abacaxi, orixá, caxambu.*	
Variedades do CH		*Pechincha, chuchu, mecha, mochila, cochilar, bucha, chulo, bochechar, bochecho, (cocha, coche, cocheira, cocho)*[13]*, rechonchudo.*
Variedades do X	*Xampu, xícara, xaxim, rixa, lagartixa, coaxar, bruxa, xucro, xingar, extravasar, extemporâneo, (coxa, coxão, coxo)*[14].	

Vamos conhecer alguns casos interessantes de *homônimos* que envolvem a letra **X** ou o dígrafo **CH**:

1. **Tacha** – tipo de prego; mancha ou defeito; caldeira
   Taxa – tributo, índice

2. **Tachar** – censurar
   Taxar – determinar a taxa de (tributo)

3. **Bucho** – estômago
   Buxo – espécie de arbusto

4. **Cocho** – vasilha rústica de madeira
   Coxo – capenga, manco

---

13 **Cocha**: torcedura de cabo, gamela.
    Coche: carruagem.
    Cocheira: local onde se guardam as carruagens.
    Cocho: vasilha rústica de madeira.

14 **Coxa**: parte da perna (*coxa do homem, coxa de galinha*).
    Coxão: *coxa grande*; no açougue, *coxão duro* e *coxão mole*.
    Coxo: manco, capenga.

5. Chá – planta ou bebida
Xá – título do soberano da Pérsia (atual Irã)

6. Cheque – ordem de pagamento
Xeque – lance no jogo de xadrez; usado na expressão "colocar em xeque".

10.13. O EMPREGO DO Ç

A consoante **c** com a cedilha (ou cê-cedilha: **"Ç"**) deverá ser utilizada nas seguintes hipóteses:

- depois de ditongos.
  Exemplos: *ouço, eleição*;
- em palavras de origem tupi, árabe ou africana.
  Exemplos: *paçoca, alcaçuz, miçanga*;
- em formas correlatas de palavras terminadas em **-to** ou **-ter**.
  Exemplos: *ereto – ereção; correto – correção; deter – detenção; conter – contenção*.

10.14. O EMPREGO DO E

A vogal **E** deverá ser utilizada nas seguintes hipóteses:

- a sílaba final de verbos terminados em **-uar**, **-oar**.
  Exemplos: *continuar – continue; efetuar – efetue; pontuar – pontue; abençoar – abençoe; perdoar – perdoe; magoar – magoe*;
- as palavras formadas com o prefixo **ante**- (ou seja, antes, anterior).
  Exemplos: *antediluviano, antevéspera*;
- nas demais hipóteses (variedades do **E**): *cadeado, irrequieto, receoso, desperdiçar, mimeógrafo, desperdício, disenteria, seriema, empecilho, sequer*.

10.15. O EMPREGO DO I

A vogal **I** deverá ser utilizada nas seguintes hipóteses:

- a sílaba final de verbos terminados em **-air**, **-oer**, **-uir**.
  Exemplos: *sair – sai; cair – cai; doer – dói; roer – rói; diminuir – diminui; possuir – possui*;
- as palavras formadas com o prefixo **anti**- (= contra).
  Exemplos: *antiaéreo, antiestético*;
- nas demais hipóteses (variedades do **I**): *pátio, meritíssimo, digladiar, privilégio, terebintina, displicência, adivinhar, displicente, hilaridade*.

10.16. O CONFRONTO ENTRE E E I

Passemos à diferenciação das palavras que, compostas por **E** ou por **I**, costumam causar transtornos ao escritor desatento:

Vocábulo	Letra E	Letra I
Continue	Na sílaba final dos verbos terminados por **-uar**. Exemplos: *Continuar – que ele continue;* *Habituar – que ele habitue;* *Pontuar – que ele pontue.*	
Diminui		Na sílaba final dos verbos terminados em **-uir**. Exemplos: *Diminuir – ele diminui;* *Influir – ele influi;* *Possuir – ele possui.*
Magoe	Na sílaba final dos verbos terminados em **-oar**. Exemplos: *Magoar – que ele magoe;* *Abençoar – que ele abençoe;* *Perdoar – que ele perdoe.*	
Variedades do E	Cadeado, creolina, cumeeira, desperdício, empecilho, irrequieto, mexerica, mimeógrafo, sequer, seriema, areal (e não "areial").	
Variedades do I		Displicente, erisipela, frontispício, pátio, artimanha, crânio, digladiar, displicência, silvícola, dignitário.
Palavras Importantes	*Desplante* (e não "displante"), *cesárea* (confronte "cesariana")	*Disenteria* (e não "desinteria") *Privilégio* (e não "previlégio") *Cesariana* (confronte "cesárea")

Vamos rever alguns casos interessantes de *parônimos* que envolvem as letras **E** ou **I**:

Área – superfície	↔	**Ária** – melodia, cantiga
Arrear – pôr arreios, enfeitar (*Arrear as modelos para o desfile*)	↔	**Arriar** – abaixar, cair
Deferir (deferimento) – conceder, atender	↔	**Diferir** (diferimento) – diferenciar, adiar
Delatar – denunciar	↔	**Dilatar** – alargar
Descrição – ato de escrever	↔	**Discrição** – qualidade de discreto
Descriminar – inocentar	↔	**Discriminar** – separar
Despensa – lugar onde se guardam alimentos	↔	**Dispensa** – ato de dispensar, licença
Dessecar – secar completamente, enxugar	↔	**Dissecar** – analisar minuciosamente
Destratar – insultar	↔	**Distratar** – desfazer
Docente – professor; relativo ao professor	↔	**Discente** – estudante; relativo ao estudante

Elidir – eliminar	↔	**Ilidir** – refutar
Emergir – vir à tona, sair	↔	**Imergir** – mergulhar
Emérito – insigne	↔	**Imérito** – não merecido
Eminente – importante, destacado	↔	**Iminente** – prestes a ocorrer
Emitir – gerar	↔	**Imitir** – investir (*Ele imitiu parte do dinheiro em cultura*)
Estância – fazenda de criação; estrofe	↔	**Instância** – insistência; jurisdição
Incontinente – imoderado, descontrolado	↔	**"Incontinenti"** (latim) – imediatamente
Intemerato – puro	↔	**Intimorato** – corajoso
Preceder – vir antes	↔	**Proceder** – agir; originar-se
Preeminente – nobre, distinto	↔	**Proeminente** – saliente
Prescrever – receitar; expirar prazo	↔	**Proscrever** – afastar, expulsar
Ratificar – confirmar	↔	**Retificar** – corrigir
Recriar – criar novamente	↔	**Recrear** – divertir
Reincidir – tornar a cair, repetir	↔	**Rescindir** – tornar sem efeito, dissolver
Tráfego – movimento, trânsito	↔	**Tráfico** – comércio
Vadear – atravessar (rio) por onde "dá pé"	↔	**Vadiar** – vagabundear, levar a vida de vadio

Atenção: deve o estudioso do *vernáculo*[15] portar-se com parcimônia perante palavras como **receoso**, que parecem avocar a semivogal **-i** para lhe conferir uma "boa" sonoridade ("receioso"). Não é o que deve ocorrer, pois se grafa *receoso*, sem o -i. Na mesma esteira, temos:

Pronúncia Incorreta	Pronúncia (e grafia) Correta
"Afeiar"	*Afear*
"Estreiar"	*Estrear*[16]
"Freiar" / "Freiada"	*Frear / Freada*
"Granjeiar"	*Granjear*
"Nomeiar"	*Nomear*
"Prazeirosamente"	*Prazerosamente*
"Prazeiroso"	*Prazeroso*

Todavia, cuidado: o verbo *aleijar* deve ser grafado com -i. Portanto, não existe o tal "aléja".

---

15 **Vernáculo** é o idioma próprio de um país, a Língua nacional (Aurélio, 1986:1467).

16 Nos verbos terminados em **-ear**, deve-se intercalar a semivogal -i somente nas formas rizotônicas, isto é, naquelas em que a sílaba tônica recai no radical do verbo. Não se esqueça de que, no caso de **estrear**, a vogal -e do ditongo é aberta. Portanto, *eu estreio* (Acordo), *tu estreias* (Acordo), *ele estreia* (Acordo), *nós estreamos*, *vós estreais*, *eles estreiam* (Acordo); *que eu estreie* (Acordo), *que tu estreies* (Acordo), *que ele estreie* (Acordo), *que nós estreemos*, *que vós estreeis*, *que eles estreiem* (Acordo).

10.17. O CONFRONTO ENTRE O E U

Passemos à diferenciação das palavras que, compostas por **O** ou por **U**, costumam causar transtornos ao escritor desatento. Vamos ao quadro comparativo:

Grafam-se com O	Grafam-se com U
BússOla	BUeiro
COstume	BUgiganga
EngOlir	BUlir
FOcinho	bUrbUrinho
GOela	CocUruto
MagOar	CUrtume
MOela	ElUcubração[17]
NévOa	EntUpir
NódOa	JabUti
ÓbOlo	JabUticaba
POleiro	LóbUlo
POlenta	RebUliço
POlir	TábUa

Vamos conhecer alguns casos interessantes de *parônimos* que envolvem as letras **O** ou **U**:

Comprimento – extensão	↔	**Cumprimento** – saudação, ato de cumprimentar
Costear – navegar junto à costa	↔	**Custear** – arcar com as despesas de
Florescente – que floresce, próspero	↔	**Fluorescente**[18] – que tem fluorescência (espécie de iluminação). A palavra deriva de "flúor", elemento químico.
Séptico – que causa infecção	↔	**Cético** (ou **Céptico**) – descrente, que duvida
Soar – produzir som, tilintar	↔	**Suar** – transpirar
Sobrescrever – endereçar, escrever sobre	↔	**Subscrever** – assinar, escrever embaixo de
Sortir – abastecer, misturar	↔	**Surtir** – produzir (efeito ou resultado)

Aprecie outras formas corretas:
– **Nomear:** *eu nomeio, que ele nomeie, nós nomeamos, se ele nomeasse, ele nomeava;*
– **Frear:** *eu freio, que ele freie, nós freamos, se ele freasse, ele freava.*
– **Lastrear:** *eu lastreio, que ele lastreie, nós lastreamos, se ele lastreasse, ele lastreava.*

17 Para o VOLP, são corretas as formas *elucubração* ou *lucubração*.

18 Note-se que, a par dos vocábulos *florescente* e *fluorescente*, temos *fosforescente* – que tem *fosforescência* (propriedade de brilhar no escuro). A palavra deriva de *fósforo* (substância que resplandece, que brilha no escuro).

10.18. PALAVRAS DE GRAFIA COMPLEXA

A *Ortografia* é o conjunto de regras que estabelecem a grafia correta das palavras, além de regulamentar o uso da crase, de sinais de pontuação e de sinais gráficos que destacam vogais tônicas abertas ou fechadas. É fundamental conhecermos tais regras para fazermos o correto uso da linguagem escrita.

Veja, a seguir, algumas observações importantes sobre o tema, sobretudo no âmbito de recorrentes palavras de grafia complexa.

Ansioso: a palavra é grafada com -s, da mesma forma que *ansiedade*.

Coincidência, reincidência: não se deve deturpar a acentuação prosódica em tais vocábulos. Uma "reicidência", sem o -n, na sílaba -in, pode tornar mais "grave" o ilícito. Assim como um "reinvindicar", com o -n, na sílaba rei-, pode prejudicar, indubitavelmente, o pleito. No entanto, o pior está por vir: a tal "conhecidência" (com -nh)... Não é possível que alguém esteja no campo da seriedade e escreva o vocábulo dessa forma... seria uma "pegadinha"? Posto isso, há que se ter muita atenção com as palavras ora guerreadas, a fim de que não cometamos erros que possam nos constranger perante outros e chancelar um distanciamento do estudo da Língua. Assim, memorize a separação silábica nas palavras, agora, corretamente grafadas:

Reincidência: Re-in-ci-dên-cia [re-in (e não "rei")];

Coincidência: Co-in-ci-dên-cia [co-in (e não "coi" ou a inadequada "conhe")];

Reivindicar: Rei-vin-di-car [rei-vin (e não "rein")].

Exceção: a palavra é grafada com -xc e, após, cê-cedilha.

Excesso, excessivo: as palavras são grafadas com -xc e, após, dois "esses".

Frustrado, frustração: os vocábulos *frustrar*, *frustrado* e *frustração* devem ser pronunciados com clareza. As sílabas frus- e tra- precisam ser nitidamente articuladas, a fim de que não se emitam sons contrários às regras da *ortoépia* (segmento que se ocupa da boa pronunciação das palavras, no ato da fala).

Próprio, apropriado, problema: a sílaba pro- deve ser pronunciada de modo audível. Não se pode enunciar um simples "po" em vez de "pro", sob pena de se cometer um "indigesto" erro prosódico. A mesma pronúncia deve estar em *procrastinar*, *probatório*, *ímprobo*, *problema*, *propriedade*, *opróbrio* etc.

Sicrano: as formas *fulano*, *beltrano* e *sicrano* são consideradas, no plano morfológico, como *pronomes indefinidos*. O termo "siclano" (com -cla) não existe.

Empecilho: a palavra é grafada com -e, na sílaba inicial -em, e não com -i (como em *impe*...). Tem a acepção de obstáculo, óbice ou dificuldade.

Beneficente: a pronúncia (e a escrita) do vocábulo "beneficiente" (com -ci-) é um "atentado à benemerência". Não se recomenda fazer filantropia assim... Não se estará ajudando o próximo, mas o prejudicando, com uma linguagem atentatória ao vernáculo. Portanto, prefira *benefiCENte*, e a salutar ajuda a outrem, certamente, virá carregada de gramaticalidade.

Asterisco: o termo *asterisco* deriva do grego *asterískos*, significando "estrelinha". É sinal gráfico em forma de uma pequena estrela (*), sendo usado para remissões. Não existe a forma "asterístico" (com -ti-), porquanto isso se traduz em produto da mirabolante imaginação humana.

Não fumante: com o Acordo Ortográfico, as palavras iniciadas pela partícula *não* perderam o hífen, que as ligava ao segundo elemento. Outro exemplo: *não agressão*.

Quase delito: com o Acordo Ortográfico, as palavras iniciadas pelo termo *quase* perderam o hífen, que as ligava ao segundo elemento.

Intercessão do juiz, cessão de direitos, sessão de júri, seções no andar do edifício: o verbo *interceder*, derivado de *ceder*, provoca o surgimento do substantivo *intercessão* (ceder – "cessão"; de cessão de direitos). Nesse passo, urge relembrar que *sessão* (com "três 'esses'") designa o tempo que dura uma reunião, uma apresentação (exemplos: sessão de júri, sessão de cinema), enquanto *seção* (ou *secção*) representa o departamento ou a divisão (*seção eleitoral*, *seção de brinquedos*, *seção de eletrodomésticos*). Ressalte-se que se usa, de modo restrito, *secção* para corte em operação médica (*secção do osso*, *secção da ferida*). Por derradeiro, frise-se que o VOLP registra, também, *ceção*, como sinônimo de frescura. Portanto, não confunda: *cessão* (e ceção) com *sessão* e, ainda, com *seção* (ou *secção*).

Má-fé, boa-fé: o vocábulo *boa-fé*, na acepção jurídica, representa, consoante o Dicionário Houaiss, "o estado de consciência de quem crê, por erro ou equívoco, que age com correção e em conformidade com o direito, podendo ser levado a ter seus interesses prejudicados [configura uma circunstância que a lei leva em conta para proteger o faltoso das consequências da irregularidade cometida]". Note que *boa-fé* forma o plural *boas-fés* (exemplo: Isso foi feito na melhor das boas-fés). A *má-fé*, na acepção jurídica, designa, consoante o Houaiss, "o termo usado para caracterizar o que é feito contra a lei, sem justa causa, sem fundamento legal e com plena consciência disso". O plural é *más-fés*.

10.19. O HÍFEN E O ACORDO ORTOGRÁFICO

Desde o dia 1º de janeiro de 2009, estão em vigor as novas regras de acentuação e ortografia impostas pelo Novo Acordo Ortográfico da Língua Portuguesa. Sabe-se que o período de transição para a incorporação das mudanças ao nosso dia a dia deveria ir até 31 de dezembro de 2012, porém foi ampliado para 31 de dezembro de 2015, por força do Decreto n. 7.875/2012.

Nessa medida, se faz necessário enfrentar os pontos mais delicados das novas regras. Um deles refere-se ao uso do hífen, considerado um dos "vilões" do Acordo. O motivo é simples: antes das mudanças, o uso do hífen já se mostrava deveras complicado. Após o Acordo, espera-se que o usuário da Língua se mostre mais disposto a assimilá-lo.

Sendo assim, antes que este "sinalzinho" venha recriar problemas entre nós, vamos tratar dele com a merecida atenção.

Com boa parte dos prefixos (proto-, extra-, pseudo-, semi-, infra-, e outros), o hífen sempre foi utilizado antes de palavras que se iniciavam por **H, R, S** e **vogal**. Agora a regra mudou. Após o Acordo, o hífen só será utilizado se o segundo elemento iniciar-se por **H** ou por **vogal idêntica** àquela do final de certos prefixos. Traduzindo:

> I. Se antes o hífen era obrigatório em *auto-escola*, agora se escreve **autoescola**, pois *escola* se inicia pela vogal "e", que não é idêntica à vogal final "o" do prefixo auto-;

> II. Se antes o hífen era obrigatório em *contra-indicação*, agora se escreve **contraindicação**, pois *indicação* se inicia pela vogal "i", que não é idêntica à vogal final "a" do prefixo contra-.

Em sala de aula, tenho usado um lúdico recurso para a memorização da regra. Refere-se à analogia com a canção de roda, de nossa infância, "**Atirei o Pau no Gato**".

Observe o quadro comparativo e tente entoar a "canção", aplicando-a à regra do hífen:

CANTIGA DE RODA	REGRA DO HÍFEN (SUGESTÃO MUSICAL)
Atirei o pau no gato (tô tô)	PROTO, EXTRA, PSEUDO, SEMI (mi)
Mas o gato (tô tô)	INFRA, SUPRA (prá)
Não morreu (reu reu)	INTRA, NEO, ULTRA
Dona Chica (cá)	CONTRA, AUTO (tô)
Admirou-se (se)	Levam hífen (fén)
Do /berrô/, do /berrô/ que o gato deu	Antes de H
Miau!!!	E idêntica vogal!!!

Nota-se que o recurso musical é meramente subsidiário, em homenagem à melhor didática. Isso porque, como se pôde notar, a adaptação não é de todo simétrica, todavia é uma forma de se assimilar uma regra pouco convidativa, ainda mais em razão do extenso rol de prefixos a ela associados.

Buscando-se, ainda, auxiliar a memorização, demonstraremos abaixo algumas palavras que sofreram modificações com o Acordo, a fim de que o estudioso possa visualizar a mudança – e ratificar a grafia à luz do recurso musical acima sugerido:

Grafia ANTERIOR ao Acordo	Grafia POSTERIOR ao Acordo
Auto-ajuda	Autoajuda
Auto-estima	Autoestima
Contra-indicação	Contraindicação
Contra-oferta	Contraoferta
Extra-escolar	Extraescolar
Extra-oficial	Extraoficial
Intra-ocular	Intraocular
Semi-aberto	Semiaberto

Registre-se que o hífen deverá ocorrer nas palavras em que o segundo elemento iniciar-se por idêntica vogal, o que já se dava, normalmente, antes do Acordo. Note os exemplos:

Semi-interno (vogal -i repetida) | Supra-auricular (vogal -a repetida) |
Contra-almirante (vogal -a repetida) | Auto-observação (vogal -o repetida)

Da mesma forma, o hífen aparecerá nas palavras em que o segundo elemento iniciar-se pela consoante -h, o que também já ocorria, antes do Acordo. Observe os exemplos:

Extra-humano | Semi-hospitalar | Semi-histórico | Ultra-hiperbólico

Uma vez assimilada a regra acima, a partir do recurso mnemônico e musical ofertado, vale a pena destacar que a outros **quatro prefixos** poderá ser aplicada a mesma "canção". Por uma impossibilidade – ou dificuldade – de estruturação musical, tais prefixos não couberam naquele modelo apresentado. Note-os:

ante- | anti- | arqui- | sobre-

Desse modo, haverá o hífen se os prefixos destacados antecederem o -h ou uma idêntica vogal:

Anti-ibérico (vogal -i repetida)   Arqui-irmandade (vogal -i repetida)
Anti-inflamatório (vogal -i repetida)   Sobre-humano
Anteontem (vogais diferentes)   Sobreaviso (vogais diferentes)

Partindo-se para outra regra, sabe-se que o Acordo trouxe um desdobramento significativo: a queda do hífen, em todos os casos de palavras com os prefixos até agora estudados, quando o segundo elemento iniciar-se por -r ou -s. Aqui, aliás, haverá a duplicação da consoante. Observe:

Grafia ANTERIOR ao Acordo	Grafia POSTERIOR ao Acordo
Ante-sala	Antessala
Anti-republicano	Antirrepublicano
Anti-social	Antissocial
Contra-razões	Contrarrazões
Contra-regra	Contrarregra
Contra-senso	Contrassenso
Semi-selvagem	Semisselvagem
Supra-sumo	Suprassumo
Ultra-romântico	Ultrarromântico

À guisa de complemento, observe a grafia das importantes palavras abaixo e os respectivos comentários.

Antiaéreo – antiético – anti-inflamatório – antenupcial: as palavras formadas com os prefixos anti- e ante- serão grafadas com o hífen se o segundo elemento iniciar-se por -h ou idêntica vogal. Portanto, *antiaéreo*, *antiético* e *antenupcial* escrevem-se junto, sem hífen. Por outro lado, *anti-inflamatório* recebe atualmente o sinal, entretanto a forma antes do Acordo afastava-o.

Antissocial: o hífen existia antes do Acordo no prefixo anti- quando a palavra posterior iniciava-se apenas por -h, -r ou -s. Assim, escrevia-se "anti-social", para indicar os seres arredios a costumes sociais. Com a modificação introduzida pelo Acordo, a nosso ver, tais pessoas, geralmente "estranhas", ficarão bem mais esquisitas com a forma *antissocial*. Você não acha?

Autoestrada – autoescola: as palavras formadas com o prefixo auto- serão grafadas com o hífen se o segundo elemento iniciar-se por -h ou idêntica vogal. Tenho dito que, quem quer aprender a dirigir veículos, deve agora "se guiar" bem... Não mais há hífen para *autoescola*. Recomendo assim: "'tire a carteira' na autoescola e aproveite para também 'tirar o hífen'"!

Coautor – coautoria – codevedor – coobrigado – copiloto: diante do Acordo, uma novidade veio facilitar nossa vida: todas as palavras escritas com o prefixo co- perderam o hífen. Com as novas grafias, sem a presença do hífen, tenho dito que as lides agora deverão ter "mais unidos" os integrantes do mesmo lado da relação jurídico-processual... Escrevem-se, sem o sinal, *coautor* e *coautora*. Os operadores do Direito devem procurar se acostumar às formas, em plena "coautoria de esforço" para a assimilação da novidade... Da mesma forma, grafam-se *codevedor*, *coobrigado* e *copiloto*.

Coerdeiro – coabitar – coabilidade: a forma *coerdeiro*, agora escrita sem o hífen e sem o -h, é forma que tende a chocar o estudioso, em razão de seu exotismo. Tenho sugerido um macete: esquecendo-se da grafia imposta pela ABL, pense naquele carneirinho novo e tenro, chamado "cordeiro". Basta escrever este nome e inserir a vogal -e após a letra -o e antes da consoante -r! Descobrirá a forma recomendada: "coerdeiro".

Contramandado: as palavras formadas com o prefixo contra- serão grafadas com o hífen se o segundo elemento iniciar-se por -h ou idêntica vogal. Portanto, *contramandado* escreve-se junto, sem hífen.

Contrarregra – contrarrazões: o hífen existia antes do Acordo nas palavras formadas pelo prefixo contra- quando o segundo elemento iniciava-se por -h, -r, -s ou vogal. Assim, escrevia-se "contra-razões", ainda que se tratasse de um neológico termo jurídico, não aceito pela Academia Brasileira de Letras, no Vocabulário Ortográfico da Língua Portuguesa (4ª edição). Antes nos preocupávamos com o prazo das ditas "contra-razões", no ambiente forense; agora, devemos prestar atenção ao prazo e também à grafia: recomenda-se escrever *contrarrazões*, sem o hífen e com a duplicação da letra -r. O mesmo raciocínio se estende a outros prefixos, quando antecederem as consoantes -s e -r. Portanto, agora se escreve *semissoberania* e *semisselvagem*, *arquirrival*, *contrarregra* e *contrassenso*, entre outros casos.

Corresponsável – corréu – corré: com a supressão do hífen em todas as palavras escritas com o prefixo co-, deu-se lugar a um termo de grafia pouco estética: *corresponsável*. Na mesma linha, seguem os vocábulos relacionados: *corresponsabilidade*, *corresponsabilizar*, *corresponsabilizante* e *corresponsabilizável*. Da mesma forma, o Acordo propiciou o surgimento de formas bem extravagantes: *corréu* e *corré*. De tão diferentes, dispensam comentários. Merecem, sim, que se dê "tempo ao tempo", a fim de que o operador do Direito possa acreditar que terá mesmo que as utilizar na lide. Paciência... Aliás, os latinos já diziam: "Com tempo e perseverança, tudo se alcança".

Extrajudicial – extraconjugal – extraoficial: as palavras formadas com o prefixo extra- serão grafadas com o hífen se o segundo elemento iniciar-se por -h ou idêntica vogal. Portanto, *extrajudicial*, *extraconjugal* e *extraoficial* escrevem-se junto, sem hífen. Frise-se que, antes do Acordo, esta última recebia o hífen.

Infracitado – inframencionado – infra-assinado – infraestrutura: as palavras formadas com o prefixo infra- serão grafadas com o hífen se o segundo elemento iniciar-se por -h ou idêntica vogal. Portanto, *infracitado* e *inframencionado* escrevem-se junto, sem hífen, todavia *infra-assinado* deve conter o sinal, em virtude da repetição da vogal -a. Por fim, quanto ao vocábulo *infraestrutura*, hoje grafado sem hífen, insta frisar que a grafia antiga impunha o sinal.

Micro-ondas – micro-ônibus – micro-organismo: antes do Acordo, escrevia-se "microondas", sem o hífen. Este sinalzinho apareceu agora para evitar "a briga" das duas vogais, separando-as, porém tem provocado bastante confusão por aí. Desse modo, agora se escreve com hífen (*micro-ondas*). O mesmo fenômeno ocorreu com o ultrapassado "microônibus", que agora cede passo à forma hifenizada *micro-ônibus*.

Paraquedas – paraquedismo: a curiosidade mostra sua força no vocábulo "paraquedas", assim escrito após o Acordo. Antes deste, grafava-se com o acento agudo no primeiro elemento (pára-) e com hífen ("pára-quedas"). Agora devemos suprimir o acento e unir tudo em *paraquedas*. O problema é que isso não vale para outras situações análogas, o que seria de todo razoável: é que os ultrapassados "pára-lama", "pára-choque" e "pára-brisa" perderam o acento no primeiro elemento, mas mantiveram o hífen, tornando, após o Acordo: *para-lama*, *para-choque* e *para-brisa*. Aqui se viu pouca uniformidade...

Pôr do sol: o acento diferencial permaneceu em *pôr* (verbo) e *por* (preposição). Assim, continuamos escrevendo, com correção, "vou pôr as mãos nesse canalha!" (com acento) e "luto por você" (sem acento). A partir desse dado, constata-se que a expressão *pôr do sol* permaneceu com o acento circunflexo, uma vez que o primeiro elemento *pôr*, neste vocábulo composto, designa uma substantivação do verbo, todavia, é importante enaltecer que a reforma ortográfica suprimiu os hifens (ou hífenes) que separavam os elementos. Portanto, após o Acordo, vamos grafar *pôr do sol* (ou *pôr de sol*), ambas com o acento circunflexo, mas sem os hifens (ou hífenes).

Prequestionamento – preexistente: o prefixo pré- pode ser encontrado na forma acentuada ou não acentuada. É de todo oportuno assimilar as palavras formadas com tal prefixo, que não levam o acento, nem mesmo o hífen. São elas: *prequestionamento, preexistente, preexistir, predeterminado, preordenar, preconcebido, predizer, preeminente, prepor, prejulgar, preaquecido, prenunciado*. Por outro lado, frise-se que o rol das palavras que trazem a forma acentuada é mais numeroso, compondo vocábulos, como: *pré-clássico, pré-vestibular, pré-carnavalesco, pré-operatório, pré-datado, pré-natal, pré-escolar, pré-história, pré-estreia* (caiu o acento no termo *estreia*, como se verá adiante), entre outros.

Socioeconômico: a palavra deve ser grafada sem o hífen e com a tonicidade na sílaba /nô/ – e com o respectivo acento gráfico –, por se tratar de um vocábulo proparoxítono. E o mais incrível: sempre foi assim! O que parece ser óbvio não o é para muitos – o próprio legislador constituinte, ao dispor sobre o *princípio da uniformidade geográfica*, no art. 151, I, da Constituição Federal, grafou a palavra com o hífen. E muitos o acompanham, sem prestar a devida atenção à grafia correta que, aliás, consta do Vocabulário Ortográfico da Língua Portuguesa.

Supracitado – supramencionado: as palavras formadas com o prefixo supra- serão grafadas com o hífen se o segundo elemento iniciar-se por -h ou idêntica vogal. Portanto, *supracitado* e *supramencionado* escrevem-se junto, sem hífen.

Tão somente – tão só: até o Acordo Ortográfico, admitiam-se as formas hifenizadas, para indicar o advérbio: "tão-somente" e "tão-só". Atualmente, as duas formas adverbializadas e sinônimas perderam o hífen, passando a ser *tão somente* e *tão só*.

Ultrassom: o hífen existia antes do Acordo nas palavras formadas pelo prefixo ultra- quando o segundo elemento iniciava-se por -h, -r, -s ou vogal. Assim, escrevia-se "ultra--som" e "ultra-sonografia". Com a mudança da regra, as palavras formadas com o mencionado prefixo passaram a ser grafadas com o hífen se o segundo elemento começar por -h ou idêntica vogal. Além disso, com o segundo elemento iniciando-se por -r ou -s, haverá a duplicação da consoante. Portanto, após o Acordo, escrevem-se: *ultrassom* e *ultrassonografia*.

10.20. ENRIQUEÇA SEU VOCABULÁRIO: ROL DE VOCÁBULOS DE GRAFIA COMPLEXA

Esta seção comporta um pequeno guia ortográfico, no intuito de nortear o usuário da Língua, quando se defronta com os problemas da ortografia em seu dia a dia. O presente rol visa contribuir para o manejo adequado do nosso principal instrumento de comunicação – a Língua nacional. Ademais, poderá o nobre leitor enriquecer o arcabouço vocabular, consultando o significado das palavras menos conhecidas no dicionário, ao término da obra. Vamos a elas:

Abscesso	Alizar (Substantivo)	Apostasia
Abscissa	Almaço	Aquiescência
Acreano	Altissonante	Ária (Canto)
Ádvena	Alvirrubro	Arquidiocese
Aeroclube	Ambidestro	Arrasar
Agroindústria	Ambrosia /zí/	Arroz-doce
Água de coco	Amesendar-se	Arte-final
Aguarrás	Amigo-oculto (Sorteio)	Asa-delta
Alcaçuz	Ananasal	Ascensorista
Álcoois (ou Alcoóis)	Aneizinhos (sem acento)	Asceta
Aldeamento	Ano-luz (Plural: Anos-luz)	Ascetismo
Alisar (Verbo)	Apascentar	Assessor

Assessoria	Bola de neve	Centroavante
Assis	Bororo	Cessar-fogo
Atarraxar	Bota-fora	Chacoalhar
Azaleia (ou Azálea)	Brasonar	Chá-mate
Azeviche	Broncopneumonia	Chilique
Ázimo	Bruaá	Chinchila
Azorrague	Buganvília	Chinfrim
Azougue (Mercúrio)	Bugio	Chocho
Baboseira	Buldogue	Chulé
Baixo-relevo	Bulevar	Cidade-satélite
Balão-sonda	Bumba meu boi	Cidra (Fruta)
Banana-da-terra	Busca-pé	Circunfuso
Banana-maçã	Busílis	Cisalhas
Banana-ouro	Butique	Cissiparidade
Banana-prata	Caça-níqueis	Coautor
Banguê (Engenho)	Cadafalso	Cochicho
Banho-maria	Cadarço	Cochinchina
Basa	Caixa-alta	Cocuruto
Bate-boca	Caixeiro-viajante	Coerdeiro
Bate-estaca	Calcanhar de aquiles	Coirmão
Bêbado (ou Bêbedo)	Cana-de-açúcar	Comezinho
Bege (Cor)	Capuchinho	Comiserar
Beisebol	Caranguejo	Complacência
Belchior (Comerciante)	Carne de sol	Complacente
Berbere	Carne-seca	Conchavo
Beribéri (Doença)	Carochinha	Condescendência
Bicho-da-seda	Carro-bomba	Condescendente
Bilboquê	Carro-forte	Conjectura (ou Conjetura)
Biorritmo	Cassação	Consciencioso
Bisonho	Cassiterita	Conta-corrente (VOLP e Houaiss)
Bissetriz	Catequese	Conta-giros
Bissexto	Catequizar	Conta-gotas
Blá-blá-blá (Pl.: blá-blá-blás)	Cátodo	Conto do vigário
Blasonar	Catrapus	Convalescer
Boa-vida	Cê-cedilha	Corresponsável

Cossaco	Esgazeado	Ganha-pão
Creolina	Esquistossomose	Garnisé
Criado-mudo	Estase (Estagnação)	Gaze (Tecido)
Cris	Estêncil	Gelosia (/zí/)
Crisol	Estorricado (ou Esturricado)	Genufletir (ou Genuflectir)
Crisolo	Estorricar (ou Esturricar)	Genuflexo / Genuflexório
Crochê	Estreme (Puro)	Gnu
Cupincha	Estripulia	Gozoso
Cutisar	Estroina	Granizo
Data-base (Aurélio)	Exangue	Guelra
Decreto-lei	Excentricidade	Guidom
Dedo-durar	Excipiente	Guta-percha
Dedo-duro	Excrescência	Haicai
Degenerescência	Execração	Halo
Dervixe	Execrar	Hangar
Desar	Êxtase (estado)	Haraquiri
Desídia (/zí/)	Fácies	Harpia
Despautério	Fac-símile	Haste
Devesa	Factótum	Hausto
Dissecação	Feiura	Hebdomadário
Dissecar	Fescenino	Heureca
Dólmã (Veste)	Filoxera	Hibisco
Efervescência	Fim de semana	Hidravião (ou Hidroavião)
Elixir	Fita cassete	Hieróglifo (ou Hieroglifo)
Elucubração	Fita métrica	Hileia
Empuxo	Flamboaiã	Himeneu
Enfarte (ou Infarto)	Fleuma	Hiperacidez
Enfisema	Fleumático	Hiper-humano
Enrubescer	Fora da lei	Hipersensível
Entabular	Fora de série	Hipotenusa
Entressafra	Frenesi(m) /zí/	Hirsuto
Enviesar	Frisa(r)	Hirto
Enxúndia	Frisante	Hombridade
Erisipela	Fuxicar	Homilia (ou Homília)
Escorraçar	Fuxico	Homizio

Hortifrutigranjeiro	Jus	Padre-nosso (ou Pai-nosso)
Hortigranjeiro	Jusante	Paisinho (de País)
Hulha	Lambujem	Paizinho (de Pai)
Húmus	Laxante	Pão de ló (Aurélio)
Hurra	Lenga-lenga	Pão-duro
Iate	Lhaneza	Parabélum
Idiossincrasia	Lixívia	Para-brisa
Iídiche	Lóbulo	Para-choque
Imarcescível	Lua de mel	Paralelepípedo
Imbróglio	Má vontade	Paraquedas
Impertérrito	Má-criação	Parêntese
Impetigo	Madressilva	Pau-brasil
Impigem	Maisena	Pauis
Impingir	Manteigueira	Pecha
Impudico	Mau gosto	Penico (Urinol)
Incognoscível	Mau humor	Piaçaba (ou Piaçava)
Inconsútil	Maxissaia	Pintassilgo
Incrustação	Mestre de obras	Piquenique
Incrustar	Miçanga	Pixaim
Indefeso	Mimeografar	Poncã (Tangerina)
Indo-europeu	Misto-quente	Porta-luvas
Inexpugnável	Mixórdia	Porta-malas
Inextricável	Mocassim	Pretensioso
Ingurgitar	Moto-próprio	Profligar
Inumano	Motosserra	Proscênio
Irisar	Mozarela (ou Muçarela)	Prostrar
Isolda (/ô/)	Multissecular	Proxeneta
Jângal	Nabucodonosor	Psitacismo
Jeca-tatu	Negus (/ú/)	Pusilânime
Jerimum	Obsolescência	Pústula
Jetom	Oceânia (ou Oceania)	Quadro-negro
Jia	Opróbrio	Quadrúmano
Jiu-jítsu (com acento; VOLP)	Orangotango	Quíchua
João-de-barro	Pachorra	Quinquenal

Quinquênio	Saçaricar	Txucarramãe (Houaiss)
Quinta-essência (ou quintessência)	Sacrossanto	Vaivém[20]
Radiotáxi	Salva-vidas	Vaselina
Ranzinza	Sanguessuga	Vesano
Ravióli	Sassafrás	Vira-lata
Rechaçar	Secessão	Volibol ou Voleibol (VOLP)
Rechonchudo	Seiscentos	Xilindró
Recrudescer	Sem-sal	Xisto (Rocha)
Regurgitar	Sem-vergonha	Xixi
Reminiscência	Sobre-exceder	Xodó
Réprobo	Sobreloja	Xucro
Rês (Gado)	Soçobrar	Zás-trás
Rés (Rente)	Supetão	Ziguezague
Rés do chão	Terebintina	Ziguezaguear
Reses (Plural de Rês)	Tiziu	Zíper
Resvés	Tonitruante	Zum-zum[21]
Retesar	Trasanteontem[19]	Zum-zum-zum
Ricochete	Tresandar	
Rissole	Triz	

19 O tempo é curioso: hoje é hoje; ontem foi antes de hoje; anteontem foi antes de ontem; e, por incrível que pareça, **trasanteontem** foi antes de anteontem. Observe os exemplos:

1. "(...) – Pois é, disse Quinho, colocando a xícara de mau jeito no pires, o que a fez tombar, e pondo-a de novo no pé, com exagerado cuidado, é que eu de fato usava gravata, até outro dia, até trasanteontem, para ser preciso(...)" (Antonio Callado, 1981:19).

2. "(...) Falo do João, o Guimarães, das veredas, da terra do coração, trás montanhas. Andei por lá trasanteontem, reencantado pelo verbo (...)" (Frei Carlos Alberto Libânio Christo – Frei Betto – trecho do Artigo Canteiro da Rosa).

Registre-se que o VOLP admite apenas *trasanteontem*, mas o Houaiss abona também *trasantontem*. Observe a frase:

"(...) – Isto sei eu, rapariga de Cristo; mas como passou ela de *trasantontem* para cá?(...)" (Visconde de Taunay, *Inocência*).

20 Palavra de dupla prosódia: *vaivém* (plural: *vaivéns*) e *vai e vem* (sem hífen).

21 Palavra onomatopaica (de onomatopeia), escrita com o hífen. A onomatopeia (sem acento, pelo Acordo) é figura de linguagem que designa a formação de uma palavra a partir da reprodução aproximada do som a ela associado (Houaiss). Há outras palavras que podem ser consideradas onomatopaicas, sendo também grafadas com hífen, como: *zum-zum* (plural: *zum-zuns*), *zum-zum-zum* (plural: *zum-zum-zuns*), *tique-taque*, *chuá--chuá*, *pingue-pongue* etc.

CURIOSIMACETES

1. ESTADA E ESTADIA

Os termos referem-se à permanência de alguém ou algo em algum lugar. A distinção será aferida, dependendo daquilo que permanece. Exemplo: para pessoas que permanecem em cidades a turismo, a passeio ou a negócios, deve-se utilizar *estada*. Por outro lado, quando se tratar de navios (em portos), aviões (em aeroportos), veículos (em garagens), deve-se usar *estadia*. Portanto, aprecie as frases:

- *Tive uma breve e prazerosa estada em Teresina.*
- *Em minha estada em Divinópolis, pude conferir a hospitalidade mineira.*
- *As estadas em Araçatuba têm sido constantes; logo, mudar-me-ei para tão aprazível cidade.*
- *A estadia do cargueiro foi longa, em razão da greve da Receita Federal.*
- *Enquanto não solucionarem os problemas, a estadia da aeronave deve se protrair.*
- *O Transatlântico teve breve estadia nas Ilhas Gregas.*
- *A estadia dos veículos nos estabelecimentos evita numerosos furtos.*

2. FAVELA

O substantivo feminino *favela* designa o conjunto de barracos e habitações construídas nos morros e periferias. A origem do termo *favela* é sobremodo interessante. Quem nos relata, com pertinência, é o eminente gramático Domingos Paschoal Cegalla (1999:165): "Perto do açude de Cocorobó, na Bahia, fica o Alto da Favela, uma pequena elevação onde acamparam as tropas federais no final da Guerra de Canudos. O nome 'Alto da Favela' deve-se a 'favela' ou 'faveleiro', arbusto abundante nesse morro. Terminada a Guerra de Canudos (1897), um contingente das tropas desmobilizadas instalou-se no morro do Santo Cristo, no Rio, onde construíram barracos e deram ao local o nome de 'Morro da Favela'".

3. FLEUMA

O substantivo feminino (a *fleuma*) tem a acepção, segundo a medicina antiga, de um dos quatro humores do organismo (sangue, fleuma, bile amarela e bile negra).

Em sentido figurado, a fleuma representa serenidade, frieza de ânimo ou impassibilidade. Exemplos:

- *"O candidato a concursos públicos, em provas orais, precisa de fleuma e gana"* (o Autor).
- *Ele se portou como uma fleuma britânica.*

Ressalte-se que a edição do VOLP 2004 chancelou os adjetivos sinônimos *fleumático* (derivado de fleuma), *fleugmático* (derivado de fleugma) e *flegmático* (derivado de flegma /ê/).

4. O IMÃ (OXÍTONA) E O ÍMÃ (PAROXÍTONA)

Os substantivos masculinos *imã* e *ímã* podem gerar dúvidas ao anunciante de tais vocábulos. Como oxítona, *imã*, com a sílaba tônica em -mã, indica o dirigente religioso muçulmano. Difere, pois, do ferro magnetizado, isto é, do *ímã*, uma paroxítona com a sílaba tônica em " í-".

5. IMBRÓGLIO

O substantivo masculino, derivado do italiano "imbroglio" (sem acento), tem a acepção de "confusão, trapalhada". O curioso é que o vocábulo, em nosso idioma, manteve forma esdrúxula: *imbróglio* (pronuncie "imbrólio"). Portanto, em português, grafa-se *imbróglio*, conforme o

Aurélio, o Houaiss e o próprio VOLP. Entendemos, porém, que falta praticidade ao termo, que poderia ser mais bem grafado como "imbrólio" (sem -g). Todavia, até mesmo a literatura chancela a curiosa forma. Observe:

- "O Dr. Cláudio conduzia os trabalhos com verdadeira perícia de automedonte, e esclarecia os imbróglios"[22].

A HORA DO ESPANTO
AS "PÉROLAS" DO PORTUGUÊS

1. Caresse
Correção: a 3ª pessoa do singular (ele) do presente do indicativo do verbo *carecer* é *carece* (com -c).

2. Plalsível
Correção: embora seja nítida a "tentação" de colocar o -l no vocábulo, no intuito de nele imprimir uma falsa "elegância", não o faça com relação ao adjetivo *plausível*, com -u.

3. Maxista
Correção: a doutrina dos filósofos alemães Karl Marx e Friedrich Engels é o *marxismo*, com -r. Ressalte-se que a pronúncia é com /cs/.

VOLP
VOCABULÁRIO ORTOGRÁFICO DA LÍNGUA PORTUGUESA

Parêntese Segundo o VOLP, o substantivo pode assumir as seguintes variações: substantivo masculino (**o** *parêntese*), substantivo masculino plural (**os** *parênteses*) ou substantivo masculino de dois números (**o** *parêntesis* ou **os** *parêntesis*).

---

22 Raul Pompéia, *O Ateneu*, p. 124, *apud* Aurélio, 1999, p. 748.

QUESTÕES

1. (2022/VUNESP/PC-SP/Escrivão de Polícia) Assinale a alternativa em que todas as palavras estão corretamente grafadas.

(A) Pode-se considerar excessão haver processos paralizados nesse setor.

(B) O solo excessivamente umidecido não favorece o plantio desse tipo de milho.

(C) Não se considera privilégio o bônus, já que é concessão por mérito.

(D) Desafetos desde a juventude, os parlamentares se degladiam durante as seções da Câmara.

(E) Um parecer abalisado deve ser solicitado afim de dirimir as dúvidas.

2. (2022/FGV/PC-AM/Perito Legista) Assinale a frase em que se comete um erro de grafia.

(A) A seção em que trabalho é a mais procurada.

(B) A adolescência é uma fase difícil.

(C) Essas coisas nunca passam despercebidas.

(D) Nunca mais vi aqueles facínoras

(E) Chegaram as encomendas atravez do correio.

3. (2017/CERES/MPE-GO/MPE-GO/Secretário Auxiliar) Assinale a alternativa em que todas as palavras estão grafadas corretamente:

(A) sobrancelha – vergonhoso – atrasado – negligência – majestoso.

(B) detensão – cizânia – ilegível – bálçamo – pretensioso.

(C) deletério – colizão – hipocondríaco – ciência – delicadesa.

(D) onipresença – madastra – trazeira – plauzível – emérito.

(E) plebicito – civilização – excelência – pixe – excêntrico.

4. (2017/CERES/MPE-GO/MPE-GO/Secretário Auxiliar) Quanto à grafia correta das palavras, a alternativa que apresenta pelo menos um vocábulo escrito incorretamente é:

(A) mexer – recauchutar – extraoficial.

(B) bactérias – obsoleto – repusesse.

(C) gorjeta – indústrias – refúgio.

(D) analisar – êxito – enxaqueca.

(E) quisesse – enchurrada – trouxa.

5. (2017/CERES/MPE-GO/MPE-GO/Secretário Auxiliar) Complete as frases abaixo com uma das opções que estão entre parênteses e depois assinale a alternativa que apresenta a sequência correta.

I. Em que pese os diversos _____ Guilherme jamais abandonou o sonho de ser servidor público, (impecilhos/empecilhos);

II. Mariana tem o _____ de trabalhar no melhor setor da empresa, (previlégio/privilégio);
III. É pouco provável que os filhos de Clemente _____ no próximo final de semana, (viagem/viajem);
IV. Joana labora numa _____ de móveis para a cozinha, (seção/cessão).

A sequência correta é:
(A) empecilhos – privilégio – viajem – seção.
(B) impecilhos – privilégio – viajem – seção.
(C) impecilhos – previlégio – viajem – cessão.
(D) empecilhos – previlégio – viagem – cessão.
(E) empecilhos – privilégio – viagem – seção.

6. (2017/CERES/MPE-GO/MPE-GO/Secretário Auxiliar) Das frases abaixo, a única sem erros de ortografia é:
(A) Consumir alimentos ricos em vitaminas e minerais pode ajudar a reduzir os efeitos negativos do estresse.
(B) O consumo de proteínas e gorduras em exceço pode ser nocivo para o processo digestivo.
(C) Manter o organismo mau hidratado pode prejudicar a eliminação de toxinas e provocar sérios problemas de saúde.
(D) Sabe-se que uma substancia encontrada no guaraná pode estimular a função cerebral e auxiliar na concentrasão.
(E) Carbohidratos ricos em fibras são importantes aliados para manter estável o nivel de energia do organismo.

7. (2017/CERES/MPE-GO/MPE-GO/Secretário Auxiliar) Considerando o significado das palavras abaixo, assinale a alternativa que relaciona corretamente seus sinônimos, atentando-se para a grafia:
NOTÁVEL – IMEDIATO – CONCEDER – CONSERTAR – CONFIRMAR – PRINCIPIANTE
(A) iminente – eminente – deferir – ratificar – retificar – incipiente.
(B) eminente – iminente – deferir – retificar – ratificar – incipiente.
(C) eminente – iminente – deferir – ratificar – retificar – insipiente.
(D) iminente – eminente – diferir – retificar – ratificar – incipiente.
(E) eminente – iminente – deferir – ratificar – retificar – insipiente

8. (2017/FAURGS/TJ-RS/Técnico Judiciário) Assinale a alternativa correspondente à sentença em que a palavra destacada está corretamente empregada.
(A) Dirija-se à **cessão** de atendimento.
(B) Machado de Assis foi um **iminente** escritor.

(C) O meliante foi preso em **fragrante** delito.

(D) Recomenda-se manter **discrição** em relação a assuntos sigilosos.

(E) A **intensão** do magistrado era tão somente fazer justiça.

9. (2017/MPE-GO/MPE-GO/Oficial de Promotoria) Assinale a alternativa que preenche corretamente as lacunas das frases apresentadas. O ladrão foi pego em _____, quando tentava levar _____ quantia, devido a uma _____ caminhões bem em frente ao banco.

(A) flagrante – vultosa – coalizão.

(B) fragrante – vultuosa – colisão.

(C) flagrante – vultosa – colisão.

(D) fragrante – vultuosa – coalizão.

(E) flagrante – vultuosa – coalizão.

10. (2017/VUNESP/TJ-SP/Assistente Social Judiciário) Motoristas e cobradores do transporte público de Itajaí voltaram ao trabalho por volta das 15h30 desta sexta-feira [7-4-2017], após uma _____ que começou às 10h. Eles protestavam contra o _____ nos salários. A empresa informou que não tinha dinheiro para fazer o depósito. Houve uma reunião no fim da manhã. A prefeitura _____ e a empresa concordou em depositar os salários até o início da tarde.

(http://g1.globo.com. Adaptado.)

De acordo com a norma-padrão, as lacunas do texto devem ser preenchidas, respectivamente, com:

(A) paralisação ... atraso ... interveio

(B) paralisação ... atrazo ... interveio

(C) paralização ... atraso ... interviu

(D) paralização ... atrazo ... interviu

(E) paralisação ... atraso ... interviu

11. (2017/FGV/ALERJ/Especialista Legislativo) Uma carta de leitor do jornal O Globo mostrava o seguinte texto em 1988: "Levando um amigo ao Hospital Souza Aguiar, notei uma dedicação heróica dos médicos no trabalho nocturno. Um dos atendimentos de urgência necessitava de uma vacina antirrábica, que não havia em estoque, mas que foi rapidamente adquirida. Ainda se vêem profissionais como antigamente e minha idéia é divulgar esse trabalho para servir de exemplo".

(*O Globo*, 2-10-1988.)

Segundo o sistema ortográfico oficial vigente em 2013, o vocábulo que está corretamente grafado é:

(A) heróica;

(B) nocturno;

(C) antirrábica;

(D) vêem;

(E) idéia.

12. (2017/FGV/ALERJ/Procurador) O vocábulo abaixo que contraria as novas regras ortográficas é:

(A) herói;

(B) anti-inflacionário;

(C) co-réu;

(D) minissaia;

(E) hiperinflação.

13. (2016/MPE-SC/MPE-SC/Promotor de Justiça) Analise as frases abaixo.

(A) Nossa reinvindicação é igual à dos servidores estaduais.

(B) O MPSC sediou o XX Congresso Nacional de Meio-Ambiente em abril.

As duas frases estão gramaticalmente corretas.

( ) Certo ( ) Errado

14. (2016/MPE-SC/Promotor de Justiça/Questão adaptada) No sistema ortográfico vigente, o emprego do hífen é determinado nas palavras iniciadas por prefixos tônicos como pós, pré e pró. Por esse motivo, pós-impressionismo é hifenizado.

( ) Certo ( ) Errado

15. (2016/MPE-SC/MPE-SC/Promotor de Justiça) Estão corretas as frases, quanto à hifenização:

(A) O abaixo-assinado foi entregue à diretoria da empresa.

(B) Os abaixo assinados solicitaram aumento salarial.

( ) Certo ( ) Errado

16. (2016/UFMT/TJ-MT/Analista Judiciário) Na língua portuguesa, há muitas palavras parecidas, seja no modo de falar ou no de escrever. A palavra **sessão**, por exemplo, assemelha-se às palavras cessão e seção, mas cada uma apresenta sentido diferente. Esse caso, mesmo som, grafias diferentes, denomina-se homônimo homófono. Assinale a alternativa em que todas as palavras se encontram nesse caso.

(A) conserto, pleito, ótico

(B) cheque, descrição, manga

(C) serrar, ratificar, emergir

(D) taxa, cesta, assento

17. (2016/UFMT/TJ-MT/Analista Judiciário/Questão adaptada) A palavra radical pode ser empregada com várias acepções, por isso denomina-se polissêmica. Assinale o sentido dicionarizado que é mais adequado no contexto acima.

(A) Que existe intrinsecamente num indivíduo ou coisa.

(B) Brusco; violento; difícil.

(C) Que não é tradicional, comum ou usual.

(D) Que exige destreza, perícia ou coragem.

18. (2015/CAIP-IMES/IPREM/Procurador Jurídico/Questão adaptada) Analise os itens abaixo, coloque (C) para correto ou (E) para errado.

(   ) As palavras seguintes, dependendo do contexto, podem ser usadas com ou sem acento. "hábito" – "silêncio" – "até" – "vário" – "está".

(   ) Todas as palavras abaixo se escrevem com "sc" como "adolescência". fa__ínio – mi__igenação – plebi__ito – tran__ende.

(   ) Todas as palavras, retiradas do texto, estão corretas quanto à divisão silábica. ci-rur-gião – a-pri-si-o-na-do – a-ma-re-lou – des-a-bro-chou.

(   ) A pontuação está correta nos dois períodos abaixo. Os contratos e os outros documentos de natureza jurídica já foram redigidos? Os contratos e os outros documentos de natureza jurídica já foram redigidos!

(   ) O uso do acento grave que indica a crase está correto na frase abaixo. Assuntos ligados à problemas jurídicos.

(   ) O período abaixo se encontra na Voz Passiva. "... a roupa íntima, cuja brancura foi destronada pelo arco-íris;"

Assinale a alternativa correta.

(A) E – C – C – C – C – E.

(B) C – C – E – E – E – C.

(C) C – E – C – C – C – E.

(D) E – E – E – C – E – C.

19. (2015/FCC/TCE-AM/Auditor) Respeita a ortografia oficial vigente:

(A) O culto à ignorância e à xenofobia é o responsável, em nosso dia-a-dia, por esta situação deplorável, que enserra a população local na bolha impenetrável de seus interesses e valores particulares.

(B) Incrementar a participação política é um desafio perene, aja vista a nova estratégia de controle político que aparelha muitos órgãos públicos, incluindo os do setor educacional.

(C) A soberania do mercado não é imprescindível para a democracia liberal – é uma alternativa a ela e a todo tipo de política, na medida em que elimina a necessidade de serem tomadas decisões que contemplem consensos coletivos.

(D) Foram mencionadas as estratégias para disperçar as cepas oligárquicas das altas esferas do poder e, sobretudo, para prover o controle jurídico das suas ações; mais, até o momento, não se obteve sucesso.

(E) Suas ideias íam de encontro às dos demais; ele sempre optava pelas vias mais polêmicas afim de obter atenção da audiência.

20. (2015/FCC/TRT – 3ª Região/Técnico Judiciário) Está redigida corretamente, quanto à ortografia e à acentuação gráfica, a frase:

(A) A louza tradicional foi substituída por uma exposição em powerpoint na aula que teve como expectadores uma equipe de insígnes cientistas chineses.

(B) O intuito da aula de Xiaomei consistiu em exibir as habilidades da robô, que, além de dispor de um notável repertório de informações, traz funções de interação.

(C) O evento ocorrido na Universidade Jiujiang deve sucitar não apenas a curiosidade dos sinólogos, estudiosos da cultura chinesa, mas do publico de um modo geral.

(D) Xiaomei concluiu sua aula de maneira exitosa e os cientistas julgaram que a robô não teve um mal desempenho, embora ainda existam alguns ítens a ser aprimorados.

(E) O juri de cientistas que examinaram a atuação de Xiaomei era restrito, mas, graças às redes sociais, a notícia da robô se extendeu rapidamente pelo mundo todo.

21. (2015/FGV/DPE-RO/Analista da Defensoria Pública) O perfeito conhecimento ortográfico é indispensável ao bom redator; assinale a opção em que só uma das formas gráficas é considerada correta:

(A) verruga / berruga;

(B) abóbada / abóboda;

(C) garagem / garage;

(D) selvícola / silvícola;

(E) delapidar / dilapidar.

22. (2015/FGV/DPE-RO/Analista da Defensoria Pública) A frase abaixo cuja lacuna deve ser preenchida pela primeira das palavras colocadas entre parênteses é:

(A) O senador declarou que respeitava muito o seu _____. (mandado / mandato);

(B) Muitos detalhes do crime passaram _____. (desapercebidos / despercebidos);

(C) O _____ em computação fora trazido dos Estados Unidos. (esperto / experto);

(D) Muitos dos acusados tinham receio de terem _____ os seus postos. (caçados / cassados);

(E) O automóvel precisava de _____ urgente. (conserto / concerto).

23. (2015/FGV/TJ-BA/Analista Judiciário) "A história está repleta de erros memoráveis. Muitos foram cometidos por pessoas bem-intencionadas que simplesmente tomaram decisões equivocadas e acabaram sendo responsáveis por grandes tragédias. Outros, gerados por indivíduos motivados por ganância e poder, resultaram de escolhas egoístas e provocaram catástrofes igualmente terríveis."

(*As piores decisões da história*, Stephen Weir.)

No texto, a palavra "bem-intencionada" aparece grafada com hífen; o Novo Acordo Ortográfico diz que "Nas palavras em que o primeiro elemento é **bem-**, a regra geral é o emprego do hífen, não importando se o segundo elemento começa por vogal ou consoante". Sobre esse caso, a afirmação correta é:

(A) a palavra foi mal grafada, pois deve ser escrita sem hífen;

(B) a palavra foi bem grafada já que se trata da junção de um advérbio de modo + adjetivo;

(C) a palavra foi bem grafada, pois se trata de um adjetivo composto com um elemento de valor prefixal;

(D) a palavra foi mal grafada, visto que não se trata de um vocábulo, mas de dois;

(E) a palavra foi bem grafada, pois houve mudanças nesse emprego, com as novas regras.

24. (2014/IPAD/IPEM-PE/Analista) Assinale a alternativa cujo grupo de palavras está corretamente grafado, em concordância com o novo acordo ortográfico da língua portuguesa:

(A) Asséquia, cacimba, acicate, loucinha.

(B) Acéquia, cacimba, acicate, loucinha.

(C) Asséquia, cassimba, assicate, louçinha.

(D) Asséquia, cacimba, acicate, louçinha.

(E) Acéquia, caçimba, assicate, loucinha.

25. (2014/FCC/TRT – 2ª Região/Analista Judiciário) A frase que está clara e em conformidade com a norma-padrão escrita é:

(A) Sempre taxado de inseguro, ousou levantar hipóteses que sortiram tal efeito entre seus pares, que passaram não só a lhe considerar um profissional responsável, como também a prognosticar-lhe um futuro bastante promissor.

(B) Em conversas insossas como essas que soem acontecer em situações formais, nada mais admissível que, se antevermos um assunto palpitante, nos agarremos à possibilidade de introduzi-lo e distendê-lo o máximo possível.

(C) Têm havido grandes discussões sobre as principais intervensões do poder público naquela área, mas o que observa-se é que todos buscam mesmo ocupar um discreto lugarzinho na administração.

(D) Continue a evitar comentários espontâneos que podem constituir risco, pois basta, segundo nos consta, a ponderação dos advogados para ver que o melhor jeito de enfrentar a polêmica é abster-se de declarações capciosas.

(E) Quaisquer que possa ser as opiniões dos líderes da comunidade, os últimos acontecimentos mostram que, quanto mais os jovens se aglutinem em prol de uma causa, mais se afastam daqueles.

26. (2013/VUNESP/TJ-SP/Escrevente Técnico Judiciário) Assinale a alternativa com as palavras acentuadas segundo as regras de acentuação, respectivamente, de intercâmbio e antropológico.

(A) Distúrbio e acórdão.

(B) Máquina e jiló.

(C) Alvará e Vândalo.

(D) Consciência e características.

(E) Órgão e órfãs.

27. (2013/TJ-GO/TJ-GO/Oficial de Justiça Avaliador) Marque a alternativa em que todas as palavras foram escritas corretamente:

(A) Progressão, omissão, pretenção, egrégio.

(B) Exceção, cessão, permição, profetizar.

(C) Pausa, ojeriza, maisena, apreensão.

(D) Analizar, cicatrizar, pesquisar, despesa.

28. (2013/MPE-MS/MPE-MS/Promotor de Justiça) Assinale a série em que todas as palavras estão grafadas corretamente:

(A) pretensão, sucinto, regozijo, prazeirosamente.

(B) obsessão, supertição, oscilar, sopetão.

(C) propulsão, chuchu, frizar, insosso.

(D) coalizão, piche, deslize, lambujem.

(E) irascível, xícara, dissensão, irriquieto.

29. (2013/FCC/PGE-BA/Assistente de Procuradoria) Considere:

No Brasil, a falta de educação entre as pessoas vem aumentando. Por uma _____, ainda que superficial, podemos _____ com _____ a falta de um _____ de discrição dos _____ de pais despreparados para educá-los.

As palavras que preenchem, respectivamente, as lacunas do texto acima estão corretamente grafadas em:

(A) análise – enxergar – clareza – gesto – discípulos

(B) análise – enchergar – claresa – gesto – dicipulos

(C) análise – enchegar – clareza – jesto – disípulos

(D) análize – enxergar – clareza – jesto – discípulos

(E) análize – enxergar – claresa – gesto – dissípulos

30. (2013/VUNESP/TJ-SP/Advogado) De acordo com a norma-padrão da língua portuguesa, as lacunas do texto devem ser preenchidas, respectivamente, com:

A Polícia Militar prendeu, nesta semana, um homem de 37 anos, acusado de _____ de drogas e _____ à avó de 74 anos de idade. Ele foi preso em _____ com uma pequena quantidade de drogas no bairro Irapuá II, em Floriano, após várias denúncias de vizinhos. De acordo com o Comandante do 3º BPM, o acusado era conhecido na região pela atuação no crime.

(A) tráfico ... mal-tratos ... flagrante
(B) tráfego ... maltratos ... fragrante
(C) tráfego ... maus-trato ... flagrante
(D) tráfico ... maus-tratos ... flagrante
(E) tráfico ... mau-trato ... fragrante

GABARITO

1. C	7. B	13. Errado	19. C	25. D
2. E	8. D	14. Certo	20. B	26. D
3. A	9. C	15. Certo	21. C	27. C
4. E	10. A	16. D	22. E	28. D
5. A	11. C	17. C	23. C	29. A
6. A	12. C	18. B	24. B	30. D

11 ACENTUAÇÃO GRÁFICA

Trata-se de sistema que demarca o acentuar na fala ou na escrita, permitindo a pronúncia das palavras com clareza e intensidade adequadas.

Em nosso idioma, a palavra que contiver duas ou mais sílabas, necessariamente, terá uma sílaba tônica. Esta hospeda o acento prosódico (o da fala) ou o acento gráfico (o da escrita).

Exemplo: *arquétipo* e *quero* → *que* é a sílaba tônica. Na primeira palavra (*arquétipo*), a sílaba tônica recebe o acento gráfico, em função da regra das proparoxítonas; na segunda palavra (*quero*), a sílaba tônica recebe apenas o acento prosódico.

Passemos, agora, à importante classificação dos vocábulos quanto à posição da sílaba tônica:

Oxítono: a sílaba tônica é a última.

Exemplos: *ha*__rém__, *gam*__bá__, *pa*__jé__, *Tie*__tê__, *portu*__guês__, *mis*__ter__, *ru*__im__, *Pa*__rá__, *ure*__ter__, *cate*__ter__, *mas*__ter__, *Araca*__ju__, *no*__vel__, *o*__bus__.

Paroxítonos: a sílaba tônica é a penúltima.

Exemplos: *câ*__non__, *côn*__sul__, *hí*__fen__, *elé*__tron__, *al*__cá__*cer*, *carac*__te__*res*, *pu*__di__*co*, *a*__vi__*to*, *celti*__be__*ro*, *re*__cor__*de*.

Proparoxítonos: a sílaba tônica é a antepenúltima.

Exemplos: *ar*__qué__*tipo*, *a*__ri__*ete*, __lá__*grima*, __sô__*frego*, __rít__*mico*, *ae*__ró__*dromo*, *a*__zá__*fama*, *ae*__ró__*lito*, __sá__*trapa*.

No plano da separação silábica, deve-se evitar a *silabada*, ou seja, o deslocamento equivocado da tonicidade da sílaba: "catéter" no lugar da legítima oxítona *cateter*; "récorde" no lugar da legítima paroxítona *recorde*; entre outros exemplos.

Ademais, para a boa compreensão do capítulo, urge relembrarmos os conceitos do *hiato* e do *ditongo*:

Hiato: sequência de duas vogais que pertencem a sílabas diferentes.

Exemplos: *juízo (ju-í-zo); raízes (ra-í-zes); bainha (ba-i-nha); saí (sa-í); baú (ba-ú), instruí-los (ins-tru-í-los), Camboriú (Cam-bo-ri-ú).*

Ditongo: sequência de vogal e semivogal em uma só sílaba.

Exemplos: *avião (a-vi-ão), papagaio (pa-pa-gai-o), cadeira (ca-dei-ra).*

OXÍTONOS

1. Acentuam-se os vocábulos oxítonos terminados em:

- **-a, -e, -o** (seguidos ou não de -s):
  Exemplos: *gambá, vatapá, xarás, você, freguês, convés, vovô, robô, retrós.*

Observação: seguem esta regra os infinitivos seguidos de pronome. Exemplos: *contratá--lo, desejá-los-íamos, vendê-lo, compô-lo, predispô-la-ão*.

> • **-em, -ens**:
> Exemplos: *armazém, recém, vinténs, parabéns*.

Observação: não devem ser acentuados os monossílabos nem os paroxítonos terminados por -em ou -ens: *bem, trem, bens, trens, jovem, item, jovens, itens*.

2. Não levam acento os oxítonos terminados em -i(s), -u(s).

Exemplos: *puni-los, sacis, bambu, tatus*.

Observação: o **-i** e o **-u** levam acento quando precedidos de vogal átona com a qual formem hiato, seguidos ou não de **-s**. Exemplos: *instruí-los, país, Jaú, baús, Piauí, tuiuiú (tui-ui-ú), teiú-açu (pl. teiús-açus)*.

Por fim, conheçamos algumas oxítonas interessantes:

Albornoz	Comprá-lo	Projetil (ou a paroxítona Projétil)
Alcazar	Desdém	Ruim (ru-im)
Algoz /ô/	Desdéns	Somali /lí/
Ananás	Esmoler	Soror[1]
Bagdali /lí/	Masseter (Plural: masseteres)	Tarzã[2]
Bengali	Mister	Transistor[3]
Cateter (Plural: cateteres)	Nobel /bél/	Ureter (Plural: ureteres)
Clister (Plural: clisteres)	Novel	Vendê-lo-ei
Condor (e não "côndor")	Obus	Xerox (ou xérox)[4]

---

1 Para o VOLP, grafam-se *soror* ou *sóror*.

2 O vocábulo *tarzã* grafa-se com til ("ã"), e não com terminação "an" ou "am". Da mesma forma, grafam-se: *manhã, ímã, irmã, órfã, satã, ãatá, cristãmente, avelãzeira, chãmente, cãs, balangandã*. A vogal "ã" ocorre ainda em final interna, *i. e.*, antes de sufixos: *chãmente (chã + mente), avelãzinha, romãzeira* etc. Casos como *ãatá, tucumãí* são excepcionais, mas compreensíveis.

3 Pronuncie *transistor* /tôr/, como em "pintor", "castor" ou "Nestor". A influência do vocábulo inglês "transistor" colaborou para a adoção da forma *transístor*, hoje aceita pelo VOLP. Portanto, temos as formas *transistor* e *transístor*. No entanto, a regra é que as palavras terminadas em -or sejam oxítonas.

4 O substantivo ou o adjetivo *xerox* tem acento prosódico oscilante, podendo formar *xerox* (oxítona) ou *xérox* (paroxítona). A tendência é prevalecer a primeira forma (oxítona, como *xerox*), em relação à segunda. Observe os exemplos:

E mais:

Cajá	Má-criação	Saci
Colecionador	Moji	Sutil
Frenesi (ou Frenesim)	Pacu	Tuiuti
Juriti	Reduzi-los	Zebu

PAROXÍTONOS

Conforme o recente Acordo Ortográfico da Língua Portuguesa, deixam de ser acentuados os ditongos abertos **-éi, -ói** e **-éu** das palavras paroxítonas.

Exemplos: *ideia, paranoico, Coreia*.

Observação: o acento permanece no caso de regra geral dos vocábulos paroxítonos terminados por -r (*Méier, destróier, gêiser*).

Além disso, deixaram de ser acentuadas as palavras paroxítonas com **-i** e **-u** tônicos que vierem depois de ditongo:

Exemplos: *feiura, bocaiuva, boiuno, reiuno*.

Acentuam-se os paroxítonos terminados em:

- **-l, -n, -r, -x, -ons, -ps**
  Exemplos: *túnel, pólen, revólver, ônix, elétrons, tríceps*.
- **-ã, -ãs, -ão, -ãos**
  Exemplos: *ímã, ímãs, bênção, bênçãos*.
- **-i, -is, -us, -um, -uns, -om**
  Exemplos: *júri, lápis, bônus, álbum, médiuns, rádom, iândom*.
- **encontros vocálicos**[5] **(ditongos crescentes)**
  Exemplos: *história, série, pátio, água, tênue, ingênuo, mágoa, apolíneo, orquídea*.

- *"Se tiver o folheto, pode tirar xerox ou permitir que seja xerocado?"* Carlos Drummond de Andrade, *Jornal do Brasil*, de 26-5-1981, apud Cegalla, 1999, p. 418;
- *"Imagine uma fila de pessoas em um serviço de xerox."* Lair Ribeiro, *Comunicação Global*, p. 97, apud Cegalla, 1999, p. 418.

5 Há postura minoritária de alguns gramáticos que consideram tais encontros vocálicos quer como *ditongos*, quer como *hiatos*. Sendo hiatos, aceitar-se-iam as seguintes separações silábicas: *his-tó-ri-a, sé-ri-e, pá-ti-o, á-gu-a, tê-nu-e, in-gê-nu-o, má-go-a, a-po-lí-ne-o, or-quí-de-a*.

Não se acentuam os paroxítonos terminados em:

> - **-ens**
>   Exemplos: *nuvens, imagens, itens, hifens, jovens, himens, liquens.*
> - **-r ou -i (nos prefixos)**
>   Exemplos: *super-homem, semi-intensivo, anti-inflamatório.*

Vamos conhecer algumas *paroxítonas* interessantes:

Abdome (ou Abdômen)	Caracteres	Flúor	Opróbrio
Acórdão	Cartomancia	Fortuito /tui/	Órfão
Albúmen (ou Albume)	Celtibero	Gratuito /tui/	Penedia
Algaravia	Ciclope /cló/	Homilia	Policromo
Aljôfar	Cóccix /ksis/	Homizio /zí/	Pudico
Almíscar	Cútis	Hoplita	Quiromancia
Ambrósia (ou Ambrosia)	Descreem	Ianomâmi	Recorde
Avaro	Dólmã (ou Dólman – VOLP)	Ibero	Refrega
Avito	Druida	Ímã	Rocio /cí/
Aziago	Eclampsia (E-clam-psi-a)	Imbele /bé/	Rubrica
Azimute	Edito	Inaudito	Safári
Barbaria (ou Barbárie)	Êiser	Lucúleo ou Lucúlio (VOLP)	Serôdio[6]
Bênção	Enjoo	Malaca (Cidade da Malásia)	Subida (*subida honra*)
Biquíni	Epicuro	Médium	Verossímil (e Inverossímil)
Bibliopola (= livreiro)	Erva-mate	Misantropo	Vômer
Bororos	Estêncil	Nhoque (e não "inhoque")	
Busílis	Filantropo	Opimo	

---

[6] Serôdio é adjetivo que significa tardio, fora do tempo, que vem tarde. Exemplo: *paixão serôdia, movimento estudantil serôdio.*

Observações:

Maquinaria /ri/: para a designação do conjunto de máquinas, há dois substantivos: um feminino – a *maquinaria* – e um masculino – o *maquinário*. Não existe, por exemplo, o termo "maquinária".

Como mecanismo mnemônico, procure associar *maquinaria* a palavras de estrutura semelhante, como: *cavalaria, livraria, sorveteria*. Portanto, memorize:

Substantivo Feminino	Substantivo Masculino
(A) MA – QUI – NA – <u>RI</u> – A	(O) MA – QUI – <u>NÁ</u> – RIO
Sílaba Tônica: <u>RI</u>	Sílaba Tônica: <u>NÁ</u>

Por falar em **vocábulos paroxítonos** – representantes do maior número de palavras em nosso idioma –, é mister notar que a acentuação das palavras *vocábulos* e *paroxítonos* ocorre em virtude de serem palavras *proparoxítonas*... por sinal, uma outra palavra proparoxítona. Sabe-se que todas as proparoxítonas são acentuadas na vogal tônica.

PROPAROXÍTONOS

Todos os vocábulos proparoxítonos são graficamente acentuados, sem exceção. Exemplos: *médico, ômega, álibi, aerólito, pêndulo, déssemos, álcool, cônjuge, míope, aeróstato, égide, quasímodo, término, bávaro, bárbaro, íngreme, sôfrego, chácara, xícara, ínterim, trânsfuga*.

Vamos conhecer algumas *proparoxítonas* interessantes:

Aeródromo	Azêmola	Ímprobo	Plêiade
Aerolítico	Cátedra	Impróvido	Prônubo
Aerólito	Chávena	Ínclito	Proparoxítona
Aeróstato	Cotilédone	Índigo	Quadrilátero
Ágape	Crisântemo	Ínterim	Quadrúmano
Álacre	Écloga	Lídimo	Réprobo
Alcoólatra	Édito (ordem judicial)	Málaga (cidade da Espanha)	Rítmico
Álibi	Êmbolo	Munícipe	Sânscrito
Antífona	Éolo	Notívago	Semíramis
Aríete	Epóxido /ks/	Óbolo (e não "óbulo")	Sílfide
Arquétipo	Ériplo	Oxítona	Trânsfuga
Autóctone	Hégira	Paralelepípedo	Vermífugo
Azáfama	Impávido	Paroxítona	Zênite

Observações:

1. Óculos

Há substantivos que devem ser escritos no plural. Trata-se de vocábulos pluralícios. São eles: *os óculos, os parabéns, as felicitações, os cumprimentos, as saudações, os pêsames, as condolências, as cócegas, os afazeres, as custas, as férias, as núpcias, os anais, os antolhos, os arredores, as cãs, as exéquias, as fezes, os víveres, as alvíssaras, as arras, as belas-artes, as calendas, os esponsais, os fastos, as matinas, as efemérides, as endoenças, os escombros, os idos, as primícias, as copas* (naipe), *as espadas* (naipe), *os ouros* (naipe), *os paus* (naipe), *os lêmures* (fantasmas), *as olheiras* (a forma singular "olheira" é aceita pelo Houaiss e pelo VOLP), *as hemorroidas* (ou as *hemorroides*)[7].

2. Palíndromos

Os *palíndromos* são as palavras, frases ou números que, se lidos da esquerda para a direita ou da direita para a esquerda, mantêm-se iguais. "Ana" é exemplo de palíndromo, uma vez que as três letras formam a palavra *Ana*, se unidas da esquerda para a direita ou vice-versa. O mesmo ocorre com *Amor e Roma*. Tente você mesmo! Não é interessante? Agora se divirta com o rol privilegiado de palíndromos em nosso idioma:

- Irene ri.
- A diva em Argel alegra-me a vida.
- 1001
- 11
- "Tucano na Cut" (livro de Rômulo Pinheiro, acerca do assunto)
- Socorram-me, subi no ônibus em Marrocos.

3. Apócrifos

O vocábulo *anônimo* quer dizer sem nome de autor, ou seja, sem autoria. Por outro lado, *apócrifo* significa algo com autoria, mas sem autenticidade. É o caso, na linguagem bíblica, dos evangelhos apócrifos (Evangelho de São Pedro, Evangelho de São Tomé), em que os autores são identificados, mas não há autenticidade.

---

7   O VOLP admite a forma singularizada feminina *hemorroida* (ou *hemorroide*). O Houaiss e o Aurélio ratificam o entendimento.

4. Antártida

O vocábulo *Antártida* refere-se à denominação dada ao continente gelado. O nome *Antártida* é preferível ao vocábulo *Antártica*. A propósito, reserve o termo *antártica* para o adjetivo, e não para o substantivo designativo do continente. Assim:

a) ao se referir às aves do continente, usa-se *aves antárticas*. Da mesma forma, *geleiras antárticas*, *baleias antárticas*. Aliás, a edição do VOLP 1999 previa, como adjetivos, as formas *antártico* e *antártido*. Hoje, à luz do VOLP 2021, só temos o abono da primeira forma – *antártico*;

b) ao se referir ao continente, usa-se *Antártida*. Exemplos:

- *"Buraco de ozônio cresce na Antártida"*[8].
- *"Na Antártida, há muitas forças grandes em jogo: clima, frio, mar, etc."* (Amir Klink).

Observação: não confunda o continente (*Antártida*) e o adjetivo (*antártica*) com a cerveja, cujo nome comercial é "Antarctica" (com -c).

5. Espécime

Espécime é substantivo masculino (*o espécime*). Não existe a forma no feminino, embora muitos artigos jornalísticos insistam na erronia. A forma variante *espécimen* (plural *espécimens*) é admitida pelo VOLP, também no gênero masculino.

6. Lêvedo

Segundo o VOLP, diferentemente dos dicionaristas, que se apresentam demasiado contraditórios, o vocábulo *lêvedo* (proparoxítono) é adjetivo (*massa lêveda*), enquanto *levedo* (paroxítono) é substantivo. Dessa forma, devemos usar *lêvedo* para a acepção de "fermentado ou levedado", enquanto utilizaremos *levedo* para o "fermento, levedura ou cogumelo", em total consonância com a pronúncia popular no Brasil. Todavia, há gramáticos de nomeada, com os quais fazem coro alguns dicionaristas, que abonam a forma "lêvedo" para o substantivo, gerando na linguagem comum o conhecido "lêvedo de cerveja", em vez de *levedo de cerveja*, como estamos a preconizar no presente trabalho. Assim, não obstante as divergências, recomendamos:

Pão lêvedo – Massa lêveda

Levedo de cerveja – Levedura de cerveja

---

[8] *Jornal do Brasil*, de 3-11-1994, *apud* Cegalla, 1999, p. 27.

HIATOS

Conforme o recente Acordo Ortográfico da Língua Portuguesa, formas verbais que contenham **-oo** e **-ee**, em hiato, não comportam mais o acento circunflexo.

Exemplos: *enjoo, perdoo, voo, creem, deem, leem, veem, descreem, releem, preveem.*

Observações:

a) o acento permanece no caso de regra geral dos vocábulos paroxítonos terminados por **-n** (*Herôon*);

b) embora saibamos que o tema não se refere a *hiatos*, mas, sim, à temática do *acento diferencial*, vale aqui registrar que o acento circunflexo permanece no plural de *ter* e *vir*, incluindo os seus derivados (*manter, reter, conter, convir, advir* etc.). Exemplos:

- *Ele tem a melhor solução – Eles têm a melhor solução.*
- *Ela vem de outra cidade – Elas vêm de outra cidade.*
- *João mantém o domínio – João e Maria mantêm o domínio.*
- *O juiz intervém nos autos – Os desembargadores intervêm nos autos.*
- *A medida convém ao processo – As medidas convêm ao processo.*
- *O detalhe sobrevém à análise – Os detalhes sobrevêm à análise;*

c) acentuam-se as letras **-i** e **-u** quando uma delas for a vogal tônica de um hiato, seguidas ou não de -s:

Exemplos: *caí, país, balaústre, baú, ateísmo, juízes, uísque, saímos, tuiuiú* (tui-ui-ú), *teiú* (tei-ú), *Piauí* (Pi-au-í); *destruí-lo, influí* (1ª pessoa do singular do pretérito perfeito do indicativo), *destruí-lo, influí* (1ª pessoa do singular do pretérito perfeito do indicativo);

d) quando **-l**, **-u**, **-m**, **-n**, **-r** ou **-z**, enfim, letra diversa de -s, formarem sílaba com o **-i** ou o **-u**, não deveremos acentuar. Exemplos: *Adail, paul, pauis, instruiu, ruim, amendoim, contribuinte, ainda, cair, demiurgo, juiz.*

- Se o **-i** for seguido de **-nh**, não recebe acento:
Exemplos: *rainha, moinho, bainha, tainha, ventoinha.*

- O **-i** e o **-u** não recebem acento quando aparecem repetidos:

    Exemplos: *xiita, vadiice, juuna, sucuuba.*

Alguns *hiatos* interessantes:

Bocaiuva (Acordo)	Parvoíce	Timboúva
Corruíra	Piauí	Traíra
Desdeem (verbo *desdar*)	Reboo (verbo *reboar*)	Tucumãí
Feiura (Acordo)	Reiuno (Acordo)	Uísque
Hemorroíssa	Teiú	Voo

DITONGOS

Acentua-se a vogal dos ditongos orais abertos tônicos **-éi(s)**, **-éu(s)**, **-ói(s)**, nos vocábulos oxítonos e monossílabos. Exemplos: *anéis, réu, réis, róis, chapéu(s), solidéu(s), céu(s), dói, anzóis.*

MONOSSÍLABOS

Acentuam-se os monossílabos tônicos:

- terminados em **-a**, **-e**, **-o**, seguidos ou não de -s.

    Exemplos: *pá(s), pé(s), pó(s), mês, nó(s), pôs.*

FORMAS VERBAIS

As formas verbais hifenizadas (*davam-lhe, cantá-lo-ei, puni-lo, transpô-lo, escrevem-nos, queriam-se*) gozam de autonomia gráfica. Ainda que tais conjuntos soem como proparoxítonos, é a forma verbal, sem o pronome, que decide se deve ou não haver acento.

TREMA

Conforme o recente Acordo Ortográfico, o trema – sinal colocado sobre a letra **u**, átona, para indicar a sua pronúncia nos grupos **-gue**, **-gui**, **-que** e **-qui** – deixa de ser adotado, sendo mantido o seu uso apenas nas palavras de origem estrangeira (por exemplo, *Bündchen*).

ACENTO DIFERENCIAL

Conforme o recente Acordo Ortográfico, foram abolidos os acentos agudo e circunflexo usados na distinção das *paroxítonas homógrafas* – palavras diferentes no significado e na pronúncia, mas que se escrevem de modo idêntico. Exemplos:

- *para* (verbo *parar*) / *para* (preposição)
- *pelo* (/pé/; verbo *pelar*) / *pelo* (preposição) / *pelo* (substantivo)
- *pero* (substantivo: variedade de maçã) / *pero* (conjunção arcaica)
- *pera* (substantivo) / *pera* (preposição arcaica)
- *pela* (/pé/; verbo *pelar*) / *pela* (preposição)
- *polo* (/pó/; substantivo: modalidade esportiva) / *polo* (/pô/; substantivo: falcão ou gavião) / *polo* (preposição arcaica)

DICAS FINAIS

1. Continua em vigência o acento diferencial entre:

- pôde (3ª pessoa do singular do pret. perf. do indicativo: *Ontem ele pôde*) / pode (3ª pessoa do sing. do pres. do indicativo: *Hoje ele pode*);
- pôr (verbo: *Vou pôr as mãos naquele canalha*) / por (preposição: *Luto por você*).

2. O hífen e o acento agudo deixam de ser empregados em certas palavras compostas: *paraquedas, paraquedismo, paraquedista*.

3. Deixa de existir o acento agudo na letra **-u** dos grupos verbais que contenham *que/qui/gue/gui/guem/gues/guis/quem/ques*.

Exemplos: *apazigue, arguem, averigues, argui, arguis, oblique, obliquem, obliques*.

Observação: recomenda-se verificar os detalhes sobre a conjugação de tais verbos no Capítulo 17.

ACENTUAÇÃO GRÁFICA • capítulo 11

CURIOSIMACETES

1. IMPIO (PÍ) E ÍMPIO (ÍM)

Os adjetivos são bem parecidos, no entanto têm significados dessemelhantes. Vejamos:

a) **Impio** (im-pi-o) tem o sentido de "desumano, cruel, sem piedade". Exemplos: *inimigo impio; fatalidade impia.*

b) **Ímpio** (ím-pio) quer dizer "pessoa incrédula, antirreligiosa, contra Deus". Exemplo: *O livro é ímpio, e o autor, impio.*

2. INADIMPLÊNCIA OU INADIMPLEMENTO

Os substantivos *inadimplência* e *inadimplemento* designam a "falta de cumprimento de um contrato ou de parte dele" e são plenamente aceitos pelos dicionários e pelo VOLP. Embora considerados neologismos, são de uso generalizado e de formação etimológica regular, o que lhes imprime vernaculidade. Deles defluem vocábulos como *adimplente, adimplência, adimplir, adimplemento, inadimplir, inadimplente* – todos abonados pelo VOLP.

Enfatize que os verbos *adimplir* e *inadimplir* são defectivos, isto é, não possuem todas as formas. Assim, serão conjugados nas formas em que ao **-l** se segue a vogal **-i**. Exemplos:

Eu adimpli – Eu inadimpli;   Nós adimplimos – Nós inadimplimos;

Tu adimpliste – Tu inadimpliste;   Vós adimplistes – Vós inadimplistes;

Ele adimpliu – Ele inadimpliu;   Eles adimpliram – Eles inadimpliram.

3. ÍNDEX OU ÍNDICE

Do vocábulo latino "index" (sem acento), derivaram dois substantivos masculinos para o nosso léxico: *índice* (proparoxítono) e *índex* (paroxítona acentuada, em razão da terminação em –x, à semelhança de *tórax, fênix*).

Registre-se que há em nosso idioma uma interessante expressão, pouco usada, mas que merece registro: *pôr no índex*, no sentido de assinalar alguém ou algo como nocivo ou indesejável. Exemplo: *Vou pôr no índex o cunhado de Maria.*

4. INDOCHINÊS

O adjetivo relativo à Indochina é *indochinês*, sem hífen. Exemplo:

■ *O indochinês é o habitante de uma grande península asiática.*

Por outro lado, *indo-chinês* é adjetivo relativo à Índia e à China. Exemplo: *Tratado indo-chinês.*

MANUAL DE PORTUGUÊS JURÍDICO

> ### A HORA DO ESPANTO
> AS "PÉROLAS" DO PORTUGUÊS
>
> **1. Jóvem / Vêncer**
> **Correção:** da mesma forma, tais vocábulos não são acentuados. Portanto, grafam-se "jovem" (sem acento agudo) e "vencer" (sem acento circunflexo). Aliás, quanta criatividade do equivocado usuário da Língua com esse tal de "vêncer"...
>
> **2. Deboxe**
> **Correção:** o substantivo derivado do verbo *debochar* (zombar, escarnecer) é *deboche*, com -ch.

QUESTÕES

1. (2022/VUNESP/PC-SP/Investigador de Polícia) São todas acentuadas em atendimento à mesma regra de acentuação gráfica as seguintes palavras:

(A) obrigatória; experiência; sábios.
(B) possível; hábito; ciência.
(C) fé; obrigatória; possível.
(D) você; competência; sábios.
(E) fé; física; competência.

2. (2017/NR/CREA-SP/Analista Advogado) Assinale a alternativa cuja palavra destacada DEVE ser acentuada.

(A) Para adentrar no setor, era necessário o uso de protetor **auricular**.
(B) Pegou o primeiro voo com escala em **Aracaju**.
(C) Era necessário deixar sua **rubrica** no documento.
(D) O nome do novo produto era **passivel** de mudança.
(E) Foi preciso agir na **raiz** do problema.

3. (2017/IESES/GasBrasiliano/Advogado Júnior) Assinale a alternativa em que haja ERRO quanto ao emprego das regras de acentuação gráfica.

(A) A boia inflável, em náutica, é importantíssima.
(B) Os fatos sobrevém às exigências da assembleia.
(C) Os indivíduos não têm necessidade de destacar a feiura das coisas.
(D) O androide é um autômato que tem figura de homem e imita seus movimentos.

4. (2017/COMPERVE/Câmara de Currais Novos/RN/Procurador Legislativo/Questão adaptada) São acentuadas pela mesma regra:

(A) físico, visível e súditos.

(B) impaciência, lábios e convívio.

(C) só, nós e está.

(D) porém, palpável e sanduíche.

5. (2017/CONSULPLAN/TJ-MG/Oficial de Apoio Judicial/Questão adaptada) A sequência de vocábulos: "Islâmico, vitória, até, público" pode ser empregada para demonstrar exemplos de três regras de acentuação gráfica diferentes. Indique a seguir o grupo de palavras que apresenta palavras cuja acentuação tenha as mesmas justificativas das palavras do grupo anteriormente apresentado (considere a mesma ordem da sequência apresentada).

(A) atípica, aparência, é, vítimas

(B) típico, província, será, Nínive

(C) famílias, público, diários, várias

(D) violência, próprios, já, violência

6. (2017/MPE-GO/MPE-GO/Oficial de Promotoria) De acordo com a ortografia oficial de Língua Portuguesa em vigor, marque a alternativa em que a palavra em destaque não está corretamente acentuada:

(A) Ficou decepcionado após ver tamanha feiura.

(B) Com a vigência do Novo Acordo Ortográfico é necessária muita atenção quanto ao uso do hífen.

(C) Nunca soube os casos em que deveria ou não utilizar os hifens.

(D) Acompanhar tantas noticias ruins está te deixando paranóico.

(E) Crianças não devem entrar na piscina sem o uso de boia.

7. (2016/FCC/TRF – 3ª Região/Analista Judiciário/Questão adaptada) Atente para as afirmativas abaixo.

I. Em ... *presta homenagem às potências dominantes*... o sinal indicativo de crase pode ser suprimido excluindo-se também o artigo definido, sem prejuízo para a correção.

II. O acento em "têm" é de caráter diferencial, em razão da semelhança com a forma singular "tem", diferentemente do acento aplicado a "porém", devido à tonicidade da última sílaba, terminada em "em".

III. Os acentos nos termos "excelência" e "necessário" devem-se à mesma razão.

Está correto o que consta em

(A) I, II e III.

(B) I, apenas.

(C) I e III, apenas.

(D) II, apenas.

(E) II e III, apenas.

8. (2016/MPE-SC/Promotor de Justiça/Questão adaptada) As palavras Atlântico, época, Pacífico são acentuadas graficamente por serem proparoxítonas.

( ) Certo   ( ) Errado

9. (2016/MPE-SC/Promotor de Justiça/Questão adaptada) O acento gráfico em *navegação*, *através* e *Magalhães* obedece à mesma regra gramatical.

( ) Certo   ( ) Errado

10. (2016/MPE-SC/Promotor de Justiça/Questão adaptada) Apesar de o trema ter desaparecido da língua portuguesa, ele se conserva em nomes estrangeiros, como em Schürmann.

( ) Certo   ( ) Errado

11. (2016/CESPE/DPU/Analista/Questão adaptada) Os vocábulos "caráter", "intransferível" e "órgãos" são acentuados em decorrência da regra gramatical que classifica as palavras paroxítonas.

( ) Certo   ( ) Errado

12. (2015/Prefeitura do Rio de Janeiro – RJ/Analista Legislativo/Questão adaptada) "Um fotógrafo culto como Sebastião Salgado **apoia** seu assunto". Pela convenção ortográfica vigente, a palavra em destaque deixou de receber acento gráfico. Isso também aconteceu com os seguintes vocábulos:

(A) juizes, bachareis, convem

(B) viuvo, bonus, assembleia

(C) heroico, feiura, releem

(D) orfã, consul, constituinte

13. (2015/ESAF/Analista de Planejamento e Orçamento) Assinale a opção que contém erro de grafia.

(A) A doença Hanseníase, popularmente conhecida como lepra, chegou ao Brasil ainda no século 16. Por uma profunda falta de conhecimento sobre a doença, altamente infecciosa, as pessoas contaminadas eram isoladas compulsoriamente nos chamados leprosários. Lugares com pouca estrutura e sem lei, onde cada um deveria dar conta de si. O primeiro asilo-colônia ou sanatório para Hansenianos foi fundado em Recife no ano de 1714.

(B) Mas foi somente na década de 1920 que a doença se tornou um problema nacional. A fim de combate-la, foi criada a Inspetoria de Profilaxia e Combate à Lepra e Doenças Venéreas e, com isso, mais de dez estabelecimentos foram construídos. Segundo Guilherme Gorgulho Braz, jornalista e mestre em Divulgação Científica e cultura, "entre as décadas de 1920 e 1950, o Brasil contou com quarenta asilos-colônia, 80% deles inaugurados na Era Vargas, entre 1930 e 1945".

(C) "A hanseníase, ou lepra, foi estigmatizada em todo o mundo. Em grande parte, por ser, em muitos casos, uma doença degenerativa que evidencia quem é portador dela (manifestações cutâneas em partes do corpo que são visíveis, nas mãos e no rosto, por exemplo)", explica o pesquisador documental sobre a história da hanseníase no Brasil, Vicente Saul Moreira dos Santos.

(D) Em 1949, o isolamento de pacientes de hanseníase nos leprosários virou lei federal e vigorou até 1986. Totalmente isolados da sociedade considerada sadia, esses pacientes sofriam diversos tipos de alienação; aos que conseguiam alta, se reinserir fora dos leprosários não era tarefa fácil.

(E) O nome "lepra" não é mais utilizado. A "lepra" teve sua nomenclatura modificada gradualmente nos registros oficiais do Brasil para 'hanseníase', a partir da década de 1970, em grande parte graças ao esforço do médico Abrahão Rotberg (1912-2006), que foi diretor do Departamento de Dermatologia Sanitária de São Paulo, explica Guilherme.

(Adaptação da reportagem "A época dos leprosários",
de Laís Modelli (revista *Caros Amigos*, ano XIX, n. 220, julho 2015.)

14. (2015/IESES/TRE-MA/Técnico Judiciário/Questão adaptada) Observe a acentuação da palavra "diluída". Agora escolha a alternativa que contenha uma palavra que seja acentuada pela mesma razão.

(A) Júri.
(B) Íris.
(C) Difícil.
(D) Concluíram.

15. (2015/IESES/TRE-MA/Analista Judiciário/Questão adaptada) Das alternativas a seguir, assinale a que apresente todas as palavras acentuadas (ou não) corretamente:

(A) A estreia dos personagens em seus atos heroicos marcou a carreira dos atores, que agora têm suas vidas monitoradas por fãs e pela mídia.
(B) As raizes da carnaúba não resistiram às intempéries, o que resultou em uma moléstia que reduziu o número de árvores dessa espécie na região.
(C) A plateia ficou paranóica com a entrega do troféu para a equipe europeia.
(D) Todos os ítens metálicos que compunham o protótipo foram expostos à força de um imã com polos negativos e positivos.

16. (2015/CESPE/TCU/Auditor Federal de Controle Externo/Questão adaptada) Julgue o item a seguir.

As palavras "líquida", "público", "órgãos" e "episódicas" obedecem à mesma regra de acentuação gráfica.

( ) Certo   ( ) Errado

17. (2015/CESPE/MPU/Técnico do MPU/Questão adaptada) Julgue o item a seguir.

A palavra "cível" recebe acento gráfico em decorrência da mesma regra que determina o emprego de acento em amável e útil.

( ) Certo   ( ) Errado

18. (2014/Instituto AOCP/UFMT/Técnico em Segurança do Trabalho/Questão adaptada) Assinale a alternativa INCORRETA quanto ao que se afirma a seguir.

(A) Maringá acentua-se pela mesma regra de Paraná.
(B) Terra apresenta dígrafo, assim como fecho.
(C) Basta apresenta encontro consonantal, assim como pobres.
(D) Saída apresenta um hiato, assim como ideia.
(E) Esse apresenta três fonemas, assim como por.

19. (2014/FGV/TJ-RJ/Técnico de Atividade Judiciária/Questão adaptada) A correção na acentuação gráfica faz parte do cuidado com a norma culta na redação de um texto; a opção que apresenta um vocábulo do texto que é acentuado graficamente por razão distinta das demais é:

(A) famílias;
(B) país;
(C) rodízio;
(D) água;
(E) desperdício.

20. (2014/MPE-SC/Promotor de Justiça/Questão adaptada) O novo acordo ortográfico prevê que palavras paroxítonas com ditongos abertos "éi" e "ói" não são mais acentuadas. Servem de exemplo: paranoia, decibeis, ideia, asteroide, Coreia, Hanoi, carreteis, Troia, anzois, verborreia.

( ) Certo   ( ) Errado

21. (2014/MPE-SC/Promotor de Justiça/Questão adaptada) A regra que explica a acentuação gráfica nas palavras Bocaiúva, Criciúma, feiúra, tuiuiú, heroísmo, Guaíba, Piauí e juízes, de acordo com o novo acordo ortográfico, é: "As vogais tônicas "i" e "u" que formarem sílabas sozinhas ou com "s" serão acentuadas, exceto quando seguidas de "nh".

( ) Certo   ( ) Errado

22. (2014/MPE-SC/Promotor de Justiça/Questão adaptada) Na frase "As normas do estabelecimento preveem que o garçom para de trabalhar sempre que tiver que pôr a mão no vaso sanitário, sentir náuseas ou enjoos", a acentuação gráfica está de acordo com as regras em vigor atualmente.

( ) Certo   ( ) Errado

23. (2014/FCC/TRF – 1ª Região/Analista Judiciário/Questão adaptada) Seguindo-se a regra determinada pelo novo acordo ortográfico, também deixaria de receber o acento agudo a palavra:

(A) Tatuí.

(B) graúdo.

(C) baiúca.

(D) cafeína.

(E) Piauí.

24. (2014/FUNDATEC/SEFAZ-RS/Auditor Fiscal da Receita Estadual/Questão adaptada) Analise as afirmações que são feitas sobre acentuação gráfica.

I. Caso o acento das palavras 'trânsito' e 'específicos' seja retirado, essas continuam sendo palavras da língua portuguesa.

II. A regra que explica a acentuação das palavras 'vários' e 'país' não é a mesma.

III. Na palavra 'daí' há um ditongo decrescente.

IV. Acentua-se a palavra 'vêm' para diferenciá-la, em situação de uso, quanto à flexão de número.

Quais estão corretas?

(A) Apenas I e III.

(B) Apenas II e IV.

(C) Apenas I, II e IV.

(D) Apenas II, III e IV.

(E) I, II, III e IV.

25. (2014/FUNDATEC/SEFAZ-RS/Auditor Fiscal da Receita Estadual/Questão adaptada) Observe as palavras abaixo:

– são, cumprimento, influencia, intenção.

Analise as afirmações abaixo:

I. Apenas uma palavra possui outra homônima.

II. Duas palavras possuem parônimos.

III. Em apenas uma palavra é possível inserir um acento circunflexo e obter outra palavra da língua portuguesa.

Quais estão corretas?

(A) Apenas I.

(B) Apenas II.

(C) Apenas III.

(D) Apenas I e II.

(E) I, II e III.

26. (2014/FUNDATEC/SEFAZ-RS/Técnico Tributário da Receita Estadual/Questão adaptada) Considere as assertivas abaixo sobre acentuação gráfica, letras e fonemas.

I. As palavras "irá" e "até" são acentuadas em virtude da mesma regra, e nenhuma delas possui mais letras do que fonemas.

II. Tanto em "países" quanto em "país" ocorre ditongo; e, em ambas, o número de letras difere do número de fonemas.

III. "vários" e "funcionário" continuariam a ser palavras da língua portuguesa caso o acento fosse retirado.

Quais estão incorretas?

(A) Apenas I.
(B) Apenas II.
(C) Apenas III.
(D) Apenas I e II.
(E) Apenas II e III.

27. (2014/ACAFE/PC-SC/Delegado de Polícia/Questão adaptada) Assinale a alternativa em que o acento gráfico é determinado pela mesma regra.

(A) índios, vácuo, mágoa, eloquência, espécie.
(B) Piauí, dendê, carijó, pôs, bênção.
(C) características, próprio, fracionários, sádico, encontrá-la-emos.
(D) louvável, jóquei, revólver, quiséssemos, conferência.
(E) renegá-la, período, juízes, maracujás, armazéns.

GABARITO

1. A	8. Certo	15. A	22. Certo
2. D	9. Errado	16. Errado	23. C
3. B	10. Certo	17. Certo	24. B
4. B	11. Certo	18. D	25. C
5. B	12. C	19. B	26. E
6. D	13. B	20. Errado	27. A
7. A	14. D	21. Errado	

12 CRASE

A crase (do grego *krâsis*, ou seja, "mistura") é a fusão de duas vogais da mesma natureza. Assinalamos com o acento grave (`) o fenômeno da crase, que se traduz na fusão ou contração da preposição **a** com...

- o artigo definido feminino singular a, resultando em À;
- o artigo definido feminino plural as, resultando em ÀS;
- o pronome demonstrativo **aquela(s), aquele(s), aquilo**, resultando em ÀQUELA(S), ÀQUELE(S), ÀQUILO;
- o pronome relativo **a qual, as quais**, resultando em À QUAL, ÀS QUAIS.

Observemos as frases abaixo:

Leve a encomenda *à* secretária.

(à = a1 + a2) a1 = **preposição** (da regência do verbo *levar*);

a2 = **artigo** (que acompanha o substantivo feminino *secretária*).

Refiro-me *àquele* hóspede.

(àquele = a1 + aquele2) a1 = **preposição** (da regência do verbo *referir-se*);

aquele2 = **pronome demonstrativo**.

Note a **regra prática** para se certificar de que haverá o sinal indicador da crase:

1º Passo: substitua a palavra antes da qual aparece o "a" ou "as" por um termo masculino.

2º Passo: se ocorrer "ao" ou "aos" como resultado, deve-se utilizar o sinal indicador da crase.

Exemplos:

- *Os papéis foram apresentados às autoridades / Os papéis foram apresentados aos juízes.*

No entanto, é imperioso dominar as regras específicas quanto à utilização do sinal indicativo da crase. Passemos ao detalhamento.

CASOS OBRIGATÓRIOS DE CRASE

1. Com o artigo "a":

- *Dediquei-me à leitura.*

    [Dediquei-me **(a + a)** leitura].

- *Leve o livro à pessoa amada.*

    [Leve o livro **(a + a)** pessoa amada].

- *O candidato aspira à aprovação.*

    [O candidato aspira **(a + a)** aprovação].

2. Com nomes geográficos de cidades, países ou localidades que admitem o artigo definido feminino:

- *Vou à França – Vou à Colômbia – Vou à Argentina – Vou à Gávea*

Observações:

a) Para que se identifique a presença ou a ausência da crase, recomenda-se uma técnica: elabore uma frase com o verbo *voltar*, referindo-se ao ponto geográfico em exame. Se obtiver "volto de", não haverá crase; se obtiver "volto da", ter-se-á crase. Exemplos:

- *Vou a Roma – Volto de Roma (portanto, não há crase).*
- *Vou à Argentina – Volto da Argentina (portanto, há crase).*

b) Quando o ponto geográfico vier acompanhado de qualificativo, a crase será obrigatória. Exemplos:

- *Vou à Brasília dos deputados.*
- *Vou à Roma dos Césares.*
- *Vou à São Paulo da garoa.*
- *Vou à Florianópolis das 42 praias.*
- *Viajarei às 14h à Vacaria dos pinhais.*

3. Com os pronomes demonstrativos "aquele(s)", "aquela(s)" e "aquilo":

- *Resisti àquele doce.*

    [Resisti **(a + aquele)** doce].

- *Cheguei àquele lugar.*

  [Cheguei **(a + aquele)** lugar].

- *Referi-me àquelas revistas.*

  [Referi-me **(a + aquelas)** revistas].

- *Fizeram alusão àquela testemunha.*

  [Fizeram alusão **(a + aquela)** testemunha].

- *Não dei importância àquilo.*

  [Não dei importância **(a + aquilo)**].

- *Prefiro isto àquilo.*

  [Prefiro isto **(a + aquilo)**].

Observações:

a) Há uma importante exceção: caso o pronome demonstrativo seja usado para entidade grafada com inicial maiúscula, fazendo-se questão de separar a preposição da inicial maiúscula de tal pronome. Exemplo: *Agradecemos a Aquele que nos protege.*

b) Usa-se, ademais, em formas, como: àqueloutro, àqueloutros, àqueloutra, àqueloutras. Exemplo: *Dirigimo-nos àqueloutro evento.*

4. Antes das formas pronominais compostas "a qual" e "as quais":

- *Esta é a festa à qual me referi.*
- *Vi a casa do morro à qual eles se dirigiram.*
- *Fiz alusão às pesquisas às quais nos dedicamos.*
- *Deu valor às irmãs, às quais devia a vida.*

Observações:

a) Observe que, na frase *Esta voz é anterior à que você fez*, ocorre acento grave para indicar elipse de termo, o que obriga a presença do sinal grave indicador porque o vocábulo "anterior" exige a preposição "a", e temos a contração com o "a" seguinte. Procedendo à complementação, teremos: *Esta voz é anterior à [voz] que você fez*. Eis outro exemplo: *Não me refiro a ela; refiro-me à que encontramos ontem*. Complementando: *Não me refiro a ela; refiro-me à [mulher] que encontramos ontem.*

b) Não haverá a crase quando o "a" anterior for apenas uma preposição. Exemplos:

- *Esta é a pessoa a que fiz alusão.*
- *Este é o autor a cuja obra ele se referiu.*
- *Esta é a donzela a que alude.*
- *Às cerimônias, a cujo início finalmente se procedeu, compareceram muitos curiosos.*

5. Antes de horas determinadas:

- *Chegou às duas horas.*
- *Chegamos à uma hora da manhã. (ou à 1h)*

Ressalte-se que a crase será utilizada até mesmo com a expressão "zero hora". Exemplos:

- *À zero hora, avançaremos no campo de batalha.*
- *"E tudo ia bem, até que, à zero hora do dia seguinte, o carro parou em Tamanduá-Mirim, diante de uma fila inerte de caminhões"*[1].

Observações:

a) O uso da expressão "a uma hora":

a.1) Caso se trate de *hora determinada*, a crase será obrigatória:
- *O baile acabou à uma hora da madrugada.*

a.2) No entanto, tratando-se de *hora indeterminada*, **não** se usa a crase:
- *A tropa chegou ao campo de batalha a uma hora morta.*
- *A uma hora destas, os larápios devem estar bem longe daqui.*
- *Irá a uma hora qualquer.*

a.3) Ademais, usa-se a forma "a uma hora", sem acento, para indicar distância no espaço ou no tempo:
- *A fazenda fica a uma hora daqui.*
- *O atentado ocorreu a uma hora do início da apresentação.*
- *O metrô passará daqui a uma hora.*

a.4) Não haverá crase em expressões similares: "a duas horas daqui", "a três quadras daqui" etc.

---

1 Carlos Drummond de Andrade, *Obra Completa*, p. 853.

b) Recomenda-se a utilização do artigo na indicação de horas. Com efeito, o artigo evita a ambiguidade, evidenciando o sentido de marcação de horas, e não de duração do evento. Explicando: quando se escreve "o evento ocorre de 9h a 11h", pode-se entender que o evento durará nove, dez ou até onze horas. Por outro lado, se a frase for "o evento ocorre das 9h às 11h", ninguém duvidará que a duração do evento será de duas horas, começando às nove horas da manhã e finalizando às onze horas da manhã. Por esse motivo, entendemos que há equívoco na frase a seguir: "Quem voar entre 22h e 6h pode pagar 50% a menos" (*Diário de Pernambuco*).

Corrigindo: *Quem voar entre as 22h e as 6h pode pagar 50% a menos.*

(Observe que a preposição "entre" repudia a crase, repetindo-se, de modo elíptico, na oração: *Quem voar entre as 22h e [entre] as 6h pode pagar 50% a menos*).

DICA

Observe a frase: *Espero desde as três horas.*

A crase não ocorrerá, uma vez que "desde" já é preposição, não podendo ser seguida de outra. Além de "desde", outros termos repelem a crase, por serem igualmente preposições. É o caso de "ante", "após" e "perante":

- *Ante a situação do crime, o ilícito se configurou.*
- *Após a decisão do júri, fui à igreja.*
- *Perante a juíza, comporte-se bem.*

No quadro abaixo, vamos enfrentar a seguinte Situação: a **CRASE** e as formações **DE ... A** e **DA(s) ... À(s)**:

De ... a	Da(s) ... à(s)
Ele estuda de segunda a sexta.	O evento foi das 8h às 18h.
O curso será de 2 a 5 de maio.	Plantarão grama da quadra 10 à quadra 13.
Pegou chuva de Belém a Brasília.	O projeto é da página 8 à página 11.
Ele dançou de meia-noite a 2h30min.	Ele dançou da meia-noite às 2h30min.
Eles estudavam de 9h a 11h.	Viajou de moto da Bahia à Paraíba.
Comi em demasia de 1ª a 4ª séries.	Em Brasília, a vigilância se deu da SQS 310 à 312.
De hoje a domingo, rezarei as orações.	A viagem é da França à Alemanha.
Os namorados se viam de 8h30min a 11h30min.	A paralisação se deu da Rua da Consolação à Avenida Rebouças.

6. Com numerais ordinais femininos:

- *Entregaram prêmios à primeira colocada.*
- *Fizeram elogios ao primeiro e à segunda aluna da classe.*

7. Com termos que se apresentam ocultos:

7.1. Quando subentender a palavra *moda* ou *maneira*:
- *Usava sapatos à Luís XV.*
- *Escrevia à Machado de Assis.*
- *Fez vários gols à Pelé.*
- *Seus vestidos eram à Clodovil.*
- *Vamos jogar à Corinthians.*
- *Seu drible foi à Garrincha.*
- *Bife à milanesa.*
- *Era um quadro à Picasso.*
- *Pedimos arroz à grega.*
- *Seu estilo é à Erico Verissimo.*
- *Farei uma bacalhoada à Portugal.*

7.2. Quando subentender palavra feminina que determine *nome de empresa* ou *coisa*:
- *Referiu-se à Apolo* (nave).
- *Dirigiu-se à Gustavo Barroso* (fragata).
- *Vou à Saraiva* (editora).
- *Fez alusão à Carta Capital* (revista).

8. Antes de palavra feminina, nas locuções adjetivas, adverbiais, prepositivas ou conjuntivas:

Observe o uso nas locuções:
- Adjetivas
  - *Foi um ótimo baile à fantasia.*
  - *É um sujeito à toa.*

- Adverbiais
  - *Fizemos tudo às escondidas.*
  - *Vivem viajando à noite.*
- Prepositivas
  - *Estava à procura de um profissional.*
  - *Andava à esquerda do jardim.*
- Conjuntivas
  - *A temperatura aumenta à proporção que nos aproximamos dos trópicos.*
  - *Ficamos mais maduros à medida que envelhecemos.*

Aprecie a lista com variados exemplos:

Eles se sentiram atraídos à primeira vista.	Eles usaram as roupas às avessas.
Prefiro que você aja sempre às claras.	Às vezes, chego ao trabalho esbaforido.
À medida que os juros baixaram, ele reagiu.	A embarcação estava à mercê das ondas.
À força de tanto estudar, acabou enlouquecido.	Vive à custa do pai (evite "às custas de...").
Vive às expensas do pai (ou a expensas do...).	Foram ao espetáculo de comédia e riram à beça.
As embarcações ficaram à deriva.	As instalações estavam às moscas.
Ele correu tanto, e o esforço foi à toa.	Às turras, seguiu para o baile.
Chegou às pressas.	Ele seguiu à risca o problema.
Entrou à esquerda do pai.	Os erros foram cometidos às escâncaras.

Observação:

Nas locuções adverbiais que indicam meio ou instrumento, com substantivos femininos, não há consenso quanto à utilização do sinal indicador da crase. Por força da tradição, recomenda-se utilizá-lo, a fim de evitar dubiedade. Entretanto, em face do cambiante posicionamento dos gramáticos, preferimos defender aqui o uso facultativo. Exemplos:

Morto à [a] bala	Morto à [a] faca	Atacado à [a] navalha	Aberto à [a] foice
Escrito à [a] tinta	Elaborado à [a] mão	Feito à [a] máquina	Pagamento à [a] vista

CASOS PROIBITIVOS DE CRASE

1. Antes de palavra masculina:

- *Andava a pé.*
- *Pagamentos a prazo.*
- *Vestir-se a caráter.*
- *Andar a cavalo.*
- *Caminhar a esmo.*
- *Chegamos a tempo.*
- *Morto a tiro.*
- *Estamos a caminho.*
- *O recurso foi interposto a destempo.*
- *Fenômeno visível a olho nu.*
- *A despeito da inexperiência, todos supuseram que ele seria candidato.*
- *A princípio, tudo corria muito bem; com o passar do tempo, soçobrou.*
- *O teste não deve ser feito a lápis.*
- *Todos esses apetrechos pertencem a Alberto.*

2. Antes de verbo:

- *Estava decidido a fugir.*
- *A partir de domingo, tomaremos tal providência.*
- *Ficou a ver navios.*
- *Eles começaram a fazer os trabalhos.*

3. Antes de expressões em sentido genérico:

3.1. Quando se tratar de *palavras femininas genéricas*:

- *Não dê ouvidos a reclamações.*
- *Referi-me a mulheres, e não a meninas.*
- *Não se prenda a coisas materiais.*

- *Presto favores a pessoas dignas.*
- *Ele é submisso a decisões do chefe.*

3.2. Quando se tratar de *locuções de modo* (que exprimam a ideia de generalidade):

- *Pegaram-se a dentadas.*
- *Agrediram-se a bofetadas.*
- *Progrediram a duras penas.*
- *Reunião a portas fechadas.*
- *Jamais se submetia a humilhações.*

4. Antes de pronomes, em geral (indefinidos, demonstrativos, de tratamento ou pessoais):

- *Daqui a algumas horas, ele chegará.*
- *A certa altura, cansou-o a demora.*
- *Estamos dispostos a qualquer coisa.*
- *Não entregue isto a ninguém.*
- *Leve o livro a ela.*
- *Disse isso a toda pessoa.*
- *Cheguei a esta conclusão.*
- *Pedi a ela que saísse.*

Observações:

a) Com os pronomes **mesma**, **outra** e **própria**, haverá crase:

- *Assistimos sempre às mesmas cenas.*
- *Falou à mesma pessoa.*
- *Elas pensaram no que dizer uma à outra.*
- *Não fale nada às outras.*
- *Refiro-me à própria mulher.*

b) Não se usa crase antes de pronomes de tratamento:

- *Fique tranquilo: enviarei tudo a Vossa Senhoria.*
- *Leve a encomenda a Sua Excelência.*

c) Embora o tema seja tratado com certa polêmica, recomendamos a utilização do sinal indicador da crase antes de **senhora**, **senhorita**, **dona**, **madame**:

- *Referiu-se à senhora secretária.*
- *Deu algumas moedas à senhorita.*
- *Encaminhou-se à dona Teresa.*
- *Dirigiu-se à madame Angélica.*

d) O termo **sóror** – utilizado para a indicação de freiras professoras – repele o artigo; logo, não haverá crase. Exemplos:

- *Fizeram menção a sóror Maria.*
- *Quando se procura um santo para o Brasil, por que não se falar em "Sóror Joana Angélica"[2]?*
- *As "Cartas Portuguesas", escritas no século XVII, por Sóror Mariana Alcoforado (1640-1723), são um dos exemplos mais ardentes do amor desesperado de uma mulher pelo homem amado.*

5. Antes de quem e cujo(s), cuja(s):

- *Isto convém a quem nada sabe.*
- *Ela é a autora a cuja peça me referi.*

6. Entre palavras repetidas:

- *Estavam cara a cara.*
- *Ele ficou face a face.*
- *Ficou frente a frente com o inimigo.*
- *Gota a gota, a água acabou.*
- *Passo a passo, procedeu à análise dos medicamentos.*
- *Ele passou a máquina de ponta a ponta.*
- *Dia a dia, escreve muito.*

---

2 Sóror Joana Angélica, Abadessa do Convento das Franciscanas da Bahia, foi morta a golpes de baioneta, desferidos por soldados portugueses, na Guerra da Independência, em 1822, ao impedir que invadissem o Convento para estuprar as freiras. Estas conseguiram fugir, porém Sóror Joana foi atacada pelos soldados enfurecidos.

CASOS ESPECÍFICOS DE CRASE

1. Antes de terra, casa e distância

Observe o quadro explicativo:

TERRA	CASA	DISTÂNCIA
Antes da palavra TERRA, como sinônimo de "terra firme, chão" (enfim, como oposição a "mar"). Exemplos: • Mandou o marinheiro a terra. • O navio está chegando a terra. • Tão logo desceram a terra, os aviadores relaxaram. • A tripulação do navio desceu a terra.	Antes da palavra CASA, como sinônimo de "lar". Exemplos: • Chegou a casa cedo. • Voltamos a casa. • Retornei a casa. • A casa, cheguei de inopino. • Sem perceber, a casa fui.	Antes da palavra DISTÂNCIA, quando indeterminada. Exemplos: • Fiquei a distância. • Estava a pequena distância do alvo. • O assaltante estava a distância. • A distância, fiquei imóvel e perplexo. • Aproxime-se, mas fique a distância.
OBSERVAÇÃO:	**OBSERVAÇÃO:**	**OBSERVAÇÃO:**
Se o termo TERRA vier particularizado ou se referir ao *planeta*, haverá a crase. Exemplos: • Voltou à terra natal. • Chegaram à terra dos pântanos. • Os astronautas regressaram à Terra. • A cápsula lunar voltou à Terra.	Se o termo CASA vier particularizado, haverá a crase. Exemplos: • Voltou à casa dos pais. • Iremos à Casa da Moeda. • Ele foi à casa nova. • À casa da noiva, cheguei à uma. • Ela foi à casa da sogra.	Se a palavra DISTÂNCIA vier especificada, haverá a crase. Exemplos: • Fiquei à distância de dez metros. • À distância de dois metros, permaneci. • Ele parou à distância de três metros.

2. A crase e seu uso facultativo

A crase será facultativa em **três** importantes situações. Procure memorizá-las:

I. Antes de pronome possessivo adjetivo feminino, no singular:

- *Refiro-me à (a) sua tia.* (mas, com crase obrigatória, não obstante a controvérsia nesse caso: *Refiro às suas tias.*)

- *Não fez menção à (a) nossa empresa.* (mas, com crase obrigatória, não obstante a controvérsia nesse caso: *Não fez menção às nossas empresas.*)

II. Antes de nome próprio feminino:

- *Declarou-se à (a) Jamile.*
- *Dei o carro à (a) Rania.*

Observação:

Se houver intimidade, a crase será obrigatória. Exemplo:

- *Fale à Miriam, minha irmã.*

Caso se trate de nomes femininos históricos ou emblemáticos, com os quais o anunciante não tenha intimidade, não se deve utilizar a crase. Exemplos:

- *Fiz alusão a Joana D'Arc.*
- *O pároco fez menção a Virgem Maria.*
- *O professor aludiu a Maria Antonieta, a Rainha Austríaca.*
- *Recorro a Santa Teresa.*

III. Depois da preposição *até*:

- *Fui até à (a) montanha.*
- *Ele chegou até à (a) porta, lentamente.*
- *Andou a cavalo até à (a) entrada do sítio.*

3. A crase e a expressão *a uma (só) voz*

A locução **não** receberá o acento grave indicador da crase. Exemplos:

- *Todos gritaram pelo homem, a uma voz.*
- *"Que significará isso? – perguntaram quase a uma voz"*[3].
- *A resposta no samba de roda é sempre em coro, uníssono, coisa que o samba-enredo manteve.*

Observação: atente-se para o fato de que a expressão reduzida "à uma", no sentido de "a uma só voz", diferentemente, deve receber o sinal indicador da crase. Exemplo:

- *Todos gritaram à uma.*
- *Os guardas gritaram à uma: "Fora, todos!".*
- *Todos berraram à uma: "Diretas já!".*

---

3 Austregésilo de Ataíde, p. 213, *apud* Cegalla, 1999, p. 44.

4. A crase e os pronomes adjetivos e substantivos

O pronome pode ser **adjetivo** ou **substantivo**. Será *pronome adjetivo* quando modificar um substantivo expresso. Nesse caso, a crase será facultativa. Por outro lado, quando se tratar de pronome substantivo, a crase será obrigatória. Exemplo:

> *Este livro pertence à/a tua professora; aquele outro pertence à minha.*

Analisando:

Este livro pertence à/a **(1)** *tua professora; aquele outro pertence à* **(2)** *minha*.

(1) Pronome adjetivo, modificador de "professora": crase facultativa;

(2) Pronome substantivo: crase obrigatória.

Veja mais um exemplo: *Vamos à (a) sua casa ou à minha.*

5. A crase e a expressão *dar à luz...*

À guisa de memorização, é imperioso recordar que não existe a forma "dar à luz a alguém", pois o correto é que "se dê alguém à luz". Aprecie, pois, as formas corretas:

- *Ela deu à luz gêmeos* (e não "deu à luz a gêmeos").
- *A tia Elizete deu à luz Marlene e Marli* (e não "...deu à luz a Marlene e Marli").
- *Lígia deu à luz um casal de gêmeos.*

6. A crase e as expressões *dado(a)* e *devido*

O termo *dado(a)* não requer o sinal indicador da crase (Exemplo: *dado o homem; dada a mulher*). Por outro lado, devemos escrever *devido a*, e não somente "devido". Dessa forma, observe as implicações quanto à crase: se digo *dada a situação*, direi *devido à situação* (com crase); se digo *dadas as ocorrências*, direi *devido às ocorrências* (com crase); se digo *dado o problema*, direi *devido ao problema*. Veja mais exemplos:

- *Dada a natureza da imunidade, há a necessidade de obedecer a requisitos.*
- *Dadas as circunstâncias atenuantes, tudo pode melhorar.*
- *Devido às circunstâncias agravantes, tudo pode piorar.*

CURIOSIMACETES

1. INFENSO A

O adjetivo *infenso* significa "inimigo, contrário ou hostil". Pode ser utilizado em expressões, como: *ser infenso a, mostrar-se infenso a*. Portanto, aprecie as frases:

- *A revelação da MPB – Maria Rita – mostrou-se infensa às críticas.*
- *O advogado, infenso a atualizações, mostrou-se desnorteado.*
- *A mulher, infensa a intrigas, não se relacionava com as vizinhas.*
- *O policial, ouvido em audiência, mostrou-se infenso a conchavos.*

2. VERBO JAZER

O verbo *jazer* significa "estar deitado, estar sepultado", sendo regular em todos os tempos. Ademais, conjuga-se normalmente em todas as formas, exceto quanto à terceira pessoa do singular do presente do indicativo (ele), cuja forma é "jaz", em vez de "jaze". Portanto, aprecie a conjugação:

Eu jazo – Tu jazes – Ele jaz – Nós jazemos – Vós jazeis – Eles jazem.

Eu jazi – Tu jazeste – Ele jazeu – Nós jazemos – Vós jazestes – Eles jazeram.

Exemplos:

- *Aqui jaz o corpo de um grande amigo.*
- *Aqui jazem os restos mortais do valente soldado.*
- *"... de tanta angústia se tomou, que os maus humores se lhe extravasaram, e ... jazeu uma semana no seu vasto leito, ..."*[4].
- *"A fazenda jaz entre duas colinas". (Aurélio)*
- *"... as semanas passavam, e todo esse belo material de experimentação, sob a luz branca da claraboia, jazia virgem e ocioso"*[5].

3. LACÔNICO

O adjetivo *lacônico*, derivado do grego *lakonikós*, tem o sentido de "breve, conciso, expresso em poucas palavras", como o faziam os habitantes da *Lacônia* (região do sul da Grécia Antiga, hoje *Peloponeso*). Portanto, podemos usar tal adjetivo para *resposta lacônica, linguagem lacônica*.

---

4 Eça de Queirós, *Últimas Páginas*, p. 350, *apud* Aurélio, p. 804.

5 *Id., ibid.*, p. 193, *loc. cit.*

CRASE • capítulo 12

A HORA DO ESPANTO
AS "PÉROLAS" DO PORTUGUÊS

1. **Não se fala outro assunto anonser ...**
   `Correção:` há situações em que é difícil descobrir o que se quis dizer, como se nota na forma "anonser". Seria *a não ser*? Quanta criatividade, não é mesmo? Portanto, corrigindo: *Não se fala outro assunto a não ser ... .*

2. **Ao léo**
   `Correção:` a expressão idiomática aceita em nosso idioma é *ao léu* (com -u), na acepção de "à toa, a esmo, ao deus-dará, à vontade, ao acaso". A propósito, conta-se que, certa vez, um causídico desavisado usou, equivocadamente, a expressão "ao léo" em uma petição, sendo questionado, acertadamente, pelo Juiz sobre o ingresso de um novo interessado na lide: o "Léo" (de Leonardo...). Só rindo...

3. **O direito tinha que ser engual para todos.**
   `Correção:` o adjetivo na acepção de idêntico ou análogo é *igual*, e não "engual". É difícil discernir o que é pior: a sonoridade ou a grafia da errônea forma.

QUESTÕES

1. (2022/VUNESP/PC-SP/Escrivão de Polícia) Assinale a alternativa em que os sinais indicativos de crase estão empregados de acordo com a norma-padrão.
(A) Foi comunicado à todas as seções que os adiantamentos de salário estão suspensos, até à próxima semana.
(B) Serão destinados recursos à populações desabrigadas, com especial atenção às crianças.
(C) Os depoimentos serão colhidos de segunda à sexta-feira, exigida à presença da autoridade competente.
(D) Está definido que à partir da próxima semana os documentos serão enviados à matriz, para arquivamento.
(E) A preferência no atendimento será dada àquelas pessoas que fizeram agendamento pelo site, como convém à ordem dos trabalhos.

2. (2022/VUNESP/UNESP/Assistente Técnico Administrativo) O sinal indicativo de crase está corretamente empregado em:
(A) Os soldados, em meio à devastação sem precedentes, tornam-se insensíveis à qualquer sofrimento.
(B) Trabalhando à serviço da imprensa, Rubem Braga se dedicava à relatar as consequências da guerra.

(C) À certo momento, quando a estrada fica livre à frente do jipe, surge uma sensação de liberdade.

(D) Quanto à figura de Mussolini, o autor alude à ela externando desprezo e sarcasmo.

(E) O autor rende-se à imagem do arbusto que se opõe aguerridamente à própria morte.

3. (2017/AOCP/CODEM-PA/Analista Fundiário/Advogado/Questão adaptada) Em "Metade de todas as pessoas com acesso à internet, no mundo, entra no Facebook pelo menos uma vez por mês", a crase ocorreu

(A) para atender à regência do verbo "entra".

(B) para introduzir expressão adverbial feminina.

(C) para indicar que houve junção de dois artigos definidos, no feminino e no singular.

(D) para atender a regência de "acesso" e pela presença de artigo definido, feminino, singular que antecede "internet".

(E) inadequadamente, pois a palavra internet não admite artigo.

4. (2017/NR/CREA-SP/Analista Advogado) De acordo com a norma-padrão da Língua Portuguesa, assinale a alternativa correta em relação à ocorrência ou não de crase.

(A) Ele foi à uma reunião de negócios.

(B) Após sua acusação, o suspeito disse que não tinha nada à declarar.

(C) Ao avistar a diretora, entregou o documento à ela.

(D) São normais às quais todos os alunos devem obedecer.

(E) Não estacione. Sujeito à guincho.

5. (2017/MPE-GO/MPE-GO/Oficial de Promotoria) A frase em que o acento grave indica corretamente a ocorrência de crase é:

(A) Ele deve muito aos pais, que sempre lutaram ombro à ombro para garantir-lhe uma boa educação.

(B) Puseram a vitima e o acusado frente à frente, para o possível reconhecimento do agressor.

(C) Acompanhou-o passo à passo durante sua estada no Brasil.

(D) Quero que você fique bem à vontade para negar meu pedido, se não puder atendê-lo.

(E) Ele sempre vem à pé, por isso costuma atrasar-se.

6. (2017/VUNESP/TJ-SP/Assistente Social Judiciário/Questão adaptada) A Maria da Anália visava ____ um pedaço de toucinho, mas seu pedido não chegou ____ sensibilizar a dona do porco que, vendo-se ____ mercê de uma invasão em seu quintal, decidiu recolher-se ____ sua casa.

Assinale a alternativa cujos termos preenchem, correta e respectivamente, as lacunas do enunciado conforme a norma-padrão.

(A) a ... à ... a ... à

(B) a ... a ... a ... a

(C) à ... à ... à ... à
(D) a ... a ... à ... à
(E) à ... a ... a ... a

7. (2017/FUNDEP/Gestão de Concursos/CRM – MG/Advogado) Releia o trecho a seguir.
"[...] com respeito à legislação, à ética e aos princípios da gestão eficiente."
Sobre o uso dos acentos indicativos de crase nesse trecho, analise as afirmativas a seguir.
I. Seu uso é obrigatório.
II. Ocorrem em virtude da determinação dos substantivos femininos "legislação" e "ética".
III. São regidos pelo substantivo masculino "respeito".
De acordo com a norma padrão, estão corretas as afirmativas:
(A) I e II, apenas.
(B) I e III, apenas.
(C) II e III, apenas.
(D) I, II e III.

8. (2017/VUNESP/TJM-SP/Escrevente Técnico Judiciário) Assinale a alternativa que preenche, respectivamente, as lacunas da frase, conforme a norma-padrão da língua.
_____ anos, estudiosos _____ acerca da contribuição que o conhecimento dos buracos negros pode trazer _____ nossas vidas.
(A) Há ... têm questionado-se ... a
(B) Há ... têm se questionado ... a
(C) Há ... têm se questionado ... à
(D) A ... têm questionado-se ... a
(E) A ... têm se questionado ... à

9. (2017/VUNESP/Câmara de Mogi das Cruzes-SP/Procurador Jurídico/Questão adaptada) Assinale a alternativa que completa corretamente a seguinte frase:
O leitor tem direito
(A) à restrições com relação ao ponto de vista exposto pelo autor.
(B) à defesa da ideia de que outros colonizadores seriam preferíveis aos portugueses.
(C) à acreditar que o Brasil deveria ter sido colonizado por outros povos.
(D) à uma opinião diversa da veiculada por esse texto jornalístico.
(E) à argumentos que tornem discutível o parecer do autor.

10. (FAPEMS/PC-MS/Delegado de Polícia) Assinale a opção que completa correta e respectivamente a sequência de lacunas neste texto.

MANUAL DE PORTUGUÊS JURÍDICO

PROJETO QUER LIBERAR ANIMAIS EM HOSPITAIS DE SP PARA VISITAR PACIENTES.

Um projeto de lei que tramita na Câmara Municipal de São Paulo propõe ____ liberação de animais de estimação em hospitais públicos para visitar pacientes internados. Uma das justificativas é o benefício da relação entre homens e bichos ____, cientificamente.

Autor da proposta, o vereador Rinaldi Digílio (PRB) argumenta que ____ visita do animal é uma forma de levar "carinho e alegria" ao paciente internado.

"Conforme ____ psicóloga Karina Schutz, especialista em terapia cognitivo-comportamental e diretora da Pet Terapeuta, tratamentos que utilizam animais na recuperação de pacientes já ____ sendo aplicados em diversos países, contabilizando resultados de sucesso", defendeu vereador.

Segundo Digílio, na Inglaterra, onde Karina estudou por três anos e meio, foi possível comprovar "que o estímulo dos pets em ambientes hospitalares, por exemplo, ajuda não somente o paciente, mas toda ____ equipe que convive com o animal".

O texto determina regras para a liberação dos bichos, como vacinação em dia e laudo veterinário atestando a boa condição. Além disso, os animais deverão estar em recipiente ou caixa ____. "No caso de cães e gatos, devem estar em guias presas por coleiras e se necessário de enforcador e focinheiras", explicou o parlamentar. Também está previsto no projeto que os hospitais devem estabelecer normas e procedimentos próprios para organizar o tempo e o local de permanência dos animais durante ____ visita. O local de encontro do paciente com o pet ficará a critério do médico e da administração do hospital, que determinarão ____ regras.

"A presença do animal se dará mediante ____ solicitação e autorização do médico responsável pelo paciente. ____ visita dos animais terá que ser agendada previamente na administração do hospital", determina o projeto de lei. O texto ainda será discutido por quatro comissões da Câmara: Constituição e Justiça; Administração Pública; Saúde, Promoção Social e Trabalho; e Finanças e Orçamento.

DIÓGENES, Juliana. *Estadão*. Disponível em: https://noticias.uol.com.br/ultimasnotidas/agencia-estado/2017/07/17/projeto-quer-liberar-animais-em-hospitais-de-sp-para-visitar-pacientes.htm?cmpid=copiaecola.

(A) a, comprovados, a, a, vem, a, adequada, a, às, a, à
(B) a, comprovado, a, a, vêm, a, adequada, a, as, a, A
(C) A, comprovados, a, à, vêem, a, adequada, a, às, a, A
(D) à, comprovado, a, a, vem, a, adequada, a, as, a, a
(E) A, comprovado, a, a, vem, à, adequadas, a, as, a, à

11. (2017/IESES/ALGÁS/Analista de Projetos Organizacionais – Jurídica/Questão adaptada) A presença da crase é obrigatória em: "[...] atribui todo o trabalho de compreensão do conteúdo à habilidade de 'explicar' do professor". Assinale a alternativa em que a crase também deveria obrigatoriamente aparecer.

(A) A pessoa a quem me refiro é a mesma para a qual você pediu a caneta para preencher os formulários obrigatórios.
(B) Fez todo o percurso a pé e dizia a quem lhe perguntasse que a fadiga não a perturbava.
(C) Fez questão de dizer a sua amiga que a joia foi paga a prazo.
(D) Aqueles documentos, não foi feita referência alguma na reunião, por isso as pessoas estavam a ponto de perguntar.

12. (2016/MPE-SC/Promotor de Justiça) "O americano Jackson Katz, 55, é um homem feminista – definição que lhe agrada. Dedica praticamente todo o seu tempo a combater a violência contra a mulher e a promover a igualdade entre os gêneros. (...) Em 1997, idealizou o primeiro projeto de prevenção à violência de gênero na história dos marines americanos. Katz – casado e pai de um filho – já prestou consultoria à Organização Mundial de Saúde e ao Exército americano."

(*Veja*, Rio de Janeiro: Abril, ano 49, n. 2, p. 13, jan. 2016.)

No texto acima, o sinal indicativo de crase foi empregado corretamente, em todas as situações. Poderia ter ocorrido também diante dos verbos combater e promover, uma vez que o emprego desse acento é facultativo antes de verbos.

( ) Certo   ( ) Errado

13. (2016/MPE-SC/Promotor de Justiça) A frase "Quando o juiz sentou na mesa, já havia tomado a decisão que mais gostava" está gramaticalmente correta quanto ao emprego de preposição.

( ) Certo   ( ) Errado

14. (2016/FGV/MPE-RJ/Analista do Ministério Público/Questão adaptada) Observe as quatro ocorrências do acento grave indicativo da crase: "vise à promoção de políticas de controle" (1), "tornando-os inacessíveis à grande massa populacional" (2), "Além disso, à medida que as cidades crescem" (3) e "que às vezes não contam com saneamento básico" (4).

Os casos de crase que correspondem à união de preposição + artigo definido são:

(A) 1 e 2;
(B) 1 e 4;
(C) 2 e 3;
(D) 3 e 4;
(E) todos eles.

15. (2016/VUNESP/Prefeitura de São Paulo – SP/Analista Fiscal de Serviços) Nas universidades, as iniciativas de solidariedade visam oferecer apoio _____ precisa, com respeito ___ diferenças, entendendo-se que não se deve negar _____ um refugiado _____ esperança por uma vida melhor.

De acordo com a norma-padrão, as lacunas da frase devem ser preenchidas, respectivamente, com:

(A) aquele que ... à ... a ... à

(B) àquele que ... às ... a ... a

(C) à quem ... às ... à ... à

(D) a quem ... as ... à ... a

(E) àquele que ... as ... a ... à

16. (2016/MPE-SC/Promotor de Justiça) Em relação ao emprego do sinal de crase, estão corretas as frases:

(A) Solicito a Vossa Excelência o exame do presente documento.

(B) A redação do contrato compete à Diretoria de Orçamento e Finanças.

   ( ) Certo   ( ) Errado

17. (2016/MPE-SC/Promotor de Justiça) "Desde as primeiras viagens ao Atlântico Sul, os navegadores europeus reconheceram a importância dos portos de São Francisco, Ilha de Santa Catarina e Laguna, para as 'estações da aguada' de suas embarcações. À época, os navios eram impulsionados a vela, com pequeno calado e autonomia de navegação limitada. Assim, esses portos eram de grande importância, especialmente para os navegadores que se dirigiam para o Rio da Prata ou para o Pacífico, através do Estreito de Magalhães".

(Adaptado de SANTOS, Sílvio Coelho dos. *Nova História de Santa Catarina.*
Florianópolis: edição do Autor, 1977, p. 43.)

No texto acima observa-se o emprego do acento indicador de crase, em **à época**. Em **a importância** e **a vela** esse acento é facultativo.

   ( ) Certo   ( ) Errado

18. (2015/VUNESP/TJ-SP/Escrevente Técnico Judiciário) O sinal indicativo de crase está empregado de acordo com a norma-padrão em:

(A) Todos os documentos serão encaminhados às partes à partir da próxima semana.

(B) Todos tiveram de comparecer perante à autoridade, prestando contas à ela.

(C) Recusa-se à entregar às certidões antes do final do expediente.

(D) Encaminhamos à V.Exª os documentos à que se refere o Edital.

(E) O caso exige tratamento igual às partes, sem fazer exceção à ré.

19. (2015/VUNESP/Prefeitura de Caieiras – SP/Assessor Jurídico/Procurador Geral) O acento indicativo de crase está empregado corretamente na frase:

(A) A autora faz referência à contribuição de alguns estudiosos para o entendimento do que seja a sorte.

(B) A autora atribui a sorte de algumas pessoas à uma tendência para buscar significados nos acontecimentos.

(C) A autora faz uma crítica à algumas pessoas que consideram os fatos corriqueiros como fruto de sorte ou azar.

(D) A autora recorre à pesquisas práticas para construir sua argumentação acerca da relação do homem com a sorte.

(E) A autora recusa-se à crer que todos os fatos rotineiros que nos frustram sejam simples reflexos da sorte.

20. (2014/VUNESP/TJ-SP/Escrevente Técnico Judiciário/Questão adaptada) ___ quebra do compromisso entre Hong Kong e China, que atinge ___ eleições marcadas para 2017, seguiram-se manifestações, pois, com o controle da cidade, haveria ameaça ___ garantia de plenas liberdades.

(Folha de S.Paulo, 1º.10.2014. Adaptado)

As lacunas devem ser preenchidas, correta e respectivamente, com:

(A) A ... as ... à
(B) À ... às ... à
(C) A ... às ... a
(D) A ... às ... à
(E) À ... as ... à

21. (2014/VUNESP/SAAE-SP/Procurador Jurídico) Leia o texto para responder à questão.

O Conselho Nacional dos Direitos da Criança e do Adolescente, ligado ___ Presidência da República, aprovou resolução que, na prática, proíbe propaganda voltada ___ menores de idade no Brasil. O texto, que o órgão considera ter força de lei, torna abusivo o direcionamento de publicidade ___ esse público, com ___ intenção de persuadi-lo "para o consumo de qualquer produto ou serviço".

(<http://www1.folha.uol.com.br>. Acesso em 24.3.2014. Adaptado)

Considerando-se o uso do acento indicativo de crase, de acordo com a norma-padrão da língua portuguesa, as lacunas do texto devem ser preenchidas, respectivamente, com:

(A) a ... à ... à ... à
(B) à ... a ... a ... a
(C) a ... à ... a ... à
(D) à ... a ... à ... a
(E) à ... a ... à ... à

22. (2014/VUNESP/DESENVOLVESP/Advogado) Assinale a alternativa em que o acento indicativo de crase está empregado corretamente.

(A) Prefiro a solidão à ideia de ficar aqui contigo.

(B) Prefiro os perigos do mar à essa embarcação.

(C) Prefiro a morte à uma vida do teu lado.

(D) Prefiro o silêncio à qualquer conversa contigo.

(E) Prefiro os tubarões à você.

23. (2014/FCC/TRF – 3ª Região/Analista Judiciário – Contadoria) Em nossa cultura, __ experiências _____ passamos soma-se __ dor, considerada como um elemento formador do caráter, contexto _____ *páthos* pode converter-se em *éthos*. Preenchem corretamente as lacunas da frase acima, na ordem dada:

(A) às – por que – a – no qual

(B) as – por que – a – do qual

(C) às – porque – a – em que

(D) às – pelas quais – à – de que

(E) as – que – à – com que

24. (2014/FCC/TRT – 19ª Região/Analista Judiciário) Sentava-se mais ou menos __ distância de cinco metros do professor, sem grande interesse. Estudava de manhã, e __ tardes passava perambulando de uma praça __ outra, lendo algum livro, percebendo, vez ou outra, o comportamento dos outros, entregue somente __ discrição de si mesmo. Preenchem corretamente as lacunas da frase acima, na ordem dada:

(A) a – às – à – a

(B) à – as – a – à

(C) a – as – à – a

(D) à – às – a – à

(E) a – às – a – a

25. (2014/ESAF/Receita Federal/Auditor Fiscal da Receita Federal) Assinale a opção que preenche as lacunas do texto de forma gramaticalmente correta e textualmente coerente.

Sem __1__ pujança econômica de outrora, __2__ Europa registra nos últimos tempos o fortalecimento de pressões xenófobas e anti-imigração. Após __3__ crise global, iniciada em 2008, e o consequente aumento dos índices de desemprego no continente, grupos de extrema-direita conquistaram níveis inéditos de participação nos Parlamentos nacionais da Suécia e da Grécia. Não satisfeitos em exercer __4__ representação política, tais agremiações têm protagonizado lamentáveis episódios de agressão __5__ minorias de outras nacionalidades.

(Adaptado de *Folha de S.Paulo*, 12 de fevereiro de 2014.)

(A) 1. à; 2. a; 3. à; 4. a; 5. as;
(B) 1. a; 2. a; 3. a; 4. a; 5. às;
(C) 1. a; 2. a; 3. a; 4. à; 5. as;
(D) 1. a; 2. a; 3. à; 4. a; 5. às;
(E) 1. à; 2. à; 3. a; 4. à; 5. as.

26. (2013/IBFC/MPE-SP/Analista de Promotoria I) Assinale a alternativa que completa, correta e respectivamente, as lacunas.

O Congresso acontecerá de 15 __ 20 de novembro e as inscrições estarão abertas __ partir da semana que vem. Os documentos devem ser enviados __ secretaria.

(A) à – a – a
(B) à – à – à
(C) a – à – à
(D) a – a – à
(E) à – a – à

27. (2013/FCC/AL-RN/Analista Legislativo) O sinal da crase está corretamente empregado em:

(A) Chegando à cidade de seus avós, iriam dirigir-se a casa da família. A tarde fariam um passeio pela cidade e voltariam a casa à noitinha.
(B) O avião chegou a Roma às 6h00, mas os passageiros só desceram a terra às 6h30min. Alguns continuariam a viagem, pois iriam visitar à terra de seus antepassados.
(C) Deviam embarcar às 21h00, mas estavam atrasados por causa de um congestionamento que começara a 900 m do desembarque. Assim, chegados à distância de 100 m desse local, seguiram a pé para não perderem a viagem.
(D) Uma carta dirigida à Sua Excelência, o juiz da comarca, foi entregue à secretária, pois havia vários lugares a conhecer e pessoas à visitar.
(E) Terminada a viagem, todos chegariam à casa satisfeitos, após terem ido às compras para presentear seus familiares que os aguardavam à distância, em seus países.

28. (2013/FCC/TRT – 12ª Região/Analista Judiciário) No trabalho em equipe, respeito __ diretrizes é essencial, mas muitos profissionais decidem ignorar __ regras e tomam decisões de acordo com o que acham melhor. A resistência em aceitar regras geralmente está ligada __ adoção de novos procedimentos e sistemas.

(Adaptado de: <www.revistaalfa.abril.com.br>)

Preenchem corretamente as lacunas da frase acima, na ordem dada:

(A) às – as – à
(B) as – as – à

(C) as – às – à

(D) às – às – a

(E) as – às – a

GABARITO

1. E	**8.** B	**15.** B	**22.** A
2. E	**9.** B	**16.** Certo	**23.** A
3. D	**10.** B	**17.** Errado	**24.** B
4. D	**11.** D	**18.** E	**25.** B
5. D	**12.** Errado	**19.** A	**26.** D
6. D	**13.** Errado	**20.** E	**27.** C
7. D	**14.** A	**21.** B	**28.** A

13 REGÊNCIAS NOMINAL E VERBAL

REGÊNCIA NOMINAL

É a relação de dependência existente entre um *nome* (substantivo, adjetivo, advérbio) e seu *complemento*.

Certos substantivos e adjetivos admitem mais de uma regência. A escolha desta ou daquela preposição deve, no entanto, subordinar-se aos ditames da clareza e da eufonia e adequar-se aos diferentes matizes do pensamento.

PRINCIPAIS REGÊNCIAS DE SUBSTANTIVOS E ADJETIVOS:

acessível a, para, pôr	diferente com, em, entre, por, de	natural a, em, de
acostumado a, com	difícil a, em, para, de	necessário a, em, para
adaptado a	digno de	negligente em
afável a, com, para com	entendido por, em	nocivo a
aflito com, por	equivalente de, a	ojeriza a, com, contra, por
agradável a, de, para	erudito em	paralelo a, com, de, entre
alheio a, de	escasso de	parco com, em, de
alienado de	essencial a, de, em, para	passível de
alusão a	estranho de, a	perito em
amante de	fácil a, em, para, de	permissível a
análogo a	favorável a	perpendicular a
ansioso de, para, por	fiel em, para com, a	pertinaz em
apto a, para	firme em	possível a, de
assíduo a, em	generoso em, para com, com	possuído por, de
atento a, em, para	grato para, por, a	posterior a
ausente a, de, em	hábil para, em	preferível a
aversão a, em, para, por	habituado com, em, a	prejudicial a
avesso a	hostil contra, para com, a	presente a
ávido de, por	horror de, diante de, por, a	prestes a, em, para
bacharel em, por	idêntico em, a	propenso a, para
benéfico a, para	impossível a, para, de	propício a, para
capaz de, para	impróprio a, de, para	próximo a, de

certo com, de, em, para	imune de, a	relacionado com
compatível a, com	inclinação a, para, por	residente em
compreensível a, para	incompatível com	responsável a, de, por
comum a, com, em, entre, para, de	inconsequente em, com	rico de, em
confiança em	indeciso entre, quanto a, sobre, em	seguro com, contra[2]
constante de, em	independente de	semelhante a, em
contemporâneo a, de	indiferente a, com, diante de, em[1]	sensível a, para
contíguo a	indigno de	sito em, entre
contrário a, de, em, por	inerente a, em	situado a, em, entre
curioso de, a, por	insaciável de	suspeito a, de
desatento a	junto a, com, de	transversal a
descontente com, de	leal a, com, em, para com	útil a, em, para
desejoso de	lento de, em	vinculado a
desfavorável a, para	liberal com, de, em, para com	versado em
devoto a, de	medo a, de	

Observe alguns **deslizes** de Regência Nominal:

1. "O lema era: Governo responsável com o dinheiro do povo."
   Corrigindo: *O lema era: Governo <u>responsável</u> **pelo** dinheiro do povo.*
2. "Ele tinha confiança de que sairia vitorioso."
   Corrigindo: *Ele tinha <u>confiança</u> **em** que sairia vitorioso.*
3. "Ela é igual eu."
   Corrigindo: *Ela é <u>igual</u> **a mim**.*
4. "Ele é bacharel de Direito."
   Corrigindo: *Ele é <u>bacharel</u> **em** Direito.*
5. "Ele é curioso com tudo que vê."
   Corrigindo: *Ele é <u>curioso</u> **de** tudo que vê.*
6. "Estamos curiosos em encontrar o segredo."
   Corrigindo: *Estamos <u>curiosos</u> **de** encontrar o segredo.*
7. "Ele está alienado com sua atividade política."
   Corrigindo: *Ele está <u>alienado</u> **de** sua atividade política.*

---

[1] Para o nome *indiferente*, admitem-se também as preposições *para, para com, perante, respeito a* e *sobre*.

[2] Para o nome *seguro*, admitem-se também as preposições *para, por, de* e *em*.

8. "Todos estavam ansiosos em vê-lo."

    Corrigindo: Todos estavam <u>ansiosos</u> **de** / **para** vê-lo.

9. "Ele era suspeito por um crime que não cometeu."

    Corrigindo: Ele era <u>suspeito</u> **de** um crime que não cometeu.

10. "Esta função não é compatível de sua dignidade."

    Corrigindo: Esta função não é <u>compatível</u> **com** sua dignidade.

11. "Estava inclinado em aceitar o convite."

    Corrigindo: Estava <u>inclinado</u> **a** aceitar o convite.

12. "Aquele que se mostra ávido à sabedoria enriquece sua alma"[3].

    Corrigindo: Aquele que se mostra <u>ávido</u> **de** / **por** sabedoria enriquece sua alma.

13. "Ele revela muita inclinação com as artes"[4].

    Corrigindo: Ele revela muita <u>inclinação</u> **às** artes.

14. "Chamam 'mitologia' os, de todo tipo, relatos e lendas maravilhosas, cujos monumentos e textos figurados nos dão mostra que sua ocorrência deu-se nos países de língua grega (...)"[5].

    Corrigindo: Chamam "mitologia" os, de todo tipo, relatos e lendas maravilhosas, cujos monumentos e textos figurados nos dão mostra **de** que sua ocorrência deu-se nos países de língua grega (...).

REGÊNCIA VERBAL

É a relação de dependência ou subordinação entre o verbo e os termos da oração. Observe a **legenda** abaixo, usada nos verbos a seguir detalhados:

VTD	**Verbo Transitivo Direto**: verbo que pede um complemento sem preposição obrigatória.
VTI	**Verbo Transitivo Indireto**: verbo que pede um complemento introduzido por preposição obrigatória.
VTDI	**Verbo Transitivo Direto e Indireto**: verbo que pede dois complementos, um sem a preposição obrigatória e o outro com ela.
VI	**Verbo Intransitivo**: verbo que não pede complemento. Pode vir acompanhado de um adjunto adverbial.

---

3   Concurso para Oficial de Justiça de Santos, realizado em 15-8-1999, questão 14.

4   Concurso para Oficial de Justiça de Andradina, questão 18.

5   Simulado de Língua Portuguesa, elaborado por Décio Sena, extraído do *site* www.vemconcursos.com.

Seguem alguns verbos que despertam interesse quanto à regência verbal:

1. Abdicar

VI, no sentido de **renunciar ao poder ou cargo em que se achava investido.** Exemplo:

- *D. Pedro abdicou em 1831.*

VTD, no sentido de **renunciar voluntariamente a, resignar, desistir de.** Exemplo:

- *Os funcionários abdicaram o cargo.*

VTI, no sentido de **desistir de, renunciar.** Exemplo:

- *Abdicou de seus direitos.*

2. Agradar

VTD, no sentido de **acariciar.** Exemplo:

- *O menino agradava seu animal de estimação.*

VTI, no sentido de **ser agradável a.** Exemplo:

- *As novidades agradaram aos investidores.*

3. Agradecer

VTD, no sentido de **mostrar-se por grato**, quando o objeto for coisa, desde que não personificada. Exemplo:

- *Agradeceu o presente.*

VTI, no sentido de **manifestar gratidão**, quando o objeto for pessoa ou ser personificado. Exemplo:

- *Eu agradeci aos convidados.*

VTDI, no sentido de **manifestar gratidão e/ou recompensar, retribuir**, quando se refere a coisas e pessoas. Exemplo:

- *Agradeço a Deus os acontecimentos da minha vida.*

4. Ajudar

Seguido de um *infinitivo transitivo precedido da preposição a*, rege indiferentemente *objeto direto e objeto indireto*. Exemplo:

- *Ajudou **o** / **ao** amigo a resolver os exercícios.*

Se o infinitivo preposicionado for *intransitivo*, rege apenas o *objeto direto*. Exemplo:

- *Ajudaram **o** ladrão a escapar.*

Não seguido de infinitivo, geralmente rege *objeto direto*. Exemplo:

- *Ajudei-**o** demasiadamente.*

5. Anuir

Rege as preposições **a** e **em** (não aceita *lhe(s)*). Exemplo:

- *Anuiu **a / em** tais propostas de contrato.*

6. Ansiar

VTD, no sentido de **angustiar, causar mal-estar, oprimir, almejar**. Exemplo:

- *O excesso de problemas ansiava o homem.*

VTI, no sentido de **desejar com veemência, ardentemente**, requerendo a preposição **por** (não aceita *lhe(s)*). Exemplo:

- *Anseio por uma nova visita de Solange.*

7. Aspirar

VTD, no sentido de **respirar, inspirar, sorver**. Exemplo:

- *Nada como aspirar o puro ar das montanhas.*

VTI, no sentido de **pretender, desejar** (não admite o pronome *lhe(s)*, mas apenas as formas *a ele(s), a ela(s)*). Exemplo:

- *Sempre aspiramos à felicidade / a ela.*

8. Assistir

VTI, no sentido de **estar presente, presenciar** (não admite o pronome *lhe(s)*, mas apenas as formas *a ele(s), a ela(s)*). Exemplos:

- *Assistimos ao filme ontem / a ele ontem.*
- *Assistimos à audiência / a ela.*

VTI, no sentido jurídico de **caber**. Exemplo:

- *Este direito não assiste ao acusado.*

Observação: é possível a utilização do pronome *lhe*. Exemplo:

- *Este direito não lhe assiste.*

VI, no sentido de **residir, habitar**. Exemplo:

- *Ele assiste em São Paulo há dois anos.*

VTD, no sentido de **amparar, dar assistência**. Exemplos:

- *O advogado assiste o réu.*
- *O médico assistiu o paciente.*

Observação: note o erro grosseiro que se cometeu em legislação específica, cujo teor assim se dispôs: "O art. 6º da MP 21.143-31 disciplina: 'À Corregedoria-Geral da União compete assistir ao Presidente da República ...'".

Erro: no sentido de "prestar assistência", o verbo *assistir* é VTD, não requerendo a preposição "a". Portanto:

À Corregedoria-Geral da União compete assistir o Presidente da República ...

9. Atender

Com nome de pessoa, prefere-se objeto direto. Nos outros casos, utiliza-se, indiferentemente, objeto direto ou objeto indireto, embora seja mais comum o uso deste último. Exemplos:

- *O juiz atendeu o advogado.*
- *O juiz atendeu o/ao requerimento da parte.*
- *O advogado atendeu o cliente.*
- *O advogado atendeu o/ao pedido do cliente.*
- *O advogado atendeu a/à intimação.*

10. Chamar

VTD, no sentido de **convocar**. Todavia, o objeto pode vir preposicionado. Exemplo:

- *O rei chamou a corte. E também chamou pelos representantes do povo.*

Construído com **objeto seguido de predicativo**, admite as seguintes regências:

- *Chamei-o incompetente.*
- *Chamei-o de incompetente.*
- *Chamei-lhe covarde.*
- *Chamei-lhe de covarde.*

11. Chegar

VTI, no sentido de **aproximar**. Chega-se a algum lugar (e não em, na ou no), quando há indicação de destino. Portanto, note os exemplos:

- *O advogado chegou à conclusão certa.*
- *O juiz chegou ao veredicto.*
- *Todos chegaram ao melhor entendimento acerca do caso.*

VI, acompanhado de adjunto adverbial de lugar – uma regência que ocorre na maioria das vezes:

- *Ele chegou à sala de aula.*
- *Chegou a São Paulo.*
- *Ele chegou a casa cedo.*
- *"Ao chegar a casa, Tavares encontrou a irmã preocupada"*[6].

---

6 Dias Gomes, *Decadência*, p. 12, 1995, *apud* Cegalla, 1999, p. 71.

12. Consentir

VTD, no sentido de **dar consenso ou aprovação a**. Exemplo:

- *A maioria dos presentes consentiu a adoção das medidas.*

VTDI, no sentido de **permitir, admitir, tolerar**. Exemplo:

- *Não consentia tal desapreço à pessoa do prefeito.*

Observação: Conforme o disposto no Dicionário Gramatical de Verbos – UNESP, o verbo "consentir – com sujeito inativo expresso por nome abstrato e com complemento da forma 'com + nome abstrato' – significa 'estar em harmonia com', 'ser conforme': 'a justiça consente com a necessidade'".

13. Custar

No sentido de **ser custoso, difícil**, emprega-se na **3ª pessoa do singular**, tendo como sujeito uma *oração reduzida de infinitivo*, a qual pode vir precedida da preposição **a**. Exemplos:

- *Custa-me dizer que consegui o objetivo.*
- *Custa-me a dizer que consegui o objetivo.*

VTDI, no sentido de **acarretar trabalhos, causar sofrimentos**. Exemplo:

- *A conquista do pão de cada dia custa ao pobre muito sofrimento.*

14. Declinar

VTD, no sentido de **revelar, mostrar**. Exemplos:

- *Ele declinou a identidade.*
- *Todos declinaram os seus nomes.*

VTI, no sentido de **discordar**, requerendo a preposição **de**. Exemplos:

- *Ele declinou da lei.*
- *Nós declinamos de seu posicionamento.*
- *A lei de que declino é esta.*

15. Deparar

VTD, no sentido de "enfrentar", em forma pouco usual: *Deparei uma situação.*

VTI, no mesmo sentido retrocitado, em forma mais comum (o verbo deve aparecer na forma não pronominal):

- *Deparei com uma situação.*
- *Deparamos com uma nulidade.*
- *Este é o homem com quem deparei na rua.*

Pronominal, sem a preposição, na forma **deparar-se**. Exemplos:

- *Depararam-se-me coisas estranhas.*
- *Deparou-se-me o documento no processo.*
- *O destino me deparou uma coisa surpreendente.*

16. Esquecer e Lembrar

Admitem três construções:

> **Esqueci / Lembrei** os fatos.
>
> **Esqueci-me / Lembrei-me** dos fatos.
>
> **Esqueceram-me / Lembraram-me** os fatos.

Detalhando: "Os fatos", que, nas duas primeiras construções, é **objeto**, passa a ser **sujeito** na terceira. Portanto:

- *"Os fatos esqueceram-me"* significa *"Os fatos me fugiram da memória"*.
- *"Os fatos lembraram-me"* equivale a *"Os fatos me vieram à lembrança"*.

17. Implicar

VTD, no sentido de **acarretar, envolver** (sem a preposição **em**). Exemplos:

- *A resolução da questão implica nova teoria.*
- *Isso implica sérios problemas.*

VTI, no sentido de **ter implicância, mostrar má disposição**. Exemplo:

- *Ela sempre implicou com os meus hábitos.*

VTI, no sentido de **comprometer-se, envolver-se**. Exemplos:

- *Implicou-se com negociações difíceis.*
- *Implicou-se em negócios ilícitos.*
- *Implicou o colega em questões políticas* (aqui o verbo passa a ser **VTDI**, com objeto direto "o colega").

18. Importar

VTD, no sentido de **ter como consequência ou resultado**. Exemplo:

- *A decorrência do prazo importou preclusão* (e não "... em preclusão").

VTI, no sentido de **atingir** (quantidade). Exemplo:

- *O prejuízo importa em 200 mil reais.*

19. Informar

VTD, no sentido de **informar alguém**. Exemplo:

- *Nós os informamos.*

VTI, no sentido de **informar de / sobre algo**. Exemplo:

- *Ele informou das mudanças.*

VTDI, no sentido de **informar alguém de/sobre algo** ou **informar a alguém algo**. Exemplo:

- *Ele informou-o sobre isso.*
- *Informamos ao Reitor a proposta.*

Observações:

1. As regras acima expostas são utilizáveis nos verbos *notificar, avisar, cientificar, prevenir* e *certificar*.

2. Note as frases abaixo:

- *Nós lhe informamos que chegaríamos cedo.*
- *Informamos-lhes que não há vagas.*

Embora corretas, é preferível empregar as formas com **o, a, os, as**. Vejamos:

- *Nós o informamos de que chegaríamos cedo.*
- *Informamo-los de que não há vagas.*
- *Vim notificá-lo do prazo.*
- *Notificar o réu a entregar o prédio.*
- *Avisá-lo de que o título está vencido.*

20. Interessar

VTD, no sentido de **ser do interesse de, ser proveitoso a**. Exemplo:

- *O novo projeto de lei interessa as empresas particulares.*

VTI, no sentido de **ser interessante, útil, importante**. Exemplo:

- *Suas ações interessam aos refugiados.*

VI, no sentido de **ter ou despertar interesse**. Exemplo:

- *Não insistiu, pois notou que o resultado não interessava.*

Como **verbo pronominal**, é **VTI**, regendo as preposições **em** e **por**. Exemplo:

- *Carla interessou-se por minha companhia.*

21. Namorar

VI, no sentido de **ter namorado(a), procurar conquistar, andar em galanteio**. Exemplo:

- *Só havia namorado uma vez.*

VTD, no sentido de **desejar ardentemente, galantear, cortejar**. Exemplo:

- *João namora a moça há muitos anos, e nada de casamento.*

VTI[7], no sentido de **manter relação de namoro; ser namorado** (rege a preposição **com**). Exemplos:

- *Caio namora com Júlia.*
- *"O Promotor namorava com a filha do coronel Quincas"*[8].

22. Obedecer e Desobedecer

VTI, regendo a preposição **a**. Exemplos:

- *Obedeçam aos sinais de trânsito.*
- *Desobedeceu à lei.*

VI, no sentido de **funcionar corretamente**. Exemplo:

- *O freio da moto não mais obedece.*

FIQUE ATENTO:

> Embora seja comum a ocorrência dos verbos acima como VTD, essa regência não deve ser seguida, pois a norma culta prescreve o objeto indireto como complemento. Logo, são **incorretos** os seguintes usos:
>
> - *Obedeça a sinalização* (sem crase).
> - *Não desobedeça seus professores* (sem preposição).

---

[7] O uso do verbo **namorar** com esta regência é perfeitamente legítimo para dicionaristas de escol – Aurélio e Houaiss –, embora não o seja para boa parte dos gramáticos. Diante da diversidade, entendemos que é necessário aqui revelar a regência indireta para este verbo, em abono da força do uso. Não obstante o padrão culto impor a regência de VTD, sem preposição, para este verbo, o que se encontra, todavia, na Língua coloquial, com frequência – talvez por influência dos verbos *casar* (casar com) e *noivar* (noivar com) – é a forma *namorar com* (regência de VTI). Perceba que a força do uso e sua aceitabilidade devem ser consideradas. Portanto, ficamos com as duas regências: a sintaxe ortodoxa (VTD) e a sintaxe moderna e coloquial (VTI).

[8] Bernardo Elis, *Caminhos e Descaminhos*, p. 58.

23. Pagar e Perdoar

VTD, quando o objeto é **coisa**. Exemplos:

- *Você já pagou a conta de água.*
- *Perdoarei suas ofensas injustas.*

VTI, quando o objeto é **pessoa**. Exemplos:

- *O chefe pagou aos empregados.*
- *Helena perdoou ao noivo.*

VTDI, quando se refere a **coisas e pessoas, simultaneamente.** Exemplos:

- *Vou pagar o aluguel ao dono do imóvel.*
- *Ela perdoou os erros ao pai.*

24. Preferir

VTD, no sentido de **dar primazia a, escolher algo.** Exemplo:

- *Prefiro comida mineira.*

VTDI, no sentido de **decidir entre uma coisa e outra.** Exemplos:

- *Prefiro cerveja alemã a irlandesa.*
- *A mulher prefere a macarronada à feijoada.*
- *À comida, prefiro a bebida.*
- *A bebidas, prefiro comidas.*
- *Prefiro você a ele.*
- *O time prefere a retranca à derrota.*
- *Preferimos um bom livro a um péssimo filme.*
- *Prefiro cerveja a vinho.*
- *Prefiro água a bebida.*
- *Prefiro a água à bebida.*
- *"O roteiro do filme oferece uma versão de como conseguimos um dia preferir a estrada à casa, a paixão e o sonho à regra, a aventura à repetição"*[9].

---

9 Questão de Língua Portuguesa, em prova da FUVEST 2001, aplicada em 19-11-2000.

Memorize: o verbo **preferir** rejeita palavras de intensidade (como "mais", "muito mais" ou "mil vezes") e termos como "que" ou "do que". Portanto, **evite** formas como:

- "Preferi mais você do que ele".
- "Preferi uma coisa do que outra".
- "Prefiro antes uma coisa do que outra".
- "Prefiro mil vezes chegar cedo do que me atrasar".
- "Prefiro muito mais chorar do que segurar as lágrimas".
- "Prefere mais ler do que nadar".

Observação: o mesmo direcionamento vale para "preferível". Portanto, uma coisa é preferível a outra (e não "do que outra").

25. Prevenir

VTD, no sentido de **evitar dano, mal** etc. Exemplo:

- *A boa alimentação previne as doenças.*

VTDI, no sentido de **avisar com antecedência de.** Exemplo:

- *Irei prevenir o operário do risco.*

26. Proceder

VI, no sentido de **ter fundamento, portar-se de determinada maneira, conduzir-se, provir**. Exemplos:

- *Os seus argumentos não procedem* (não têm fundamento).
- *Ele procede de Fortaleza.*
- *O advogado de defesa procedeu bem.*

VTI, no sentido de **dar início, realizar**. Exemplo:

- *O professor procedeu à chamada no início da aula.*

27. Proibir

VTD, no sentido de **impedir que se faça**. Exemplo:

- *As autoridades proibiram a venda de bebidas alcoólicas.*

VTDI, no sentido de **prescrever a abstenção de, tornar defeso**. Exemplo:

- *A Igreja Católica proíbe aos fiéis a ingestão de carne em dias especiais.*

28. Querer

VTD, no sentido de **desejar, pretender**. Exemplo:

- *A família queria muito uma casa nova.* (= Quero-a).

VTI, no sentido de **amar, estimar, ter afeto**. Exemplo:

- *Quero a meus pais muito bem.* (= Quero-lhes).

29. Renunciar

VTD, no sentido de **não querer, rejeitar, recusar**. Exemplo:

- *Os eremitas renunciavam, além de outras coisas, os bens materiais.*

VTI, no sentido de **desprezar, desistir de**. Exemplo:

- *O rei deve renunciar ao poder.*

VI, no sentido de **resignar cargo ou função, abdicar**. Exemplo:

- *O presidente renunciou.*

30. Reparar

VTD, no sentido de **fazer reparo ou conserto em, restaurar, refazer**. Exemplo:

- *O pedreiro reparou a parede que estava danificada.*

VTI, no sentido de **fixar a vista ou a atenção, atentar, atender**. Exemplo:

- *Ninguém reparou na nova cor do cabelo de Camila.*

31. Responder

VTI, no sentido de **dar resposta àquilo que se pergunta**. Exemplo:

- *Ele respondeu aos quesitos.*

Observação: a regência que encontra alicerce nas tradições do vernáculo é aquela que imprime transitividade indireta ao verbo *responder*. Por outro lado, há registros de uso do verbo com transitividade direta, principalmente em escritores modernos, porém não recomendamos, fazendo coro ao pensamento do ilustre gramático Domingos Paschoal Cegalla (1999: 357). Assim, aprecie as frases legítimas:

- *Respondeu ao questionário.*
- *Ela respondeu a todas as questões.*
- *Respondi-lhe com autoridade.*
- *Eram bilhetes a que respondi com presteza.*
- *"Natural é que o leitor faça tais perguntas, às quais temos obrigação de responder"*[10].
- *"Não respondo a tais cartas"*[11].

---

10 Alexandre Herculano, *O Monge de Cister*, I, p. 6, *apud* Cegalla, 1999, p. 357.
11 Camilo Castelo Branco, *A Queda dum Anjo*, p. 124, *apud* Cegalla, 1999, p. 357.

32. Resultar e Restar

VTI ou **VTDI**: o verbo precisa de um complemento regido de preposição. Exemplos:

- *Tudo isto resulta em seu favor.*
- *Se da ofensa resultar injúria.*

Observações:

a) não pode ser usado como verbo de ligação[12], vindo a substituir o verbo *ser*. Observe as frases **incorretas**:

"A prova resultou irrelevante" (**Troque por:** *A prova se tornou irrelevante*).

"Os esforços resultaram improfícuos" (**Troque por:** *Os esforços se mostraram improfícuos*).

"A diligência resultou inútil" (**Troque por:** *A diligência revelou-se inútil*).

Estão, pois, **corretas**:

- *A prova foi irrelevante.*
- *O brinquedo tornou-se um perigo.*
- *Os esforços vieram a ser improfícuos.*

b) a propósito, com relação ao verbo **restar**, vale a mesma regra: jamais funciona como "verbo de ligação". Observe, pois, as erronias:

"O decreto restou revogado" (**Troque por**: *O decreto foi revogado*).

"A lei restou revogada" (**Troque por**: *A lei foi revogada*).

À guisa de complemento, sabe-se que o verbo **restar** pode ser:

VI, no sentido de **sobrar**. Exemplo: *Restaram dez vagas.*

VTI ou **VTDI,** no sentido de **subsistir como o resto**. Exemplo: *Restou-lhe um mês de vida.*

33. Suceder

VI, no sentido de **ocorrer, acontecer**. Exemplo:

- *Sucederam acontecimentos estranhos naquela cidade.*

---

12 O *Dicionário Gramatical de Verbos* – UNESP registra, todavia, o uso de *resultar* como verbo de ligação: "com sujeito paciente expresso por nome abstrato com predicativo – significa 'tornar-se'. 'Resultaria fastidiosa a repetição dos argumentos a favor e contra a referenda'".

VTI, no sentido de **vir depois, substituir, seguir-se, acontecer algo com alguém**. Exemplos:

- *A noite sucede ao dia.*
- *O rei sucedeu ao tirano.*
- *Tibério sucedeu a César.*
- *Morto Nero, sucedeu-lhe Galba.*
- *"Sucedi-lhe no cargo de diretor do Arquivo Histórico..."*[13].

Observação: não obstante haver registros do uso da regência direta na acepção de "vir depois", "ser sucessor", deve-se preferir a regência indireta – forma chancelada até mesmo por escritores modernos.

34. Tratar

Cabem *objeto direto* e *objeto indireto*, porém este é mais usual. Exemplo:

- *Devemos tratar do processo.*

Observações:

a) *Trata-se de* é invariável em pessoa e número. Exemplos:

- *Trata-se dos homens mais ricos do mundo.*
- *Trata-se dos estados mais populosos.*

b) Não use o termo "tratativa"; troque-o por *acordo, negociação*.

c) Evite a construção viciosa "sujeito + trata-se de": Exemplo:

- *"O caso trata-se de denúncia caluniosa".*

35. Visar

VTD, no sentido de **dirigir o olhar para, apontar arma de fogo contra, pôr o sinal de visto em**: Exemplos:

- *A criança visava os céus* (= dirigir o olhar para).
- *Visou a gazela sem dó* (= mirar).
- *Visou o cheque* (= pôr visto).

VTI, no sentido de **ter em vista, pretender, objetivar**. Exemplo:

- *Um bom capitalista visa a bons lucros.*

---

13 Ciro dos Anjos, *Abdia*, p. 2, *apud* Cegalla, 1999, p. 383.

Observações:

a) Modernamente, aceita-se a *regência direta* para **visar**:

- *Os estudantes visavam o sucesso.*
- *Não falamos isso visando você.*

b) Quando **visar** estiver no sentido de "objetivar", *seguido de infinitivo*, é facultativo o uso da preposição. Exemplos:

- *A lei visa resolver isso* (ou *A lei visa a resolver isso*).
- *A conciliação visa a solucionar a questão* (ou *A conciliação visa solucionar a questão*).

CURIOSIMACETES

1. CADÊ?

A forma interrogativa **cadê?**, a par de "quede", afetas à linguagem familiar, são variantes de "quedê?", no sentido de "que é (feito) de?" ou redução de "que é feito dele?". Exemplos: *Quedê meu livro? Quede aquele homem? Cadê os pentes?*

Todavia, a expressão vernácula é *que é de?*. Exemplos:

- *Que é de agendas que compramos?*
- *Que é feito daquele homem do campo?*
- *"Que é deles, os processos, que nos mostram a certeza dos crimes?"*

2. SÃO E SANTO

Deve-se empregar **Santo...** antes de nome iniciado por **vogal** ou **-h**. Exemplos: *Santo Ângelo, Santo Expedito, Santo Anselmo, Santo Onofre, Santo Antônio, Santo Hilário, Santo Amaro, Santo Inácio, Santo Henrique*. Por outro lado, antes de nomes iniciados por consoante, usa-se **São...**: *São Francisco, São Sebastião, São Carlos, São José, São Pedro, São Tomé, São Benedito, São Bartolomeu, São Cristóvão, São Mateus*.

Observação: apenas dois nomes iniciados por consoante exigem a forma **Santo...**: "*Santo Tirso*" e "*Santo Cristo*". Quanto a *Tomás*, pode-se grafar *Santo Tomás* ou *São Tomás*.

3. FILHA TEMPORÃ

O adjetivo designativo do filho que nasce muito depois do irmão que o precede imediatamente é *temporão* (masculino) ou *temporã* (feminino). A forma "temporona" é vulgar, devendo ser evitada. Portanto, memorize: *filho temporão; filhos temporãos; filha temporã; filhas temporãs*.

4. O ELEMENTO DE COMPOSIÇÃO "SESQUI-"

Oriundo do latim *sesqui*, tal prefixo tem a acepção de "um e meio". Portanto, quando dizemos *sesquicentenário*, pretendemos nos referir a *150 anos*; quando falamos em *sesquipedal*, estamos com intenção de nos referir, figurativamente, a uma "palavra ou verso muito grandes" (*bobagem sesquipedal, palavra sesquipedal*).

REGÊNCIAS NOMINAL E VERBAL • capítulo 13

A HORA DO ESPANTO
AS "PÉROLAS" DO PORTUGUÊS

1. **Utencílios**
   Correção: o substantivo é *utensílios* (com -s), não se podendo confundir.

2. **Cadiados**
   Correção: grafa-se *cadeado*, com -e. O plural, portanto, forma *cadeados*.

QUESTÕES

1. (2022/VUNESP/FUMEC CAMPINAS/Administrador) Assinale a alternativa em que o enunciado atende à norma-padrão de emprego de pronome e regência verbal.

(A) Quanto à sua família, avise-a do seu momento de trabalho.
(B) Quanto à sua família, avise-a o seu momento de trabalho.
(C) Quanto à sua família, avise ela o seu momento de trabalho.
(D) Quanto ao seu momento de trabalho, avise-lhe à sua família.
(E) Quanto ao seu momento de trabalho, avise ele à sua família.

2. (2017/FCC/TRE-PR/Analista Judiciário – Área Judiciária) A frase que, do ponto de vista da regência verbal e nominal, está em acordo com a norma-padrão é:

(A) No protocolo em estudo ficava bem nítida a ideia de que o paciente tem o direito de concordar ou recusar a realização dos procedimentos médicos propostos pela equipe que o atende.
(B) Esta era a advertência: "Nenhuma parte deste livro pode ser reproduzida sem a expressa permissão da editora, a não ser que se trate de resenha, à qual é permitido citar pequenos trechos".
(C) Ao expor sua opinião sobre a adoção de crianças, deixou transparecer mais de um preconceito; esse não é, sem dúvida, um tema que um educador como ele deve estar alheio.
(D) O coordenador dos trabalhos emergenciais, bastante abalado com o que via, declarou de que garantiria o reconhecimento e o respeito dos direitos de todos os que viviam os efeitos daquela imensa catástrofe.
(E) Iniciado o programa inovador de atendimento a refugiados, uma onda de manifestações a favor da iniciativa legitimou-a, de que é prova contundente a quantidade de projetos similares à ação pioneira de atendimento a expatriados.

3. (2017/FCC/TRE-PR/Analista Judiciário – Área Judiciária) A redação estruturada de modo claro e correto, considerada a norma-padrão da língua, é:

(A) Se o governo que sai provisse o sucessor de todas as informações necessárias para um bom desempenho, erros seriam evitados, visto que toda administração é, de certa forma, resultante da administração que antecedeu.

(B) O médico defendeu a ideia de que, se a indústria da moda não revir suas exigências para a passarela, problemas relacionados a distúrbios alimentares poderão recrudescer.

(C) É razoável que ele pleitee acréscimo em seu salário, mas, se algum diretor se contrapuser ao aumento esse será empecilho intransponível.

(D) Os técnicos disseram que as metas pareciam, durante o debate, bastante acessível, o que não os garantiu a construção de consenso sobre como articular coerentemente.

(E) É fato: deve ser enfrentados ali intensos desafios, porém os concorrentes não se intimidam, pois não cabem a atletas a menor dúvida sobre seu desempenho, na modalidade que é fruto da escolha deles mesmos.

4. (2017/VUNESP/Câmara de Sumaré-SP/Procurador Jurídico/Questão adaptada) O trecho – Tal complicação deriva da pesquisa de Abranches. Ele tem se especializado em questões ambientais e políticas globais, conexão suficiente para produzir calvície e gastrite. – apresenta reescrita correta, quanto ao padrão normativo da regência e da crase, em:

(A) Tal complicação remete a uma pesquisa de Abranches, que tem se dedicado às questões ambientais e políticas globais, conexão apta a produzir calvície e gastrite.

(B) Tal complicação remete a uma pesquisa de Abranches, que tem se dedicado as questões ambientais e políticas globais, conexão apta à produzir calvície e gastrite.

(C) Tal complicação remete à uma pesquisa de Abranches, que tem se dedicado as questões ambientais e políticas globais, conexão apta a produzir calvície e gastrite.

(D) Tal complicação remete a uma pesquisa de Abranches, que tem se dedicado as questões ambientais e políticas globais, conexão apta a produzir calvície e gastrite.

(E) Tal complicação remete à uma pesquisa de Abranches, que tem se dedicado às questões ambientais e políticas globais, conexão apta à produzir calvície e gastrite.

5. (2017/LEGALLE Concursos/Câmara de Vereadores de Guaíba-RS/Procurador) Quanto à regência verbal, observe as assertivas abaixo:

I. As crianças preferem comer camarão a comer jiló.
II. Nunca sobressaímos em Química Quântica.
III. O aeroporto a que ela chegou estava com vários voos atrasados.

Está(ão) correta(s):

(A) Apenas I.
(B) Apenas I e II.
(C) Apenas I e III.
(D) Apenas II e III.
(E) I, II e III.

6. (2017/VUNESP/TJ-SP/Assistente Social Judiciário/Questão adaptada) De acordo com a norma-padrão de regência, as passagens "Maduro prevê a decisão da discórdia venezuelana por meio das armas." e "O Brasil está atrasado, como se indiferente, nas providências para essa emergência social." estão, correta e respectivamente, reescritas em:

(A) Maduro anseia à decisão da discórdia venezuelana por meio das armas. / O Brasil parece estar indiferente de providências para essa emergência social, o que mostra seu atraso.

(B) Maduro quer a decisão da discórdia venezuelana por meio das armas. / O Brasil parece estar indiferente em providências para essa emergência social, o que mostra seu atraso.

(C) Maduro aspira da decisão da discórdia venezuelana por meio das armas. / O Brasil parece estar indiferente das providências para essa emergência social, o que mostra seu atraso.

(D) Maduro anseia pela decisão da discórdia venezuelana por meio das armas. / O Brasil parece estar indiferente a providências para essa emergência social, o que mostra seu atraso.

(E) Maduro quer da decisão da discórdia venezuelana por meio das armas. / O Brasil parece estar indiferente de providências para essa emergência social, o que mostra seu atraso.

7. (2017/FCC/TRT/24ª REGIÃO (MS)/Analista Judiciário) Uma frase escrita com clareza e em conformidade com a norma-padrão da língua é:

(A) Dado que a moral precede todo e qualquer aprendizado pautado em regras de conduta, pode-se inferir que se trata de uma condição existencial do homem.

(B) Ao passo que somos confrontados, com a necessidade de fazer escolhas entre o bem e o mal, é de se esperar as decisões sucitarem celeumas e controvérsias.

(C) Muitas vezes, nem sempre o que é considerado bom para um, terá a mesma avaliação do outro, haja visto a quantidade de debates acerca de uma questão moral.

(D) Estamos mergulhados em um universo com que a condição moral é inescapável, sendo comum buscarmos respostas prontas para o que deve ser bom ou mal.

(E) Ainda que procurarmos sempre fazer o bem, nada poderia nos garantir de que nossas ações tivessem como consequência, apenas bons resultados.

8. (2016/FGV/MPE-RJ/Analista do Ministério Público/Questão adaptada) Em "que vise à promoção de políticas de controle" emprega-se corretamente a regência do verbo **visar**, que muda de sentido conforme seja transitivo direto ou transitivo indireto.

O verbo abaixo em que NÃO ocorre a mesma possibilidade de dupla regência e duplo sentido é:

(A) aspirar;
(B) assistir;
(C) carecer;
(D) chamar;
(E) precisar.

9. (2016/FCC/TRF – 3ª Região/ Técnico Judiciário) Está correta a redação da seguinte frase:

(A) No futuro, quando todos os que hoje circulam por São Paulo, já não estiverem mais aqui a paineira continuará a presenciar, as transformações em que o progresso sujeita a cidade.

(B) Há pessoas que se reúnem em parques com o simples propósito de abraçar árvores, alegando de que essa é uma prática terapeutica, que combate o estress e a depressão.

(C) Os trabalhadores de São Paulo frequentemente, passam pela paineira da Biblioteca Mario de Andrade e não reparam de que se trata de uma árvore centenária, que está ali antes deles.

(D) Ao se deparar com seu editor, Antonio teve a ideia de convencer-lhe de que a árvore estava sendo estudada por que faria parte de seu livro e, para tanto era necessário medir o seu perímetro.

(E) Por abrigar esculturas de insignes artistas brasileiros, o Cemitério da Consolação tornou-se um importante ponto turístico da cidade de São Paulo, do qual os paulistanos se orgulham.

10. (2016/VUNESP/IPSMI/Procurador) A alternativa que apresenta, nos parênteses, regência verbal de acordo com a norma-padrão, em substituição à expressão destacada no trecho do texto, é:

(A) ...empurram e **atropelam as outras** para entrar primeiro no vagão do trem (pisoteiam nas outras).
(B) ...quando chega a casa já está na hora de **ir para o trabalho**. (dirigir-se no trabalho).
(C) passou tardes longas **vendo pela milésima vez a segunda temporada** de "Grey's Anatomy" (assistindo pela milésima vez à segunda temporada).
(D) ...e ambos **perceberam que a felicidade** é uma questão de tempo (conscientizaram-se que a felicidade).
(E) ...se ela não **tivesse tanto tempo** não teria nem tempo para falar do tempo (dispusesse a tanto tempo).

11. (2016/Instituto Cidades/CONFERE/Auditor/Questão adaptada) Marque a opção em que se registra um ERRO de regência verbal no que diz respeito à norma-padrão:
(A) "Imagino que grande parcela fique escondida nas entranhas públicas".
(B) "É nítido que a máquina pública está comprometida".
(C) "Desde criança escutamos falar sobre a tal da corrupção".
(D) "Os corruptos visam o dinheiro público".

12. (2016/VUNESP/MPE-SP/Oficial de Promotoria I/Questão adaptada) Assinale a alternativa correta quanto à regência verbal, de acordo com a norma-padrão.
(A) Todos perdoavam do defeito ao Joaquim por não ser culpa dele.
(B) Todos perdoavam o defeito para o Joaquim por não ser culpa dele.
(C) Todos perdoavam ao defeito do Joaquim por não ser culpa dele.
(D) Todos perdoavam o defeito ao Joaquim por não ser culpa dele.
(E) Todos perdoavam ao defeito no Joaquim por não ser culpa dele.

13. (2016/VUNESP/MPE-SP/Oficial de Promotoria/Questão adaptada) Assinale a alternativa correta quanto à pontuação e à regência, de acordo com a norma-padrão.
(A) De forma mais lenta, reagem, o emprego e o mercado de crédito, ante a mudança de direção da economia.
(B) O emprego e o mercado de crédito, reagem na mudança de direção da economia de forma mais lenta.
(C) O emprego e o mercado de crédito reagem, de forma mais lenta, para a mudança de direção da economia.
(D) Reagem à mudança de direção da economia, de forma mais lenta, o emprego e o mercado de crédito.

(E) Diante a mudança de direção da economia reagem o emprego e o mercado de crédito, de forma mais lenta.

14. (2015/VUNESP/PC-CE/Escrivão de Polícia Civil de 1ª Classe) Leia o texto.

Mesmo estando apta _____ desenvolver atividades na área de ensino, a maioria dos profissionais que conclui o ensino superior sente-se impelida _____ buscar outras áreas _____ que possa trabalhar, geralmente atraída _____ salários mais expressivos e melhores condições de trabalho.

Considerando-se as regras de regência, verbal e nominal, de acordo com a norma-padrão da língua portuguesa, as lacunas do texto devem ser preenchidas, correta e respectivamente, com:

(A) a ... de ... de ... por
(B) a ... a ... em ... por
(C) em ... por ... a ... de
(D) a ... com ... por ... com
(E) por ... a ... em ... com

15. (2015/FGV/TJ-PI/Analista Judiciário/Escrivão Judicial/Questão adaptada) "Vivemos numa sociedade que tem o hábito de responsabilizar o Estado, autoridades e governos pelas mazelas do país. Em muitos casos são críticas absolutamente procedentes, mas, quando o tema é segurança no trânsito, não nos podemos esquecer que quem faz o trânsito são seres humanos, ou seja, somos nós".

O desvio de norma culta presente nesse segmento de texto é:

(A) "Vivemos numa sociedade que tem o hábito": deveria inserir a preposição "em" antes do "que";
(B) "críticas absolutamente procedentes": o adjetivo "procedentes" deveria ser substituído por "precedentes";
(C) "Vivemos numa sociedade": a forma verbal "Vivemos" deveria ser substituída por "vive-se";
(D) "não nos podemos esquecer que quem faz o trânsito": deveria inserir-se a preposição "de" antes do "que";
(E) "quem faz o trânsito são seres humanos, ou seja, somos nós": a forma verbal correta seria "fazemos" e não "faz".

16. (2015/CAIP-IMES/IPREM/Procurador Jurídico) Observe a regência do verbo "comunicar" nos períodos abaixo.

I. O procurador comunicou as decisões do conselho ao diretor.
II. O procurador comunicou-lhe as decisões do conselho.
III. Comunicou-se a decisão ao diretor.
IV. O diretor foi comunicado sobre as decisões do conselho.

A regência verbal está correta:

(A) nos itens I, II, III e IV.
(B) apenas nos itens I, II e III.
(C) apenas nos itens III e IV.
(D) apenas nos itens II e III.

17. (2015/FCC/TRT/4ª Região/Analista Judiciário/Questão adaptada) *Em nenhum momento da história a sociedade, como um todo, conseguiu sustentar facilmente os custos exorbitantes da ópera.*
Na frase acima, a locução verbal está empregada com regência idêntica à presente em:
(A) O crítico elegeu o jovem cantor o maior artista da temporada.
(B) Apresentou-nos currículo repleto de menções honrosas.
(C) Sem falsa modéstia, recebeu a ovação com elegância e alegria.
(D) Tentou cantar de modo condizente com as recomendações do maestro.
(E) Jamais se afastou daquele velho conselho do pai.

18. (2015/VUNESP/SAEG/Advogado/Questão adaptada) Reescrevendo-se a frase – A encíclica papal investe contra a tendência à privatização dos recursos hídricos. – tem-se versão correta, quanto à regência e ao emprego do acento indicativo da crase, em:
(A) A encíclica papal opõe-se na propensão à privatizar os recursos hídricos.
(B) A encíclica papal opõe-se à propensão a privatizar os recursos hídricos.
(C) A encíclica papal opõe-se à propensão à privatizar os recursos hídricos.
(D) A encíclica papal opõe-se a propensão à privatizar os recursos hídricos.
(E) A encíclica papal opõe-se na propensão a privatizar os recursos hídricos.

19. (2015/FCC/TRT – 15ª Região/Analista Judiciário/Questão adaptada) Possui a mesma regência do verbo presente no segmento *A escravidão que denunciava com dureza*, o que se encontra sublinhado em:
(A) Quem fala, hoje, dos 30 milhões de escravos...
(B) ... número que hoje oscila entre os 13 milhões e os 14 milhões...
(C) ... antes de portugueses ou espanhóis comprarem negros na África rumo ao Novo Mundo.
(D) ... o Global Slavery Index é um belo retrato da nossa miséria.
(E) Não é preciso assistir a 12 Anos de Escravidão...

20. (2015/FCC/TRE-RR/Analista/Questão adaptada) Não impressionou ao conde Afonso Celso, de quem contam que respondeu assim a um sujeito ...
A expressão sublinhada acima preenche corretamente a lacuna existente em:
(A) O novo acadêmico demonstrou grande afeição ...... compartilha das mesmas ideias literárias e aborda os mesmos temas.
(B) O discurso de recepção do novo integrante do grupo deveria ser pronunciado ...... apresentasse maior afinidade entre ambos.
(C) Aqueles ...... caberia manifestar apoio aos defensores da causa em discussão ainda não haviam conseguido chegar à tribuna.
(D) O acadêmico, ... todos esperavam um vigoroso aparte contrário ao pleito, permaneceu em silêncio na tumultuada sessão

(E) Em decisão unânime, os acadêmicos ofereceram dados da agremiação ...... desejasse participar da discussão daquele dia.

21. (2014/UFMT/MPE-MT/Promotor de Justiça) O trecho abaixo foi extraído da reportagem da revista *Veja*, 26/06/2013, sobre os acontecimentos relativos às manifestações populares ocorridas na semana de 17 a 22 de junho. Quando se espalhou por São Paulo um protesto _____ o aumento de 20 centavos na passagem de ônibus, todo mundo sentiu _____ a coisa era bem maior. Tão maior, tão inebriante, mais mobilizadora, mais assustadora e mais apaixonante que, em uma semana, multidões bem acima de 1 milhão de pessoas jorraram Brasil afora na histórica noite de quinta-feira. Todos os parâmetros comparativos anteriores, _____ Diretas Já e Fora Collor, empalideceram diante do abismo aberto _____ representantes dos poderes, de um lado, e o poder dos que se sentem muito mal representados, de outro. A presidente acuada, as instituições em estado de estupor, os políticos desaparecidos e a turbamulta subindo a frágil passarela do Palácio Itamaraty criaram outro sentimento estarrecedor: é muito fácil quebrar o vidro _____ separa a ordem do caos.

Assinale a alternativa que preenche correta e respectivamente as lacunas do texto.

(A) sobre, que, entre as, com os, de que
(B) contra, que, como, entre os, que
(C) sobre, o qual, como, com os, em que
(D) contra, a qual, entre as, com, que
(E) sobre, o qual, entre as, como, em que

22. (2014/FCC/TRT – 16ª Região (MA)/Técnico Judiciário) O elemento em destaque está empregado corretamente em:

(A) Mais que o luxo do produto, é a aparência de luxo **de que** conta para os consumidores.
(B) Os produtos e as marcas permitem **com que** as pessoas adquiram a visibilidade desejada.
(C) A visibilidade é uma das características **pelas quais** se estrutura a sociedade de consumo.
(D) Quanto mais se tem a impressão **em que** se é visto com os novos produtos, mais se quer adotá-los.
(E) Nas sociedades **por cuja** ordem social é abalada com guerras, a ostentação é particularmente visível.

23. (2014/VUNESP/PC-SP/Médico Legista) Considerando as regras de regência, de concordância e do emprego da crase, assinale a alternativa que preenche, correta e respectivamente, as lacunas do texto a seguir.

Homens respondem pior __ vacina da gripe

Quanto maior o nível de testosterona, menor é a resposta __ imunização, revela novo estudo americano. [...]

Altos níveis do hormônio masculino _____ a um enfraquecimento do sistema imune.

Mulheres respondem melhor __ vacina contra a gripe do que os homens. [...]

Pesquisas experimentais [...] já tinham levantado suspeitas _____ poderia haver uma interação entre testosterona e a resposta autoimune.

(Excertos de artigo publicado na *Folha de S.Paulo*, 22.1.2014.)

(A) a ... à ... está associado ... a ... que
(B) à ... à ... estão associados ... à ... de que
(C) à ... à ... está associado ... à ... de que
(D) à... a ... estão associado ... à ... a que
(E) à ... a ... estão associados ... a ... que

24. (2014/VUNESP/PC-SP/Investigador de Polícia) Merece apoio a proposta da Anvisa _____ cigarros sejam vendidos em embalagens genéricas, _____ conste só o nome do produto e o fabricante – além, é claro, dos já tradicionais alertas do Ministério da Saúde –, sem espaço para cores e outros elementos gráficos que possam caracterizar-se como mensagens publicitárias.

As lacunas do texto devem ser preenchidas, correta e respectivamente, com:

(A) de que ... nas quais
(B) que ... das quais
(C) de que ... aonde
(D) que ... do qual
(E) de que ... do qual

25. (2014/FCC/TRT – 2ª Região (SP)/Técnico Judiciário) Observadas a regência e a flexão verbal, está correta a seguinte frase:

(A) Ressentiu-se, com razão, da oposição da prima, e pensou que, se expusesse com calma seus motivos, poderia obter sua concordância.
(B) A casa que, na época, nos instalamos era a que podíamos pagar, mas tínhamos um pacto: se todos se mantessem firmes em seus empregos, moraríamos melhor.
(C) Aborreceu-se de tanta conferência de abaixo-assinados e requis transferência para outro setor da administração.
(D) Dizem que é ele que obstroi a discussão, por isso, para defender-se, aludiu o nome do responsável pelo atraso.
(E) Medio, sim, seu encontro com esse advogado mais experiente, pois sei como você está temeroso pelo poder de argumentação do promotor.

26. (2013/FCC/TRT – 15ª Região/Analista Judiciário) Não tenho dúvida _____ os ambientalistas estejam __ procura de soluções sustentáveis _____ agricultura e _____ pecuária, mas é preciso reconhecer ...... não é fácil encontrá-las. Parece que não há muito a fazer, as armas _____ os ambientalistas combatem os desmandos não têm surtido os efeitos desejados.

As lacunas são preenchidas respectiva e corretamente por:

(A) de que – à – para a – a – que – com que
(B) que – a – na – na – de que – que
(C) em que – à – para a – a – de que – que
(D) de que – a – na – na – que – que
(E) que – a – para a – na – de que – com que

GABARITO

1. A	**8.** C	**15.** D	**22.** C
2. E	**9.** E	**16.** B	**23.** B
3. B	**10.** C	**17.** C	**24.** A
4. A	**11.** D	**18.** B	**25.** A
5. E	**12.** D	**19.** C	**26.** A
6. D	**13.** D	**20.** D	
7. A	**14.** B	**21.** B	

14 CONCORDÂNCIA NOMINAL

POR QUE ESTUDAR CONCORDÂNCIA?

É sabido que nossa comunicação pode se dar por meio das formas verbal ou escrita. O que falamos ou escrevemos precisa ser organizado de maneira lógica e precisa, a fim de que logremos êxito na transmissão da mensagem. Organizar as ideias é imprimir harmonia e precisão na comunicação, estabelecendo pontos comuns entre as palavras e, sobretudo, levando a cabo o lema *"concordar é harmonizar"*.

Partindo-se do nome do verbo, têm-se dois tipos de concordância:

a) a *nominal*, por meio da qual adjetivos ou palavras adjetivas (artigo, numeral, pronome) alteram sua terminação em gênero e número para estabelecer concordância com o substantivo a que se referem;

b) a *verbal*, segundo a qual o verbo modifica sua terminação (desinência número-pessoal) para concordar, geralmente, com o sujeito da oração, e que será estudada no próximo capítulo.

Passemos a enfrentar as regras de concordância nominal.

Regra geral: os modificadores (pronomes, adjetivos, artigos ou numerais) concordam com o substantivo em gênero e número. Exemplos:

- *Cadeira macia* (a → cadeira → macia).
- *Os setecentos gramas de café* (os → setecentos → gramas).
- *Aquelas situações complicadas* (aquelas → situações → complicadas).

CASOS ESPECIAIS

1. Adjetivo posposto a dois ou mais substantivos

O adjetivo, o qual sintaticamente se coloca como *adjunto adnominal*, irá para o plural ou concordará com o substantivo mais próximo. Exemplos:

Prédio e apartamento velho.	Casa e oficina antiga.	Tênis e meia bonita.	Prédio e casa antiga.
Prédio e apartamento velhos.	Casa e oficina antigas.	Tênis e meia bonitos.	Prédio e casa antigos.

Observações:

a) Se os substantivos forem *antônimos*, deve prevalecer o *plural do grupo*, ou seja, o <u>masculino</u> (para palavras de gênero masculino ou aquelas de gênero masculino e feminino) ou o <u>feminino</u> (para palavras de gênero feminino). Exemplos:

- *Dia e noite frios.*
- *Amor e ódio insensatos.*
- *Andou por mares e terras desconhecidos.*
- *Havia um homem e uma mulher preocupados.*
- *Vales e montanhas frescos.*

b) Se os substantivos forem *sinônimos*, o adjetivo deve concordar com o substantivo mais próximo. Exemplos:

- *Crença e fé exagerada.*
- *Possuía ideia e pensamento verdadeiro.*
- *Tinha trabalho e atividade prolongada.*
- *Destemor e coragem bela.*

2. Adjetivo anteposto a dois ou mais substantivos

O adjetivo concorda com o substantivo mais próximo. Exemplos:

- *Preferiu o melhor lugar e hora.*
- *Época de novas atitudes e comportamentos.*
- *Período de claras decisões e bloqueios.*

Observação: se os substantivos forem *nomes próprios*, o adjetivo deverá ir para o plural. Exemplos:

- *Os famosos Jânio e Getúlio.*
- *Os ilustres Drummond e Clarice Lispector.*

3. Adjetivo como predicativo do objeto

O adjetivo concorda em gênero e número com o objeto. Exemplos:

- *A polícia considerou reincidente o homem.*
- *A polícia achou culpada a mulher.*
- *Considerei sua atitude e comportamento incorretos.*

4. Substantivo modificado por dois ou mais adjetivos no singular

Há dois tipos de construção. O que se deve é tomar cuidado com o emprego dos artigos. Exemplos:

- *As seleções brasileira e chilena.*
- *A seleção brasileira e a chilena.*

- *Gosto dos balés clássico e moderno.*
- *Gosto do balé clássico e do moderno.*
- *Falar os idiomas alemão e russo.*
- *Falar o idioma alemão e o russo.*
- *Gosto dos Direitos Civil e Tributário.*
- *Gosto do Direito Civil e do Tributário.*
- *A atitude prejudicou os comércios francês e italiano.*
- *A atitude prejudicou o comércio francês e o italiano.*

5. Adjetivo composto

Flexiona-se, normalmente, só o último elemento. Exemplos:

- *Dificuldades político-econômicas.*
- *Eram adeptos às social-democracias.*
- *Foram reuniões político-sociais.*
- *Discutiram-se as relações jurídico-tributárias.*
- *Elas são todo-poderosas.*

6. "Um e outro", "nem um nem outro", "um ou outro", seguidos de substantivo

O substantivo fica no singular. Exemplos:

- *Um e outro problema.*
- *Nem um nem outro presente.*
- *Uma ou outra sessão.*

Observação: se, em seguida, vier um adjetivo, este irá para o plural. Exemplos:

- *Um e outro cantor famosos.*
- *Uma ou outra solução inteligentes.*
- *Nem um nem outro canal eficazes.*
- *Um e outro problema africanos.*
- *Uma e outra escolha corretas.*
- *Um ou outro caso paralelos.*

7. Termos que concordam com o nome a que se referem

Leso	Algum
Crime de lesa-pátria.	Aluna alguma disse o que ocorreu.
Crime de lesos-direitos.	Alunas algumas disseram o que houve.
Comportamento de lesa-sociedade.	Alguns alunos foram reprovados.
Atitude de leso-patriotismo.	

CONCORDÂNCIA NOMINAL • capítulo 14

Anexo
- O documento segue anexo.
- Os documentos seguem anexos.

Quite
- Já estou quite com a loja.
- Nós estávamos quites.

Obrigado(a)
- Muito obrigada, disse Márcia.
- Eles sempre dizem: muito obrigados.

Tal
- Que tais estes enfeites?
- Eles são tais quais[1] os pais.

Todo(a)
- Elas ficaram todas feridas.

Nenhum
- Neste ano, não terei férias nenhumas.
- Vocês não são nenhuns ignorantes.

Extra
- As cotas extras não foram pagas.

Servido(a)
- Elas estão servidas.

Agradecido(a)
- Eles ficaram agradecidos.

Grato(a)
- Todas estavam gratas pelo presente.

Próprio(a)
- Nós próprios faremos o serviço.

Mesmo(a)
- Elas mesmas[2] estiveram aqui.

Junto(a)
- As folhas seguem juntas.

Incluso(a)
- Estão inclusos as taxas e impostos

---

1   A forma **tal qual** tem concordância interessante: *tal* concorda com o substantivo anterior e *qual*, com o posterior. Exemplos:

- O filho é tal qual o pai.
- O filho é tal quais os pais.
- Os sobrinhos são tais quais os tios.
- Os sobrinhos são tais qual o tio.

Se o elemento anterior for verbo, o *tal* ficará invariável; se o elemento posterior for verbo, o *qual* ficará invariável. Exemplos:

- Os soldados agem tal quais as ordens do capitão.
- Os dados devem ser reproduzidos tal quais as leis.
- Os soldados agem tal qual forem as ordens do capitão.
- Os dados devem ser reproduzidos tal qual forem apresentados na lei.

2   O vocábulo **mesmo** é bastante comum depois de substantivo ou pronome pessoal, aparecendo como *palavra de realce*. Pode ser substituído por *próprio* ou *própria*. Exemplo:

- Eles mesmos recorreram.
- Pensaram consigo mesmos.
- Por si mesma, tomou a decisão.

É patente que seu uso denota pobreza estilística, todavia sua gramaticalidade é incontestável, o que abona a forma (a propósito, ver o art. 867 do CPC e o art. 886, § 1º, da CLT). Na verdade, o que se condena é o uso de "mesmo" como "sujeito", substituindo o pronome.
Observe a erronia:
"Ela chegou ontem, e a <u>mesma</u> virá aqui amanhã".
Corrigindo: *Ela chegou ontem e virá aqui amanhã.*

Anexo e Apenso: tais termos concordam, normalmente, com o vocábulo a que se referem (*memorandos anexos/apensos*). A dúvida, entretanto, pode surgir com a expressão invariável **em anexo**. Esta, a nosso ver, é dotada de gramaticalidade, embora suscite muitas críticas entre os gramáticos. Observe:

- *Seguem os relatórios anexos – Seguem os relatórios em anexo.*
- *Seguem as oferendas anexas – Seguem as oferendas em anexo.*

À semelhança da criticada expressão "em anexo", temos "em suspenso" e "em aberto". A recomendação é que se suprima a preposição "em", preferindo, por exemplo, *evento suspenso* (em vez de "evento em suspenso") e *prazo aberto* (em vez de "prazo em aberto").

8. O APOSTO

Concorda, em regra, com o termo fundamental em gênero e número. Exemplo:

- *Paulo, primo de Andréia, foi ao parque.*

Observação: é possível que a concordância não se dê de forma infalível. Exemplo: *As cordilheiras dos Andes, uma dádiva de Deus, apresenta perigos.*

9. TERMOS QUE PERMANECEM INVARIÁVEIS

- **Alerta**
    - *Fiquem alerta[3]!*

- **Em mão**
    - *As encomendas foram entregues em mão[4].*

- **De maneira que**
    - *Estudaram, de maneira que[5] estão preparados.*

---

3   É comum, mesmo em bons autores, encontrar **alerta** como *adjetivo*, sendo variável. Exemplo:
    - *Eram pessoas alertas, não deixavam escapar nada.*
    Ressalte-se que, se *alerta* tiver a acepção de *substantivo*, deverá concordar normalmente. Exemplo:
    - *Foi dado um alerta – Foram dados dois alertas.*

4   Quando se pretende entregar correspondência ou encomenda a um destinatário, sendo a entrega feita por um particular, e não pelo correio, deve-se preferir a forma **em mão** à expressão pluralizada "em mãos". No entanto, ressalte-se que ambas são toleráveis.

5   É inadequado usar a locução prepositiva com a partícula *a*. É erro palmar. A forma correta é **de maneira que**. Evite, pois, "de forma a que", "de maneira a que" ou "de modo a que". Exemplos de incorreções:
    "Ele age de forma a que todos o observem".
    "Ele busca os dados precisos em fontes confiáveis e os apresenta de maneira a que possam ser entendidos por todos".
    "Se lhes confias meu propósito de aceder ao convite, eu o farei de modo a que não suscite controvérsias" (Ciro dos Anjos, *Abdias*, p. 62, apud Cegalla, 1999, p. 107).
    "Nos últimos anos ocorreu-lhes substituir os números por adivinhações, de modo a que o prêmio se repartisse entre todos os que acertassem" (Gabriel García Márquez, *Cem Anos de Solidão*, p. 323, tradução, Ed. Record, 1995, apud Cegalla, 1999, p. 107).

- **Monstro**
    - *Foram duas greves monstro.*
- **Menos**
    - *Esperava menos ideias.*
    - *Prestei o concurso menos vezes do que você.*
    - *Tenho menos possibilidades de êxito.*
    - *Comprei menos roupas nesta viagem.*
- **Em via de**
    - *As empresas estão em via de falir.*
- **A olhos vistos**
    - *A capital crescia a olhos vistos.*
- **Pseudo**
    - *Os homens citados são pseudo-heróis.*

10. Possível (o mais / o menos possível – o pior / o melhor possível – quanto possível)

Em *o mais possível, o melhor possível, o pior possível,* o adjetivo possível mantém-se **invariável**. Exemplos:

- *Visitei cidades o mais possível belas!*
- *Períodos o mais difíceis possível.*
- *Alunos o mais inteligentes possível.*
- *Visitei cidades o melhor possível!*
- *Atitudes o pior possível.*

Observações:

a) Com o plural *os mais, os menos, os piores, os melhores,* o adjetivo **possível** deve ir para o plural. Exemplos:

- *Estive em lugares os mais tentadores possíveis!*
- *Conheci alunos inteligentes os mais possíveis.*
- *Atitudes as menos insensatas possíveis.*
- *Períodos os piores possíveis.*
- *Escolhi os melhores lugares possíveis!*

b) A expressão **quanto possível** é invariável. Exemplos:

- *Procurei fazer tantas atividades quanto possível.*
- *Fabricam tantos vinhos quanto possível.*

11. Grão e Grã

Em nomes compostos, não apresentam plural. Exemplos:

- *Grã-cruzes – Grã-duquesas – Grão-duques*

12. Meio – só – bastante – caro – barato – longe

Quando forem *adjetivos*, concordam com o substantivo a que se referem. Exemplos:

- *Não se dirija a mim com meios-termos.*
- *Não suporto meias palavras.*
- *Comprou meia dúzia de lápis*[6].
- *É meio-dia e meia*[7].
- *Elas estão sós.*
- *Eles, por si sós, fizeram o trabalho.*
- *Há problemas bastantes.*
- *Comprei livros caros.*
- *Seus produtos são baratos.*
- *Levou-a a longes vales.*

Observações:

a) Quando forem *advérbios*, na acepção de "um tanto", "somente", "um pouco" e "muito", ficam invariáveis.

- *As garagens estavam meio abertas* (meio = advérbio).
- *Ela ficou meio tonta* (meio = advérbio).
- *Adquirimos só duas entradas* (só = advérbio).
- *Jorge e Fábio estão bastante cansados* (bastante = advérbio).
- *Isso custa caro* (caro = advérbio).
- *Comprou barato o tecido* (barato = advérbio).
- *Ele vende barato* (barato = advérbio).
- *Fiquem longe de mim!* (longe = advérbio).

b) A expressão **a sós** é invariável. Exemplos:

- *Precisamos conversar a sós em casa.*
- *Eu necessito estar a sós com você.*

Não confunda com o adjetivo **só** (*homem só; mulheres sós*), nem mesmo com a expressão **por si só** (*ele, por si só, venceu; elas, por si sós, venceram*).

---

6 **Meia**, na frase, é *numeral* e deve concordar com o termo *dúzia*.

7 **Meia**, na frase, é *numeral* e deve concordar com o termo *hora* que está omitido.

CONCORDÂNCIA NOMINAL • capítulo 14

13. Sujeito em grau absoluto

Quando o sujeito é tomado em grau absoluto, isto é, sem artigo ou pronome demonstrativo, o adjetivo fica no masculino singular. Exemplos:

- *É proibido entrada.*
- *Entrada é proibido.*
- *É necessário coragem.*
- *É preciso cautela.*
- *Água é necessário.*
- *Férias é preciso.*
- *Carne é bom.*
- *Cerveja é delicioso.*

Se há artigo ou pronome demonstrativo, o adjetivo concorda com o substantivo:

- *É proibida a entrada.*
- *É necessária a coragem.*
- *A carne é boa.*
- *A água é necessária.*
- *Nenhuma bebida é boa.*
- *Sua cerveja é deliciosa.*

Algo semelhante acontece na substituição do predicativo do sujeito por um pronome pessoal átono. Exemplos:

- *És a enfermeira daqui? Sou-a.*
- *És enfermeira? Sou-o.*

14. Concordância com nomes de cor

Se o termo que indica cor é *adjetivo*, concorda com o substantivo (gênero e número):

- *Comprou roupas azuis.*
- *Usava calças marrons.*

Se a palavra que indica cor é *substantivo*, fica invariável:

- *Comprava blusas laranja.*
- *Usava sapatos gelo.*

15. Adjetivos compostos que indicam cores

Se os adjetivos forem compostos pelas formações "(na) cor (de) + adjetivo" ou "adjetivo + substantivo", ficam invariáveis. Exemplos:

- *Trajavam roupas na cor azul.*
- *Tinham carros vermelho-sangue.*
- *Comprei tapetes verde-musgo.*

Observação: os termos *ultravioleta, azul-marinho, azul-celeste, azul-ferrete, azul-pavão* e *azul-turquesa* são **invariáveis**. Exemplos:

Raios ultravioleta – Saias azul-marinho – Ternos azul-celeste

Saias azul-ferrete – Vestidos azul-pavão – Roupas azul-turquesa

CURIOSIMACETES

1. OLHOS DE LINCE

O *lince* é um mamífero carnívoro, um felino a quem os antigos atribuíam penetrante visão, capaz de enxergar através de corpos opacos, bem como durante a escuridão. Daí a expressão **olhos de lince**, aplicável à pessoa de vista privilegiada.

2. MALGRADO OU MAU GRADO

Usa-se **malgrado** como sinônimo de "não obstante, apesar de". Exemplos:

- *Não consegui convencê-la disso, malgrado intensos esforços.*
- *Malgrado a recomendação do médico, ingeriu os alimentos que deveria evitar.*
- *Malgrado a aparência serena, contorcia-se de preocupação.*

Por outro lado, a forma **mau grado** tem o significado de "a contragosto, contra a vontade". Como decorrência, temos a expressão fossilizada **de mau grado**, entre outras. Exemplos:

- *(De) Mau grado meu, acalentou ela uma paixão.*
- *Chorei, de mau grado, na frente do inimigo.*

3. MAESTRIA OU MESTRIA

A **mestria** significa "a qualidade ou habilidade do mestre, a perícia, a destreza". Exemplos: *a mestria do escultor; a mestria do tenor; a mestria do advogado do Júri* etc.

Por outro lado, **maestria** é substantivo derivado do português arcaico "maestre" (registros do século XII), que significa "mestre". Dessa forma, não há impropriedade no uso de *maestria* em lugar de *mestria* ou vice-versa. Ambas designam "perícia e habilidade".

4. MEA CULPA

A expressão latina **mea culpa** deve ser utilizada como forma de reconhecimento de culpa, de erro, de arrependimento. É usual nas expressões "fazer *mea culpa*" ou "dizer *mea culpa*". É expressão que possui o gênero de substantivo masculino.

Frise-se que existe a forma aportuguesada, com hífen (**mea-culpa**), admitida pelo VOLP e dicionários. Trata-se de um substantivo masculino de dois números (*o mea-culpa; os mea-culpa*). Na redação forense, deve-se preferir a forma latina à expressão hifenizada. Portanto, aprecie as frases:

- *O namorado fez um "mea culpa" do compromisso de chegar ao evento sem atraso.*
- *Ele fez seu "mea culpa" na questão controvertida do contrato.*

5. MOSCAR-SE

É verbo pronominal de raríssimo uso, significando, em sentido figurado, "sumir, desaparecer". A conjugação dos tempos é interessante: *musco-me, musca-te, musca-se, muscamo-nos, muscai--vos, muscam-se; que eu me musque, que ele se musque, que eles se musquem*, entre outras. Portanto:

- *Musco-me quando ele aparece.*
- *Se ela me irritar, dir-lhe-ei: musque-se!*
- *Espero que ele não se musque nos intervalos das aulas.*
- *Musca-se das moscas – elas transmitem doenças.*

A HORA DO ESPANTO
AS "PÉROLAS" DO PORTUGUÊS

1. Doenças venéricas
   Correção: como se não bastasse a gravidade da enfermidade, há, ainda, a impropriedade vocabular. Grafa-se *venéreo*, logo, *doenças venéreas*. A confusão pode, sim, gerar gargalhadas homéricas.

2. Espondo
   Correção: o gerúndio do verbo *expor* é *expondo* (com -x). Não se exponha com o tal "espondo"...

QUESTÕES

1. (2022/VUNESP/PM-SP/Sargento de Polícia Militar) O enunciado que atende à norma--padrão de concordância nominal é:

(A) Será que Horácio está triste porque acha que a floresta pode ser meia perigosa?

(B) Será que a acusação e o convite que foram feitas a Horácio foram justas com ele?

(C) Será que a aldeia era um lugar com menas possibilidades de risco a Horácio?

(D) Será que a tristeza e a solidão imensas podem acabar com a simpatia de Horácio?

2. (2017/IESES/CEGÁS/Analista de Gestão) Assinale o erro de concordância nominal:

(A) Já era meio-dia e meia quando ela percebeu meio desconfiada a presença de alguém.

(B) A porta estava todo aberta quando a secretária, ainda meia confusa, chegou.

(C) As responsáveis pelo projeto afirmaram que ficaram muito obrigadas à comunidade.

(D) Foram precisas muitas horas de trabalho para concluir o relatório.

3. (2017/IESES/CEGÁS/Analista de Gestão – Advogado) Assinale o erro de concordância nominal:

(A) Já era meio-dia e meia quando ela percebeu meio desconfiada a presença de alguém.

(B) As responsáveis pelo projeto afirmaram que ficaram muito obrigadas à comunidade.

(C) Foram precisas muitas horas de trabalho para concluir o relatório.

(D) A porta estava todo aberta quando a secretária, ainda meia confusa, chegou.

4. (2017/CONSULPLAN/TRF/2ª REGIÃO/Analista Judiciário/Questão adaptada) Em qual frase a seguir NÃO se cometeu erro de concordância nominal?

(A) Os alunos acabam sendo bastantes estimulados a não seguirem regras.

(B) Em determinados casos as punições deveriam ser o mais duras possíveis.

(C) Descobriram várias firmas fantasma na metrópole que incitavam o racismo.

(D) Nas sociedades antigas olhos verde-claro eram mais aceitos do que olhos negros.

5. (2017/VUNESP/Câmara de Mogi das Cruzes-SP/Procurador Jurídico/Questão adaptada) Leia a frase reescrita a partir das ideias do texto.

_____ em promover a igualdade de gênero e etnias, os episódios de "Jornada nas Estrelas" retratavam o empenho e a coragem _____ da tripulação que, conjuntamente, agia para superar todas as adversidades.

De acordo com a norma-padrão da língua portuguesa, as lacunas da frase devem ser preenchidas, correta e respectivamente, por:

(A) Interessada ... contínuas

(B) Interessada ... contínuos

(C) Interessado ... contínuos

(D) Interessados ... contínuos

(E) Interessados ... contínuas

6. (2016/FCC/TRF – 3ª Região/Técnico Judiciário/Questão adaptada) A alternativa em que a expressão sublinhada pode ser substituída pelo que se apresenta entre colchetes, respeitando-se a concordância, e sem quaisquer outras alterações no enunciado, é:

(A) A maioria das tecnologias necessárias para as cidades inteligentes já são <u>viáveis</u> economicamente em todo o mundo... [viável]

(B) A ideia de cidade inteligente sempre aparece <u>relacionada</u> à abertura de bases de dados por parte dos órgãos públicos. [relacionado]

(C) Em nome da eficiência administrativa, <u>podem-se</u> armazenar, por exemplo, enormes massas de dados de mobilidade urbana... [são possíveis]

(D) ... desde bases de dados de saúde e educação <u>públicas</u>, por exemplo, até os dados pessoais... [pública]

CONCORDÂNCIA NOMINAL • capítulo 14

(E) Contudo, existem estudos que apontam que bastariam meros quatro pontos de dados... [bastaria]

7. (2016/IADES/PC-DF/Perito Criminal/Questão adaptada) De acordo com a norma-padrão e as questões gramaticais, assinale a alternativa correta.

(A) Do ponto de vista da regência, as construções "A sua arma de combate ao crime." e "Ligue 197 e denuncie" poderiam ser substituídas, respectivamente, pelas seguintes redações: **A sua arma para combater o crime**. e **Ligue e informe à Polícia Civil do que você sabe**.

(B) Na oração "Não se cale.", o pronome oblíquo poderia ter sido empregado depois do verbo.

(C) Caso o vocábulo sublinhado no período "Não é necessário identificação." estivesse determinado pelo pronome **sua**, a nova redação deveria ser **Não é necessária sua identificação**. Entretanto, se fosse apenas substituído pelo substantivo **identificações**, a construção deveria ser **Não é necessário identificações**.

(D) Se o termo sublinhado na oração "Você pode salvar uma vida." fosse substituído pela expressão **A maior parte de vocês**, o verbo "pode" deveria necessariamente passar a ser flexionado na terceira pessoa do plural.

(E) Caso o emissor julgasse conveniente, poderia substituir o período "Sua ligação não será gravada." por qualquer uma das seguintes redações: **Fique certo de que sua ligação não será gravada**. ou **Tenha certeza que sua ligação não será gravada**.

8. (2016/VUNESP/Prefeitura de Rosana – SP/Procurador do Município/Questão adaptada) De acordo com a norma-padrão da língua portuguesa, a concordância verbal e nominal está correta em:

(A) Nesta locadora existe à disposição dos clientes filmes policiais renomados, tanto nacionais como estrangeiros.

(B) À porta do hotel, havia repórteres aguardando a entrevista com o ator escolhido para ser James Bond nos próximos filmes da série.

(C) Depois de ouvida atentamente as reprimendas do delegado, o velhinho justificou-se dizendo que importunava a vizinha apenas para divertir-se um pouco.

(D) A senhora indignou-se com as pedras que sujavam seu varal e, embora idosa, resolveu ela mesmo ir à delegacia.

(E) Graças à intervenção do delegado, o caso foi encerrado de forma que todos estivessem quite com a justiça.

9. (2015/FGV/PGE-RO/Analista da Procuradoria/Questão adaptada) Em "mães e pais contaminados"; a forma de reescrever-se esse mesmo segmento que mostra um desvio da norma culta é:

(A) pais e mães contaminadas;

(B) pais e mães contaminados;

(C) contaminados pais e mães;

(D) contaminadas mães e pais;

(E) contaminados mães e pais.

10. (2015/VUNESP/MPE-SP/Analista de Promotoria) Leia o texto.

O Procurador-Geral de Justiça, no uso de suas atribuições e atento aos recorrentes pedidos para designação de Promotores de Justiça para auxiliar na execução de inquéritos civis na área de tutela do patrimônio público, AVISA aos Promotores de Justiça interessados, cujas Promotorias de Justiça possuam feitos relacionados à mencionada área de atuação, que manifestem, no prazo de 05 (cinco) dias úteis, eventual interesse em receber auxílio do "PROJETO ESPECIAL – TUTELA COLETIVA".

(www.mpsp.mp.br. Adaptado)

Uma frase condizente com as informações do texto e redigida corretamente, no que se refere à concordância nominal padrão, está em:

(A) Estão autorizados a receber auxílio do "PROJETO ESPECIAL – TUTELA COLETIVA" os Promotores de Justiça cujos trabalhos sejam atinente à área de tutela do patrimônio público.

(B) O Procurador-Geral de Justiça torna conhecida a oportunidade para que determinados Promotores de Justiça solicitem auxílio do "PROJETO ESPECIAL – TUTELA COLETIVA".

(C) O "PROJETO ESPECIAL – TUTELA COLETIVA" atende a Promotores de Justiça atrelados a Promotorias de Justiça com inquéritos civis incluso na área de tutela do patrimônio público.

(D) A manifestação de interesse em receber auxílio do "PROJETO ESPECIAL – TUTELA COLETIVA" deve ser submetido ao Procurador-Geral de Justiça no prazo de cinco dias.

(E) O Procurador-Geral de Justiça faz saber: abertos aos Promotores de Justiça empenhados na execução de inquéritos civis na área de tutela do patrimônio a inscrição no "PROJETO ESPECIAL – TUTELA COLETIVA".

11. (2014/VUNESP/TJ-PA/Analista Judiciário) Assinale a alternativa que apresenta a frase cuja redação está condizente com a norma-padrão da língua portuguesa.

(A) Existe algumas pessoas que questionam o Marco Civil da internet, alegando de que foi aprovado de maneira apressada.

(B) É importante mencionar de que as empresas de telecomunicações poderão vender velocidades diferentes, mas está proibido a venda de pacotes restritos.

(C) Os usuários devem estar atentos ao fato de que não haverá distinções no tratamento dos conteúdos que trafegam pela internet.

(D) Os clientes devem conhecer seus direitos para que este se cumpra, por exemplo: é evidente de que as empresas precisam oferecer a conexão contratada.

(E) Sempre pode ocorrer falhas técnicas, capaz de comprometer a qualidade dos serviços, mas as empresas devem ter consciência de que essas falhas precisam ser prontamente corrigidas.

12. (2014/Instituto INEAA/CREA-GO/Analista – Advogado) Assinale a frase correta quanto à concordância verbal e nominal.

(A) Segue, anexo, ata da reunião ordinária do Conselho Superior de 02 de maio de 2012 da Fundação Coelho Pitanga a ser analisada e após fazer todas as considerações pelos membros do conselho que acharem necessárias irei em busca das respectivas assinaturas dos conselheiros presentes.

(B) Esse profissional deve ficar responsável pela elaboração das escalas de trabalho semanais e sua manutenção, comunicação interna e externa, agendamento de compromissos da coordenação e da equipe em geral, registro e acompanhamento de assiduidade e demais tarefas que envolvam questões administrativas.

(C) Não será esquecido estes dois dias para quem pode estar nos dois encontros ou reencontros.

(D) No elenco, chamam a atenção também a presença de modelos, de uma bailarina e de uma dançarina.

(E) É deveres de todos cumprir a mandato.

13. (2014/ESAF/Receita Federal/Auditor Fiscal da Receita Federal) Assinale a opção que corresponde a erro gramatical ou de grafia de palavra inserido na transcrição do texto.

A Receita Federal nem sempre teve esse (1) nome. Secretaria da Receita Federal é apenas a mais recente denominação da Administração Tributária Brasileira nestes cinco séculos de existência. Sua criação tornou-se (2) necessária para modernizar a máquina arrecadadora e fiscalizadora, bem como para promover uma maior integração entre o Fisco e os Contribuintes, facilitando o cumprimento espontâneo (3) das obrigações tributárias e a solução dos eventuais problemas, bem como o acesso às (4) informações pessoais privativas de interesse de cada cidadão. O surgimento da Secretaria da Receita Federal representou um significativo avanço na facilitação do cumprimento das obrigações tributárias, contribuindo para o aumento da arrecadação a partir (5) do final dos anos 60.

(Adaptado de <http://receita.fazenda.gov.br/srf/historico.htm>. Acesso em: 17 mar. 2014.)

(A) (1)
(B) (2)
(C) (3)
(D) (4)
(E) (5)

14. (2014/FCC/TRF – 3ª Região/Técnico Judiciário) A concordância verbal e nominal está inteiramente correta em:

(A) Muitas pessoas, em busca de paz e de silêncio, gostam de caminhar em meio à natureza, deixando para trás o barulho que lhes é imposto pela vida urbana.

(B) O contexto barulhento de nossas cidades e a irritação dele resultante propicia um crescente desconforto que levam muitas pessoas à procura de lugares silenciosos para viver melhor.

(C) É preciso haver certo controle dos ruídos que se produz habitualmente no interior das residências, de modo que não se exponha os vizinhos a sons que venham incomodá-los.

(D) Tornou-se comum atualmente muitas queixas de pessoas que se sente incomodadas pelo excesso de barulho a que estão sujeitas em sua rotina diária.

(E) A reprodução de sons por aparelhos cada vez mais possantes a espalham por todos os lugares e incomodam as pessoas, quando deveriam, ao contrário, evitar aborrecimentos.

15. (2013/IBFC/MPE-SP) Considere as orações abaixo.
I. É necessário paciência.
II. É necessária a participação de todos.
III. É proibido a entrada de pessoas estranhas.
A concordância está correta somente em:
(A) Apenas I
(B) Apenas II
(C) Apenas III
(D) Apenas I e II
(E) Apenas II e III

16. (2013/FCC/AL-RN/Analista Legislativo – Analista de Sistemas) O uso correto da concordância nominal e verbal está em:
(A) A surpresa é os prêmios e era preciso a coragem para descartar as grandes emoção e as lágrimas.
(B) Os falsos poetas perceberam que haviam muitas estruturas poéticas que ainda desconheciam.
(C) Aos poetas, foi-lhe penoso participar daquelas concentrações monstros na frente da academia.
(D) As artistas com seus trajes amarelo-laranja, haviam horas que aguardavam para se apresentarem.
(E) Eu mesma, na qualidade de defensora do meu cargo de programador, busco criatividade.

17. (2013/FJG – RIO/PGM-RJ/Auxiliar de Procuradoria) Consideradas as regras básicas de concordância verbal e nominal, é correta a seguinte frase:
(A) A maioria dos povos indígenas enfrenta conflitos para manutenção da terra demarcada.
(B) A participação, nas decisões relativas aos povos indígenas, de seus representantes são fundamentais.
(C) Mais de um povo indígena lutam para preservar suas tradições próprias.
(D) 12,5% do território nacional está ocupado por terras indígenas.

18. (2013/FJG – RIO/PGM-RJ/Auxiliar de Procuradoria) Quanto à concordância nominal e verbal, está correta e adequada à situação formal, respeitando as regras gramaticais, a seguinte frase:

(A) Vem sendo muito criticado, na imprensa, recente e contínua invasões em terras demarcadas.

(B) As ações indígenas, pacíficas em sua maioria, visam à valorização de suas legítimas tradições.

(C) A população indígena demonstra-se meia decepcionada com recente atitudes da população brasileira.

(D) Comunidade tradicional indígena formalizou denúncia em documento oficial tendo anexo fotografias.

19. (2013/TJ-GO/TJ-GO/Oficial de Justiça Avaliador) Quanto à concordância nominal, assinale a alternativa incorreta:

(A) Estamos encaminhando anexas as correspondências.

(B) É proibida a entrada.

(C) É necessário bondade.

(D) Ela estava meia cansada.

20. (2013/FCC/TRT – 12ª Região/Técnico Judiciário/Questão adaptada) A concordância verbal e nominal está inteiramente respeitada em:

(A) As tentativas de solução para a fome no mundo se baseia em medidas que se torna necessário, principalmente as destinadas a preservar as condições do meio ambiente.

(B) A ampliação de programas de assistência a famílias de baixa renda e o crescimento do salário mínimo, no Brasil, são fatores de melhoria das condições sociais e econômicas.

(C) Em vasta região da África, de acordo com dados obtidos pela ONU, uma em quatro pessoas na população de 856 milhões são subnutridos ou, até mesmo, não têm o que comer.

(D) O esgotamento dos estoques de espécies marinhas resultam tanto da pesca predatória quanto da exploração desmedida desses recursos, que já se mostra quase esgotados.

(E) Estudos do Banco Mundial indica que a alta dos preços de alimentos afetam principalmente as camadas mais pobres da população em várias regiões do planeta.

21. (2013/FCC/MPE-MA/Técnico Ministerial) As normas de concordância verbal e nominal estão inteiramente respeitadas na frase:

(A) Já fazem séculos que, depois da argila, do papiro e do pergaminho, as pessoas, para transmitir seu conhecimento, se utiliza do papel.

(B) Durante séculos, o tipo da letra, o entrelinhamento e os espaços em branco de um livro impresso foi aperfeiçoado para estimular o hábito da leitura.

(C) É fundamental que as novas gerações, às voltas com a influência da tecnologia, sejam capazes de ler bem e de refletir, atentas aos aspectos relevantes de uma obra.

(D) Estudiosos do nosso tempo, tal como Sócrates na Antiguidade em relação à escrita, se preocupa com o possível impacto do mundo digital na transmissão da cultura.

(E) No momento, existe algumas pesquisas em que já se busca dados que avaliem a extensão do impacto causado ao cérebro pela leitura digital.

22. (2013/VUNESP/PC-SP/Escrivão de Polícia Civil) Considerando a norma-padrão, assinale a alternativa correta quanto à concordância nominal.

(A) Foi formada, graças a Niemeyer, uma geração de novos arquitetos dedicados a dar continuidade a seus projetos.

(B) Já foram realizado, em diferentes universidades, vários estudos sobre a produção do arquiteto brasileiro.

(C) Considerado uma das criações mais inovadoras do século XX, a arquitetura de Niemeyer é singular.

(D) Seria celebrado, no Rio de Janeiro, uma grande festa em comemoração aos 105 anos de Oscar Niemeyer.

(E) As visitas a Brasília se tornaram frequente, em especial para se apreciar a arquitetura de Niemeyer.

23. (2013/MPE-SC/MPE-SC/Promotor de Justiça/Questão adaptada) Em "Tampouco a doutrina e a jurisprudência trabalhista cuidam frequentemente da questão, posto que trata-se de um tema relativamente isolado e também em razão de não ser tão comum o fato de o profissional de nível singular postular diante da Justiça Especializada do Trabalho", em relação à concordância nominal, se a palavra **trabalhista** for flexionada em número não há agressão às normas da língua escrita, porém pode haver alteração semântica. (Extraído da Revista *Visão Jurídica*, número 82. p. 13).

( ) Certo   ( ) Errado

GABARITO

1. D	7. C	13. C	19. D
2. B	8. B	14. A	20. B
3. D	9. E	15. D	21. C
4. C	10. B	16. E	22. A
5. D	11. C	17. A	23. Certo
6. D	12. B	18. B	

15 CONCORDÂNCIA VERBAL

A *concordância verbal* indica que o verbo modifica sua terminação para concordar, geralmente, com o sujeito da oração.

Vamos enfrentar as regras de concordância verbal:

Regra geral: o verbo concorda com o sujeito em número e pessoa. Exemplos:

- *Os dias estão chuvosos.* (Sujeito = dias → estão)
- *A quem pertencem esses utensílios?* (Sujeito = utensílios → pertencem)

CASOS ESPECIAIS: SUJEITO SIMPLES

1. Substantivo coletivo

O verbo fica na 3ª pessoa do singular. Exemplos:

- *A boiada, reticente, não cruzou o riacho.*
- *O cardume continuava seu percurso.*
- *O bando voava.*
- *A plateia aplaudiu os atores.*
- *Já saiu o pessoal?*

Observação: se o coletivo for seguido de *adjunto adnominal* no plural, é facultativa a pluralização do verbo. Exemplos:

- *Um bando de pássaros voava – Um bando de pássaros voavam.*
- *A manada de búfalos se dispersou – A manada de búfalos se dispersaram.*

2. Mais de um

Quando o sujeito é introduzido pela expressão *mais de um*, o verbo fica no singular. Exemplo:

- *Mais de um jogador foi suspenso pela federação.*

Observações:

a) quando a expressão *mais de um* vem repetida ou se associa a um verbo, exprimindo reciprocidade, aquele deve ir para o plural. Exemplos:

- *Mais de um prisioneiro agrediram-se durante o almoço.*
- *Mais de um aluno abraçaram-se.*
- *Mais de um candidato se cumprimentaram.*

Se repetida a locução, deve haver a concordância no plural. Exemplos:

- *Mais de um candidato, mais de um representante faltaram ontem.*
- *Mais de uma casa, mais de um prédio desabaram na cidade alagada;*

b) se a expressão *mais de um* se refere a coletivos, há plural. Exemplos:

- *Mais de um cardume de piranhas nos atacaram.*
- *Mais de um bando de bêbados foram presos.*
- *Mais de uma classe de estudantes faltaram;*

c) se há a utilização de expressões como *mais de dois, menos de dois*, entre outras, a concordância deve ser feita com o numeral, isto é, usa-se o plural. Exemplos:

- *Mais de dois saíram.*
- *Menos de dez funcionários viajarão.*
- *Menos de dois litros foram consumidos.*

3. Expressões partitivas (*a maioria de, a maior parte de, uma porção de, a metade de,* entre outras).

O verbo pode concordar tanto com o núcleo dessas expressões como com o substantivo que as segue. Exemplos:

- *A maioria dos funcionários chegou – A maioria dos funcionários chegaram.*
- *A maior parte das casas desmoronou – A maior parte das casas desmoronaram.*
- *Uma porção de alunos faltou – Uma porção de alunos faltaram.*

4. Expressões aproximativas (*cerca de, perto de* etc.)

O verbo concorda com o substantivo determinado por essas expressões. Exemplos:

- *Cerca de quinze jogadores inscreveram-se no torneio.*
- *Hoje, perto de 4 milhões e meio de angolanos correm o risco de contrair a tripanossomíase.*

5. Locuções pronominais: *algum, alguns de nós, alguns de vós; qual, quais de nós, quais de vós,* entre outras.

Observações:

a) Quando o primeiro pronome da locução figura no *singular*, o verbo fica no singular. Exemplos:

- *Qual de nós representará o grupo?*
- *Qual de nós votou conscientemente?*

b) Quando o primeiro pronome figura no *plural*, o verbo pode concordar com esse pronome ou com o pronome pessoal. Exemplos:

- *Alguns de nós o acompanharão – Alguns de nós o acompanharemos.*
- *Quais de nós votaram conscientemente? – Quais de nós votamos conscientemente?*
- *Quantos de vós solucionaram o caso? – Quantos de vós solucionastes o caso?*

6. Um dos (...) que

Quando o sujeito é formado pela expressão *um dos (...) que*, o verbo se coloca, preferencialmente, no plural. Exemplos:

- *Ele é um dos que mais trabalha – Ele é um dos que mais trabalham.*

Observação: se houver nitidez na seletividade do objeto a que se refere, o singular será obrigatório. Exemplos:

- *O Sol é um dos astros que aquece a Terra.*
- *Ela é uma das peças do autor que será apresentada hoje no teatro.*

7. Que e Quem

a) Que: o verbo concorda com o antecedente dessa palavra:

- Sou **eu que providencio** os materiais.
- Somos **nós que orientamos** o acusado.
- Fui **eu que descobri** a fraude.
- Fomos **nós que apresentamos** a proposta.
- Sou **eu que pago** a conta.
- És **tu que pagas** o boleto.
- Fomos **nós que inquirimos** o candidato.

b) Quem: o verbo vai para a 3ª pessoa do singular ou concorda com o antecedente desse pronome:

- Somos nós **quem tomará** as medidas – Somos nós **quem tomaremos** as medidas.
- Somos nós **quem pagará** a dívida – Somos nós **quem pagaremos** a dívida.
- Fui eu **quem bateu** nele – Fui **eu quem bati** nele.
- Serei eu **quem comerá** a fruta – Serei **eu quem comerei** a fruta.

8. Substantivo próprio no plural

a) Com o artigo no plural, o verbo vai para o plural. Exemplos:

- *Os Emirados Árabes sofreram duras críticas.*
- *Os Andes ficam na América do Sul.*
- *Os EUA são o quarto maior país do mundo, em extensão territorial, depois da Rússia, China e Canadá.*

b) Sem artigo, o verbo fica no singular. Exemplo:

- *Estados Unidos é um belo país.*

c) Com nomes de obras no plural, seguidos do verbo *ser*, este fica no singular, desde que o predicativo figure no singular. Exemplos:

- *"Os Miseráveis" é uma célebre obra.*
- *"Os Sertões" é um livro esplêndido.*
- *"Os Lusíadas" revela a grandeza do povo português.*

9. Porcentagem

a) O verbo pode concordar com o numeral ou com o substantivo a que se refere. A tendência atual é a concordância com o termo posposto ao número. Exemplos:

- *63% da **população apoia** (ou apoiam).*
- *12% da população está com o prefeito (ou estão).*
- *21% dos entrevistados aderiram ao projeto (ou aderiu).*
- *Dez por cento das pessoas estão inscritas no concurso (ou está).*

b) Se há determinantes no plural, é obrigatória a pluralização do verbo. Exemplos:

- *Os 63% da população apoiam essas medidas.*
- *Os 10% das pessoas estão inscritas no concurso.*
- *Os 20% dos faltosos não afetarão o movimento.*
- *Os 200 g de presunto estavam estragados.*
- *Esses 2% do lucro já me bastam.*
- *Aqueles 4% passaram.*

c) Quando o verbo vem anteposto à expressão de porcentagem, a concordância se dá com o número. Exemplos:

- *Serão importados 60% da produção alemã.*
- *Perderam-se 40% da lavoura.*

d) Com o uso do 1%, é recomendável que o verbo fique no singular. Exemplo: *Um por cento das pessoas ganha mais de 50 salários mínimos.*

CASOS ESPECIAIS: SUJEITO COMPOSTO

1. Sujeito anteposto e sujeito posposto

Anteposto: o verbo vai para o plural. Exemplo:

- *O pai e os filhos levaram a televisão.*

Posposto: o verbo vai para o plural ou concorda com o núcleo mais próximo. Exemplos:

- *Levaram a televisão o pai e os filhos – Levou a televisão o pai e os filhos.*
- *Discutiam muito o chefe e o empregado – Discutia muito o chefe e o empregado.*

2. Sujeito composto de pessoas diferentes

O verbo vai para o plural da pessoa que prevalece:

> 1ª sobre a 2ª e 3ª → Plural: NÓS
>
> 2ª sobre a 3ª → Plural: VÓS

Exemplos:

- *Eu* e *meu irmão* **iremos** ao espetáculo.
  1ª   3ª   1ª plural (nós)

- *Tu* e *ele* **sereis** bem tratados.
  2ª   3ª   2ª plural (vós)

- *Tu*, *ele* e **eu participaremos** da assembleia.
  2ª   3ª   1ª   1ª plural (nós)

FIQUE ATENTO:

Quando há 2ª e 3ª pessoas, alguns autores aceitam que o verbo deve ficar na 3ª pessoa do plural. A questão é controvertida. Exemplo:

Ele e tu são fortes candidatos à vaga (no lugar de "... sois fortes ...").

3. Um e outro; nem um nem outro

É facultativa a pluralização do verbo, entretanto é mais comumente usado no plural. Exemplos:

- Um e outro **jogou** futebol – Um e outro **jogaram** futebol.
- Nem Fábio nem Rodrigo **viajará** com vocês – Nem Fábio nem Rodrigo **viajarão** com vocês.

Observações:

a) Quando houver reciprocidade, o plural será obrigatório:

- *Um e outro se agrediram.*
- *Um e outro se odeiam há muito tempo.*

b) Um ou outro: o verbo deve permanecer na 3ª pessoa do singular.

- *Um ou outro conhece seus direitos.*
- *Um ou outro aluno passará no concurso.*

Importante: se a conjunção **ou** (*um ou outro*) apresenta valor excludente ao ligar os núcleos do sujeito, o verbo fica no singular (*Caetano ou Gil ocupará o cargo de Ministro da Cultura*). Se, ao contrário, indica inclusão, o verbo fica no plural (*Caetano ou Gil me agradam*).

4. Sujeito formado de infinitivos

O verbo fica no singular. Entretanto, concordará no plural se os infinitivos forem determinados pelo artigo ou exprimirem ideias opostas. Exemplos:

- *Cantar e representar é característico do artista.*
- *O comer e o beber são necessários à sobrevivência.*
- *Rir e chorar não devem fazer parte da personalidade.*
- *Estudar e trabalhar é importante.*

5. Cada

Quando o sujeito apresenta núcleos antecedidos do pronome *cada*, o verbo fica no singular. Exemplo:

- *Cada aluno, cada professor, cada coordenador tinha sua versão dos fatos.*

Observação: com as expressões *cada um, cada qual* e *nenhum* o verbo deve ficar no singular. Exemplos:

- *Cada um fará o seu trabalho.*
- *Cada qual dos alunos sabe sua nota.*
- *Nenhum deles disse a verdade.*
- *Cada um é suas ações.*

6. Com

Quando se trata de conectivo aditivo, ligando os núcleos do sujeito, o verbo fica no plural. Exemplo:

- *O João com o Roberto saíram pela manhã* (João e Roberto).

Quando introduz *adjunto adverbial de companhia*, o verbo concorda com o sujeito. Exemplo:

- *João, com os primos, viajou ontem.*

7. Sujeito resumido (tudo, nada, nenhum, ninguém)

Quando há sujeito resumido ou expressão equivalente, o verbo fica no singular. Exemplos:

- *Dinheiro, mulheres, poder, tudo era desejado por ele.*
- *Jogos, espetáculos, viagens, nada pôde agradar-lhe.*
- *O professor, o aluno, nenhum foi visto depois do baile.*
- *Os alunos, os professores, ninguém obedeceu à ordem.*

OUTROS CASOS

1. Verbos Dar, Soar, Bater

Referindo-se às horas, esses verbos concordam com o sujeito. Exemplos:

- *Deu cinco horas o sino da capela.*
- *Deu uma hora da tarde.*
- *Que horas deu o relógio?*
- *Soaram onze horas na igrejinha.*
- *O relógio da sala soou duas horas.*
- *Bateram cinco horas no relógio do mosteiro.*
- *Bateu cinco horas o despertador.*

2. Verbo Parecer + infinitivo

Flexiona-se o verbo *parecer* ou o infinitivo que o segue. Exemplos:

- *Os quadros **parecem estar** prontos – Os quadros **parece estarem** prontos.*
- *As pessoas **pareciam entender** o problema – As pessoas **parecia entenderem** o problema.*
- *As estrelas **parecem brilhar** mais – As estrelas **parece brilharem** mais.*

3. Expressão Haja vista

Trata-se de relevante expressão, na acepção de "oferecer-se à vista, aos olhos". Há várias possibilidades:

a) Fica invariável. Exemplo:
- *A seleção vai vencer o torneio, haja vista os resultados obtidos.*

b) Não varia o verbo *haver*, e o termo *vista* rege a preposição *a*. Exemplo:
- *A seleção vai vencer o torneio, haja vista aos resultados obtidos.*

c) Varia o verbo *haver*, e o termo *vista* <u>não</u> rege preposição. Exemplo:
- *A seleção vai vencer o torneio, hajam vista os resultados obtidos.*

FIQUE ATENTO:

Haja visto é tempo composto do verbo *ver*. Substitui-se por "tenha visto". Exemplos:
- *Espero que a reitoria já haja visto meu pedido.*
- *Penso que todos hajam visto o recado.*

4. Os verbos impessoais

a) Verbos que exprimem fenômenos da natureza ficam na 3ª pessoa do singular. Exemplos:

- *Choveu bastante na noite passada.*
- *Trovejou muito durante a chuva.*
- *Neva, às vezes, no sul do Brasil.*
- *Geia nos Alpes Suíços, com frequência.*

Observação: o verbo será pessoal, caso não represente fenômenos meteorológicos. Exemplos:

- *Choveram dólares.*
- *Os professores trovejaram com os alunos.*
- *Destruído o travesseiro, nevavam penas sobre a cama.*

b) Os verbos *fazer* e *estar*, quando indicam tempo ou clima, ficam na 3ª pessoa do singular. Exemplos:

- *Faz muitos dias que voltei do interior.*
- *No sul, faz dias frios e chuvosos.*
- *Está noite e faz frio.*

c) O verbo *haver*, na indicação de "tempo decorrido, existência, ocorrência ou acontecimento", deve ficar na 3ª pessoa do singular. Exemplos:

- *Houve muitos acontecimentos naquele dia.*
- *Havia anos que não nos encontrávamos.*
- *Houve bastantes acidentes.*

Observação: com os verbos *existir, ocorrer* e *acontecer* – verbos pessoais –, a concordância com o sujeito ocorre normalmente. Exemplos:

- *Existem dias melhores.*
- *Ocorrerão festas no próximo mês.*
- *Acontecerão situações mais agradáveis.*

FIQUE ATENTO:

Nas locuções verbais, a impessoalidade do verbo *haver* é transferida para o verbo auxiliar. Exemplos:
- *Deve haver muitas tarefas na lista.*
- *Deve fazer vários dias que não o vejo.*

Do mesmo modo, a pessoalidade dos verbos *existir, ocorrer* e *acontecer* se transfere para o verbo auxiliar. Exemplos:
- *Devem existir muitas tarefas na lista.*
- *Vão ocorrer festas no próximo mês.*
- *Podem acontecer situações mais agradáveis.*

5. O verbo SER

a) Quando o verbo *ser* refere-se a expressões numéricas (*é muito, é pouco, é suficiente, é bastante*), fica no singular. Exemplos:

- *Para aproveitar tal lugar, três semanas é pouco tempo.*
- *Cem reais de multa é muito para ele.*
- *Duzentos gramas de mortadela é suficiente.*

b) Quando os pronomes *isto, aquilo, isso, tudo* forem sujeito, o verbo pode concordar com o predicativo no plural. Exemplos:

- *Tudo aquilo eram bobagens.*
- *Tudo eram amarguras neste momento.*
- *Isto são prazeres desnecessários.*

Observação: pode concordar com o sujeito ou com o predicativo quando o sujeito for palavra de sentido amplo, como *humanidade, ciência, mundo* etc. Exemplos:

- *A vida são alegrias – A vida é alegrias.*
- *O mundo são os homens – O mundo é os homens.*
- *O projeto eram suas torturas – O projeto era suas torturas.*

c) Quando há indicação de *horas, distâncias* ou *datas*, o verbo concorda com o predicativo. Exemplos:

- *Eram nove horas.*
- *Daqui ao centro são treze quilômetros.*
- *Hoje é 4 de julho* (o verbo concorda com a ideia implícita de "dia").
- *Hoje são 4 de julho.*
- *Hoje são trinta.*

6. Concordância IRREGULAR OU IDEOLÓGICA

Ocorre quando a concordância se faz com a ideia inserta na frase. Recebe o nome de **silepse**.

a) Silepse de pessoa: a concordância se faz com a pessoa gramatical implícita. Exemplos:

- *Todos os homens somos filhos de Deus*[1].
- *Todos sentimos sua perda.*
- *Os cinco decidimos assinar o manifesto.*

---

1 O emissor inclui-se entre os homens. O "nós" está implícito.

b) Silepse de gênero: a concordância se faz com o gênero gramatical implícito. Exemplos:

- *Vossa Santidade é bondoso* (para pessoa do sexo masculino).
- *Vossa Excelência foi educada* (para pessoa do sexo feminino).
- *São Paulo é linda* (para cidade).
- *Cartago foi destruída* (para cidade).
- *A gente ficou convencido das suas boas intenções* (para homem).
- *"Que será de nós, com a bandidagem podendo andar soltos por aí"*[2] (Houaiss) (para eles, os bandidos).

c) Silepse de número: a concordância se faz com o número gramatical implícito. Exemplos:

- *Povo desta maravilhosa cidade, eis meu apelo: votem em mim*[3]*!*
- *Essa gente é incrível: acordam e labutam como ninguém.*
- *"A gente da cidade, aquele dia (uns por amigos, outros por parentes, outros por ver somente), concorria saudosos na vista e descontentes"* (Camões).

A *silepse de número* leva-nos a enfrentar o tema do *plural de modéstia*. Vamos detalhar.

O *plural de modéstia* ou *plural majestático* é o emprego da 1ª pessoa do plural no lugar da 1ª pessoa do singular. É o caso de *concordância irregular* ou *ideológica*, tecnicamente denominado *silepse de número* – técnica por meio da qual, em vez do pronome *eu*, emprega-se "nós". Entretanto, não se está referindo a mais de uma pessoa, senão a uma só. O verbo flexiona-se na 1ª pessoa do plural e assim concorda com o sujeito formalmente plural. Exemplo: em vez de afirmar "(Eu) quero manifestar minha satisfação", digo *"(Nós) queremos manifestar nossa satisfação"*.

A expressão ganhou lastro histórico, à medida que os antigos reis de Portugal adotavam a fórmula *"Nós, el-rei, fazemos saber..."*, procurando, num estilo de modéstia, diminuir a distância que os separava do povo. Até que, no início do século XVI, com D. João III, e a era do absolutismo real, passou a prevalecer o uso da 1ª pessoa: *"Eu, el-rei, faço saber que ..."*.

Sabe-se que, nos altos escalões da Igreja, o uso do plural majestático era frequente, por representar uma ideia de humildade e solidariedade perante os fiéis. Todavia, com o crescimento patrimonial da Igreja, o que era *modéstia* passou a ser "falsa modéstia", e o uso da expressão passou a dar a impressão não de modéstia, mas de grandeza e majestade. Daí o nome *plural majestático*.

---

2 Na frase, o adjetivo *soltos* não concorda com a forma singular e feminina da palavra *bandidagem*, mas com sua ideia ("os bandidos"). É caso simultâneo de silepse de gênero e de número.

3 Apesar de estar no singular, o vocábulo *povo* apresenta *ideia plural*, pois é coletivo. Como o verbo se encontra distante do termo, pode concordar com tal ideia, no plural.

Com o passar dos séculos, ainda o utilizam escritores, oradores e políticos, que dessa forma pretendem fundir-se em simpatia com seus leitores, ouvintes e correligionários, parecendo com eles compartilhar suas ideias e afastando qualquer noção de importância pessoal, vaidade e orgulho. Assim, conseguem evitar um tom muito personalista no discurso e traduzem uma ideia de que falam não de modo individualista, mas como expressão da fala coletiva. Por falar em políticos, é interessante notar o comportamento de alguns dos nossos representantes legislativos, ou com pretensão de sê-lo. Os candidatos querem "fazer bonito" a toda prova. Contratam *marqueteiros* (termo consagrado no Houaiss e, mais recentemente, no VOLP), que se incumbem de transformá-los naquilo que interessa ao eleitor desavisado: candidato "bonzinho", "trabalhador" e "competente". Ensaiam o discurso. Esbanjam próclises e mesóclises. Acertam formas rizotônicas e arrizotônicas. Sobretudo evitam o "eu". É que, em se tratando de campanha eleitoral, o "pronomezinho" pode dar a impressão de arrogância. Saída? Os sabidos recorrem a truques. Há aqueles que se referem a si próprios por meio da terceira pessoa. Para não dar "nomes aos bois", imagine o Autor, que aqui lhe dirige estas palavras, em um hipotético discurso eleitoral, como candidato, valendo-se da tática: "Sabbag fez isso, Sabbag fez aquilo". Interessante a manobra, não é mesmo? Alguns políticos famosos fazem uso do expediente.

Ressalte-se que não há necessidade do plural majestático em correspondência formal ou em um discurso, nos quais o anunciante esteja falando em seu próprio nome, e não no de uma coletividade ou da empresa de modo geral. Exemplos:

- *Venho transmitir-lhe meus cumprimentos...*
- *Solicito a colaboração de todos...*

Para alguns, o plural de modéstia soa falso, sendo desnecessário. Não abonamos tal postura, uma vez que, quando ensinamos, aconselhamos ou fazemos sugestões aos ouvintes, e o "nós" tem o poder de afastar resistências desnecessárias. É como se o orador estivesse se incluindo no grupo para receber a mensagem, isto é, ele aconselha, mas ao mesmo tempo é aconselhado; ensina, mas, ao mesmo tempo, recebe os ensinamentos.

CURIOSIMACETES

1. MOSSA (ó) E MOÇA (ô)

O substantivo feminino **mossa (ó)** significa "marca de pancada, contusão". Portanto:

- *O soco deixou-lhe uma mossa visível no rosto.*

É interessante observar que há sentido figurado para o termo *mossa (ó)*, na acepção de "abalo, choque, comoção". Exemplo:

- *As brigas com a mulher já não lhe provocam mossa, haja vista estar na iminência de deixar a casa.*

Por outro lado, **moça (ô)** significa, como é cediço, "jovem, menina".

2. NOBEL

A palavra **nobel** é oxítona, com a sílaba tônica em "bel", conquanto não desfrute de registro lexicográfico. Daí se recomendar a sua escrita com destaque (itálico ou aspas). À guisa de curiosidade, a origem do termo advém de Alfred Bernhard Nobel (1833-1896), um cientista sueco que instituiu, no fim da vida, uma praxe de premiar obras literárias ou científicas. A partir de 1901, portanto, os conhecidos *prêmios Nobel* começaram a ser conferidos aos privilegiados ganhadores.

Nesse passo, não confunda **nobel** com **novel**, outra palavra oxítona, na acepção de "novo ou novato" – esta, sim, dicionarizada. Formando o plural *novéis*, pode ser adjetivo (*novel guerreiro, novel engenheiro*) ou substantivo ("Os *novéis* no ofício de ensinar têm de percorrer o intrincado caminho da arte do altruísmo" – o Autor).

3. NÓ GÓRDIO

Esta expressão idiomática tem a acepção de "grande dificuldade, situação muito difícil". A forma consagrada é **nó górdio**, e não outras invencionices que se veem por aí: "nó de Górdio" ou "nó gordiano". Pode ser usada em situações como:

- *O nó górdio do futebol brasileiro está na mercantilização do esporte.*
- *A redução da carga tributária é o nó górdio da proposta de reforma tributária.*

Observação: no sentido de "resolver uma situação difícil, por meio de decisão inesperada e enérgica", há a expressão idiomática **cortar o nó górdio**, cuja origem está adstrita à façanha de *Alexandre, o Grande*, rei da Macedônia, o qual, não conseguindo desatar o famoso *nó de Górdio* (= camponês da Frígia), inesperada e violentamente o cortou com um golpe de espada.

4. SUB-REPTÍCIO E OB-REPTÍCIO

Sub-reptício é adjetivo hifenizado que significa (1) "obtido por meio de sub-repção", ou seja, "ilicitamente, por meio de fraude" (*depoimento sub-reptício*). Ademais, o termo pode ter a acepção (2) de "feito às escondidas, furtivamente" (*tráfico sub-reptício*). Por outro lado, **ob-reptício** é adjetivo igualmente hifenizado que significa "obtido por meio de ob-repção", ou seja, "ardilosamente, dolosamente, ilicitamente, por meio de fraude". Portanto, nesse contexto, *ob-reptício* e *sub-reptício* (sentido 1) são expressões sinônimas. Exemplo: *documento ob-reptício; argumento ob-reptício*.

5. OSTRACISMO

O substantivo **ostracismo** deriva do grego *ostrakismós* (*óstrakon* = ostra). Na Grécia antiga, em cidades como Atenas, havia a praxe de condenar, por meio de plebiscito, cidadãos ao "ostracismo", *i.e.*, ao desterro temporário, afastando-os de suas funções, como meio de segurança pública ou para evitar a sua atuação e influência política. O vocábulo, portanto, representa a proscrição, o banimento, o exílio. O curioso é notar que o nome do cidadão que se queria banir era escrito em conchas de ostras, razão pela qual surgiu o nome "ostracismo". Por fim, ressalte-se que há impropriedade na utilização do termo como sinônimo de "esquecimento" (*O fato caiu no ostracismo*). Registre-se, todavia, que o Houaiss admite o termo, em sentido figurado, como "afastamento" ou "repulsa", dando o exemplo: *Por sua bisbilhotice a sociedade condenou-o ao ostracismo.*

A HORA DO ESPANTO
AS "PÉROLAS" DO PORTUGUÊS

Nesta terra ensi plantando tudo dá

Correção: para percebermos o equívoco cometido, urge perscrutar a origem da máxima em tela, que remonta os idos do descobrimento do Brasil. Tudo começou com uma carta – escrita por Pero Vaz de Caminha, escrivão-mor da armada de Pedro Álvares Cabral –, uma espécie de "certidão de nascimento" da nossa terra. Foi elaborada em linguagem rica de descrição, colorido e encantamento. É sabido que Caminha não era propriamente um escritor, mas soube prender a atenção do rei D. Manuel, o Venturoso, com o detalhamento, os acenos de riqueza, a possibilidade da cristianização dos índios e, sobretudo, observando que nossa terra era fértil e que nela, "em se plantando, tudo dá". Portanto, em respeito à História, não desvirtuemos o provérbio, com malabarismos vocabulares ("ensi"). A forma correta é: **Nesta terra, em se plantando, tudo dá.**

Por falar na preposição "em" antes de gerúndio, é imperioso enaltecer que seu uso é simplesmente enfático, portanto, evitável, em orações que exprimem "tempo ou condição", como nas frases:

- *Em se tratando de pedras nos rins, devemos proceder à retirada.*
- *Em se plantando, tudo dá.*
- *Em aparecendo a ferida, tome os medicamentos.*
- *"Em chegando a hora, saberei como agir"* (Aurélio).
- *Em chegando ao curso, ligue-me.*

QUESTÕES

1. (2022/VUNESP/Câmara de Orlândia-SP/Contador) Assinale a alternativa em que a frase reescrita conserva a concordância verbal de acordo com a norma-padrão.

(A) Existe os que ganham pelo casamento.

(B) Grande parte das fortunas vêm de herança e de casamentos.

(C) Haverão ricos que, com ideias inovadoras, farão o mundo andar para a frente.

(D) Os bilionários tem contribuído para gerar mais riquezas.

(E) A teoria de alguns ativistas condenam os bilionários.

2. (2017/FCC/TRT/24ª REGIÃO (MS)/Analista Judiciário/Questão adaptada) Observam-se plenamente as normas de concordância verbal e a adequada articulação entre os tempos e os modos na frase:

(A) Caso atinássemos com o fato de que é pela perspectiva autoral que se produz as notícias, não seremos tentados a confundir uma reportagem com a realidade mesma.

(B) Quando passarmos a analisar não apenas os fatos noticiados, mas o ponto de vista que neles se incutiram, estamos interpretando também a perspectiva pela qual se enunciaram.

(C) Fará parte do processo de leitura das notícias de um jornal, se não quisermos ser manipulados pela interpretação já inclusa, o reconhecimento do ponto de vista de quem as redigiu.

(D) Se houvéssemos acreditado que a responsabilidade dos fatos noticiados cabiam aos indivíduos nomeados, teremos de inculpar os inocentes e inocentar os culpados.

(E) O que costumamos chamar de "compreensão do mundo" não seria senão confundir o que se traduzem nas palavras com os fatos que efetivamente ocorreriam.

3. (2017/FGV/ALERJ/Especialista Legislativo) Para que se respeite a concordância verbal, será preciso corrigir a seguinte frase:

(A) Têm havido dúvidas sobre a possibilidade de recuperação econômica do país em curto prazo;

(B) Têm sido levantadas dúvidas sobre a capacidade do sistema do INSS continuar funcionando a contento;

(C) Não se impute aos governos recentes a exclusiva responsabilidade pelas dificuldades econômicas do país;

(D) Que dúvidas têm divulgado os jornalistas sobre a atuação da polícia nas passeatas?

(E) Caso deixasse de haver as grandes bibliotecas públicas, os estudantes mais pobres sofreriam grande prejuízo.

4. (2016/MPE-SC/Promotor de Justiça) Examine as frases abaixo para responder à Questão.

(A) Viveríamos bem melhor se não houvessem conflitos.

(B) Os deputados haviam abandonado a sala.

(C) Nossos alunos se houveram bem neste concurso público.

(D) Até hoje houve duas guerras mundiais.

(E) Deve haver muitas pessoas interessadas neste parecer.

Em **e**, a locução verbal **Deve haver** poderia ser substituída por **Devem existir** e a frase continuaria gramaticalmente correta.

( ) Certo ( ) Errado

CONCORDÂNCIA VERBAL • capítulo 15

5. (2016/MPE-SC/Promotor de Justiça) Observe as frases abaixo.

(A) "Tudo isso são inverdades", disse o promotor.

(B) Hoje são 20 de junho.

(C) Os culpados pela elaboração do trabalho somos sempre nós.

Todas as frases estão corretas, pois a concordância do verbo **ser** pode ocorrer entre o verbo e o predicativo do sujeito.

( ) Certo ( ) Errado

6. (2016/FCC/TRF – 3ª Região/Analista Judiciário) A respeito da concordância verbal, é correto afirmar:

(A) Em "A aquisição de novas obras devem trazer benefícios a todos os frequentadores", a concordância está correta por se tratar de expressão partitiva.

(B) Em "Existe atualmente, no Brasil, cerca de 60 museus", a concordância está correta, uma vez que o núcleo do sujeito é "cerca".

(C) Na frase "Hão de se garantir as condições necessárias à conservação das obras de arte", o verbo "haver" deveria estar no singular, uma vez que é impessoal.

(D) Em "Acredita-se que 25% da população frequentem ambientes culturais", a concordância está correta, uma vez que a porcentagem é o núcleo do segmento nominal.

(E) Na frase "A maioria das pessoas não frequentam o museu", o verbo encontra-se no plural por concordar com "pessoas", ainda que pudesse, no singular, concordar com "maioria".

7. (2016/FCC/TRF – 3ª Região/Técnico Judiciário) A frase cuja redação está inteiramente correta é:

(A) Obtido pela identificação por radiofrequência, os dados das placas de veículos são passíveis em oferecer informações valiosas acerca dos motoristas.

(B) Na cidade inteligente, a automatização da gestão de setores urbanos são facilitadores de serviços imprecindíveis, como saúde, educação e segurança.

(C) Londres e Barcelona estão entre as cidades que mais destaca-se em termos de inteligência, com avançados centros de operação de dados.

(D) São necessários viabilizar projetos de cidades inteligentes, amparados em políticas públicas que salvaguardam os dados abertos dos cidadãos.

(E) O aprimoramento de técnicas de informatização de dados permitiu que surgisse um novo conceito de cidade, concebido como espaço de fluxos.

8. (2016/UFMT/TJ-MT/Analista Judiciário) Leia as frases abaixo.

I. Enquanto houver leitores, haverá livros.

II. Mais de um terço dos jovens no Brasil nunca desliga o celular.

III. Vossa Senhoria tomou posse de seu mandato em dia auspicioso.

IV. Hoje são 08 de março, dia da mulher.

Sobre a concordância verbal empregada nas frases, assinale a afirmativa INCORRETA.

(A) Em II, o verbo desligar deveria ser pluralizado visto que a expressão **mais de** é indicativa de plural.

(B) O verbo haver no sentido de existir flexiona-se somente na 3ª pessoa do singular, como ocorre em I.

(C) Com pronomes de tratamento, a concordância verbal se dá na 3ª pessoa; em III, no singular, pois o pronome está no singular.

(D) Em IV, o verbo ser concorda com o numeral, mas também poderia concordar com a palavra dia, subentendida antes do numeral.

9. (2016/FGV/Prefeitura de Cuiabá – MT/Auditor Fiscal Tributário da Receita Municipal)

Os porquês da diversidade

Das coisas mais marcantes da adolescência, minha memória traz os tempos de estudo e dúvidas sobre o futuro. De forma contrária às principais críticas que se ouve hoje, meus anos de Ensino Médio foram, sim, muito significativos para uma formação dita cidadã, e não só voltada aos vestibulares. Hoje trabalhando com educação, tenho plena consciência de que um ensino inovador pode surgir a partir de práticas consideradas tradicionais e que uma roda de conversa na escola pode ser tão ou mais revolucionária quanto qualquer aplicativo educacional. Percebo que o que torna o aluno socialmente engajado é a reflexão constante, a troca de experiências, a diversidade de conhecimentos e opiniões que ele aplica e vê aplicarem a um objeto de estudo, de forma digital ou analógica. [...]

É disso que trata a educação: formar indivíduos engajados uns com os outros, socialmente e que saibam conviver. Está aí também a grande diferença da educação familiar, quando convivemos apenas com nossos pares. A escola nos permite entrar em contato de forma sistemática com outros mundos, outros olhares, outros saberes, opiniões diferentes das nossas, culturas até então desconhecidas. É o convívio com professores e colegas que nos dá suporte para refletir sobre nossas posições, sermos questionados sobre opiniões divergentes e, assim, pensarmos num projeto de vida de forma plena.

(Ivan Aguirra, *Educatrix, Moderna*, ano 5, n. 9, 2015.)

"De forma contrária às principais críticas que se ouve hoje, meus anos de Ensino Médio foram, sim, muito significativos para uma formação dita cidadã, e não só voltada aos vestibulares".

Assinale a opção que indica o erro de norma culta presente no fragmento acima.

(A) O uso inadequado do acento grave em "às principais críticas".

(B) O erro de concordância na forma verbal "se ouve".

(C) O emprego incoerente do vocábulo "sim", entre vírgulas.

(D) O erro de concordância no emprego do vocábulo "muito".

(E) O mau uso da forma "aos" em lugar de "para os".

10. (2016/FCC/TRT – 14ª Região/Analista Judiciário/Questão adaptada) As exigências quanto à concordância verbal estão plenamente atendidas na frase:

(A) A muitos poderá parecer um excesso as lutas travadas pelas mulheres americanas contra a prática de graves atitudes machistas.

(B) Acaba por se constituir numa grande hipocrisia as atitudes de quem se diz reger por determinada moral e pratica outra, inteiramente diversa.

(C) É comum que aos homens ocorra estar no exercício de um direito quando, em suas práticas amorosas, impõem às mulheres o que as humilha e as desonra.

(D) Couberam às mulheres americanas, cansadas de se submeterem aos machistas, travar duras lutas contra o assédio sexual e outras práticas que as vitimam.

(E) A maioria dos homens não costuma levar a sério o "não" que, saindo das bocas das namoradas, ressoam como se fosse tão somente uma fingida evasiva.

11. (2014/FCC/TRT – 16ª Região/Analista Judiciário/Questão adaptada) O verbo indicado entre parênteses deverá flexionar-se de modo a concordar com o elemento sublinhado na frase:

(A) As <u>características</u> a que (dever) atender um prefácio podem torná-lo um estraga-prazeres.

(B) Há <u>casos</u> em que o prefácio se (revelar) um componente inteiramente inútil de um livro.

(C) Às vezes, numa bibliografia (ganhar) mais destaque as <u>páginas</u> de um prefácio do que o texto principal de um livro.

(D) Não é incomum que se (recorrer) a <u>frases</u> de Machado de Assis para glosá-las, dada a graça que há nelas.

(E) O autor confessa o que a <u>muitos</u> (parecer) impensável: é possível gostar mais de um prefácio do que do restante da obra.

12. (2014/VUNESP/TJ-SP/Escrevente Técnico Judiciário) Pato manco. O termo da política norte-americana é usado para classificar executivos eleitos cuja aprovação popular e minoria no Legislativo os _____ incapacitados de alterar significativamente a vida dos governados. Se tudo correr como _____ as pesquisas de intenção de voto, as eleições de novembro nos EUA, com renovação completa da Casa dos Representantes e um terço do Senado, _____ o presidente Barack Obama refém de um Congresso dominado pela oposição.

<www.cartacapital.com.br>, 6.10.2014. Adaptado.)

Em conformidade com a norma-padrão da língua portuguesa, as lacunas do texto devem ser preenchidas, respectivamente, com:

(A) deixam ... indica ... deixarão
(B) deixa ... indica ... deixará
(C) deixam ... indicam ... deixará
(D) deixam ... indicam ... deixarão
(E) deixa ... indicam ... deixarão

MANUAL DE PORTUGUÊS JURÍDICO

13. (2014/FCC/TRT – 1ª Região (RJ)/Analista Judiciário/Questão adaptada) As normas de concordância verbal estão plenamente observadas na frase:

(A) Costumam-se criticar os defeitos das coisas antigas, sem se atentarem aos perigos que deriva da má utilização das novas.

(B) Os vários processos de exclusão social, aos quais se aludem no texto, provam que carece de compreensão e tolerância os rumos da nossa história.

(C) Não se atribuam às tecnologias mais avançadas o ônus de serem também nocivas, já que toda a responsabilidade cabe a quem as manipulam.

(D) Caso não venha a faltar às novas tecnologias um autêntico padrão ético, não haveremos de temer as consequências que decorrerem de seu emprego.

(E) Muita gente, na vertigem dos dias atuais, passam a criticar sem razão as novas tecnologias, às quais não cabem ser responsáveis por seus efeitos.

14. (2014/FCC/TRT – 1ª Região (RJ)/Analista Judiciário/Questão adaptada) Todas as formas verbais estão adequadamente empregadas quanto ao sentido e corretamente flexionadas na frase:

(A) Ainda ontem nos contemos diante do seu entusiasmo, desistindo de o dissuadir de que nós é que estávamos certos.

(B) O que contribue para a globalização não diminui os abismos que sempre se interporam entre as classes sociais.

(C) Muitas pessoas já se contraporam, no passado, aos abusos que adviram com as novidades tecnológicas.

(D) O que sobrevier à globalização proverá ou não de razão os argumentos utilizados pelo autor do texto.

(E) Se alguém se dispor a concordar com suas opiniões, satisfazer-se-á em se manter passivo diante da globalização?

15. (2014/VUNESP/TJ-PA/Auxiliar Judiciário) A questão deve ser respondida com base na norma-padrão da língua portuguesa.

Assinale a alternativa correta quanto à concordância verbal.

(A) Se um dos peladeiros não se atêm à regra, o time é prejudicado.

(B) A atitude de expor opiniões, ideias e emoções com confiança e sem intimidação chamam-se assertividade.

(C) Faz alguns meses que a empresa vem procurando aprimorar sua infraestrutura.

(D) Deveria existir áreas verdes em todas as regiões das grandes cidades.

(E) Houveram muitas queixas dos moradores, por isso se determinou que palavrão é falta.

16. (2014/FCC/TRT – 2ª Região/Técnico Judiciário) A frase em que a concordância respeita as regras da gramática normativa é:

(A) É bilateral, sem dúvida alguma, os interesses pela exploração desse tipo de negócio, por isso os países envolvidos terão de fazer concessões mútuas.

(B) Cada um dos interessados em participar dos projetos devem apresentar uma proposta de ação e uma previsão de custos.

(C) Acordos luso-brasileiros têm sido recebidos com entusiasmo, o que sugere que haverá de serem cumpridos fielmente.

(D) Quanto mais discussão houver sobre as questões pendentes, mais se informarão, com certeza, os que têm de decidir os próximos passos do processo.

(E) Procede, por uma questão técnica, segundo os especialistas entrevistados, as medidas divulgadas ontem, pois a urgência de saneamento é indiscutível.

17. (2014/FCC/TRT – 2ª Região/Técnico Judiciário) De fato, são muitos os estímulos que _____ o sujeito poético na capital do Estado. Por isso, não é de espantar que na conferência "O movimento modernista" (1942) Mário de Andrade volte ao tema da loucura urbana – pessoas de várias partes do mundo, meios de locomoção e inventos que rapidamente _____ a feição da cidade. Era a Pauliceia _____ aos novos tempos.

(Adaptado de FONSECA, Maria Augusta. *Por que ler Mário de Andrade*. São Paulo: Globo, 2013.)

Preenchem corretamente as lacunas do texto acima, na ordem dada,

(A) enlouquece – transformou – ajustando

(B) enlouquecem – transformaram – ajustando-se

(C) enlouquecem – transforma – ajusta-se

(D) enlouqueceu – transformara – ajustando-se

(E) enlouqueceram – transformaram – ajustado

18. (2014/FCC/TRF – 3ª Região/Analista Judiciário) As regras de concordância estão plenamente respeitadas em:

(A) O crescimento indiscriminado que se observa na cidade de São Paulo fazem com que alguns de seus bairros sejam modificados em poucos anos.

(B) Devem-se às múltiplas ofertas de lazer e cultura a atração que São Paulo exerce sobre alguns turistas.

(C) Apesar de a cidade de São Paulo exibir belas alamedas arborizadas, deveriam haver mais áreas verdes na cidade.

(D) O ruído dos carros, que entram pelas janelas dos apartamentos, perturbam boa parte dos paulistanos.

(E) Na maioria dos bairros de São Paulo, encontram-se referências culinárias provenientes de diversas partes do planeta.

19. (2013/FAURGS/TJ-RS/Oficial Escrevente/Questão adaptada) Hoje há formadores de opinião por todos os lados, para onde você olhar, e por isso mesmo é cada vez mais difícil escolher quem vale a pena ouvir.

Assinale a alternativa que propõe uma conversão do trecho acima para o passado que esteja de acordo com a norma gramatical e que preserve a perspectiva modal e as relações de ordenamento entre estados e eventos expressas originalmente.

(A) Antigamente haviam formadores de opinião por todos os lados, para onde você olhasse, e por isso mesmo fosse cada vez mais difícil escolher quem valia a pena ouvir.

(B) Antigamente havia formadores de opinião por todos os lados, para onde você olhara, e por isso mesmo fora cada vez mais difícil escolher quem valesse a pena ouvir.

(C) Antigamente havia formadores de opinião por todos os lados, para onde você olhasse, e por isso mesmo era cada vez mais difícil escolher quem valia a pena ouvir.

(D) Antigamente houveram formadores de opinião por todos os lados, para onde você olhara, e por isso mesmo seria cada vez mais difícil escolher quem valia a pena ouvir.

(E) Antigamente haviam formadores de opinião por todos os lados, para onde você olhasse, e por isso mesmo seria cada vez mais difícil escolher quem valera a pena ouvir.

20. (2013/FCC/TRT – 15ª Região/Analista Judiciário) De acordo com as regras de concordância, a frase correta é:

(A) Ainda existem pessoas menos esclarecidas que tem na exploração predatória dos recursos naturais sua renda.

(B) Naquela tarde, haviam muitos estudantes mais exaltados se manifestando por medidas que garantiam a sustentabilidade.

(C) Em outras épocas, não existia preocupações com a preservação das florestas, dos rios e, mesmo, da energia.

(D) Na situação atual, é impossível não haverem pessoas que se preocupem com agricultura e economia sustentável.

(E) Na ocasião, já fazia meses que os ambientalistas discutiam medidas para a contenção dos desmatamentos.

21. (2013/IBFC/MPE-SP/Analista de Promotoria I) Considere as orações abaixo.

I. Devem-se impor limites ao sensacionalismo.

II. Tratam-se de questões polêmicas.

III. Considerou-se, no julgamento, todas as provas apresentadas pela promotoria.

A concordância está correta somente em:

(A) Apenas I
(B) Apenas II
(C) Apenas III
(D) Apenas I e II
(E) Apenas II e III

22. (2013/IBFC/MPE-SP/Analista de Promotoria I) Considere o período e as afirmações abaixo.

A imprensa é a voz da sociedade pois a denúncia de crimes e desigualdades mobilizam as pessoas.

I. Observa-se o uso de metáfora.
II. A pontuação está correta.
III. Há um problema de concordância verbal.

Está correto o que se afirma somente em:

(A) Apenas I
(B) Apenas II
(C) Apenas III
(D) Apenas I e III
(E) Apenas II e III

23. (2013/IBFC/MPE-SP/Analista de Promotoria) Considere os períodos abaixo.

I. Podem haver congestionamentos nas estradas.
II. Verificou-se, na investigação, todas as possibilidades.
III. Trata-se de situações complexas.

A concordância está correta somente em:

(A) Apenas I
(B) Apenas II
(C) Apenas III
(D) Apenas I e III
(E) Apenas II e III

24. (2013/FCC/MPE-SE/Analista – Direito) Urbanistas, como o arquiteto britânico Adrian Ellis, radicado nos Estados Unidos, já _____ a era da "plutocratização" das metrópoles. Este mesmo arquiteto lembra que _____ mais tráfego aéreo entre Nova York e Londres do que entre a maior cidade americana e qualquer outro ponto dos EUA: "Essas são cidades globais, pontos nevrálgicos do mundo, que _____ todo o capital".

Preenchem, correta e respectivamente, as lacunas:

(A) anuncia – existem – concentra
(B) anunciam – existe – concentram
(C) anunciam – existem – concentra
(D) anuncia – existem – concentram
(E) anuncia – existe – concentra

25. (2013/FCC/TRT – 18ª Região (GO)/Analista Judiciário) O verbo empregado no plural que, sem prejuízo das normas de concordância verbal, também poderia ser empregado no singular está grifado neste fragmento de um poema de Cora Coralina:

(A) Filhos, pequeninos e frágeis...
eu os carregava, eu os alimentava?
Não. Foram eles que me carregaram,
que me alimentaram.

(B) Sobraram na fala goiana algumas expressões africanas, como Inhô, Inhá, Inhora, Sus Cristo. [...]

(C) Suas roseiras, jasmineiros, cravos e cravinas, escumilhas, onde beija-flores faziam seus ninhos delicados [...]

(D) Na Fazenda Paraíso, grandes terras de Sesmaria, nos dias da minha infância ali viviam meu avô, minha bisavó Antônia, que todos diziam Mãe Yayá, minha tia Bárbara, que era tia Nhá-Bá.

(E) E vinham os companheiros, eu vi, escondida na moita de bambu...

26. (2013/FCC/PGE-BA/Analista de Procuradoria) O verbo indicado entre parênteses deverá flexionar-se numa forma do plural para preencher corretamente a lacuna da frase:

(A) Já que a vida é um moinho, como afirmou mestre Cartola, que bons ventos nos _____ (soprar) esse moinho, com suas pás caprichosas.

(B) Vejo-a em todas as vitrines, multiplicando-se em tantos rostos quantos _____ (desejar) reconhecer meu olhar ansioso.

(C) Disse um compositor baiano que é doce morrer no mar, fazendo com que nos versos de sua poesia se _____ (representar) um sugestivo paradoxo.

(D) Na época da bossa-nova, o mar, o barquinho e um violão compuseram um trinômio que _____ (servir) a seus entusiastas como uma espécie de emblema.

(E) Houve tempos em que muitos sambas exaltavam o Brasil, como se _____ (faltar) a cada um de nós as devidas ênfases do sentimento nacionalista.

GABARITO

1. B	8. A	15. C	22. D
2. C	9. B	16. D	23. C
3. A	10. C	17. B	24. B
4. Certo	11. C	18. E	25. D
5. Certo	12. D	19. C	26. E
6. E	13. D	20. E	
7. E	14. D	21. A	

16 PONTUAÇÃO

O VALOR ESTILÍSTICO DA PONTUAÇÃO

A *pontuação* é mais do que sinais gramaticais usados para separar orações, introduzir diálogos e citações ou indicar tipos de frases. Também, e principalmente na linguagem oral, a pontuação assume papel importantíssimo no ato comunicativo. O orador deve ter em mente os sinais de pontuação que marcam seu pensamento e dizê-los, não explicitamente, mas por meio do ritmo e do tom em que ordena sua frase, fazendo da pontuação um precioso material sintático de conteúdo psíquico e estilístico. É, então, recurso utilizado pelo escritor-falante para reger a leitura do receptor, como se fosse ela a "batuta do maestro", tornando o ritmo ora lento, ora rápido, ora suave, ora agitado, enfim, encaminhando as ideias para a direção semântica perseguida pelo emissor da mensagem.

É preciso, assim, leitura esforçada de boas gramáticas para obter o redator (e também o orador) um aproveitamento eficaz dos sinais de pontuação que marcam, sobretudo, a pausa e a entonação. A propósito, a pausa cuida da duração frasal e encontra-se em estreita relação com a inflexão melódica.

Como este material não tem a pretensão de ser uma "gramática" compilada com a preocupação de açambarcar a plenitude das regras do vernáculo, e sim um *guia* voltado ao esclarecimento de dúvidas mais frequentes do dia a dia, nós nos ateremos aos usos da **vírgula** – o principal sinal de pontuação.

VÍRGULA

A *vírgula* (,) é o sinal de pontuação que indica uma pausa de pequena duração, sem marcar o término do enunciado. O seu uso deve obedecer às regras impostas pela pontuação adequada por força dos ditames da sintaxe. Assim, deve o usuário da Língua dominar as situações que tangenciam a aplicação do sinal, haja vista ser a vírgula o instrumento que desempenha crucial papel na estruturação do enunciado frasal.

Vamos conhecer os casos de aplicação da vírgula.

1. Para separar palavras e orações[1], dispostas em elementos enumerados:
- *Livros, discos, revistas, jornais estavam espalhados.*
- *Há livros, réguas, canetas e pastas.*

---

1 A **oração** é frase de estrutura sintática composta, normalmente, de *sujeito* e *predicado*. Em toda oração há um verbo ou uma locução verbal. As orações possuem *termos* que exercem funções sintáticas. O sujeito e o predicado são *termos essenciais* da oração. Nesse passo, há *termos integrantes* (*objetos direto* e *indireto*, *complemento nominal* e *agente da passiva*) e *termos acessórios* (*aposto* e *adjuntos adnominal* e *adverbial*).

- *Receptação, tráfico de drogas e estupro merecem penas mais rudes.*
- *Contestarei os fundamentos da sentença, do acórdão do despacho denegatório de seguimento de recurso especial.*
- *Falante, sorridente, simpático, conversador, o homem deixou todos à vontade.*
- *A terra, o mar, o céu, tudo apregoa a glória de Deus.*
- *Os homens chegam, olham, perguntam e prosseguem.*
- *"Um beijo pode ser uma vírgula, um ponto de interrogação ou um ponto de exclamação"* (Mistinguette).
- *"Sem você, sem amor, é tudo sofrimento (...)"* (verso da canção *Sem Você*, Tom Jobim e Vinicius de Moraes).

Observações:

a) Em enumerações marcadas pela repetição da conjunção *e*, utilizada para introduzir cada um dos núcleos, teremos a ocorrência obrigatória da vírgula. Trata-se da presença do *polissíndeto*. Exemplos:

- *E homens, e mulheres, e crianças, e todos, enfim, perseguem o mesmo ideal.*
- *E ia, e voltava, e ia, e voltava, e tentava outra vez.*
- *Exige atenção, e carinho, e dedicação, e devoção exclusiva.*
- *"E suspira, e geme, e sofre, e sua..."* (Olavo Bilac).

b) As enumerações podem ser finalizadas com a inserção de elementos, tais como *e*, *ou*, *nem*. Nesses casos, a vírgula cederá lugar a tais termos. Exemplos:

- *Ônibus, automóveis* e *caminhões ficaram retidos no pedágio.*
- *Um touro, um búfalo* ou *um cavalo deve ter feito esse estrago.*
- *Não ocorreram protestos, reclamações* nem *intervenções durante a reunião.*

2. Para separar vocativos[2], apostos[3] e predicativos[4]:

a) Em caso de *vocativos*:

- *Ora, Excelência, faz-se mister enaltecer a presença da prova.*

---

2 **Vocativo:** derivado do latim *vocare* (chamar), o *vocativo* é termo utilizado para interpelar pessoa, animal ou coisa personificada a que nos dirigimos. Refere-se sempre à segunda (2ª) pessoa do discurso, podendo-se suceder à interjeição de apelo, como "ó", "eh!", entre outras. Exemplos:
  - *"Serenai, verdes mares!"* (José de Alencar).
  - *"Meu nobre perdigueiro, vem comigo!"* (Castro Alves).
  - *Ó meus alunos, prestem atenção ao que vou lhes dizer!*

3 **Aposto:** é palavra ou expressão que explica, esclarece ou resume outro termo da oração, podendo precedê-lo ou suceder a ele. Exemplos:
  - *Rapaz educado, Otávio abaixou a cabeça.*
  - *Matias, meu motorista, chegou atrasado.*

4 **Predicativo:** no plano sintático de nossa gramática, temos o *predicativo do sujeito* e o *predicativo do objeto*. O predicativo do sujeito é termo que qualifica o sujeito, exprimindo-lhe um atributo ou qualificativo. Liga-se ao sujeito por meio de *verbo de ligação*, normalmente expresso na frase. Exemplos:

- *Meus queridos, prestem atenção ao que o professor vai lhes dizer.*
- *Jesus Cristo, que tristeza!*
- *Ninguém, meu jovem, vai sair.*
- *Motoristas, obedeçam às normas de trânsito.*
- *"Donde houveste, ó pélago revolto, esse rugido teu?"* (Gonçalves Dias).

b) Em caso de *apostos*:

- *José, juiz de Direito, é educado.*
- *Apenas duas mulheres compareceram, a mãe e a filha.*
- *Faço-lhe um pedido, comparecer amanhã ao escritório.*
- *O Presidente da República, Luiz Inácio Lula da Silva, viajará amanhã.*
- *Os melhores alunos do Curso, estudantes obstinados e disciplinados, dedicavam-se, dia a dia, à empreitada escolhida.*

Observação: nesses casos de *apostos*, é possível substituir o uso das vírgulas pelo travessão. Exemplos:

- *Apenas duas mulheres compareceram – a mãe e a filha.*
- *Faço-lhe um pedido – comparecer amanhã ao escritório.*
- *A Presidenta da República – Dilma Rousseff – viajará amanhã.*
- *Sócrates – o grande filósofo – discursou.*
- *A ordem do chefe – para que todos se calassem –, não obstante arbitrária, "venia concessa", parece, "grosso modo", ter sido cumprida.*
- *Os melhores alunos do curso – estudantes obstinados e disciplinados – dedicavam-se, dia a dia, à empreitada escolhida.*

c) Em caso de *predicativos* (antepostos ou intercalados):

- <u>*Lentos e tristes*</u>, *os retirantes iam passando.*
- <u>*Ansiosos*</u> *pelo encontro, todos correram à escola.*
- <u>*Linda e formosa*</u>, *quero-a.*

- *O mar estava <u>revolto</u>.*
- *Eu não sou <u>ele</u>.*

Por outro lado, *predicativo do objeto* é termo que se refere ao objeto de um verbo transitivo. Geralmente, indica a presença de *objeto direto*, podendo, excepcionalmente, referir-se a *objeto indireto*. Exemplos:
- *Julgo <u>inoportuna</u> a viagem.*
- *Vi-o <u>embriagado</u> ontem.*
- *Alguns chamam-no (de) <u>desonesto</u>.*

Observação: é importante identificar o *predicativo do objeto*, pois ele deve concordar sempre com o objeto. Assim, não se pode dizer "A sentença julgou improcedente os embargos", pois "improcedente" é *predicativo do objeto* e, como tal, deve concordar com o objeto direto do verbo *julgar* (os embargos). Portanto, com correção: *A sentença julgou improcedentes os embargos.*

3. Para separar orações intercaladas ou interferentes[5]:

- *A História, diz Cícero, é a mestra da vida.*
- *Há, segundo afirmam, provas suficientes no processo.*

4. Para separar certas expressões explicativas ou corretivas, tais como:

(,) isto é (,)	(,) a saber (,)	(,) por exemplo (,)	(,) ou melhor (,)
(,) i.e. (,) ("id est" = isto é)	(,) v.g. (,) ("verbi gratia" = por exemplo)	(,) e.g. (,) ("exempli gratia" = por exemplo)	(,) "data venia" (,)
(,) com a devida vênia (,)	(,) "data maxima venia" (,)	(,) "concessa venia" (,)	(,) "permissa venia" (,)

- *O amor, isto é, o mais forte e sublime dos sentimentos humanos.*
- *"O amor, por exemplo, é um sacerdócio"* (Machado de Assis).
- *Os requerentes, "data venia", discordaram de seu posicionamento.*
- *O governo disse que vai flexibilizar custas, ou seja, vai aumentar tarifas e taxas de juros.*
- *O fiscal disse que foi comprado, digo, que foi comprar flores no estabelecimento do indiciado.*
- *O indiciado, ou melhor, o declarante, diz desconhecer qualquer fato criminoso envolvendo seu irmão.*

5. Quando se tratar de orações subordinadas adverbiais[6]:

Regra geral:
- **vírgula optativa:** se a oração subordinada vier posposta à oração principal;
- **vírgula obrigatória:** se a oração subordinada vier intercalada ou anteposta à oração principal.

---

5 **Orações interferentes:** são orações que, despontando à margem da frase, na qualidade de "observação, esclarecimento ou ressalva", interferem na sequência lógica do período. Exemplos:
 - *"Desta vez, disse ele, vais para a Europa"* (Machado de Assis).
 - *"Notei, é verdade, as pedras roídas nos alicerces"* (Aníbal Machado).

6 **Orações subordinadas:** são aquelas que dependem de outra oração (*oração principal*), servindo como "complemento" desta, a fim de lhe completar o sentido. Exemplo:
 - *Pedi que chegasse cedo.*
 Pedi: *oração principal;*
 que chegasse cedo: *oração subordinada* (exerce a função sintática de objeto direto).
 Com efeito, a *oração subordinada* pode exercer função sintática de termos, como: objetos direto ou indireto, complemento nominal, adjunto adverbial, adjunto adnominal etc. As orações subordinadas podem ser, pois, substantivas, adjetivas ou *adverbiais*.
 Se **orações subordinadas substantivas**, terão valor ou função de sujeito, objetos direto ou indireto, predicativo do sujeito, complemento nominal e aposto. Exemplo:
 - *É necessário seu comparecimento* ("seu comparecimento" = sujeito).

Exemplos:

- *Decisões importantes devem ser tomadas, a fim de que se evitem mais danos* (vírgula optativa).
- *Logo estaríamos em casa, se tudo desse certo* (vírgula optativa).
- *Quando saímos de lá, fomos para casa* (vírgula obrigatória).
- *Fizemos, conforme fora combinado, todo o possível para vencer* (vírgula obrigatória).

6. Para separar adjuntos adverbiais[7]**:**

- *Os convidados, depois de algum tempo, chegaram ao clube.*
- *Muitos espíritos, sem dúvida, passarão a duvidar.*
- *"Eis que, aos poucos, lá para as bandas do Oriente, clareia um cantinho do céu"* (Visconde de Taunay).

Observações:

a) se o adjunto adverbial estiver posposto (após o verbo e seus complementos), a vírgula será facultativa; no entanto, se vier anteposto ou intercalado, a vírgula será obrigatória. Exemplos:

Se **orações subordinadas adjetivas**, terão função de adjunto adnominal. Exemplo:
- *Acolha os idosos que sofrem* ("que sofrem" = "sofredores" = adjetivo).

Se **orações subordinadas adverbiais**, assumirão a função de adjunto adverbial, exprimindo circunstâncias de tempo, fim, causa, condição, consequência, proporção, concessão, comparação e conformidade. Exemplos:
- *Chegamos de viagem quando amanhecia* ("quando amanhecia" indica tempo).
- *O homem tremia porque tinha malária* ("porque tinha malária" indica causa).
- *Se o conhecer, não o abandonará* ("se o conhecer" indica condição).

7 **Adjunto adverbial**: é a função sintática exercida por advérbios e locuções adverbiais. Exprime uma circunstância qualquer (de tempo, lugar, modo, condição etc.) e deve modificar o verbo, o adjetivo ou o próprio advérbio, acompanhando-os. Exemplos:
- *Ele seguiu à risca* ("à risca" = adjunto adverbial de modo, modificando o verbo).
- *O vinho é levemente seco* ("levemente" = adjunto adverbial de modo, modificando o adjetivo "seco").
- *Cheguei muito rapidamente* ("muito" = adjunto adverbial de intensidade, modificando o advérbio "rapidamente").

Vamos conhecer alguns advérbios e locuções adverbiais interessantes:
- de afirmação: *deveras, com efeito, certamente* etc.;
- de dúvida: *talvez, quiçá, porventura*;
- de intensidade: *muito, assaz, bastante, demasiado, nada* (Isto não é nada fácil!), *que* (Que bom!), *quanto* (Quanto insisti!), *como* (Como comem!) etc.;
- de lugar: *aqui, algures, alhures, nenhures, aonde, defronte* etc.;
- de modo: *bem, mal, adrede, propositadamente* e quase todos os advérbios terminados em *-mente*;
- de negação: *não, tampouco* (= também não);
- de tempo: *agora, hoje, entrementes, raramente, concomitantemente* etc.

As locuções adverbiais são expressões que têm a função de advérbio, iniciando-se, geralmente, por preposição. Exemplos:
às cegas – às claras – a toda – a pé – à uma (hora) – às vezes – de repente – de chofre – de viva voz – de improviso – de soslaio – por ora – por um triz – mal e mal – passo a passo etc.

- *No outono passado, houve vários episódios semelhantes* (vírgula obrigatória).
- *Houve vários episódios semelhantes, no outono passado* (vírgula optativa).
- *Durante aquela semana, encontrei vários amigos* (vírgula obrigatória).
- *Encontrei, durante aquela semana, vários amigos* (vírgula obrigatória).
- *Encontrei vários amigos, durante aquela semana* (vírgula optativa).
- *Daqui a dois anos, depararemos com um cenário diferente* (vírgula obrigatória).
- *Depararemos, daqui a dois anos, com um cenário diferente* (vírgula obrigatória).
- *Depararemos com um cenário diferente, daqui a dois anos* (vírgula optativa).

Verifiquemos outros casos:

- *Recentemente, não tenho visto sentenças com esse teor.*
- *O reclamante, presumivelmente, fala a verdade.*
- *É o que, sucintamente, se tem a expender.*
- *Em breve relatório, a autoridade policial deu realce ao documento inidôneo.*
- *Ontem à noite, houve mais quatro homicídios no bairro.*
- *Faça, se possível, uma homenagem a seus amigos.*
- *O Promotor de Justiça, com fervor, postulava a condenação do réu;*

b) os adjuntos adverbiais de pequena extensão terão tratamento diferenciado, isto é, serão acompanhados, facultativamente, pela vírgula, quer venham antepostos, quer venham pospostos ao verbo. Exemplos:

- *Ontem, procedemos à análise do feito – Ontem procedemos à análise do feito.*

Nesse passo, teremos:

- *Procedemos à análise do feito, ontem – Procedemos à análise do feito ontem.*

7. Para indicar a supressão ou elipse[8] do termo:

- *Uns dizem que se matou; outros, que foi morto.*
- *O pensamento é triste; o amor, insuficiente.*
- *Eu faço edículas; você, casas.*
- *Ele toma chope; ela, cerveja.*

---

8 A **elipse** é figura de construção (ou de sintaxe) que caracteriza a omissão de um termo ou oração, identificáveis pelo contexto. Por meio da elipse, economizam-se palavras, evitando-se a repetição enfadonha. Exemplos:
- *Mário saiu correndo. Não se despediu de ninguém* (veja a elipse do sujeito "ele" ou "Mário").
Observe, agora, os exemplos extraídos de Regina Toledo Damião e Antonio Henriques (2000:27):
- *"Repreenda com severidade, quando necessário"* (Vieira).
- *Repreenda com severidade quando se fizer necessário.*
- *Exigiu caminhasse a vítima enquanto disparava a arma contra ela.*
- *Exigiu que caminhasse a vítima enquanto disparava a arma contra ela.*

- *Eu prefiro bolo; ela, torta; ele, bolachas.*
- *"Uma flor, o Quincas Borbas"* (Machado de Assis).
- *"Os jovens buscam a felicidade na novidade; os velhos, nos hábitos"* (P. Courty).
- *As preliminares foram rejeitadas, e o mérito, provido.*
- *Ele fica com os melhores casos e eu, com as sobras.*

Observação: aceita-se, quando se usa o advérbio **não** para acompanhar verbo omitido, que a vírgula demarcadora da omissão seja colocada antes da negação. Exemplo:

- *Eu votei no atual candidato. Você, não.*

8. Para separar certas conjunções (intercaladas ou não), tais como: porém, contudo, pois, entretanto, portanto, entre outras:

- *Os estudos, porém, foram encerrados.*
- *Eles, contudo, abandonaram a cidade.*
- *Meu amigo precisa de mim; devo, pois, ajudá-lo.*

9. Para separar o nome de locais e os instrumentos normativos, antes das datas que se seguem:

- *São Paulo, 2 de janeiro de 2012.*
- *Lei n. 5.172, de 25 de outubro de 1966.*
- *Decreto n. 5.765, de 18 de dezembro de 1975.*

É bom lembrar que existe um caso específico de elipse, que alguns preferem chamar de *zeugma* (substantivo masculino – o zeugma –, o qual indica "ligação, união, ponte"). Trata-se da omissão de termo já citado na frase (em geral, é o verbo). Há um caso notável de zeugma que ocorre quando a palavra omitida tem flexão diferente da que se verifica no termo expresso anteriormente. Exemplo: *Eu lido com fatos; você, com boatos.* No exemplo, subentendeu-se a forma verbal *lida*, flexionada na terceira pessoa do singular e deduzida de "lido" (primeira pessoa do singular do presente do indicativo de *lidar*). Esse caso de zeugma é chamado por alguns de *zeugma complexo*. Exemplos:
- *"O pão sustenta o corpo, a oração, (sustenta) a alma"* (Luz e Calor, Padre Manuel Bernardes, v. 1, p. 288).
- *"Nossos bosques têm mais vida, nossa vida, (tem) mais amores"* (Gonçalves Dias).
- *Pedro estuda Física, e eu, (estudo) Português.*

Ademais, há elipses de verbos nas intrigantes frases abaixo, conhecidas como "frases nominais", de largo uso na literatura moderna. Exemplo:
- *"Àquela hora, quase deserta a Praia de Botafogo"* (Olavo Bilac).

Explicando: houve a elipse da forma verbal "estava".
Portanto: *"Àquela hora, [estava] quase deserta a Praia de Botafogo"*.
Observe outro exemplo:
- *Ao redor, bons pastos, boa gente, terra boa para se plantar* (omissão do verbo *haver*).

Na memorável canção "Canto triste" (1967) – música de Edu Lobo e Vinicius de Moraes –, há um ótimo exemplo de elipse:
- *"Onde a minha namorada? Vai e diz a ela as minhas penas e que eu peço, peço apenas que ela lembre as nossas horas de poesia..."*.

Explicando: no trecho *"Onde a minha namorada?"*, está subentendido um verbo (*está, anda* etc.).

10. Para separar orações unidas pela conjunção "e", quando:

a) Houver orações com sujeitos distintos:

- *O concurso foi difícil, e os candidatos tiveram dificuldades.*
- *Uma mão lava a outra, e a poluição suja as duas.*
- *O desembargador deu voto a nosso favor, e o terceiro juiz pediu vista.*

b) Tal conjunção tiver o sentido de uma conjunção coordenativa adversativa (*mas*):

- *Todo político promete, e não cumpre.*
- *Tivera a grande chance de sua vida, e a deixara escapar.*
- *Estudou, e foi reprovado.*
- *Quase morri de tanto estudar, e tirei nota baixa.*
- *Utilizei os seus serviços, e não os paguei.*

c) Tal conjunção for utilizada para introduzir cada um dos núcleos, à luz do chamado *polissíndeto*.

- *E homens, e mulheres, e crianças, e todos, enfim, perseguem o mesmo ideal.*
- *E ia, e voltava, e ia, e voltava, e tentava outra vez.*
- *Exige atenção, e carinho, e dedicação, e devoção exclusiva.*
- *"E suspira, e geme, e sofre, e sua..."* (Olavo Bilac).

11. Para separar objeto direto ou indireto antecipado[9], em períodos compostos por oração pleonástica:

- *Dúvidas, ninguém as tem.*
- *Aos poderosos, nada lhes devo.*
- *Elas, eu não as quero.*
- *O dinheiro, o homem o trazia.*
- *O âmago do problema – muitos o veem, poucos o enxergam.*
- *Aqueles comentários, quem não os rebateu perdeu a chance.*

---

9 Quando queremos dar destaque à ideia contida no objeto direto, colocamo-lo no início da frase e depois o repetimos, à guisa de reforço, usando o pronome oblíquo. A esse objeto repetido sob a forma pronominal dá-se o nome de *pleonástico, redundante* ou *enfático*.

12. Para separar a oração principal da oração subordinada adjetiva explicativa[10]:

- *A vida, que é combate, deve ser vivida com intensidade.*

Oração principal: A vida deve ser vivida com intensidade.

Oração subordinada adjetiva explicativa: que é combate.

Acompanhe outros exemplos:

- *O sol, que é uma estrela, aquece a Terra.*
- *Deus, que é nosso Pai, salvar-nos-á.*
- *Caio, que é honesto, livrar-se-á das dívidas só daqui a dez anos...*
- *Ele, que trabalhou duramente, não ganhou nada.*
- *Para uns, que são aprovados, a alegria é grande.*
- *Minha irmã, que já é falecida, sempre pedia que eu não entrasse na vida política.*
- *O artigo 43 do Código Penal, que trata das penas alternativas, foi alterado.*
- *Meu avô, que não sabe dizer não, acabou cedendo às minhas solicitações.*
- *O prefeito, que não tem sequer o primeiro grau completo, faz belos discursos.*
- *O governador aprovou a licitação, que desde já conta com suspeita de fraude.*
- *O discurso do Presidente, que era longo e tedioso, não surtiu o efeito pretendido.*
- *O advogado, que me pareceu muito sério, enviou sua proposta de acordo.*
- *A sentença de fls. 115, que decidiu o agravo, está muito bem fundamentada.*

Importante: quando se tratar de *oração subordinada adjetiva restritiva*, não há que se empregar a vírgula:

- *Pedra que rola não cria limo.*

Oração principal: Pedra não cria limo.

Oração subordinada adjetiva restritiva: que rola.

Acompanhe outros exemplos:

- *Os animais que são carnívoros são perigosos.*
- *Ao término do trabalho, os homens que estavam no prédio foram embora.*

---

10 Há dois tipos de **orações subordinadas adjetivas**: *explicativas* e *restritivas*.
As *explicativas* explicam ou esclarecem o termo antecedente, cumprindo papel semelhante ao de aposto:
- *O sortudo, que ganhou na loteria, sumiu do mapa.*
- *Para os técnicos, que trabalham na plataforma, a situação está claudicante.*

Por outro lado, as *restritivas* apenas restringem ou limitam o significado do termo antecedente, sendo indispensáveis no sentido da frase:
- *Escolheu o método que o levaria ao sucesso.*
- *Há episódios dos quais a gente nunca se esquece.*
- *A casa em que vive foi de minha nora.*

- *Meu primo que mora em Chicago escreveu dizendo que vai se mudar.*
- *A moça que trabalha no almoxarifado veio pedir aumento de salário.*
- *A decisão que indeferiu a produção de prova afronta vários princípios constitucionais.*
- *O homem que carregava uma mala preta veio conversar comigo ontem.*
- *O prédio onde moro tem sérios problemas de vazamento.*
- *Todos querem que seja condenado o homem que matou os próprios pais.*
- *O advogado disse que a sentença que me condenou é passível de nulidade.*
- *O acórdão que decidiu o agravo é visivelmente contraditório.*
- *O funcionário que me atendeu disse que tudo estava resolvido.*

Agora, perceba, nos exemplos adiante, a intenção de restringir ou de explicar, analisando a ausência e a presença da vírgula:

*Meu sócio **que faz direito** previdenciário infelizmente não virá à reunião.*

*Meu sócio, **que comprou um carro novo**, está em litígio com a vendedora de veículos.*

*O bairro **onde moro** está uma desordem.*

*O bairro do Tatuapé, **onde moro há anos**, está uma sujeira.*

*O país **que tem o melhor carnaval** é o que tem graves problemas sociais.*

*O Brasil, **que tem o melhor carnaval do mundo**, é o que tem graves problemas sociais.*

*O advogado **que litiga nesta causa** é muito sensato.*

*O doutor Roberto, **que litiga nesta causa**, é muito sensato.*

Como se percebe, a vírgula pode alterar o sentido da frase. Observe que a pausa pode definir o sentido explicativo ou restritivo da oração subordinada adjetiva. Daí ser necessário atenção para que se evite a alteração grave no contexto de todo o período. Vejamos mais um exemplo:

(1) *Ganham pouco dinheiro os fiéis **que têm preguiça de trabalhar como decoradores*** (restritiva).

(2) *Ganham pouco dinheiro os fiéis, **que têm preguiça de trabalhar como decoradores*** (explicativa).

Explicando: é perceptível como a vírgula altera totalmente o sentido da frase. Na primeira **(frase 1)**, a oração adjetiva diz que somente os fiéis que têm preguiça ganham pouco dinheiro. Na segunda **(frase 2)**, afirma-se que todos os fiéis têm preguiça e também ganham pouco dinheiro.

13. Antes de "mas também", "como também" (em correlação com "não só"):

- *Não só escreve bem, como também fala cinco idiomas.*

14. Em frases de respostas, após o "sim" ou o "não" emitidos:

- *Você é brasileiro? Sim, nasci no Brasil.*
- *Há dúvidas na explanação? Sim, várias.*

15. Para separar as ideias paralelas dos provérbios:

- *Casa de ferreiro, espeto de pau.*
- *Mocidade ociosa, velhice vergonhosa.*

A NÃO APLICAÇÃO DA VÍRGULA

Passemos, agora, para os casos em que **não** se deve empregar a vírgula. A legenda [xxxxx] indica que não pode haver a vírgula no local indicado.

1. Entre sujeito[11] e predicado[12]. Exemplos:

- *Atletas de várias nacionalidades* [xxxxx] *participarão da grande maratona.*
- *Várias tentativas de estabelecer uma nova relação entre os setores produtivo e financeiro* [xxxxx] *resultaram em fracasso.*
- *O egrégio Tribunal Regional Federal da 4ª Região* [xxxxx] *decidiu favoravelmente ao meu constituinte.*

> São, portanto, **erradas** as construções a seguir:
> - "O doutor Pedro Paulo **(,)** esteve aqui à sua procura".
> - "Toda a jurisprudência **(,)** é favorável a meu cliente".
> - "A sentença **(,)** não foi devidamente fundamentada".
> - "A colenda Quarta Câmara de Férias do egrégio Primeiro Tribunal de Alçada Civil de São Paulo **(,)** julgou todos os processos que lhe foram submetidos".

---

11 **Sujeito:** é o ente sobre o qual se profere algo, podendo ser um substantivo (ou palavra substantivada) ou pronome. Exemplos:
- *Eu rio dia a dia.*
- *Morrer pelo País em combate é glorioso.*
- *Fazem-se tendas.*

12 **Predicado:** é aquilo que se diz acerca do *sujeito*, isto é, todo o enunciado declaratório sobre quem desempenhou a ação verbal. Exemplo:
- *A ilha está lotada.*

MANUAL DE PORTUGUÊS JURÍDICO

Observação: se, entre o sujeito e o verbo, ocorrer a intercalação de um termo com pausas obrigatórias, terá(ão) lugar a(s) vírgula(s). Vejamos: *Meus olhos, devido à fumaça, ardiam muito.*

2. Entre o verbo e seus complementos:

- *Dona Elza pediu ao diretor do colégio [**xxxxx**] que colocasse o filho em outra turma.*

> São **erradas** as construções abaixo:
>
> - "Todos desejavam **(,)** sua ilustre presença".
> - "Quero livrar-me **(,)** deste pesado fardo".
> - "O réu confirmou **(,)** todo seu preciso depoimento".

3. Nas orações subordinadas substantivas:

As orações subordinadas substantivas **não** são separadas da oração principal por vírgulas, exceção feita à subordinada **apositiva**. Esta, porque tem função de *aposto*, vem sempre isolada da oração principal por meio de vírgula, travessão ou dois pontos. Exemplos:

- *Eu queria [**xxxxx**] que você soubesse de todos os problemas* (objetiva direta).
- *É impossível [**xxxxx**] que não haja prova sobeja* (subjetiva).
- *Só lhe faço uma observação: [**xxxxx**] que não desrespeite seus colegas* (apositiva).

> Portanto, são **erradas** as construções a seguir:
>
> - "Não procede agora a afirmação **(,)** de que o autor não pode arcar com as despesas processuais".
> - "Ele me inquiriu **(,)** se eu já havia terminado o trabalho".
> - "A vítima diz **(,)** que todos os tiros foram efetuados por um só homem".
> - "O Superior Tribunal de Justiça tem decidido **(,)** que não há crimes nesses atos".
> - "Só haveria desentendimento se ele soubesse **(,)** que todos os recibos são inidôneos".

4. Antes de *oração adverbial consecutiva*, ou seja, aquela que exprime uma consequência, um efeito ou resultado:

- *O vento soprou tão forte que arrancou mais de uma árvore.*
- *Fazia tanto frio que os dentes rangiam.*
- *A neblina era tão espessa que não se enxergava nada.*
- *"Bebia que era uma lástima!"* (Ribeiro Couto).
- *"Tenho medo disso que me pelo!"* (Coelho Neto).

Observação: registre-se, em tempo, que tal regra comporta controvérsias, havendo entendimento no sentido de que a vírgula deve ser empregada.

Por fim, vale a pena recapitularmos as regras até aqui estudadas, na trilha de Rodríguez (2000: 345-346), o qual enumera em sua obra vários exemplos de frases jurídicas com aplicação apropriada da vírgula. Aprecie alguns exemplos:

- "Eu defendo o devedor principal. Meu amigo, o fiador.
- O oficial de justiça, funcionário dotado de fé pública, certificou a aludida citação.
- O réu, ou melhor, o ora apelante, pede justiça.
- Depois da tempestade, vem a calmaria.
- Porque você disse que viria, eu mandei fazer sua comida predileta.
- Tivesse o réu devolvido a quantia de que se apropriara, o resultado seria adverso.
- O autor, caso se venha a confirmar a sentença de primeira instância, deverá arcar com os ônus de sucumbência.
- Não se pode protocolar a petição, nem mesmo tirar cópia da sentença.
- Vou dar-lhe um conselho, que sempre mantenha o respeito para com a parte contrária.
- Todos os recibos estão juntados, mas isso não termina a controvérsia dos autos.
- Eu faço todas as audiências, e você cuida de sustentar a tese em plenário".

CURIOSIMACETES

1. OXALÁ

É interjeição de origem árabe, que expressa desejo, na acepção de "queira Deus", "se Deus quiser". Exige o verbo no modo subjuntivo:

- *Oxalá não fiquemos sem chuva esse ano!*
- *Oxalá que caiam na prova os pontos estudados!*
- *Oxalá que viessem as luzes!*
- *"Oxalá que eu me enganasse"*[13].

Ressalte-se, ainda, que o termo "oxalá" ("orixá" ou "orixalá") designa divindade africana das religiões afro-brasileiras.

2. PASSAR REVISTA A...

A expressão vernácula é **passar revista a...**, enquanto "passar revista em" é galicismo que deve ser evitado. Portanto, observe as frases legítimas:

- *O general passou revista aos pelotões.*
- *O fiscal de sala passou revista a todos os pertences dos candidatos.*
- *Os médicos passaram revista aos feridos em combate.*
- *Naquela ocasião, o tenente não imaginava que, pela última vez, passaria revista à sua tropa.*

---

13 Alexandre Herculano, *Eurico*, p. 73, *apud* Cegalla, 1999, p. 303.

Todavia, é possível encontrar a forma **passar em revista** nos dicionários:

- *"O novo comandante passou em revista a tropa"* (Borba, 1991).
- *"A polícia rodoviária passou em revista minuciosa o ônibus suspeito"* (Houaiss).

3. É VERNÁCULA A EXPRESSÃO "PERNAS PARA QUE TE QUERO!"?

É interessante notar como a linguagem popular imprime indumentária própria ao idioma falado e escrito, o qual pode tomar rumos estranhos com o passar dos tempos. A expressão idiomática em epígrafe é exclamação popular emitida ante um perigo ou situação iminente. Entretanto, a expressão dotada de vernaculidade é bem diferente da que compõe o título deste *curiosimacete*. Diz-se, corretamente, "**Pernas, para que vos quero?**", embora saibamos que seu uso é raro. Observe, pois, que a forma vernácula impõe uma indagação, e não uma exclamação.

4. PROFLIGAR – PROPUGNAR – PROVECTO

Os verbos em epígrafe (*profligar* e *propugnar*) estão adstritos ao campo da erudição, a par do adjetivo *provecto*, todavia merecem ser mencionados no presente trabalho literário.

Profligar tem a acepção de "atacar duramente com palavras, verberar ou reprovar energicamente". Exemplos:

- *O noivo profligou o comportamento da futura esposa.*
- *A comunidade profligava a violência do ato.*
- *Profligou os fiéis com palavras que, por recato, abstenho-me de transmitir.*

Propugnar quer dizer "lutar por, defender com vontade". Pode-se dizer *propugnar uma causa* ou, ainda, *propugnar por uma causa*. Exemplos:

- *As minorias propugnam pelos seus direitos na sociedade.*
- *Joaquim José da Silva Xavier, o "Tiradentes", propugnou a defesa dos interesses nacionais contra a Derrama.*

Provecto contém o sentido de "bem-sucedido, adiantado, aquilo que progrediu". Exemplos:

- *O congresso reuniu provectos pesquisadores do Brasil.*
- *Em idade provecta, dorme-se menos.*

5. PRÓVIDO E PROVIDO

O adjetivo **próvido**, proparoxítono, tem a acepção de "prevenido, prudente". Exemplos:

- *O soldado, próvido combatente, não foi pego na emboscada.*
- *O boxeador foi à lona quando, impróvido e cansado, levou um golpe certeiro.*

Por outro lado, **provido**, paroxítono não acentuado graficamente, é particípio do verbo *prover*, no sentido de "abastecer", além de representar o adjetivo, no sentido de "abastecido". Exemplos:

- *A Intendência havia provido os soldados no campo.*
- *A adega está provida de bons vinhos do Porto.*
- *O desempregado está provido de esperanças.*

PONTUAÇÃO • capítulo 16

A HORA DO ESPANTO
AS "PÉROLAS" DO PORTUGUÊS

1. **Impossive**
   Correção: onde está a letra -l? Prefira *impossível*, articulando com adequação as letras.

2. **Hipidemia / Hepidemia**
   Correção: grafa-se *epidemia*, com -e, sem -h. Aliás, por que a letra -h? Seria -h... de "horror"?

QUESTÕES

1. (2022/FGV/MPE-BA/Estagiário de Direito) Se colocarmos todas as vírgulas necessárias na frase "Não me importo de me atribuírem todos os pecados do mundo mas por favor não digam que eu seria capaz de comer pizza de soja.", a forma correta será:

(A) "Não me importo de me atribuírem todos os pecados do mundo, mas, por favor, não digam que eu seria capaz de comer pizza de soja.";

(B) "Não me importo de me atribuírem todos os pecados do mundo, mas por favor, não digam que eu seria capaz de comer pizza de soja.";

(C) "Não me importo de me atribuírem todos os pecados do mundo mas por favor, não digam que eu seria capaz de comer pizza de soja.";

(D) "Não me importo de me atribuírem todos os pecados do mundo, mas por favor, não digam, que eu seria capaz de comer pizza de soja.";

(E) "Não me importo, de me atribuírem todos os pecados do mundo, mas por favor, não digam que eu seria capaz de comer pizza de soja."

2. (2017/FCC/DPE-RS/Analista/Questão adaptada) Está plenamente adequada a pontuação do seguinte período:

(A) O autor do texto considera, em certo momento, que a beleza de certas cenas, naqueles velhos filmes clássicos, tornava fotogênica a miséria moral dos protagonistas.

(B) Não é fácil, para os moradores do terceiro mundo admitir que, na velha Europa, com aquele alto padrão de vida, existam os que sofrem tanto, de vazio interior.

(C) Mais houvéssemos assistido mais teríamos gostado, daqueles velhos clássicos do cinema europeu, sobretudo os de Bergman e Antonioni; nossos prediletos.

(D) Chega a ser provocadora, a associação que o autor estabelece, entre morrer de fome ou morrer de tédio, ao comparar, as razões de sofrimento dos europeus, às dos povos mais pobres.

(E) A vida na Suécia, à qual não faltam bons serviços sociais, e aceitável distribuição de renda, teria inspirado, a cineastas como Bergman, cenas de quase inexplicável sofrimento.

3. (2017/FCC/POLITEC – AP/Perito Médico Legista/Questão adaptada) Está clara e correta a redação deste livre comentário sobre o texto:

(A) Tal como se propagava Sêneca em seus escritos, à humildade de viver devemos com que cada dia seja aproveitado como se ali sentíssemos ultimar a nossa vida.

(B) Há médicos que, por deliberação ou não, acreditam que possam salvar a vida eternamente, esquecendo-se assim da condição de mortalidade que a todos nos assolam.

(C) É próprio do homem saber retirar proveito de seus infortúnios, porquanto mesmo dos mortos mostra-se capaz de colher benefícios para os vivos.

(D) O velho professor deu uma aula de humanidade ao jovem aluno, lembrando-lhe de que a morte não vê causas próprias de acordo com nosso ideal de longevidade.

(E) Há pessoas que à partir da própria experiência, julgam que a morte possa ser sanada tal e qual a induziu o jovem aluno de medicina diante do velho professor.

4. (2017/FGV/Prefeitura de Salvador-BA/Técnico de Nível Superior II – Direito/Questão adaptada) Sobre as aspas empregadas nos vocábulos "conteúdo" e "coerência", assinale a afirmativa correta.

(A) Não se justificam em termos de padrão culto da língua.

(B) Destacam termos que são argumentativamente importantes.

(C) Sublinham termos que são normalmente usados em linguagem não artística.

(D) Ironizam empregos equivocados na literatura.

(E) Reproduzem termos já empregados pelo mesmo colunista em outras ocasiões.

5. (2017/FCC/TRE-PR/Analista Judiciário – Área Judiciária) A frase que está adequadamente redigida, considerada a norma-padrão da língua, é:

(A) Ao já informado acrescento apenas, que os documentos necessários ao processo em andamento deve constar da relação encaminhada anteriormente a seu assessor.

(B) As observações feitas pelo assistente a disposição neste setor terão de ser consideradas, pois devem haver disposições legais que determinaram os comentários.

(C) Consta do último boletim as alterações sugeridas pelo chefe da expedição, determinado pela necessidade urgente de que os prazos sejam efetivamente cumpridos.

(D) As fichas dos revisores foram inadvertidamente misturadas, o que obrigou o consultor, que só trabalha às terças-feiras, a avisá-los de que teriam de reorganizá-las o mais breve possível.

(E) Ninguém sabe exatamente porque, mas, depois de tensa discussão, cinco dos dez deputados reunidos não foram mesmo favorável à renovação dos contratos examinados, o que causou pesar aos interessados.

6. (2017/IESES/ALGÁS/Analista de Projetos Organizacionais – Jurídica/Questão adaptada) Assinale a alternativa correta:
(A) Em "nos tipos de exigências que o Mercado e o mundo em geral vêm fazendo", o acento no verbo deve-se ao fato de ser uma oxítona terminada em "– em".
(B) As aspas presentes em "carros-chefes", no primeiro parágrafo, indicam ironia.
(C) Em "nos tipos de exigências que o Mercado e o mundo em geral vêm fazendo às pessoas", a crase ficaria dispensada se o artigo estivesse no singular.
(D) A palavra "público" é acentuada pela mesma razão que "conteúdo".

7. (2017/VUNESP/TJ-SP/Assistente Social Judiciário) A regra de pontuação que determina o emprego da vírgula em "Muita gente não gosta de Floriano Peixoto, o 'Marechal de Ferro'." também se aplica ao trecho adaptado do editorial "Nem tão livres" (*Folha de S.Paulo*, 4-4-2017):
(A) Passou o tempo, diz o ativista Joel Simon, em que se acreditava ser impossível censurar ou controlar a informação na internet.
(B) Notícias falsas e quantidade nauseante de calúnias e ofensas circulam pelas redes sociais – tornando-as, ainda que livres, inconfiáveis em larga medida.
(C) Todavia, a própria sensação de que exista uma tão ampla liberdade se vê passível de contestações.
(D) A guerra da informação e da contrainformação, se não ameaça diretamente a vida de jornalistas, não deixa, entretanto, de pôr em risco a verdade dos fatos.
(E) O diretor do Comitê de Proteção aos Jornalistas, ONG com sede em Nova York, talvez surpreenda quem comemora as facilidades dos meios eletrônicos.

8. (2017/FGV/ALERJ/Especialista Legislativo/Questão adaptada) "Entender os debates mais recentes sobre a colonização, as práticas humanitárias, a bioética, o choque de culturas também / supõe um conhecimento do cristianismo, dos elementos fundamentais da sua doutrina, das peripécias que marcaram sua história, das etapas da sua adaptação ao mundo".
O trecho acima foi separado em duas partes por uma barra inclinada. Sobre o emprego das vírgulas nessas duas partes, é correto afirmar que:
(A) marcam a presença de enumerações de termos nas duas partes;
(B) indicam, respectivamente, a presença de aposto e da enumeração de termos;
(C) documentam a presença de apostos explicativos nos dois segmentos;
(D) mostram, nos dois segmentos, inserções de termos;
(E) indicam, respectivamente, a presença de enumeração e de aposto explicativo.

9. (2017/CS-UFG/UFG/Auditor/Questão adaptada) No título e no primeiro parágrafo, a expressão "receitar livros" aparece entre aspas. O uso das aspas, nesse caso, se justifica porque
(A) a previsibilidade semântica entre o verbo e o seu complemento é rompida.

(B) o enunciador faz uma ironia por discordar da proposta apresentada.

(C) a palavra "livros" representa elementos de um mundo com sentidos figurados.

(D) o verbo "receitar" é polissêmico no contexto sintático em que aparece.

10. (2017/FCC/TRE-SP/Analista Judiciário – Área Judiciária) Atente para as frases abaixo.

I. Sendo a amizade, um exercício de limites afetivos, há que se considerar alguma insatisfação, que disso decorra.

II. A própria passagem do tempo faz com que, nossas amizades, venham a encontrar uma boa forma de depuração.

III. Uma amizade, ainda que imperfeita, não nos decepcionará, a menos que lhe dermos um valor absoluto.

É inteiramente adequada a virgulação do que está APENAS em

(A) I.

(B) II.

(C) I e III.

(D) III.

(E) II e III.

11. (2017/Instituto Excelência/Câmara de Santa Rosa-RS/Procurador Jurídico Legislativo) A vírgula indica uma pausa no discurso. Sua utilização é tão importante que pode mudar o significado quando não utilizada ou utilizada de modo incorreto. Assinale a alternativa CORRETA quanto ao emprego da vírgula:

(A) Vou precisar de farinha, ovos, leite e açúcar.

(B) Desta maneira Maria, não posso mais acreditar em você.

(C) Ana Maria apresentadora do programa da manhã, falou sobre as receitas vegetarianas.

(D) Nenhuma das alternativas.

12. (2016/MPE-SC/Promotor de Justiça/Questão adaptada) Em "Os bichos também sentem tristeza, alegria, raiva, amor" as vírgulas separam elementos com mesma função sintática na frase.

( ) Certo   ( ) Errado

13. (2016/MPE-SC/Promotor de Justiça) A frase abaixo está gramaticalmente correta.

O índice de casos da gripe H1N1 neste ano está preocupando o governo; contribuíram para isso o número de doentes infectados e o de óbitos.

( ) Certo   ( ) Errado

14. (2016/UFMT/TJ-MT/Analista Judiciário) Leia o trecho abaixo do artigo **Presidente: líder ou gerente?**, de Maílson da Nóbrega, e responda à questão.

[...]

A meu juízo, o Brasil precisa de líderes políticos transformadores, capazes de empreender reformas e assim ampliar o potencial de crescimento e bem-estar. São pessoas aptas a mobilizar a sociedade e a classe política para enfrentar e resolver problemas, o que implica motivar, seduzir, agregar, organizar, orientar, focalizar. O líder virtuoso precisa ter visão de futuro, habilidade para construir maiorias no Congresso e capacidade para identificar e atacar os problemas mais relevantes de sua época.

Rever opiniões, reconhecer erros e considerar novas realidades são igualmente atributos do líder sensato e verdadeiro. Fluência verbal, carisma e capacidade de se comunicar são características requeridas nas modernas democracias de massas, pois é assim que o líder transmite mensagens, ideias, estímulos.

Valorizar a experiência administrativa para o exercício do cargo de presidente é menosprezar a boa política.

(Revista *Veja*, 17/09/2014.)

No trecho **o que implica motivar, seduzir, agregar, organizar, orientar, focalizar**, as ações são separadas por vírgula porque

(A) isolam o predicado verbal do sujeito.

(B) constituem uma sequência enumerativa com a mesma função sintática.

(C) constituem orações subordinadas substantivas.

(D) destacam que um termo foi usado fora de seu lugar canônico.

15. (2016/FCC/TRT – 23ª Região/Analista Judiciário)
Logrador
Você habita o próprio centro
de um coração que já foi meu.
Por dentro torço por que dentro
em pouco lá só more eu.

Livre de todos os negócios
e vícios que advêm de amar
lá seja o centro de alguns ócios
que escolherei por cultivar.

Para que os sócios vis do amor,
rancor, dor, ódio, solidão,
não mais consumam meu vigor,

amado e amor banir-se-ão
do centro rumo a um logrador
subúrbio desse coração.

(CÍCERO, Antonio. *Guardar*, Rio de Janeiro, Record, 1996, p. 71.)

Atente para as afirmativas abaixo relativas a pontuação.

I. Pode-se acrescentar uma vírgula imediatamente após **amar**, na segunda estrofe, sem prejuízo para a correção.

II. As vírgulas empregadas imediatamente antes de **rancor** e após **solidão**, na terceira estrofe, podem ser substituídas por travessões, sem prejuízo para a correção.

III. O último verso poderia vir precedido de dois-pontos ou travessão, já que constitui uma explicação do termo antecedente **logrador**.

Está correto o que consta em

(A) II e III, apenas.

(B) I e III, apenas.

(C) I, II e III.

(D) I e II, apenas.

(E) II, apenas.

16. (2016/FCC/TRT – 23ª Região/Técnico Judiciário) Está pontuada corretamente, a frase:

(A) Nascido em Cuiabá, em 1916 Manoel de Barros estreou, com o livro, *Poemas Concebidos sem Pecado* em 1937.

(B) Cronologicamente vinculado, à Geração de 45, mas formalmente, ao Modernismo brasileiro, Manoel de Barros criou um estilo próprio.

(C) Subvertendo a sintaxe e criando construções que não respeitam as normas da língua padrão, Manoel de Barros é comparado a Guimarães Rosa.

(D) Em 1986, o poeta Carlos Drummond de Andrade declarou, que Manoel de Barros era o maior poeta brasileiro vivo.

(E) Antonio Houaiss, um dos mais importantes filólogos e críticos brasileiros confessou nutrir, pela obra de Manoel de Barros grande admiração.

17. (2016/VUNESP/MPE-SP/Oficial de Promotoria/Questão adaptada) Assinale a alternativa correta quanto à pontuação e à regência, de acordo com a norma-padrão.

(A) De forma mais lenta, reagem, o emprego e o mercado de crédito, ante a mudança de direção da economia.

(B) O emprego e o mercado de crédito, reagem na mudança de direção da economia de forma mais lenta.

(C) O emprego e o mercado de crédito reagem, de forma mais lenta, para a mudança de direção da economia.

(D) Reagem à mudança de direção da economia, de forma mais lenta, o emprego e o mercado de crédito.

(E) Diante a mudança de direção da economia reagem o emprego e o mercado de crédito, de forma mais lenta.

18. (2016/FCC/TRF – 3ª Região/Analista Judiciário/Questão adaptada) Sem que se altere o sentido da frase, todas as vírgulas podem ser substituídas por travessão, EXCETO em:

(A) Não se trata de defender a tradição, família ou propriedade...

(B) Fiquei um pouco desconcertado pela atitude do meu amigo, um homem...
(C) Mas, como eu ia dizendo, estava voltando da Europa...
(D) ... como precipitada, entre nós, de que estaria morto...
(E) Mas a música brasileira, ao contrário de outras artes, já traz...

19. (2015/FCC/TRE-RR/Analista Judiciário) O crescimento da vida urbana aumentou a visibilidade das mulheres.
Hoje elas estão menos obrigadas a se consagrar exclusivamente à vida doméstica. Hoje as mulheres podem investir numa carreira.
A revolução das comunicações começou com o telefone e prossegue no Facebook.
O Facebook contribuiu para diluir as fronteiras entre o isolamento e a vida social.
As frases isoladas acima compõem um único parágrafo, devidamente pontuado, com clareza e lógica, em:
(A) Com o crescimento da vida urbana, aumentou-se a visibilidade das mulheres, às quais estão hoje menos obrigadas a se consagrar exclusivamente a vida doméstica, assim como podem investir numa carreira. Para diluir as fronteiras entre o isolamento e a vida social, veio a revolução das comunicações, tendo começado com o telefone e prossegue no Facebook, que contribuiu para esse fato.
(B) A visibilidade das mulheres, depois do crescimento da vida urbana, hoje estão menos obrigadas a se consagrar exclusivamente à vida doméstica e poder investir numa carreira. Em razão da revolução das comunicações, que começou com o telefone e prossegue no Facebook, o qual contribuiu para diluir as fronteiras entre o isolamento e a vida social.
(C) Hoje as mulheres estão menos obrigadas a se consagrar exclusivamente à vida doméstica, com o crescimento da vida urbana, que aumentou sua visibilidade, podendo investir numa carreira. E ainda a diluição das fronteiras entre o isolamento e a vida social com a revolução das comunicações que, tendo começado com o telefone, prossegue no Facebook, contribuiu para isso.
(D) O crescimento da vida urbana aumentou a visibilidade das mulheres, que hoje estão menos obrigadas a se consagrar exclusivamente à vida doméstica, além de poderem investir numa carreira. A revolução das comunicações, que começou com o telefone e prossegue no Facebook, contribuiu para diluir as fronteiras entre o isolamento e a vida social.
(E) A revolução das comunicações começou com o telefone e prossegue no Facebook. Que contribuiu para diluir as fronteiras entre o isolamento e a vida social. E ainda, com o crescimento da vida urbana aumentou a visibilidade das mulheres. Hoje elas estão menos obrigadas a se consagrar exclusivamente à vida doméstica; que podem investir numa carreira.

20. (2015/VUNESP/PC-CE/Escrivão de Polícia Civil de 1ª Classe) Assinale a alternativa correta quanto ao uso da vírgula, considerando-se a norma-padrão da língua portuguesa.
(A) Os amigos, apesar de terem esquecido de nos avisar, que demoraria tanto, informaram-nos de que a gravidez, era algo demorado.
(B) Os amigos, apesar de terem esquecido de nos avisar que demoraria tanto, informaram-nos de que a gravidez era algo demorado.

(C) Os amigos, apesar de terem esquecido, de nos avisar que demoraria tanto, informaram-nos de que a gravidez era algo demorado.

(D) Os amigos apesar de terem esquecido de nos avisar que, demoraria tanto, informaram-nos, de que a gravidez era algo demorado.

(E) Os amigos, apesar de, terem esquecido de nos avisar que demoraria tanto, informaram-nos de que a gravidez, era algo demorado.

21. (2015/FGV/TJ-PI/Analista Judiciário/Questão adaptada) "Atualmente, a grande maioria dos casos de adultério é combinada por telefones pessoais, pois dessa forma não há tanto risco de outra pessoa atender às ligações".
A afirmação correta sobre a estrutura desse segmento do texto é:

(A) o vocábulo "adultério" apresenta uma terminação do mesmo valor de "necrotério";
(B) a forma verbal "é combinada" é exemplo de voz reflexiva;
(C) o termo "dessa forma" se refere a uma forma citada na continuidade futura do texto;
(D) a primeira vírgula do segmento marca a presença de um termo deslocado da ordem direta;
(E) "telefones pessoais" equivale semanticamente a telefones fixos.

22. (2015/FCC/TRT – 9ª Região/Analista Judiciário/Questão adaptada) Está plenamente adequada a pontuação da seguinte frase:

(A) Sob o ponto de vista dos chamados "estragos colaterais", entendidos como efeitos abrangentes da violência das guerras, os conflitos antigos não eram apoteoses tétricas, de vez que se limitavam, quase sempre, à conflagração entre soldados, poupando-se, assim, a população civil.

(B) Sob o ponto de vista, dos chamados "estragos colaterais" entendidos como efeitos abrangentes da violência das guerras, os conflitos antigos não eram apoteoses tétricas, de vez que se limitavam quase sempre, à conflagração entre soldados poupando-se assim a população civil.

(C) Sob o ponto de vista dos chamados "estragos colaterais", entendidos como efeitos abrangentes da violência das guerras, os conflitos antigos, não eram apoteoses tétricas, de vez que se limitavam quase sempre, à conflagração entre soldados poupando-se, assim, a população civil.

(D) Sob o ponto de vista, dos chamados "estragos colaterais", entendidos como efeitos abrangentes, da violência das guerras, os conflitos antigos não eram apoteoses tétricas de vez que, se limitavam, quase sempre, à conflagração entre soldados poupando-se assim, a população civil.

(E) Sob o ponto de vista dos chamados "estragos colaterais" entendidos como efeitos abrangentes, da violência das guerras, os conflitos antigos não eram apoteoses tétricas, de vez que, se limitavam, quase sempre à conflagração entre soldados, poupando-se assim a população civil.

23. (2014/FCC/TJ-AP/Técnico Judiciário) Está redigida em conformidade com a norma-padrão da língua portuguesa a frase:

(A) Ocupa-se as faixas de terra que vão do Amapá ao norte do Pará com várias comunidades indígenas.

(B) Faz pelo menos três séculos que esses povos partilham uma história de relações comerciais, políticas, matrimoniais e rituais.

(C) São comuns livros didáticos que, ao tratarem da condição dos índios do Brasil, contribui para divulgar uma história de perdas culturais.

(D) O acúmulo de experiências de contato entre diferentes povos permitiram que ocorresse processos de fusão e de separação de grupos.

(E) Com o avanço das frentes de colonização em suas terras, foi trazido uma série de novos conhecimentos e tecnologias.

24. (2014/FGV/TJ-RJ/Técnico de Atividade Judiciária)
Antes que a fonte seque

José Carlos Tórtima, *O Globo*, 4.10.2014

Na deslumbrada primeira visão da nossa terra, Pero Vaz de Caminha, o empolgado escrivão da frota de Cabral, não conteria a euforia ao anunciar, em sua célebre epístola ao rei Dom Manuel, que as águas da nova colônia eram não só muitas, mas "infindas". Só não imaginava Caminha que com sua bela carta de apresentação da ambicionada Índia Ocidental aos nossos ancestrais lusitanos poderia estar lançando as sementes da arraigada e onipresente cultura de esbanjamento do precioso líquido e do mito de sua inesgotabilidade. Cultura esta que até hoje se faz presente nas cenas de desperdício explícito nas cidades e no campo. E também na timidez de políticas públicas direcionadas à preservação e ao bom uso das reservas do mineral.

Quanto ao emprego ou omissão da vírgula, houve afastamento da orientação gramatical em:

(A) "na deslumbrada primeira visão da nossa terra, Pero Vaz de Caminha, o empolgado escrivão da frota de Cabral,...";

(B) "não conteria a euforia ao anunciar, em sua célebre epístola ao rei Dom Manuel, que as águas da nova colônia eram não só muitas, mas 'infindas'";

(C) "só não imaginava Caminha que com sua bela carta de apresentação da ambicionada Índia Ocidental aos nossos ancestrais lusitanos poderia estar lançando as sementes da arraigada e onipresente cultura de esbanjamento...";

(D) "cultura esta que até hoje se faz presente nas cenas de desperdício explícito nas cidades e no campo";

(E) "e também na timidez de políticas públicas direcionadas à preservação e ao bom uso das reservas do mineral".

25. (2014/FCC/TRT – 16ª Região/Analista Judiciário) Quanto à pontuação, a frase inteiramente correta é:

(A) Já pela má fama adquirida já por preconceito, sempre haverá por parte de certos leitores, alguma relutância diante da leitura de um prefácio.

(B) O autor do texto não hesita honestamente, de recorrer a experiências pessoais, para demonstrar sua tese, favorável em boa parte à existência mesma dos prefácios.

(C) A escritora Cecília Meireles tão talentosa quanto bonita, é citada no texto como parâmetro de excelência, na comparação com uma jovem, bela e pouco inspirada poetisa.

(D) Muita gente acabará por confessar tal como fez o autor, que um prefácio pode prender nossa atenção, com muito mais força, do que o texto principal de uma obra.

(E) O autor conclui, não sem razão, que as bibliografias que indicam apenas o prefácio de uma obra permitem deduzir, não há dúvida, que o restante do livro não importa muito.

26. (2014/UFMT/MPE-MT/Promotor de Justiça) O Instituto Cultural Flauta Mágica (ICFM) surgiu em 1998, quando o maestro Gilberto Mendes apresentou à Secretaria Municipal de Cuiabá/MT um projeto que visava trabalhar teoria e prática musical com crianças das escolas públicas do local. O trabalho tem como base a utilização de uma metodologia pautada no prazer que a música e a dança oferecem, além de focar na aprendizagem em grupo, o que, segundo a metodologia, proporciona um aprendizado mais prazeroso e rápido. Já no ano seguinte, o projeto contava com 40 alunos que, com apenas seis meses de aulas e ensaios, já realizavam apresentações para o público da cidade. O maestro usou sua metodologia como agente transformador de realidades, como elemento de desenvolvimento social e cultural na comunidade do bairro Jardim Vitória, na periferia de Cuiabá/MT.

Sobre o trecho dado, marque V para as afirmativas verdadeiras e F para as falsas.

( ) O verbo visar possui regências diferentes conforme o sentido que assume; no texto, o sentido é examinar, olhar, e exige preposição a.

( ) Os termos seguinte e cidade estabelecem coesão exofórica, pois retomam sentidos que se encontram fora do texto dado.

( ) Se o segmento com apenas seis meses de aulas e ensaios fosse colocado no final do período, não haveria exigência gramatical para o uso de vírgula.

( ) A palavra já, na primeira ocorrência, integra-se à expressão temporal no ano seguinte; na segunda, funciona como advérbio, indicando circunstância de tempo ao verbo realizar.

Assinale a sequência correta.

(A) F, V, V, V
(B) V, F, V, F
(C) V, F, F, F
(D) F, F, V, V
(E) F, V, F, V

27. (2014/VUNESP/PC-SP/Médico Legista) A pesquisa encontrou um dado curioso: homens com baixos níveis de testosterona tiveram uma resposta imunológica melhor a essa medida, similar _____.

Os dois-pontos empregados na frase apresentada têm a mesma função que em:

(A) A obra fala sobre o que é o 'sal da vida': não sentir culpa por se dar o direito ao descanso e de perceber os raros encantos simples da vida. (*ISTOÉ*, 15 de janeiro de 2014)

(B) Um rapaz que foi pai muito jovem, e era um pai maravilhoso, certa vez se queixou sorrindo: – "Todo dia a mesma coisa, levanta a tampa do vaso, escova os dentes,..." (Lya Luft)

(C) O repórter comentou a respeito de Nelson Ned: – "Sua especialidade eram as canções "estoura-peito", isto é, boleros e baladas românticas..." (*Veja*, 15 de janeiro de 2014. Adaptado)

(D) A gente precisa continuar acreditando que é preciso construir: a vida, o futuro, o caráter, a família, as amizades e os amores. (Lya Luft. Adaptado)

(E) ... resolveu lançar-se (Françoise) em outra seara após receber um cartão-postal de um amigo em férias com a seguinte mensagem: "Uma semana roubada de férias na Escócia." (*ISTOÉ*, 15 de janeiro de 2014)

28. (2014/FCC/Câmara Municipal de São Paulo – SP/Consultor Técnico Legislativo – Informática/Questão adaptada) Na redação das frases seguintes, a supressão da(s) vírgula(s) altera o sentido APENAS do que está em:

I. Neste texto, o autor avalia a importância da memória na representação ficcional.
II. As crianças, atingidas por traumas e embaladas por sonhos, guardam consigo a matéria da ficção.
III. A infância, rica como inferno ou como paraíso, tem inspirado contos e romances da mais alta expressão.

(A) I e II.
(B) II e III.
(C) I e III.
(D) II.
(E) III.

29. (2013/FCC/PGE-BA/Analista de Procuradoria) A supressão da vírgula altera o sentido da seguinte frase:

(A) Na semana passada, os meninos da vizinhança organizaram a coleta de alimentos para os flagelados.
(B) Parabéns aos meninos da vizinhança, que organizaram a coleta de alimentos para os flagelados.
(C) Para assistir aos flagelados, os meninos da vizinhança organizaram a coleta de alimentos.
(D) Num ato de generosidade, os meninos da vizinhança dispuseram-se a organizar a coleta de alimentos.
(E) Os meninos da vizinhança passaram a organizar a coleta de alimentos, a pedido dos pais.

GABARITO

1. A	7. E	13. Certo	19. D	25. E
2. A	8. A	14. B	20. B	26. D
3. C	9. A	15. D	21. D	27. A
4. C	10. D	16. C	22. A	28. B
5. D	11. A	17. D	23. B	29. B
6. C	12. Certo	18. A	24. C	

17 VERBOS

VERBOS REGULARES E IRREGULARES

Regulares: são os verbos conjugados de acordo com os seguintes paradigmas:

AMAR (1ª conjugação) – desinência na 1ª pessoa do *presente do indicativo*: eu am-o;

BEBER (2ª conjugação) – desinência na 1ª pessoa do *presente do indicativo*: eu beb-o;

PARTIR (3ª conjugação) – desinência na 1ª pessoa do *presente do indicativo*: eu part-o.

Irregulares: são os verbos que não seguem os paradigmas supracitados, pois apresentam irregularidades:

a) nas *desinências*

Exemplo: verbo DAR – desinência na 1ª pessoa do *presente do indicativo*: *eu dou* (observe a irregularidade na desinência, comparando-o com o verbo AMAR: *eu am-o*);

b) nos *radicais*

Exemplo: verbo SUBIR – desinência na 1ª pessoa do *presente do indicativo*: eu *subo* (observe a irregularidade no radical "sub" em outras pessoas: *tu sobes, ele sobe* etc.);

Entre os verbos irregulares, destacam-se os *anômalos*, os *defectivos* e os *abundantes*:

a) **Anômalos:** são os verbos muito irregulares, contendo "anomalias" ou profundas alterações nos radicais. Em português, há dois verbos anômalos: *SER* e *IR*.

b) **Defectivos:** são verbos de conjugação incompleta, não apresentando todas as flexões. Há, no entanto, uma tendência natural para conjugar esses verbos como se fossem regulares. Exemplo: COMPUTAR. É defectivo, só sendo conjugado nas três pessoas do plural. Entretanto, a *gramática natural*[1], a consagrada pelo uso, conjuga-o em todas as pessoas.

c) **Abundantes:** apresentam mais de uma forma para uma mesma flexão. Exemplos: *havemos* e *hemos; haveis* e *heis*. Exemplificam também os *verbos abundantes* os casos de duplo particípio. Eis alguns:

---

1 A *gramática natural* é aquela consagrada pela fala cotidiana. É comum associá-la à linguagem das crianças, que desfrutam de capacidade inata de identificar a informação ou mensagem, por meio de hipóteses e associações. O potencial linguístico da criança lastreia-se na *gramática natural*.

Ganhar: ganhado / ganho	**Gastar:** gastado / gasto
Pagar: pagado / pago	**Benzer:** benzido / bento
Acender: acendido / aceso	**Morrer:** morrido / morto
Inserir: inserido / inserto	**Imprimir:** imprimido / impresso
Exprimir: exprimido / expresso	**Eleger:** elegido / eleito

Costumeiramente, defende-se que o *particípio regular* (terminado em -ado ou -ido) é acompanhado dos verbos *ter* e *haver*. De outra banda, o *particípio irregular* (de terminações variadas) é antecedido de *ser*, *estar* e *ficar*. Exemplos:

- *Haviam imprimido o jornal; então, ele fora impresso.*
- *A conta estava paga, porque os irmãos a tinham pagado.*
- *Eu tinha acendido a luz, por isso ela ficou acesa.*

VERBOS IRREGULARES

1. **Medir**

	Presente do Indicativo	Presente do Subjuntivo (Que)
Eu	Meço	Meça
Tu	Medes	Meças
Ele	Mede	Meça
Nós	Medimos	Meçamos
Vós	Medis	Meçais
Eles	Medem	Meçam

2. **Moer**

	Presente do Indicativo	Pretérito Perfeito do Indicativo	Presente do Subjuntivo (Que)
Eu	Moo (sem acento – Acordo)	Moí	Moa
Tu	Móis	Moeste	Moas
Ele	Mói	Moeu	Moa
Nós	Moemos	Moemos	Moamos
Vós	Moeis	Moestes	Moais
Eles	Moem	Moeram	Moam

3. **Rir**

	Presente do Indicativo	Pretérito Perfeito do Indicativo	Presente do Subjuntivo (Que)
Eu	Rio	Ri	Ria
Tu	Ris	Riste	Rias
Ele	Ri	Riu	Ria
Nós	Rimos	Rimos	Riamos (Ri-a-mos)
Vós	Rides	Ristes	Riais (Ri-ais)
Eles	Riem	Riram	Riam

Observação: a título de curiosidade, veja que *rio* pode ser *substantivo* (riacho) e *verbo* (1ª pessoa do singular do *presente do indicativo* do verbo *rir*).

4. **Aderir**

	Presente do Indicativo
Eu	Adiro
Tu	Aderes
Ele	Adere
Nós	Aderimos
Vós	Aderis
Eles	Aderem

Importante: conjugam-se, da mesma forma, COMPELIR (Eu compilo...), COMPETIR (Eu compito...), DESPIR (Eu dispo...), FERIR (Eu firo...), REPELIR (Eu repilo...).

5. **Polir**

	Presente do Indicativo	Presente do Subjuntivo (Que)
Eu	Pulo	Pula
Tu	Pules	Pulas
Ele	Pule	Pula
Nós	Polimos	Pulamos
Vós	Polis	Pulais
Eles	Pulem	Pulam

Importante: não confunda com as flexões verbais do verbo PULAR (regular). Observe o quadro comparativo:

	POLIR		PULAR	
	Presente do Indicativo	Presente do Subjuntivo (Que)	Presente do Indicativo	Presente do Subjuntivo (Que)
Eu	PULO (1)	PULA (5)	PULO (1)	Pule
Tu	PULES (2)	PULAS (6)	PULAS (6)	PULES (2)
Ele	PULE (3)	PULA (5)	PULA (5)	PULE (3)
Nós	Polimos	PULAMOS (7)	PULAMOS (7)	Pulemos
Vós	Polis	PULAIS (8)	PULAIS (8)	Puleis
Eles	PULEM (4)	PULAM (9)	PULAM (9)	PULEM (4)

Observação: note que há flexões idênticas para os verbos em destaque (POLIR e PULAR). São elas:

(1) PULO: 1ª pessoa do singular do *presente do indicativo*, para POLIR e PULAR;

(2) PULES: 2ª pessoa do singular do *presente do indicativo* do verbo POLIR e a 2ª pessoa do singular do *presente do subjuntivo* do verbo PULAR;

(3) PULE: 3ª pessoa do singular do *presente do indicativo* do verbo POLIR e a 3ª pessoa do singular do *presente do subjuntivo* do verbo PULAR;

(4) PULEM: 3ª pessoa do plural do *presente do indicativo* do verbo POLIR e a 3ª pessoa do plural do *presente do subjuntivo* do verbo PULAR;

(5) PULA: 1ª pessoa do singular do *presente do subjuntivo* do verbo POLIR e a 3ª pessoa do singular do *presente do indicativo* do verbo PULAR;

(6) PULAS: 2ª pessoa do singular do *presente do subjuntivo* do verbo POLIR e a 2ª pessoa do singular do *presente do indicativo* do verbo PULAR;

(7) PULAMOS: 1ª pessoa do plural do *presente do subjuntivo* do verbo POLIR e a 1ª pessoa do plural do *presente do indicativo* do verbo PULAR;

(8) PULAIS: 2ª pessoa do plural do *presente do subjuntivo* do verbo POLIR e a 2ª pessoa do plural do *presente do indicativo* do verbo PULAR;

(9) PULAM: 3ª pessoa do plural do *presente do subjuntivo* do verbo POLIR e a 3ª pessoa do plural do *presente do indicativo* do verbo PULAR.

6. **Perder**

	Presente do Indicativo	Presente do Subjuntivo (Que)
Eu	Perco	Perca
Tu	Perdes	Percas
Ele	Perde	Perca
Nós	Perdemos	Percamos
Vós	Perdeis	Percais
Eles	Perdem	Percam

Observação: a título de curiosidade, veja que *perca* é *verbo* (1ª pessoa do singular do *presente do subjuntivo* do verbo *perder*). Por outro lado, *perda* é *substantivo* (*perdas* e *danos*).

7. **Caber**

	Presente do Indicativo	Pretérito Perfeito do Indicativo	Presente do Subjuntivo (Que)
Eu	Caibo	Coube	Caiba
Tu	Cabes	Coubeste	Caibas
Ele	Cabe	Coube	Caiba
Nós	Cabemos	Coubemos	Caibamos
Vós	Cabeis	Coubestes	Caibais
Eles	Cabem	Couberam	Caibam

8. **Ser**

	Presente do Indicativo	Presente do Subjuntivo (Que)	Imperativo Afirmativo
Eu	Sou	Seja	-----
Tu	És	Sejas	Sê (tu)
Ele	É	Seja	Seja (você)
Nós	Somos	Sejamos	Sejamos (nós)
Vós	Sois	Sejais	Sede (vós)
Eles	São	Sejam	Sejam (vocês)

Observação: a título de curiosidade, veja que *sede* pode ser *substantivo* (vontade de beber água) e *verbo* (2ª pessoa do plural do *imperativo afirmativo* do verbo *ser*).

9. Averiguar

	Presente do Indicativo	Pretérito Perfeito do Indicativo	Presente do Subjuntivo (Que)
Eu	AveriGUo (ou AveRÍguo – Acordo)	Averiguei	AveriGUe (ou AveRÍgue – Acordo)
Tu	AveriGUas (ou AveRÍguas – Acordo)	Averiguaste	AveriGUes (ou AveRÍgues – Acordo)
Ele	AveriGUa (ou AveRÍgua – Acordo)	Averiguou	AveriGUe (ou AveRÍgue – Acordo)
Nós	AveriGUAmos	Averiguamos	AveriGUEmos (sem trema – Acordo)
Vós	AveriGUAis	Averiguastes	AveriGUEis (sem trema – Acordo)
Eles	AveriGUam (ou AveRÍguam – Acordo)	Averiguaram	AveriGUem (ou AveRÍguem – Acordo)

Importante: o Acordo Ortográfico trouxe importante mudança para certos verbos, sobretudo no campo da acentuação. Os verbos APAZIGUAR, AVERIGUAR, APANIGUAR, AGUAR, OBLIQUAR, ENXAGUAR, DESAGUAR, APROPINQUAR, DELINQUIR passam a oferecer dois paradigmas de acentuação, após o Acordo.

Vamos conhecer as particularidades a partir dos **quadros explicativos** a seguir, começando a análise pelos verbos **APAZIGUAR, AVERIGUAR, APANIGUAR**:

VERBO	ANTES DO ACORDO	APÓS O ACORDO (DOIS PARADIGMAS DE ACENTUAÇÃO)
APAZIGUAR	Eu apaziguo	Eu apaziguo (gu-o) **OU** Eu apazíguo (com acento em **-zí**)
APAZIGUAR	(Que) eu apazigúe (com acento em **-gú**)	(Que) eu apazigue (gu-e) **OU** (Que) eu apazígue (com acento em **-zí**)
AVERIGUAR	Eu averiguo	Eu averiguo (gu-o) **OU** Eu averíguo (com acento em **-rí**)
AVERIGUAR	(Que) eu averigúe (com acento em **-gú**)	(Que) eu averigue (gu-e) **OU** (Que) eu averígue (com acento em **-rí**)
APANIGUAR	Eu apaniguo	Eu apaniguo (gu-o) **OU** Eu apaníguo (com acento em **-ní**)
APANIGUAR	(Que) eu apanigúe (com acento em **-gú**)	(Que) eu apanigue (gu-e) **OU** (Que) eu apanígue (com acento em **-ní**)

Da mesma forma, com os verbos **AGUAR**, **ENXAGUAR** e **DESAGUAR**:

VERBO	ANTES DO ACORDO	APÓS O ACORDO (DOIS PARADIGMAS DE ACENTUAÇÃO)
AGUAR	**Eu águo** (á-guo) **OU Eu aguo** (a-gu-o)	*Idem*
AGUAR	**(Que) eu águe** (á-güe: com trema) OU **(Que) eu agúe** (a-gú-e: com acento em **-gú**)	**(Que) eu águe** (á-gue: sem trema) OU **(Que) eu ague** (a-gu-e: sem acento)
ENXAGUAR	**Eu enxáguo** (en-xá-guo) OU **Eu enxaguo** (en-xa-gu-o)	*Idem*
ENXAGUAR	**(Que) eu enxágüe** (en-xá-güe: com trema) OU **(Que) eu enxagúe** (en-xa-gú-e: com acento em **-gú**)	**(Que) eu enxágue** (en-xá-gue: sem trema) OU **(Que) eu enxague** (en-xa-gu-e: sem acento)
DESAGUAR	**Eu deságuo** (de-sá-guo) OU **Eu desaguo** (de-sa-gu-o)	*Idem*
DESAGUAR	**(Que) eu deságüe** (de-sá-güe: com trema) OU **(Que) eu desagúe** (de-sa-gú-e: com acento em **-gú**)	**(Que) eu deságue** (de-sá-gue: sem trema) OU **(Que) eu desague** (de-sa-gu-e: sem acento)

Da mesma forma, com os verbos **OBLIQUAR** e **APROPINQUAR**:

VERBO	ANTES DO ACORDO	APÓS O ACORDO (DOIS PARADIGMAS DE ACENTUAÇÃO)
OBLIQUAR	**Eu obliquo** (o-bli-qu-o) OU **Eu oblíquo** (o-blí-quo)	*Idem*
OBLIQUAR	**(Que) eu obliqúe** (acento em **-qú**)	**(Que) eu oblique** (qu-e) OU **(Que) eu oblíque** (sem trema e com acento em **-blí**)
APROPINQUAR	**Eu apropinquo** (qu-o) OU **Eu apropínquo** (com acento em **-pín**)	*Idem*
APROPINQUAR	**(Que) eu apropinqúe** (acento em **-qú**)	**(Que) eu apropinque** (qu-e) OU **(Que) eu apropínque** (sem trema/com acento / **-pín**)

Na mesma linha de mudanças, com o verbo **DELINQUIR**:

VERBO	ANTES DO ACORDO	APÓS O ACORDO (DOIS PARADIGMAS DE ACENTUAÇÃO)		
DELINQUIR	Verbo defectivo	**PRESENTE DO INDICATIVO** **Eu delinquo** (de-lin-qu-o) **Tu delinquis** (de-lin-qu-is) **Ele delinqui** (de-lin-qu-i) **Nós delinquimos** (sem trema) **Vós delinquis** (sem trema) **Eles delinquem** (de-lin-qu-em)	OU	**Eu delínquo** (de-lín-quo) **Tu delínques** (de-lín-ques) **Ele delínque** (de-lín-que) **Nós delinquimos** (sem trema) **Vós delinquis** (sem trema) **Eles delínquem** (de-lín-quem)
		PRESENTE DO SUBJUNTIVO **(Que) Eu delinqua** (de-lin-qu-a) **(Que) Tu delinquas** (de-lin-qu-as) **(Que) Ele delinqua** (de-lin-qu-a) **(Que) Nós delinquamos** **(Que) Vós delinquais** **(Que) Eles delinquam** (...qu-am)	OU	**(Que) Eu delínqua** (de-lín-qua) **(Que) Tu delínquas** (de-lín-quas) **(Que) Ele delínqua** (de-lín-qua) **(Que) Nós delinquamos** **(Que) Vós delinquais** **(Que) Eles delínquam** (...quam)

10. Reaver

	Presente do Indicativo	Pretérito Perfeito do Indicativo
Eu	------------------	Reouve
Tu	------------------	Reouveste
Ele	------------------	Reouve
Nós	Reavemos	Reouvemos
Vós	Reaveis	Reouvestes
Eles	------------------	Reouveram

Importante: conjuga-se como *haver*, mas só possui as formas que mantêm a letra **-v**. Na 3ª pessoa do singular do *pretérito perfeito do indicativo*, não deve ser usada a forma "reaveu"! A forma correta é **reouve**. Ademais, "reaveja" e "reavejam" não existem!

VERBOS DEFECTIVOS

Os *verbos defectivos* não possuem a conjugação completa, ou por terem formas antieufônicas, ou por não terem sido assimiladas pelo uso[2]. O problema dos verbos defectivos ocorre basicamente no "presente do indicativo" e suas formas derivadas.

São derivados do presente do indicativo: o *presente do subjuntivo* (normalmente, conjugado com um "que" antes dos pronomes: que eu faça, que tu faças etc.), o *imperativo afirmativo* e o *imperativo negativo*. Vale lembrar que:

- nenhum dos imperativos apresenta a primeira pessoa do singular (eu);
- as formas verbais do imperativo negativo são idênticas às do presente do subjuntivo;
- as formas verbais do imperativo afirmativo são idênticas às do presente do subjuntivo somente para as terceiras pessoas (ele/eles) e para a primeira do plural (nós). As segundas pessoas (tu/vós), normalmente, procedem do presente do indicativo sem o "s" final. *Exemplo:* tu amas – ama tu; vós amais – amai vós.

ABOLIR (1º GRUPO)

- **Não** possuem a 1ª pessoa do presente do indicativo.
- Consequentemente, **não** possuem *presente do subjuntivo* e *imperativo negativo*.

	Presente do Indicativo	Pretérito Perfeito do Indicativo	Imperativo Afirmativo
Eu	----------	Aboli	----------
Tu	Aboles	Aboliste	Abole tu
Ele	Abole	Aboliu	----------
Nós	Abolimos	Abolimos	----------
Vós	Abolis	Abolistes	Aboli vós
Eles	Abolem	Aboliram	----------

- **1º GRUPO:** da mesma forma, conjugam-se os verbos DEMOLIR (Tu demoles, Ele demole...), RETORQUIR (Tu retorques, Ele retorque...), COLORIR (Tu colores, Ele colore...), BANIR (Tu banes, Ele bane...), EXTORQUIR (Tu extorques, Ele extorque...), USUCAPIR (Tu usucapes, Ele usucape...).

---

2 Aliás, Horácio, por meio de sábia advertência, ratificou: *"O uso [...] é da língua sumo legislador e regra viva"* (*Arte Retórica*, obra traduzida por Candido Lusitano, Nova Edição, Lisboa, 1833, p. 57).

FALIR (2º GRUPO)

- No presente do indicativo, só possui as formas arrizotônicas, as quais são conjugadas apenas quando o radical é seguido de "i".
- **Não** possuem *presente do subjuntivo* e *imperativo negativo*.
- No imperativo afirmativo, só existe a 2ª pessoa do plural.

	Presente do Indicativo	Pretérito Perfeito do Indicativo	Imperativo Afirmativo
Eu	----------	Fali	----------
Tu	----------	Faliste	----------
Ele	----------	Faliu	----------
Nós	Falimos	Falimos	----------
Vós	Falis	Falistes	Fali (vós)
Eles	----------	Faliram	----------

- **2º GRUPO:** da mesma forma, conjugam-se os verbos REMIR e EMPEDERNIR.

Importante: não confunda *fali*, com sílaba tônica em -li, com *fale*, de sílaba tônica em -fa. A primeira flexão indica a 1ª pessoa do singular do *pretérito perfeito do indicativo* do verbo *falir*, enquanto a segunda flexão indica a 1ª pessoa do singular do *presente do subjuntivo* do verbo *falar*.

ADEQUAR (3º GRUPO)

- Deriva do 2º Grupo, já apresentado, com o acréscimo de algumas formas no *presente do subjuntivo*.

	Presente do Indicativo	Imperativo Afirmativo	Imperativo Negativo	Presente do Subjuntivo
Eu	----------	----------	----------	----------
Tu	----------	----------	----------	----------
Ele	----------	----------	----------	----------
Nós	Adequamos	Adequemos	(Não) Adequemos	Adequemos
Vós	Adequais	Adequai	(Não) Adequeis	Adequeis
Eles	----------	----------	----------	----------

Importante: para o Dicionário Houaiss, o verbo *adequar* admite uma segunda possibilidade de conjugação, com a sílaba tônica e graficamente acentuada nas formas *rizotônicas*. Vejamos:

	Presente do Indicativo	Imperativo Afirmativo	Imperativo Negativo	Presente do Subjuntivo
Eu	Adéquo	------------	(Não) Adéque	Adéque
Tu	Adéquas	Adéqua	(Não) Adéques	Adéques
Ele	Adéqua	Adéque	(Não) Adéque	Adéque
Nós	Adequamos	Adequemos	(Não) Adequemos	Adequemos
Vós	Adequais	Adequai	(Não) Adequeis	Adequeis
Eles	Adéquam	Adéquem	(Não) Adéquem	Adéquem

Ainda sobre o 3º Grupo...: PRECAVER e REAVER

- Derivam do 3º grupo, já apresentado, com a observação de que não possuem *presente do subjuntivo* e *imperativo negativo*.

- PRECAVER não deriva de VER, nem de VIR. Logo, não existem "precavejo" nem "precavenho", sendo errônea a forma: "Ele que se precavenha".

    Corrigindo: *Ele que se acautele* (ou *...que se previna...que se precate...que se cuide*).

- REAVER segue o modelo de HAVER, só apresentando as formas em que o verbo *haver* apresenta a letra *v*.

PRECAVER		
	Presente do Indicativo	Imperativo Afirmativo
Eu	------------	------------
Tu	------------	------------
Ele	------------	------------
Nós	Precavemos	------------
Vós	Precaveis	Precavei
Eles	------------	------------

REAVER		
	Presente do Indicativo	Imperativo Afirmativo
Eu	------------	------------
Tu	------------	------------
Ele	------------	------------
Nós	Reavemos	------------
Vós	Reaveis	Reavei
Eles	------------	------------

No tópico a seguir, o leitor disporá de alguns verbos e suas conjugações que, costumeiramente, "pregam peças" na linguagem escrita e falada. Conhecer verbos é "saber se expressar", uma vez que são termos designativos da ação nas orações. A conjugação correta de verbos, como **REQUERER**, **VIGER**, **ARGUIR**, **VIR** e **VER**, entre outros, representa, a nosso ver, uma "obrigação" ou "dever" para o operador do Direito preocupado com a boa linguagem. Vamos a eles:

REQUERER

- Verbo irregular.
- Verbo da 2ª conjugação.
- No *presente do indicativo* (à exceção da 1ª pessoa do singular – *eu requeiro*), no *presente do subjuntivo*, no *imperativo afirmativo* e no *imperativo negativo*, tem conjugação idêntica à do verbo QUERER.
- Nos tempos restantes, tem conjugação regular.

	MODO INDICATIVO					
	Presente	Pretérito Perfeito	Pretérito Imperfeito	Pretérito Mais-que--perfeito	Futuro do Presente	Futuro do Pretérito
Eu	Requeiro	Requeri	Requeria	Requerera	Requererei	Requereria
Tu	Requeres	Requereste	Requerias	Requereras	Requererás	Requererias
Ele	Requer	Requereu	Requeria	Requerera	Requererá	Requereria
Nós	Requeremos	Requeremos	Requeríamos	Requerêramos	Requereremos	Requereríamos
Vós	Requereis	Requerestes	Requeríeis	Requerêreis	Requerereis	Requereríeis
Eles	Requerem	Requereram	Requeriam	Requereram	Requererão	Requereriam

	MODO SUBJUNTIVO		
	Presente	Futuro	Pretérito Imperfeito
Eu	Requeira	Requerer	Requeresse
Tu	Requeiras	Requereres	Requeresses
Ele	Requeira	Requerer	Requeresse
Nós	Requeiramos	Requerermos	Requerêssemos
Vós	Requeirais	Requererdes	Requerêsseis
Eles	Requeiram	Requererem	Requeressem

MODO IMPERATIVO		
	Afirmativo	**Negativo**
Eu	------------------	------------------
Tu	Requere	Não requeiras
Ele	Requeira	Não requeira
Nós	Requeiramos	Não requeiramos
Vós	Requerei	Não requeirais
Eles	Requeiram	Não requeiram

FORMAS NOMINAIS				
	Infinitivo Impessoal	**Infinitivo Pessoal**	**Gerúndio**	**Particípio**
Eu		Requerer		
Tu		Requereres		
Ele	Requerer	Requerer	Requerendo	Requerido
Nós		Requerermos		
Vós		Requererdes		
Eles		Requererem		

VIGER

- Verbo defectivo.
- Verbo de 2ª conjugação.
- Faltam-lhe inúmeras formas e as delas derivadas.
- Por não ter particípio, não possui tempos compostos.

MODO INDICATIVO						
	Presente	**Pretérito Perfeito**	**Pretérito Imperfeito**	**Pretérito Mais-que--perfeito**	**Futuro do Presente**	**Futuro do Pretérito**
Eu	------------	Vigi	Vigia	Vigera	Vigerei	Vigeria
Tu	Viges	Vigeste	Vigias	Vigeras	Vigerás	Vigerias
Ele	Vige	Vigeu	Vigia	Vigera	Vigerá	Vigeria
Nós	Vigemos	Vigemos	Vigíamos	Vigêramos	Vigeremos	Vigeríamos
Vós	Vigeis	Vigestes	Vigíeis	Vigêreis	Vigereis	Vigeríeis
Eles	Vigem	Vigeram	Vigiam	Vigeram	Vigerão	Vigeriam

Importante: para o *Dicionário Houaiss*, o verbo *viger* admite mais formas de conjugação:

MODO INDICATIVO

	Presente	Pretérito Perfeito	Pretérito Imperfeito	Pretérito Mais-que--perfeito	Futuro do Presente	Futuro do Pretérito
Eu	Vijo	Vigi	Vigia	Vigera	Vigerei	Vigeria
Tu	Viges	Vigeste	Vigias	Vigeras	Vigerás	Vigerias
Ele	Vige	Vigeu	Vigia	Vigera	Vigerá	Vigeria
Nós	Vigemos	Vigemos	Vigíamos	Vigêramos	Vigeremos	Vigeríamos
Vós	Vigeis	Vigestes	Vigíeis	Vigêreis	Vigereis	Vigeríeis
Eles	Vigem	Vigeram	Vigiam	Vigeram	Vigerão	Vigeriam

MODO SUBJUNTIVO

	Presente (Que)	Futuro	Pretérito Imperfeito
Eu	Vija	Viger	Vigesse
Tu	Vijas	Vigeres	Vigesses
Ele	Vija	Viger	Vigesse
Nós	Vijamos	Vigermos	Vigêssemos
Vós	Vijais	Vigerdes	Vigêsseis
Eles	Vijam	Vigerem	Vigessem

MODO IMPERATIVO

	Afirmativo
Eu	----
Tu	Vige
Ele	Vija
Nós	Vijamos
Vós	Vigei
Eles	Vijam

FORMAS NOMINAIS

	Infinitivo Impessoal	Infinitivo Pessoal	Gerúndio	Particípio
Eu	Viger	Viger	Vigendo	Vigido
Tu		Vigeres		
Ele		Viger		
Nós		Vigermos		
Vós		Vigerdes		
Eles		Vigerem		

ARGUIR

- Verbo irregular.
- Verbo de 3ª conjugação.
- Da mesma forma, conjuga-se REDARGUIR.
- Varia somente nas desinências.

ARGUIR (SEM TREMA – ACORDO)			
	Presente do Indicativo	Pretérito Perfeito do Indicativo	Imperativo Afirmativo
Eu	ArGUo	ArGUI (sem trema – Acordo)	-------------
Tu	ArGUis (Ar-gu-is: sem acento – Acordo)	ArGUIste (sem trema – Acordo)	ArGUi (Ar-gu-i: sem acento – Acordo)
Ele	ArGUi (Ar-gui: sem acento – Acordo)	ArGUIu (sem trema – Acordo)	ArGUa
Nós	ArGUImos (sem trema – Acordo)	ArGUImos (sem trema – Acordo)	ArGUAmos
Vós	ArGUIs (Ar-guis: sem trema – Acordo)	ArGUIstes (sem trema – Acordo)	ArGUI (Ar-gui: sem trema – Acordo)
Eles	ArGUem (Ar-gu-em: sem acento – Acordo)	ArGUIram (sem trema – Acordo)	ArGUam

Importante: observe que o Acordo Ortográfico trouxe importante mudança para certos verbos, sobretudo no campo da acentuação. Reveja:

Antes do Acordo: eu arguo, tu argúis (ar-gú-is: com acento), ele argúi (ar-gúi: com acento), nós argüimos (com trema), vós argüis (com trema), eles argúem (ar-gú-em: com acento).

Após o Acordo: eu arguo, tu arguis (ar-gu-is: sem acento), ele argui (ar-gui: sem acento), nós arguimos (sem trema), vós arguis (sem trema), eles arguem (ar-gu-em: sem acento).

MODO INDICATIVO *Sem trema – acordo						
	Presente	Pretérito Perfeito	Pretérito Imperfeito	Pretérito Mais-que--perfeito	Futuro do Presente	Futuro do Pretérito
Eu	Arguo	Argui*	Arguia*	Arguira*	Arguirei*	Arguiria*
Tu	Arguis	Arguiste*	Arguias*	Arguiras*	Arguirás*	Arguirias*
Ele	Argui	Arguiu*	Arguia*	Arguira*	Arguirá*	Arguiria*
Nós	Arguimos*	Arguimos*	Arguíamos*	Arguíramos*	Arguiremos*	Arguiríamos*
Vós	Arguis*	Arguistes*	Arguíeis*	Arguíreis*	Arguireis*	Arguiríeis*
Eles	Arguem	Arguiram*	Arguiam*	Arguiram*	Arguirão*	Arguiriam*

MODO SUBJUNTIVO
* Sem trema – acordo

	Presente	Futuro	Pretérito Imperfeito
Eu	Argua	Arguir*	Arguisse*
Tu	Arguas	Arguires*	Arguisses*
Ele	Argua	Arguir*	Arguisse*
Nós	Arguamos	Arguirmos*	Arguíssemos*
Vós	Arguais	Arguirdes*	Arguísseis*
Eles	Arguam	Arguirem*	Arguissem*

MODO IMPERATIVO
* Sem trema – acordo

	Afirmativo	Negativo
Eu	----------	----------
Tu	ArGUi	Não arGUas
Ele	ArGUa	Não arGUa
Nós	ArGUAmos	Não arGUAmos
Vós	ArGUI*	Não arGUAis
Eles	ArGUam	Não arGUam

FORMAS NOMINAIS
* Sem trema – acordo

	Infinitivo Impessoal	Infinitivo Pessoal	Gerúndio	Particípio
Eu	Arguir*	Arguir*	Arguindo*	Arguido*
Tu		Arguires*		
Ele		Arguir*		
Nós		Arguirmos*		
Vós		Arguirdes*		
Eles		Arguirem*		

VIR

- Verbo irregular.
- Verbo de 3ª conjugação.
- Da mesma forma, conjugam-se INTERVIR, DESAVIR, PROVIR, CONVIR.
- Varia nas desinências.

MODO INDICATIVO

	Presente	Pretérito Perfeito	Pretérito Imperfeito	Pretérito Mais-que-perfeito	Futuro do Presente	Futuro do Pretérito
Eu	Venho	Vim	Vinha	Viera	Virei	Viria
Tu	Vens	Vieste	Vinhas	Vieras	Virás	Virias
Ele	Vem	Veio	Vinha	Viera	Virá	Viria
Nós	Vimos	Viemos	Vínhamos	Viéramos	Viremos	Viríamos
Vós	Vindes	Viestes	Vínheis	Viéreis	Vireis	Viríeis
Eles	Vêm	Vieram	Vinham	Vieram	Virão	Viriam

Importante: da mesma forma, não se pode confundir as flexões *vimos* e *viemos*, ambas afetas ao verbo *vir*. A primeira flexão indica a 1ª pessoa do plural do *presente do indicativo*, enquanto a segunda indica a 1ª pessoa do plural do *pretérito perfeito do indicativo*. Sendo assim, devemos falar *vimos hoje* e *viemos ontem*.

MODO SUBJUNTIVO

	Presente	Futuro	Pretérito Imperfeito
Eu	Venha	Vier	Viesse
Tu	Venhas	Vieres	Viesses
Ele	Venha	Vier	Viesse
Nós	Venhamos	Viermos	Viéssemos
Vós	Venhais	Vierdes	Viésseis
Eles	Venham	Vierem	Viessem

MODO IMPERATIVO

	Afirmativo	Negativo
Eu	-----	-----
Tu	Vem	Não venhas
Ele	Venha	Não venha
Nós	Venhamos	Não venhamos
Vós	Vinde	Não venhais
Eles	Venham	Não venham

Observação: o verbo *vir* é comumente alvo de transgressões, sobretudo no campo do *imperativo*, a par de outros verbos[3]. Observe a famosa frase de propaganda: "Vem pra

---

3 Semelhante **erro** se nota nas frases a seguir:
- "Se liga, que é hora da revisão" (melhor seria "Se ligue ..." ou, pela boa próclise, "Ligue-se ...");
- "Diga-me com quem andas que te direi quem és" (melhor seria "Dize-me com quem ...");
- "Se liga na eleição!" (melhor seria "Se ligue ..." ou, pela boa próclise, "Ligue-se...", ou, ainda, "Liga-te ...").

Caixa você também". Como se sabe, o verbo *vir*, no imperativo afirmativo, deve formar *venha*, na terceira pessoa do singular (ele), desconsiderando-se o efeito de intimidade trazido pela outra forma. Portanto, o correto seria: *Venha pra Caixa você também*. Por outro lado, a frase tornar-se-ia legítima se a concordância fosse feita com a segunda pessoa do singular (tu): *Vem pra Caixa tu também*.

	FORMAS NOMINAIS			
	Infinitivo Impessoal	Infinitivo Pessoal	Gerúndio	Particípio
Eu	Vir	Vir	Vindo	Vindo
Tu		Vires		
Ele		Vir		
Nós		Virmos		
Vós		Virdes		
Eles		Virem		

VER

- Verbo irregular.
- Verbo de 2ª conjugação.
- Da mesma forma, conjugam-se ANTEVER, PREVER, REVER.
- Varia nas desinências.

	MODO INDICATIVO					
	Presente	Pretérito Perfeito	Pretérito Imperfeito	Pretérito Mais-que--perfeito	Futuro do Presente	Futuro do Pretérito
Eu	Vejo	Vi	Via	Vira	Verei	Veria
Tu	Vês	Viste	Vias	Viras	Verás	Verias
Ele	Vê	Viu	Via	Vira	Verá	Veria
Nós	Vemos	Vimos	Víamos	Víramos	Veremos	Veríamos
Vós	Vedes	Vistes	Víeis	Víreis	Vereis	Veríeis
Eles	Veem (Acordo)	Viram	Viam	Viram	Verão	Veriam

	MODO SUBJUNTIVO		
	Presente	Futuro	Pretérito Imperfeito
Eu	Veja	Vir	Visse
Tu	Vejas	Vires	Visses
Ele	Veja	Vir	Visse
Nós	Vejamos	Virmos	Víssemos
Vós	Vejais	Virdes	Vísseis
Eles	Vejam	Virem	Vissem

MODO IMPERATIVO		
	Afirmativo	**Negativo**
Eu	-----------	-----------
Tu	Vê	Não vejas
Ele	Veja	Não veja
Nós	Vejamos	Não vejamos
Vós	Vede	Não vejais
Eles	Vejam	Não vejam

FORMAS NOMINAIS			
Infinitivo Impessoal	**Infinitivo Pessoal**	**Gerúndio**	**Particípio**
Eu — Ver	Ver	Vendo	Visto
Tu	Veres		
Ele	Ver		
Nós	Vermos		
Vós	Verdes		
Eles	Verem		

FRASES PARA RECAPITULAÇÃO

À guisa de memorização, seguem algumas frases elaboradas com os verbos assimilados:

1. *Eu requeiro provas.*
2. *Eu requeri providências na semana passada.*
3. *Se ele requeresse o documento, não teria perdido o prazo.*
4. *A advogada requereu o exame pericial.*

5. *O decreto ainda vige.*
6. *A lei vigeu até ontem.*
7. *Todas as portarias vigeram até o ano passado.*
8. *A lei deve viger até o fim do ano.*
9. *A instrução normativa está vigendo para todos.*

10. *Eu arGUo diariamente sobre o problema. Ele também argui.*
11. *Eu arGUI na última petição.*
12. *ArGUa sempre com elegância.*

13. *Vimos, hoje, pela presente, requerer tal providência.*
14. *Nós viemos ontem aqui pra beber ou pra conversar.*

15. *Eu intervim ontem nos autos.*
16. *Ele interveio ontem nos autos.*
17. *Nós intervimos*[4], *hoje, às 14h30min.*
(*Presente do indicativo*, e não no "pretérito perfeito").

18. *Quando você vir o meu cliente, avise-me.*
19. *Quando você vier aqui, estarei ocupado.*

OS VERBOS APRAZER(-SE), PRAZER, DES(A)PRAZER E COMPRAZER(-SE)

Para Houaiss, o verbo **aprazer** ("causar ou sentir prazer") é mais usado nas terceiras pessoas (do singular e do plural), como *verbo transitivo indireto* (VTI) ou *intransitivo* (VI). O eminente dicionarista entende que o verbo, na forma pronominal – **aprazer-se** ("contentar-se") –, apresenta a conjugação completa.

Assim, o verbo *aprazer* conteria, *e.g.*, as formas, na terceira pessoa do singular: *apraz, aprazia, aprazerá, aprazeria, aprouve, aprouvera, apraza, aprouvesse, aprouver* (no futuro do subjuntivo, sendo bastante utilizado em *quando lhe aprouver...*).

Em outro giro, o verbo **aprazer-se** conteria, respectivamente, nos tempos *presente, pretérito perfeito* e *futuro do indicativo*, as formas na 1ª pessoa do singular (eu) e nas 1ª e 2ª pessoas do plural (nós e vós):

Aprazo-me – Aprazemo-nos – Aprazeis-vos

Aprouve-me – Aprouvemo-nos – Aprouvestes-vos

Aprazer-me-ei – Aprazer-nos-emos – Aprazer-vos-eis

Note alguns exemplos preambulares:

• *Todas as manhãs, o sol lhe apraz* (aprazer – VTI).
• *Poucos são os comentários que aprazem* (aprazer – VI).
• *Todas as manhãs, eu me aprazo* (aprazer – Verbo Pronominal).

Para Houaiss, ainda, o verbo **aprazer** é defectivo, quando conjugado nas terceiras pessoas, e irregular, nos tempos derivados do *pretérito perfeito*. Por outro lado, o verbo **aprazer-se** é tão somente irregular. É fato, todavia, que modernamente a maioria dos

---

[4] Observe o erro da imprensa: "Só intervimos no Banco Econômico quando os elementos mostraram que não havia mais tempo" (*Jornal do Brasil*, de 19-8-1997, *apud* Cegalla, p. 218). O certo seria ter usado *interviemos*.

gramáticos admite a conjugação completa ao verbo, repelindo a defectividade. Verifique mais alguns elucidativos exemplos:

- *Espero que isso lhe apraza; caso contrário, faça como lhe aprouver.*
- *A cidade não lhe aprazia, entretanto mantinha a forma, para que aprouvesse à namorada.*
- *O usuário se inscreveria na organização privada da saúde que lhe aprouvesse.*
- *"Fácil é ao sabedor aprazer ao mau, se quiser errar"* (Provérbio).
- *Apraz-se assistir à televisão.*
- *Aprazer-me-ia comemorar a vitória do time.*
- *"Pois que aprouve ao dia findar, aceito a noite"* (Carlos Drummond de Andrade).
- *"Não de outro modo mais divino ou menos / Deve aprazer-nos conduzir a vida, / Quer sob o ouro de Apolo / Ou a prata de Diana"* ("Deixemos Lídia", Ricardo Reis, Fernando Pessoa).
- *"...É muito necessário ter em vista / um crédito de rosas na florista / muito mais, muito mais que na modista! / para aprazer ao grande amor..."* ("Para viver um grande Amor", Vinicius de Moraes).

Observações:

a) O verbo **desprazer** (ou **desaprazer**), no sentido de "desagradar", deve ser conjugado como *aprazer*. Portanto, diga-se:

- *O beijo intenso lhe despraz.*
- *O contrato não lhe desprouve, mas agradou a ele.*
- *É provável que os tópicos desprazam os contratantes.*
- *"Nenhuma outra imputação me poderia tanto desaprazer e desconvir"* ("A Relíquia", Prólogo, Eça de Queirós).

b) O verbo **prazer** (VTI) é sinônimo de *aprazer*, devendo ser usado apenas na 3ª pessoa do singular. É, pois, irregular e defectivo (Cegalla): *praz, prazia, prouve, prouvera, prazerá, prazeria, praza, prouvesse, prazendo, prazido.* Exemplos:

- *Prouvera a Deus* (ou seja, "queira Deus; tomara, oxalá").
- *Se a Deus prouver, que praza a todos.*
- *Prouve a Deus que o soldado não agonizasse* (ou seja, "agradou a Deus que o soldado não agonizasse").

VERBO *SUBSUMIR*

O verbo **subsumir** é um verbo bastante utilizado na linguagem forense. A pronúncia requer cuidados: enuncie a sílaba -su com o som de /s/, como em *subsolo*. O verbo forma o substantivo *subsunção*, na acepção de "concordância de um fato com a hipótese descritiva de uma norma". É comum falar-se que o *fato está subsumido na lei*. Não obstante o seu iterativo uso, a conjugação verbal oferece problemas ao usuário da Língua, uma vez que o verbo é *regular* para alguns e *irregular* para outros.

Como verbo *irregular* – o seu radical sofre modificação nos tempos verbais –, conjuga-se como *subir, sumir* oú *consumir*, entre outros. Tal uso recebe a chancela do Aurélio. Assim, o presente do indicativo se forma:

Eu subsumo	Tu subsomes	Ele subsome	Nós subsumimos	Vós subsumis	Eles subsomem

À guisa de memorização, associe-o, por exemplo, ao verbo *consumir*:

Consumo	*Subsumo*	Consumimos	*Subsumimos*
Consomes	*Subsomes*	Consumis	*Subsumis*
Consome	*Subsome*	Consomem	*Subsomem*

É interessante observar que, da conjugação do verbo (*irregular*), defluem formas pouco usuais: *subsumi* e *subsumiu* (pretérito perfeito do indicativo); *subsumíamos* (pretérito imperfeito do indicativo); *subsumamos* (presente do subjuntivo); *subsumisse* e *subsumíssemos* (pretérito imperfeito do subjuntivo); entre outras.

Observe alguns curiosos exemplos de emprego do *verbo irregular*:

> 1. "[...] Pedido de condenação em obrigação de não fazer que não pode ser acolhido, ante a forma em que deduzido. Requerimento de publicidade da decisão, que se subsome no atendido do disposto pelo artigo 564 do CPC, assegurado ao prejudicado a restituição do indébito. Antecipação da tutela, que se ratifica" (trecho da ementa do Acórdão 06746.000/00-1 AA, rel. Juiz – Pedro Luiz Serafini – TRF4, SDC, julgamento em 13-8-2001, publicado no *DOERS* de 10-9-2001 – destaque nosso).
>
> 2. "[...] Aliás, as previsões do texto constitucional e das leis administrativas, com relação a entes, responsabilidades e processos sujeitos aos mecanismos de controle,

não se compadecem com realidades e conceitos do ordenamento jurídico binacional, que, por distintos e peculiares, àquelas não se subsomem. [...]" (trecho extraído de Parecer do Consultor-Geral da República Luiz Rafael Mayer, publicado no *DOU* de 19-10-1978 – destaque nosso).

3. "[...] Afinal de contas, os atos administrativos sujeitam-se ao controle de legalidade do Judiciário, e o tema atinente à arrecadação tributária subsome-se no âmbito do litígio entre as partes, não afetando os interesses envolvidos no juízo excepcional da suspensão. Para o ministro, a questão deve ser resolvida pelas vias ordinárias. [...]" (comentário do Presidente do STJ, Ministro Nilson Naves, Processo SS 1.204, *in Revista Consultor Jurídico*, 7-5-2003 – destaque nosso).

4. "[...] Assim, comprovada a existência de débito do contribuinte para com a Fazenda Estadual, acertada a lavratura do Auto de Infração em análise pelo servidor fazendário. Todavia, retifico o enquadramento legal da penalidade aplicada, visto que o caso concreto se subsome melhor ao dispositivo legal abaixo citado [...]" (voto proferido pelo Conselho de Recursos Fiscais da Secretaria das Finanças do Estado da Paraíba, em 3-5-2002, rel. Conselheira Patrícia Márcia de Arruda Barbosa, Acórdão 107CRF0722002, AI 2000.07888-30 – destaque nosso).

Ressalte-se, todavia, que o Dicionário Houaiss considera o verbo como *regular*, não havendo o abono das formas acima demonstradas. Como se disse, há gramáticos que têm pensamento diverso, concebendo-o *irregular*. Não se pode negar que, diferentemente do que até aqui se mostrou, a conjugação dicionarizada é demasiado simples. Vejamos:

Eu subsumo	Tu subsumes	Ele subsume	Nós subsumimos	Vós subsumis	Eles subsumem

Diante da divergência, entendemos que é importante registrar a oscilação na conjugação verbal, entretanto, recomendamos, em homenagem à simplicidade, que se considere o verbo como *regular*, chancelando o posicionamento do Houaiss.

USOS DOS TEMPOS VERBAIS

I – O TEMPO PRESENTE

O tempo verbal **presente** identifica que o evento narrado é contemporâneo ao tempo da fala. Exemplo:

- *Os processos foram analisados em tempo hábil.*

O tempo presente do indicativo, quanto ao evento em análise:

I – Ocorre, concomitantemente, ao tempo em que se fala.	II – Perdura no tempo, protraindo-se até o momento do ato da fala.	III – Traduz-se em ação habitual ou um fato corriqueiro.
Exemplo: • O professor encontra-se em sala de aula, portanto não pode atender ao telefone celular.	Exemplo: • A portaria determinou que se cumpram os deveres instrumentais do contribuinte.	Exemplo: • O nadador treina de oito as catorze horas, todos os dias da semana.

É importante assinalar que, por razão estilística, o tempo *presente do indicativo* pode vir a ser utilizado em substituição a outros tempos verbais. Vamos conhecer as possibilidades:

I – Em lugar do *pretérito perfeito* – fenômeno conhecido como "presente histórico"[5].	II – Em lugar do futuro, para enunciar um acontecimento próximo.	III – Em lugar do imperativo.
Exemplo: • O nadador chega ao treino, faz alongamento, aquece os músculos. Pula na água e tenta relaxar.	Exemplo: • Às 15h, tomo meu café, com maior tranquilidade.	Exemplo: • Você pega o documento, preenche-o e entrega-o ao homem do guichê.

II – O TEMPO PRETÉRITO PERFEITO

O **pretérito perfeito** identifica um tempo narrado anterior ao momento da fala do emissor. Exemplo:

> • *O advogado requereu as provas antes do despacho deferitório.*

III – O TEMPO FUTURO DO PRESENTE

O **futuro do presente** identifica que o evento narrado é posterior ao momento da enunciação. Exemplo:

> • *Os advogados intervirão no feito, antes de qualquer providência suplementar.*

---

5   Usa-se o *presente histórico* (ou *presente narrativo*) para dar mais vivacidade à ação do passado. Exemplos:
   • *Em 58 a.C., César invade a Gália e inicia uma famosa investida bélica.*
   • *Jânio Quadros renuncia.*
   • *Em 24 de agosto de 1954, Getúlio se suicida.*
   • *Em 21 de abril de 1960, inaugura-se Brasília.*
   • *Em 6 de junho de 1944, os aliados ocidentais desembarcam nas costas da França, dando início à derrocada nazista.*

Frise-se que o momento da fala, por si só, não determina a relação temporal a que se refere a situação. Em narrativas compostas de várias ações concomitantes, somente é possível identificar a relação temporal por meio do tempo verbal analisado em relação à outra ação narrada no texto. Com efeito, um evento determinado se contrapõe a outro, servindo-lhe como marco temporal, em uma nítida relação que traduz e determina o tempo verbal que deve ser empregado. Vamos às situações possíveis:

1. Quando o marco temporal estiver no passado, os fatos podem ser contemporâneos, anteriores ou posteriores a ele.

Exemplos:

> - *No dia em que cheguei de viagem, o funcionário TRABALHOU muito.*
> - *No dia em que cheguei de viagem, o funcionário TRABALHAVA muito.*
> - *No dia em que cheguei de viagem, o funcionário TRABALHARA muito.*
> - *No dia em que cheguei de viagem, o funcionário disse que TRABALHARIA muito.*

Compare, novamente, as hipóteses, examinando outras orações, à luz do marco temporal *pretérito*:

> - *Quando tomei o remédio, o médico AGUARDOU os efeitos (contemporaneidade, em relação ao evento passado);*
> - *Quando tomei o remédio, o médico AGUARDAVA os efeitos (contemporaneidade, com ação que ainda perdurava em relação ao evento no pretérito);*
> - *Quando tomei o remédio, o médico AGUARDARA (ou TINHA / HAVIA AGUARDADO) os efeitos (ação pretérita à ação pretérita);*
> - *Quando tomei o remédio, o médico disse que AGUARDARIA os efeitos (ação futura em relação a evento pretérito).*

Explicando:

1.1. Quando o evento narrado for **concomitante** ao marco temporal passado, pode haver a utilização de dois tempos verbais – o *pretérito perfeito* e o *pretérito imperfeito*:

    1.1.1. Pretérito Perfeito[6]: este tempo é válido para delimitar a duração do fato, em um espaço de tempo definido. Exemplo:

---

6 Segundo Víctor Gabriel de Oliveira Rodríguez (2000: 184), "o pretérito perfeito pode apresentar-se na forma simples e na forma composta.
I – O pretérito perfeito simples é expresso por uma só palavra e, como vimos, mostra que a ação foi completamente realizada.

- *No dia em que cheguei de viagem, o funcionário TRABALHOU muito.*

Observe que o tempo verbal *trabalhou* delimita que a ação teve início e término no mesmo momento do marco temporal (*no dia em que cheguei de viagem*).

1.1.2. Pretérito Imperfeito: este tempo é válido para demonstrar que o evento ainda ocorria, quando se deu a ação do marco temporal passado. Exemplo:

- *No dia em que cheguei de viagem, o funcionário TRABALHAVA muito.*

Note que a ação delimitada pela forma verbal *cheguei* refere-se ao passado, enquanto o verbo *trabalhar* (pretérito imperfeito – "trabalhava") indica que a ação se protraía no tempo, desenrolando-se no momento do marco temporal – é a contemporaneidade do ato de "trabalhar" em relação ao ato de "chegar".

1.2. Quando o evento narrado for **anterior** ao marco temporal passado, usamos o **pretérito mais-que-perfeito**. Exemplo:

- *No dia em que cheguei de viagem, o funcionário TRABALHARA muito.*

O tempo verbal *pretérito mais-que-perfeito*[7] indica que, no momento da referência temporal (a chegada da viagem), a ação do verbo conjugado (trabalhar) já havia ocorrido completamente (o ato de "trabalhar" é anterior ao de "chegar").

1.3. Quando o evento narrado é **posterior** ao marco temporal passado, usamos o **futuro do pretérito**. Exemplo:

- *No dia em que cheguei de viagem, o funcionário disse que TRABALHARIA muito.*

O tempo verbal *futuro do pretérito* indica que, no momento da referência temporal (a chegada da viagem), a ação do verbo conjugado (trabalhar) ainda estava por acontecer, isto é, tratava-se de evento futuro. É importante ressaltar que o futuro do pretérito, além de delimitar ação futura em relação a um evento no passado, pode também ser utilizado com outras funções, indicando:

a) Hipótese irreal:

- *Se a vaca tossisse, TERÍAMOS êxito na demanda.*
- *Se o Promotor sentenciasse, PODERÍAMOS ter outro resultado.*

II – O pretérito perfeito composto denota que a ação continua sendo realizada. Ele é formado por duas palavras, o particípio do verbo que se pretende conjugar e o presente do verbo auxiliar (ter ou haver):
Tenho realizado vários plenários neste ano.
Hei realizado muitos plenários neste ano".

7 Para Rodríguez, (2000:185), "o pretérito mais-que-perfeito pode, também, ser expresso de forma simples ou de forma composta. O pretérito mais-que-perfeito composto é formado por duas palavras: o pretérito imperfeito de um verbo auxiliar (ter ou haver) mais o particípio do verbo principal, o que se pretende conjugar. Assim, o mais-que-perfeito composto de 'decidira' é 'tinha decidido' ou 'havia decidido'".

b) Aproximação ou imprecisão:

- *Naquela fase da vida, o jovem TERIA seus vintes anos de trabalho.*

c) Suposição:

- *Naquela ocasião, já TERIA tomado as providências.*

d) Suavização para indagação ou desejo:

- *PODERIA chamar o funcionário agora?*
- *Eu GOSTARIA de lhe dizer que não virei à reunião.*

e) Declaração, em relação a outros verbos no passado:

- *Garantiu que não TOMARIA medicamento sem receita médica.*
- *Deliberou que não VIRIA sem mim à audiência.*

2. Quando o marco temporal for futuro, os eventos também podem ser contemporâneos, anteriores ou posteriores a ele.

Exemplos:

- *Quando a parte se manifestar, eu já HAVEREI CUMPRIDO o despacho do Juiz.*
- *Quando a parte se manifestar, eu ESTAREI CUMPRINDO o despacho do Juiz.*
- *Após a parte se manifestar, eu CUMPRIREI o despacho do Juiz.*

Compare, novamente, as hipóteses, examinando-as à luz do marco temporal *futuro*:

FRASE 1: *Se o advogado alegar o fato, nós já HAVEREMOS TOMADO as cautelas necessárias* (a ação narrada, relativa à "tomada das cautelas", é anterior à ação futura – a "alegação dos fatos").

FRASE 2: *Se o advogado alegar o fato, nós ESTAREMOS TOMANDO as cautelas necessárias* (a ação narrada, relativa à "tomada das cautelas", é futura e concomitante à ação, igualmente futura – a "alegação dos fatos").

FRASE 3: *Depois de o advogado alegar o fato, nós TOMAREMOS as cautelas necessárias* (a ação narrada, relativa à "tomada das cautelas", é futura e não concomitante à ação futura – a "alegação dos fatos").

Nas frases acima, temos o tempo da fala **(I)**, o tempo futuro **(II)** e o futuro ao tempo futuro **(III)**. Observe a representação abaixo:

I – Hoje: tempo da fala.

II – Tempo para o advogado alegar o fato: tempo futuro.

III – Tempo para tomar providências: futuro "do futuro".

Detalhando:

> **FRASE 1:** *Se o advogado alegar o fato, nós já HAVEREMOS TOMADO as cautelas necessárias.*

Quando a **ação narrada** for **ANTERIOR a uma ação futura**, faz-se mister utilizar o tempo "futuro do presente composto" (*futuro anterior*), constituído da seguinte formação composta:

FUTURO (VERBO AUXILIAR) + PARTICÍPIO (VERBO A CONJUGAR)

Exemplo:

- *Quando a parte se manifestar, eu já HAVEREI CUMPRIDO o despacho do Juiz.*

Evidencia-se, claramente, que o ato de "cumprir o despacho" é **posterior** ao ato da fala, mas, ainda assim, **anterior** a outro ato que funciona como marco temporal (a "manifestação da parte").

Quanto à **FRASE 1** – *Se o advogado alegar o fato, nós já HAVEREMOS TOMADO as cautelas necessárias* –, evidencia-se que a ação narrada, relativa à "tomada das cautelas", é **anterior** à ação futura – a "alegação dos fatos".

Passemos à Frase 2:

> **FRASE 2:** *Se o advogado alegar o fato, nós ESTAREMOS TOMANDO as cautelas necessárias.*

Quando a **ação narrada** for **FUTURA E CONCOMITANTE** à outra ação (também futura), é necessário fazer a seguinte construção:

FUTURO DO PRESENTE (VERBO ESTAR) + GERÚNDIO (VERBO A CONJUGAR)

Exemplo:

- *Quando a parte se manifestar, eu ESTAREI CUMPRINDO o despacho do Juiz.*

Trata-se da figura do "gerundismo", que será detalhado em item posterior, neste Capítulo.

Quanto à **FRASE 2** – *Se o advogado alegar o fato, nós ESTAREMOS TOMANDO as cautelas necessárias* –, evidencia-se que a ação narrada, relativa à "tomada das cautelas", é futura e concomitante à ação, igualmente futura – a "alegação dos fatos".

Finalizemos com a Frase 3:

> **FRASE 3:** *Depois de o advogado alegar o fato, nós TOMAREMOS as cautelas necessárias.*

Quando a **ação narrada** é **POSTERIOR** ao marco temporal futuro, pode-se utilizar a seguinte construção:

VERBO A CONJUGAR (FUTURO DO PRESENTE)

Exemplos:

- *Depois de ouvir as testemunhas, o juiz PROCEDERÁ ao julgamento da causa.*
- *Após a prolação da decisão, o advogado REQUERERÁ o diferimento do prazo.*

Os advérbios "depois" e "após" são termos designativos da ação futura, permitindo a inserção de uma nova ação ("proceder ao julgamento" e "requerer o diferimento"), a qual, por sua vez, será futura a uma ação já futura ("ouvir testemunhas" e "prolatar decisão"), em relação ao ato da fala.

Quanto à **FRASE 3** – *Depois de o advogado alegar o fato, nós TOMAREMOS as cautelas necessárias* –, evidencia-se que a ação narrada, relativa à "tomada das cautelas", é futura e não concomitante à ação futura – a "alegação dos fatos".

O GERÚNDIO E O GERUNDISMO

O **gerúndio** é uma forma verbal conhecida como *forma nominal do verbo*, juntamente com o *infinitivo* e o *particípio*. Ela pode e deve ser usada para expressar uma ação em curso ou uma ação simultânea à outra, ou para exprimir a ideia de progressão indefinida. Combinado com os auxiliares *estar, andar, ir, vir*, o gerúndio marca uma *ação durativa*, com aspectos diferenciados:

1. O verbo *estar*, seguido de gerúndio, indica uma ação durativa, num momento rigoroso:
   - *Estavam todos REPOUSANDO.*
2. O verbo *andar*, seguido de gerúndio, indica uma ação durativa, em que predomina a ideia de intensidade ou de movimentos reiterados:
   - *Ricardo ANDAVA ACORDANDO sem ânimo.*
   - *ANDEI PROCURANDO uma solução para o caso.*

3. O verbo *ir*, seguido de gerúndio, expressa uma ação durativa, que se realiza progressivamente ou por etapas sucessivas:

- *Dias de sorte VÊM SURGINDO no último mês.*
- *VÃO-SE SURGINDO as situações uma a uma, a cada contrato assinado.*

4. O verbo *vir*, seguido de gerúndio, expressa uma ação durativa, que se desenvolve gradualmente em direção à época ou ao lugar em que nos encontramos:

- *O Tribunal não compreende como a arguição VEM SENDO suscitada no dia a dia.*
- *A Gramática não explica como tal expressão VEM SENDO usada pelos falantes.*

O **gerundismo** é fenômeno linguístico recente no Brasil, traduzindo-se em inadequada maneira de falar e de escrever, em razão da má influência do idioma *inglês* na língua portuguesa. O gerundismo também é conhecido por *endorreia* – "é assim que os puristas chamam ao abuso do gerúndio e ao seu uso pouco vernáculo", consoante os dizeres de Rodrigues Lapa (1959: 177).

É possível afirmar que, topograficamente, o foco de propagação da curiosa "praga" se deu nos ambientes de *telemarketing*. No afã de traduzir expressões como "I am going to do something" [literalmente: Estou indo fazer algo] ou, ainda, "We will be sending you the catalog soon" [com o sentido de "Nós estaremos lhe enviando o catálogo em breve"] e, por fim, "We'll be sending it tomorrow" [com o significado de "Nós vamos estar mandando isso amanhã"], passou-se a conviver com esse abuso de forma com forte vocação à proliferação. Diga-se, em tempo, que, enquanto os falantes do inglês empregam corretamente o "we'll be sending it tomorrow", a adaptação servil feita pelo português soa esquisita: "nós vamos estar mandando isso amanhã".

Sabe-se que, pouco a pouco, a perigosa forma gerundial deixou o ambiente dos atendentes de *telemarketing* e se alastrou de modo incontido, alcançando o cotidiano dos escritórios, das reuniões, das conferências etc.

Tal aproximação mecânica da construção inglesa também pode ser percebida em livros. Em *O Código Da Vinci*, polêmico romance de Dan Brown, é possível encontrar alguns exemplos:

- "Vou estar aterrissando antes de o sol nascer".
- "É melhor estarem me dizendo a verdade".

Observe alguns **condenáveis exemplos** de gerundismo:

1. "Espero que você possa estar recortando a fotografia".
2. "Acreditamos que você possa estar deixando o envelope na casa".

3. "É possível que ela pode estar espalhando a notícia".

4. "Eu vou estar passando por fax o documento".

5. "Ela vai estar mandando pelo correio o memorando".

6. "Nós vamos estar enviando pela Internet o relatório".

7. "Eu vou estar transferindo a sua ligação".

8. "Você pode estar respondendo a duas ou a três perguntas?".

9. "Eu vou estar confirmando os dados".

10. "Você vai estar sendo debitada em conta-corrente".

E, ainda, mais um exemplo curioso:

> - "O importante é estar prometendo que a pessoa indicada vá estar adquirindo esta mercadoria, de modo que ela possa estar comprando e, quem sabe, consiga até mesmo estar se dando conta da maneira como as coisas ocorrem na empresa, a fim de que possa estar falando bem de nosso método de trabalho".

Enxugando o texto:

> - *O importante é prometer que a pessoa indicada vá adquirir esta mercadoria, de modo que ela possa comprar e, quem sabe, consiga até mesmo se dar conta da maneira como as coisas ocorrem na empresa, a fim de que possa falar bem de nosso método de trabalho.*

Curiosamente, o assunto foi solicitado em interessante questão de vestibular da UFMG, na Prova de Língua Portuguesa e Literatura Brasileira, em 2002. Tratava-se de um texto de Elio Gaspari[8] sobre a figura do *gerundismo*, posto à discussão perante o vestibulando, cujo teor era o seguinte:

> "Este artigo foi feito especialmente para que você possa estar recortando, estar imprimindo e estar fazendo diversas cópias, para estar deixando discretamente sobre a mesa de alguém que não consiga estar falando sem estar espalhando essa praga terrível da comunicação moderna, o gerundismo. (...) Mais do que estar repreendendo ou estar caçoando, o objetivo deste movimento é estar fazendo com que esteja caindo a ficha das pessoas que costumam estar falando desse jeito sem estar percebendo. Nós temos que estar nos

---

8 *Estado de Minas*, Belo Horizonte, 18-3-2001.

unindo para estar mostrando a nossos interlocutores que, sim!, pode estar existindo uma maneira de estar aprendendo a estar parando de estar falando desse jeito. (...) A única solução vai estar sendo submeter o gerundismo à mesma campanha de desmoralização à qual precisaram estar sendo expostos seus coleguinhas contagiosos como o ´a nível de´, o ´enquanto´, o ´pra se ter uma ideia´ e outros menos votados. A nível de linguagem, enquanto falante da língua, o que você acha de tá insistindo em tá falando desse jeito?".

Em hilariante passagem, satirizando com o humor que lhe é peculiar, o cronista Ricardo Freire[9] comenta:

"Nós temos que estar nos unindo para estar mostrando a nossos interlocutores que, sim, pode estar existindo uma maneira de estar aprendendo a estar parando de estar falando desse jeito. Até porque, caso contrário, todos nós vamos estar sendo obrigados a estar emigrando para algum lugar onde não vão estar nos obrigando a estar ouvindo frases assim o dia inteirinho. Sinceramente: nossa paciência está ficando a ponto de estar estourando".

E prossegue o autor:

"E só existe uma forma de descontaminar um gerundista crônico: corrigindo o coitado. Na chincha. Com educação, claro. Por incrível que pareça, ninguém usa o gerundismo para irritar. Quando a teleatendente diz 'O senhor pode estar aguardando na linha, que eu vou estar transferindo a sua ligação', ela pensa que está falando bonito. Por sinal, ela não entende por que 'eu vou estar transferindo' é errado e 'ela está falando bonito' é certo. O que só aumenta a nossa responsabilidade como vigilantes e educadores. (...)".

De qualquer modo, é vital distinguir o bom do mau emprego gerundial. Condenar o *gerundismo*, sem análise detida, não é recomendável. Segundo Rodrigues Lapa (1959:

---

9 "Xongas", *in O Estado de S. Paulo*, de 16-2-2001.

178), "o problema consiste em saber se de fato o uso do gerúndio traz vantagem estilística sobre os outros processos".

Casos há em que se necessita transmitir a ideia de movimento, de progressão, duração, continuidade – portanto, recomendar-se-á seu uso. Todavia, abusivo será o **gerundismo** e, portanto, condenável, se a ação em comento se individualizar no tempo, sem necessidade de se protrair. Nesse caso, é necessário evitá-lo, fazendo a troca da locução verbal [estar + gerúndio] por um simples infinitivo [flexionado ou não], desde que não se trate efetivamente de uma ação durativa. Observemos:

Gerundismo aceitável (a ação é durativa):

- *Os pagamentos das promissórias estarão ocorrendo nos dias 2 e 3 do referido mês.*
- *Não será possível vê-la nesses dias, pois vou estar viajando pelo Nordeste.*
- *Em outros artigos ela estará dando maior atenção a cada um desses assuntos.*
- *A jovem deve estar fazendo os exercícios agora.*

Gerundismo inaceitável (a ação não é durativa):

1. Vou aproveitar o 13º para estar pagando tudo [**Trocar por:** "... pagar tudo"].
2. À tarde, temos que estar discutindo a proposta do plano [**Trocar por:** "... discutir a proposta"].
3. As análises servem para estarmos aprofundando os estudos [**Trocar por:** "... aprofundarmos os estudos"].
4. Eles vão estar efetuando a cobrança em maio [**Trocar por:** "... efetuar a cobrança" / ... "efetuarão a cobrança"].

A COLOCAÇÃO PRONOMINAL E A CONJUGAÇÃO DOS VERBOS

I. A ÊNCLISE

Se os pronomes **o, a, os, as, me, te, se, nos, vos, lhe, lhes** encontrarem-se *pospostos* à forma verbal, teremos a *ênclise*. Passemos a detalhar as situações possíveis:

1. Os pronomes conservam suas formas, unindo-se aos verbos por hífen, caso a forma verbal termine em **vogal** ou em **ditongo oral**. Exemplos:

- *Você compra o caderno – Você compra-o.*
- *Ele vende o livro – Ele vende-o.*
- *Faça a tarefa hoje – Faça-a hoje.*

- *Mande as flores ao jovem – Mande-as ao jovem.*
- *Evite a ressaca sempre – Evite-a sempre.*
- *Possuí motos na juventude – Possuí-as na juventude.*
- *Construí pontes como engenheiro – Construí-as como engenheiro.*

2. Caso a forma verbal termine em **vogal + r**, teremos alterações importantes em sua formação. Vamos assimilar os "passos":

> **1º Passo:** suprime-se o **-r**.
>
> **2º Passo:** o pronome que se seguir, seja o, a, os, as, toma a letra **-l**, criando-se lo, la, los, las, respectivamente.
>
> **3º Passo:** acentua-se a forma verbal de acordo com as regras convencionais de acentuação.

Exemplo:

- *Você deve comprar o caderno – Você deve comprá-lo.*

    Analisando: o verbo *comprar* perde o -r, surgindo a forma verbal "compra" – uma oxítona terminada em -a, portanto, acentuada, obrigatoriamente. Logo, a forma correta é "comprá", com acento agudo, à qual se unirá a forma pronominal -lo, substitutiva do objeto direto (*o caderno*).

Observe outros exemplos:

- *Ele passará a vender o livro – Ele passará a vendê-lo.*
- *Todo genro deve mandar flores à sogra – Todo genro deve mandá-las à sogra.*
- *Evitar a ressaca é sagacidade – Evitá-la é sagacidade.*
- *Possuir motos é prazer indizível – Possuí-las é prazer indizível.*

Assim, memorize, quanto à acentuação:

> Se a **última vogal do verbo**, após suprimir-se o **-r**, for:
>
> - **A**, leva o acento agudo: AMAR – *amá-lo, amá-la, amá-los, amá-las.*
>
> - **E** ou **O**, leva o acento circunflexo: VENDER – *vendê-lo, vendê-la, vendê-los, vendê-las*; PÔR: *pô-lo, pô-la, pô-los, pô-las.*
>
> - **I**, não leva acento gráfico: ABRIR: *abri-lo, abri-la, abri-los, abri-las.*

3. Caso a forma verbal termine em **grupo vocálico [-ai/-ui] + -r**:

> **1º Passo:** suprime-se o -r.
> **2º Passo:** o pronome que se seguir, seja o, a, os, as, toma a letra -l, criando-se lo, la, los, las, respectivamente.
> **3º Passo:** O i do grupo vocálico -ai ou -ui leva acento agudo.

Exemplo:

- *Você deve possuir os documentos – Você deve possuí-los.*

    Analisando: o verbo *possuir* perde o -r, surgindo a forma verbal "possuí", com separação silábica "pos-su-í". Segundo a boa acentuação, trata-se de um hiato, com acento agudo obrigatório no -í, a cuja forma se unirá o pronome -los, substitutivo do objeto direto (*os documentos*).

4. Caso a forma verbal termine em **-s** ou em **-z**:

> **1º Passo:** suprimem-se essas consoantes.
> **2º Passo:** o pronome que se seguir, seja o, a, os, as, toma a letra -l, criando-se lo, la, los, las, respectivamente.
> **3º Passo:** acentua-se a forma verbal de acordo com as regras convencionais de acentuação.

Exemplo:

- *Ele fez as análises – Ele fê-las.*

    Analisando: *fez* perde a consoante -z, surgindo a forma verbal "fe" – um monossílabo tônico com terminação em -e, portanto, acentuado, obrigatoriamente. Logo, a forma correta é *fê*, com acento circunflexo, à qual se unirá a forma pronominal -las, substitutiva do objeto direto (*as análises*).

Observe outros exemplos:

- *A criança traz as pastas – A criança trá-las.*
- *O jovem faz as oferendas – O jovem fá-las.*

Assim, memorize, quanto à acentuação:

> Se a **última vogal** – sendo tônica e precedendo o -s ou o -z (quer tome acento gráfico ou não) – for:
> - **A**, leva acento agudo: *dás – dá-lo; faz – fá-lo; traz – trá-lo.*

- **E**, leva acento circunflexo: *fez – fê-lo*.
- **I** ou **U**, não leva acento gráfico: *diz – di-lo; pus – pu-lo; traduz – tradu-lo*.

Observação: se a última vogal que precede o -s é átona não toma acento gráfico. Exemplos:

- *Tu compras – Tu compra-lo.*
- *Tu vendes – Tu vende-lo.*
- *Nós pusemos – Nós pusemo-lo.*

É importante registrar que, com relação ao verbo **pôr** e seus derivados, a terceira pessoa do singular do pretérito perfeito do indicativo (*pôs, compôs, repôs, dispôs* etc.) conserva o acento circunflexo, quando seguida dos pronomes **o, a, os, as**. Exemplos: *pô-lo, repô-lo, compô-la, dispô-las, predispô-la, indispô-la*.

5. Caso a forma verbal termine em **-m** ou em **ditongo nasal**:

1º Passo: não sofre modificação.

2º Passo: os pronomes o, a, os, as recebem um "n" eufônico e são unidos ao verbo por um hífen. Exemplos: *deram – deram-no; põe – põe-no.*

II. A PRÓCLISE

Se os pronomes **o, a, os, as, me, te, se, nos, vos, lhe, lhes** encontrarem-se *antepostos* à forma verbal, teremos a *próclise*. Observemos o quadro abaixo, o qual registra as situações possíveis:

CASOS DE PRÓCLISE OBRIGATÓRIA	
a) Quando aparecem certas partículas atrativas, tais como:	a.4) Pronomes interrogativos: • *Quem os interpelou?*
a.1) Palavras negativas: • *Não me perturbe.* • *Jamais o condene.* • *Nunca o chame assim.* • *Isso não o interessa.*	a.5) Pronomes demonstrativos: • *Isso o deixa furioso.* • *Aquele o chama toda vez que este o repudia.*
a.2) Pronomes relativos: • *A razão que lhe expus é a mesma de ontem.* • *O homem que a ajudou é meu cunhado.*	a.6) Conjunções subordinativas: • *Se o vir hoje, informe-o disso.* • *Se a encontrar, mande-lhe lembranças.*
a.3) Pronomes indefinidos: • *Alguém a notou aqui?* • *Ninguém me perguntará nada?*	a.7) Advérbios: • *Sempre os vejo juntos.* • *Diariamente me ofendem.*

b) Em frases exclamativas:

- *Como os atrapalham!*

c) Em frases optativas (que exprimem desejo):

- *Deus vos ajude.*
- *Deus lhe pague a ajuda.*

d) Quando unidos às seguintes formas verbais:

d.1) *Gerúndio*, **precedido da preposição "em":**

- *Em o vendo chorar, arrependi-me do que lhe dissera.*

- *Em o percebendo chegar, tome as providências.*

d.2) *Infinitivo pessoal*, **precedido de preposição:**

- *Proponho isso por o desejar muito.*
- *Espero que prove o doce para o oferecer.*

III. A MESÓCLISE

No *futuro do presente* e no *futuro do pretérito*, no modo indicativo, os pronomes **o, a, os, as, me, te, se, nos, vos, lhe, lhes** não podem vir "depois" da forma verbal, mas sim no "meio" dela. Temos, então, a *mesóclise*. Nesse caso, observam-se as seguintes regras para a sua construção:

1º Passo: suprime-se o **-r** que precede a desinência.

2º Passo: adiciona-se a letra **-l** ao pronome, o qual unimos ao verbo por um hífen e, finalmente, à desinência, também por hífen.

3º Passo: acentua-se a vogal que precede o **-r** suprimido (1º Passo), nas hipóteses abaixo mencionadas:

- Se a referida vogal for **A**, deve-se pôr acento agudo. Exemplos:

Comprarei (ele) – *comprá-lo-ei*	Cantarei (ela) – *cantá-la-ei*	Anunciaria (ela) – *anunciá-la-ia*
Compraria (ele) – *comprá-lo-ia*	Cantaria (ela) – *cantá-la-ia*	Vivenciarei (eles) – *vivenciá-los-ei*

- Se a referida vogal for **E** ou **O**, deve-se pôr acento circunflexo. Exemplos:

Terei (ele) – *tê-lo-ei*	Porá (ele) – *pô-lo-á*
Teria (ele) – *tê-lo-ia*	Poria (ele) – *pô-lo-ia*

• Se a referida vogal for **I**, não se deve pôr acento gráfico. Exemplos:

Abrirei (ele) – *abri-lo-ei*	Abriria (ele) – *abri-lo-ia*	Cumprirei (elas) – *cumpri-las-ei*

Portanto, à luz da mesóclise, os pronomes oblíquos átonos (**me, te, se, lhe, nos, vos, o, a**) não devem ser colocados depois do verbo, nos tempos *futuro do presente* e *futuro do pretérito*. Dependendo do caso, podem até ser antepostos ao verbo, porém jamais pospostos, na forma enclítica. Portanto:

- *Far-se-ia o trabalho* (e não "faria-se o trabalho").

- *Perdoar-se-á ao pecador* (e não "perdoará-se ao pecador").

- *A empresa conceder-lhe-á novo prazo* (e não "concederá-lhe...").

- *A libido desenfreada levá-lo-ia ao cometimento do estupro* (e não "...levaria-o...").

- *Banhar-me-ei na cachoeira, assim que chegar à fazenda* (e não "banharei-me ...").

- *Anjos acolher-nos-ão no céu* (e não "acolherão-nos").

Aprecie, agora, os casos de antecipação correta do pronome, isto é, *próclise*, mesmo com o *futuro do presente* e *futuro do pretérito*. Atente para os termos atrativos do pronome:

- <u>Não</u> lhe pedirei favores.

- <u>Não</u> se faria o projeto.

- <u>Ninguém</u> o levará daqui.

- <u>Jamais</u> a amaria como a amei, quando nos conhecemos.

Por fim, frise-se que os elementos de vocábulos com hífen gozam de autonomia gráfica. Isso quer dizer que tais conjuntos verbais, ainda que pareçam proparoxítonos em análise geral, podem não o ser, devendo-se conceber a forma verbal "isoladamente", em face das regras de acentuação. Exemplos:

- Nós tínhamos os objetos – *Nós tínhamo-los* (com acento, proparoxítona).

- Nós compramos o bem – *Nós compramo-lo* (sem acento, paroxítona).

- Vós tínheis as ferramentas – *Vós tínhei-las* (com acento, paroxítona).

CURIOSIMACETES

1. O VERBO TRESANDAR: QUAL O SIGNIFICADO?

O verbo **tresandar** possui mais de um sentido: pode ter a acepção de "andar para trás, desandar". Exemplo:

- *O time tresandou durante o campeonato, sendo rebaixado ao final.*

Há, ainda, sentido diverso para o verbo em comento: "cheirar mal, exalar mau cheiro". Nessa acepção, é verbo intransitivo ou transitivo indireto. Exemplos:

- *A rua, ao final da feira, tresandava a peixe.*
- *O campo de batalha tresandava – havia corpos por todo lado.*

2. AVEXAR OU VEXAR

Os dois verbos podem ser utilizados como sinônimos de "atormentar, molestar ou apoquentar". A pronúncia das formas verbais deve ser feita com o "ê" fechado, embora a enunciação frequente na fala nordestina se faça com o "é" aberto. Portanto, aprecie as frases:

- *Não se avexe, homem, tudo vai melhorar!*
- *"Maus governantes vexam o povo"* (Houaiss).
- *"Esquece a sorte mesquinha que te vexa"*[10].

3. POR QUE SE CHAMA "ENXADRISTA" AQUELE QUE JOGA XADREZ?

O vocábulo **xadrez**, oriundo do árabe, tem como forma arcaica enxadrez, vocábulo igualmente dicionarizado (VOLP). Portanto, o jogador de xadrez é *enxadrista* ou *xadrezista*. Tais palavras também encontram guarida no VOLP.

No sentido popular, o vocábulo *xadrez* pode significar "prisão ou cadeia", sendo comum a forma plural *xadrezes*.

Afora tal acepção, não se faz plural com o substantivo, sendo invariável. Exemplos: *gravatas xadrez, camisas xadrez*.

4. EXISTE DIFERENÇA ENTRE *EXOTÉRICO* (COM -X) E *ESOTÉRICO* (COM -S)?

Embora os termos venham do grego e se refiram aos ensinamentos filosóficos da antiguidade grega, sendo vocábulos homófonos, designam, com efeito, coisas opostas. José de Nicola e Ernani Terra (2000: 99) preconizam que *esotérico* refere-se aos ensinamentos dedicados, exclusivamente, aos discípulos já iniciados, o que confere a essas lições um caráter de doutrina secreta, restrita a um círculo fechado. Por extensão, o adjetivo **esotérico** (com -s) refere-se a "algo de difícil compreensão, hermético, secreto".

De outra banda, **exotérico** (com -x), apresentando, em sua formação, o prefixo ex-, pressupõe algo para fora. Portanto, refere-se aos "ensinamentos endereçados a público aberto, de forma irrestrita".

Posto isso, memorize: *esotérico* é adjetivo que designa "iniciático ou relativo à iniciação"; por sua vez, *exotérico* tem a acepção de "aberto a todos".

Por derradeiro, não confunda os vocábulos em estudo com **isotérico**, isto é, "de igual densidade".

---

10 Gonçalves Dias *apud* Cegalla, 1999, p. 411.

5. COMO SE PRONUNCIA *BELCHIOR*?

O substantivo **belchior** tem o sentido de "negociante de objetos usados". É nome que, com o tempo, passou a designar todos os que compram e vendem roupas e trastes usados. A pronúncia é /Belchior/ (com o **ch** de "CHInelo"). Isso mesmo! Talvez o espanto surja em razão de termos entre nossa música popular brasileira o conhecido cantor e compositor de nome *Belchior*, a que muitos dão a pronúncia de "Belkior".

A HORA DO ESPANTO
AS "PÉROLAS" DO PORTUGUÊS

1. Passificação
Correção: o substantivo derivado do verbo *pacificar* é *pacificação* (com -c) – ato de apaziguar, tranquilizar ou restituir a paz. Aliás, para que a paz seja restituída... escrevamos "pacificação".

2. Exências humanas
Correção: é da essência humana o erro, porém "exência", com -x, é, no mínimo, "desumano"... .

QUESTÕES

1. (2015/VUNESP/PC-CE/Delegado de Polícia Civil de 1ª Classe)

Luiz Felipe Pondé afirma não _____ mais vovôs e vovós como antigamente, já que _____ cada vez mais _____ em copiar seus netos.

Assinale a alternativa que preenche, correta e respectivamente, as lacunas, de acordo com a norma-padrão da língua portuguesa.

(A) haver ... encontra-se ... empenhados
(B) haver ... se encontram ... empenhados
(C) haverem ... se encontra ... empenhado
(D) haverem ... encontram-se ... empenhados
(E) haver ... encontra-se ... empenhado

2. (2014/FCC/SABESP/Advogado) Nenhum fator isolado nessa coleção poderia tê-los derrubado tão severamente...

A transposição da frase acima para a voz passiva terá como resultado a forma verbal:
(A) poderiam ter vindo a derrubar.
(B) poderiam ter derrubado.
(C) poderia ter sido derrubado.
(D) poderiam ter sido derrubados.
(E) poderia terem sido derrubados.

3. (2014/FCC/TJ-AP/Técnico Judiciário) Quando visitou a Amazônia, Eliane Brum _____ com a índia Dorica, que, na ocasião, _____ à jornalista que as parteiras realizavam um trabalho que _____ paciência.
A alternativa que completa, correta e respectivamente, as lacunas da frase, preservando-se a correlação entre as formas verbais, é:
(A) conversava – revelando – exigiu
(B) tinha conversado – revelasse – exigira
(C) conversa – tinha revelado – teria exigido
(D) conversou – revelou – exigia
(E) conversara – revelaria – exigisse

4. (2014/FCC/TRT – 1ª Região/Analista Judiciário) Na frase "<u>Disse</u>se alguém isso hoje, <u>seria</u> aplaudido por muitos, ao passo que uns poucos o <u>condenariam</u> com veemência", a correlação entre tempos e modos verbais continuará adequada caso se substituam as formas sublinhadas, na ordem dada, por
(A) Diria – será – condenem
(B) Diga – será – condenarão
(C) Diria – fosse – condenassem
(D) Diga – terá sido – condenem
(E) Teria dito – teria sido – condenassem

5. (2014/FCC/TRF – 4ª Região/Analista Judiciário – Área Judiciária) Ocorrem adequada transposição de voz verbal e perfeita correlação entre tempos e modos na seguinte passagem:
I. A vaidade, uma vez justificável, deixa de ser um vício abominável. = Se a justificarmos, a vaidade já não seria um vício abominável.
II. Ele toleraria a vaidade, desde que pudesse justificá-la. = A vaidade seria tolerada, desde que ela pudesse ser justificada por ele.
III. Ele não vê como poderia justificar a vaidade que eventualmente o assalta. = A vaidade não é vista justificada por ele, quando eventualmente é por ela assaltado.

Está correto o que consta APENAS em
(A) I e II.
(B) II e III.

(C) I.

(D) II.

(E) III.

6. (2014/FUNRIO/INSS/Analista) Assinale a alternativa que contém frase com desvio na flexão da forma verbal.

(A) Caso essa medida seja eficaz ou esteja de acordo com as normas, todos a aplaudiremos.

(B) Depois que sua irmã ver aquelas fotos, nunca mais nos perdoará.

(C) Eu não adiro ao programa enquanto nossos superiores não aderirem.

(D) Muitos esperavam que eu propusesse isso para você.

(E) Para que não bloqueemos o trânsito, vamos caminhar apenas pelas calçadas.

7. (2014/UFMT/MPE-MT/Promotor de Justiça) O sentimento religioso não mora no mundo das coisas que existem. Se Deus existisse, então o mundo seria um Paraíso... Deus mora no mundo das coisas que não existem, o mundo da saudade, da nostalgia. Os deuses que moram no mundo das coisas que existem não são deuses. São ídolos.

Sobre a linguagem do trecho, assinale a afirmativa correta.

(A) No trecho coisas que existem, existir pode ser substituído por haver, ficaria haviam.

(B) Em todas as ocorrências, o pronome que é relativo, funciona como elemento coesivo e retoma o sentido do mesmo antecedente.

(C) Em Se Deus existisse, existir pode ser substituído por haver, ficaria houvesse.

(D) No trecho Se Deus existisse, então o mundo seria um Paraíso..., a correlação correta entre as formas verbais é pretérito imperfeito do subjuntivo e futuro do presente do indicativo.

(E) Ideia de conformidade está presente no trecho Se Deus existisse, então o mundo seria um Paraíso...

8. (2014/FCC/TRT – 2ª Região/Analista Judiciário) Está plenamente adequada a correlação entre tempos e modos verbais em:

(A) Se alguém apelasse para a tal "questão de gosto", dificilmente nós, reputados polemistas, haveremos de concordar.

(B) Seria necessário que todos gostassem das fórmulas ditatoriais do gosto para que se impeça um debate calcado em princípios argumentativos.

(C) Caso um de nós a tome em sentido absoluto, a questão de gosto acabará por impedir que debatamos com alguma seriedade.

(D) Caso sejam levadas a sério, suas ponderações teriam soterrado as tais razões de gosto que alegassem os seus interlocutores.

(E) Somente nos restaria engolir em seco, se admitirmos que a tal da questão de gosto tivesse alguma relevância.

9. (2014/FUNRIO/INSS/Analista) A forma verbal que contém alomorfe de vogal temática é:

(A) eu ALIMENTO.
(B) (se) tu VIAJARES.
(C) ela ARRASOU.
(D) nós FINGIREMOS.
(E) (que) eles SUMAM.

10. (2014/FUNRIO/INSS/Analista) "Plínio dedicara-se aos estudos e certamente conseguiria a aprovação." Se substituirmos os verbos simples dessa frase por seus equivalentes compostos, a reescritura será:

(A) Plínio estava a dedicar-se aos estudos e certamente teria de conseguir a aprovação.
(B) Plínio estava se dedicando aos estudos e certamente iria conseguir a aprovação.
(C) Plínio havia se dedicado aos estudos e certamente teria conseguido a aprovação.
(D) Plínio tinha se dedicado aos estudos e certamente poderia conseguir a aprovação.
(E) Plínio vinha se dedicando aos estudos e certamente havia de conseguir a aprovação.

11. (2016/MPE-SC/Promotor de Justiça) Leia o texto abaixo e resolva as 2 (duas) questões seguintes.

"As emoções não são um privilégio humano. Os bichos também sentem tristeza, alegria, raiva, amor. Para compreender ainda mais o comportamento deles, os zoólogos tentam decifrar esses estados emocionais, estudando as suas expressões corporais.

Os elefantes são considerados excelentes modelos para o estudo dos sentimentos animais, pois parecem estar sempre com a emoção à flor da pele. Quando um deles morre, os outros fazem verdadeiros rituais fúnebres, formando um círculo em torno do cadáver, sobre o qual depositam folhas e galhos, enquanto choram copiosamente."

(Disponível em: <http:/super.abril.com.br/ciência/sentimento-animal>.)

Em "estudando as suas expressões corporais" e "formando um círculo em torno do cadáver" o gerúndio foi empregado com obediência às regras gramaticais.

( ) Certo   ( ) Errado

12. (2016/MPE-SC/Promotor de Justiça) É correto afirmar que o mesmo ocorre no uso dessa forma nominal do verbo, em frases como "Estaremos estudando como melhor atendê-lo" e "Vou estar pesquisando o assunto em pauta".

( ) Certo   ( ) Errado

13. (2016/MPE-SC/Promotor de Justiça) Transformando em voz passiva a frase "No julgamento de ações civis, o juiz examina detalhadamente as questões apresentadas", obtém-se a forma verbal "são examinadas".

( ) Certo   ( ) Errado

VERBOS • capítulo 17

14. (2016/MPE-SC/Promotor de Justiça)   Observe as frases abaixo.
(A)   Vossa Senhoria deseja que lhe indiquemos seu novo escritório?
(B)   Vossa Senhoria desejais que vos indiquemos vosso novo escritório?
Ambas estão gramaticalmente corretas.
   (   ) Certo   (   ) Errado

15. (2016/MPE-SC/Promotor de Justiça)   "Desde as primeiras viagens ao Atlântico Sul, os navegadores europeus reconheceram a importância dos portos de São Francisco, Ilha de Santa Catarina e Laguna, para as 'estações da aguada' de suas embarcações. À época, os navios eram impulsionados a vela, com pequeno calado e autonomia de navegação limitada. Assim, esses portos eram de grande importância, especialmente para os navegadores que se dirigiam para o Rio da Prata ou para o Pacífico, através do Estreito de Magalhães."

(Adaptado de SANTOS, Sílvio Coelho dos. *Nova História de Santa Catarina*. Florianópolis: edição do Autor, 1977, p. 43.)

Em "os navegadores europeus reconheceram" a forma verbal encontra-se no pretérito perfeito do indicativo, tempo que indica ação ocorrida e concluída em determinado momento do passado.
   (   ) Certo   (   ) Errado

16. (2016/MPE-SC/Promotor de Justiça/Questão adaptada)   Os verbos de estado indicam: estado permanente, estado transitório, mudança de estado, aparência de estado e continuidade de estado. A frase que mostra um verbo de estado com valor de mudança de estado é:
(A)   "áreas que antes eram baratas e de fácil acesso";
(B)   "tornam-se mais caras";
(C)   "habitantes que sofrem com esse processo são trabalhadores com baixos salários";
(D)   "Além disso, à medida que as cidades crescem";
(E)   "a grande maioria da população pobre busque por moradias em regiões ainda mais distantes".

17. (2016/FCC/TRF – 3ª Região/Analista Judiciário)
Estava mal chegando a São Paulo, quando um repórter me provocou: "Mas como, Chico, mais um samba? Você não acha que isso já está superado?" Não tive tempo de me defender ou de atacar os outros, coisa que anda muito em voga. Já era hora de enfrentar o dragão, como diz o Tom, enfrentar as luzes, os cartazes, e a plateia, onde distingui um caro colega regendo um coro pra frente, de franca oposição. Fiquei um pouco desconcertado pela atitude do meu amigo, um homem sabidamente isento de preconceitos. Foi-se o tempo em que ele me censurava amargamente, numa roda revolucionária, pelo meu desinteresse em participar de uma passeata cívica contra a guitarra elétrica. Nunca tive nada contra esse instrumento, como nada tenho contra o tamborim. O importante é Mutantes e Martinho da Vila no mesmo palco.

Mas, como eu ia dizendo, estava voltando da Europa e de sua música estereotipada, onde samba, toada etc. são ritmos virgens para seus melhores músicos, indecifráveis para seus cérebros eletrônicos. "Só tenho uma opção, confessou-me um italiano – sangue novo ou a antimúsica. Veja, os Beatles, foram à Índia..." Donde se conclui como precipitada a opinião, entre nós, de que estaria morto o nosso ritmo, o lirismo e a malícia, a malemolência. É certo que se deve romper com as estruturas. Mas a música brasileira, ao contrário de outras artes, já traz dentro de si os elementos de renovação. Não se trata de defender a tradição, família ou propriedade de ninguém. Mas foi com o samba que João Gilberto rompeu as estruturas da nossa canção. E se o rompimento não foi universal, culpa é do brasileiro, que não tem vocação pra exportar coisa alguma.

Quanto a festival, acho justo que estejam todos ansiosos por um primeiro prêmio. Mas não é bom usar de qualquer recurso, nem se deve correr com estrondo atrás do sucesso, senão ele se assusta e foge logo. E não precisa dar muito tempo para se perceber "que nem toda loucura é genial, como nem toda lucidez é velha".

(Adaptado de: HOLANDA, Chico Buarque de, apud Adélia B. de Menezes, *Desenho Mágico*: poesia e política em Chico Buarque, São Paulo, Ateliê, 2002, p. 28-29.)

O verbo que pode ser indiferentemente flexionado no singular ou no plural encontra-se em:

(A) ... enfrentar as luzes, os cartazes, e a plateia... (1° parágrafo)

(B) Mas a música brasileira, ao contrário de outras artes, já traz dentro de si os elementos de renovação. (2° parágrafo)

(C) Veja, os Beatles, foram à Índia... (2° parágrafo)

(D) O importante é Mutantes e Martinho da Vila no mesmo palco. (1º parágrafo)

(E) ... onde samba, toada etc. são ritmos virgens para seus melhores músicos... (2º parágrafo)

18. (2016/VUNESP/IPSMI/Procurador) Assinale a alternativa em que a colocação pronominal e a conjugação dos verbos estão de acordo com a norma-padrão.

(A) Eles se disporão a colaborar comigo, se verem que não prejudicarei-os nos negócios.

(B) Propusemo-nos ajudá-lo, desde que se mantivesse calado.

(C) Tendo avisado-as do perigo que corriam, esperava que elas se contessem ao dirigir na estrada.

(D) Todos ali se predisporam a ajudar-nos, para que nos sentíssemos à vontade.

(E) Os que nunca enganaram-se são poucos, mas gostam de que se alardeiem seus méritos.

19. (2016/FGV/Prefeitura de Cuiabá – MT/Auditor Fiscal Tributário da Receita Municipal) "É disso que trata a educação: formar indivíduos engajados".

Colocando o segmento sublinhado na forma nominal, tem-se:

(A) "indivíduos engajados se formarem".

(B) "formarem-se indivíduos engajados".

(C) "o engajamento e formação de indivíduos".

(D) "que se formem indivíduos engajados".

(E) "a formação de indivíduos engajados".

20. (2016/UFMT/TJ-MT/Técnico Judiciário) Assinale o trecho que apresenta correlação entre os tempos e os modos verbais de acordo com a escrita padrão.

(A) Você quer que eu faço isso para você?

(B) Eu queria que ele me dava uma carona para o trabalho.

(C) Se eu fosse você, tinha vergonha de falar desse jeito.

(D) Ele não irá ao concerto caso esteja muito doente.

21. (2016/FCC/TRT – 14ª Região (RO e AC)/Analista Judiciário) Atente para as seguintes construções:

I. Haveria ainda mais hipocrisia, nas relações entre o homem e a mulher americanos, caso não venham a se organizar os atuais protestos contra o assédio sexual.

II. Não fossem as iniciativas das mulheres americanas, que não hesitam em processar os desrespeitadores machistas, não se demoveriam práticas detestáveis de discriminação e desrespeito.

III. Havendo ameaça de um processo, é natural que os homens americanos passem a acautelar-se quanto às atitudes que venham a tomar em suas relações com as mulheres.

A correlação entre tempos e modos verbais está plenamente respeitada APENAS em

(A) I.

(B) II.

(C) III.

(D) I e II.

(E) II e III.

22. (2016/FCC/TRT – 14ª Região/Analista Judiciário) A transposição de uma frase na voz ativa para sua exata correspondente na voz passiva ocorre em:

(A) As mulheres passaram a reagir contra a prática do assédio sexual = A prática do assédio sexual passou a ser objeto de reação das mulheres.

(B) A reação das mulheres traduz a intensidade de sua revolta = A reação das mulheres será traduzida pela intensidade de sua revolta.

(C) São históricos os preconceitos que vêm vitimando as mulheres = As mulheres teriam sido vitimadas por preconceitos históricos.

(D) Os machistas vêm seduzindo as mulheres com a complacência da sociedade = As mulheres vêm sendo seduzidas pelos machistas com a complacência da sociedade.

(E) Promessas e chantagens empregam os machistas em seu processo de sedução = Os machistas têm empregado promessas e chantagens em seu processo de sedução.

23. (2016/FCC/TRT – 14ª Região/Analista Judiciário) O verbo indicado entre parênteses deverá flexionar-se em uma forma do plural para preencher corretamente a lacuna da frase:

(A) Nem se ...... (pensar) em dar ouvidos às pessoas que não acreditam no poder da arte de contar histórias.

(B) Aos meninos do bairro ...... (parecer) melhor ouvir histórias do que se entreter com jogos eletrônicos.

(C) Das histórias que ouviram nada os ...... (encantar) mais do que as inflexões do narrador.

(D) É improvável que nos anos futuros ...... (deixar) de haver gratas recordações dessas histórias que ouvimos.

(E) Para a maioria dos alunos ainda se ...... (conservar) os momentos mágicos daquela antiga sessão.

24. (2016/VUNESP/MPE-SP/Analista de promotoria) Para responder a questão, considere a seguinte passagem:

Mesmo quando envelhece, e não tem como ser trocado, ele se mantém atualizável e altamente customizado.

Assinale a alternativa em que o verbo está corretamente conjugado, seguindo o padrão de conjugação de "manter".

(A) Chegaria a conclusões mais acertadas, caso se detesse a examinar os dados com o cuidado necessário.

(B) Para que se abstessem de votar, seria necessário que os convencessem com bons argumentos.

(C) Acusam-nas de desonestas, porque reteram informações que teriam de ter disponibilizado.

(D) Pediu que nos contivéssemos diante das provocações, pois elas poderiam nos desestabilizar.

(E) Em vez de atender aos clientes, alguns dos rapazes se entretiam com o celular, trocando mensagens.

25. (2016/FGV/MPE-RJ/Técnico do Ministério Público)

O futuro da medicina

O avanço da tecnologia afetou as bases de boa parte das profissões. As vítimas se contam às dezenas e incluem músicos, jornalistas, carteiros etc. Um ofício relativamente poupado até aqui é o de médico. Até aqui. A crer no médico e "geek" Eric Topol, autor de "The Patient Will See You Now" (o paciente vai vê-lo agora), está no forno uma revolução da qual os médicos não escaparão, mas que terá impactos positivos para os pacientes.

Para Topol, o futuro está nos smartphones. O autor nos coloca a par de incríveis tecnologias, já disponíveis ou muito próximas disso, que terão grande impacto sobre a medicina. Já é possível, por exemplo, fotografar pintas suspeitas e enviar as imagens a um algoritmo que as analisa e diz com mais precisão do que um dermatologista se a mancha é inofensiva ou se pode ser um câncer, o que exige medidas adicionais.

Está para chegar ao mercado um apetrecho que transforma o celular num verdadeiro laboratório de análises clínicas, realizando mais de 50 exames a uma fração do custo atual. Também é possível, adquirindo lentes que custam centavos, transformar o smartphone num supermicroscópio que permite fazer diagnósticos ainda mais sofisticados.

Tudo isso aliado à democratização do conhecimento, diz Topol, fará com que as pessoas administrem mais sua própria saúde, recorrendo ao médico em menor número de ocasiões e de preferência por via eletrônica. É o momento, assegura o autor, de ampliar a autonomia do paciente e abandonar o paternalismo que desde Hipócrates assombra a medicina.

Concordando com as linhas gerais do pensamento de Topol, mas acho que, como todo entusiasta da tecnologia, ele provavelmente exagera. Acho improvável, por exemplo, que os hospitais caminhem para uma rápida extinção. Dando algum desconto para as previsões, "The Patient..." é uma excelente leitura para os interessados nas transformações da medicina.

(*Folha de S.Paulo* online – Coluna Hélio Schwartsman, 17 de janeiro de 2016.)

Em todos os segmentos abaixo há exemplos de formas de gerúndio; o valor semântico de uma dessas formas que está corretamente indicado é:

(A) "Está para chegar ao mercado um apetrecho que transforma o celular num verdadeiro laboratório de análises clínicas, realizando mais de 50 exames a uma fração do custo atual" / finalidade;

(B) "Também é possível, adquirindo lentes que custam centavos, transformar o smartphone num supermicroscópio" / meio;

(C) "..., fará com que as pessoas administrem mais sua própria saúde, recorrendo ao médico em menor número de ocasiões" / modo;

(D) "Dando algum desconto para as previsões, ..." / concessão;

(E) "Concordando com as linhas gerais do pensamento de Topol" / tempo.

GABARITO

1. B	6. B	11. Certo	16. B	21. E
2. D	7. C	12. Errado	17. D	22. D
3. D	8. C	13. Certo	18. B	23. E
4. B	9. C	14. Errado	19. E	24. D
5. D	10. C	15. Certo	20. D	25. B

18 MEMORIMACETES

Os MEMORIMACETES objetivam oferecer ao estudioso, mediante processo de memorização, a aprendizagem dos elementos gramaticais mais importantes de nosso idioma. Por meio do confronto entre o *acerto* e o *erro*, pode o leitor visualizar o melhor caminho a seguir, memorizando as dicas afetas àquele questionamento. Será possível perceber que, em alguns casos – em virtude da complexidade dos pontos gramaticais –, serão ofertadas explicações detalhadas acerca do tema, enriquecidas com exemplos e comentários. Passemos, então, a seu estudo.

MEMORIMACETES	
ERRO: Houveram confusões.	**ACERTO:** Houve confusões.

O verbo **haver** no sentido de "existir" é impessoal, não podendo concordar com o nome a que se refere. Exemplo:

- *No mês passado, havia muitas amoras na árvore.*

Há construções pouco recomendáveis, documentadas até mesmo em alguns dos melhores escritores da Língua, especialmente do século passado, que não devem ser imitadas:

"Houveram muitas lágrimas de alegria"[1].

"Ali haviam vários deputados que conversavam de política, e os quais se reuniram a Meneses"[2].

ERRO: Quando eu ver você,...	**ACERTO:** Quando eu vir você,...

O verbo **ver** apresenta problemas, em suas formas verbais, ao falante menos atento. O *futuro do subjuntivo* se forma com *vir*, isto é, deve-se dizer *quando eu vir, tu vires, ele vir, nós virmos, vós virdes, eles virem*. Não se pode falar "quando eu ver"... aliás, bem a propósito, tal erro se repete excessivamente em propaganda eleitoral na tevê, em época de eleições, quando os candidatos ensinam seus eleitores a votarem dessa forma: "Digite o número devagarinho. Depois, olhe bem: quando <u>ver</u> a foto do seu Candidato na tela, aperte 'confirma'". Haja paciência, não é mesmo?

ERRO: A nível de	**ACERTO:** Em nível de / Ao nível de

Evite esse modismo linguístico, que parece ser uma "praga" com alto poder de contaminação. Traduz-se, verdadeiramente, em expressão inútil que deve ser abolida, uma vez que se apresenta como um peso desnecessário na exposição da ideia. Exemplos de erronias:

"Decisão a nível de diretoria".

"O preço do produto vai subir, tanto a nível de atacado quanto no varejo".

---

1   Camilo Castelo Branco, *Vingança*, Porto, p. 82, *apud* Celso Cunha, 1983.
2   Machado de Assis, *Obra completa*, II, p. 67-68, *apud* Celso Cunha, 1983.

ERRO: Ele chegou atrasado, posto que perdeu a hora.	**ACERTO:** Ele chegou atrasado porque perdeu a hora.

A locução **posto que** indica "concessão", devendo ser traduzida como "embora, ainda que, mesmo que, conquanto". Ao contrário do que aparenta, a expressão não é sinônima de "porque". Enfatize-se que, não obstante dicionarizada, é expressão condenada na acepção *causal*, como sinônima de "porque". Muito cuidado!

Veja os exemplos de uso inadequado:

"Discordamos de você, posto que a sua opinião é falha".

"Julgo procedente, posto que ficou provado nos autos o dolo".

Agora, aprecie as formas legítimas:

- *Posto que tenha se esforçado, não obteve o sucesso esperado.*
- *Posto que seja cego, o amor não é surdo.*
- *Não me convencerá, posto que a vaca tussa.*
- *Julgarei procedente, posto que não fique convencido.*
- *Posto que não ignore o que fiz, faça o que mando.*
- *Posto que não percebesse exatamente por quê, ela começou a chorar.*
- *"... o primeiro a entrar no jardim, e pisava firme, posto que cauteloso"*[3].
- *"Posto que estivesse mais ou menos a par da situação, Emília, vendo a irmã em tal estado, começou também a oferecer resistência"*[4].

Observe como a expressão *posto que* é bem utilizada, na linguagem mais antiga, com o valor concessivo, de "ainda que, embora", na passagem do conto *O alienista*, de Machado de Assis:

- *"... Pode crer-se que a intenção do Mateus era ser admirado e invejado, posto que ele não a confessasse a nenhuma pessoa, nem ao boticário, nem ao padre Lopes, seus grandes amigos".*

Ademais, memorize que o tempo verbal deve estar no *modo subjuntivo* com a expressão em apreço. Logo, fala-se *posto que fosse*, e não "posto que era" ou "posto que é".

Por fim, registre-se que Vinicius de Moraes, no esplêndido *Soneto de Fidelidade*, "escorregou" ao usar a expressão. Mas vamos e venhamos... ele pode, nós, não! Com efeito, o artista, valendo-se da *licença poética*, pode "desafiar" a gramática. Tal manejo é permitido a alguns. Abramos alas, pois, à magnificência poética de Vinicius de Moraes:

"(...) E assim, quando mais tarde me procure
Quem sabe a morte, angústia de quem vive,
Quem sabe a solidão, fim de quem ama,
Eu possa dizer do amor (que tive)
Que não seja imortal posto que é chama [**no sentido de "que não seja imortal 'porque' é chama"**]
Mas que seja infinito enquanto dure".

---

3   Carlos Drummond de Andrade, *Obra completa*, p. 439, *apud* Cegalla, 1999, p. 325.
4   Ciro dos Anjos, *O amanuense Belmiro*, p. 137, *apud* Cegalla, 1999, p. 325.

| ERRO: Ele teve um infarte. | ACERTO: Ele teve um enfarte. |

Há quatro variantes sinônimas para a expressão designativa desse problema cardiológico, que podem ser hoje livremente utilizadas. São elas:

| ENFARTE | ENFARTO | INFARTE | INFARTO |

As formas *enfarte* e *enfarto*, ambas com en-, são oriundas da linguagem popular. Por outro lado, a expressão *infarto* encontra bases etimológicas em *infarct* (inglês) e *infarctus* (francês). Por sua vez, a forma *infarte* não fazia parte de nosso léxico, até a publicação da edição do VOLP 2009. Na atualidade, portanto, *in dubio pro libertate*.

| ERRO: Obteve um empréstimo junto ao banco. | ACERTO: Obteve um empréstimo no banco. |

As expressões *junto a, junto com* podem ser consideradas corretas, se vierem a exprimir proximidade ou contiguidade. Exemplos:

- *Os lavradores estavam junto ao barracão.*

- *"E, magoados com a sua rudeza, ali ficamos junto de um tronco de oliveira seca..."*[5].

- *Nosso embaixador agirá junto ao governo argentino para entabular um amistoso diálogo.*

Observações:

1. Fora desses casos, o uso de tais expressões não é recomendável. Exemplos de erronias:

    "Ele tentará obter um empréstimo junto ao banco" (troque por "no").

    "Os insatisfeitos informaram o crime junto à Delegacia de Polícia" (troque por "na").

2. Com relação à expressão "junto com", embora transpareça um nítido pleonasmo, não há redundância, haja vista a consagração da forma, tão velha quanto Camões, que a utilizou em *Os lusíadas*, VII, 77. Portanto, sem recriminar, aprecie a frase:

- *"O rapaz saiu junto com a namorada"*[6].

| ERRO: Já acostumou com as manias dele? | ACERTO: Já se acostumou com as manias dele? |

No sentido de "habituar-se", não se deve utilizar o verbo "acostumar" sem pronome. Este é de rigor, a par das preposições *a* ou *com*, uma vez que **acostumar-se** é *transitivo indireto*. Nessa mesma esteira, segue o verbo **desacostumar-se**, acompanhado da preposição *de*. Logo, observe as frases corretas:

- *Ela se acostumou a Nova Iorque.*

- *Eu me acostumei a isso.*

- *Eu me desacostumei de nadar.*

- *Devo desacostumá-lo de beber.*

---

5   Eça de Queirós, *A relíquia*, p. 192, *apud* Cegalla, 1999, p. 227.

6   Celso Luft, *Dicionário prático de regência nominal*, p. 317, *apud* Cegalla, 1999, p. 227.

ERRO: Foi morto à sangue-frio.	ACERTO: Foi morto a sangue-frio.

Nas *locuções adverbiais* formadas com substantivos masculinos, a crase não é bem-vinda. Portanto, memorize:

Estrada a leste – Escrito a lápis – Andar a pé – Andar a cavalo – Carro a gás – Transpor a nado – Berrou a seu gosto – Matou a sangue-frio – Vestir-se a caráter – Andar a esmo – Vendas a crédito – Compras a prazo – Estava a bordo do navio – Sorriu a muito custo – Veio a jato.

ERRO: Ele adivinha de sua mãe.	ACERTO: Ele advinha de sua mãe.

O verbo *adivinhar*, na acepção de "descobrir", deve, sim, ser grafado sempre com -i, quer nas formas verbais (*eu adivinho, que nós adivinhemos* etc.), quer como substantivo (*o adivinho*). De outra banda, o verbo **advir**, como sinônimo de "vir", na 1ª pessoa do singular (eu) do pretérito imperfeito do indicativo, forma *eu advinho* (com -d mudo). Portanto, muito cuidado com adivinhações por aí... Antes, divirta-se com a legítima frase:

- *Elas adivinham que os anjos advinham do céu.*

ERRO: Calda do piano	ACERTO: Cauda do piano

A *calda* é o "líquido" (*calda de chocolate*). Por outro lado, **cauda** é "o prolongamento traseiro do piano, de vestido e de animais. Portanto, escreva, corretamente, *cauda do piano*.

ERRO: Ele lutou heroicamente e bravamente.	ACERTO: Ele lutou heroica e bravamente.

Se ocorrerem na frase dois ou mais advérbios de modo (terminados em -mente), em geral, só o último ganha este sufixo, mantendo-se os demais na forma feminina do adjetivo. Exemplos:

- *O assassino ouvia o juiz atenta e friamente.*
- *A vítima foi estrangulada covarde e barbaramente.*

A repetição do sufixo -mente só se justificaria em situações específicas, nas quais se pretendesse dar ênfase ao elemento. Exemplo:

- *Ele foi demoradamente e calorosamente aplaudido.*

Por fim, registre-se que o termo "heroica" (sem acento na sílaba -roi) perdeu o acento gráfico por força do Acordo Ortográfico, o qual suprimiu o acento nos ditongos abertos das paroxítonas.

ERRO: O festival terá músicas afro.	ACERTO: O festival terá músicas afras.

O termo **afro** deriva de "africano", podendo ser adjetivo. Como tal, deve concordar com o substantivo. Exemplos: *carnaval afro; música afra; canções afras.* Liga-se, também, a outros adjetivos, como: *afro-brasileiro*.

ERRO: Ele se comprouveu de um crime.	ACERTO: Ele se comprazeu (ou comprouve) de um crime.

O verbo **comprazer** (VTI ou VI), na acepção de "servir ou ser cortês", não apresenta grandes problemas na conjugação: *comprazo, comprazia, comprazerei, comprazeria, compraza,* entre outras formas.

No *pretérito perfeito do indicativo* e nos tempos dele derivados apresenta duas formas possíveis (regular e irregular), ganhando feição de verbo *abundante*: *comprazi* ou *comprouve*; *comprazeu* ou *comprouve; comprazeram ou comprouveram; comprazera ou comprouvera; comprazesse ou comprouvesse; comprazer ou comprouver.*

Por fim, o verbo também é possível, na forma pronominal – comprazer-se –, na acepção de "alegrar-se, sentir prazer, deleitar-se". Exemplos:

- *Comprazo-me com a sorte alheia.*
- *Diante dos clientes, sorria sempre para comprazer.*
- *Compraz às mulheres a má sorte das outras.*
- *Ele se comprazeu (ou comprouve) de um crime.*

ERRO: Rir é o melhor remédio – um aforisma famoso.	**ACERTO:** "Rir é o melhor remédio" – um aforismo famoso.

Aforismo: substantivo masculino que se refere a "sentença, máxima, definição breve". Não existe "aforisma". Na mesma esteira, é oportuno aqui registrarmos o vocábulo **cataclismo** (não existe "cataclisma"), o qual deriva da palavra grega *cataclismós*, na acepção de "catástrofe, uma inundação, uma convulsão social". Sendo assim, aprecie a frase:

- *"Ainda bem não se refazia de um cataclismo, sobrevinha-lhe outro"*[7].

ERRO: A última vez em que viajei...	**ACERTO:** A última vez que viajei...

A expressão adverbial, tradutora de sentido temporal, **a última vez que...** é estereotipada e fixa. Portanto, não pode ser modificada, haja vista apresentar-se cristalizada. Com efeito, é inadequado antepor a preposição *em* ao pronome relativo *que*, em virtude de tal pronome aparecer comumente como *conjunção*, o que basta para rechaçar a preposição. O mesmo se diga para as expressões *a primeira vez que..., a segunda vez que..., a última vez que..., cada vez que...* e *todas as vezes que...*

Portanto, aprecie as frases legítimas:

- *A última vez que fui ao cinema, assisti a um belo filme.*
- *Era a última vez que via o filho.*
- *A primeira vez que assisti à sua aula, apaixonei-me.*
- *Era a segunda vez que a gritava.*
- *Cada vez que a beijo, sinto vontade de me entregar.*
- *Todas as vezes que a vejo, perco o fôlego.*
- *"Era a primeira vez que Jorge se separava de Luísa"*[8].
- *"Era a última vez que via o patrão"*[9].

---

7 José Américo de Almeida, *A bagaceira*, p. 25, *apud* Cegalla, 1999, p. 66.
8 Eça de Queirós, *O primo Basílio*, p. 10, *apud* Cegalla, 1999, p. 34.
9 Adonias Filho, *Corpo vivo*, p. 28, *apud* Cegalla, 1999, p. 43.

| **ERRO:** A cidade foi arrasada pela avalanche. | **ACERTO:** A cidade foi arrasada pela avalancha. |

A massa de gelo e neve que se desprende das montanhas recebe o nome, em português, de **avalancha**. O termo "avalanche" é francês, havendo, todavia, seu registro no Aurélio e no Houaiss. A edição do VOLP 2021 não traz indicação desse vocábulo. Assim, entendemos que é recomendável o uso de *avalancha* em detrimento de "avalanche", sabendo-se, todavia, que ambos são termos dicionarizados.

Ademais, em sentido figurado, é possível o uso da expressão *avalancha* na acepção de "grande quantidade de coisas que chegam de supetão". Exemplos:

- *Ele fez carga de uma avalancha de processos.*
- *Houve uma avalancha de protestos.*

| **ERRO:** Ele comprou botas azul-celestes. | **ACERTO:** Ele comprou botas azul-celeste. |

Há *adjetivos* formados com o elemento **azul** que são invariáveis, quando pluralizados. Exemplos: *azul-celeste, azul-marinho, azul-turquesa* e *azul-ferrete*. Portanto, memorize: *roupas azul-celeste; camisas azul-ferrete; ternos azul-marinho*.

De outra banda, é interessante notar que, como *substantivos*, poderão ser pluralizados. Exemplos:

- *Os azuis-marinhos das telas variavam em tons sutis.*
- *Os azuis-celestes das paisagens que pintei impressionavam pela leveza.*

| **ERRO:** Ele se aproximou em câmera lenta. | **ACERTO:** Ele se aproximou em câmara lenta. |

O substantivo *câmera* designa "o aparelho de filmar". Exemplo: *câmera de TV, câmera de televisão*. Além disso, pode ter a acepção de "pessoa que opera tais aparelhos" (*O câmera estava exausto*). Fora desses casos, emprega-se **câmara**. Exemplos: *Câmara dos Deputados, Câmara de Gás, Câmara Frigorífica, Câmara Municipal* e, igual e simplesmente, *câmara* (para câmara lenta, com o sentido de "lentamente").

| **ERRO:** O sorvete é feito com raspas de côco. | **ACERTO:** O sorvete é feito com raspas de coco. |

O fruto do coqueiro é o **coco**, sem acento circunflexo, como em *soco*. O plural é *cocos*. Ambos têm a vogal tônica fechada /ô/. A forma também tem a acepção (1) de "crânio" (sinônimo de cocuruto) e, também, (2) de "dança popular de Alagoas".

Por outro lado, a bactéria é *coco*, sem acento agudo, como em *eu toco*. O plural é *cocos*. Ambos têm a vogal tônica aberta /ó/. O termo também serve para designar "a medida japonesa de seis alqueires".

Em tempo, registre-se que, na acepção de excremento, há a forma *cocô*, dicionarizada e com acento circunflexo, como oxítona.

Por derradeiro, há a forma *cocó*, na acepção de "penteado feminino ou coque na cabeça".

Resumindo: há COco /ô/; há COco /ó/; há coCÔ; há coCÓ. Puxa... haja cocuruto!

ERRO: Ela deu à luz a gêmeos.	**ACERTO:** Ela deu à luz gêmeos.

O verbo *parir* pode ser substituído pela interessante expressão **dar à luz**. Tal formação designa que *um ser dá algo/alguém à luz*, o que, de pronto, rechaça a usual e inadequada forma "dar à luz A alguém/algo" (em vez de *dar à luz alguém/algo*). Portanto, memorize com correção:

- *Carla deu à luz uma menina.*
- *Ela estava prestes a dar à luz* (e não prestes a dar a luz).
- *Ela deu à luz trigêmeos.*

ERRO: De certo ele reagiu ao assalto.	**ACERTO:** Decerto ele reagiu ao assalto.

Decerto é advérbio de modo com o sentido de "certamente, com certeza". Não confundir com "de certo", que se contrapõe a "de errado". Exemplo: *O que há de certo no trabalho é que já começamos sua elaboração.* Portanto, aprecie a boa frase:

- *Se houve voz inigualável em nossa MPB, essa voz foi decerto a de Elis Regina.*

ERRO: Era um caso difícil de se destrinchar.	**ACERTO:** Era um caso difícil de destrinçar.

O verbo designativo do ato de "desenredar, deslindar ou resolver questões difíceis" é **destrinçar**. Todavia, insta mencionar a forma variante brasileira *destrinchar*, que surgiu provavelmente por influência de "trinchar", na acepção de "cortar em pedaços" (aves e animais). Portanto, prefira a forma mais refinada e elegante *destrinçar*, sabendo-se, todavia, da chancela pelo VOLP da forma coloquial *destrinchar*.

Por fim, ressalte-se que a forma correta é **difícil de destrinçar**, e não "difícil de se destrinçar", uma vez que é dispensável o pronome *se* em construções em que o infinitivo vem precedido de preposição *de* e por adjetivos como *agradável, fácil, difícil* ou *possível*. Portanto, memorize: *teste difícil de fazer, conta fácil de calcular, osso duro de roer, fruta boa de comer.* Todavia, se o infinitivo vier seguido de complemento, é preferível evitar a preposição *de* depois do termo "difícil", por exemplo:

- *Hoje em dia, é difícil conseguir um novo empregado* (em vez de "... é difícil <u>de</u> conseguir um novo empregado").

ERRO: As torcidas se degladiavam.	**ACERTO:** As torcidas se digladiavam.

O verbo **digladiar**, com -i, pode ser aceito na forma pronominal **digladiar-se**. Tem a acepção de "combater, lutar, duelar, discutir". Exemplos:

- *Os lutadores se digladiavam no Coliseu.*
- *Tiradentes digladiou-se pelo fim da Derrama.*
- *Digladiaram-se os partidos no plenário.*
- *Os presos digladiaram na cela.*

| **ERRO:** Eles constróem a ponte. | **ACERTO:** Eles constroem a ponte. |

O verbo *construir* pode ser conjugado no tempo presente do indicativo: *eu construo, tu constróis (ou construis), ele constrói (ele construi), nós construímos, vós construís, eles constroem (ou construem)*. Aliás, ressalte-se que o acento vale para o ditongo aberto -*ói* (*constrói, destrói, dói, mói, rói, sói*), não estando presente em formas como: *constroem, destroem, doem, moem, roem, soem* (verbo *soer*).

| **ERRO:** São fatos que não adiantam esconder. | **ACERTO:** São fatos que não adianta esconder. |

Trata-se de concordância verbal de sujeito oracional. Refere-se a situações em que o sujeito é uma oração, fazendo-se necessária a concordância obrigatória na 3ª pessoa do singular. Observe os exemplos abaixo:

- *São piadas que não adianta contar* (ou seja, *contar piadas* não adianta).
- *São episódios de que não se esquece.*
- *Falaram sobre assuntos que não cabe a mim esclarecer.*
- *Os nadadores estão mais rápidos que se supunha.*

| **ERRO:** É capaz que chova hoje. | **ACERTO:** É provável que chova hoje. |

A expressão "é capaz" deve ser evitada na linguagem culta, devendo ser substituída por *é provável* ou *é possível*. Portanto, memorize:

- *É provável que ocorra uma tempestade.*
- *É possível que ele chegue cedo.*
- *É provável que falte luz na cidade.*

| **ERRO:** Os assuntos da reunião devem ser discutidos entre si mesmas. | **ACERTO:** Os assuntos da reunião devem ser discutidos entre elas mesmas. |

O uso da expressão **entre si** somente é cabível quando houver *ideia de reciprocidade*. Exemplos:

- *Eles brigaram entre si.*
- *As raças humanas diferem entre si.*
- *Israel e Palestina não conseguem comunicar-se entre si.*

Todavia, se não houver ideia de reciprocidade, empregar-se-á *entre eles* ou *entre elas*. Exemplos:

- *O pastor europeu foi recebido pelos fiéis e permaneceu duas semanas entre eles.*
- *Os assuntos da pauta devem ser discutidos entre eles mesmos.*

| **ERRO:** O filme é um daqueles que nos entretiam nas sessões da tarde. | **ACERTO:** O filme é um daqueles que nos entretinham nas sessões da tarde. |

O verbo **entreter** (ou **entreter-se**) conjuga-se como *ter*, devendo o estudioso se acautelar com as flexões na conjugação: *eu me entretenho, eu me entretive, ele se entreteve, ele se entretém, eles se entretêm, eles se entretiveram, que eu me entretenha, se eu me entretivesse, quando eu me entretiver, eles se entretinham* (e não "entreTIAM", como apareceu no cabeçalho deste item).

ERRO: Ovos estalados	ACERTO: Ovos estrelados

Com relação à saborosa comida *ovos fritos*, use o adjetivo pertinente, ou seja, **estrelado**, e não "estalado", que é fruto da imaginação humana. Observe o exemplo esclarecedor colhido de nossa rica literatura:

- *"Quando, passados instantes, voltou com um bife e dois ovos estrelados, ainda ria"*[10].

ERRO: Na cidade, géa todos os anos.	ACERTO: Na cidade, geia todos os anos.

O defectivo verbo **gear** somente possui as formas da terceira pessoa do singular (ele). Portanto, existem: *geia, geou, geava, geara, geará, gearia, que geie, se geasse, quando gear*. Assim, aprecie as frases corretas:

- *Quando gear, tomaremos as providências para proteger a lavoura.*
- *Geou muito à noite.*
- *Talvez geie esta noite* (e não "gie").
- *Às vezes, geia naquela cidade, a qual está localizada a poucos metros de altitude.*

ERRO: Ele é deputado de São Paulo.	ACERTO: Ele é deputado por São Paulo.

O correto é dizer **deputado por São Paulo**, **senador por Pernambuco**, e não "deputado de" ou "senador de". Exemplos:

- *O cientista foi deputado por Minas Gerais e por São Paulo, entre 1950 e 1960.*
- *"(...) Com uma extensa experiência política, John Forbes Kerry acumulou quatro mandatos como senador por Massachussets"*[11].

ERRO: Ele lhe incucava novos métodos.	ACERTO: Ele lhe inculcava novos métodos.

O verbo **inculcar** (in-CUL-car, e não "incucar") tem várias acepções.

No sentido de "repetir alguma coisa com insistência, no intuito de frisá-la, fazendo-a assimilável", é verbo transitivo direto. Exemplos:

- *Espero que os professores inculquem as matérias em sua cabeça.*
- *Há autores que inculcam idiossincrasias condenáveis nos leitores.*

No sentido de "recomendar", o verbo terá uma transitividade direta e indireta. Exemplos:

- *Eles inculcam métodos aos intérpretes.*
- *Inculquei-lhe histórias mirabolantes.*

Por fim, ressalte-se que o verbo pode aparecer na forma pronominal – **inculcar-se** –, no sentido de "impor-se, apresentar-se". Exemplos:

---

10 Graciliano Ramos, *Caetés*, p. 152, *apud* Cegalla, 1999, p. 155.

11 *Folha Online* – Mundo – Disponível em: <www.folha.uol.com.br>. Acesso em 19 ago. 2004.

- O juiz inculcou-se julgador de lides alheias.
- Aqueles que se inculcam sábios desconhecem que o sábio é o que sabe o quanto[12] não sabe (o Autor).

ERRO: A malcriação da menina era tamanha...	ACERTO: A má-criação da menina era tamanha...

Os substantivos femininos **má-criação** e **má-formação** devem ser assim grafados. É necessário ter muita cautela com as formas condenáveis, escritas sem o hífen: "malcriação" ou "malformação". Esta última, todavia, encontra guarida no VOLP, o que não nos autoriza rechaçá-la por completo. Portanto, podemos repelir a forma "malcriação" e tolerar **malformação** (prefira "má-formação"), a par de *malformado* e *malformar*. Em regra, usa-se *mal*, como *advérbio*, quando acompanha adjetivos e verbos. Exemplos: *malcriado, mal-educado, malquerer, maldizer, malfadado, malfadar, malfalado, malfeita(o), malfeitor, malferido, malferir, mal-estar* (plural *mal-estares*) etc.

Por outro lado, usa-se **mau** ou **má**, como *adjetivos*, quando acompanham substantivos. Exemplos: *má-criação, má-formação, má-educação, má-fé, mau-caráter, mau-caratismo, mau-olhado* etc.

Ressalte-se que a forma plural dos substantivos ora estudados é **más-criações** e **más-formações** (ou **malformações**).

ERRO: O doente tomou a mesinha.	ACERTO: O doente tomou a mezinha.

A **mezinha**, com -z, significa "remédio caseiro", sendo considerado um *arcaísmo*. Por outro lado, *mesinha*, com -s, é "diminutivo de mesa". Portanto, aprecie as frases:

- O doente tomou a mezinha recomendada pelo médico.
- A fabricação de mezinhas foi assimilada pelos Jesuítas no processo de colonização.
- Pegue a mezinha embaixo da mesinha.

ERRO: A sogra é muito "pão-dura".	ACERTO: A sogra é muito "pão-duro".

O feminino de **pão-duro** é igual ao masculino. Portanto: *moça pão-duro; sogra pão-duro; cunhada pão-duro*. Por outro lado, ressalte-se que o plural desse hifenizado substantivo se forma como **pães-duros**. Assim: *tios pães-duros; amigos pães-duros*. Por fim, em face dos conceitos acima expendidos, teremos: *mulher "pão-duro" – mulheres "pães-duros"*.

ERRO: O filho morava "parede meia" com o pai.	ACERTO: O filho morava "paredes-meias" com o pai.

A expressão **paredes-meias** (ou **parede-meia**: correta, porém menos comum) designa "a parede comum entre dois prédios ou quartos contíguos". Exemplos:

---

[12] O normal é que não se deva usar a partícula expletiva "o" antes de *quanto*. Exemplo: *Faça isso quanto antes.* Todavia, há generalização do uso, para dar ênfase, o que nos abona utilizá-la.

- Os quartos ficavam paredes-meias uns dos outros.

- O mosteiro dos franciscanos fica paredes-meias com a Faculdade de Direito do Largo de São Francisco.

- "Viveu sempre paredes-meias com a loucura"[13].

ERRO: Ela ficou pasmo.	ACERTO: Ela ficou pasma.

Pasmo é adjetivo que significa "pasmado, atônito, assombrado". A concordância será normal, prendendo-se ao termo a que se refere. Portanto:

Ele está pasmo; Ela está pasma; Eles estão pasmos; Elas estão pasmas. Assim, aprecie as frases:

- *Pasmos, eles se renderam.*

- *Pasmem, senhores, a ideia é genial!*

- *"Ele ficou pasmo, sem palavras"*[14].

Ademais, *pasmo* pode ser um *substantivo*, significando "assombro ou espanto". Exemplo:

- *Provoquei-lhe pasmo com a narrativa.*

ERRO: Ela é uma pequena questão: uma questãozinha.	ACERTO: Ela é uma pequena questão: uma questiúncula.

A formação de *diminutivos* para alguns substantivos deve ser feita com prudência. Observe alguns diminutivos importantes:

Substantivo	Diminutivo
Câmara	Camarim
Estátua	Estatueta
Espada	Espadim
Guerra	Guerrilha
Palácio	Palacete[15]
Papel	Papelucho
Ponte	Pontilhão
Verão	Veranico
Astro	Asteroide (Acordo)

Observação: há alguns diminutivos cujas formações são eruditas. Observe: *versículo* (de verso); *edícula* (pequena casa); **questiúncula** (de questão); *opúsculo* (de obra), *porciúncula* (porção), *óvulo* (ovo), *aurícula* (orelha), *nódulo* (nó), *homúnculo* (homem), *fascículo* (feixe), *axículo* (eixo), entre outros.

---

13 Agripino Grieco, *Gralhas e Pavões*, p. 111, *apud* Cegalla, 1999, p. 308.

14 Carlos Drummond de Andrade, *Obra Completa*, p. 481, *apud* Cegalla, 1999, p. 310.

15 Diga-se que não se conhece o aumentativo de *palácio*. Assim, utilize *grande palácio*.

ERRO: Multi-secular	ACERTO: Multissecular

O prefixo **multi-** está arrolado entre aqueles que se ligam diretamente ao *substantivo* ou ao *adjetivo*, isto é, sem o uso de hífen e sem deixar espaço. Todavia, é preciso estar atento a um detalhe: para não desfigurar a pronúncia, dobra-se o -s ou o -r dos radicais iniciados com essas letras. Exemplos: multi + setorial = *multissetorial*; multi + secular = **multissecular**; multi + racial = *multirracial*; multi + religioso = *multirreligioso*; multi + rotação = *multirrotação*. Outros exemplos:

- *Foi elogiado o multiatendimento dispensado aos participantes do Simpósio.*
- *Eles prestam serviços a várias empresas simultaneamente utilizando o sistema de multiusuário.*
- *Trinta pessoas serão investigadas por uma equipe multidisciplinar de pesquisadores.*
- *Multiempresas montaram uma inédita multiestrutura para atrair os turistas do Nordeste.*

ERRO: Tenho mais o que fazer.	ACERTO: Tenho mais que fazer.

A expressão **mais que fazer** é estereotipada, não havendo espaço para o artigo "o" – termo que, isoladamente, não tem função sintática ou classe gramatical, porquanto se revela integrante do próprio pronome interrogativo reforçado. Nesse rumo, a propósito, devemos preferir a forma **que queres aqui?** à expressão "o que queres aqui?"; **que é que a baiana tem?** à "o que é que a baiana tem?". Portanto, aprecie as frases:

- *Não há mais nada que fazer.*
- *O jovem tem mais que fazer.*
- *Ainda havia muito que fazer.*
- *Ele tem muito que aprender.*
- *Ela tem muito que dizer.*
- *Não tenho nada que acrescentar.*
- *Tenho muito que contar após a viagem.*

Por sua vez, as formas **nada a opor** e **nada a dizer** podem ser, alternativamente, substituídas por *nada que opor* e *nada que dizer*, respectivamente. Há, todavia, liberdade no uso das formas.

ERRO: A postração do homem.	ACERTO: A PROstração do homem.

A sílaba pro- deve ser pronunciada de modo audível. Não se pode pronunciar um simples "po" em vez de "pro", sob pena de se cometer um erro prosódico. Ressalte-se que tal sílaba transita em abundância nas palavras componentes de nosso vernáculo, a saber: *procedência, pronome, próprio, procrastinar, promover, probatório, apropinquar-se, ímprobo, problema, prosperar, pronto, pronúncia, profissional, processual, propositado, próspero, propriedade, apropriado, opróbrio, probo* (pronuncie /próbo/) entre outras.

ERRO: Não a perdoar-se ao profissional...	ACERTO: Não há perdoar-se ao profissional...

Não há perdoar-se: louvável o emprego enclítico, por ser uso erudito diante do infinitivo impessoal, mesmo na presença do advérbio *não*, elemento que poderia deslocar o pronome. Lembre-se, também, de que outra forma exsurge – menos culta, mas igualmente correta: **não há de se perdoar**. Nesse caso, a presença da preposição *de* aconselha o uso normal da próclise em face da presença do advérbio de negação. O mesmo uso pode ser encontradiço em expressões *não há falar-se* ou *não há de se falar*.

| ERRO: Comprei dois fax-simile. | ACERTO: Comprei dois fac-símiles. |

O substantivo masculino, aceito pelo VOLP, **fac-símile** é derivado do latim *fac simile* (ou seja, *faça igual*). O plural é simples: **os fac-símiles** (Houaiss, Aurélio e Cegalla) – mantém-se o hífen e o primeiro elemento (*fac*) inalterado, acentuando-se o segundo elemento (*símile*). De acordo com o plano lexicográfico apresentado no VOLP, do termo *fac-símile* podem defluir interessantes sentenças, *v.g.*, *petição fac-similada, fac-similar o texto, farei uma fac-similação e o fac-similador está estragado*.

Por outro lado, o vocábulo **fax** (pronuncie "ks") – abreviatura de *fac-símile*–, igualmente admitido pelo VOLP como substantivo masculino, designa o aparelho de transmissão, bem como da mensagem transmitida. Para o VOLP e o Houaiss, o plural forma *os fax* ou *os faxes*. Da mesma forma, *o telex – os telex; o ônix – os ônix; o tórax – os tórax*.

| ERRO: Havia um índex, ou melhor, dois índexs. | ACERTO: Havia um índex, ou melhor, dois índices. |

A **letra -x** é causa de inúmeras celeumas, sobretudo no campo da ortografia: vocábulos como "índex", "córtex", "códex", "cálix", "látex" e "apêndix" (alguns deles em pleno desuso) possuem a pluralização deveras controvertida. Vamos detalhar:

a) **ÍNDEX** /cs/ – O Aurélio admite as duas formas (**os índex** e **os índices**), sendo recomendado o uso preferencial de *os índices* – forma aceita com exclusividade pelo VOLP e pelo Houaiss.

b) **CÓRTEX** /cs/ – A forma pluralizada *córtices* é aceita, exclusivamente, pelo VOLP, Houaiss e Aurélio;

c) **CÓDEX** /cs/ – O Aurélio admite as duas formas (*os códex* e *os códices*), sendo recomendado o uso preferencial de *os códices* – forma aceita com exclusividade pelo VOLP e pelo Houaiss;

d) **CÁLIX** /is/ – O Aurélio admite as duas formas (*os cálix* e *os cálices*), sendo recomendado o uso preferencial de *os cálices*; o Houaiss sugere *cálices*, no plural; e o VOLP silenciou a respeito da pluralização do vocábulo em comento (embora registre *cálice* em seu rol de palavras);

e) **LÁTEX** /cs/ – O Aurélio admite a mesma forma para o singular e para o plural (o/os *látex*); o Houaiss sugere *látices*, no plural; e o VOLP silenciou a respeito da pluralização do vocábulo em comento (embora registre *látice* em seu rol de palavras);

f) **APÊNDIX** /cs/ – O Aurélio admite a mesma forma para o singular e para o plural (o/os *apêndix*); o Houaiss sugere *apêndices*, no plural; e o VOLP silenciou a respeito da pluralização do vocábulo em comento (embora registre *apêndice* em seu rol de palavras).

Notou a diversidade? Não é fácil a vida de professor de português! Que ginástica... Vamos memorizar a partir do quadro explicativo abaixo:

	PLURAL		
	Aurélio	Houaiss	VOLP
Fac-símile	Fac-símiles	Fac-símiles	?
Fax	?	Fax ou Faxes	Fax ou Faxes
Córtex	Córtices	Córtices	Córtices (VOLP 2009)
Índex	Índex/Índices	Índices	Índices
Códex	Códex/Códices	Códices	Códices

Cálix	Cálix/Cálices	Cálices	?
Látex	Látex	Látices	?
Apêndix	Apêndix	Apêndices	?

ERRO: O sub-procurador foi nomeado. **ACERTO:** O subprocurador foi nomeado.

O prefixo **sub-** só exige hífen quando se associa à palavra que começa por **-r** ou **-b**: *sub-base, sub-bibliotecário, sub-região, sub-ramo, sub-reitor, sub-reptício, sub-rogar, sub-biótipo* (mas *biótipo* ou *biotipo*), *sub-borato, sub-braquial*. Por outro lado, tirante as hipóteses em epígrafe, o hífen não deverá ser utilizado: *suboficial, subdelegado, subchefe, subgerente, subsolo, subterrâneo, subaxilar, subestimar, suborizontal, subacromial, subagudo, subalimentado, subabitação, subaórtico, subaponeurótico, subapical, subendocárdico, subepicárdico, subendotelial, subescapular, subespinhal, subicterícia, subliminar, sublingual, sublobular, suboccipital, subocular, suborbitário, subumbilical, submano* (ou *sub-humano*, também, para o VOLP) e *subepático* (ou *sub-hepático*, também, para o VOLP).

ERRO: A reicidência ocasiona a majoração da pena. **ACERTO:** A rEINcidência ocasiona a majoração da pena.

Como sabemos, uma "reicidência", sem o -n, na sílaba -in, pode tornar "mais grave" o ilícito... Assim como um "reinvindicar", com o -n, na sílaba rei-, pode prejudicar, indubitavelmente, o pleito. Sem contar que o tal "conhecidência" (com -nh) pode ser, verdadeiramente, uma infeliz circunstância. Tais erros chancelam um distanciamento do estudo da Língua. Sendo assim, memorize o quadro abaixo e as grafias (e pronúncias) dos vocábulos:

	Separação Silábica e Grafia	Pronúncia
Reincidência	Re-in-ci-dên-cia	/re-in/ (e não "rei")
Coincidência	Co-in-ci-dên-cia	/co-in/ (e não "coi" ou "conhe")
Reivindicar	Rei-vin-di-car	/rei-vin/ (e não "rein")

ERRO: Foi um evento apenas para artesões. **ACERTO:** Foi um evento apenas para artesãos.

O plural de *artesão* ("artífice dedicado à feitura de obras de artesanato") é **artesãos**. O feminino é *artesã*. De outra banda, os arquitetos utilizam um termo específico para indicar o enfeite que se coloca nos tetos e abóbadas – ***artesões*** (sempre, no plural). Este último não encontra registro lexicográfico no VOLP.

ERRO: Sob o meu ponto de vista, devemos recuar. **ACERTO:** A meu modo de ver, devemos recuar.

A expressão "(sob o) ponto de vista" é galicismo fraseológico já incorporado em nosso dia a dia, representando um estrangeirismo indesejável. Não obstante ter sido empregada por literatos de prol, como Machado de Assis, Camilo Castelo Branco e outros, é expressão que imprime monotonia ao texto, denotando falta de elegância e ausência de leveza ao estilo do anunciante. Nesse rumo, diga-se que há expressões que superam, e muito, a guerreada forma, como, por exemplo: *a toda luz, a todas as luzes, a qualquer luz, por qualquer face, a meu modo de ver, a esse respeito, no que tange a,* entre outras. Exemplos:

- *A todas as luzes, para a análise desse caso, há que recorrer a um especialista.*
- *Todas as soluções são inadequadas a qualquer luz que se considere.*
- *Por qualquer face que encaremos a situação, há problemas a serem enfrentados.*
- *São modos de ver de cada doutrinador.*

Ademais, grafar a expressão com a partícula *sob-* não seria de todo aceitável, uma vez que o ponto de vista é do próprio observador, sendo preferível a forma **do ponto de vista** à expressão ora atacada ("sob o ponto de vista"). É de todo oportuno registrar que a preposição *sob-* tem o sentido de "debaixo de", devendo ser usada em frases, como: *sob a direção de, sob medida, sob pena de, sob pretexto de (a pretexto de), entre outras formas.* Observe as frases corretas:

- *A gestão da empresa ficou sob meu comando.*
- *Deve proceder dessa forma, sob pena de ser tachado de louco.*
- *Escondia o dinheiro sob o colchão.*

Por outro lado, **sobre** traz, em princípio, a ideia de "em cima de", sendo forma que se usa em frases, como: *o vinho está sobre a mesa; a nave pousou sobre o mar* etc. Com efeito, a preposição *sobre* comporta várias acepções. Vejamos:

- A respeito de: *Falar sobre o tema.*
- Acima de: *Eu amo a Deus sobre todas as coisas.*
- De encontro a: *As tropas marcharam sobre a cidade vencida.*
- Mediante, com a garantia de: *O agiota empresta valores sobre hipoteca.*
- Entre, dentre: *Sobre os resgatados, havia várias mulheres.*

Observação: mencione-se que há sentido pitoresco para a preposição *sobre*, na acepção de "além de". Tal acepção é frequente em bons autores das letras jurídicas. Vamos a alguns exemplos:

- *Sobre intolerante, era dotada de singular ignorância.*
- *Sobre tapas, cusparadas.*
- *"A melhor interpretação é aquela que, sobre se pautar na literalidade da norma, perscruta o ânimo das palavras"* (o Autor).
- *"A pergunta é, sobre ociosa, estólida"*[16].

ERRO: É a hora do juiz sentenciar.	ACERTO: É a hora de o juiz sentenciar.

Não se pode fazer a contração da preposição *de* com o artigo *o* quando se tratar de sujeitos diversos. Na linguagem culta formal, sobretudo na modalidade escrita, recomenda-se não se proceder à contração. Vejamos:

- *Foi a maneira de o Juiz executar a sentença* (e não: "Foi a maneira do Juiz executar ...").

Explicando: no plano sintático, *Juiz* é sujeito de *executar*. Como elemento independente na oração, o sujeito não pode ser regido por preposição, repelindo-a.

---

16 Camilo Castelo Branco, *Doze casamentos felizes*, p. 36, *apud* Cegalla, 1999, p. 377.

Assim:

- *É hora de o espetáculo começar.*
- *É hora de o trem chegar.*
- *É tempo de a mídia mudar de rumo.*
- *Chegou o momento de ele agir.*
- *Está na hora de eu entrar.*
- *Está na hora de a onça beber água.*
- *Em caso de o avião balançar com o mau tempo.*
- *Você foi a causa de eles se retirarem.*
- *O fato de a mulher ser mais frágil torna-a mais sedutora.*
- *O fato de os professores ganharem mal não justifica a desídia no ensinar.*
- *"Você foi a causa de eles se retirarem" (Camilo Castelo Branco).*
- *"Antes de o sacerdote subir no altar" (Pe. Antônio Vieira).*
- *"... quando os ingleses se rirem de eles terem muito dinheiro e nós pouco" (Alexandre Herculano).*

Ademais, há que se ter muita atenção com a expressão **apesar de**:

- *Apesar de o governo negar, corremos risco na operação.*
- *Apesar de ele ser exigente, nós o compreendemos.*
- *Apesar de a tevê anunciar o contrário, temos as nossas opiniões acerca do fato.*

Igual atenção deve ter o anunciante com as expressões **depois de** e **em vez de**:

- *"Depois de o mundo acabar, deveremos sobreviver no caos do infinito" (o Autor).*
- *Somente depois de os grevistas retornarem ao trabalho, é que retomaremos o contato.*
- *"Em vez de a polícia prender os traficantes, eles é que prenderam os policiais"*[17].

A mesma regra se estende a outras preposições, como:

- *O problema consiste em os alunos perceberem o fato.*
- *Li a notícia em "O Estado de S. Paulo".*
- *A nota foi publicada em "O Globo".*

Como se notou nos exemplos retrocitados, recomenda-se não usar a contração da preposição com o artigo de títulos de revistas, jornais ou obras literárias. Exemplos:

---

17 *Jornal do Brasil*, de 5-4-1997, *apud* Cegalla, 1999, p. 139.

- *Os leitores de "O Estado de S. Paulo" – O autor de "Os Lusíadas" – O autor de "Os Sertões".*

Observação: todavia, há bons escritores que fogem da imposição da regra, preferindo a contração:

- *"O primeiro fim das Farpas é promover o riso"*[18].
- *"Mandou que fizéssemos a análise lógica de determinada estrofe dos Lusíadas"*[19].

A esse propósito, quanto ao dissenso sobre o tema, impende trazer à colação os lúcidos dizeres do ilustre gramático Domingos Paschoal Cegalla (1999: 32): "Deve-se ressaltar, porém, que há gramáticos que, baseados em exemplos de bons autores, defendem a contração, por soar mais natural e eufônica e por representar um fato da língua falada e escrita".

Vamos aos exemplos:

- *"Também teve o português o bom senso de não desprezar de todo os curandeiros indígenas, apesar dos jesuítas declararem àqueles guerra de morte"*[20].
- *"Apesar do STF ter transformado os empregados do Banco Central em funcionários públicos, o governo manterá tratamento diferenciado"*[21].
- *"No momento do comboio partir, Carlos correria à portinhola, a balbuciar fugitivamente uma desculpa"*[22].
- *"O modo dele falar soou-me agressivo"*[23].
- *"O fato dela também sofrer simplificara o modo de se tratar uma moça"*[24].
- *"Sabia apenas vagamente que, três dias depois dela chegar ao Porto, o pai tivera uma apoplexia"*[25].
- *Ele se retirou, indignado pelo fato do seu presidente recusar que era chinês"*[26].

E arremata o renomado gramático (Cegalla, 1999, p. 101): "Ambas as construções são legítimas, porém a primeira é mais natural e espontânea, evita os desagradáveis hiatos 'de o', 'de a', 'de ele', 'de esse', 'de aquele', etc. A outra é um gramaticalismo um tanto afetado, em choque com a língua falada".

Não obstante, *data venia* os respeitáveis pensamentos divergentes, ainda defendemos que se deve escolher a primeira forma, em detrimento da contração.

---

18 Eça de Queirós, *Notas Contemporâneas*, p. 33, *apud* Cegalla, 1999, p. 108 – o título da obra é *As Farpas*.
19 Vivaldo Coaraci, *Todos Contam Sua Vida*, p. 188, *apud* Cegalla, 1999, p. 108 – o título da obra é *Os Lusíadas*.
20 Gilberto Freire, *Casa-Grande e Senzala*, p. 254, *apud* Cegalla, 1999, p. 32.
21 *Jornal do Brasil*, de 31-8-1996, *apud* Cegalla, 1999, p. 32.
22 Eça de Queirós, *Os Maias*, II, p. 25, *apud* Cegalla, 1999, p. 25.
23 Rachel de Queiroz, *As Três Marias*, p. 102, *apud* Cegalla, 1999, p. 25.
24 Clarice Lispector, *Felicidade Clandestina*, p. 126, *apud* Cegalla, 1999, p. 103.
25 Eça de Queirós, *Os Maias*, II, p. 31 *apud* Cegalla, 1999, p. 110.
26 Inácio de Loyola Brandão, *O Homem do Furo na Mão*, p. 70, *apud* Cegalla, 1999, p. 294.

MEMORIMACETES • capítulo 18

| **ERRO:** Hão de haver soluções para o caso. | **ACERTO:** Há de haver soluções para o caso. |

O verbo **HAVER** possui inúmeras acepções, tendo destacada relevância no dia a dia do operador do Direito. Vamos conhecer o caráter plurissignificativo deste verbo:

1. Conseguir, obter:

- O sentenciado houve do Poder Público a comutação da pena.
- "Donde houveste, ó pélago revolto, esse rugido teu?" (Gonçalves Dias).

2. Julgar, entender:

- Ele é tido e havido por prudente (Caldas Aulete).

3. Proceder, portar-se (na forma pronominal "haver-se"):

- Ele se houve com habilidade.
- Os alunos não se houveram bem no concurso.
- Não sabia como haver-se com seus funcionários.

4. Acertar contas (na forma pronominal "haver-se"):

- Comigo se haverá o inimigo...

5. Locução "haver mister (de)" (= precisar):

- Os doentes haviam mister (de) medicamentos.
- Não há mister de justificar seu erro.
- Há mister de comprovar a veracidade do que afirmou em Juízo.

6. Locução "haver por bem" (= dignar-se):

- O Juiz houve por bem reconsiderar o seu ato.
- Os desembargadores houveram por bem indeferir o pedido.

7. Locução "bem haja" (= seja feliz!):

- Bem hajam os que buscam os porquês dos conceitos.

8. Locução "haja vista" (= tendo em vista):

- Haja vista a presença de vários maus-caracteres na sala, prefiro retirar-me a enfrentá-los.

9. Na forma do futuro promissivo ("hei de..."), isto é, com promessa de realizar o ato:

- Hei de expor meus pensamentos no momento azado.

10. Ter, possuir:

- Pediu que o inimigo houvesse piedade deles.

11. O verbo "haver", seguido de infinitivo e precedido da partícula não, significa "não ser possível":

- *Não há convencê-la do meu amor irrestrito.*
- *Não há por que beijar sem ser beijado.*
- *Não há (como) negar o ocorrido.*
- *"Não havia descrer da sinceridade de ambos"* (Machado de Assis).
- *"Mas olha, Tomásia, que não há fiar nestas afeiçõezinhas"* (Camilo Castelo Branco).
- *"E não houve convencê-lo do contrário"* (Viana Moog).

12. Na forma impessoal, sem se formar o plural:

- *Há inúmeros contratos.*
- *Houve três acidentes na rodovia.*
- *Deve haver situações favoráveis.*
- *Há de haver seis meses que ele chegou.*
- *Parecia haver muitos curiosos.*
- *Começou a haver reclamações.*
- *Vai haver disputas ferrenhas.*

ALGUNS MEMORIMACETES RÁPIDOS...

ERRO: O eletro-encefalograma custa caro.	**ACERTO:** O eletroencefalograma custa caro.

Grafa-se, sem hífen, o substantivo **eletroencefalograma**. Procure soletrar a palavra, a fim de facilitar a memorização: e-le-tro-en-ce-fa-lo-gra-ma. Outras palavras há com semelhanças: *eletrocardiograma, eletrossiderurgia, eletroímã* etc.

ERRO: Hoje é dia sete de setembro.	**ACERTO:** Hoje é dia Sete de Setembro.

Recomenda-se que, quando se tratar de datas históricas, mantenham-se as iniciais maiúsculas. Exemplos: *Primeiro de Abril, Sete de Setembro, Quinze de Novembro, Primeiro de Janeiro*. Entretanto, no geral, os meses do ano são grafados com iniciais minúsculas.

ERRO: Ele apresentou queixa crime.	**ACERTO:** Ele apresentou queixa-crime.

Para o VOLP, o substantivo é hifenizado (**queixa-crime**), formando o plural *queixas-crime* ou *queixas-crimes*.

ERRO: Fique com sua quota parte.	**ACERTO:** Fique com sua quota-parte.

Para o VOLP, o substantivo é hifenizado (**quota-parte**), formando o plural *quotas-parte* ou *quotas-partes*.

ERRO: Exercício 2014, Ano Base 2013.	**ACERTO:** Exercício 2014, Ano-base 2013.

Para o VOLP, grafam-se com hífen: *ano-base, ano-bom, ano-luz* e *ano-novo*.

ERRO: Nada a opor / Nada a dizer.	**ACERTO:** Nada que opor / Nada que dizer.
ERRO: Pôr-do-sol e pôres-do-sol.	**ACERTO:** Pôr do/de sol (Acordo: sem hifens, com o circunflexo) e pores do/de sol (sem hifens e o circunflexo).
ERRO: Estávamos em vinte um na sala.	**ACERTO:** Estávamos vinte e um na sala.
ERRO: Ele é aficcionado...	**ACERTO:** Ele é aficionado...
ERRO: Cabelereiro.	**ACERTO:** CabeLEIreiro.
ERRO: Domiciliado à Rua tal...	**ACERTO:** Domiciliado na Rua tal...
ERRO: Éramos em três...	**ACERTO:** Éramos três...
ERRO: Quando eu deter,...	**ACERTO:** Quando eu detiver,...
ERRO: Quando ele vir até aqui,...	**ACERTO:** Quando ele vier até aqui,...
ERRO: Eu vou estar providenciando...	**ACERTO:** Eu vou providenciar... / Eu providenciarei...
ERRO: Ele quer que eu seje...	**ACERTO:** Ele quer que eu SEJA...
ERRO: Se eu pôr / trazer,...	**ACERTO:** Se eu puser,... / trouxer,...
ERRO: Entregas à domicílio.	**ACERTO:** Entregas em domicílio.
ERRO: Ele estava encapuçado.	**ACERTO:** Ele estava encapuzado (de capuz).
ERRO: Ele falou em alto e bom som.	**ACERTO:** Ele falou alto e bom som.
ERRO: Ele é ambi-destro.	**ACERTO:** Ele é ambidestro (não se usa o hífen com o prefixo ambi-, como em *ambivalente, ambiesquerdo, ambitendência*).
ERRO: Macro-economia.	**ACERTO:** Macroeconomia (não se usa o hífen com o prefixo macro-, como em *macroeconômico, macrorregião, macrossomia, macrocefalia*).
ERRO: Ele comprou fitas cor-de-rosas.	**ACERTO:** Ele comprou fitas cor-de-rosa (invariável, no plural).
ERRO: Fizemos dois bota-fora.	**ACERTO:** Fizemos dois bota-foras.
ERRO: Carangueijo.	**ACERTO:** CaranGUEjo (a sílaba é -gue, e não -guei).
ERRO: O conflito teve vários "cessar-fogos".	**ACERTO:** O conflito teve vários "cessar-fogo" (palavra invariável).
ERRO: Ciclo vicioso.	**ACERTO:** Círculo vicioso.
ERRO: Eles contradizeram perante o juiz.	**ACERTO:** Eles se contradisseram perante o juiz.

ERRO: O homem tinha notável descortínio.	**ACERTO:** O homem tinha notável descortino (*descortino*: "perspicácia, visão ampla").
ERRO: Eles estreiavam a voz.	**ACERTO:** Eles estreavam a voz.
ERRO: Ela fez "gato e sapato" dele.	**ACERTO:** Ela fez "gato-sapato"[27] dele (com hífen).
ERRO: Houve um grito lacinante.	**ACERTO:** Houve um grito lancinante (ou seja, "cortante, pungente, doloroso").
ERRO: Os espinhos lacinam-lhe as mãos.	**ACERTO:** Os espinhos lancinam-lhe as mãos (*lancinar*: "rasgar, dilacerar").
ERRO: Ele malversava com verbas da Prefeitura.	**ACERTO:** Ele malversava as verbas da Prefeitura (*malversar* é verbo transitivo direto).
ERRO: Não confio na metereologia.	**ACERTO:** Não confio na meteOROlogia.
ERRO: Ele rezou dois "padre nosso".	**ACERTO:** Ele rezou dois "padre-nossos" (ou "padres-nossos"). Vale a mesma solução para a sinônima expressão "pai-nosso".
ERRO: Ele é primeiroanista.	**ACERTO:** Ele é primeiranista.
ERRO: Ele recebeu seus pró labores.	**ACERTO:** Ele recebeu seus pró-labores (com hífen).
ERRO: Deus lhe proteja!	**ACERTO:** Deus o proteja! (*proteger* é verbo transitivo direto).
ERRO: O cavalo é um puro sangue.	**ACERTO:** O cavalo é um puro-sangue (com hífen; plural *puros-sangues*).
ERRO: Ele é redator chefe.	**ACERTO:** Ele é redator-chefe (com hífen).
ERRO: Houve várias reinvindicações.	**ACERTO:** Houve várias REIvindicações (sem -n).
ERRO: Ela é rodo-moça.	**ACERTO:** Ela é rodomoça (sem hífen; o mesmo para *rodoferroviário*).
ERRO: Barbaridades sem nome.	**ACERTO:** Barbaridades sem-nomes (ou sem-nome) (*Sem-nome*: "indecente, revoltante, inominável").
ERRO: Mulheres sem vergonhas.	**ACERTO:** Mulheres sem-vergonhas (ou sem-vergonha).
ERRO: Tratado peru-boliviano.	**ACERTO:** Tratado perúvio-boliviano.
ERRO: Por os pingos nos "i".	**ACERTO:** Pôr os pingos nos is (ou "... nos ii").

---

27 A edição do VOLP 2021 explicitou o plural oscilante do substantivo "gato-sapato": *gatos-sapato* ou *gatos-sapatos*. Ademais, fê-lo com relação ao termo "gato-pingado", que, por sua vez, tem forma plural exclusiva *gatos-pingados*. É bom lembrar que há registro no Houaiss da forma **fazer gato e sapato de**, a par da forma **fazer gato-sapato de** (com hífen).

ERRO: Por ventura, o senhor viu o homem?	**ACERTO:** Porventura, o senhor viu o homem? (*porventura* = por acaso).
ERRO: Kisto sebácio.	**ACERTO:** Quisto sebáceo.
ERRO: Ela me ligou um sem número de vezes.	**ACERTO:** Ela me ligou um sem-número de vezes (com hífen).
ERRO: A viagem oferecia paisagens "sem par".	**ACERTO:** A viagem oferecia paisagens "sem-par".
ERRO: O homem contava piadas "sem sal".	**ACERTO:** O homem contava piadas sem-sal (com hífen).
ERRO: Os "sem terra" invadiram a fazenda.	**ACERTO:** Os sem-terra invadiram a fazenda (com hífen)[28].
ERRO: Devemos suprir-lhes de alimentos.	**ACERTO:** Devemos supri-los de alimentos.
ERRO: Que tal os novos professores?	**ACERTO:** Que tais os novos professores?
ERRO: As nações terceiras-mundistas.	**ACERTO:** As nações terceiro-mundistas (invariável no feminino, com a concordância tão somente do segundo elemento).
ERRO: Hormônio tiroido.	**ACERTO:** Hormônio tiróideo (ou tireóideo).
ERRO: Voz tonitroante.	**ACERTO:** Voz tonitruante (ou seja, "estrondosa, alta").
ERRO: Seus pais vieram lhe visitar.	**ACERTO:** Seus pais vieram visitá-la(o).
ERRO: Há vinicultura na região.	**ACERTO:** Há vitivinicultura na região (VI-TI-VI-NI-cul-tu-ra).
ERRO: Automóvel zero quilômetro.	**ACERTO:** Automóvel zero-quilômetro (palavra hifenizada invariável: *automóveis zero-quilômetro*).
ERRO: Ela é mulher granfina.	**ACERTO:** Ela é mulher grã-fina[29].
ERRO: Se nós nos abstermos...	**ACERTO:** Se nós nos abstivermos...
ERRO: Ele tem um efisema.	**ACERTO:** Ele tem um enfisema.
ERRO: O erbanário é bonito.	**ACERTO:** O herbanário é bonito.
ERRO: Metiolate.	**ACERTO:** MeRtiolate (VOLP).
ERRO: Quero duzentas gramas de muzzarela.	**ACERTO:** Quero duzentos gramas de mozarela (muzarela ou muçarela).
ERRO: Decore os refrões das músicas.	**ACERTO:** Decore os refrãos (ou refrães) das músicas.

---

28 À luz do VOLP, os substantivos hifenizados **sem-terra** e **sem-teto** são de dois gêneros e de dois números. Portanto: *o/a sem-terra* e *os/as sem-terra*; *o/a sem-teto* e *os/as sem-teto*.

29 O adjetivo **grã** (e não "grão") é forma reduzida de grande. Escreve-se com "til" e sempre provoca hífen. Exemplo: *grã-cruz, grã-duque, grã-duquesa, grã-mestre, grã-mestra, grã-rabino, grã-turco, grã-sacerdote, grã--vizir* (plural: *grã-vizires*).

ERRO: O aluno repetiu de ano.	**ACERTO:** O aluno repetiu o ano (o verbo *repetir* é transitivo direto, não exigindo preposição).
ERRO: A família sentou na mesa para almoçar.	**ACERTO:** A família se sentou à mesa para almoçar (sentar "na mesa" significa "pôr as nádegas sobre a mesa").
ERRO: Há vários tróleibus na cidade.	**ACERTO:** Há vários trólebus na cidade (para o VOLP, uma palavra proparoxítona, sem -i, formando o plural *os trólebus*. Portanto, o/os trólebus).
ERRO: Ele é um fascínora.	**ACERTO:** Ele é um facínora (*facínora*: "aquele que comete um grave crime").
ERRO: Na vida, há vários percauços.	**ACERTO:** Na vida, há vários percalços.

Lembrete: neste Capítulo, em prol da organização editorial, deixamos de registrar as dicas afetas aos CURIOSIMACETES e HORAS DO ESPANTO – AS PÉROLAS DO PORTUGUÊS. Entretanto, desejando rever os tópicos, basta acompanhá-los nos Capítulos precedentes.

19 GLOSSÁRIO

Este pequeno glossário compõe-se de termos pincelados ao longo da presente obra, objetivando rápida e descontraída consulta, de modo a esclarecer dúvidas do leitor e também apresentar curiosidades do vernáculo.

A

Ãatá: canoa de casca de árvore, achatada na proa e com popa em forma de bico de pato.

Abigeato: roubo de gado.

Abside: capela ou oratório reservado, situado atrás do altar-mor.

Abusão: erro de percepção que leva a tomar uma coisa pela outra; engano, ilusão.

Açafate: pequeno cesto de vime, sem arco nem asas, para pôr flores, objetos.

Acerbo: azedo; amargo; árduo; difícil.

Acoimar: obrigar a pagar coima; multar; castigar, punir.

Acoitar: amparar, esconder (alguém), favorecer.

Adail: defensor dedicado de uma causa ou movimento; aquele que chefia, guia ou dirige.

Adimplir: dar cumprimento a (obrigação, negócio etc.); executar.

Aduzido: apresentado, exposto em; trazido.

Ádvena: estranho, exótico, forasteiro; que ou o que vem de fora.

Aferrar: agarrar(-se) com força; prender(-se), segurar(-se); atracar.

Afetas: que dizem respeito a, concernem.

Aforada: que se encontra no foro (diz-se de processo) para julgamento.

Albornoz: manto de lã com capuz, usado, sobretudo, pelos árabes.

Albúmen: clara de ovo.

Alcácer: fortaleza, castelo, palácio fortificado, de origem moura.

Álcali: qualquer hidróxido, ou óxido, dos metais alcalinos.

Alfageme: fabricante de espadas e alfanjes; armeiro; espadeiro.

Alfanje: sabre de lâmina curta e larga, com o fio no lado convexo da curva.

Algaravia: fala ou escrita árabe; coisa muito difícil de entender.

Alhures: em outro lugar, em outra parte.

Aljôfar: pérola menos fina, muito miúda e irregular; gota de orvalho; lágrima de mulher.

Altaneiro: que se eleva muito, que permanece em grande altura; cheio de altivez.

Amerissar: termo da marinha e da aeronáutica – pousar o hidroavião.

Amesendar: sentar(-se) à mesa.

Amissão: ato ou efeito de perder; privação, destituição; sentido jurídico: perda de um prazo.

Anacronismo: atitude ou fato que não está de acordo com sua época.

Ancilar: que subsidia; auxiliar, acessório, suplementar.

Antífono: prece, oração, reza; estribilho, refrão.

Antolho: qualquer proteção ocular para luz muito intensa; visão ou compreensão limitada.

Apascentar: conduzir ao pasto; dar alimento espiritual, ensinar, doutrinar; guiar.

Apodo: dito irônico ou espirituoso; gracejo, chalaça.

Apostasia: renúncia de uma religião ou crença, abandono da fé (especialmente da cristã).

Apropinquar: aproximar; pôr-se próximo.

Aquesto: o que foi adquirido (bem) na vigência do matrimônio (geralmente no plural).

Arcabouço: delineamento inicial; esboço; capacidade para produzir; preparo.

Areópago: qualquer tribunal ou assembleia que se aprecie pela retidão dos julgamentos.

Argúcia: senso aguçado de observação, agudeza de espírito; sagacidade.

Aríete: máquina de guerra com que se derrubavam as muralhas ou as portas das cidades.

Arrazoar: apresentar (razões, argumentos) em um caso em juízo.

Assente: estabelecido de comum acordo; definido, ajustado; fundamentado, baseado.

Asseverar: declarar (algo) com segurança; assegurar; afirmar.

Assonância: semelhança ou igualdade de sons em palavras próximas.

Automedonte: indivíduo que dirige carro com perícia; cocheiro.

Avocar: chamar, invocar; chamar a si, fazer vir.

Azáfama: grande pressa e ardor na execução de um serviço.

Azêmola: besta de carga; pessoa parva, idiota, inútil.

Azo: motivo, causa; oportunidade.

Azoada: barulho que aturde, que atordoa; zoada.

Azorrague: padecimento moral; punição, flagelo.

B

Babelização: desorganização; tumulto; agitação.

Baldos: desprovidos de (algo); carentes, falhos.

Basa: lodo, lama, impureza.

Blasonar: ostentar; alardear; vangloriar-se.

Bólide: meteorito de dimensões apreciáveis; bola de fogo.

Bororos: indígenas pertencentes ao grupo dos bororos.

Brasonar: compor, pintar, esculpir, gravar em brasão; ornar com brasão ou brasões.

Briosa: que tem dignidade, amor-próprio; altiva; dotada de coragem; brava, corajosa.

Bruaá: movimento, agitação ruidosa; barulho confuso, vozerio.

Bugio: designação comum a todas as sociedades de primatas; macaco.

Burilar: tornar mais apurado; aprimorar, aperfeiçoar.

C

Caguira: má sorte, infelicidade (especialmente no jogo); medo, receio, temor (especialmente do azar).

Calendas: no antigo calendário romano, primeiro dia de cada mês.

Campear: exibir, mostrar com orgulho; alardear; procurar (algo que desapareceu).

Castiça: diz-se de linguagem correta, sem estrangeirismos; vernáculo.

Catrapus: o galopar do cavalo; queda repentina e ruidosa.

Causídico: patrono de causas; advogado, defensor.

Cavilação: razão falsa, enganosa; sofisma.

Celeuma: discussão acalorada ou apaixonada.

Cevatícia: aquilo que é bom para cevar.

Chamejo: brilho por reflexão; cintilação; arrebatamento emocional.

Chãmente: de modo chão, simples ou vulgar; singelamente.

Chancelar: achar justo; aprovar, referendar; selar, assinar.

Ciciar: produzir ruído fraco e contínuo; sibilar levemente.

Címbalo: instrumento de cordas percutidas.

Cinca: engano, erro, inexatidão, deslize.

Cingir: pôr ou usar (peça de roupa, enfeite, acessório) ao redor de uma parte do corpo.

Circunfuso: cercado, envolvido.

Cisalhas: designação comum às aparas ou aos fragmentos de folhas de metal.

Cisalpino: que se situa aquém dos Alpes, na Europa.

Claudicante: que claudica ou coxeia; que revela imperfeição, falha ou deficiência.

Comezinho: fácil, bom de comer; fácil de entender; simples.

Consuetudinário: que se pratica repetidamente, como um costume; usual, costumeiro.

Consulente: aquele que consulta (alguma coisa) numa instituição apropriada.

Côvado: medida de comprimento equivalente a 66 cm.

Cretone: fazenda encorpada, de algodão ou de linho, com urdidura de cânhamo.

D

Demiurgo: criador de qualquer obra grandiosa ou de importância.

Desavir: pôr(-se) em desavença, fazer brigar ou brigar; indispor(-se), malquistar(-se).

Desídia: indolência, ociosidade, preguiça.

Despiciendo: merecedor de desdém; desprezível, desdenhável.

Dessarte: assim, desta maneira; destarte.

Devesa: alameda ou arvoredo que circunda um terreno; defesa.

Diapasão: nível, estado comparativo e que serve de tipo ou padrão.

Discente: que estuda; estudantil.

Dissensão: estado de litígio; desavença, conflito, disputa.

Dissímil: dessemelhante, diferente, diverso.

Ditame: lei introduzida por autoridade superior; regra, determinação.

Dobre: duplicado, dúplice; artificioso, falso.

E

Écloga: poesia bucólica em que pastores dialogam; pastorela.

Égide: proteção, amparo, suporte; préstimo.

Egrégio: extremamente distinto; insigne, muito importante; digno de admiração.

Emborrascar: agitar freneticamente; encher de raiva; enfurecer, irar, encolerizar.

Empós: após, depois.

Enfiteuta: aquele que recebe propriedade mediante enfiteuse.

Enjambrar-se: confundir-se, entortar.

Ensimesmado: concentrado, recolhido.

Entabular: fazer começar; instaurar, estabelecer.

Enxárcia: conjunto de cabos fixos que seguram os mastros; cordoalha de navio.

Enxó: instrumento que serve para desbastar madeira; substantivo feminino.

Enxúndia: substância graxa; óleo, unto, banha, gordura.

Equevo: que é da mesma idade (que outro).

Escâncara: estado do que está a descoberto, à vista.

Escorreito: que tem apuro, que é correto.

Esmoler: que ou aquele que dá esmolas frequentemente; caridoso.

Espeque: apoio, amparo, arrimo; égide.

Estólida: tola, estúpida, absurda.

Estribar: apoiar-se ou apoiar (alguma coisa) sobre; assentar(-se).

Estuante: que estua, que arde; ardente, escaldante.

Exarado: registrado por escrito; lavrado.

Exceler: destacar-se ou salientar-se muito de outros; ser excelente.

Excepcionar: apresentar ou opor exceção em juízo a.

Excídio: assolação, destruição, ruína.

Excogitar: criar pela imaginação; cogitar, imaginar, inventar.

Exegeta: que realiza exegese (da Bíblia, de uma lei); intérprete.

Exegética: ramo da teologia que se dedica à explanação e à interpretação da Bíblia.

Exequenda: diz-se da sentença que está sendo executada.

Exéquias: cerimônias ou honras fúnebres.

Exórdio: o início de um discurso; preâmbulo, prólogo; origem, princípio.

Exortar: induzir (alguém) a fazer ou pensar determinada coisa; persuadir.

Exsurgir: levantar-se, erguer-se.

Extemporâneo: que não é próprio ou característico do tempo, momento, em que ocorre.

F

Fácies: os caracteres de forma e configuração que distinguem um grupo; aspecto geral.

Factótum: indivíduo cuja função é ocupar-se de todos os afazeres de outrem.

Falacioso: que emprega falácia; enganoso.

Fescenino: que ou o que tem caráter obsceno, licencioso; difamador, libelista, devasso.

Fissirrostro: que tem o bico largo e fendido, como as andorinhas e os andorinhões.

Fito: que se fitou; cravado, fixado.

Forcejar: fazer esforço; fazer força; esforçar-se, pelejar.

Fulcro: ponto de apoio; sustentáculo, base.

Furbesco: que age de modo pouco digno ou honesto; velhaco, patife.

G

Ginete: cavalo bem proporcionado, adestrado e de boa raça; cavaleiro bom.

Grassar: propagar-se, espalhar-se; popularizar-se.

Grosa: conjunto de 12 dúzias.

Guéri-guéri: fala ou discussão desprovida de valor ou fundamento; intriga, falatório.

Guerrear: fazer guerra (a), combater; opor-se a; hostilizar.

Guisa: maneira, modo.

H

Haurir: retirar (algo) de dentro de onde estava, pondo-o para fora; extrair, colher.

Hégira: a fuga de Maomé de Meca para Medina, em 622 da era cristã; êxodo geral.

Hemorroíssa: mulher que padece de hemorragia.

Herácleo: relativo a Héracles (Hércules, entre os romanos), personificação da força.

Hermenêutica: conjunto de regras e princípios usados na interpretação do texto legal.

Hermética: difícil de entender e/ou interpretar; obscura, ininteligível.

Hialino: que se refere a vidro; transparente, translúcido, claro.

Hialurgia: arte de fabricar vidro.

Hierática: papiro finíssimo, empregado somente na escrita dos livros sagrados.

Hígido: que diz respeito à saúde; salutar.

Hílare: alegre, contente.

Himeneu: enlace matrimonial; casamento.

Hiper-hidrose: secreção excessiva de suor; hidrorreia.

Hipossuficiente: diz-se de ou pessoa de parcos recursos econômicos.

Hispidez: característica daquilo que é híspido (hirto, eriçado, arrepiado).

Hissope: utensílio usado para aspergir água-benta; aspersório, asperges.

Histrião: comediante, cômico; pessoa vil.

Hodierno: que existe ou ocorre atualmente; atual, moderno, dos dias de hoje.

Homizio: ato de esconder alguém ou algo à ação da justiça.

Hoplita: na Grécia antiga, soldado da infantaria duramente armado.

Hulha: qualquer carvão mineral.

Hussardo: cavaleiro húngaro.

I

Idiossincrasia: característica comportamental peculiar a um grupo ou a uma pessoa.

Imbele: que não tem espírito belicoso; não aguerrido; fraco, pusilânime.

Imiscível: não suscetível de misturar-se.

Impender: ser preciso; caber, tocar, cumprir; estar prestes a cair ou a acontecer.

Impertérrito: que não tem medo; destemido, impávido.

Impetigo: afecção cutânea contagiosa; impetigem.

Ínclito: notável por seus méritos e qualidades excepcionais; celebrado, famoso, ilustre.

Inconsútil: que não tem costura; que não tem falhas.

Indumentária: vestimenta, indumento.

Inexorável: que não cede ou se abala diante de súplicas e rogos; inflexível, implacável.

Inextricável: que não se pode dissociar ou desembaraçar; indestrinçável.

Infenso a: inimigo, hostil, oponente.

Ingurgitar: engolir sem mastigar; tornar repleto, encher até transbordar.

Inopino: que sobrevém de forma imprevista ou inesperada; súbito.

Ínscio: não ciente; ignorante.

Insigne: que é notável por suas obras ou feitos; destacado, famoso, ilustre.

Instar: ser necessário; urgir; questionar.

Intelecção: fato de entender; compreensão, entendimento.

J

Jaez: conjunto de traços ou características; espécie, gênero, laia, tipo.

Jângal: floresta selvagem, mata densa; local deserto; ermo.

Janízaro: oficial de diligências; indivíduo vadio, que não trabalha.

Janota: que ou quem se mostra afetado no vestir; que tem elegância; garrido.

Jerárquico: concernente à hierarquia.

Jeribita: aguardente de cana; cachaça.

L

Laborar: incorrer, incidir em erro, em engano.

Lasso: fatigado, esgotado; frouxo, bambo; de maus costumes; devasso.

Lente: professor de nível secundário e, especialmente, o de nível superior; leitor.

Lhano: franco, sincero, verdadeiro; singelo, despretensioso.

Lide: trabalho penoso; faina, labuta; pendência, litígio.

Lídimo: reconhecido como legítimo, autêntico.

Lôbrego: em que há pouca ou nenhuma claridade; escuro, sombrio.

Longânime: que denota generosidade; magnânimo, altruísta.

Luculo: indivíduo que, em festas e banquetes que promove, ostenta luxo e suntuosidade.

Lume (trazer a lume): tornar notório, público; declarar, manifestar, publicar.

Lupanar: casa de alcoviteira, propícia a relações amorosas; prostíbulo.

M

Macambúzio: que, por temperamento ou circunstancialmente, se mostra triste, taciturno.
Mangrar: impedir o desenvolvimento de; não vingar; definhar-se.
Maviosidade: suavidade, doçura, meiguice.
Miríade: quantidade indeterminada, porém considerada imensa.
Mirífico: extraordinariamente belo; perfeito, maravilhoso, admirável.
Mister: necessidade, precisão, exigência.
Mixira: prato típico da Amazônia; técnica de armazenamento de carne na própria gordura do animal.
Motejar: dizer (motejos) a; escarnecer, gracejar, chasquear.
Muçurana: corda usada por indígenas para amarrar seus prisioneiros; maçarana.
Múnus: tarefa, dever obrigatório de um indivíduo; encargo, obrigação.

N

Náiade: ninfa das fontes e dos rios; mulher banhista, nadadora.
Nefelibata: que ou quem vive nas nuvens.
Negus: título do soberano da antiga Abissínia (atual Etiópia e Eritreia).

O

Obsecrar: pedir encarecidamente; suplicar, implorar.
Obtemperar: argumentar com humildade e moderação; ponderar; assentir, aquiescer.
Obus: granada explosiva arremessada por boca de fogo própria.
Oneroso: que impõe, envolve ou está sujeito a ônus, encargo, obrigação.
Opimo: excelente, rico, fértil, de grande valor.
Opróbrio: grande desonra pública; degradação social; ignomínia, vergonha, vexame.
Orexia: desejo, vontade de comer; apetite.

P

Palmar: muito claro; evidente, indiscutível.
Parabélum: pistola automática de grande calibre, originalmente fabricada na Alemanha.
Pélago: região marítima afastada do litoral; alto-mar; situação problemática, difícil.
Penedia: local cheio de penedos; penedal, penedio, piçarra.
Peragração: volta lunar (de qualquer ponto do zodíaco até o retorno ao ponto de saída).
Peralvilho: diz-se de ou indivíduo afetado nas maneiras e no trajar; janota, peralta.
Pernóstico: que ou aquele que é presumido, afetado, pretensioso.
Perquirir: efetuar investigação escrupulosa; inquirir de maneira minuciosa; esquadrinhar.

Pertinácia: qualidade ou ação de pertinaz; perseverança, tenacidade, obstinação.
Pituíta: muco nasal; vômito viscoso.
Polissêmica: relativo à polissemia; que tem mais de um significado.
Pórfiro: qualquer pedra que apresente partículas muito brancas em fundo escuro.
Prazenteiro: simpático, adulador; alegre, animado, feliz.
Preambular: escrever o preâmbulo de; prefaciar; introdutório.
Preclaro: que se distingue pelo mérito, pelo saber; ilustre, notável, famoso.
Primacial: em que há, ou a que se atribui primazia; primordial.
Primícias: primeiras coisas de uma série; começos, prelúdios.
Probo: de caráter íntegro; honrado, honesto, reto.
Profligar: derrubar, arruinar, destruir, derrotar; tentar destruir com argumentos.
Prófugo: que anda a fugir ou a vagar; fugitivo, vadio, vagabundo.
Prolatar: pronunciar (sentença); promulgar, proferir.
Prolixidade: característica do que é prolixo; loquacidade, verborragia, prolixidez.
Prónubo: relativo a noivo, a noiva ou a núpcias; nupcial.
Proxeneta: aquele que explora a prostituição de outrem; cáften, rufião.
Pugilo: pequena quantidade de (qualquer coisa); punhado; pitada.
Pujança: grande força; vigor, robustez.
Pungente: que provoca dor, penetrante, lancinante.

Q

Quérulo: que se lamenta; plangente, queixoso.

Quinhoar: repartir em quinhões, em partes; partilhar.

Quinquenérveo: com cinco nervuras, todas partindo da base do limbo (diz-se de folha).

R

Rebarbativo: que causa estranheza, que desagrada, por destoar do normal, do comum.

Reboo: ato ou efeito de reboar (retumbar); ressoo.

Récova: comitiva de cavaleiros.

Recru: muito cru.

Refrega: lida, trabalho; luta, confronto.

Refulgente: que refulge, brilha, resplandece.

Reiuno (Acordo): de baixa qualidade ou condição; ordinário, ruim.

Remir: tornar a obter, a conseguir; conceder indenização a; compensar, ressarcir.

Réprobo: que ou aquele que foi banido da sociedade; malvado, detestado, infame.

Resvés: que é exato, justo; próximo, rente.

Rocio: condensação do vapor, orvalho.

Rutilante: que fulgura ou resplandece com vivo esplendor; luzente, cintilante.

S

Salmódia: maneira monótona no ler, recitar, declamar.

Sanhuda: que provoca medo; temível, terrível.

Serventuário: aquele que presta um serviço provisório ou feito em nome de outrem.

Silfo: espírito elementar do ar, segundo os cabalistas.

Sobejo: que excede; excessivo, demasiado; audaz, ousado; qualquer coisa que sobrou.

Sobremodo: muito além da medida, da normalidade; demais, sobremaneira.

Soçobrar: reduzir(-se) a nada; acabar (com); desanimar; pôr-se em perigo; perder-se.

Sucedâneo: substituto; que se segue a; posto em lugar de.

Súcia: reunião de indivíduos de má índole ou de má fama; malta, bando.

Supedâneo: banco para descanso dos pés; escabelo; estrado; pedestal.

Superfluidade: coisa supérflua, coisa de luxo; futilidade; excesso, demasia.

T

Tantálico: de sofrimento penoso, terrível.

Tergiversar: usar de evasivas ou subterfúgios; procurar rodeios.

Tessitura: modo como estão interligadas as partes de um todo; organização, contextura.

Tirocínio: capacidade de discernimento.

Tonitruante: que troveja; muito ruidoso.

Torpe: que revela caráter vil; ignóbil.

Tranquibérnia: ato ou negócio de má-fé, fraude ou trapaça.

Trânsfuga: aquele que renega seus princípios, que se descuida de seus deveres.

V

Velutina: antigo tecido de seda semelhante ao veludo.

Venida: ataque imprevisto, feito de surpresa pelo inimigo; ação de vir; vinda.

Viageiro: viajante; aquele que viaja; viajor (ô).

Vicissitude: sucessão de mudanças ou de alternâncias; insucesso, revés.

Vincendo: que está por vencer (diz-se de dívida, juros etc.).

Vitando: que se deve evitar; execrável, vitável.

Z

Zênite: o ponto ou grau mais elevado; apogeu, culminância.

Zíngaro: relativo ao ou próprio do povo cigano.

20 ÍNDICE REMISSIVO

O presente índice remissivo é fruto de meticuloso trabalho de pesquisa do amplo conjunto de situações gramaticais espalhadas pela obra. Com mais de 2.000 remissões, permitirá ao leitor encontrar a solução à dúvida em poucos instantes.

Dessa forma, a obra alcança o seu nobre objetivo de auxiliar eficientemente todos aqueles que precisam do idioma em seu dia a dia.

A

- A (plural da letra): 211
- A baixo x Abaixo: 234-235
- A baixo x De cima: 234-235
- A caráter (e a crase): 523
- A cavalo (e a crase): 523
- A cerca de x Há cerca de x Acerca: 261
- A cores x Em cores (tevê): 176
- À custa de: 23
- A domicílio x Em domicílio: 176
- A ele(s)/A ela(s) x Lhe (objeto indireto): 221-222
- A expensas de x Às expensas de: 24
- A fim de x Afim: 156; 170
- A final (*versus* Afinal e Ao final): 88
- A folhas ("a fls. ..."): 109-110; 229
- *A grosso modo* (erro): 156-157
- A jato (e a crase): 523
- A maior parte de (concordância verbal): 426
- A maioria de (concordância verbal): 426
- À medida que: 24-25
- A metade de (concordância verbal): 426
- A meu/nosso ver (pronúncia): 290
- A nível de (erro!): 60-61; 520
- A olhos vistos (concordância nominal: invariável): 136; 413
- A par x Ao par: 184; 260; 271
- *A Pari passu* (erro): 149
- A pé (e a crase): 523
- A ponto de (pronúncia): 290-291
- *A posteriori* (latinismo): 140-142
- A prazo (e a crase): 523
- A princípio x Em princípio: 267
- *A priori* (latinismo): 140-142
- A propósito (de): 22; 94
- A rigor: 22
- A sangue-frio (e a crase): 523
- *A simili* (argumento; latinismo): 87
- A sós (concordância nominal): 414
- *A última vez que...* (expressão): 524
- A x Há: 261
- *Ab auctoritatem* (argumento; latinismo): 84-85
- *Ab initio* (latinismo): 154
- *Ab irato* (latinismo): 154
- Abaixar x Baixar: 235
- Abaixo x Acima: 235
- Abaixo-assinado x Abaixo assinado: 135; 235
- Abdicar (regência): 386
- Abdomens (acentuação): 179
- Abelha e Zangão: 207
- Abeto (/ê/: timbre fechado): 298
- Abolir (verbo defectivo; conjugação): 480
- Abono (Em abono de...): 118
- Aborígene / Aborígine (ortografia; dupla prosódia): 238; 310
- Abreviatura x Abreviação: 198
- Abreviaturas (em geral): 198
- Abreviaturas (na petição): 77-78
- Abreviaturas e Acentos gráficos: 199
- Abreviaturas e Pontuação: 198
- Abrupto (separação silábica): 193; 197
- *Absente reo* (latinismo): 154
- Absoluto (pronúncia): 285
- Abster-se (verbo pronominal): 212
- Abstivermos (flexão verbal): 541
- Absurdidade: 119
- Acento diferencial: 350
- Acentuação (com plural de diminutivos): 206
- Acentuação (ditongo crescente): 177
- Acentuação (nomes próprios): 18
- Acentuação (paroxítonas terminadas por -er): 280
- Acerca de x Há cerca de x A cerca de: 170; 261
- Acerto x Asserto: 203; 303
- Acervo (/ê/ ou /é/: pronúncia oscilante): 294
- Acético x Ascético x Asséptico: 202; 306
- Acima x Abaixo: 235
- Acinte (ortografia): 202; 305
- Acontecer (verbo pessoal; concordância verbal): 432
- Acordo amigável (pleonasmo): 277
- Acordo Ortográfico (flexões verbais): 231
- Acordo Ortográfico e hífen (ortografia): 319-325

MANUAL DE PORTUGUÊS JURÍDICO

- Acoroçoar: 120
- Acostumar-se (verbo pronominal): 522
- Acróbata / Acrobata (dupla prosódia): 238
- *Ad cautelam* (latinismo): 155
- *Ad instar* (latinismo): 155
- *Ad judicia* (latinismo) 106-107
- *Ad juditia* (erro!) 106-107
- *Ad libitum* (latinismo): 155
- *Ad litteram* (latinismo): 81-82; 144
- *Ad litteris et verbis* (latinismo): 82
- *Ad nutum* (latinismo): 155
- Adequar (verbo defectivo; conjugação): 481-482
- Aderir (flexão verbal – presente do indicativo: *adiro*): 230
- Aderir (verbo irregular; conjugação): 474
- Adimplir (conjugação): 351
- Adjetivo x Advérbio: 247
- Adjetivos (superlativos sintéticos): 191-193
- Adjetivos pátrios (ou gentílicos): 224-225
- Adjudicação: 128
- Adjunto adverbial (conceito): 451
- Adminículo: 126
- Adrede (/ê/: timbre fechado): 125; 298
- Advérbio x Adjetivo: 247
- Advérbios (dois ou mais terminados por -mente): 122-123; 247-248; 523
- Advir x Adivinhar (flexão verbal: *advinha*): 523
- Advogado (pronúncia): 285
- Aerossol (ortografia): 202; 305
- Aferro: 99
- Aficionado (ortografia): 157; 539
- Afim x A fim de: 156; 262; 271
- Afinal x A final x Ao final: 88
- Afinar: 125
- Afligir: 279
- Afonsino (ou Obsoleto): 129
- Aforismo (ortografia): 524
- Afro(a)(s) (concordância nominal): 523

- Afrouxo (pronúncia): 287
- Agasalho: 118
- Agir (flexão verbal – presente do indicativo: *ajo*): 230
- Agradar (regência): 386
- Agradecer (regência): 386
- Agradecido(a) (concordância nominal): 411
- Agravante: 93; 187
- Aguar e o Acordo (conjugação): 478
- Aguardente: 186
- Ajudar (regência): 386
- Alcíone (proparoxítona): 180
- Álcool (palavra de origem árabe): 202
- Álcool (plural): 209
- Alcoólatra (proparoxítona): 180; 345
- Aleijar (ortografia): 165; 316-317
- Aleijo (pronúncia): 286-287
- Alerta (concordância nominal: invariável): 412
- Alfabeto (letras) e o Acordo: 301
- Alface (palavra de origem árabe; gênero): 186; 202
- Alfândega (palavra de origem árabe): 202
- Álgebra (palavra de origem árabe): 202
- Algoz (pronúncia): 183; 342
- Algum (concordância nominal): 410
- Alguns de nós (concordância verbal): 426
- Álibi (proparoxítona): 180; 345
- Alienado (regência): 384
- Alienígena: 117
- Almaço (grafia complexa): 202; 305; 325
- Alocução x Elocução: 275
- *Altera inaudita* (latinismo): 149-151
- Alto e bom som (expressão): 539
- Aluguel ou Aluguer (dupla prosódia): 238
- Aluvião: 93; 188
- Amazona e Cavaleiro: 207

- Ambi- (ortografia): 539
- Ambidestro (ortografia): 539
- Ambiguidade: 44-46
- Ambrosia (ou Ambrósia): 177; 344
- Amoral x Imoral: 236; 268
- Análise e Analisar (ortografia): 161; 411-412
- Anástrofe (inversão de termos na oração): 44
- Anexo (concordância nominal): 411-412
- Anexo (particípio): 227
- Anfitrioa e Anfitrião: 207
- Anglicismo: 252-253
- Ano-base (ortografia): 538
- Ano-bom (ortografia): 539
- Ano-luz (grafia complexa): 325; 539
- Anônimo e Apócrifo: 181-182; 346
- Ano-novo (ortografia): 539
- Ansiar (regência): 387
- Ansioso (ortografia): 202; 305; 318
- Ansioso (regência): 385
- Antarctica e Maizena (Marcas): 161; 181
- Antártica (adjetivo): 181; 347
- Antártida (proparoxítona): 181; 347
- Ante a x Ante: 89-90
- Ante ao exposto (erro!): 135
- Ante o exposto: 135
- Antenupcial (Acordo e ortografia): 322
- Antes bom: 266
- Antever (conjugação de "ver"): 489-490
- Antiético (Acordo e ortografia): 322
- Anti-inflamatório (Acordo e ortografia): 321
- Antissocial (Acordo e ortografia): 322
- Antônimo (conceito): 267; 168-169; 302
- Anuir (regência): 128; 387
- Ao encontro de x De encontro a: 260-261

ÍNDICE REMISSIVO • capítulo 20

- Ao final x A final x Afinal: 88
- Ao léu (ortografia): 373
- Ao nível de (ou Em nível de): 520
- Aonde x Onde: 184-185
- Aos molhos (/ó/: timbre aberto): 299
- Apaniguar e o Acordo (conjugação): 477
- Apaziguar e o Acordo (conjugação): 231; 477
- Apêndix (ortografia; plural): 532
- Apenso (concordância nominal): 412
- Apesar de... (contração proibida da preposição + artigo): 534-537
- Apiedar-se (flexão verbal): 232
- Apócrifo e Anônimo: 181-182; 346
- Após o quê... (locução): 217
- Aposto (conceito): 448
- Aprazer(-se) (conjugação): 491-492
- Apropinquar e o Acordo (conjugação): 99; 232; 478
- Apropriado (ortografia): 318; 531
- Apto a: 279
- *Apud* (latinismo): 147-149
- *Apud acta* (latinismo): 149
- Aquiescer: 134
- Árabe (palavras de origem): 202; 307
- Arcabouço: 126
- Arcaísmos (Preciosismos): 97-100; 126-127
- Arcaísmos *versus* Jargões: 99-100
- Arena: 129
- Arguir e o Acordo (conjugação detalhada): 130; 485-487
- Argumento *a simili* (latinismo): 87
- Argumento aríete: 134
- Argumento de autoridade: 84-85
- Aríete (Argumento aríete): 134
- Arnaldo Antunes (*Budismo Moderno*): 142
- Arquétipo (proparoxítona): 180; 345
- Arrasar (ortografia): 136; 163; 310
- Arrear (flexão verbal – presente do indicativo: *arreio*): 230

- Arrepender-se (verbo pronominal): 212
- Arrepio: 122
- Arriar (flexão verbal – presente do indicativo: *arrio*): 230
- Artesã e Artesão: 211
- Artesãos x Artesões: 211; 533
- Artigo (com "frei"): 208
- Artigo (com "monsenhor"): 208
- Artigo (com "sóror"): 208
- Arvorar-se: 120
- Às avessas (/ê/: timbre fechado): 294
- Ascensão x Assunção: 202; 306
- Ascensorista (grafia complexa): 325
- Ascético x Acético x Asséptico: 202; 306
- Aspas simples: 177
- Aspirar (regência): 387
- Asseio (ortografia): 203; 305
- Assente: 124
- Asséptico x Acético x Ascético: 202; 306
- Assertiva (ou Asserto): 203
- Assistir (regência): 387-388
- Assunção x Ascensão: 202; 306
- Asterisco (pronúncia): 289; 319
- Ateia e Ateu: 206
- Atender (regência): 388
- Atento(a): 134
- Atenuante: 93; 186
- Aterrissagem ou Aterrizagem (pronúncia): 287-288
- Ater-se (verbo pronominal): 212
- Através de: 95-96; 163-164
- *Audiatur (et) altera pars* (latinismo): 150
- Augusto dos Anjos: 142
- Autoescola (Acordo e ortografia): 320; 322
- Automação e Automatização: 278
- Autópsia ou Autopsia (dupla prosódia): 238; 291-292
- Avalancha (ortografia): 525
- *Avalanche* (Estrangeirismo): 253

- Avelãzeira (til: ã): 183; 342
- Avença (arcaísmo): 99; 127
- Aventado(a): 123
- Averiguar e o Acordo (conjugação): 477
- Avexar ou Vexar: 510
- Ávido (regência): 385
- Avir(-se) x Desavir(-se): 237
- Avó (diminutivo plural e acentuação: *avozinha*): 206
- Azeite (palavra de origem árabe): 202
- Azul-celeste (concordância nominal: invariável): 416; 525
- Azul-ferrete (concordância nominal: invariável): 416; 525
- Azul-marinho (concordância nominal: invariável): 416; 525
- Azul-turquesa (concordância nominal: invariável): 416; 525

B

- Bacanal: 93; 188
- Bacharel (regência nominal): 384
- Bacharela e Bacharel: 208
- Bagdali (adjetivo pátrio; oxítona): 224
- Bahia (-h- intermediário): 302
- Bahia x Baía (letra "h"): 200; 302
- Baixar x Abaixar: 235
- Balaústre (acentuação): 173
- Bálcãs (dupla prosódia): 239
- Baliza (ortografia): 163; 307; 308; 310
- Banca (substantivo coletivo): 245
- Banir (verbo defectivo; conjugação): 480
- Barato (concordância nominal): 414
- Barbárie (ou Barbaria): 177; 344
- Basta de... (expressão): 22
- Bastante (classes morfológicas): 240-241; 414
- Bastar (concordância) 21, 22
- Bater (concordância verbal): 431
- Batizar (ortografia): 162; 309

- Bê-á-bá (oxítona; plural): 183
- *Beccaria* (paroxítona): 178
- Bela caligrafia (erro!): 42
- Belchior (pronúncia): 511
- Bem haja (expressão): 537
- Beneditino: 119
- Beneficente (ortografia; pronúncia): 174-175; 289; 319
- Bengali (oxítona): 183; 342
- Beribéri (acentuação): 156; 178
- Berinjela (ortografia): 310
- Besouro (ortografia): 310
- Bifrontes (palavras): 208
- Biótipo ou Biotipo (dupla prosódia): 180; 238
- Biquíni ou Biquine (estrangeirismo aportuguesado; paroxítona): 156; 178; 238; 252
- Bispa x Episcopisa: 207
- Blecaute (estrangeirismo aportuguesado): 252
- Blefe (/ê/ ou /é/: pronúncia oscilante): 295
- Boa-fé (ortografia; plural): 135-136; 319
- Boa linguagem (Capítulo): 34-64
- Bocaiuva (Acordo e acentuação): 343; 349
- Bochecha (ortografia): 205; 313
- Bode e Cabra: 206
- Boêmia ou Boemia (dupla prosódia): 238
- Bom-bocado: 64
- Bom-moço: 64
- Bom-tom: 64
- Bom senso: 33; 64
- Bororos (pronúncia): 177; 344
- Bota-fora (ortografia; plural): 539
- Botão (diminutivo plural e acentuação: *botõezinhos*): 206
- Boticário (arcaísmo): 127
- Brandir: 117
- Braquiologia: 65
- Bueiro (ortografia): 201; 317
- Bufê (estrangeirismo aportuguesado): 253
- Burburinho (ortografia): 201; 317

- Burla: 121
- Buxo x Bucho: 205; 313

C

- Ç (ortografia): 314
- Cabeleireiro (ortografia): 539
- Caber (verbo irregular; conjugação): 230; 476
- Cabra e Bode: 206
- Caçar x Cassar: 169; 203; 268; 303
- Cacoépia ou Cacoepia (dupla prosódia): 239
- Cacófato (ou Cacofonia): 61; 195; 236-237
- Cada (concordância verbal): 430
- Cadafalso (grafia complexa): 326
- Cadarço (grafia complexa): 326
- Cadê: 398
- Cadeado (ortografia): 171; 315; 399
- Cafeicultor (separação silábica): 197
- Cafeinado (separação silábica): 197
- Cãibra ou Câimbra (dupla prosódia): 240
- Cal (gênero): 93; 186
- Caligrafia: 42
- Cálix (ortografia; plural): 532
- Câmara lenta: 525
- Câmera x Câmara: 525
- Canja de galinha (pleonasmo): 277
- Caracteres (acentuação; paroxítona): 177; 341; 344
- Caranguejo (grafia complexa): 326; 539
- Caráter ou Caractere (dupla prosódia): 280
- Cardeal: 120
- Carioca (adjetivo pátrio): 225
- Carioca x Fluminense (adjetivo pátrio): 225
- Caro (concordância nominal): 414
- Carrasco (gênero): 278-279
- Cartesiano(a): 125

- Cartucho x Cartuxo: 204; 304
- Cãs (til: ã): 183; 342
- Castelhanismo: 252
- Casulo (ortografia): 307
- Cataclismo (ortografia; gênero): 186; 524
- Catequizar (ortografia): 162; 307; 309
- Cateter (acentuação; silabada; plural): 174; 183; 341-342
- Catorze ou Quatorze (dupla prosódia): 238
- Cauda (do piano): 523
- Cavaleiro e Amazona: 207
- Cavalheiro e Dama: 207
- Cavouco (pronúncia): 287
- Caxambu (ortografia): 205
- Ceção: 32; 204; 319
- Cê-cedilha (grafia complexa): 202; 305; 326
- Cediço ("É cediço..."): 114
- Ceio (pronúncia): 287
- Cerca de (concordância verbal): 426
- Cesária e Cesariana (ortografia): 171; 279; 315
- Cessão: 32; 204; 319
- Cessão x Ceção x Sessão x Seção: 169; 270; 303; 319
- Cessar-fogo (ortografia; plural: invariável): 539
- Cf. (abreviatura): 198
- CH (ortografia): 204-206
- Chá x Xá: 205; 314
- Chamar (regência): 388
- Champanha(e) (estrangeirismo aportuguesado; gênero): 186; 253
- Chapéu (diminutivo plural e acentuação: *chapeuzinhos*): 185; 206
- Chassi (estrangeirismo aportuguesado): 253
- Chavões (clichês ou modismos): 59-61; 97-100
- Chefa (gênero): 207
- Chefa e Chefe (gênero): 207
- Chegado (particípio): 229
- Chegar (regência): 388-389

ÍNDICE REMISSIVO • capítulo 20

- Chego (particípio: erro!): 229
- Cheque x Xeque: 206; 314
- Chuchu (ortografia): 205; 313
- Chulo (ortografia): 205; 313
- Ciclope (paroxítona): 177; 344
- Cinquenta (ortografia): 174
- Cipoal: 118
- Círculo vicioso (expressão): 539
- Círio x Sírio: 204; 304
- Cisalpino (separação silábica): 196
- Cisma: 204
- Citação de doutrina (regras): 84-85
- Citação de jurisprudência (regras): 87-88
- Ciúme(s) e Saudade(s): 246-247
- Civil x Cível: 122
- Clareza (e preciosismo): 41-50; 48-50
- Clareza (falta de; ambiguidade): 44-46
- Clarividente: 118
- *Claude Bernard*: 142
- Clichês (chavões ou modismos): 59-61; 97-100
- Clube (estrangeirismo aportuguesado): 252
- Coabilidade (Acordo e ortografia): 323
- Coabitar (Acordo e ortografia): 323
- Coadunar: 134
- Coautor (Acordo e ortografia): 322
- Cocha x Coche x Cocheira x Cocho: 205; 313
- Coco(/ô/) x Coco (/ó/) x Cocô x Cocó: 525
- Cocuruto: 201; 317
- Codevedor (Acordo e ortografia): 322
- Códex (ortografia; plural): 532
- Coerdeiro (Acordo e ortografia): 323
- Coimbrã (ortografia): 167
- Coincidência (ortografia): 318; 533
- Colendo: 60; 108-109
- Cólera (gênero): 188

- Colocação Pronominal: 504-509
- Colorir (verbo defectivo; conjugação): 480
- Com (sujeito unidos por; concordância verbal): 430
- Com efeito: 113
- Com vista(s) a: 24; 85
- Comezinho (grafia complexa): 326
- Comichão (gênero): 93; 186
- Companhia (pronúncia): 294
- Compatível (regência): 385
- Competir (flexão verbal – presente do indicativo: *compito*): 230
- Comprazer(-se) (conjugação de "aprazer"): 491-492; 523-524
- Comprimento x Cumprimento: 268; 317
- Computar (verbo defectivo): 472
- Comunicação jurídica (Capítulo): 26-32
- Concerto x Conserto: 169; 303
- *Concessa venia* (latinismo): 143-144
- Conchavo (grafia complexa): 326
- Concisão: 36-41
- Concluso (particípio): 227
- Concordância Nominal (Capítulo): 408-424
- Concordância Verbal (Capítulo): 383-407
- Concordância verbal e Pronomes de tratamento: 215-216
- Concupiscência (gênero): 32
- Condão: 129
- Condições empíricas e "a priori" (Kant): 140-141
- Confiança (regência): 384
- Confreira (ou Confrada) e Confrade: 207
- Congregação (substantivo coletivo): 245
- Cônjuge (gênero): 188
- Conosco x Com nós: 220-221
- Conotação: 29-30
- Conquanto: 131
- Cônscio: 131
- Consentâneo: 120; 133

- Consentir (regência): 389
- Conserto x Concerto: 268; 303-304
- Consigo: 219-221
- Constante de (regência nominal): 109
- Constar (regência verbal): 109
- Constroem (flexão verbal; acentuação): 527
- Consuetudinário (/é/: timbre aberto): 295
- Contêiner (plural): 209
- Conteste x Inconteste: 130-131
- Contradisseram (flexão verbal): 539
- Contradito x Contraditado: 226
- Contraindicação (Acordo e ortografia): 320
- Contramandado (Acordo e ortografia): 323
- Contrário a (regência): 119
- Contrarrazões (Acordo e ortografia): 322-323
- Contrarregra (Acordo e ortografia): 322-323
- Contrassenso (Acordo e ortografia): 322
- Controle (/ô/: timbre fechado): 299
- Convalescença (ortografia): 203; 305
- Convém x Convêm (Acordo e acentuação): 348
- Convir (conjugação de "vir"): 488-489
- Convosco x Com vós: 220-221
- Coobrigado (Acordo e ortografia): 322
- Coonestar: 133
- Copidesque (estrangeirismo aportuguesado): 252
- Copiloto (Acordo e ortografia): 322
- Copioso: 118
- Cor-de-rosa (ortografia; plural: invariável): 539
- Corolário (e Ilação): 126
- Correção (gramatical): 35-36
- Corresponsável (Acordo e ortografia): 323

- Corréu e Corré (Acordo e ortografia): 323
- Corrimão (plural): 208; 211
- Corroboração: 124
- Corroborar (e Roborar): 119; 173
- Cortar o nó górdio (expressão): 436
- Córtex (ortografia; plural): 532
- Cotejar (e Cotejo): 118
- Cotidiano ou Quotidiano (dupla prosódia): 238
- Coxa x Cocha: 205; 313
- Coxa x Coxão x Coxo: 205; 313
- Crase (Capítulo): 359-382
- Crase (e Elipse): 116
- Crase e "a qual"/"as quais": 361-362
- Crase e a expressão "a uma (só) voz": 370
- Crase e a expressão "dado(a)(s)...": 371
- Crase e a expressão "dar à luz...": 371; 526
- Crase e a expressão "devido a...": 371
- Crase e a palavra "casa": 369
- Crase e a palavra "distância": 369
- Crase e a palavra "terra": 369
- Crase e as locuções com palavras masculinas: 523
- Crase e horas determinadas: 362-363
- Crase e locuções: 364-365
- Crase e nomes geográficos: 360
- Crase e números ordinais femininos: 364
- Crase e o uso facultativo: 369-370
- Crase e os pronomes (adjetivo e substantivo): 371
- Crase e pronomes demonstrativos: 360-361
- Crase e termos ocultos: 364
- Crase polêmica e senhora/senhorita/dona/madame: 368
- Crase proibida e expressões em sentido genérico: 366-367
- Crase proibida e nomes masculinos: 366

- Crase proibida e palavras repetidas: 368
- Crase proibida e pronomes de tratamento: 367-368
- Crase proibida e pronomes em geral: 367
- Crase proibida e verbos: 366
- Creem (Acordo e acentuação): 348
- Crer (flexão verbal: *cria*): 218
- Criar novo (pleonasmo): 277
- Cristalino: 112; 115
- Cristãmente (til: ã): 183; 342
- Crivo: 122
- Crudelíssimo (adjetivo superlativo absoluto sintético): 192
- Cujo: 217
- Culto (falante): 58-59
- Cultura x Incultura: 58-59
- *Curiosimacetes*: 255-256; 278-279; 330-331; 351; 372; 398; 416; 436-437; 459-460; 510-511
- Curioso(s) (regência): 384
- Curto-circuito (pronúncia): 281
- Custar (regência): 389
- Custas (palavra pluralícia): 23; 92-93; 182; 346

D

- Dado(a)(s) (regência): 177
- Dama e Cavalheiro: 207
- Dar (concordância verbal): 431
- Dar mostra (regência): 385
- *Data (maxima) venia* (latinismo): 143-144
- *Data venia* (latinismo): 113
- De (significados da preposição): 129-130
- De cima x A baixo: 234-235
- De encontro à x Ao encontro de: 260-261
- De folhas ("de fls. ..."): 109-110
- De há muito / De há pouco: 109
- De maneira que (concordância nominal: invariável): 412

- De molde: 22
- De pé (ou Em pé): 220
- *De per se / Per se* (latinismo): 151-152
- De plano: 129
- De propósito: 94
- Deboche (ortografia): 352
- Decerto: 526
- Declinar (regência): 389
- Dedução (texto dissertativo): 68-69
- Deem (Acordo e acentuação): 348
- Deferir x Diferir: 171; 270; 315
- Defeso: 99
- Defluir: 123
- Deletério: 128
- Delinquir e o Acordo (conjugação): 231; 479
- Demais x De mais: 262
- Demiurgo (acentuação): 348
- Democrata-cristão (plural): 210
- Demolir (verbo defectivo; conjugação): 480
- Denotação: 29-30
- Deparar (regência): 389-390
- Depois de... (contração proibida da preposição + artigo): 534-537
- Deputado (regência): 528
- Des(a)prazer (conjugação de "aprazer"): 491-492
- Desacolher: 121
- Desadorar: 279
- Desaguar e o Acordo (conjugação): 478
- Desavir(-se) x Avir(-se) (conjugação de "vir"): 237; 488-489
- Descargo de consciência (pronúncia): 291
- Descortino (ortografia): 540
- Descrição x Discrição: 268; 315
- Discriminar x Discriminar: 172; 270; 315
- Desdeem (Acordo e acentuação): 349
- Desdém (oxítona; plural): 183; 342
- Desdizer (flexão verbal): 232
- Desiderato: 118

ÍNDICE REMISSIVO • capítulo 20

- Designo (pronúncia): 285
- Desobedecer (regência): 392
- Despejo (pronúncia): 286
- Despercebido x Desapercebido: 270
- Despiciendo: 60; 113
- Desplante (ortografia): 171; 315
- Desporto (/ê/: timbre fechado): 295
- Desportos (/é/: timbre aberto): 295
- Dessarte: 98; 114
- Dessumir: 114; 123
- Destrinçar ou Destrinchar: 526
- Destro (/ê/ ou /é/: pronúncia oscilante): 295
- Destroem (flexão verbal; acentuação): 527
- Destróier (acentuação): 343
- Desumano (ortografia): 201; 302
- Detectar ou Detetar: 92
- Detector ou Detetor: 92
- Detiver (flexão verbal): 539
- Deve existir (concordância verbal): 274; 432
- Deve fazer (concordância verbal): 432
- Deve haver (concordância verbal): 274; 432
- Dever (locução verbal com pronome -se): 244
- Diabete(s) (gênero): 189
- Dicionário (léxico, vocabulário; importância): 39-40; 61
- Dicionário (recomendações bibliográficas): 62; 102
- Diferir x Deferir: 171; 270; 315
- Diga-se, ademais, (...): 113
- Digladiar(-se) (ortografia): 171; 526
- Dignar-se (regência; verbo pronominal): 91-92; 212
- Dígrafo (conceito): 168; 194
- Dígrafo e Separação Silábica: 194
- Diminutivo plural: 185
- Diminutivos (substantivos): 529
- Discente x Docente: 167; 172; 315
- Discriminar x Descriminar: 172; 270; 315

- Disenteria (ortografia; pronúncia): 171; 288-289; 314-315
- Díspar: 117
- Dissecar: 119
- Dissensão (ortografia): 168
- Dissertação (na petição): 66-68
- Dissertações (exemplos): 70-76
- Ditongo (conceito): 194; 341; 349
- Ditongo crescente (acentuação; separação silábica): 177; 194
- Diuturno: 23
- Dó (gênero): 32; 186
- Do "Oiapoque" ao Chuí (erro!): 60
- Do ponto de vista...: 533-534
- Docente x Discente: 167; 172; 268; 315
- Docílimo (adjetivo superlativo absoluto sintético): 191; 192
- Dois pontos (e minúscula posterior): 245
- Dolo (/ó/: timbre aberto): 299
- Domiciliado (regência): 175-176; 539
- Doutorando (vincendo, colendo etc.): 60
- Doutorar-se (flexão verbal): 232
- Doutrina – a citação (na petição): 81-85
- Draconiano(a): 123
- Druida (pronúncia): 281
- Dulcíssimo (adjetivo superlativo absoluto sintético): 191; 192
- Dupla Prosódia (Barbárie x Barbaria): 177; 344
- Dupla Prosódia (Biotipo x Biótipo): 180
- Dupla Prosódia (Elucubração x Lucubração): 201; 317
- Dupla Prosódia (Ípsilon x Ipsilão): 180
- Dupla Prosódia (ou Formas Variantes): 238-240
- Dupla Prosódia (Pólipo x Polipo): 181
- Dupla Prosódia (Projétil x Projetil): 183; 342
- Dupla Prosódia (Sóror x Soror): 181; 342

- Dupla Prosódia (Xérox x Xerox): 183; 342
- Dúplex ou Duplex (dupla prosódia; plural): 240

E

- E (ortografia): 170-172
- É a hora de... (contração proibida da preposição + artigo): 534-537
- É capaz que... (erro!): 527
- É provável que...: 527
- E *versus* I (ortografia): 314-315
- Eclampsia (paroxítona; separação silábica): 177; 344
- Edens (acentuação): 179
- Edícula (diminutivo): 529
- Efemérides (palavra pluralícia): 182; 346
- *E.g.* ou *Exempli gratia* (latinismo): 146-147
- Egrégio (ortografia; polissemia): 77; 108-109
- Eis (erro!): 103
- Eis que (conjunção causal: erro!): 27; 103
- Eivado de: 117
- Elefanta (ou Elefoa) e Elefante: 207
- Eleger (verbo abundante): 473
- Eleitora e Eletriz: 207
- Eletroencefalograma (ortografia): 538
- Elidir x Ilidir: 172; 268; 271; 316
- Elipse (conceito): 452-453
- Elo de ligação (pleonasmo): 277
- Elocução x Alocução: 275
- Eloquente: 124
- Elucubração (ou Lucubração): 201; 317
- Em comento: 113
- Em cores x A cores (Tevê): 176
- Em domicílio x A domicílio: 176; 539
- Em *lato sensu*; Em *stricto sensu* (erro!): 21
- Em mão (concordância nominal: invariável): 412

MANUAL DE PORTUGUÊS JURÍDICO

- Em nível de (ou Ao nível de): 520
- Em pé (ou De pé): 220
- Em princípio x A princípio: 267
- Em que pese (a): 248-249
- Em rigor: 22
- Em vez de x Ao invés de: 272
- Em via de (concordância nominal: invariável): 24; 413
- Em virtude de: 105
- Eminente x Iminente: 172; 268; 316
- Emirados Árabes (concordância verbal): 427
- Empecilho (ortografia): 171; 175; 318
- Empedernir (verbo defectivo; conjugação): 481
- Enarmonia (o "h" medial): 302
- Encapuzado (ortografia): 539
- Encharcar (ortografia): 205; 313
- Encher (ortografia): 205; 313
- Enchova (ortografia): 313
- Ênclise: 504-507
- Endereçamento (da petição): 77-78
- Enfarte (ou Enfarto) e Infarte (ou Infarto): 522
- Enfisema (ortografia): 541
- Engambelar ou Engabelar (dupla prosódia): 238
- Engendrar: 133
- Engolir (ortografia): 201; 317
- Enquete (estrangeirismo aportuguesado): 254
- Entra e sai (ortografia; plural): 210
- Entre (preposição) e os Pronomes pessoais: 218-219
- Entre mim e ti: 218
- Entre si: 527
- Entressafra (grafia complexa): 327
- Entreter(-se) (conjugação): 527
- Enxada (ortografia): 205; 312
- Enxadrista: 510
- Enxaguar e o Acordo (conjugação): 231; 478
- Epidemia (ortografia): 461
- Episcopal: 167
- Episcopisa x Bispa: 207

- Epóxido (pronúncia): 180
- Erigir (regência): 228
- Ermitoa e Ermitão: 207
- Erro de sintaxe (ou Solecismo): 251
- Escorraçar (grafia complexa): 327
- Escrúpulo (polissemia): 77
- Esfíncter ou Esfíncter (/é/: timbre aberto): 295
- Esgrimir: 131
- Esmero (/é/: timbre aberto; verbo): 296
- Esmero (/ê/: timbre fechado; subst.): 295
- Esmoler (oxítona; plural): 183; 342
- Esotérico x Exotérico: 510
- Espadim (diminutivo): 529
- Espanholismo (verbo *Resultar*): 102
- Espécime (proparoxítona): 182; 347
- Espectador x Expectador: 169; 303
- Espelhar (/ê/: timbre fechado): 295
- Espelho (pronúncia): 286
- Espeque ("com espeque..."): 99
- Esperto x Experto: 169; 303
- Esplêndido (ortografia): 164; 307
- Espontâneo (ortografia): 203; 305
- Esquecer (regência): 390
- Esquecer-se de (regência): 118
- Esquimoa e Esquimó: 207
- Essência (ortografia): 511
- Esta x Essa: 104-107
- Estabelecido (regência): 175-176
- Estada x Estadia: 330
- Estados Unidos (concordância verbal): 427
- Estagnar (flexão verbal – presente do indicativo: *estagno*): 230
- Estalados (ovos) (erro!): 528
- Estalar ou Estralar (dupla prosódia): 238
- Estar (verbo impessoal; concordância verbal): 432
- Estar a fim de: 156
- Estar a par de (concordância): 184
- Estatueta (diminutivo): 529

- Este x Aquele (dois substantivos): 106
- Este x Esse: 104-107
- Esteja (flexão verbal): 284
- Estouro (pronúncia): 287
- Estrangeirismo (Espanholismo): 102
- Estrangeirismos: 89; 251-255
- Estrear (ortografia): 316
- Estreava (flexão verbal): 540
- Estrelados (ovos): 528
- Estreme (de): 114; 131
- Estreme de dúvidas: 114
- Estreme x Extremo: 269
- Estribar-se: 121
- Estripulia (grafia complexa): 327
- Estupidez (plural): 163; 309
- Estupro (pronúncia): 283
- Etc. (e a vírgula): 233-234
- *Ex auctoritate legis* (latinismo): 145
- *Ex positis* (latinismo): 144
- *Ex professo* (latinismo): 155
- *Ex vi* (latinismo): 79; 145
- *Ex vi legis* (latinismo): 145
- Exceção (ortografia): 32; 202; 203; 305; 318
- Excelência (e vírgulas): 112
- Excêntrico (ortografia): 32; 203; 305
- Excesso e Excessivo (ortografia): 32; 168; 203; 305; 318
- Excrescência (grafia complexa): 327
- Exegeta (/é/: timbre aberto): 296
- Existir (verbo pessoal; concordância verbal): 432
- Expectador x Espectador: 169; 303
- Expender/Expendido: 113-114
- Expensa(s) (ortografia): 202; 305
- Experto x Esperto: 169; 303
- Expiar (ortografia): 165; 305
- Expor (ortografia): 417
- Expresso (particípio de Expressar/Exprimir): 227
- Expressões aproximativas (concordância verbal): 426

- Expressões partitivas (concordância verbal): 426
- Expulso (particípio de Expulsar/Expelir): 227
- Expungir: 123
- Exsurgir (pronúncia): 290
- Extemporâneo (ortografia): 23; 203; 305; 313
- Extinto x Extinguido: 226
- Extorquir (verbo defectivo; conjugação): 480
- Extra (concordância nominal; pronúncia): 113; 411; 283-284
- Extraconjugal (acordo e ortografia): 323
- Extrajudicial (acordo e ortografia): 323
- Extraoficial (acordo e ortografia): 321; 323
- Extravasar (ortografia): 23; 163; 164-165; 307; 312-313
- Extremo x Estreme: 204

F

- Face a x Em face de: 89-90
- Facínora (ortografia): 542
- Fac-símile (ortografia; plural): 532
- Faisoa e Faisão: 207
- Falecer: 112
- Falir (verbo defectivo; conjugação): 481
- Fá-lo (forma verbal com pronome): 211-212
- Farol (diminutivo plural e acentuação: *faroizinhos*): 206
- Favela: 330
- Fax (ortografia; plural): 532
- Fazer (verbo impessoal; concordância verbal): 432
- Fazer gato-sapato... (expressão): 540
- Fazer jus a...: 23; 114
- Fazer uma colocação: 59-60
- Fecho; Feche (/ê/: timbre fechado; verbo): 286; 296

- Feiura (Acordo e acentuação): 343; 349
- Férias (palavra pluralícia): 182; 346
- Ferrugento (ou Obsoleto): 129
- Fidalgal x Figadal: 288
- Filantropo (paroxítona): 178; 344
- Filho-famílias e Filha-famílias: 207
- Fim de semana (estrangeirismo aportuguesado): 252
- Fissura (ortografia; separação silábica): 196; 203; 305
- Fl. e Fls. (abreviaturas): 198
- Flagrante x Fragrante: 135; 269
- Fleuma: 330
- Fleumático (ou Fleugmático ou Flegmático): 330
- Floco ou Froco (dupla prosódia): 238
- Fluido (flui-do; substantivo; paroxítona): 51; 178
- Fluído (flu-í-do; verbo; hiato): 51; 179
- Fluminense x Carioca (adjetivo pátrio): 225
- Focinho (ortografia): 201; 317
- Folha(s) ("fl. ...") (pronúncia): 109-110; 112; 229
- Fonema (conceito): 202
- Fonema S (grafia com "c"): 202-203; 305
- Fonema S (grafia com "ç"): 202-203; 305
- Fonema S (grafia com "s"): 202-203; 305
- Fonema S (grafia com "sc"): 202-203; 305
- Fonema S (grafia com "ss"): 202-203; 305
- Fonema S (grafia com "x"): 202-203; 305
- Fonema S (grafia com "xc"): 202-203; 305
- Fora da lei (ortografia; plural): 210
- Fora de propósito: 94
- Formas variantes (ou dupla prosódia): 238-240
- Formas verbais e pronomes enclíticos: 211-215

- Formidável (Polissemia): 77
- Foro (ô/ó): 24-25
- Foro (ô): 25 (*foro íntimo*)
- Foro (ó): 25 (*foro romano*)
- Foros (ó): 25 (*foros de cidadania*)
- Fortuito (paroxítona; pronúncia): 178; 281; 344
- Fragilizar (neologismo): 104
- Francesismo (ou Galicismo): 89; 252-254
- Frase (conceito): 18
- Frases feitas (vocabulário jurídico): 112-134
- Frear (ortografia): 316-317
- Frei (e o uso de artigo): 208
- Freira e Frade: 207
- Frente a x Em frente de: 89
- Frequentativo ("Termo Frequentativo"): 133
- Frito (particípio de Fritar/Frigir): 227
- Frustração (ortografia): 318
- Frustrar (pronúncia): 288; 318
- Fulcro ("com fulcro..."): 113
- Furtar: 125
- Futebol (estrangeirismo aportuguesado): 251
- Futuro (tempo verbal): 495-500

G

- G (ortografia): 159-160; 310
- G *versus* J (ortografia): 311
- Galicismo (ou Francesismo): 252-254
- Ganhar (verbo abundante): 473
- Garagem (estrangeirismo aportuguesado): 252
- Gastar (verbo abundante): 473
- Gato-sapato (ortografia; plural): 540
- Gear (conjugação): 528
- Gêiser (plural e pronúncia): 280
- Gêneros (substantivos): 186-187
- Gentílicos (ou Adjetivos pátrios): 224-225

MANUAL DE PORTUGUÊS JURÍDICO

- Gerir (flexão verbal – presente do indicativo: *giro*): 230; 232
- Germanismo: 252
- Gerundismo: 500-504; 539
- Gerundivo latino: 60
- Girar (flexão verbal – presente do indicativo: *giro*): 230
- Gíria (e Nobreza): 58-61
- Giro (flexão verbal: gerir e girar): 230
- Glossário (Capítulo): 543-548
- Glutona e Glutão: 206
- Goela (ortografia): 201; 317
- Gol (plural): 211
- Grã-duquesa (ortografia): 541
- Grafia complexa (vocábulos): 325-329
- *Grafimacetes* (Capítulo): 158-256
- Grã-fino(a) (ortografia): 541
- Grama (acepções): 189; 282; 541
- Gramática natural (conceito): 472
- Grão/Grã (concordância nominal): 414
- Grato(a) (concordância nominal): 411
- Gratuito (paroxítona; pronúncia): 178; 281; 344
- Gravidez (plural): 163
- Grã-vizir (ortografia; plural): 541
- Gris (ortografia): 307
- *Grosso modo* (latinismo): 156-157
- Guarida: 114; 124
- Guerrilha (diminutivo): 529
- Guisa (À guisa de): 116

H

- H (letra): 198; 301
- H (medial): 302
- H (vocábulos): 200-201; 301-302
- Há cerca de x Acerca x A cerca de: 261
- Há dois anos atrás... (pleonasmo): 276
- Há x A: 261

- *Habeas corpus* (latinismo): 153-154
- Haja vista (concordância verbal): 431
- Haja vista (expressão): 63; 537
- Haja visto (locução verbal): 63
- Halterofilista (ortografia): 200; 301
- Hambúrguer (plural): 280
- Harmonia: 61-62
- Haver (acepções): 537-538
- Haver (erro de concordância: solecismo): 251
- Haver + infinitivo ("Não há fiar...."): 537
- Haver mister (de) (expressão): 537
- Haver por bem (expressão): 537
- Haver-se: 537
- Haver (verbo impessoal; concordância verbal): 274-275; 432; 520
- Hediondo (ortografia): 256
- Hei de... (expressão): 537
- Heliponto (neologismo): 104
- Herbanário (ortografia): 541
- Herbívoro (ortografia): 200; 301
- Herege (ortografia): 200
- Herpes (gênero): 187
- Hesitar (ortografia): 161; 200; 301; 307
- Hexacampeão (pronúncia): 159; 200
- Hiato (conceito; acentuação): 173; 194; 341; 348-349
- Hiato / Ditongo (e separação silábica): 194; 343
- Hífen e Acordo Ortográfico (ortografia): 319-325
- Hífen (e o prefixo "Hiper-"): 201
- Hífen (ou Hifem: arcaico; acentuação): 179; 341
- Hifens (ou Hífenes) (acentuação): 179; 344
- Hilaridade (ortografia): 200; 301; 314
- Hiper- (uso do hífen): 201
- Hipérbole: 100
- Hiper-hidrose: 302
- Hipossuficiente: 113

- Histeria (ortografia): 200; 302
- História (separação silábica): 177; 343
- Homônimo (conceito): 267
- Homônimos (homógrafos e homófonos): 168-170; 303
- *Hora do Espanto* – As "Pérolas" do Português: 25; 33; 64; 94; 136; 157; 256; 279; 331; 352; 373; 399; 417; 437; 461; 511
- Hora(s) (abreviatura): 198; 199
- Horteloa (gênero): 207
- Hóspeda e Hóspede (gênero): 208
- Hospício (Polissemia): 77
- Humílimo (adjetivo superlativo absoluto sintético): 192

I

- I (acentuação): 173-174
- I (ortografia): 170-172
- I (plural da letra): 211
- *I.e.* ou *Id est* (latinismo): 147
- Ianomâmi (paroxítona): 178; 344
- Ibero (paroxítona): 178; 344
- *Ib.*, *Idid.* ou *Ibidem* (latinismo): 148
- Ideia (Acordo e acentuação): 343
- Idioma (conceito): 50
- Idiossincrasia (grafia complexa): 328
- *Id.* ou *Idem* (latinismo): 148
- Igual (ortografia; regência): 373; 384
- Ilação (e Corolário): 126
- Ilaquear: 134
- Ilhoa e Ilhéu: 207
- Ilidir x Elidir: 172
- Ímã (paroxítona) x Imã (oxítona): 178; 183; 330; 343-344
- Imbróglio (estrangeirismo aportuguesado; grafia complexa): 255; 328; 330-331
- Iminente x Eminente: 172
- Imoral x Amoral: 236
- Impagar (neologismo: "verbas impagas"): 104

558

ÍNDICE REMISSIVO • capítulo 20

- Impermeabilizar: 104
- Ímpio x Impio: 351
- Implementação: 133
- Implicar (regência): 390
- Importar (regência): 390
- Impossibilitar: 104
- Impossível (ortografia): 461
- Imprecisão (obscuridade): 50-53
- Impregno (flexão verbal; pronúncia): 285
- Imprensa: 102
- Imprensa escrita (erro!): 102
- Imprimir (verbo abundante): 473
- Ímprobo (proparoxítona): 180; 345
- Improceder: 104
- Impronunciar: 104
- Impugno (flexão verbal: pronúncia): 285
- Impunir: 104
- In- (formação de palavras): 104
- *In albis* (latinismo): 145
- *In casu* (latinismo): 113; 142-143
- *In fine* (latinismo): 146
- *In locu / In situ* (latinismo): 155
- *In pari causa* (latinismo): 145-146
- *In verbis* (latinismo): 81-82; 144
- Inábil (o "h" medial): 200; 301
- Inabilitar: 104
- Inacolher (neologismo): 104
- Inacolher x Desacolher: 121
- Inadimplência (ou inadimplemento): 351
- Inadimplir (conjugação): 104; 351
- Inadmitir: 104
- Inalienar: 104
- Inaplicar (neologismo): 104
- Inapto: 21
- Inarmonia (o "h" medial): 302
- *Inaudita altera parte* (latinismo): 149-151
- Inaudito (paroxítona): 178; 344
- Incapacitar: 104
- Incerto x Inserto: 63; 204; 269; 303-304
- Incipiente x Insipiente: 269; 303-304

- Inclinação (regência): 385
- Inclinado (regência): 385
- Inclusive: 38
- Incluso(a) (concordância nominal): 411
- Inconcussa(o): 130
- Incontestado x Inconteste: 130-131
- Inconstestável: 130
- Inconteste x Conteste: 130-131
- Incontinente x *Incontinenti* (latinismo): 172; 270; 316
- *Incontinenti* (latinismo): 98
- Inculcar (ortografia; acepções): 528-529
- Incurso x Incorrido: 226
- Indefeso x Indefesso: 204
- Índex (ou Índice) (ortografia; plural): 351; 532
- Indigitado: 123
- Indiscrepância: 115
- Indochinês (ortografia): 351
- Indução (texto dissertativo): 68-69
- Inépcia x Inépcias: 255
- Inepto: 21
- Inexaurível: 117
- Inexistir: 104
- Inexorável e inexoravelmente (pronúncia): 115; 158
- Infarte (ou Infarto) e Enfarte (ou Enfarto): 522
- Infenso a: 372
- Infirmar: 121
- Infligir (flexão verbal – presente do indicativo: *inflijo*): 231
- Informar (regência): 391
- Infra-assinado (Acordo e ortografia): 323
- Infracitado (Acordo e ortografia): 323
- Infraestrutura (Acordo e ortografia): 323
- Inframencionado (Acordo e ortografia): 323
- Infringir (flexão verbal – presente do indicativo: *infrinjo*): 231
- Infringir x Infligir: 271
- Ingênuo (separação silábica): 177; 343

- Ingerir (flexão verbal – presente do indicativo: *ingiro*): 231
- Inobservar: 104
- Inobstante (neologismo): 104
- Inocorrer (neologismo): 104
- Inolvidável: 114
- Inquinado(a): 125
- Insculpir: 123
- Inserir (verbo abundante): 473
- Inserto (particípio): 228
- Inserto x Inserido: 63; 226
- Insipiente x Incipiente: 204; 304
- Insolente (polissemia): 77
- Insosso (separação silábica): 196
- Insubsistente: 123
- Insulado: 119
- Insular: 167
- Inteiro (pronúncia): 286-287
- Intercessão x Interseção (ortografia): 32; 203-204; 304-305; 319
- Interessar (regência): 391-392
- Ínterim (proparoxítona; pronúncia): 180; 282; 345
- Intermediar (flexão verbal: *eu intermedeio*): 165-166
- Interpretável: 117
- Interurbano (separação silábica): 196
- Intervém x Intervêm (Acordo e acentuação): 348
- Intervir (conjugação de "vir"): 487-489
- Intrincado ou Intricado (dupla prosódia): 239
- Inumano (o "h" medial): 302
- Inutilizar: 104
- Invulgar: 125
- Ípsilon (proparoxítona) ou Ipsilão (oxítona): 180
- *Ipsis litteris* (latinismo): 81-82; 144
- *Ipso facto* (latinismo): 151
- Irascível (pronúncia): 294
- Irrefragável: 126
- Irrefutável: 113
- Irretorquível: 114
- Írrito: 120
- Isto x Isso: 104-107

- Italianismo: 252; 255
- Item e Itens (acentuação): 179; 342; 344
- Iterativo: 133

J

- J (ortografia): 159-160; 310
- J *versus* G (ortografia): 311
- Jabuti (ortografia): 201; 317
- Jabuticaba (ortografia): 201; 317
- Jargões x Arcaísmos: 31; 99-100
- Jazer (conjugação): 372
- Jerônimo (ortografia): 310
- Jiu-jítsu (ortografia): 311
- João-de-barro (grafia complexa): 32
- Judeu (adjetivo pátrio): 225
- Juiz e Juízes(as) (acentuação): 173; 341
- Juízes (linguagem): 97
- Júnior (plural): 209
- Junto a: 522
- Junto(a) (concordância nominal): 411
- Júri (acentuação; paroxítona; substantivo coletivo): 156; 178; 246
- *Jurismacetes*: 23-25; 32; 63-64; 92-94; 135-136; 156-157
- Jurisprudência – a citação (na petição): 85-88
- Jus a ("Fazer jus a..."; ortografia): 114; 203; 305; 307
- Justiça: 30

K

- K (letra inserida pelo Acordo): 301
- Kant (e condições empíricas e "a priori"): 140-141

L

- Lacônico (conceito): 372
- Ladra e Ladrão: 206

- Lagartixa (pronúncia; ortografia): 23; 287
- Lambujem (ortografia): 160; 311
- Lança-perfume (gênero): 187
- Lance x Lanço: 206; 255
- Lancinante (ortografia): 540
- Lancinar (ortografia): 540
- Lápis (acentuação): 178; 343
- Lápis-lazúli (acentuação): 178
- Lascívia (ortografia): 203; 305
- Lastrear (ortografia): 316-317
- Látex (ortografia; plural): 532
- *Latimacetes* – Expressões latinas mais comuns no dia a dia forense (Capítulo): 137-157
- Latino-americano (plural): 210
- *Lato sensu*: 21
- Leem (Acordo e acentuação): 348
- Lembrar (regência): 390
- Lesa-pátria (crime de): 161
- Leso (concordância nominal): 410
- Leso(a): 161; 256
- Leva e traz (ortografia; plural): 210
- Lêvedo (proparoxítona): 182; 347
- Léxico (vocabulário, dicionário; conceito): 39-40; 50; 80
- Léxico ativo: 80
- Léxico passivo: 80
- Lhaneza (grafia complexa): 328
- Lhe (pronome possessivo): 221-222
- Lho(s) e Lha(s) (contração pronominal): 214-215
- Lhe(s) (ênclise nas formas verbais): 213
- Lhe(s) (erro: como objeto direto): 222
- Lhe(s) (objeto indireto): 221-222
- Lhe x A ele(s) / A ela(s) (objeto indireto): 221-222
- Libido (gênero): 32; 93; 187
- Liceidade: 125
- Lídima justiça (erro!): 30
- Lídimo: 98
- Lince (olhos): 416
- Linguagem conotativa: 29-30

- Linguagem culta: 98
- Linguagem denotativa: 29-30
- Linguagem do Direito: 98
- Linguagem do foro – Como enriquecer (Capítulo): 95-136
- Linguagem dos juízes: 97
- Linguagem forense: 22
- Linguagem jurídica: 22
- Lóbulo x Óbolo (ortografia): 201; 317
- *Loc. cit.* ou *Loco citato* (latinismo): 148
- Locuções adjetivas: 167-168
- Logicidade: 125
- Longe (classes morfológicas): 241-242
- Longe (concordância nominal): 241-242; 414
- Louva-a-deus (ortografia): 210
- Lúcifer (plural): 280
- Lucubração (ou Elucubração): 201; 317
- Luís (ortografia): 162; 310
- Lustro: 174

M

- Macérrimo (adjetivo superlativo absoluto sintético): 191
- Maciíssimo (adjetivo superlativo absoluto sintético; separação silábica): 192
- Má-criação (acentuação; grafia complexa): 174; 328; 343; 529
- Macro- (ortografia): 539
- Macroeconomia (ortografia): 539
- Madagáscar ou Madagascar (dupla prosódia): 178; 239
- Maestria x Mestria: 416
- Má-fé (Plural: más-fés; ortografia): 135-136; 319
- Má-formação ou Malformação (ortografia): 529
- Magérrimo (adjetivo superlativo absoluto sintético): 191
- Magno(a): 127

ÍNDICE REMISSIVO • capítulo 20

- Mais bem/mal x Melhor: 222-224
- Mais de um (concordância verbal): 425-426
- Mais grande x Mais pequeno: 266
- Mais ruim x Mais bom: 266
- Maisena (grafia complexa): 161; 307-308; 328
- Maiúsculas e datas históricas: 538
- Maizena e Antarctica (Marcas): 161; 181
- Malcriado (ortografia): 529
- Mal-educado (ortografia): 529
- Mal-estar (ortografia; plural): 529
- Malfadado (ortografia): 529
- Malfalado (ortografia): 529
- Malfeita(o) (ortografia): 529
- Malgaxe (Madagascar): 178
- Malgrado x Mau grado: 416
- Malquerer (ortografia): 529
- Malversar (regência): 540
- Mandado x Mandato: 269
- Manicura (gênero): 207
- Manicura e Manicure (gênero): 207
- Manicure(a/o) (estrangeirismo aportuguesado): 254
- Mantém x Mantêm (Acordo e acentuação): 348
- Manter o mesmo (pleonasmo): 274
- Manutenir (arcaísmo): 127
- Mão (diminutivo plural e acentuação: *mãozinhas*): 206
- Maquiagem ou Maquilagem ou Maquilhagem ("tripla prosódia"): 239
- Maquiar (flexão verbal – presente do indicativo: *maquio*): 231
- Maquinaria: 179-180; 345
- Maquinário: 179-180; 345
- Marani e Marajá: 207
- Maria vai com as outras (plural): 209
- Marimbondo ou Maribondo (dupla prosódia): 239
- Mas x Mais: 259
- Mascote (gênero): 93; 189
- Masseter (oxítona; plural): 183; 341-342

- Materialidade delitiva (erro!): 46-47
- Mau humor (grafia complexa): 328
- Mau x Mal: 259-260
- Mau-caráter (plural): 208
- Mau-caratismo (ortografia): 529
- Mau-olhado (ortografia): 529
- Maus-caracteres (pronúncia): 280
- Má vontade (grafia complexa): 328
- Máxime (pronúncia): 158
- Maximiliano (pronúncia): 158
- *Mea culpa* (latinismo): 416
- Mecha (ortografia): 205; 312
- Mediar (flexão verbal: *eu medeio*): 165-166
- Médico-cirúrgico (plural): 210
- Medir (verbo irregular; conjugação): 473
- Meia (concordância nominal): 414
- Meio (concordância nominal): 414
- Mel (plural): 209
- Melhor x Mais bem/mal: 222-224
- *Memorimacetes* (Capítulo): 520-542
- Mendigo (ortografia; pronúncia): 175; 283
- Menos (concordância nominal: invariável; pronúncia): 289-290; 413
- Menos bom x Menos boa: 266-267
- Menu (estrangeirismo): 251
- Mercê (Mercê de / À mercê de): 132
- Mercê / Vossa Mercê (arcaísmo): 127
- Meritíssimo (ortografia): 64; 108; 314
- Mertiolate (ortografia): 541
- Mesmissimamente: 250
- Mesmíssimo: 250
- Mesmo(a) (concordância nominal): 249-250; 411
- Mesóclise (empregos; erro de colocação pronominal: *solecismo*): 251; 508-509
- Mestria x Maestria: 416
- Metáfrase (ou Paráfrase): 80

- Meteorologia (ortografia): 540
- Metro(s) (abreviatura): 198
- Mexerica (ortografia): 312
- Mezinha (arcaísmo): 127; 529
- Miçanga (ortografia): 203; 305
- Micro-ondas (Acordo e ortografia): 324
- Micro-ônibus (Acordo e ortografia): 324
- Micro-organismo (Acordo e ortografia): 324
- Militar (verbo): 131-132
- Minguar (flexão verbal – presente do indicativo: *mínguo* ou *minguo*): 231
- Minha opinião pessoal (pleonasmo): 278
- Mínimos detalhes (pleonasmo): 275
- Minissaia (ortografia; separação silábica): 196; 203; 305
- Minuto(s) (abreviatura): 199
- Mirabolante: 127
- Misantropo (paroxítona): 178; 344
- Míssil (ortografia): 157
- Mister (acentuação; oxítona): 174; 183; 341-342
- Misto (ortografia): 203; 305
- MM. (abreviatura de *Meritíssimo*): 64
- Mo(s) e Ma(s) (contração pronominal): 214-215
- Modelo (gênero): 189
- Modismos (Chavões ou Clichês): 59-61; 97-100
- Moer (verbo irregular; conjugação): 224; 473
- Moji (ortografia): 159; 310
- Molho de chaves (/ó/: timbre aberto): 299
- Molho de tomates (/ô/: timbre fechado): 299
- Monsenhor (e o uso de artigo): 208
- Monstro (concordância nominal: invariável): 413
- Moral (gênero): 236
- Moscar-se (conjugação): 416-417

- Mossa x Moça: 436
- Mozarela ou Muzarela (grafia complexa): 328; 541
- Multi- (ortografia): 531
- Multissecular (ortografia): 531
- Municiar: 123
- *Mutatis mutandis* (latinismo): 137-138
- Muzarela ou Mozarela (grafia complexa): 328; 541

N

- Nada (sujeito resumido; concordância verbal): 430
- Nada a/que dizer... (expressão): 531
- Nada a/que opor... (expressão): 531
- Na medida em que x À medida que: 24-25; 265-266
- Namorar (regência): 392
- Não fumante (ortografia): 319
- Não há (que) se falar em: 113
- Não há falar-se/perdoar-se...: 531
- Não há fiar... ("não + haver + infinitivo"): 538
- Naturalidade: 53-55
- Necrópsia ou Necropsia (pronúncia): 291-292
- Nem sequer: 146
- Nem um nem outro (concordância nominal): 410
- Nem um nem outro (concordância verbal): 429
- Nenhum (sujeito resumido; concordância verbal; morfologia): 241-242; 411; 430
- Neologismos: 104
- Nh (acentuação): 174
- Nhoque (estrangeirismo aportuguesado; ortografia): 178; 251; 255; 344
- Ninguém (sujeito resumido; concordância verbal): 430
- Nó górdio: 436
- No que pertine... (erro!): 61
- Nobel (acentuação; oxítona): 174; 183; 341-342

- *Nobel* x Novel: 436
- Nobreza: 58-61
- No-lo(s) e No-la(s) (contração pronominal): 214-215
- Nomes de cor (concordância nominal): 415
- Nomes próprios (acentuação): 18
- Norma (culta): 26-29
- Novel (acentuação; oxítona): 183; 341-342
- Nuança (estrangeirismo aportuguesado; gênero): 189; 254
- Numerais (pronúncia): 111-112
- Núpcias (palavra pluralícia): 92-93; 182; 346
- Nuvem (substantivo coletivo): 246

O

- O bastante: 241
- O mais possível (concordância nominal): 413
- O melhor possível (concordância nominal): 413
- O menos possível (concordância nominal): 413
- O mesmo: 249-250
- O pior possível (concordância nominal): 413
- O *versus* U (ortografia): 317
- Obcecado (ortografia): 203; 305
- Obedecer (regência e erro – solecismo): 221; 392
- Obliquar (flexão verbal – presente do indicativo: *oblíquo* ou *obliquo*): 231; 478
- Óbolo (ortografia): 181; 201; 317
- Óbolo *versus* Lóbulo (ortografia): 201; 317
- Ob-reptício: 436
- Obrigado (concordância nominal): 411
- Obscuridade (imprecisão): 50-53
- Obsecrar: 99
- Obséquio (regência; separação silábica): 164
- Obsessão (ortografia): 168; 203; 305

- Obsoletismo: 129
- Obsoleto (/ê/ ou /é/: pronúncia oscilante): 299
- Obstar (regência; pronúncia): 241; 285
- Obus (oxítona; plural): 183; 342
- Occipital (separação silábica): 197
- Ocorrer (verbo pessoal; concordância verbal): 432
- Óculos (palavra pluralícia): 92-93; 182; 346
- Oficiala e Oficial: 206
- Ofsete (estrangeirismo aportuguesado): 252
- Ojeriza (ortografia): 160-161; 307; 310
- Olheiras (palavra pluralícia): 92-93; 182; 346
- Olhos de lince: 416
- Omelete (gênero): 187
- Omissão (de termos): 102-103
- Onde x Aonde: 96-97; 184-185
- Ondismo: 96-97; 184-185
- Onipresença (ou Ubiquidade): 166
- Onomatopeia: 329
- *Op. cit.* ou *Opus citatum* (latinismo): 148
- Opimo (paroxítona): 178; 344
- Opróbrio (ortografia; paroxítona): 178; 344; 531
- Opto (pronúncia): 285
- Ora: 124-125
- Orações interferentes (conceito): 450
- Orações subordinadas (conceito): 450-451
- Orações subordinadas adjetivas (conceito): 451; 455-456
- Orações subordinadas adverbiais (conceito): 450-451
- Orações subordinadas substantivas (conceito): 450; 458
- Ordenança (gênero): 190
- Órfã (diminutivo plural e acentuação: *órfãzinhas*): 206
- Órfã (til: ã): 183; 342
- Originalidade: 55-58
- Orquídea (separação silábica): 135; 343

ÍNDICE REMISSIVO • capítulo 20

- Ortoépia ou Ortoepia (dupla prosódia): 239; 286
- Ortografia (Capítulo): 301-340
- Ortografia (palavra com "c" e fonema S): 202-203; 305
- Ortografia (palavra com "ç" e fonema S): 202-203; 305
- Ortografia (palavra com "s" e fonema S): 202-203; 305
- Ortografia (palavra com "sc" e fonema S): 202-203; 305
- Ortografia (palavra com "ss" e fonema S): 202-203; 305
- Ortografia (palavra com "x" e fonema S): 202-203; 305
- Ortografia (palavra com "xc" e fonema S): 202-203; 305
- Ortografia (uso do -x): 23; 312
- Ortografia e convenção: 308
- Os pingos nos is (expressão): 209; 540
- Ostracismo: 436-437
- Ótico x Óptico: 271
- *Outdoor* (estrangeirismo): 251
- Outra alternativa (pleonasmo): 276
- Outrem (paroxítona; pronúncia): 218; 282
- Oxalá: 459
- Oxítonas (acentuação): 174; 341-343
- Oxítonas (palavra terminada por -im): 280

P

- Pacificação (ortografia): 511
- Padrão coloquial: 59
- Padrão formal: 59
- Padre-nosso (ortografia; plural): 540
- Pagar (regência): 393
- Pago x Pagado: 229; 473
- Pai (ditongo; diminutivo plural: *paizinhos*): 185
- Pai-nosso (ortografia; plural): 540
- País (acentuação: hiato; diminutivo plural: *paisinhos*): 185

- Pajem (ortografia): 160; 311
- Palacete (diminutivo): 529
- Palavra (conceito): 50
- Palavras (origem árabe): 202; 314
- Palavras onomatopaicas: 329
- Palavras pluralícias: 182; 346
- Palíndromo: 182-183; 346
- Panapaná (substantivo coletivo): 246
- Pão (diminutivo plural e acentuação: *pãezinhos*): 206
- Pão-duro (concordância; plural; ortografia): 328; 529
- Papel (diminutivo plural e acentuação: *papeizinhos*): 206
- Para (preposição) x Para (verbo) (acento diferencial): 350
- Para-brisa (Acordo e ortografia): 324
- Para-choque (Acordo e ortografia): 324
- Paradoxal: 122
- Paráfrase (ou Metáfrase): 80
- Para-lama (Acordo e ortografia): 324
- Paralelismo (partes no processo): 100-101
- Paranoico (Acordo e acentuação): 343
- Para-quê: 183
- Paraquedas (Acordo: ortografia e acentuação): 324; 350
- Paraquedismo (Acordo: ortografia e acentuação): 324; 350
- Parasita e Parasito (gênero): 190
- Parecer (verbo; concordância verbal): 431
- Paredes-meias: 528-529
- Parenta e Parente (gênero): 207
- Parêntese(s) ou Parêntesis (dupla prosódia): 239; 331
- *Pari passu* (latinismo): 149
- Parônimo (conceito): 268
- Parônimos: 169; 171-172; 267-273; 303; 315-316
- Paroxítonas (terminadas por -er): 280
- Paroxítonas (terminadas por -i): 178

- Paroxítonas: 177-181; 343-345
- Pasmo(a) (concordância nominal): 529
- *Pass.* ou *Passim* (latinismo): 148
- Passar revista a...: 459-460
- Passível: 126
- Paul e Pauis (acentuação): 174; 209; 348
- Paulista (adjetivo pátrio): 225
- Paulistano (adjetivo pátrio): 225
- Paulistano *versus* Paulista (adjetivo pátrio): 225
- Paupérrimo (adjetivo superlativo absoluto sintético): 192
- Pavoa e Pavão: 207
- Pedicure(a/o) (estrangeirismo aportuguesado): 254
- Pega pra capar (ortografia): 210
- Peitar (arcaísmo): 127
- Pela (preposição) x Pela (verbo) (acento diferencial): 350
- Peleja: 128
- Pelo (preposição) x Pelo (verbo) x Pelo (substantivo) (acento diferencial): 350
- *Per se / De per se* (latinismo): 151-152
- Perante a x Perante: 89-90; 135
- Perante ao exposto (erro!): 135
- Percalço (ortografia): 543
- Perda x Perca (pronúncia): 292
- Perder (verbo irregular; conjugação): 476
- Perdiz e Perdigão: 206
- Perdoar (regência): 393
- *Performance* (estrangeirismo): 251
- *Permissa venia* (latinismo): 143-144
- Pernas, para que vos quero? (expressão): 460
- Perquirição: 121
- Personagem (gênero): 190
- Pertenças: 99
- Pertinácia: 99
- Pertinente (e Pertinência): 61

- Perto de (concordância verbal): 426
- Perúvio-... (relativo ao Peru): 540
- Pêsames (palavra pluralícia): 92-93; 182; 346
- Petição (redação): 77-92
- Petição inicial (Capítulo): 65-94
- Piauí (Acordo e acentuação; separação silábica): 342; 348-349
- Pigmeia e Pigmeu: 207
- Pingos nos is (expressão): 209; 540
- Pingue-pongue (palavra onomatopaica): 329
- Piquenique (estrangeirismo aportuguesado; ortografia): 252; 328
- Plagiar (flexão verbal – presente do indicativo: *plagio*): 231
- Plano ("De plano"): 129
- Plausível (ortografia): 331
- Pleitear: 129
- Pleonasmo (ou Redundância): 273-278
- Pletora: 121
- Plural (adjetivo composto): 210
- Plural (com diminutivos): 185
- Plural (letras do alfabeto): 210-211
- Plural (palavras): 208-211
- Pluralícias (palavras): 92-93; 182; 346
- Poça (/ô/ ou /ó/: pronúncia oscilante): 304
- Pode acontecer (concordância verbal): 432
- Pôde x Pode: 350
- Poder (locução verbal com pronome -se): 244
- Poleiro (ortografia): 201; 317
- Polidez (ao redigir): 108-109
- Pólipo ou Polipo (dupla prosódia): 180
- Polir (verbo irregular; conjugação): 474
- Polir x Pular (conjugação): 474-475
- Polissemia: 77
- Polo (substantivo) x Pólo (preposição arcaica) (acento diferencial): 350
- Polo aquático (estrangeirismo aportuguesado): 252

- Pontes de Miranda (minicurrículo): 139
- Pontilhão (diminutivo): 529
- Pontuação (Capítulo): 447-461
- Pontuação (dois pontos e minúscula posterior): 245
- Pontuação (vírgula e travessão): 233
- Pontuação e Abreviaturas: 198
- Por causa de: 105
- Por causa que (erro!): 105
- Pôr do sol / Pôr de sol (Acordo e ortografia): 210; 324; 539
- Pôr e Querer (ortografia): 23; 163; 307
- Pôr no índex (expressão): 351
- Por que / Porque / Por quê / Porquê: 258-259
- Por si só(s): 88; 133
- Por via de regra (ou Via de regra): 61
- Porcentagem (concordância verbal): 428
- Porquanto (porque, sendo que): 51
- Português Jurídico: 17, 18
- Porventura (ortografia): 541
- Possível (concordância nominal): 413
- *Posteriori* (latinismo: *A posteriori*): 140-142
- Posto que: 521
- Praça (soldado; gênero): 190
- Prazer (conjugação de "aprazer"): 491-492
- Prazeroso e Prazerosamente (ortografia): 316
- Precariíssimo (adjetivo superlativo absoluto sintético; separação silábica): 193
- Precaver (verbo defectivo; conjugação): 482
- Preciosismo x clareza x rebuscamento (e Arcaísmos): 18; 48-50; 97-100
- Precisão: 50-53
- Predicado (conceito): 457
- Predicativo (conceito): 448
- Preexistente (Acordo e ortografia): 324
- Preferir (regência): 393-394

- Prefixo "in-" (formação de palavras): 104
- Prefixos paroxítonos (*semi, hiper, super, anti*: acentuação): 156
- Preposição "de" (e significados): 129-130
- Prequestionamento (Acordo e ortografia): 324
- Prescindir (regência): 203
- Presente (tempo verbal): 494-495
- Presidenta e Presidente (gênero): 207
- Pretensão (ortografia): 203; 305
- Pretensioso (ortografia): 163; 203; 305; 310
- Pretérito Perfeito (tempo verbal): 495
- Preveem (Acordo e acentuação): 348
- Prevenir (regência): 394
- Prever (conjugação de "ver"): 489-490
- Primado: 115
- Primeiranista (ortografia): 540
- *Priori* (latinismo: *A priori*): 140-142
- Privilégio (ortografia): 171; 175
- Pro- (ortografia): 531
- Problema (ortografia): 318
- Problemas gerais da língua culta (Capítulo): 257-279
- Probo (/ó/: timbre aberto): 297; 531
- Proceder (regência): 118; 394
- Próclise (e pronome relativo): 113-114; 124
- Próclise: 507-508
- Procrastinar (ortografia; pronúncia): 288; 531
- Profetisa x Profetiza (ortografia): 307-308
- Profetizar (ortografia): 306
- Profligar: 460
- Proibir (regência): 394
- Projétil ou Projetil (ortografia; dupla prosódia; plural): 160; 183; 208-209; 239; 311; 342
- Pró-labore (ortografia): 540
- Pronome "se" (análise): 242-245
- Pronome do caso oblíquo (sujeito): 225-226

- Pronome Relativo (onde): 184-185
- Pronomes de tratamento e concordância verbal: 215-216
- Pronomes demonstrativos (Esse/te; Essa/ta; Isso/to): 104-107
- Pronomes enclíticos e Formas verbais: 211-215
- Pronúncia (artigos e parágrafos: LC n. 95/98): 110-111
- *Pronunmacetes* e *Timbremacetes* (Capítulo): 280-300
- Proposital e Propositado: 93-94
- Propositalmente e Propositadamente: 93-94
- Próprio (ortografia): 318
- Próprio(a) (concordância nominal): 411
- Propugnar: 460
- Prosódia (e Silabada): 177-178
- Prosperar: 123
- Prostração (ortografia): 531
- Proteger (regência): 540
- Provecto: 460
- Próvido x Provido: 460
- Provimento emergencial: 115
- Provir (conjugação de "vir"): 487-489
- Proxeneta (grafia complexa; pronúncia): 158; 328
- Pseudo (concordância nominal: invariável): 413
- Pudico (acentuação; paroxítona; pronúncia): 178; 341; 344
- Pugnar: 118
- Pular x Polir (conjugação): 474-475
- *Punctum pruriens / Punctum saliens* (latinismo): 153
- Puni-lo(s) (acentuação): 173; 174; 342
- Puro-sangue (ortografia; plural): 540
- Puser (flexão verbal): 539

Q

- Qual de nós (concordância verbal): 426-427

- Quanto possível (concordância nominal): 413
- Quase delito (ortografia): 319
- Quê (acentuação): 217
- Que (omissão da conjunção): 91
- Que tal... x Que tais... (concordância nominal): 541
- Que x Quê (empregos): 257-258
- Que x Quem (concordância verbal): 427
- Queixa-crime (ortografia): 538
- Queixar-se (verbo pronominal): 212
- Quem x Que (concordância verbal): 427
- Querer (regência): 394-395
- Querer e Pôr (ortografia): 23; 163; 307
- Questiúncula (diminutivo): 529
- Quilômetro(s) (abreviatura): 198
- Quinquelíngue (ortografia): 174
- Quinquênio (ortografia): 174
- Quiosque (ortografia): 245
- Quiproquó (ortografia): 174
- Quite (concordância nominal): 184
- Quite (concordância nominal): 411
- Quitinete (estrangeirismo aportuguesado): 252
- Quota-parte (ortografia): 538

R

- Rabulista e Rábula: 128
- Radiotáxi (grafia complexa): 329
- Rainha (acentuação): 348
- Ratificar x Retificar: 172; 173; 269; 316
- Reabilitar (o "h" medial): 302
- Reaver (o "h" medial): 302
- Reaver (verbo defectivo; conjugação): 479, 482
- Rebuliço (ortografia): 201; 317
- Rebuscamento x Naturalidade x Preciosismo: 18; 53-55

- Recauchutagem (ortografia): 205; 313
- Receoso (ortografia): 165
- Recorde (estrangeirismo aportuguesado; acentuação; pronúncia): 178; 252; 280-281; 341; 344
- Recorrer (regência): 222
- Recrudescer: 203; 305-306
- Redação Forense: 17
- Redarguir (conjugação de "arguir"): 485-487
- Redator-chefe (ortografia): 540
- Redundância (ou Pleonasmo vicioso): 273-278
- Refrão (plural): 541
- Regência (elementos com preposições distintas): 107-108
- Regência e a mesma preposição (*À direita e à esquerda de...*): 108
- Regência e a mesma preposição (*Além e aquém de...*): 108
- Regência e a mesma preposição (*Antes e depois de...*): 108
- Regência e a mesma preposição (*Dentro e fora de...*): 108
- Regência e a mesma preposição (*Por baixo e por cima de...*): 108
- Regência Nominal: 383-385
- Regência Verbal (Constar): 109
- Regência Verbal (verbos com preposições distintas): 242
- Regência Verbal: 385-398
- Regências Nominal e Verbal (Capítulo): 383-399
- Reincidência (ortografia): 318; 533
- Reiuno (Acordo e acentuação): 349
- Reivindicar e Reivindicação (ortografia): 318; 533; 540
- Releem (Acordo e acentuação): 348
- Remediar: 165-166
- Remição x Remissão: 204; 269; 272-273
- Remir (verbo defectivo; conjugação): 481
- Renunciar (regência): 395
- Reparar (regência): 395

- Repetir (regência): 542
- Repetir de novo (pleonasmo): 278
- Requerer (conjugação detalhada): 483-484
- Requerer (flexão verbal – presente do indicativo: *requeiro*): 231
- Rês x Rés x Reses x Resvés (grafia complexa): 329
- Residente (regência): 175-176
- Respeito ("Faltar ao/com respeito a..."): 143
- Responder (regência): 395
- Responsável (regência): 384
- Ressurreição (separação silábica): 196
- Ressuscitar (ortografia; separação silábica): 194; 203; 305
- Restar (regência): 101-102; 396
- Resultar (regência): 102; 396
- Retificar x Ratificar: 172; 173
- Retorquir (verbo defectivo; conjugação): 480
- Retumbante: 126
- Revela-se descabida (...): 113
- Rever (conjugação de "ver"): 489-490
- Reverter (neologismo semântico: "reverter a situação"): 104
- Revólver (plural): 280
- Rir (verbo irregular; conjugação): 231; 474
- Rixa: 23
- Roborar (e Corroborar): 119
- Robusta ("Prova robusta"): 115
- Rodoferroviário (ortografia): 540
- Rodomoça (ortografia): 540
- Roer (flexão verbal – presente do indicativo: *roo*): 231
- Romãzeira (til: ã): 183; 342
- Roraima (pronúncia): 293
- Rosbife (estrangeirismo aportuguesado): 252
- Roubo (pronúncia): 286
- Rubrica (paroxítona; pronúncia): 178; 281; 344
- Ruço x Russo: 204; 304
- Ruim (oxítona; dissílaba; acentuação; pronúncia): 173-174; 183; 280; 341; 348

S

- S (ortografia): 161-163; 307
- S *versus* X (ortografia): 312
- S *versus* Z (ortografia): 308-310
- S.A. (abreviatura): 199
- Sanguessuga (grafia complexa): 329
- São x Santo: 398
- Saudade(s) e Ciúme(s): 246-247
- Saúdo (pronúncia): 286
- Se (índice de indeterminação do sujeito): 242-243
- Se (partícula apassivadora do sujeito): 242-243
- Se + o... *e* Se + a...: 244-245
- Se acaso: 20
- Se caso (erro!): 20
- Sebáceo (ortografia): 541
- Seção ou Secção (dupla prosódia): 32, 204; 239; 270; 319
- Seja (flexão verbal): 284; 539
- Semiaberto (Acordo e ortografia): 321
- Sem-nome (ortografia; plural): 540
- Sem-número (ortografia): 541
- Sem-par (ortografia): 541
- Sem-sal (ortografia): 210; 541
- Sem-terra (ortografia, plural): 210; 541
- Sem-teto (ortografia, plural): 210; 541
- Sem-vergonha (ortografia; plural): 210; 540
- Senador (regência): 528
- Senão vejamos (expressão): 265
- Senão x Se não: 265-266
- Sendo que: 51-52
- Sênior (plural): 209
- Sentar a... x Sentar na...: 542
- Sentinela (gênero): 93; 190
- Separação silábica: 164; 177; 193-197
- Separação silábica x Hiato/Ditongo crescente: 177; 343
- Sequer (erro!): 146

- Ser (concordância verbal): 433
- Ser (omissão do verbo): 103
- Ser (verbo irregular; conjugação): 476
- Ser da opinião que (expressão): 164
- Seriíssimo (adjetivo superlativo absoluto sintético): 193
- Serôdio (ou Obsoleto): 129
- Serôdio (paroxítona): 129; 178; 180; 344
- Servido(a) (concordância nominal): 411
- Sesqui- (palavras): 398
- Sesquipedal: 398
- Sessão: 32, 204; 319
- Sessenta (ortografia): 168; 203; 305
- *Sic* (latinismo): 138-140
- *Sic passim* (latinismo): 139
- Sicrano (ortografia): 175; 218; 318
- Signo: 125
- Silabadas (e Prosódia): 177-178
- Silepse de gênero (concordância verbal): 434
- Silepse de número (concordância verbal): 434-435
- Silepse de pessoa (concordância verbal): 433
- Silepse e concordância verbal: 433-435
- Silogismo: 65
- *Sine die* (latinismo): 152
- *Sine qua non* (latinismo): 152-153
- Sinônimo (conceito): 267
- Sinônimos: 79-81; 168-169; 302
- Sintaxe (erro: *solecismo*): 251
- Sintaxe (pronúncia): 158
- Sírio x Círio: 204; 304
- Sismo: 204; 304
- Siso (ortografia): 203; 305; 307; 310
- Sito x Situado (regência): 175-176
- Situado x Sito (regência): 175-176
- Só (concordância nominal): 88; 414
- Soar x Suar: 169; 231; 269; 303; 317; 431
- Sob o ponto de vista... (erro!): 533-534

ÍNDICE REMISSIVO • capítulo 20

- Sob x Sobre: 533-534
- Sobe e desce (ortografia): 210
- Sobrancelha (pronúncia): 287
- Sobre (como "além de"): 103; 132; 534
- Sobreaviso (Acordo e ortografia): 321
- Sobre-humano (Acordo e ortografia): 321
- Sobremodo: 116
- Sobrepassar: 279
- Sobrevém x Sobrevêm (Acordo e acentuação): 348
- Socioeconômico (Acordo e ortografia): 324-325
- Soçobrar (ortografia): 203; 305; 329
- Socorro (/ô/: timbre fechado): 298
- Socorros (/ó/: timbre aberto): 298
- Soem (flexão verbal; acentuação): 527
- Soer (verbo): 99; 224
- Solerte: 128
- Somali (adjetivo pátrio; oxítona): 183; 225; 342
- Soo (flexão verbal): 231
- Sopesar: 128
- Sóror e Frei (e o uso de artigo): 208
- Sóror (paroxítona) ou Soror (oxítona): 181; 342
- Sósia (gênero): 191
- Soteropolitano (adjetivo pátrio): 225
- Sotopor (flexão verbal): 232
- *Stricto sensu* (latinismo): 21
- Sua Excelência x Vossa Excelência: 64
- Suar x Soar: 169; 231; 303; 317
- Sub- (prefixo; separação silábica; ortografia): 194-195; 533
- Sub-base (ortografia): 533
- Sub-bibliotecário (ortografia): 533
- Subentender (separação silábica): 195
- Subespécie (separação silábica): 194
- Subestação (separação silábica): 194
- Subestimar (separação silábica): 194; 196

- *Sub examine* (latinismo): 79; 143
- Subida (adjetivo; paroxítona; pronúncia): 178; 293-294; 344
- Subitem (separação silábica): 194
- Sublimação (separação silábica): 195
- Sublime (separação silábica): 195
- Subliminar (ortografia; separação silábica): 195; 197; 533
- Sublinhar (separação silábica e pronúncia): 197
- Sublocar (separação silábica): 164; 195; 197
- Suboficial (ortografia; separação silábica): 194; 533
- Subprocurador (ortografia): 533
- Sub-região (ortografia): 533
- Sub-reptício (ortografia): 436, 533
- Sub-rogar (ortografia): 533
- Subsídio (pronúncia): 292-293
- Subsistência (pronúncia): 293
- Subsistente (pronúncia): 293
- Subsistir (pronúncia): 293
- Substância (separação silábica): 195
- Substantivo coletivo e concordância verbal: 425
- Substantivos (gêneros): 186-187
- Substantivos coletivos: 245-246
- Substantivos femininos: 93; 206-208
- *Substituísmo*: 61
- Subsumir (conjugação detalhada; pronúncia; separação silábica): 130; 195; 293; 493-494
- Subterfúgio (pronúncia): 284-285
- Subumano ou Sub-humano (separação silábica): 194; 533
- Suceder (regência): 396-397
- Sucinto (ortografia): 203; 305
- Sufragar: 126
- Suicidar-se (verbo pronominal): 213
- Sujeito (conceito): 457
- Sumariado: 116
- Sumariíssimo (adjetivo superlativo absoluto sintético; separação silábica): 193

- Suo (flexão verbal): 231
- Supedâneo: 98
- Supérfluo (ortografia): 256
- Superlativo absoluto sintético (grau): 191-193
- Supetão (grafia complexa): 329
- Suplicante e Suplicado: 19
- Supra- (prefixo): 63
- Supracitado (Acordo e ortografia): 63; 325
- Supramencionado (Acordo e ortografia): 63; 325
- Suprassumo (Acordo e ortografia): 322
- Supri-lo(s) (acentuação): 541
- Surfe (estrangeirismo aportuguesado): 252
- *Sursis* (latinismo; estrangeirismo): 89; 251
- Suso: 31
- Suspeito (regência): 385

T

- Tabeliã (ou Tabelioa) e Tabelião: 207
- Tachar x Taxar: 269; 313
- Tal (concordância nominal): 411
- Tal qual (concordância nominal): 411
- Tampouco x Tão pouco: 248
- Tanto mais... (quanto) mais: 34
- Tão só (Acordo e ortografia): 325
- Tão somente (Acordo e ortografia): 325
- Tarzã (oxítona): 183; 342
- Taxar x Tachar: 170; 205
- Táxi (acentuação): 178
- Teiú (Acordo e acentuação; separação silábica): 348
- Tem x Têm (Acordo e acentuação): 348
- Temerário: 129
- Tem-no x Tem-lo: 212
- Temporão / Temporã (ou Obsoleto): 129; 398

- Tempos verbais (uso): 494-500
- Tenção (ou intenção): 94
- Tensão: 94
- Ter de x Ter que: 234
- Ter lugar (expressão): 163
- Ter mais que fazer... (expressão): 531
- Terceiro-mundista (plural): 541
- Terebintina (ortografia): 314
- Termo (conceito): 50
- Termo Iterativo (ou Frequentativo): 133
- Termoelétrica ou Termelétrica: 240
- Terraplenagem ou Terraplanagem: 240
- Terraplenar ou Terraplanar: 240
- Tevê (em cores): 176
- Til (à): 183; 342
- Tique-taque (palavra onomatopaica): 329
- Tirante: 107
- Tiróideo ou Tireóideo (ortografia): 541
- To(s) e Ta(s) (contração pronominal): 214-215
- Toalete: 255-256
- Toalhete: 256
- Todo mundo x Todo o mundo: 263-264
- Todo x Todo o: 262-263
- Todo(a) (concordância nominal): 411
- Todo-poderoso(a) (concordância nominal): 410
- Tonitruante (ortografia): 541
- Torácico (ortografia): 168; 175
- Tórax (plural): 210
- Trabalhadeira (ou Trabalhadora) e Trabalhador: 207
- Tráfego x Tráfico: 172-173; 269; 316
- Trans- (separação silábica): 195
- Transatlântico (separação silábica): 195
- Transcontinental (separação silábica): 195
- Transístor x Transistor: 183; 342
- Translineação: 198

- Translúcida: 113
- Transudar (pronúncia): 195
- Transuniversal (pronúncia): 195
- Trasanteontem (grafia complexa): 329
- Tratar (regência): 397
- Traumatizar (ortografia): 162; 309
- Travessão e Vírgula: 233
- Trema: 174; 349
- Tresandar: 510
- Tricordiano (adjetivo pátrio): 225
- Tritongo (conceito): 194
- Tritongo e Separação silábica: 194
- Trólebus (ortografia): 542
- Trouxer (flexão verbal): 539
- Tudo (sujeito resumido; concordância verbal): 430
- Tuiuiú (Acordo e acentuação; separação silábica): 348
- Turboélice (ortografia: o "h" medial): 200; 301-302

U

- U (acentuação): 173-174
- Ubiquidade (ou Onipresença): 166
- Uísque (estrangeirismo aportuguesado): 251
- Ultimar: 120
- Ultrassom (Acordo e ortografia): 325
- Ultrassonografia (Acordo e ortografia): 325
- Ultravioleta (concordância nominal: invariável): 416
- Um dos (...) que (concordância verbal): 427
- Um e outro (concordância nominal): 410
- Um e outro (concordância verbal): 429
- Um não sei quê... (expressão): 217
- Um ou outro (concordância nominal): 410
- Um ou outro (concordância verbal): 429

- Uma porção de (concordância verbal): 426
- Universo (inicial maiúscula): 275
- Ureter (oxítona; acentuação; pronúncia; plural): 174; 183; 341-342
- Usança (arcaísmo): 99; 127
- Usucapião (gênero): 191
- Usucapir (verbo defectivo; conjugação): 480
- Usura (ortografia): 307
- Utensílio (ortografia): 399

V

- *V.g.* ou *Verbi gratia* (latinismo): 146-147
- Vaivém ou Vai e vem (grafia complexa): 329
- Valise(a) (estrangeirismo aportuguesado): 254
- Vara (substantivo coletivo): 246
- Varoa (ou Virago) e Varão: 206
- Veada e Veado: 207
- Veem (flexão verbal; Acordo e acentuação): 348
- Vem x Vêm (Acordo e acentuação): 348
- Venéreo(a) (ortografia): 417
- *Venia concessa* (latinismo): 143-144
- Vênia x *Venia* (latinismo): 144
- Ventilar: 127
- Ver (conjugação detalhada): 489-490
- *Verbis* (latinismo): 81-82; 144
- *Verbo ad verbum* (latinismo): 81-82; 144
- Verbo intransitivo (conceito): 385
- Verbo transitivo direto (conceito): 385
- Verbo transitivo direto e indireto (conceito): 385
- Verbo transitivo indireto (conceito): 385
- Verbos (Capítulo): 472-511
- Verbos (essencialmente) pronominais: 212-213

ÍNDICE REMISSIVO • capítulo 20

- Verbos abundantes (conceito): 226-229; 472-473
- Verbos anômalos (conceito): 472
- Verbos defectivos (conceito): 472
- Verbos irregulares (conceito): 472; 473-479
- Verbos regulares (conceito): 472
- Verdade ("É bem verdade..."): 116
- Veredicto ou Veredito (dupla prosódia): 92
- Vernáculo (conceito): 316
- Vexar ou Avexar: 510
- Via de regra ou Por via de regra (expressão): 61
- Viageiro (ortografia): 310
- Vicissitude (ortografia): 203; 305
- Vier (flexão verbal): 539
- Viger (conjugação detalhada): 484-485
- *Viking* (estrangeirismo): 178
- Vincendo (doutorando, colendo etc.): 60
- Viquingue (paroxítona): 178
- Vir (conjugação detalhada): 487-489; 520; 539
- Vir à baila (à balha): 82
- Virago (gênero): 206
- Vírgula (e a abreviatura "etc."): 233-234
- Vírgula (e oração anteposta): 118
- Vírgula (e travessão): 233
- Vírgula e adjuntos adverbiais: 451-452
- Vírgula e conjunção "e": 454
- Vírgula e conjunções coordenativas: 453
- Vírgula e elipse: 452-453
- Vírgula e enumeração: 447-448
- Vírgula e expressões explicativas/corretivas: 450
- Vírgula e instrumentos normativos: 454
- Vírgula e "mas/como também": 457
- Vírgula e oração pleonástica: 454-455
- Vírgula e oração subordinada adjetiva explicativa/restritiva: 455-456

- Vírgula e orações interferentes: 450
- Vírgula e orações subordinadas adverbiais: 450-451
- Vírgula e provérbios: 457
- Vírgula e vocativos/apostos/predicativos: 448-450
- Vírgula proibida e oração subordinada adverbial consecutiva: 458-459
- Vírgula proibida e orações subordinadas substantivas: 458
- Vírgula proibida e sujeito/predicado: 457-458
- Vírgula proibida e verbo/objeto: 458
- Visante a: 128
- Visar (regência): 128-129; 397-398
- Visceralmente: 119
- Visitar (regência): 541
- Visto que: 27
- Vistos/Vistos(,) etc.: 110
- Vitando(a): 60
- Vítima fatal (pleonasmo): 278
- Vitivinicultura (ortografia): 541
- *Vitrine* (Estrangeirismo): 253
- Viúva do falecido (pleonasmo): 278
- Vocabulário (léxico, dicionário; conceito): 39-40; 50; 62
- Vocabulário (substantivo coletivo): 246
- Vocabulário jurídico (frases feitas): 112-134
- Vocábulo (conceito): 50
- Vocábulos (grafia complexa): 325-329
- Vocábulos pluralícios: 182; 346
- Vocativo (conceito): 448
- Você e Vossa Mercê: 216
- Vogal E (/é/: timbre aberto): 300
- Vo-lo(s) e Vo-la(s) (contração pronominal): 214-215
- VOLP – Vocabulário Ortográfico da Língua Portuguesa: 64; 256; 331
- Voltar atrás (pleonasmo): 277
- Voo (Acordo e acentuação): 348-349
- Vossa Excelência x Sua Excelência: 64

- Vossa Mercê (arcaísmo): 127
- Vossa Mercê x Você: 216
- Vultoso x Vultuoso: 169; 269; 303

W

- W (letra inserida pelo Acordo): 301

X

- X (fonemas): 158-159
- X (ortografia): 204-206; 312
- X *versus* CH (ortografia): 205-206; 312-313
- Xá x Chá: 205
- Xampu (ortografia): 205; 313
- Xeque x Cheque: 206
- Xérox (paroxítona) ou Xerox (oxítona) (dupla prosódia): 183; 239; 342-343
- Xícara (ortografia): 205; 313
- Xifópago (ortografia): 175
- Xingar (ortografia): 23; 205; 313
- Xucro (grafia complexa): 23; 205; 313; 329

Y

- Y (letra inserida pelo Acordo): 301

Z

- Z (ortografia): 161-163; 306-307
- Zangão e Abelha: 207
- Zangão ou Zângão: 207
- Zero-quilômetro (ortografia; plural): 210; 541
- Zum-zum (palavra onomatopaica; plural): 329
- Zum-zum-zum (palavra onomatopaica; plural): 329

21 REFERÊNCIAS BIBLIOGRÁFICAS

ACADEMIA BRASILEIRA DE LETRAS. *Vocabulário ortográfico da língua portuguesa*. Rio de Janeiro: Bloch, 1981; 3. ed., Imprensa Nacional, 1999; 4. ed., Imprinta, 2004; 5. ed., Global Editora, 2009.

ALMEIDA, Napoleão Mendes de. *Dicionário de questões vernáculas*. 4. ed. São Paulo: Ática, 1998.

_____. *Gramática metódica da língua portuguesa*. 28. ed., São Paulo: Saraiva, 1979; 44. ed., 1999.

AMARAL, A. *Revista da Academia Paulista de Letras* 26 (73): 171-2, 1969.

ANDRÉ, Hildebrando A. de. *Gramática ilustrada*. 2. ed., São Paulo: Moderna, 1982.

ARISTÓTELES. *Arte retórica e arte poética*. Rio de Janeiro: Ediouro, 1985.

ARRUDA, Geraldo Amaral (Des.) *Notas sobre a linguagem do juiz*. São Paulo: Corregedoria Geral de Justiça – TJSP, 1988.

_____. *Como aperfeiçoar frases*. São Paulo: Corregedoria Geral de Justiça – TJSP, 1988.

ASSIS, Machado de. *O alienista*. São Paulo: Ática, 1994.

BANDEIRA, Manuel. *Libertinagem & Estrela da manhã*. Rio de Janeiro: Nova Fronteira, 2005.

BARROS, Jaime. *Encontros de redação*. São Paulo: Moderna, 1967.

BECHARA, Evanildo. *Moderna gramática da língua portuguesa*. 22. ed., São Paulo: Companhia Editora Nacional, 1977.

_____. *Moderna gramática portuguesa – 1º e 2º Graus*. 19. ed., São Paulo: Nacional, 1979.

BELLARD, Hugo. *Guia prático de conjugação de verbos*. São Paulo: Cultrix, 1999.

BOAVENTURA, Edivaldo. *Como ordenar as ideias*. 5. ed., São Paulo: Ática, 1997.

BORBA, Francisco da Silva (Coord.). *Dicionário gramatical de verbos do português contemporâneo do Brasil*. 2. ed., São Paulo: UNESP, 1991.

_____. *Introdução aos estudos linguísticos*. 9. ed., São Paulo: Companhia Editora Nacional, 1987.

_____. *Instrumentos de comunicação oficial*. São Paulo: Estrutura, 1978.

_____. *Pequeno vocabulário de linguística moderna*. 2. ed., São Paulo: Companhia Editora Nacional, 1976.

BROWN, Dan. *O Código Da Vinci*. São Paulo: Sextante, 2004.

BUENO, Francisco da Silveira. *Grande dicionário etimológico-prosódico da língua portuguesa*. São Paulo: Saraiva, 1963.

CALDAS AULETE, F. J. *Dicionário contemporâneo da língua portuguesa*, 4. ed., Rio de Janeiro: Delta, 1958.

CALDAS AULETE, F. J.; GARCIA, H. *Dicionário contemporâneo da língua portuguesa*. 3. ed., Rio de Janeiro: Delta, 1980.

CALLADO, Antonio. *Sempreviva*. São Paulo: Círculo do Livro, 1981.

CÂMARA JR., Joaquim Mattoso. *Dicionário de linguística e gramática*. 8. ed., Petrópolis: Vozes, 1978.

_____. *Manual de expressão oral e escrita*. 2. ed., Rio de Janeiro: J. Ozon, 1966; 4. ed., Vozes, 1977; 6. ed., Vozes, 1981.

CAMÕES, Luís de. *Os lusíadas*. São Paulo: Cultrix, 1995; 4. ed., Porto Editora, 1995.

CAMPEDELLI, Samira Youseff; SOUZA, Jésus Barbosa. *Português – Literatura – Produção de textos e gramática*. 3. ed., São Paulo: Saraiva, 2000/2002.

CARVALHO, Dolores; NASCIMENTO, Manoel. *Gramática histórica*. 7. ed., São Paulo: Ática, 1971.

CEGALLA, Domingos Paschoal. *Novíssima gramática da língua portuguesa*. 43. ed., São Paulo: Companhia Editora Nacional, 2000.

_____. *Dicionário de dificuldades da língua portuguesa*. 2. ed. rev. e ampl., Rio de Janeiro: Nova Fronteira, 1999.

CERVANTES, Miguel de. *Dom Quixote*. São Paulo: Nova Cultural, 1993.

CIPRO NETO, Pasquale. *Inculta e bela*. 3. ed., São Paulo: Publifolha, 2000.

COSTA, José Maria da. *Manual de redação profissional*. Campinas: Millennium, 2002.

COUTINHO, Ismael de Lima. *Gramática histórica*. 4. ed., Rio de Janeiro: Acadêmica, 1958.

CRYSTAL, David. *Dicionário de linguística e fonética*. Rio de Janeiro: Jorge Zahar, 1988.

CUNHA, Antonio Geraldo da. *Dicionário etimológico Nova Fronteira da língua portuguesa*. 2. ed., 16 reimp., Rio de Janeiro: Nova Fronteira, 2003.

CUNHA, Celso Ferreira da. *Gramática da língua portuguesa*. 9. ed., Rio de Janeiro: FAE, 1983.

CUNHA, Celso; CINTRA, Luís F. Lindley. *Nova gramática do português contemporâneo*. 2. ed., Rio de Janeiro: Nova Fronteira, 2000.

CUVILLIER, Armand. *Pequeno vocabulário da língua filosófica*. São Paulo: Companhia Editora Nacional, 1961.

DAMIÃO, Regina Toledo; HENRIQUES, Antonio. *Curso de português jurídico*. 8. ed., São Paulo: Atlas, 2000.

DUBOIS, Jean *et alii*. *Dicionário de linguística*. Dir. e coord. geral da tradução de Izidoro Blikstein, São Paulo: Cultrix, 1978.

REFERÊNCIAS BIBLIOGRÁFICAS • capítulo 21

FARACO, Carlos Emílio; MOURA, Francisco Marto de. *Gramática nova*. 19. ed., São Paulo: Ática, 2004.

FELLIPE, Donaldo J. *Dicionário jurídico de bolso*. 7. ed., Campinas: Julex Livros, 1993.

FERNANDES, Francisco. *Dicionário de regimes de substantivos e adjetivos*. 20. ed., Rio de Janeiro: Globo, 1987.

_____. *Dicionário de sinônimos e antônimos* e *Dicionário de verbos e regimes*. Porto Alegre: Globo, 1980.

FERNANDES, Paulo. *Nihil Novi Sub Sole*. Disponível em: <www.defato.com>, seção "Artigos", 2003.

FERRAZ JR., Tércio Sampaio. *Introdução ao estudo do Direito*. 4. tir., São Paulo: Atlas, 1991.

FERREIRA, Aurélio Buarque de Holanda. *Novo dicionário da língua portuguesa*. 2. ed., Rio de Janeiro: Nova Fronteira, 1986; 3. ed., 1999.

FOLHA DE S. PAULO. *Manual da redação*. 3. ed., São Paulo, 1992.

FREIRE, Ricardo. *Xongas*. *O Estado de S. Paulo*. São Paulo, 2001.

GASPARI, Elio. *Jornal Estado de Minas*. Belo Horizonte, 2001.

GOBBES, Adilson; MEDEIROS, João Bosco. *Dicionário de erros correntes da língua portuguesa*. 3. ed., São Paulo: Atlas, 1999.

HOUAISS, Antônio; VILLAR, Mauro de Sales. *Dicionário Houaiss da língua portuguesa*. Rio de Janeiro: Objetiva, 2001.

JHERING, Rudolf von. *O espírito do direito romano*. Rio de Janeiro: Alba, 1943.

JUCÁ FILHO, Cândido. *Dicionário escolar das dificuldades da língua portuguesa*. 3. ed., Rio de Janeiro: Fename, 1963.

LARROUSE. *Dicionário da língua portuguesa*. Paris: Larousse/São Paulo: Ática, 2001.

LEITE, Marli Quadros. Variação linguística: dialetos, registros e norma linguística. In: Luiz Antônio Silva (Org.). *A língua que falamos. Português: história, variação e discurso*. São Paulo: Globo, 2005.

LEME, Odilon Soares. *Tirando dúvidas de português*. 2. ed., São Paulo: Ática, 1995.

LUFT, Celso Pedro. *Dicionário gramatical da língua portuguesa*. 2. ed., Porto Alegre: Globo, 1971.

_____. *Moderna gramática brasileira*. 4. ed., Porto Alegre: Globo, 1981.

_____. *Novo guia ortográfico*. 8. ed., Porto Alegre: Globo, 1979.

_____. *Dicionário prático de regência nominal*. 4. ed., São Paulo: Ática, 2003.

_____. *Dicionário prático de regência verbal*. São Paulo: Ática, 1987.

MACHADO, José Pedro (Coord.). *Dicionário etimológico da língua portuguesa*. Lisboa: Sociedade da Língua Portuguesa, 1965.

MARTINS, Eduardo (Org.). *Manual de redação e estilo*. São Paulo: *O Estado de S. Paulo,* 1990.

MARTINS, Ives Gandra da Silva. *A cultura do jurista – Formação jurídica*. São Paulo: Revista dos Tribunais, 1999; Sagra Luzzatto, 2000.

MICHAELIS. *Moderno dicionário da língua portuguesa*. São Paulo: Melhoramentos, 1998.

MIRABETE, Julio Fabbrini. *Curso de processo penal*. 2. ed., São Paulo: Atlas, 1995.

MORAES, Vinicius de. *Para uma menina com uma flor*. 13. ed., Rio de Janeiro, José Olympio, 1983.

NADÓLSKIS, Hêndricas; MARCONDES, Marleine Paula; TOLEDO, Ferreira de. *Comunicação jurídica*. São Paulo: Catálise Editora, 1997.

NASCIMENTO, Edmundo Dantes. *Linguagem forense*. São Paulo: Saraiva, 1992.

NICOLA, José de; TERRA, Ernani. *1001 dúvidas de português*. 10. ed., São Paulo: Saraiva, 2000.

NISKIER, Arnaldo. *Questões práticas de Língua Portuguesa: 700 respostas*. Rio de Janeiro: Consultor, Assessoria de Planejamento Ltda, 1992.

NOGUEIRA, Júlio. *A linguagem usual e a composição*. 13. ed., Rio de Janeiro: Livraria Freitas Bastos, 1959.

O ESTADO DE S. PAULO. *Manual de redação e estilo* – Eduardo Martins. São Paulo, 1990.

OLIVEIRA, Édison de. *Todo o mundo tem dúvida, inclusive você*. 5. ed., Porto Alegre: Sagra Luzzatto, 1999.

OLIVEIRA, Nélson Custódio. *Português ao alcance de todos*. 23. ed., Rio de Janeiro: Barbero, 1972.

OLIVEIRA, Ronaldo Alves de. *Escreva bem agora! Manual prático de estilística da língua portuguesa*. São Paulo: Edicta, 2001.

PAES, José Paulo; MASSAUD, Moisés. *Pequeno dicionário de literatura brasileira*. São Paulo: Cultrix, 1969.

PIMENTA, Reinaldo. *Português urgente*. 7. ed., Rio de Janeiro: Editora Campus, 1988.

PRETI, Dino. A norma e os fatores de unificação linguística, na comunidade. *In: Sociolinguística – Os níveis de fala (um estudo sociolinguístico do diálogo na literatura brasileira)*. 4. ed., São Paulo: Companhia Editora Nacional, 1987.

_____. Gírias saem da informalidade. *Revista Língua Portuguesa,* v. 40, São Paulo, 15 mar., 2009.

REALE, Miguel. *Lições preliminares de direito*. 27. ed., São Paulo: Saraiva, 2002.

_____. *Memórias: destinos cruzados*. Rio de Janeiro: Saraiva, 1986. v. I; 2. ed., 1987.

_____. *Filosofia do direito*. 4. ed., São Paulo: Saraiva, 1965.

REBELO GONÇALVES, R. *Vocabulário ortográfico da língua portuguesa*. Coimbra: Coimbra Editora, 1966.

REIS, Otelo. *Breviário da conjugação de verbos*. 38. ed., Rio de Janeiro: Francisco Alves, 1978.

RODRIGUES LAPA, Manoel. *Estilística da língua portuguesa*. Rio de Janeiro: Livraria Acadêmica, 1965.

RODRÍGUEZ, Victor Gabriel de Oliveira. *Manual de redação forense*. Campinas: Jurídica Mizuno, 2000.

RYAN, Maria Aparecida. *Conjugação dos verbos em português; prático e eficiente*. 5. ed., São Paulo: Ática, 1989.

SACCONI, Luiz Antonio. *Dicionário de pronúncia correta*. Ribeirão Preto: Nossa Editora, 1991.

_____. *Minidicionário Sacconi da língua portuguesa*. São Paulo: Atual, 1996.

_____. *Não erre mais!* 8. ed., São Paulo: Ática, 1986.

_____. *Tudo sobre português prático*. São Paulo: Moderna, 1979.

SANTOS, Hugo Rodrigues dos. *Latim para o jurista*. 3. ed., Belo Horizonte: Edições Ciência Jurídica, 1996.

SANTOS, Mário Ferreira dos. *Curso de oratória e retórica*. São Paulo: Logos, 1954. v. I.

SANTOS, Raquel Aparecida Lemes Bittencourt. *A importância do português no direito*. Monografia, Taubaté, 2001.

SILVA, Deonísio da. *De onde vêm as palavras; frases e curiosidades da língua portuguesa*. São Paulo: Mandarim, 1977.

_____. *De onde vêm as palavras II*. São Paulo: Mandarim, 1998.

SILVA, De Plácido e. *Vocabulário jurídico*. 5. ed., Rio de Janeiro: Forense, 1978.

SILVEIRA, Sousa da. *Lições de português*. Rio de Janeiro: Editora Livros de Portugal, 1972.

SILVEIRA BUENO, F. *Antologia arcaica*. 2. ed., São Paulo: Saraiva, 1968.

SQUARISI, Dad. *Dicas da Dad: português com humor*. 9. ed., São Paulo: Contexto, 2003.

_____. *Mais dicas da Dad – Português com humor*. São Paulo: Contexto, 2003.

TAUNAY, Visconde de. *Inocência*. 19. ed., São Paulo: Ática, 1991.

XAVIER, Antonio Carlos dos Santos. *Como se faz um texto; a construção da dissertação--argumentativa*. Campinas: Editora do Autor, 2001.

XAVIER, Ronaldo Caldeira. *Português no Direito*. 9. ed., Rio de Janeiro: Forense, 1991.

OUTRAS FONTES DE CONSULTA

NOVO DICIONÁRIO AURÉLIO ELETRÔNICO.
(2010) 5. ed., versão 7.0, Curitiba: Editora Positivo.

DICIONÁRIO BRASILEIRO DA LÍNGUA PORTUGUESA.
(1990) 12. ed., 3 v., São Paulo: Encyclopaedia Britannica.

DICIONÁRIO ELETRÔNICO BARSA.
CD-ROM. (2003) São Paulo: Barsa Planeta.

DICIONÁRIO ELETRÔNICO HOUAISS DA LÍNGUA PORTUGUESA.
versão 1.0. (2009) Curitiba: Objetiva.

Endereços Eletrônicos	Revistas e Jornais
www.folha.uol.com.br	*A Gazeta*
www.portrasdasletras.com.br	*Estado de Minas*
www.academia.org.br	*Exame*
www.comversos.com.br	*Folha de S. Paulo*
www.portugues.com.br	*Istoé*
www.cursoanglo.com.br	*Jornal da Tarde*
www.vemconcursos.com	*Jornal do Brasil*
www.linguativa.com.br	*O Estado de S. Paulo*
www.paulohernandes.pro.br	*O Globo*
www.uol.com.br/linguaportuguesa	*Veja*
http://educaterra.terra.com.br/sualingua	
http://ciberduvidas.sapo.pt	